rowohlt

TO Ralph —

with the author's warm regards

as ever

Martin

Martin Gilbert

Liebe Tante Fori

Eine Geschichte der jüdischen Kultur,
erzählt in Briefen

Aus dem Englischen von
Yvonne Badal

London
9th January 2004

Rowohlt

1. Auflage September 2003
Copyright der deutschsprachigen Ausgabe
© 2003 by Rowohlt Verlag GmbH, Reinbek bei Hamburg
Erschienen 2002 unter dem Titel «Letters To Auntie Fori.
The 5,000-Year History of the Jewish People and Their Faith»
bei Schocken Books, New York
Copyright © 2002 by Martin Gilbert
Redaktion Bernd Klöckener
Register Sabine Bayerl
Alle deutschen Rechte vorbehalten
Satz aus Bembo PostScript, PageMaker von
Pinkuin Satz und Datentechnik, Berlin
Druck und Bindung Clausen & Bosse, Leck
Printed in Germany
ISBN 3 498 02495 7

Die Schreibweise entspricht den Regeln
der neuen Rechtschreibung.

Für Tante Fori

Inhalt

Teil IV: *Glaube und Gebet*

Einführung

Im Sommer 1957 war ich im Paradies. Nachdem ich meinen zwei-
jährigen Militärdienst geleistet hatte, war ich in Richtung Süden
über den Balkan in die Türkei gefahren, wo ich mir mit Englisch-
stunden erst wieder etwas Geld verdienen musste, um weiterreisen
zu können. Nach einem Monat planlosen Trampens durch das südli-
che und mittlere Anatolien erreichte ich den Osten der Türkei, rund
fünfzehnhundert Kilometer von Istanbul entfernt, wo sich plötzlich
der 5137 Meter hohe, schneebedeckte, kegelförmige Gipfel des Berges Ararat vor mir auftürmte. Dort soll einst Noachs Arche aufge-
setzt haben, als sich das Wasser zurückzog.

Vier Flüsse entsprangen dem Hochplateau, auf dem ich angelangt
war: Coruh, Aras, Tigris und Euphrat. In der Genesis steht geschrieben: «Und ein Strom geht aus von Eden zu tränken den Garten und
von hier aus teilt er sich, und wird zu vier Hauptströmen.» In der
Hebräischen Schrift[1] lauten ihre Namen der Reihenfolge nach
«Pischon», «Gichon», «Chiddekel» («der fließt im Morgen von
Aschur» – in den heutigen Irak) und «Frat».

Da stand ich also mitten im Paradies, an den Ufern jenes Quell-
flusses aus den Bergen, der in den Aras mündet, kaum zwanzig Kilometer vom obersten Stromlauf des Euphrat entfernt. Die einzigen
Menschen weit und breit waren zwei kurdische Kameltreiber. Während ich diese großartige, einsame Szenerie auf mich wirken ließ,
spürte ich, dass ich am Ziel meiner Reise angelangt war, am entlegensten und gewiss abenteuerlichsten Punkt des Weges. Dann ent-

deckte ich in der Ferne ein kleines Auto, das sich über die Schotter-
piste in meine Richtung quälte. Ich setzte mich an den Straßenrand
und wartete, und irgendwann hielt es vor mir an. Zwei deutsche Studenten stiegen aus. Einer streckte den Arm aus, deutete mit dem
Finger ostwärts auf die Stelle, an der die gewundene Straße zu meinem Erstaunen wieder zum Vorschein kam, und fragte: «Geht's da
weiter nach Indien?» Ich war sprachlos. In der Tat stellte sich heraus,
dass diese Straße bis nach Indien führte – wenn man ihr noch über
dreitausend Kilometer weiter Richtung Osten folgen würde. Ich
aber, der ich doch mitten im Paradies angelangt zu sein glaubte, war
überzeugt gewesen, dass es von hier aus unmöglich noch irgendwo-
hin weitergehen konnte. In dem Moment beschloss ich, meine Reise eines schönen Tages fortzusetzen, lieber früher als später, und über
genau diese Straße gen Osten bis Indien zu fahren.

   Auf dem Weg nach England lernte ich in Athen Neil Malcolm
kennen, einen jungen Mann meines Alters, der ebenfalls wieder nach
Oxford wollte. Ich erzählte ihm von meinen Erlebnissen im Paradies, und wir beschlossen, im folgenden Jahr gemeinsam an die Stelle zurückzukehren, von der ich den Ararat erblickt hatte, und von
dort aus weiter nach Indien zu reisen – egal, wie langwierig und be-
schwerlich der Weg auch sein würde, wie viele Flüsse, Wüsten und
Grenzen wir auch zu passieren hätten. Als wir im Sommer 1958
schließlich aufbrachen, hatten wir Empfehlungsschreiben indischer
Studienkollegen in der Tasche, darunter auch eines von meinem
Freund Ashok. «Wenn du es bis Delhi schaffst», hatte er mir gesagt,
«musst du dich unbedingt bei meiner Mutter melden.»

   Welcher Student glaubt schon, Empfehlungsschreiben an die Eltern anderer Leute zu brauchen, wenn er die Welt erobern will?
Doch dann wurden Neil und ich ernsthaft krank, lange bevor wir
Delhi erreichten. Eine potente Mischung aus Kaolin und Morphin,
die uns von einer amerikanischen Krankenschwester in einem Te-
heraner Krankenhaus mitgegeben wurde – Schwester Chaote hieß

sie und man sagte, sie sei die Pflegerin des Schah gewesen –, verhinderte das Schlimmste. Als wir endlich Afghanistan hinter uns gelassen und den Khaiberpass überquert hatten, um mit dem Zug durch Pakistan nach Lahore und weiter nach Delhi zu fahren, war ihr Zaubertrank jedoch längst aufgebraucht.

In Delhi machte sich Neil in die eine Richtung und ich in die andere auf; wir wollten uns erst in Bombay wieder treffen, um uns gemeinsam nach England einzuschiffen. Dreiundvierzig Jahre später wollte ich ihn anrufen und ihm von dem geplanten Buch erzählen, das sozusagen eine späte Frucht unserer lange vergangenen Indienreise werden sollte. Zu meiner Bestürzung musste ich erfahren, dass er drei Monate zuvor gestorben war. Er war nicht nur ein Reisegefährte, er war ein Freund gewesen.

Neil brach damals auf, um andere indische Städte zu besuchen, und ich fragte mich irgendwie bis vor die Tür von Ashoks Mutter durch. Sie hieß mich willkommen, als sei ich der verlorene Sohn, dann stellte sie mich gleich Ashoks Brüdern Aditya und Anil und ihrem verwirrend attraktiven Ehemann vor. Sein Name ist Braj Kumar Nehru, aber er wird von allen nur BK oder liebevoll Bijju genannt. Jawaharlal Nehru, der damalige Premierminister von Indien, war sein Cousin.

Ashoks Mutter bestand sofort darauf, dass ich sie Tante Fori nenne, und pflegte mich gesund. Als ich buchstäblich mit letzter Kraft ihre Tür erreicht hatte, fühlte ich mich krank und elend, und ich bin mir bis heute sicher, dass ich ohne ihre Hilfe nicht überlebt hätte. Ihre Medizin war allerdings kein Zaubertrank aus Kaolin und Morphin, wie er mir von Schwester Choate in Teheran verabreicht worden war, sondern eine mindestens ebenso wirkungsvolle Mixtur aus Reis und Joghurt, ein wahres Wundermittel. Schon eine Woche später war ich kein wimmerndes, kraftloses Bündel mehr; nach zwei Wochen radelte ich bereits durch die Boulevards Neu-Delhis und sogar durch das Gewühl im Labyrinth von Alt-Delhi. Eines Mor-

gens ging ich zu dem riesigen Platz vor dem Red Fort und lauschte
unter schätzungsweise einer Million Indern den Worten, die Jawaharlal Nehru an die ehrfurchtsvoll schweigende Menge – ein weißes
Meer, so weit das Auge reichte – anlässlich des elften Jahrestags der
Unabhängigkeit Indiens richtete.

Sobald ich wieder ganz gesund war, gab mir Tante Fori ihrerseits
ein Empfehlungsschreiben und brachte mich zum Zug nach Bena-
res, der heiligen Hindu-Stadt, in der ich eine Weile in einem Wai-
senhaus arbeitete. Nach Oxford zurückgekehrt, blieb ich mit Tante
Fori brieflich und per Postkarten in Kontakt. In den sechziger Jahren
besuchte ich sie in Washington – BK, den ich inzwischen Onkel
Bijju nannte, war inzwischen Botschafter Indiens in den USA. Später, nachdem er Indischer Hochkommissar in London geworden war,
sahen wir uns recht häufig.

Tante Fori war für mich eine besonders warmherzige Inderin, im-
mer wunderschön anzusehen in ihren Saris und zutiefst um das
Wohlergehen Indiens und seiner Menschen besorgt. Bevor Onkel
Bijju seinen Posten in London antrat, war er, mit Tante Fori an seiner Seite, Gouverneur der östlichsten Provinz Indiens gewesen, der
«Sieben Schwestern»: Assam, Nagaland, Manipur, Tripura, Mizoram,
Meghalaya und Arunachal Pradesch, die damals noch die NEFA bildeten, die «North East Frontier Agency» zwischen Bhutan, Assam,
Burma und Tibet. Nachdem er London verlassen hatte, war seine
glänzende Karriere noch längst nicht beendet: Er wurde nacheinander Gouverneur der indischen Provinzen Jammu und Kaschmir und
von Gudscharat. Später war er Vorsitzender des UN-Komitees für
Internationale Investitionen, und schließlich wurde er sogar als mög-
licher Generalsekretär der Vereinten Nationen gehandelt. Mit zweiundachtzig Jahren bot man ihm das Amt des indischen Außenminis-
ters an. «Ich fühlte mich gewaltig geschmeichelt», schrieb er in seinen
Memoiren, «hatte mir aber genügend gesunden Menschenverstand
bewahrt, um das Angebot aus Altersgründen abzulehnen.»

Seit 1958 korrespondierten Tante Fori und ich also regelmäßig. Ich besitze einen bis zum Rand mit ihren Briefen gefüllten Karton. Doch gesehen haben wir uns seit Mitte der siebziger Jahre über zwei Jahrzehnte lang nicht. 1998 feierten sie und Onkel Bijju ihre neunzigsten Geburtstage. Mein eigener Sohn David war gerade einundzwanzig geworden, genauso alt wie ich gewesen war, als ich zu meiner Fahrt nach Indien aufbrach. Nun reisten wir gemeinsam in dieses Land, allerdings mit dem Flugzeug und nicht per Auto oder Zug (Iran und Afghanistan waren inzwischen längst nicht mehr so einladend), denn ich wollte, dass er die beiden Menschen kennen lernte, die vierzig Jahre zuvor so außerordentlich gut zu mir gewesen waren.

Eines schönen Dezembertages im Verlauf dieses Besuchs fragte mich Tante Fori bei einem unserer vielen Gespräche, ob ich ihr ein Buch über die Geschichte des Judentums empfehlen könne. «Ich weiß rein gar nichts über jüdische Geschichte und jüdisches Leben», sagte sie. Aber warum wollte sie etwas darüber lesen? Zum ersten Mal erzählte sie mir ihre Geschichte. Tatsächlich ist Fori gar keine Inderin von Geburt – sie wurde es durch den Lauf der Zeiten und ihre Liebe zu diesem Land, seinen Menschen, BK und dem Nehru-Klan. In Wirklichkeit ist sie eine ungarische Jüdin. Sie wurde in der ehemaligen österreichisch-ungarischen Monarchie geboren, wie schon ihre Eltern, die Friedmanns, prominente Mitglieder der Jüdischen Gemeinde von Budapest. Ihr Vater hatte einen Sitz in der berühmten Dohany-Synagoge, der größten Europas. 1928, Fori war gerade zwanzig Jahre alt, hatte man ihren Antrag auf einen Studienplatz an der Budapester Universität wegen der strikten Zulassungsquoten für jüdische Studenten abgelehnt, und ihre Eltern mussten sie zum Studium nach England schicken.

Dort lernte Tante Fori dann 1930 Onkel Bijju kennen, der sich gerade auf das Examen für den Indian Civil Service vorbereitete, um sein Leben dem Wohlergehen seines Landes zu widmen. Sie beschlossen zu heiraten, doch Foris Eltern waren besorgt: BK war, in

seinen eigenen Worten, ein «Schwarzer», und sein Vetter Jawaharlal
Nehru ein «Knastbruder». Mehr als einmal hatten die Briten ihn
schon eingesperrt.

«Nicht nur die ungarische Familie machte sich Sorgen wegen dieses schwarzen indischen Prinzen», sagte Ashok mir etwas später, als
wir über die Liebesgeschichte seiner Eltern sprachen, «die indische
war ebenso besorgt: Wer war dieses Mädchen, das ihnen den geliebten Sohn wegnehmen wollte?» Aber die Liebe siegte. Tante Fori reiste nach Indien, und die Nehru-Familie schloss sie ins Herz. 1935 war
Hochzeit. Zwei Jahre später wurde mein Freund Ashok geboren, in
den fünf Jahren darauf folgten seine zwei Brüder. Nach jüdischem
Gesetz sind Foris Söhne Juden, da ihre Mutter Jüdin ist; und nach
dem 1950 verabschiedeten israelischen Gesetz über das «Recht auf
Rückkehr» könnten sie alle sofort Bürger des Staates Israel werden,
sobald sie einen Fuß auf israelischen Boden setzen. «Das wusste ich
nicht», sagte Fori, als ich ihr das erzählte.

Tante Fori wollte also die Geschichte des Volkes kennen lernen,
dem sie angehörte, dessen Diaspora in Ungarn sie jedoch sieben-
undsechzig Jahre zuvor gegen die Hitze, den Staub und die Herausforderungen Indiens eingetauscht hatte. Ich versprach ihr, diese
Geschichte eigenhändig für sie aufzuschreiben, sobald ich wieder in
England wäre. Jede Woche wollte ich ihr einen Brief mit einem
Kapitel daraus schicken, angefangen bei Abraham oder vielleicht
sogar Adam.

Zweieinhalb Jahre später ging der letzte Brief an sie ab. Tante
Fori war damals zweiundneunzig Jahre alt. Ich hoffte sehr, ihr vor
Augen führen zu können, wie stark der Überlebenswille ihres eigenen Volkes ist, auch wenn die jüdische Geschichte von so vielen
tragischen Momenten geprägt ist, von inneren Spaltungen, Kriegen
und Leid – manchmal ganz schrecklichem Leid. Doch sie handelt
nicht nur von einem starken Lebenswillen, sondern auch von großen Leistungen, Kreativität, einem außerordentlichen Gefühl der

Zusammengehörigkeit und von dem Bemühen, Generation für Generation dem biblischen Rat zu folgen, den Gott durch Moscheh den Kindern Jisrael gab, wie es im Fünften Buch der Tora geschrieben steht: «Das Leben und den Tod hab' ich dir vorgelegt, den Segen und den Fluch; aber du sollst das Leben erwählen, auf dass du lebest, du und dein Same.» Dieses Gebot – Du sollst das Leben erwählen! – wurde zum religiösen, kommunalen und nationalen Imperativ des Judentums, und diese Briefe an meine indische Tante folgen dessen Spuren durch fünftausend Jahre.

Merton College, Oxford
14. August 2001

Teil I
Die biblische Zeit

Liebe Tante Fori,

du bist nun also einundneunzig Jahre alt – welch großartiges, wunderbares Alter! Und das jüdische Volk, dem auch du angehörst, ist nun schon weit über fünftausend Jahre alt: Nach dem jüdischen Kalender (dem ältesten der Welt) schreiben wir das Jahr 5759.[2] Die Fünf Bücher Moscheh – die Tora – bilden den Kern der Hebräischen Schrift, beginnend mit dem Buch der Schöpfung, die, folgt man den Berechnungen von orthodoxen Juden anhand der biblischen Erzählung, im Jahre 3761 vor der christlichen Zeitrechnung stattfand. Und dieses Erste Buch der biblischen Geschichte eröffnet mit einer Einfachheit und Klarheit, auf die man als Historiker nur neidisch sein kann: «Im Anfang erschuf Gott den Himmel und die Erde.» Sechs Tage brauchte er für seine Weltenschöpfung, und in dieser Zeit schuf er, wie die Tora berichtet, Tag und Nacht, Erde und Wasser, Gespross und Kraut, Sonne, Mond und Sterne, «die großen Seetiere, und alles Leben-Atmende, das sich regt, wovon die Wasser wimmeln», alles Gevögel, Vieh, Gewürm und Tier des Landes, und schließlich auch den Menschen.

«Gott schuf den Menschen in seinem Bilde, im Bilde Gottes schuf er ihn; Mann und Weib schuf er sie.» Dann segnete er sie und sprach zu ihnen: «Seid fruchtbar und mehret euch.» So lautete also das erste Gebot, das Gott dem Menschen auferlegte. «Und füllet die Erde und machet sie euch untertan, und bewältigt die Fische des Meeres und das Gevögel des Himmels und alles Getier, das sich regt auf Erden», sprach er, bevor er dem Menschen «alles grüne Kraut zum Essen» wies.

«Und Gott sah alles, was er gemacht, und siehe, es war sehr gut.» Sechs Tage waren seit dem ersten Schöpfungsakt vergangen. Am

siebten Tag ruhte Gott «von all seinem Werke, das er gemacht». Auf
diesen göttlichen Ruhetag geht der Sabbat zurück, den Moscheh
während des Auszugs aus Ägypten um das Jahr 1250 v. d. Z.[3] einführen sollte: Jeder Jude ist angehalten, einen Tag pro Woche in jedem
Jahr seines Lebens zu ruhen, von Sonnenuntergang am Freitag bis
Sonnenuntergang am Samstag. Orthodoxe Juden pflegen in dieser
Zeit nicht zu arbeiten, nicht Auto zu fahren, kein Geld bei sich zu
tragen, keine Geschäfte abzuwickeln, kein Licht anzuschalten und
nicht zu kochen, kurz, nichts zu tun, was als eine aktive Tätigkeit im
Sinne von Arbeit ausgelegt werden könnte.

Mit der Geschichte, wie Gott Himmel und Erde und am sechsten
Tage Mann und Frau erschuf, beginnt die Genesis. Gleich darauf allerdings folgt eine andere Version derselben Erzählung, der zufolge
nach Gottes Ruhetag doch noch nicht alles getan war – «alles Kraut
des Feldes sprossete nicht auf, denn nicht hatte regnen lassen der Ewige, Gott, auf die Erde, und ein Mensch war nicht da, zu bauen den
Erdboden». Dieser Version nach hat Gott erst jetzt «den Menschen aus
Staub von dem Erdboden» geschaffen «und blies in seine Nase Hauch
des Lebens, und es ward der Mensch zu einem Leben-Atmenden».

Nach der Erschaffung des Mannes – laut der zweiten Version aber
noch keiner Frau – ließ Gott «Dunst» aufsteigen «und tränkte die
ganze Fläche des Bodens». Dann pflanzte er «einen Garten in Eden
nach Morgen hin» – im Hebräischen steht das Wort *eden* für «fruchtbar» oder «köstlich» – und «tat dahin den Menschen, den er gebildet». «Und es ließ aufsprossen der Ewige, Gott, aus dem Erdboden
alle Bäume, lieblich zum Ansehen und gut zum Essen; und den
Baum des Lebens in der Mitte des Gartens und den Baum der Erkenntnis des Guten und Bösen.»

Er gestattete dem ersten Menschen, Adam, von allen Früchten,
nicht aber vom «Baum der Erkenntnis des Guten und Bösen» zu essen: «Denn welches Tages du davon issest, stirbst du des Todes.» Dann
brachte er ihm «alles Getier des Feldes und alle Vögel des Himmels»,

die er aus dem Staub des Erdbodens geschaffen hatte, «um zu sehen,
wie er sie nennen würde». Doch der Mensch fühlte sich inmitten all
der Wunder der Schöpfung dennoch einsam. Also sprach Gott, «ich
will ihm machen eine Gehilfin, wie sie ihm zustehe», und ließ «eine
Betäubung auf den Menschen» fallen, nahm eine Rippe Adams und
«bauete [sie] zu einem Weibe, und brachte sie zu dem Menschen».
Eine der vielen Folgen dieser Erschaffung einer Partnerin für den
Mann benennt die Schrift mit großer Eindringlichkeit: «Darum verlässt der Mann seinen Vater und seine Mutter und hängt an seinem
Weibe, und sie werden zu Einem Fleische.» Der Fortbestand der
Spezies war oberstes Gebot.

Das Paradies – «Gan Eden» – spielt eine große Rolle in der rabbinischen Tradition und in den Gebeten des Judentums. So lautet zum
Beispiel der dritte von sieben Segenssprüchen, die bei jüdischen
Hochzeiten gesprochen werden: «Erfreue die sich in Liebe Erken-
nenden so wie Du Deine Schöpfung erfreut hast vormals im Gan
Eden.» Auch für die Seelen der Verstorbenen erbittet man, dass sie
im Gan Eden weilen mögen. Rabbi Yosef Hayyim aus Bagdad (er
starb ein Jahr nach deiner Geburt) glaubte, dass das Paradies auf Erden wirklich existiert und bisher nur von niemandem gefunden
worden sei. In den *Pirke Awot* («Sprüche der Väter»), einer der bedeutendsten, im 3. Jahrhundert n. d. Z. kompilierten Quellen ethi-
scher und spiritueller rabbinischer Unterweisung, heißt es, ein jeder,
der ein Leben in Bescheidenheit führt, sei für das Paradies bestimmt,
wohingegen sich ein jeder, der ohne Scham ist, an einem Orte großen Leides wiederfinden werde – hebräisch *Gehinnom*, abgeleitet
vom Tal Hinnom, in dem zu heidnischen Zeiten dem Götzen Moloch Kinder auf dem Brandaltar geopfert wurden.

Adam und Chawah (Eva) lebten nackt und ohne Sünde im Gan
Eden, bis Chawah von einer Schlange verführt wurde, die verbotene
Frucht vom Baum der Erkenntnis zu kosten, der in der Mitte des Gar-
tens wuchs. Die Hebräische Schrift verrät nicht, um welche Frucht es

sich handelte – ein Apfel wurde jedenfalls erst viel später durch christliche Schreiber und Maler daraus gemacht! Chawah gab Adam von den verbotenen Früchten, und da erkannten sie, dass sie nackt waren, und schämten sich so sehr, dass sie sich mit Feigenblättern bedeckten.

Gott war tief enttäuscht über so viel Ungehorsam und beschloss, Chawah drei Strafen für ihr Tun aufzuerlegen – ganz offensichtlich mit der Absicht, alle Frauen aller Zeiten dafür büßen zu lassen: «Mehren und mehren will ich die Schmerzen deiner Schwangerschaft, mit Schmerzen sollst du gebären Kinder; und nach deinem Manne sei dein Verlangen, und er beherrsche dich.» Dem Adam eröffnete Gott, dass er um seinetwillen den Erdboden verfluchen wolle – «Im Schweiße deines Angesichts sollst du Brot essen» – und seine Lebenszeit auf Erden begrenzen werde (für Chawah, wiewohl das nicht erwähnt wird, gilt dasselbe), «denn Staub bist du und zum Staube zurück kehrst du». Die Worte «Mensch», *adam*, und «Boden», *adamah*, haben im Hebräischen dieselbe Wurzel; im modernen Hebräisch heißt «ha-adam» nach wie vor «der Mensch».[4]

Adam und Chawah wurden aus Gan Eden fortgeschickt – «vertrieben», wie es geschrieben steht – und mussten künftig anderswo selbst den Boden bestellen. Zuvor aber machte Gott «dem Menschen und seinem Weibe Röcke von Häuten und bekleidete sie» und sprach für alle Zukunft: «Siehe, der Mensch ist geworden, wie einer von uns, zu erkennen Gutes und Böses.» Nach der rabbinischen Tradition gab Gott bereits dem ersten Menschen jene sechs Gebote mit auf den Weg, die er später auch Noach verkünden sollte.

Liebe Tante Fori,

nach ihrer Vertreibung aus dem Paradies bekamen Adam und Chawah zwei Söhne. Sie waren also die ersten Eltern der Menschheit, sowohl deine Vorfahren, Tante Fori, als auch meine. Eines Tages geschah es, dass Gott wohlgefälliger auf das Opfer blickte, welches ihm Adams und Chawahs Erstgeborener Hebel (Abel) «von den Erstlingen seiner Schafe» darbrachte, als auf das Opfer des jüngeren Bruders Kaijn «von der Frucht des Bodens». Von Neid zerfressen erschlug Kaijn seinen Bruder. Aber als ihn Gott, der natürlich die Wahrheit wusste, ihn fragte, wo Hebel sei, antwortete Kaijn nur: «Bin ich der Hüter meines Bruders?»

Nach jüdischer Tradition stellt die gesamte restliche Hebräische Schrift Gottes Versuch dar, uns klar zu machen, dass die Antwort Kaijns auf diese Frage unbedingt «ja» hätte lauten müssen, und uns zu lehren, dass jeder von uns für den anderen verantwortlich ist.

Aus Zorn über diesen Brudermord verfluchte Gott den Kaijn, auf dass er «unstet und flüchtig» auf Erden sei. Doch nicht einmal ihm, dem Verstoßenen, versagte er seinen Schutz: Es «setzte der Ewige dem Kaijn ein Zeichen, auf dass ihn nicht erschlage, wer ihn treffe». Siebenfach sollte jeder Versuch, ihn zu töten, geahndet werden.

Dieser tödliche Bruderzwist sollte zum Thema von vielen rabbinischen Diskussionen werden. Manche glaubten, es sei dabei um Land gegangen: Der eine Bruder habe es für sich alleine haben wollen und dafür gesorgt, dass der andere es nicht bekommen konnte; andere interpretierten ihn als einen Streit um Frauen: Kaijn habe beide Schwestern für sich beansprucht; einer dritten traditionellen Auslegung nach ging es um die Frage, an welcher Stelle der Tempel, den beide Brüder auf dem jeweils eigenen Grund bauen wollten, errichtet werden sollte.

Über diese Erklärungen hinaus gibt es noch eine Vielfalt weiterer Auslegungen – es ist eine Lieblingsbeschäftigung von Juden, das Dunkel zu erhellen und schlichte Gedankengebäude reich auszuschmücken. Der mystischen Tradition des Judentums – der *Kabbala* – nach, gehört Kaijns Seele zum Beispiel dem dämonischen Aspekt des Menschlichen an, wohingegen diejenige Hebels als Seele Moschehs auf Erden zurückgekehrt ist. Das klingt ganz wie eine Inkarnation nach Hindu-Art, nicht wahr? Auch eine andere Legende be-

tont das Dämonische von Kaijn, indem sie dessen sämtliche Nachkommen als doppelköpfige Ungeheuer in die Unterwelt befördert,
wohingegen wieder andere jüdische Kommentatoren hervorhoben – weniger als Rechtfertigung denn als Erklärung der Tat –, dass
Kaijn keinerlei Wissen um den Tod oder den Akt des Tötens haben
konnte, da Hebel ja der erste überlieferte Todesfall und zugleich der
erste überlieferte Mordfall war.

Kaijn heiratete, doch der Hebräischen Schrift ist nicht zu entnehmen, ob Adam und Chawa Töchter hatten oder auf welche andere
Weise Kaijns Frau auf die Welt gekommen sein soll; sie überliefert
nur, dass Kaijn und seine Frau einen Sohn, Chanoch (Henoch), hatten und dass Kaijn eine Stadt erbaute, die er nach ihm benannte.
Damit ist Chanoch die erste Stadt, von der wir wissen, unklar bleibt
nur, wo sie angesiedelt war. Wie Gan Eden wurde auch sie noch von
keinem Forscher entdeckt.

Liebe Tante Fori,

nach der Ermordung Hebels bekamen Adam und Chawah einen
dritten Sohn namens Schet. Einer jüdischen Überlieferung nach erb-
te er die Gewänder, die Gott für Adam gefertigt hatte; einer anderen
zufolge wird er einmal zu jenen sieben Hirten gehören, die nach der
Auferstehung der Toten dem Messias zur Seite stehen werden. In
der muslimischen Tradition spielt Schet ebenfalls eine Rolle: Islamische Genealogen führten die Abstammung der Menschheit auf ihn
zurück, und sein Name wurde unter anderem als «Allahs Geschenk»
gelesen – Gottes Geschenk an Adam also, damit nach dem Mord an
Hebel der Fortbestand der Menschheit gesichert war.

Zu Schets Nachkommen, die sämtlich in der Hebräischen Schrift
aufgeführt sind, zählt auch Metuschelach (Methusalem), der ein Alter von 969 Jahren erreicht haben soll und damit der älteste Mensch
in der überlieferten Geschichte gewesen wäre.

Wie lässt sich ein solches Alter erklären? Der Psalmist – Metuschelachs Nachkomme König Dawid – verweist darauf, dass tausend Jahre im Angesicht Gottes ein Tag sind («Vor deinen Augen sind tausend Jahre wie der gestrige Tag, der vorüber ging»). So gesehen hätte Metuschelach nicht einmal einen ganzen Tag gelebt. Der rabbinischen Tradition zufolge wurde Metuschelachs Alter sogar noch bewusst herabgesetzt, um der heidnischen Vorstellung entgegenzuwirken, dass ein Mensch allein kraft seines hohen Alters in den Rang einer Gottheit aufsteigen könne.

Zu Metuschelachs Nachkommen zählt unter anderen sein Enkel Noach, der somit in direkter Linie von Adam abstammte. Bevor eine Sintflut die ganze Erde unter sich begraben sollte, hieß Gott ihn, eine Arche zu bauen und von jedem Lebewesen auf Erden einige – in manchen Fällen waren es sieben, in anderen zwei – dort aufzunehmen, dazu seine Frau, seine drei Söhne (Schem, Cham und Jefet) und deren Frauen. Die Flut war Gottes Strafe für die Schlechtigkeit des Menschen, «denn alles Fleisch hatte verderbt seinen Wandel auf Erden». Nur Noach sollte gerettet werden, «denn dich habe ich ersehen als gerecht vor mir unter diesem Geschlechte». Gott gab ihm genaueste Anweisungen für den Bau der Arche – Länge, Breite, Höhe (drei Stockwerke), selbst welches Holz er zu verwenden hatte; und sie war, wie sich zeigen sollte, ausgesprochen seetüchtig.

Es regnete vierzig Tage und Nächte. Als der Regen aufhörte, stand die ganze Welt unter Wasser, und all ihre Bewohner, jede einzelne Kreatur war ertrunken: «Da verschied alles Fleisch, das sich regt auf Erden, von Gevögel und von Vieh und von Getier und von allem Gewimmel, das wimmelt auf Erden, und alle Menschen. Alles, in dessen Nase der Atem des Lebenshauches, von allen, die auf dem Trockenen waren, starben.»

Nur die Arche schwamm auf dem Wasser, und nur wer von Noach darin in Sicherheit gebracht worden war, hatte überlebt. Am «siebenten Monate, am siebzehnten Tage des Monats» setzte sie schließlich «auf den Bergen Ararat» auf – an den Klippen jenes Massivs also, dessen kegelförmigen, schneebedeckten Gipfel ich zweimal in meinem Leben mit eigenen Augen sah, das erste Mal während meiner Reise durch die Türkei 1957 und das zweite Mal auf meinem Weg nach Indien im darauf folgenden Jahr.

Nun begannen die Geschöpfe, die auf Noachs Arche vor der alles vernichtenden Flut gerettet worden waren, die Erde wieder zu bevölkern. Ein Regenbogen erschien am Himmel, und Gott sprach zu Noach, «er sei zum Zeichen des Bunds zwischen mir und der Erde», denn «nicht noch einmal will ich verfluchen fortan den Erdboden, um des Menschen willen ... Fortan, alle Tage der Erde, sollen Saat und Ernte, Frost und Hitze, Sommer und Winter, Tag und Nacht nicht gestört sein.»

Dann segnete Gott Noach und seine Söhne und sprach zu ihnen: «Seid fruchtbar und mehret euch und füllet die Erde.» Und das taten sie geflissentlich. Die Schrift verzeichnet Noachs männliche Nachkommen Generation für Generation, darunter auch Terach, den Vater Abrahams, von dem ich dir in meinem nächsten Brief berichten werde.

Anschließend wiederholte Gott vor Noach die sechs Gebote, die er bereits Adam erteilt hatte. Noach aber offenbarte er noch ein weiteres, womit es nun also insgesamt sieben Gebote gab – die nach ihrer talmudischen Bezeichnung so genannten Noachidischen Gesetze. Sechs davon waren *Verbote* – Götzendienst, Gotteslästerung, Mord, Unzucht und Inzest (als ein Gebot gezählt), Raub sowie der Verzehr von Fleisch «mit seinem Leben»; nur eines war ein *Gebot*, nämlich der Auftrag, gerechte Gesetze im Sinne der Gleichheit aller Menschen zu erlassen. Natürlich waren das keine «israelitischen» oder «jüdischen» Gesetze, denn sie wurden ja lange vor Abraham offenbart; und erst ihn erkor Gott zum Stammvater des Volkes Jisrael und demnach aller Juden. Diese Gesetze waren für jeden Menschen bindend. Der hebräische Begriff *B'nai Noach* bedeutet «Kinder Noachs» und bezeichnet laut Talmud eine Lebensweise, die sich auf alle Menschen gleichermaßen bezieht, also auch auf Nichtjuden. Wer als Nichtjude die Noachidischen Gesetze einhält, gilt unter Juden als ein «Gerechter unter den Völkern der Welt», dem ein Platz in der kommenden Welt sicher ist.

Auch babylonische Quellen berichten von einer Flut, und tatsächlich wissen wir heute, dass es um etwa 3000 v. d. Z. eine große Flut gegeben hat. Doch während der legendäre Held Ut-Napischtim aus der Flutgeschichte im Gilgamesch-Epos schließlich zu einem Gott erhoben wurde, blieb Noach ein Mensch, gerettet, weil er gerecht war, aber nicht erhaben über andere Menschen.

Liebe Tante Fori,

der biblischen Chronologie zufolge kam Abram (erst später wurde er Abraham genannt), Sohn des Terach, vor rund viertausend Jahren zur Welt. Sein Geburtsort war Ur, eine Stadt am Euphrat, etwa dreihundert Kilometer vom heutigen Persischen Golf entfernt, am östlichen Ende des fruchtbaren Halbmonds gelegen, der sich bis nach Kenaan am Mittelmeer erstreckt. Aus dem Sozialsystem, das in der Genesis dargestellt wird, leiteten Bibelforscher ab, dass sich die Geschichte Abrams um etwa 2000 v. Z. zutrug.

Eines Tages beschloss der junge Abram, die Bildnisse der Götter seines Stammes – eine von vielen Dutzenden Bauern- und Hirtengemeinschaften – zu zerstören, alle bis auf eines. Nach talmudischer Überlieferung ergriff er, als er sich mit den Göttern seines Vaters alleine wusste, eine Axt und hackte all ihre Bildnisse aus Holz und Stein entzwei, nur nicht das des größten Gottes: Ihm legte er nach vollbrachter Tat die Axt verächtlich in den Arm.

Zutiefst betrübt fand Abrams Vater die zerstörten Götter vor und fragte seinen Sohn, was geschehen sei, worauf dieser ihm erklärte, der größte Gott – er hielt die Axt noch im Arm – habe sämtliche anderen Götter neben ihm vernichtet; wenn der Vater ihm, Abram, nicht glauben wolle, könne er ihn ja fragen, sofern er zu antworten in der Lage sei. Als Terach erwiderte, dass ein von ihm selbst aus Holz und Stein gefertigtes Bildnis wohl kaum eine Antwort geben könne, bat Abram den Vater, ihm zu erklären, warum man Götter, die über keine eigene Macht verfügten, überhaupt anbete.

Da vernahm Abram, der erste Mensch, der sich zum Monotheismus bekannt hatte, die Worte eines noch größeren, des Einzigen Gottes: «Gehe aus deinem Lande und aus deinem Geburtsorte und aus dem Hause deines Vaters in das Land, das ich dir zeigen werde.» Und er folgte Gottes Ruf und zog mit seiner Familie, seiner gesamten Habe und begleitet von seinem Vater aus dem blühenden Land Mesopotamien das fruchtbare Tal des Euphrat in Richtung des Landes Kenaan entlang – später Palästina genannt –, das Gott Abrams Nachkommen für immer versprechen sollte.

Noch während dieser Wanderschaft nach Kenaan starb Abrams Vater. Der Sohn zog weiter. «Ich werde dich machen zu einem großen Volke», sprach Gott zu ihm, «und dich segnen, und groß machen deinen Ruf; und du sollst ein Segen sein. Und ich werde segnen, die dich segnen, und wer dir flucht, den werde ich verwünschen, und es werden sich segnen mit dir alle Geschlechter des Erdbodens.»

Immer dem fruchtbaren Halbmond folgend, traf Abram schließlich in der Stadt Bet-El in Kenaan ein, wo er seine Zelte aufschlug und Gott einen Altar baute. Doch weil Hungersnot in Kenaan herrschte, beschloss er, weiter nach Süden zu ziehen, bis er mit seiner Familie nach einem Fußmarsch von mehr als zweihundertfünfzig Kilometern schließlich Ägypten erreichte. Dort lebten sie mehrere Jahre, bis die Hungersnot in Kenaan vorüber war und Abram – er war inzwischen «sehr reich an Vieh, an Silber und an Gold» – sich entschied, nach Bet-El zurückzukehren.

Da sprach Gott zu ihm: «Hebe doch auf deine Augen, und schaue

von der Stelle aus, woselbst du bist, gen Mitternacht und Mittag und
gen Morgen und Abend. Denn das ganze Land, das du siehst, dir
werd' ich es geben und deinem Samen auf ewig. Und ich werde
machen deinen Samen wie Staub der Erde, dass, wenn ein Mensch
vermag zu zählen den Staub der Erde, auch dein Same wird gezählt
werden. Auf, wandle durch das Land nach seiner Länge und seiner
Breite, denn dir werd' ich es geben.»

Abram zog also weiter nach Süden und ließ sich in der Stadt Chebron nieder (in unserer Zeit der Schauplatz so vieler gewaltsamer pa-
lästinensisch-israelischer Auseinandersetzungen). Hier errichtete er
Gott erneut einen Altar. Doch wie sein Weib Sarai fragte auch er sich
verwirrt, wie sich Gottes Versprechen einer Nachkommenschaft für
ihn wohl erfüllen sollte, da sie noch keine Kinder hatten und die
fruchtbaren Jahre bereits hinter Sarai lagen. Es war schließlich Sarai
selbst, die Abram daher vorschlug, sich zu ihrer Magd, der Ägypterin
Hagar, zu legen. Als diese dann tatsächlich schwanger war, verkündete
ihr ein Engel Gottes, dass sie einen Sohn gebären werde, den sie Jischmael nennen sollte: «Er wird sein ein Wildesel unter Menschen, seine
Hand gegen Alle, und die Hand Aller gegen ihn.»

Aber zu Abram sprach Gott: «Ich – siehe, mein Bund ist mit dir,
dass du werdest zum Vater einer Menge von Völkern. Und nicht soll
fortan dein Name Abram genannt werden, sondern dein Name sei:
Abraham.» Und dann wiederholte er sein Versprechen: «Denn zum
Vater einer Menge von Völkern mache ich dich. Und ich mache dich
fruchtbar über die Maßen und lasse dich werden zu Völkern, und
Könige sollen von dir herkommen.» Doch diesmal ging es um mehr
als ein Versprechen, diesmal wollte Gott einen Bund mit Abraham
und dessen Kindern und Kindeskindern schließen: «Und ich werde
aufstellen meinen Bund zwischen mir und dir und deinem Samen
nach dir für ihre Geschlechter, zu einem ewigen Bunde, dir zu sein
ein Gott und deinem Samen nach dir.» Zum Zeichen der ewigen
Erinnerung an diesen Bund sollte jeder männliche Säugling aus jeder

Generation im Alter von acht Tagen beschnitten werden. Abrahams
Frau Sarai sollte von nun an den Namen Sarah («Gebieterin») tragen,
denn nicht mit den Nachkommen von Jischmael, Hagars inzwischen
dreizehnjährigem Sohn, wollte Gott seinen Bund schließen, sondern
nur mit den Abkömmlingen von Jizchak (Isaak), Sarahs Sohn, mit
dem Gott Abraham nun ebenfalls zu segnen versprach. Da fiel Abraham «auf sein Gesicht und lachte, und sprach in seinem Herzen: Einem Hundertjährigen soll geboren werden? Und Sarah die Neun-
zigjährige soll gebären?»

Wie verheißen, wurde ihr gemeinsamer Sohn Jizchak geboren.
Jischmael aber wurde mit seiner Mutter Hagar in die Wüste geschickt. Als sie ihn unter einen Strauch legte, um nicht zusehen zu
müssen, wie er vor Durst stirbt, rief ein Engel Gottes vom Himmel
herab: «Stehe auf, nimm auf den Knaben und fasse ihn mit deiner
Hand; denn zu einem großen Volke werde ich ihn machen.» Gott
«öffnete ihr die Augen», und sie sah eine Quelle. Jischmael überlebte, heiratete später eine Ägypterin und ließ sich mit ihr in der Wüste
Paran nieder.

Von Jischmael leiten muslimische Araber ihre Abstammung ab
und verweisen stolz auf die Tatsache, dass er Abrahams Erstgeborener war. Nach der muslimischen Tradition – die mein eigener Rabbi
Hugo Gryn, eine führende Persönlichkeit des jüdisch-muslimischen
Dialogs, immer gerne zitierte – wanderte Abraham durch die Wüsten Arabiens, um Jischmael in Mekka zu besuchen, wo sie dann gemeinsam die Ka'aba errichteten, die zum Ziel der jährlichen muslimischen Pilgerreise *Hadsch* werden sollte.

Liebe Tante Fori,
heute will ich dir die Geschichte der beiden Städte Sedom und
Amorah am Toten Meer erzählen. Gott beschloss, sie zu zerstören,
weil sie, wie die Hebräische Schrift erklärt, schwere Schuld auf sich

geladen hatten. Dem Menschenfreund Abraham war diese Vorstellung entsetzlich. «Willst du gar vernichten den Gerechten mit dem Frevler?», fragte er Gott und drängte ihn, die beiden Städte zu verschonen, selbst wenn sich nur wenige Gerechte darin fänden. Sogar wenn es nur fünfzig wären, nur vierzig, dreißig, zwanzig oder gar nur zehn, flehte er, möge der Richter der Welt die Städte verschonen. Bewegt von Abrahams Sorge um das Leben der Gerechten versprach Gott, sie um solcher zehn willen nicht zu vernichten – doch nicht einmal die ließen sich auftreiben.

In Sedom lebte auch Abrahams Neffe Lot. Eines Abends kamen zwei Engel in Verkleidung in die Stadt, und weil Lot sie vor den fleischlichen Begierden der Sedomiten schützte, beschlossen sie, ihn zu retten. Sie sprachen zu ihm, dass sie von Gott gesandt worden seien, um die Stadt zu vernichten, er jedoch dürfe mit Weib und Töchtern noch entfliehen. Aber keinesfalls sollten sie sich umsehen, keinen Blick auf den Ort der Zerstörung werfen. Lots Frau konnte der Versuchung nicht widerstehen und erstarrte auf der Stelle zur Salzsäule.

Sedom und Amorah wurden dem Erdboden gleichgemacht. Niemand wurde verschont: «Und der Ewige ließ regnen auf Sedom und auf Amorah Schwefel und Feuer vom Ewigen vom Himmel. Und zerstörte diese Städte und den ganzen Umkreis, und alle Einwohner der Städte und das Gewächs des Erdbodens.» Abraham, der aus der Ferne Zeuge des Geschehens geworden war, «machte sich in der Frühe auf an den Ort, woselbst er gestanden vor dem Ewigen. Und blickte hin auf die Fläche von Sedom und Amorah und auf die ganze Fläche des Landes des Umkreises, und schaute, und siehe, aufstieg Dampf aus der Erde, wie Dampf eines Ofens.» Sein Flehen, die Städte zu verschonen, war nicht erhört worden – nicht weil Abraham sich etwas hätte zuschulden kommen lassen, sondern weil keine Gerechten in ihnen wohnten.

Liebe Tante Fori,

nach der Geschichte von der Zerstörung der Städte Sedom und Amorah und über Abrahams Menschlichkeit wirst du heute erfahren, welch dramatische Wendung die jüdische Geschichte nun nehmen sollte – denn so kurz die folgende Episode auch war, so dauerhaft sind ihre Auswirkungen.

Als Abrahams Sohn Jizchak zu einem jungen Mann herangereift war, verlangte Gott vom tief gläubigen Vater, den Sohn auf einem Berg als Brandopfer darzubringen. Zu dieser Zeit waren Kindesopfer noch ein allgemein praktiziertes Ritual, um die Götter zu erfreuen und milde zu stimmen. Also fügte sich Abraham. Er bereitete alles Notwendige vor, hatte den gefesselten Jizchak bereits wie von Gott befohlen auf den Altar gelegt und wollte ihn gerade töten, als ihm eine Stimme vom Himmel zurief, innezuhalten.

Es war die Geburtsstunde einer neuen Ethik: Die göttliche Stimme verschmähte das ritualisierte Kindesopfer als Beweis des unbedingten Glaubens – welch einzigartiger Gott zu jenen Zeiten! Er hatte eingegriffen, um einem bislang unhinterfragten religiösen Brauch ein für alle Mal ein Ende zu bereiten.

Gott sprach zu Abraham: «Strecke nicht deine Hand nach dem Knaben aus, und tue ihm nicht das Geringste. Denn nun weiß ich, dass du gottesfürchtig bist; denn du hast mir nicht verweigert deinen Sohn, deinen einzigen.» Dann erneuerte er sein Versprechen einer großen Nachkommenschaft Abrahams: «Bei mir hab' ich geschworen, ist der Spruch des Ewigen, dass, weil du dies getan hast, und hast nicht verweigert deinen Sohn, deinen einzigen, dass ich dich segnen werde, und mehren deinen Samen wie die Sterne des Himmels und wie den Sand, der am Rande des Meeres, und besitzen wird dein Same das Tor seiner Feinde …»

Die fast vollzogene Opferung Jizchaks war und bleibt ein bestimmendes Moment im Leben gläubiger Juden. Jahr für Jahr gedenken sie ihrer in den Synagogen bei der Lesung des entsprechenden Wochenabschnitts aus der Tora und vor allem am zweiten Tag von *Rosch ha-Schana*, dem jüdischen Neujahr, an dem die «Bindung» Jizchaks – wie die Opferung genannt wird – ein zentraler Teil der Liturgie ist. Fromme Juden haben den entscheidenden Glaubensaspekt dabei, den von Gott geforderten bedingungslosen Gehorsam, zutiefst verinnerlicht. Einer jüdischen Tradition zufolge gilt die Bindung Jizchaks als erster Nachweis der Bereitschaft von Juden, ihr eigenes Leben der Heiligung Gottes hinzugeben.

Alljährlich zu Rosch ha-Schana – nicht nur das jüdische Neujahrsfest, sondern auch der Tag des Gerichts – erinnern sich Juden in allen Synagogen daran, dass ihre Erzväter Abraham und Jizchak ohne zu zögern ausführten, was Gott von ihnen verlangte; und indem sie Gottes Worte an Abraham wiederholen – «Streck nicht deine Hand nach dem Knaben aus, und tue ihm nicht das Geringste!» –, bitten sie Gott, sich zu erinnern, auch ihnen Gutes zu tun.

Jizchak durfte am Leben bleiben. Er wurde zum Vorfahren eines jeden Juden; die Nachkommen seines Halbbruders Jischmael dagegen sind jene Mehrheit der Araber, die sich zum Islam bekennen. «Söhne Abrahams» sind also sowohl die Juden als auch die arabischen Muslime unserer Tage. Es gibt jedoch noch eine weitere Abstammungslinie, denn nach Sarahs Tod heiratete Abraham eine Frau namens Keturah, mit welcher er noch sechs Kinder zeugte. Alles, was er besaß, vermachte er allein Jizchak; den Söhnen der «Kebsweiber, die des Abraham waren, gab Abraham Geschenke, und ließ sie wegziehen von seinem Sohne Jizchak, während er noch lebte, nach Osten, in das Land des Ostens». Wie es scheint, wollte Abraham jeden Konflikt zwischen diesen sechs Söhnen und Jizchak, seinem Erben, vermeiden.

Später sollten mehrere Völker, insbesondere auf der südlichen Arabischen Halbinsel, für sich beanspruchen, durch eines dieser sechs Kinder mit Keturah und deren Nachkommen, von welchen zehn namentlich in der Hebräischen Schrift aufgeführt sind, direkte Abkömmlinge Abrahams zu sein.

Abraham starb in Chebron. Seine Söhne Jizchak und Jischmael begruben ihn gemeinsam in der nahe gelegenen Höhle von Machpelah, in der bereits Sarah lag und der Legende nach auch Adam und Chawah begraben waren. Diese Stätte ist Juden wie Muslimen bis heute heilig, und dennoch – selbst im 21. Jahrhundert, mehr als viertausend Jahre nach Abrahams Tod – werden hier ständig gewalttätige Auseinandersetzungen und ideologische Konflikte ausgetragen.

Der jüdischen Tradition nach war der Patriarch Abraham ein gottesfürchtiger, bescheidener, einfacher Mann. In einer alten Geschichte etwa heißt es von einem Juden, er wünschte nicht, dass sein Sohn nach Ruhm strebe, sondern «ein einfacher Jude werde, wie unser Vater Abraham». Neben allem anderen, das über ihn überliefert ist, war Abraham auch das Urbild des gastfreundlichen Menschen – wie du, Tante Fori, einer bist. In der Tora wird geschildert, wie Abraham einmal in der Hitze des Tages vor dem Eingang seines Zeltes ruhte, als sich drei Männer näherten. Er lud sie zur Rast, rief nach frischem Wasser, um ihre Füße zu waschen, bat Sarah, für sie zu backen und ein Mahl zu bereiten, das er dann im Schatten eines Baumes mit ihnen teilte. Zu Zeiten, als es noch einen großen jüdischen Bevölkerungsanteil in Osteuropa gab, nannte man dort eine besonders gastfreundliche Familie ein «Haus mit Abrahams Türen».

Bei der Schilderung dieser Szene wechselt der Wortlaut der Hebräischen Schrift vom Singular zum Plural, was zu der rabbinischen Interpretation führte, dass Gott selbst in Gestalt der drei Männer zu Abraham gekommen sei; und nach der Auslegung des berühmten jüdischen Gelehrten Philo von Alexandria (er starb ungefähr 50 v. d. Z.) handelte es sich bei diesen drei Gästen um Gott und die beiden göttlichen Mächte Gerechtigkeit und Güte.

Liebe Tante Fori,

mein letzter Brief endete mit dem Patriarchen Abraham, dem sich Juden, Christen und Muslime verbunden fühlen. Sein Sohn Jizchak heiratete Rebekah, eine Großnichte Abrahams. Der Segen, den ihr der Bruder und die Mutter erteilten, bevor sie sich auf den Weg machte, um Jizchak erstmals zu begegnen, wird vor jeder jüdischen Hochzeitszeremonie in genau dem Moment wiederholt, in dem der Bräutigam den Schleier über das Gesicht seiner Braut zieht, wie einst Rebekah, als sie Jizchak zum ersten Mal von Angesicht zu Angesicht gegenüberstand: «Unsere Schwester, du werde zu tausend Myriaden, und es besitze dein Same das Tor seiner Hasser.»

Jizchak und Rebekah bekamen die Zwillingssöhne Esav und Jaakob. Während ihrer Schwangerschaft hatte Rebekah Gott einmal gefragt, weshalb die Kinder einander im Mutterleib so heftig stießen. Seine Antwort lautete: «Zwei Völker sind in deinem Leibe, und zwei Stämme aus deinem Schoße werden sich scheiden, und ein Stamm wird mächtiger als der andre, und der ältere wird dienen dem jüngeren.»

Der Ältere war Esav. Die Knaben wuchsen heran, und aus Esav wurde «ein jagdkundiger Mann, ein Mann des Feldes», aus Jaakob hingegen «ein schlichter Mann, wohnend in Zelten». Eines Tages kehrte Esav erschöpft und hungrig vom Feld zurück und bat Jaakob um Speis und Trank. Doch bevor ihm dieser etwas abgeben wollte, forderte er von Esav als Gegenleistung das Erstgeburtsrecht. Esav willigte ein: «Siehe, ich gehe zum Tode, und wozu da mir die Erstgeburt.» Doch Jaakob ließ ihn erst schwören, bevor er ihm «Brot und ein Gericht Linsen» vorsetzte. Esav aß, trank «und erhob sich und ging weg».

Später heiratete Esav die Töchter zweier Hethiter, die für Jizchak und Rebekah zeitlebens «ein Herzeleid» bleiben würden. Als Jizchak alt und seine Augen bereits «zu stumpf zum Sehen» geworden waren, rief er nach seinem älteren Sohn Esav, um ihn zu segnen. Rebe-

kah aber verleitete ihren Sohn Jaakob, Jizchak zu täuschen, damit
der Vater ihm anstelle von Esav den Segen erteilte. Und tatsächlich
merkte Jizchak nichts und sprach zu Jaakob: «Dienen werden dir
Völker und sich beugen dir Stämme; sei Herrscher ob deinen Brüdern und es beugen sich dir die Söhne deiner Mutter; die dir fluchen, seien verflucht, und die dich segnen, gesegnet!»

Als Esav den Betrug entdeckte und seinen Bruder deshalb töten
wollte, floh Jaakob aus dem Haus des Vaters zu seinem Onkel Laban.
Später heiratete er dessen Töchter Rachel und Leah, die er somit zur
dritten und vierten (und letzten) jüdischen Stamm-Mutter nach Sarah als erster und Rebekah als zweiter machte. Auch zwei Nebenfrauen nahm sich Jaakob, nämlich Rachel und Leahs Mägde Bilhah
und Silpah. Insgesamt hatte er mit den vier Frauen zwölf Söhne.

Rachel, im Judentum *Rachel Imenu*, «Unsere Mutter Rachel», genannt, ist die Mutter der Schmerzen, weinend ins Gebet um das jüdische Volk vertieft. Sie starb bei der Geburt von Jaakobs Sohn Binjamin. Ihre Grabstätte an der Straße von Jerusalem nach Efrat, dem
heutigen Bet-Lechem, wurde zu einer Pilgerstätte für Juden, Christen und Muslime gleichermaßen. Der Prophet Jirmejahu (Jeremias)
wusste von Rachel zu berichten: «Also spricht der Ewige: Eine Stimme der Klage wird zu Ramah gehört, bitterlich Weinen, Rachel
weint um ihre Kinder; sie verweigert es, sich trösten zu lassen um
ihre Kinder; denn sie sind dahin.» Juden glauben, dass Rachels Vortrefflichkeit Gott noch immer bewegen kann, das Wohl des jüdischen Volkes zum Guten zu wenden, vor allem das der jüdischen
Frauen. Seit byzantinischen Zeiten pflegen fromme Jüdinnen, die
kinderlos geblieben sind oder Kummer und Schmerzen haben, zu
Rachels Grabstätte zu pilgern und diese mit einem roten Faden, den
sie sich anschließend um Ellbogen oder Hals wickeln, zu umrunden,
in der Hoffnung, dass Rachels Vortrefflichkeit und die Heiligkeit ihres Grabes ihre eigenen Seelen durchdringen und ihr künftiges Leben bestimmen werden.

Jaakob – Abrahams Enkel – lebte weiterhin im Lande Kenaan, das Gott seinem Großvater versprochen hatte. Eines Tages prophezeite ihm sein Vater Jizchak: «Und Gott der Allmächtige wird dich segnen, und dich fruchtbar machen und dich mehren, dass du werdest zu einer Versammlung der Völker. Und wird dir geben den Segen Abraham's dir und deinem Samen mit dir, dass du besitzest das Land deines Aufenthaltes, das Gott gegeben dem Abraham.» Und Gott selbst sprach zu Jaakob: «Nicht Jaakob heiße fortan dein Name, sondern Jisrael.» So war er geboren, der Name, der den Juden von nun an zugehören würde, den Zwölf Stämmen Jisrael – den Nachkommen der zwölf Söhne Jaakobs. «Kinder Jisrael» waren sie, oder das «Haus Jisrael»; «Erez Jisrael» lautete der Name von Kenaan, dem Gelobten Land – und «Israel» schließlich auch der des 1948 gegründeten jüdischen Staates.

Dem eigenen Sohn einen Namen der zwölf Söhne Jaakobs zu geben war zu allen Zeiten populär unter Juden. Es sind dies nach den Söhnen Leahs: Reuben, Schimeon, Lewi, Jehudah, Jsachar und Sebulun; nach den Söhnen Rachels: Josef und Binjamin; nach den Söhnen Bilhahs (der Magd Rachels): Dan und Naftali; und nach den Söhnen Silpahs (der Magd Leahs): Gad und Ascher. Jedem Stamm in direkter Linie von diesen zwölf Söhnen sollte ein Teil von Erez Jisrael gehören, mit Ausnahme der Nachkommen des Lewi, denn diese waren dazu auserkoren, Gott zu dienen und die Lehren des Judentums an das jüdische Volk weiterzugeben.

Liebe Tante Fori,

einen seiner zwölf Söhne, nämlich Josef, liebte Jaakob mehr als die anderen, und weil seine Brüder das spürten, «hassten sie ihn und sie vermochten nicht, mit ihm freundlich zu reden». Als Josef eines Tages den Brüdern erzählte, es habe ihm geträumt, dass sich ihre Garbenbunde vor seinem Garbenbund verbeugten, wuchs ihr Hass

gegen ihn; und als er ihnen etwas später von einem neuerlichen
Traum berichtete, in dem sich sogar «die Sonne und der Mond und
elf Sterne» vor ihm verneigten, schalt ihn selbst der Vater und fragte
zornig, «sollen wir etwa kommen, ich und deine Mutter und deine
Brüder, um uns vor dir zu bücken zur Erde?».

Die Brüder beschlossen, Josef zu töten und seinen Leichnam in
eine Zisterne zu werfen. Aber Reuben, der Älteste, wollte kein Blut
vergießen und schlug deshalb vor, ihn einfach in die Zisterne zu werfen und ihn dort seinem Schicksal zu überlassen. Gesagt, getan. Dann
ließen die Brüder sich in der Nähe zum Essen nieder. Zum Glück
für Josef – und die jüdische Geschichte – kam just in dem Moment
«ein Zug Jischmaelim» vorbei. Da schlug Jehudah seinen Brüdern
vor, Josef zu verkaufen, anstatt ihn in der Zisterne sterben zu lassen:
«Sie brachten Josef heraus aus der Grube, und verkauften den Josef
an die Jischmaelim um zwanzig Silberstücke.»

Josef war zu dieser Zeit gerade einmal siebzehn Jahre alt. Dem
Vater erzählten die Brüder, dass er von einem wilden Tier gerissen
worden sei, und zeigten ihm zum Beweis Josefs Rock, den sie in das
Blut eines Ziegenbocks getaucht hatten. Die Kaufleute, die Josef erworben hatten, brachten ihn nach Ägypten und verkauften ihn weiter an Potifar, den Obersten der Palastwache des Pharaoh. Aber Gott
war mit Josef, denn «er war ein Mann, dem alles gelang», und Potifar, der ihn zum Verwalter seines Hauses bestellt hatte, vertraute ihm
alles an, was er besaß. Aber dann nahm das Unheil seinen Lauf: Potifars Frau wollte ihn verführen; immer wieder verweigerte sich Josef
ihr. Einmal fasste sie ihn «bei seinem Kleide und sprach: Lege dich
zu mir!», doch er entfloh so flink ihrem Gemach, dass sein Gewand
in ihrer Hand zurückblieb. Jetzt konnte sie sich endlich an ihm rä-
chen. Sie beschuldigte ihn, sie vergewaltigt zu haben, woraufhin Potifar ihn sofort in den Kerker des Königs bringen ließ. Josef, der den
Lockrufen von Potifars Frau widerstanden hatte, wurde später von
den Weisen der Beiname «der Gerechte» verliehen.

Aber Gott verließ ihn auch im Kerker nicht. «Der Kerkermeister
übergab in die Hand Josef's alle Gefangnen … alles was sie dort zu
tun hatten, durch ihn geschah es.» Unter diesen Gefangenen befanden sich auch der Mundschenk und der Bäcker des Pharaoh. Eines
Tages ließen sich beide einen Traum von Josef deuten. Dem Mundschenk erklärte Josef, dass er in drei Tagen vom Pharaoh wieder in
sein Amt eingesetzt, dem Bäcker jedoch, dass er in drei Tagen an
einem Baum aufgehängt werde. Dann wandte er sich an den Mundschenk: «Und nun, so du meiner eingedenk bleibst, wenn es dir
wohl ergeht, so mögest du mir doch Gnade erweisen, und meiner
gedenken bei Paraoh, dass du mich heraus bringst aus diesem Hause. Denn gestohlen bin ich worden aus dem Lande der Ibrim; und
auch hier hab' ich nichts getan, dass sie mich in diese Grube gesetzt.»

Und wirklich: Der Mundschenk wurde freigelassen und konnte
in den Palast zurückkehren, der Bäcker wurde gehängt. Was nun
aber Josefs Bitte betraf, so stellt die Hebräische Schrift lapidar fest,
dass der Mundschenk ihn vergaß. Zwei Jahre gingen ins Land. Eines
Tages hatte der Pharaoh einen verstörenden Traum: Sieben gesunde
Ähren an einem Halm wurden von sieben dünnen, vom Ostwind
verbrannten Ähren verschlungen. Kein Wahrsager oder Weiser
Ägyptens konnte diesen Traum deuten. Erst da erinnerte sich der
Mundschenk an Josef und seine Traumdeutungen, die sich alle be-
wahrheitet hatten, und erzählte dem Pharaoh davon. «Sie ließen ihn
eilen aus dem Kerker und er schor sich ab und wechselte die Kleider
und kam vor den Pharaoh.»

Josef deutete den Traum des Königs: Sieben Jahre lang werde
großer Überfluss in Ägypten herrschen, dann aber würden sieben
Jahre Hungersnot heraufziehen. Er riet dem Pharaoh, während der
sieben guten Jahre alles überflüssige Brotgetreide einzulagern, um es
in den sieben schlechten Jahren zur Verfügung zu haben, «auf dass
das Land nicht getilgt werde durch die Hungersnot». So beeindruckt

war der Pharaoh von Josefs Fähigkeiten, dass er ihn zum Herrn über
Ägypten machte: «Du sei über mein Haus, und durch deinen Mund
werde mein ganzes Volk gepflegt; nur um den Thron will ich größer
sein denn du.» Er streifte seinen Ring auf Josefs Hand «und ließ ihn
fahren in seinem zweiten Wagen und man rief vor ihm her: Ab-
rech!», das heißt: «Verneiget euch!»

Josef heiratete die Tochter eines Priesters und hatte mit ihr zwei
Söhne, «Menascheh, denn: vergessen ließ mich Gott mein Mühsal
und das ganze Haus meines Vaters», und «Ephrajim, denn: fruchtbar
machte mich Gott im Lande meines Elends». Seither, seit Tausenden
von Jahren, legen jüdische Väter am Sabbat die Hand auf den Kopf
des Sohnes und sprechen: «Mögest du sein wie Ephrajim und Menascheh» – mit einem Wort, möge der Sohn ein Segen für den Vater
sein.

Diese beiden ersten Enkel Jaakobs, Ephrajim und Menascheh, waren somit die ersten Juden, die in der Diaspora geboren wurden – in
jener Zerstreuung von zuerst nur einer einzigen Familie, dann eines
Stammes und schließlich eines ganzen Volkes, von der die jüdische
Geschichte bis heute geprägt ist.

Nach sieben Jahren kam eine Hungersnot über die gesamte Region, einschließlich Kenaan, so wie Josef es prophezeit hatte. Zehn
Brüder Josefs machten sich zum Kauf von Getreide auf den Weg nach
Ägypten, nur Binjamin blieb beim Vater Jaakob zurück. Die Brüder
hatten keine Ahnung, dass Josef am Leben war, geschweige denn,
dass er ein so hohes Amt bekleidete. Noch immer war er des Pharaoh Herr über Ägypten. In weiser Voraussicht hatte er reichlich Getreide lagern lassen und damit die schlimmste Hungersnot von
Ägypten abgewandt. Seine Macht war unermesslich. Als seine Brüder nun bei ihm eintrafen, um Getreide zu kaufen – er allein bestimmte über dessen Verteilung –, erkannte er sie, gab sich ihnen
aber nicht zu erkennen und beschuldigte sie der Spionage («die Blö-
ße des Landes zu sichten»). Doch nur einen von ihnen – seinen Bru-

der Schimeon – sperrte er ein, die anderen ließ er mit Brotgetreide und der Warnung versehen abziehen, dass er Schimeon nur in die Freiheit entlassen werde, wenn die Brüder mitsamt Binjamin zurückkehrten.

So reisten die Brüder also erneut nach Ägypten. Josef ließ ihnen ein Mahl richten und Schimeon holen, dann schickte er sie mit gefüllten Getreidesäcken des Weges. Zuvor hatte er jedoch heimlich seinen Silberkelch obenauf in Binjamins Getreidesack gelegt, also ließ er sie kurz nach ihrem Aufbruch wieder gefangen nehmen und beschuldigte Binjamin, den Becher gestohlen zu haben. Jehudah, der noch immer nicht begriffen hatte, dass er vor seinem Bruder Josef stand, flehte um Gnade und schwor, Binjamin habe den Becher sicher nicht gestohlen. Erst nach einer ganzen Weile fand Josef schließlich, dass er die Brüder genügend das Fürchten gelehrt hatte, und eröffnete ihnen zu ihrem maßlosen Erstaunen, wer er wirklich war. Aber er bat sie, sich nicht mehr «zu kränken», weil sie ihn einst verkauft hatten, «denn zur Lebenserhaltung hat Gott mich gesandt vor euch her». Seine Erleichterung, als er hörte, dass sein Vater Jaakob noch lebte, war grenzenlos.

Die Brüder übersiedelten auf Josefs Wunsch hin mit dem Vater und ihren eigenen Familien nach Ägypten. «Fürchte dich nicht vor dem Hinabziehen nach Mizrajim», sprach Gott zum alten Jaakob, «denn zu einem großen Volk werd' ich dich dort machen.» Der Pharaoh hieß die Neuankömmlinge willkommen und sprach zu Josef: «Das Land Mizrajim liegt offen vor dir, im Besten des Landes lass wohnen deinen Vater und deine Brüder …»

Viele Jahre lang – über drei ganze Generationen – siedelten die Juden in der ägyptischen Landschaft Goschen im Nildelta und führten dort ein gutes Leben: «Und die Kinder Jisrael waren fruchtbar und wimmelten und mehrten sich und wurden mächtig über die Maßen sehr, und das Land ward ihrer voll.» Das hätte das Ende der jüdischen Geschichte sein können, hätte Gott (oder das Schicksal oder der Lauf der Geschichte) nicht eine ganz andere Zukunft für die Juden vorgesehen.

Doch davon will ich dir in meinem nächsten Brief berichten.

Liebe Tante Fori,

vergangene Woche erzählte ich dir, dass die Juden in Ägypten allen Grund hatten, zufrieden mit ihrem Leben zu sein. Doch dann, so berichtet die Tora, «erstand ein neuer König über Mizrajim, der von Josef nichts wusste» und sein Volk aufhetzte: «Siehe, das Volk der Kinder Jisrael ist zahlreicher und stärker als wir.» Dieser Pharaoh, vermutlich Ramses II. (1290-1223 v. d. Z.), zwang die Kinder Jisrael zu harter Sklavenarbeit und ließ sich von ihnen die ägyptischen Städte Pitom und Ramses bauen. Doch je mehr er sie unterdrückte, umso schneller schienen sie sich zu mehren.

Im Hebräischen werden Sklaven auch als *habiru* bezeichnet. Ein von Pharaoh Meruepta (1223-1214 v. d. Z.) erlassenes Dekret spricht von «den Habiru, welche Steine tragen für den großen Pylon der großen Stadt Ramses». Einige Forscher glauben, dass dieses Wort die Wurzel des Begriffs Hebräisch/Hebräer ist.

Die Hebräische Schrift berichtet weiter, wie die Ägypter den Juden das Leben nun «durch harte Arbeit in Lehm und in Ziegeln, und in allerart Dienst auf dem Felde» zur Qual machten. Schließlich entschied der Pharaoh, die jüdische Bevölkerung zu dezimieren und dem Fortbestand der Kinder Jisrael Einhalt zu gebieten, indem er seinem Volk die drastische Maßnahme befahl, jeden neu geborenen jüdischen Knaben zu töten. Sein Erlass war deutlich: «Jeglichen neugeborenen Sohn sollet ihr in den Fluß werfen, aber jegliche Tochter erhaltet am Leben.»

Verzweifelt versuchten jüdische Mütter, diesem grausamen Befehl zu entkommen. Einer Frau namens Jochebed gelang es, ihr Kind – einen Urenkel Jaakobs, in der Linie seines dritten Sohnes Lewi –

nach der Geburt drei Monate lang zu verstecken. Doch «da sie ihn nicht ferner verbergen konnte, nahm sie für ihn ein Schifflein von Rohr und verstrich es mit Harz und Pech, und tat hinein den Knaben und setzte es in das Schilf am Ufer des Flusses».

Der Säugling war Moscheh. Mirjam, seine Schwester, blieb in der Nähe des Ufers, um abzuwarten, was mit ihm geschehen würde. Da sah sie, dass die Tochter des Pharaoh, die im Nil ein Bad nehmen wollte, das «Schifflein» entdeckt hatte und es sich von ihrer Magd bringen ließ. Sie «öffnete es und sah das Kind, und siehe, ein weinender Knabe! Und sie erbarmte sich sein und sprach: Von den Kindern der Ibrim ist dieses.»

Da lief die junge Mirjam zur Tochter des Pharaoh und fragte, ob sie zu den Ibrim gehen solle, um eine Amme für das Kind zu finden. Die Prinzessin bejahte, und Mirjam holte schnell Moschehs Mutter, die von der Tochter des Pharaoh dann beauftragt wurde: «Nimm dieses Kind und säuge mir's, und ich werde dir deinen Lohn geben.» So kam es, dass die eigene Mutter das Kind wieder zu sich nehmen und stillen konnte. Doch als er zu einem Knabe herangewachsen war, musste sie ihn der Tochter des Pharaoh zurückbringen, die ihn als ihren Sohn annahm und «Moscheh» nannte, die ägyptische Bezeichnung für «Sohn».

Dieser glückliche Überlebende des königlichen Zorns sollte nun zu einer der größten Figuren der Geschichte werden, von Juden Moscheh Rabbenu, «unser Meister Moscheh», genannt. Dem schrecklichen frühen Tod entgangen, lebte er als ägyptischer Prinz im Palast der Tochter des Pharaoh. Eines Tages aber ging er «zu seinen Brüdern und sah ihre Lastarbeiten», und als er beobachtete, wie ein Ägypter einen Juden fast zu Tode prügelte, tötete er den Übeltäter und verscharrte ihn im Sand. Der Pharaoh erfuhr davon und forderte Moschehs Tod, doch der konnte seinen Häschern in das entfernte Land Midjan entkommen. Dort begab es sich, dass er den sieben Töchtern des Priesters Re'uel zu Hilfe eilte, als diese die Schafe und

Ziegen ihres Vaters tränken wollten und beim Wasserschöpfen von Hirten verjagt wurden. Aus Dankbarkeit gab der Priester Moscheh seine Tochter Ziporah zur Frau. Sie gebar ihm einen Sohn. Moscheh nannte ihn: «Gerschom, denn er sprach: Ein Gast bin ich in fremdem Lande.»

Der Pharaoh starb, doch auch unter seinem Nachfolger – wahrscheinlich Meruepta – mussten die Juden in Ägypten weiter Sklavenarbeit verrichten. Eines Tages sah Moscheh, der noch immer in Midjan lebte, Flammen aus einem Dornbusch emporschlagen, ohne dass der Busch verbrannte, und hörte die Stimme Gottes aus dem Busch zu ihm sprechen: Er wisse um das Elend seines Volkes in Ägypten und sei «herabgekommen, es zu retten aus der Hand Mizrajim's und es hinaufzuführen aus diesem Lande in ein gutes und geräumiges Land, in ein Land, fließend von Milch und Honig …» Moscheh sollte das Volk leiten: «Und nun, komme, dass ich dich sende zu Pharaoh, und führe mein Volk, die Kinder Jisrael, aus Mizrajim.»

Moscheh aber protestierte: «Bitte, Herr, ich bin kein Mann von Reden, weder seit gestern, noch seit vorgestern, noch seitdem du redest zu deinem Knechte, denn schwer von Mund und schwer von Zunge bin ich.» Manche Bibelforscher betrachteten dies als Hinweis, dass Moscheh stotterte; wahrscheinlicher scheint jedoch, dass sich Moscheh einfach nur nicht für einen eloquenten Redner hielt – denn immerhin konnte er den Kindern Jisrael später in der Wüste ja in aller Ausführlichkeit und ohne jedes überlieferte sprachliche Problem den Willen Gottes übermitteln.

Gott schlug Moscheh daher vor, sich von seinem älteren Bruder Aharon, «der reden kann», helfen zu lassen. Zu diesem Zeitpunkt war Moscheh bereits achtzig und Aharon dreiundachtzig Jahre alt, doch Gott schien das offenbar nicht von Bedeutung: «Siehe, ich setze dich zum Gott über Pharaoh, und Aharon dein Bruder wird dein Prophet sein.» Da stand ihnen wahrlich keine leichte Aufgabe bevor. Durch sein Sprachrohr Aharon drängte Moscheh den Pharaoh also:

«Entlasse mein Volk …», doch der Pharaoh weigerte sich. Gott aber hatte andere Pläne für die Juden und sprach zu Moscheh: «Mizrajim soll erfahren, dass ich der Ewige bin, wenn ich meine Hand ausstrecke gegen Mizrajim und die Kinder Jisrael hinwegführe aus ihrer Mitte.»

Die erste Demonstration der göttlichen Macht war höchst eindrucksvoll: Aharon nahm den Stab, den Gott Moscheh gegeben hatte, und warf ihn vor den Pharaoh – da verwandelte das Holz sich in eine Schlange. Sofort taten es ihm die Weisen und Zauberer des Pharaoh gleich, doch Aharons Otter verschlang deren Getier sogleich. Aber «das Herz Pharaoh's blieb hart» und er weigerte sich nach wie vor, die Kinder Jisrael ziehen zu lassen. Da schickte Gott Moscheh erneut zum «verstockten» Pharaoh, aber als dieser wieder nicht nachgeben wollte, beschloss er, schreckliche Plagen über die Ägypter kommen zu lassen. Die moderne Forschung hält es für denkbar, dass es die Folgen einer gewaltigen Überflutung des Nil waren. Die erste Plage verseuchte jedenfalls alle Flüsse und Wasserstellen Ägyptens: «Und die Fische, die im Flusse, starben und der Fluss ward faul, und die Mizrajim vermochten nicht Wasser zu trinken aus dem Flusse.» Wieder konnten die ägyptischen Weisen und Zauberer es ihm gleichtun, und wieder blieb das Herz des Pharaoh hart.

Welche Plage auch folgte, der Pharaoh weigerte sich, die Kinder Jisrael ziehen zu lassen: Aharon streckte den Stab über die Gewässer aus, woraufhin Frösche das ganze Land bedeckten; er schlug mit dem Stab in den Staub, und Mücken setzten sich auf Mensch und Vieh; dann kam Ungeziefer über die Häuser der Ägypter; eine schwere Pest über Pferde, Esel, Kamele, Schafe, Rinder, Ziegen; dann «Grind, der in Blattern ausschlägt», über Mensch und Vieh; schwerer Hagel prasselte unter zuckenden Blitzen auf das Land; Heuschrecken überfielen ganz Ägypten und fraßen «alles Kraut der Erde, alles, was der Hagel übrig gelassen»; Finsternis legte sich drei Tage über das Land, «aber bei allen Kindern Jisrael war Licht in ihren Wohnsitzen».

Nach jeder Plage versprach der Pharaoh erneut, die Kinder Jisrael ziehen zu lassen, und jedes Mal brach er sein Versprechen. Wieder einmal hätte die jüdische Geschichte hier ihr Ende finden können – ein unversöhnlicher Pharaoh und ein Volk, für das es keinen Ausweg aus der Sklaverei zu geben schien. Doch wie du nächste Woche lesen wirst, sollte die letzte Plage sogar dem mächtigsten Pharaoh zu viel sein.

Liebe Tante Fori,

als auch die neunte Plage nichts bewirkt hatte, schickte Gott die, wie sich erweisen würde, letzte über das Land: Alle erstgeborenen Ägypter sollten sterben. Noch bevor diese Drohung verwirklicht wurde, begannen die Kinder Jisrael überstürzt, ihren Auszug aus dem Land vorzubereiten, entschlossen, sich einem weiteren Sinneswandel des Pharaoh nicht mehr zu beugen. Da sie nicht einmal genügend Zeit hatten, um das Brot für den Weg auszubacken, konnten sie nur ungesäuerte Brotfladen mitnehmen, flach und trocken wie die Matze, die Juden bis heute während des einwöchigen Pessachfestes zubereiten. Ich frage mich, Tante Fori, ob du dich noch an die Matze deiner Jugendjahre erinnerst?

Gott trug den Kindern Jisrael auf, für jedes jüdische Haus ein Lamm zu schlachten und dessen Blut als Zeichen des Schutzes an den Türpfosten zu verstreichen. «… und ich werde über euch wegschreiten, und es wird euch keine verderbliche Plage treffen, wenn ich im Lande Mizrajim schlage.» So entstand der Name *Pessach* («Vorüberschreiten») für das Fest, das wir in Erinnerung an den Exodus feiern. Während die letzte Plage über Ägypten kam und sich die Kinder Jisrael auf ihren Auszug vorbereiteten, sprach Gott zu Moscheh und Aharon: «Und dieser Tag sei euch zum Angedenken, und ihr sollt ihn feiern als Fest dem Ewigen; bei euern Geschlechtern sollt ihr als ewige Satzung ihn feiern.»

Unter den Tausenden ägyptischen Erstgeborenen, die nun ums Leben kamen, befand sich auch der älteste Sohn des Pharaoh. Noch in derselben Nacht ließ der entsetzte König nach Moscheh und Aharon rufen: «Machet euch auf, ziehet fort aus meinem Volke, so ihr, so die Kinder Jisrael, und gehet, dienet dem Ewigen, wie ihr geredet.» Dann fügte er sicherheitshalber hinzu: «Und segnet mich auch.»

Gott aber führte das Volk der Juden nicht den nahen Weg «in das Land der Pelischtim», sondern über einen Umweg «durch die Wüste am Schilfmeer».[5] Kaum hatten die Juden das Meer erreicht, änderte der Pharaoh seine Meinung wieder und ließ sechshundert Streitwagen anspannen, um sie einzuholen. Als sich die ägyptische Streitmacht näherte, streckte Moscheh «seine Hand aus gegen das Meer». Das Wasser teilte sich und die Juden zogen trockenen Fußes hindurch zum Ostufer: «Und das Wasser war ihnen eine Mauer zur Rechten und zur Linken.»

Einer Rabbi Tarfon aus dem 2. Jahrhundert n. d. Z. zugeschriebenen Überlieferung zufolge hatte nur ein einziger Sohn des Volkes Jisrael, nämlich Nachschon, das Oberhaupt des Stammes Jehudah, genügend Gottvertrauen, um dem Aufruf Moschehs blind zu folgen und seinem Stamm voran in die Fluten zu steigen, noch bevor sich das Meer teilte und bewiesen war, dass Gott ihnen tatsächlich helfen würde. Einer anderen Version zufolge wagte sich der Stamm Binjamin als erster ins Meer und erzürnte damit den Stamm Jehudah so sehr, dass dessen Leute Binjamins Stamm wütend mit Steinen bewarfen.

Kaum hatten die Kinder Jisrael das Meer durchschritten, setzten ihnen jedenfalls die Ägypter durch die trockene Schneise nach. Da streckte Moscheh seine Hand erneut über das Meer, das Wasser flutete zurück und die Ägypter ertranken. Die Hebräische Schrift hält fest: «Und Jisrael sah Mizrajim tot am Ufer des Meers.» Der Geschichte des Auszugs aus Ägypten und der Flucht durch das Schilfmeer gedenken jüdische Familien in aller Welt alljährlich beim Pessachfest – zur Erinnerung an den entscheidenden Moment der Befreiung ihres Volkes und an den Beweis, dass sich Gott um das Wohlergehen der Kinder Jisrael sorgt. In einem späteren Brief werde ich dir mehr über das Pessachfest schreiben.

Die Geschichte von der Teilung des Meeres wird am siebenten Tag des Pessachfests erzählt. Besonders fromme Juden pflegen an diesem Tag Wasser über die Fußböden ihrer Häuser und Wohnungen zu schwemmen, um zur Feier des Pessachwunders hindurchzuwaten. In den Synagogen wird das Lied vom Sieg Moschehs gesungen, das erste, aber bei weitem nicht einzige, mit dem Juden seit biblischen Zeiten ihre Gefühle zum Ausdruck bringen:

«Singen will ich dem Ewigen, denn mit Hoheit hat er sich erhoben; Ross und Reiter hat er geschleudert ins Meer»:

Mein Sieg und mein Sang ist Jah, er war meine Rettung.
Der Ewige ist ein Mann des Krieges, der Ewige – das ist sein
    Name.
Wagen Pharaoh's und seine Macht hat er geschleudert ins Meer,
    und der Ausbund seiner Wagenkämpfer wurde versenkt ins
    Schilfmeer.
Fluten bedeckten sie; sie fuhren hinunter in die Tiefen
    gleichwie ein Stein ...
Du führst mit deiner Gnade das Volk; du leitest es mit deiner
    Macht zur Wohnung deines Heiligtums ...
Bis du sie gebracht und eingepflanzt hast auf den Berg deines
    Eigentums, die Stätte, die zu deinem Sitze du gemacht,
    Ewiger, das Heiligtum, Herr, das deine Hände eingerichtet.
Der Ewige wird König sein immer und ewig!

Das «Heiligtum» war natürlich der Tempel und die «Stätte» Jerusalem. Es sollte eine sehr lange Reise werden.

Liebe Tante Fori,

ist es nicht ein ungewöhnlicher Gedanke, dass Moscheh bereits in seinen Achtzigern war, als er mit den Kindern Jisrael die über vierzig Jahre während Wanderschaft durch die unwirtliche Wüste Sinai antrat? Es waren gewiss vierzig äußerst «lange» Jahre, wenn man bedenkt, dass sich Zeit unter bestimmten Bedingungen unendlich hinziehen kann. Geht man davon aus, dass es sich beim «Schilfmeer» tatsächlich um das Rote Meer handelte, dann schlugen sie sich vermutlich zuerst entlang der Westküste der Halbinsel Sinai (an der heutigen ägyptischen Öl-Stadt Abu Rudeis vorbei) und dann weiter von Oase zu Oase die Ostküste entlang durch.

Doch «das Volk murrte wider Moscheh», gleich von Beginn ihrer Wanderschaft an. Zum ersten Mal empörte es sich, weil das Wasser in einer Oase zu bitter war, um es zu trinken. Verzweifelt wandte sich Moscheh an Gott, der ihm daraufhin ein Stück Holz wies, das er ins Wasser werfen sollte, damit es süß werde. Dann versprach er ihm: «Wenn du hörst auf die Stimme des Ewigen, deines Gottes, und, was recht ist in seinen Augen tust, und neigst dein Ohr seinen Geboten und beobachtest all seine Satzungen: keine der Krankheiten, die ich auf Mizrajim gelegt, werde ich auf dich legen, denn ich der Ewige bin dein Arzt.»

Aber schon in der nächsten Oase beschwerten sich die Kinder Jisrael wieder und klagten: «Wären wir doch gestorben durch die Hand des Ewigen im Lande Mizrajim, da wir saßen am Fleischtopfe, da wir Brot aßen zur Genüge; denn ihr habt uns herausgeführt in diese Wüste, diese ganze Versammlung zu töten durch Hunger.» Und wieder erfuhr Moscheh Gottes Hilfe: Brot würde am Morgen vom Himmel regnen und «das Volk soll hinausgehen und sammeln den täglichen Bedarf an seinem Tage, damit ich es prüfe, ob es wandeln wird nach meiner Unterweisung, oder nicht». Des Abends werde sogar für Fleisch gesorgt sein. Tatsächlich kamen am Abend «Wachteln herauf und bedeckten das Lager», und am Morgen bedeckte

Brot wie Tau den Boden. «Und das Haus Jisrael nannte seinen Namen: *Man*; und es war wie weißer Koriandersamen, und schmeckte
wie Kuchen mit Honig.»

Der dritte Aufstand begab sich im Lager bei der Oase Refidim im
nordöstlichen Sinai, wo es gar kein Wasser mehr zu trinken gab.
Zornig rief Moscheh zu Gott: «Was soll ich mit diesem Volke machen?», und Gott erwiderte, er möge mit seinem Stab «auf den Felsen schlagen und es wird Wasser herauskommen, dass das Volk trin-
ke». Und so geschah es. Doch während die Kinder Jisrael in der Oase
lagerten, kam der wegen seiner Grausamkeit besonders gefürchtete
Stamm Amalek «und stritt gegen Jisrael». Moscheh forderte Jehoschua auf, Männer auszuwählen, die mit ihm gemeinsam gegen
Amalek kämpfen würden, dann stieg er mit Aharon und einem Juden namens Chur «auf das Haupt des Hügels». Jedes Mal wenn
Moscheh nun seine Hand erhob, siegte Jisrael, und immer wenn er
sie ruhen ließ, «siegte Amalek ob». Schließlich aber triumphierte Jehoschua, und Gott sprach zu Moscheh: «Schreibe das zum Andenken in das Buch, und lege in die Ohren Jehoschua's, dass ich rein
auslöschen will das Gedächtnis Amalek's unter dem Himmel.»

Nun fand Gott, dass es an der Zeit sei, den Kindern Jisrael ein
Versprechen zu geben, das die Beziehung zwischen ihm und dem
Volk der Juden für alle Zeiten bestimmen sollte. Drei Monate nach
dem Auszug aus Ägypten erreichten sie einen Berg in der Wüste Sinai, und Gott sprach zu Moscheh, er solle hinaufsteigen, damit er
durch ihn den Kindern Jisrael dann verkünden kann: «Ihr habt ge-
sehn, was ich an Mizrajim getan, und wie ich euch getragen auf Ad-
lerflügeln und euch gebracht habe zu mir. Und nun, wenn ihr höret
auf meine Stimme und meinen Bund haltet: so sollet ihr mir sein ein
Eigentum aus allen Völkern …»

Mit diesen Worten erwählte Gott, wie es im Zweiten Buch der
Tora geschrieben steht, die Kinder Jisrael also zu seinem «Eigentum»
– und was diese Wahl zu bedeuten hatte, sollte zu allen Zeiten heftig

debattiert werden. Waren die Juden Gottes Eigentum, um ihm zu dienen? Um andere zu beherrschen? Um anderen ein Beispiel an Güte und Gerechtigkeit zu sein? Ging es überhaupt um Herrschen und Dienen? Nein, erklärten uns die jüdischen Weisen, nicht um das Herrschen, sondern allein um das Dienen und darum, einen solchen Dienst – an Gott wie am Menschen – als ein besonderes Privileg zu erkennen.

Dieses Konzept des Dienens, die Vorstellung also, Gott auf eine besondere, ja in der Tat einzigartige Weise dienstbar sein zu müssen, gründet sich auf das historische Moment der Weisung – auf die Gebote, die Gott Moscheh auf dem Berge offenbarte und die die Grundregeln der jüdischen Ethik und des jüdischen Gesetzes festlegten. Gott rief Moscheh zu sich: «Komme herauf zu mir auf den Berg und bleibe dort; und ich werde dir geben die Tafeln von Stein, mit der Lehre und dem Gebote, das ich geschrieben, sie zu belehren.» Und Moscheh «war auf dem Berge vierzig Tage und vierzig Nächte», aber als er herabstieg, fand er die Kinder Jisrael um ein «gegossenes Kalb» versammelt vor, «sich zu belustigen».

Während seiner Abwesenheit hatte sich Aharon, Moschehs eigener Bruder, vom Volk überreden lassen, aus dem Goldschmuck der Kinder Jisrael das Götzenbildnis eines Kalbes zu gießen. Als Moscheh nun die Juden um das Kalb tanzen sah, zerschmetterte er die «zwei Tafeln des Zeugnisses ... beschrieben mit dem Finger Gottes» am Fuße des Berges, packte das gegossene Kalb, verbrannte es im Feuer, zerstampfte es zu Staub und verstreute die Asche in der Quelle, die vom Berge floss. Am nächsten Morgen ging Moscheh erneut auf den Berg und bat Gott, die Sünde von seinem Bruder Aharon und den Söhnen Jisrael zu nehmen. Doch Gott erwiderte: «Wer gegen mich gesündigt hat, den werde ich auslöschen aus meinem Buche», und schickte Moscheh fort, «weil du ein hartnäckiges Volk bist», in dessen Mitte er nicht länger weilen wollte. Schließlich aber erbarmte er sich und kam als «Wolkensäule» vor den Eingang des Versammlungs-

zeltes herab. Und weil er sah, dass sich das Volk vor seinen Augen
niederwarf, sprach er zu Moscheh, dass es Gnade gefunden habe.
Dann hieß er ihn, zwei neue steinerne Tafeln zurechtzuhauen und
wieder auf den Berg zu steigen, damit er darauf noch einmal die
Worte schreiben konnte, «die auf den ersten Tafeln waren, die du
zerbrochen». Am nächsten Morgen stieg Moscheh auf den Berg, und
Gott schloss mit ihm einen Bund, zu dessen ersten Geboten zählte:
«Du sollst nicht anbeten einen anderen Gott.»

So ward den Juden unter anderem auch aufgetragen, nach sechs
Tagen Arbeit den siebenten Tag, den Sabbat, zu heiligen und Vater
und Mutter zu ehren, «damit deine Tage lang werden in dem Lande,
das der Ewige dein Gott dir gibt». Mit jedem Gebot wurden die
herrschenden Moralvorstellungen grundlegend verändert: «Du sollst
nicht morden. Du sollst nicht ehebrechen. Du sollst nicht stehlen.
Du sollst nicht zeugen wider deinen Nächsten als falscher Zeuge. Du
sollst nicht Gelüste tragen nach dem Hause deines Nächsten. Du
sollst nicht Gelüste tragen nach dem Weibe deines Nächsten …»

Auf diesen Zehn Geboten basieren alle moralischen Grundsätze,
die Juden aller Generationen seither einzuhalten bestrebt sind. Noch
über einhundert weitere Gesetze, die das Verhalten des Einzelnen
und der Gemeinschaft regeln – 125 finden sich im Zweiten Buch der
Tora (Exodus) –, offenbarte Gott durch Moscheh den Kindern Jisrael. Bis heute werden sie am Sabbat regelmäßig bei den entsprechenden Wochenabschnitten in den Synagogen aus der Tora verlesen. Alle restlichen der insgesamt 613 Gesetze, an die sich Juden
halten sollen, sind «nachmosaische», stammen also aus dem Dritten
und Fünften Buch der Tora (Leviticus und Deuteronomium).

Die Geschichte von Moscheh am Berge Sinai bietet ein interes-
santes Beispiel dafür, welche historischen Konsequenzen eine Fehlübersetzung haben kann. In der Hebräischen Schrift heißt es über
Moschehs Zustand nach seiner Begegnung mit Gott auf dem Berge:
«Die Haut seines Angesichts strahlte.» Das hebräische Wort für

«strahlen», *karan*, wurde bei der Arbeit an der christlichen Vulgata falsch als *keren*, «Horn», ins Lateinische übersetzt. Und auf genau dieser Fehlübersetzung basierte dann die christliche Darstellung des jüdischen Moscheh – später wurde sie allgemein auf Juden übertragen – als eines Gehörnten, als Träger des klassischen Zeichens für Hässlichkeit und Bösartigkeit. Michelangelos gehörnter Moscheh in der römischen Kirche von San Pietro in Vincoli ist natürlich dennoch ein Meisterwerk.

Während die Kinder Jisrael ihre Wanderschaft durch die Wüste fortsetzten, wuchs der Unmut gegen Moscheh und Aharon, weil nun viele fanden, sie nähmen sich zu viel heraus: «Warum erhebt ihr euch über die Versammlung des Ewigen?», fragten sie. Korach aus dem Stamme Lewi führte schließlich sogar einen Aufstand von «zweihundertundfünfzig Männer von den Kindern Jisrael, Fürsten von der Gemeinde, Berufene zur Versammlung, Männer von Namen» an, die Moscheh beschuldigten, «dass du uns heraufgeführt hast aus dem Lande, das von Milch und Honig fließt» – Ägypten –, um «uns in der Wüste zu töten». Denn bisher hätten sie weder Milch und Honig gesehen noch «ein Erbe an Feld und Weinberg».

Moscheh war über diesen Aufstand nicht weniger erzürnt als Gott. Er ließ die «Niederträchtigen» mitsamt ihren Familien versammeln, und «es öffnete die Erde ihren Mund und verschlang sie und ihre Häuser und alle Leute, die dem Korach gehörten und alle die Habe». Nun aber beschuldigte das Volk Moscheh und Aharon empört: «Ihr habt das Volk des Ewigen getötet», was Gott wiederum so zornig machte, dass er eine Seuche über sie kommen ließ. 14 700 von ihnen, so steht es geschrieben, starben, aber Aufstände gab es keine mehr, jedenfalls nicht in der nächsten Zeit.

Noch eine Geschichte aus den Jahren in der Wüste zeigt, auf welch vielfältige Weise Gott strafen konnte – und, wie mein Rabbi Hugo Gryn immer gern zu sagen pflegte, welch trockenen Humor er hat. Eines Tages während der Wanderschaft nahm sich Moscheh «ein kuschisches Weib», eine Schwarze aus Äthiopien, zur Frau. Sowohl Mirjam als auch Aharon lehnten diese Verbindung ab. Da beschloss Gott, Mirjam ihrer intoleranten Haltung wegen zu strafen und ihre Haut noch weißer zu machen, als sie ohnedies war: «Siehe, da ward Mirjam aussätzig, wie der Schnee.» Sieben Tage musste sie außerhalb des Lagers im verschlossenen Zelt ausharren; erst nachdem sich Moscheh bei Gott für sie eingesetzt hatte, wurde sie wieder gesund.

Die Gotteslade, die die Kinder Jisrael auf ihrer Wanderschaft durch die Wüste immer mit sich trugen, wird in der *Onkeles Targum* – der im 2. Jahrhundert n. d. Z. angefertigten Übersetzung der Hebräischen Schrift ins Aramäische – *Schechina* genannt, «das Verweilen» der göttlichen Gegenwart unter den Menschen. Dieser Begriff leitet sich aus dem hebräischen Verb *schachan* ab, «bewohnen», entsprechend Gottes Wort zu Moscheh: «Und sie sollen mir machen ein Heiligtum, dass ich wohne in ihrer Mitte», und dorthin all ihre «Hebe bringen»: «Gold und Silber und Kupfer; und purpurblauenes und purpurrotes und karmesinfarbenes Garn, und Byssus und Ziegenhaare; und rotgefärbte Widderfelle und Tachaschfelle und Akazienholz. Öl zur Beleuchtung, Gewürze zum Salböl und zum Räucherwerk von Spezereien …» Verwahrt wurde diese «Lade der ewigen Satzung» vom Priester Aharon und seinen Söhnen im «Vorbild der Wohnung», dem Stiftszelt.

Auch alle vier Söhne Aharons wurden noch zu dessen Lebzeiten Priester. Zwei von ihnen, Nadab und Abihu, erregten nach einem Vorfall im Stiftszelt jedoch den Zorn Gottes und mussten sterben – sie hatten in ihren «Rauchpfannen» Räucherwerk entfacht und «brachten vor den Ewigen unheiliges Feuer, das er ihnen nicht geboten».

Nach vierzig Jahren erreichten die Kinder Jisrael schließlich die Steppe von Moab am Ostufer des Jarden, wo sie endlich das Land erblickten, das Gott Abraham und seinen Nachkommen versprochen hatte.

Da hieß der König von Moab den Propheten Bileam, das Volk

Jisrael zu verfluchen. Bileam aber segnete es: «siehe da ein Volk, abgesondert wohnt es, unter die Völker lässt es sich nicht rechnen … Nicht schauet man Verwerfliches in Jaakob, und siehet nichts Eitles in Jisrael.» Bileam erklärte: «Alles, was der Ewige reden wird, werde ich tun», dann sprach er die Worte, die künftig jeder Jude sprechen würde, der eine Synagoge betritt: «Wie schön sind deine Zelte, Jaakob, deine Wohnungen Israel», und prophezeite: «es tritt hervor ein Stern aus Jaakob und entsteht ein Stab aus Jisrael und durchbohrt die Seiten Moab's und zerschmettert die Söhne Schet's. Und Edom wird Eroberung … Doch Jisrael tut Mächtiges.»

Während der gesamten Wanderjahre hatte Moscheh sein Volk gedrängt, Gottes Gesetze einzuhalten, dem Glauben nicht abzuschwören und zuversichtlich an die Existenz des Gelobten Landes zu glauben. Geschützt in ihrer Lade waren die Gebote Gottes mit ihnen gereist. Schließlich kam sie an einen Hügel, von dem aus das Tote Meer und im Westen die Berge von Jehudah zu sehen waren – jene hügelige Landschaft um Chebron, in welcher Abraham viele Generationen zuvor gelebt hatte und gestorben war.

In diesem letzten Jahr der Wanderschaft starb Aharon im Alter von 123 Jahren. Seine beiden Söhne Nadab und Abihu hatten, wie du weißt, Gottes Zorn erregt und deshalb sterben müssen; nun konnten nur noch seine Söhne Elasar und Itamar, die sich im Stiftszelt offenbar immer angemessen verhalten hatten, die priesterliche Erbfolge gewährleisten. Bevor Aharon starb, übergab er seine Gewänder seinem Sohn Elasar und bestimmte ihn zu seinem Nachfolger im Priesteramt.

Nach jüdischer Tradition setzt sich die Priesterschaft bis zum heutigen Tage in direkter Nachfolge von Aharon fort, nämlich durch die Cohanim, oder Cohen, die Angehörigen der Priestersippe. Und diese haben offenbar nicht nur die priesterlichen Synagogenrituale seit biblischen Zeiten weitergegeben – jüngste genetische Forschungen haben anhand von DNA-Proben nachgewiesen, dass sich siebzig Prozent der heute lebenden Cohen, zweieinhalbtausend Jahre nach

Aharon, sogar ein identisches Gen teilen. Im Laufe der Zeit entstanden viele Abwandlungen dieses Namens, etwa Cohn, Kahan, Kagan, Kohn oder Kun – wie Béla Kun, der 1919, als du ein junges Mädchen warst, die kommunistische Revolution in Ungarn anführte. Ich frage mich, ob du irgendwelche Erinnerungen an jene dramatischen Tage in Budapest hast, als ein Jude fast den Kommunismus über deine Heimat ausgerufen hätte.

Liebe Tante Fori,
mein letzter Brief endete mit der Zeit, in der die Kinder Jisrael nach vierzigjähriger Wanderschaft durch unwirtliche Wüsten endlich das Ostufer des Toten Meeres erreichten.

Doch während sie sich nun dem Gelobten Land näherten, begann das Volk «zu buhlen mit den Töchtern Moab's». Und nachdem ein Sohn Jisrael seinen Brüdern vor den Augen Moschehs eine Midjaniterin zugeführt hatte (mehr als vierzig Jahre zuvor hatte Moscheh selbst eine Midjaniterin geheiratet), rief Gott in seinem Zorn zu Moscheh: «Nimm alle Häupter des Volkes und lass sie hängen vor dem Ewigen ... dass die Zornglut des Ewigen sich wende von Jisrael.» Aharons Enkel Pinchas kam dieser göttlichen Strafaktion zuvor: Er erstach den Mann und die Midjaniterin mit seiner Lanze, woraufhin Gott Moscheh versprach, Gnade vor Recht walten zu lassen, weil Pinchas seinen «Grimm abgewendet» habe. Dennoch forderte er von den Söhnen Jisrael, an den Midjanitern Rache zu üben. Also stellte Moscheh ein Heer zusammen – eintausend Männer aus jedem der Zwölf Stämme, darunter Pinchas, «die heiligen Geräte und die schmetternden Trompeten in seiner Hand». Sie töteten alle Männer, einschließlich der fünf Könige Midjans, brannten deren Siedlungen nieder und brachten Moscheh «die Gefangenen, und den Raub und die Beute ins Lager», zu der auch, wie die Hebräische Schrift akribisch verzeichnet, 675 000 Schafe zählten. Moscheh befahl seinem Heer: «Und nun tötet alles Männliche unter den Kindern und jedes Weib, die einen Mann erkannt durch Beischlaf, tötet! Und alle Kinder unter den Weibern, die nicht erkannt den Beischlaf eines Mannes, lasset leben für euch.»

Die letzte Schlacht am Ende der Wanderschaft durch die Wüsten war geschlagen. In den «Steppen Moab am Jarden von Jerecho» forderte Gott schließlich von Moscheh, den Kindern Jisrael ins Gewissen zu reden. Und dort, mit Blick auf den tiefsten Punkt der Erde (er liegt heute wie zu biblischen Zeiten rund vierhundert Meter unter dem Meeresspiegel), vermittelte Moscheh den Kindern Jisrael noch einmal Gottes Wort:

«So ihr hinüberziehet über den Jarden ins Land Kenaan. So sollt ihr austreiben alle Bewohner des Landes vor euch, und sollt vernichten all ihre Bildsäulen, und all ihre Bilder von Gusswerk sollt ihr vernichten, und all ihre Höhen sollt ihr zerstören. Und ihr sollt austreiben (die Bewohner) des Landes und sollt darin wohnen: denn euch habe ich das Land gegeben, es zu besitzen. Und ihr sollt das Land unter euch verteilen nach dem Lose nach euren Geschlechtern ...»

Bevor Moscheh noch einmal alle Gesetze wiederholte, sprach er die Worte, die im Zentrum eines jeden jüdischen Gottesdienstes stehen und bis heute von jedem orthodoxen Juden mehrmals am Tag rezitiert werden – das *Schema*: «Höre Israel, der Ewige ist Gott, der Ewige ist einzig. Darum sollst du den Ewigen, deinen Gott, lieben mit ganzem Herzen, mit ganzer Seele und mit ganzer Kraft ...»

Dann hielt er seine letzte Rede vor den Kindern Jisrael. In allen Einzelheiten erläuterte und bekräftigte er noch einmal sämtliche Gebote und Verbote, die sie in der Wüste Sinai empfangen und die eine in jenen gewalttätigen und gesetzlosen Zeiten völlig neue Ethik begründet hatten. So erklärte er zum Beispiel: «Verflucht sei, der irreführt einen Blinden auf dem Wege», oder «verflucht sei, der Bestechung nimmt, ums Leben zu bringen eine Person unschuldigen Blutes».

Moscheh sprach mit großer Eindringlichkeit, denn er wusste, es war nicht selbstverständlich, dass sich das Volk an die geschriebenen Gesetze halten würde: «Ich kenne deine Widerspenstigkeit und deine Hartnäckigkeit», sprach er zu den Priestern (allen Zweigen Lewi), «siehe, indem ich noch lebend unter euch heute bin, waret ihr widerspenstig gegen den Ewigen euren Gott, wie viel mehr nach meinem Tode?» Und pessimistisch fuhr er fort: «Denn ich weiß, nach meinem Tode, wenn ihr ausartet und weichet von dem Wege, den ich euch geboten, so wird euch das Unglück treffen in der Folge der Tage; wenn ihr das Böse in den Augen des Ewigen tut, ihn zu kränken durch das Tun eurer Hände.»

Nach einem letzten flehentlichen Appell an die Kinder Jisrael, Gott zu dienen und all seine Gesetze zu befolgen, beschwor Moscheh das Volk, sich immer bewusst zu bleiben, dass Gott allein ihr Retter war: «Heil dir, Jisrael! Wer ist dir gleich? Volk, siegend durch den Ewigen, deines Heiles Schild …»

Moscheh machte sich auf den Weg durch die Steppen von Moab zum Gipfel des Berges Nebo, wo Gott ihn das Gelobte Land erblicken ließ, vom Jarden im Westen über das Mittelmeer in rund fünfunddreißig Kilometer Entfernung bis zur «Palmenstadt» Jerecho weit jenseits des Jarden im Norden. Und noch einmal versprach Gott: «Dies ist das Land, das ich zugeschworen Abraham, Jizchak und Jaakob, sprechend: deinem Samen will ich es geben …» Doch was Moscheh selbst betraf, so erklärte ihm Gott nun: «Ich habe es dich sehen lassen mit deinen Augen, aber hinübergehen sollst du nicht.»

Dann starb Moscheh. Er war hundertzwanzig Jahre alt geworden. Bis heute wünschen sich Juden ein langes Leben mit den Worten: «Mögest du hundertzwanzig werden.» Also hast du, Tante Fori, mindestens noch dreißig Jahre vor dir. Obwohl, zu besonders verehrungswürdigen Menschen wie dir pflegen wir zu sagen: «Mögest du leben, bis der Messias kommt.»

Liebe Tante Fori,

in diesem Brief wird es um jenen historischen Moment gehen, als eine Gruppe von Wanderstämmen – die Kinder Jisrael – ihre Wanderschaft beendete und einen Flecken Erde fand (nicht viel größer als Wales oder Massachusetts), auf dem sie zu einem geeinten Volk werden und nationale Institutionen gründen konnten – erstmals in dieser biblischen Zeit, das nächste Mal erst wieder in ferner Zukunft, als du und ich längst geboren waren.

Moschehs Tod wirkte sich zwar nicht negativ auf die jüdische Nationenbildung aus, aber er fehlte den Kindern Jisrael sehr, nachdem er sie so lange und mit solcher Entschlossenheit geführt hatte. Die Hebräische Bibel verzeichnet: «Und die Kinder Jisrael beweinten Moscheh in den Steppen Moab dreißig Tage.» Seither gelten dreißig Tage als Trauerperiode nach dem Tod eines Juden. Unter allen Persönlichkeiten aus biblischen Zeiten oder der späteren jüdischen Geschichte ist Moscheh die von Juden am innigsten verehrte, alle anderen überragende Leitfigur. Wenn ein frommer Jude seinen Sohn Moscheh (oder Moses, Moische, Moise) nennt, bringt er damit seinen Wunsch zum Ausdruck, dass dieser einmal ein aufrechtes Leben im Dienste seines Volkes führen wird.

Der nun bevorstehende grundlegende Umwandlungsprozess der jüdischen Geschichte – das Bemühen um eine rasche Nationenbildung – wurde von der Trauer um Moscheh nicht gebremst, denn unmittelbar nach der Trauerzeit zogen die Juden unter Führung von Jehoschua in das Gelobte Land ein.

Doch in dem von Gott versprochenen Land lebten bereits andere Stämme, darunter die Amoriter, Ammoniter, Jebusiter und Keniter, die sich den Juden in den Weg stellten. Die erste Stadt, die den Kindern Jisrael – unter den Klängen von Posaunen – in die Hände fiel, war Jerecho. Nur Schritt für Schritt, und nach vielen Schlachten im Laufe der rund zweihundert folgenden Jahre zwischen 1250 und 1000 v. d. Z., konnten die Stämme Jisrael das Land Kenaan erobern.

Trotz aller Gewalt, die aufgewendet werden musste, um Kenaan in Besitz zu nehmen, ließen sich die Juden nun zu einem friedlichen ländlichen Leben nieder, glücklich, ihre Schafe zu weiden, ihre Felder zu beackern, und immer hoffend, von ihren Nachbarn in Frieden gelassen zu werden. Was sie von diesen unterschied, war ihr Glaube an den Einzigen Gott, aus dem sie bereits während ihrer Jahre in Ägypten Kraft gezogen und den sie im Laufe ihrer vierzigjährigen Wanderschaft durch die Wüste gefestigt hatten. Die von Moscheh übermittelten Gesetze Gottes waren ihr Leitfaden; die Geschichte des Exodus war ihre Inspiration; der Sabbat der Tag, an dem sie sich auf das Gebet konzentrierten und von der Arbeit ruhten; und die Gotteslade das Zentrum ihrer Frömmigkeit. Ihr Glaube an den Einen, den Ewigen Gott sollte jahrhundertelang das einzigartige Merkmal des Judentums bleiben, über all die Zeiten hinweg, in denen sich weit größere und mächtigere Gruppen in dieser Region vieler Götter rühmten, viele beeindruckende goldene Götzenbilder anbeteten und sich vieler schöner Tempel für ihre religiösen Rituale bedienten.

Liebe Tante Fori,

während der ersten zweihundert Jahre in Kenaan wurden die Kinder Jisrael nicht – wie ihre sämtlichen Nachbarn – von Soldaten oder Königen regiert, sondern von Richtern, die unter den Führern der zwölf Stämme ausgewählt wurden. Von einem dieser Richter – sein Name war Jair – heißt es in der Hebräischen Schrift: «Er hatte dreißig Söhne, die auf dreißig Füllen ritten und dreißig Städte hatten sie.» Jair herrschte zweiundzwanzig Jahre lang. Sogar eine Richterin, die Prophetin Deborah, trat die Regentschaft an.

In jener Zeit der Richter war das Leben der Kinder Jisrael ständig durch benachbarte Stämme bedroht. Auch Jabin, König von Kenaan, stellte eine Gefahr dar. Eines Tages beauftragte Deborah daher den führenden Heerführer Jisraels namens Barak (zu dem Zeitpunkt, da ich dies niederschreibe, sowohl der Name des gegenwärtigen Ministerpräsidenten als auch des Obersten Bundesrichters Israels), gegen Jabins Heeresfürsten Sisra zu Felde zu ziehen. Barak war nur unter der Bedingung bereit, dass Deborah ihn begleite.

Und so geschah es. Deborah gab Barak das Signal zum Angriff: «Auf, denn dies ist der Tag, da der Ewige den Sisra in deine Hand gegeben.» Sisras Armee verfügte über neunhundert eiserne Streitwagen, Barak über keinen einzigen. Doch dafür hatte er Deborah zur Seite, und die ersann nun eine kluge Strategie: Sie hatte festgestellt, dass im nahe gelegenen Flusstal des Kischon das Wasser über die Ufer getreten war, und also sorgte sie dafür, dass Sisras Streitwagen dort stecken blieben. Sein Heer war besiegt. Deborah und Barak kehrten mit einem Triumphlied über ihren Sieg zum Volk zurück: «Vom Himmel herab stritten sie, die Sterne aus ihren Bahnen stritten mit Sisra. Der Fluss Kischon raffte sie ...»

Es war ein totaler Sieg: «Und das ganze Lager Sisra's fiel durch die Schärfe des Schwertes. Es blieb auch nicht einer übrig.» Sisra selbst war in das Zelt Jaels, der Frau eines Keniters, geflohen. Durstgeplagt nach der Schlacht und seiner Flucht bat er sie um Wasser. Die Hebräische Schrift berichtet: «Sie öffnete den Milchschlauch, und ließ ihn trinken, und deckte ihn zu.» Dann, kaum war Sisra eingeschlafen, ergriff Jael «den Zeltnagel und tat den Hammer in ihre Hand und trat zu ihm leise, und stieß den Nagel in seine Schläfe und er drang in die Erde; er aber lag betäubt, und ward ohnmächtig und starb.»

In ihrem Triumphlied erinnerten Deborah und Barak an jeden einzelnen Moment von Jaels Tat, auch an den letzten: Sie «hämmert auf Sisra, schlägt ihm das Haupt, und zerschellt und durchbohrt seine Schläfe!» Es endet mit den Worten: «So mögen untergehen all deine Feinde, Ewiger! Aber seine Freunde, wie der Aufgang der Sonne in ihrer Herrlichkeit.» Für die Kinder Jisrael folgten nach dem Sieg über Sisra «vierzig Jahre Ruhe».

Später sollten sich mit anscheinend unabwendbarer Regelmäßig-
keit Krieg und Frieden abwechseln, und dieses Auf und Ab bestimmte das Leben der Kinder Jisrael – nicht anders als das all der anderen
Stämme, die in jenen Jahren ihre Nationen in der Region begründeten, welche wir heute den Nahen Osten nennen. Ihre Kriege waren
grausam, und Friede, wenn es ihn denn einmal gab, ein kostbares Gut.

Liebe Tante Fori,
    inzwischen waren die Kinder Jisrael also im Gelobten Land ange-
kommen, und für den Moment herrschte dort Friede. Über die
Schafherden, Haine, Obstgärten, Gemüse- und Kornfelder, Süßwas-
serquellen und Städte (ähnlich den kleinen Dörfern im hügeligen
Südfrankreich und Italien) wachten Juden, einander durch ihren un-
verbrüchlichen Glauben an den Einen Gott verbunden, der in der
jüdischen Liturgie der Gott Abrahams, Jizchaks und Jaakobs genannt
wird.

    Das Leben inmitten so vieler kriegerischer und konkurrierender
Nationen blieb allerdings gefährlich, und der Gott der Kinder Jisrael
war ein Gott, der nicht nur belohnte, sondern auch strafte. So berichtet die Hebräische Bibel zum Beispiel, dass die Kinder Jisrael,
nachdem sie fortfuhren, «das Böse in den Augen des Ewigen zu tun»,
von Gott vierzig Jahre lang «in die Hand der Pelischtim» (Philister)
gegeben wurden. Die Pelischtim waren ein kriegerischer Rest der so
genannten Seevölker, die sich aus Ägypten kommend am südlichen
Teil der Mittelmeerküste dieser Region niedergelassen und Asah
(Gaza) zu ihrer Hauptstadt gemacht hatten. Damals, als die Pelischtim Macht über die Söhne Jisrael hatten, beschloss ein junger Jude
namens Schimschon, die Unabhängigkeit seines Volkes zurückzuer-
obern.

    Seine erste militärische Expedition unternahm er in die Küsten-
stadt Aschkelon, wo er dreißig Soldaten der Pelischtim tötete. Bei

einer seiner nächsten Schlachten tötete er dann bereits tausend Männer mit «eines Esels frischen Kinnbacken» als Waffe. Doch dann verliebte er sich in Delilah aus dem Volk der Pelischtim, und die sollte ihn prompt hintergehen. Auf ihr drängendes Flehen hin – durch die Oper, die Saint-Saëns im 19. Jahrhundert über ihren Verrat und ihre Treulosigkeit schrieb, können wir es noch immer vernehmen – verriet Schimschon ihr das Geheimnis seiner Kraft: sein Haar, das er zu «sieben Locken» geflochten trug, weshalb es niemals geschoren werden durfte. Während er schlief, rief Delilah «die Fürsten der Pelischtim» und ließ sein Haar scheren.

Die Pelischtim ergriffen Schimschon, stachen ihm die Augen aus, brachten ihn nach Asah «und banden ihn mit ehernen Ketten, und er trieb die Mühle im Gefängnisse». Eines Tages fesselten sie ihn zu ihrer Belustigung zwischen zwei Säulen. Sämtliche Fürsten der Pelischtim waren gekommen, um sich das Spektakel anzusehen, «und auf dem Dach an dreitausend Männer und Weiber, die den Tanz Schimschon's ansahen». Sie ahnten nicht, dass mit Schimschons Haar auch seine Kraft wieder zu wachsen begonnen hatte.

Schimschon erflehte von Gott genügend Stärke, um Rache für den Verlust seines Augenlichts nehmen zu können, dann sammelte er all seine Kräfte, umschlang die beiden Säulen und stemmte sich dagegen. Das Haus stürzte ein und begrub ihn unter sich, aber zugleich fiel es «auf die Fürsten und auf alles Volk, das darin. Und es waren der Toten, die er bei seinem Tode getötet, mehr, denn die er bei seinem Leben getötet.»

So wurden die Kinder Jisrael also aus dem Joch der Pelischtim befreit, doch es sollte nicht lange dauern, bis sie einander in einem grausamen Bruderkrieg zu bekämpfen begannen. An einem einzigen Tag, so steht es geschrieben, töteten die Söhne Jisrael «fünfundzwanzigtausendeinhundert» Männer aus dem Heer des Stammes Binjamin. Anschließend griffen wieder die Pelischtim an, siegten und verschleppten die Gotteslade in ihre Küstenstadt Aschdod.

Sieben Monate lang hielten die Pelischtim die Lade Gottes in ihrem Besitz. Während dieser Zeit erkrankten Tausende von ihnen – die Hebräische Bibel erwähnt, woran: «Feuchtbeulen». Hunderte starben. Verzweifelt versuchten die Pelischtim in Aschdod dem Fluch der Krankheit zu entkommen, indem sie die Gotteslade in ihre Stadt Gat brachten, aber auch dort erkrankten die Menschen und starben zu Hunderten an der Beulenpest.

In ihrer Verzweiflung gaben die Pelischtim die Gotteslade schließlich zurück. Doch nach all den Jahren ihrer Knechtschaft unter den Pelischtim hatten die Kinder Jisrael sich allmählich anderen Göttern zugewandt – wie schon einmal, als sie rund zweihundert Jahre zuvor am Fuße des Berges Sinai das Goldene Kalb angebetet hatten. Mit dem dringenden Appell, wieder zu Gott dem Ewigen zurückzukehren, versammelte der Prophet Schemuel das Volk in Mizpah, in den Hügeln von Schomron, und sprach zu ihnen: «Wenn ihr mit eurem ganzen Herzen zu dem Ewigen zurückkehret, so schaffet weg die fremden Götter aus eurer Mitte und die Aschtarot; und richtet euer Herz zum Ewigen und dienet ihm allein, dass er euch rette aus der Hand der Pelischtim.»

Schemuels Appell hatte Erfolg. Als die Pelischtim zum Kampf anrückten, «wurden sie geschlagen vor Jisrael». Anschließend rückten die Stämme Jisrael von Mizpah aus vor, verfolgten und schlugen sie, und «die Hand des Ewigen war über die Pelischtim alle die Tage Schemuel's».

Als Schemuel alt geworden war, setzte er seine Söhne als Richter über Jisrael ein. Doch sie besaßen bei weitem nicht seine Statur und Weisheit: Sie «neigten sich nach dem Gewinne und nahmen Bestechung und beugten das Recht».

Das waren schlechte Tage für die Kinder Jisrael, und es wurde ihnen langsam bewusst, dass sie ein besseres Regierungssystem brauchten. Also wandten sie sich an Schemuel und forderten, das Richtersystem abzuschaffen, nach dem sie so lange regiert worden waren, und stattdessen einen König einzusetzen, «der uns Recht spreche, wie all die Völker haben».

Schemuel hielt wenig von dieser Idee, denn Gott galt bislang stets als der einzige König, den die Kinder Jisrael haben konnten. Kein Sterblicher durfte seinen Platz einnehmen. Aber der Druck des Volkes war beträchtlich, denn es wusste, dass das Königtum ein zentrales Element im Nationenverständnis der Nachbarvölker war, und auch die Juden wollten endlich eine Nation und nicht nur eine Konföderation von Stämmen sein.

Schließlich gab Schemuel dem Druck der Öffentlichkeit nach. Schaul aus dem Stamme Binjamin wurde zum ersten König erwählt. Schemuel «nahm den Ölkrug und goss auf sein Haupt und küsste ihn und sprach: Hat dich nicht gesalbt der Ewige zum Fürsten über sein Erbe?»

In späteren Jahrhunderten sollten christliche Nationen wie Frankreich und England in Anlehnung an das biblische Konzept des Juden Schemuel ihre Könige ebenfalls «von Gottes Gnaden» salben.

Liebe Tante Fori,

mein letzter Brief führte uns in die Zeit des ersten Königs der Stämme Jisrael und zum Beginn der Ära des jüdischen Königreichs. Schaul, dessen Regentschaft ungefähr 1029 v. d. Z. einsetzte, brachte dem Land Jisrael großen Wohlstand, obwohl er sich mit kaum etwas anderem beschäftigte, als Krieg gegen die benachbarten Pelischtim und Amalekiter zu führen.

Eines Tages aber widersetzte sich Schaul einer Anordnung von Schemuel, indem er das Leben seines Gefangenen Agag, des Königs der Amalekiter, verschonte, obwohl Schemuel – nach Gottes Weisung, alle Amalekiter auszulöschen – Agags Tod und den seines ganzen Viehs befohlen hatte. Erzürnt über Schauls Verweigerung ließ Schemuel Agag direkt zu sich bringen, um ihn eigenhändig zu töten.

Agag ging heiteren Schrittes auf ihn zu: «Fürwahr, gewichen ist das Bittere des Todes.» Aber Schemuel erwiderte: «Wie dein Schwert Weiber der Kinder beraubt hat, so sei kinderberaubt vor Weibern deine Mutter!» Mit diesen Worten hieb er «den Agag in Stücke vor dem Ewigen in Gilgal». Schaul, der Mann, den Schemuel einst selbst «eingesetzt zum Könige über Jisrael», durfte ihm niemals wieder unter die Augen treten.

Das Volk Jisrael galt seit eh und je als aufsässig und widerspenstig, was es ja sogar in jenen gefährlichen Zeiten bewiesen hatte, als es von Moscheh aus Ägypten durch die Wüste geführt wurde. Und ein solcher Charakterzug lässt sich nicht so einfach abstreifen, wenn überhaupt.

Unter den Höflingen Schauls befand sich ein Schäferjunge und Musiker namens Dawid aus dem Stamme Jehudah, geboren in Bet-Lechem und dazu ausersehen, eine ganz besondere Rolle in der jüdischen Geschichte zu spielen. Tatsächlich war er von Schemuel bereits zum Nachfolger Schauls erkoren worden, als er noch seine Schafe hütete und den häufig schwermütigen König mit seiner Musik erfreute.

Nachdem Dawid bei einem einzigen Kampf den riesigen Pelischti Goljat besiegt hatte, wurde er zu Schauls Waffenträger und später seinem Heerführer ernannt. Er heiratete Schauls Tochter Michal und pflegte eine besonders enge Freundschaft zu dessen Sohn Jehonatan. Doch Schauls Geist verfinsterte sich zusehends, bis er schließlich sogar mehrere Versuche unternahm, Dawid zu töten.

Aus reinem Selbsterhaltungstrieb floh Dawid den Hof und das Land Jisrael, um Schutz bei den Pelischtim zu suchen. Er bot diesen sogar an, mit ihnen gegen Schaul zu Felde zu ziehen, doch die Pelischtim wussten nicht, was sie von einem solchen Vorschlag halten sollten, und sorgten dafür, dass er dem Schlachtfeld fernblieb.

Im einundzwanzigsten Jahr seiner Herrschaft wurde Schaul im Kampf getötet, nicht ohne zuvor Zeuge des Todes seiner drei Söhne geworden zu sein, unter ihnen auch Jehonatan. «Und es geschah am folgenden Tage, da kamen die Pelischtim, auszuziehen die Erschlagenen, und fanden Schaul und seine drei Söhne Gefallen auf dem Berge Gilboa. Und sie schnitten ihm den Kopf ab, und zogen ihm seine Rüstung aus, und schickten im Lande Pelischtim herum, die Botschaft zu verkünden in ihrem Götzenhause und dem Volke.» Die Leichname Schauls und seiner Söhne «schlugen sie an die Mauer von Bet Schan». Sobald die Juden von Jabesch Gilead davon hörten, liefen sie durch die Nacht zu der Stelle, nahmen die Leichen ab und begruben sie. Danach fasteten sie sieben Tage. Die Hebräische Schrift nennt sie «tüchtige Männer».

Als Dawid vom Tode Schauls und dessen Söhnen erfuhr, sah er über die Versuche des Königs hinweg, ihn umzubringen, und hob zu einer Totenklage an – eines jener Lieder entstand, die auf so wunderbare Weise zu der Erhabenheit der biblischen Geschichte beitragen:

Dein Schmuck, o Jisrael, liegt auf deinen Höhen erschlagen.
  Wie sind gefallen die Helden!
Verkündet es nicht in Gat, bringet die Botschaft nicht in die
  Straßen von Aschkelon, dass nicht sich freuen der Pelischtim
  Töchter, dass nicht jubeln die Töchter der
  Unbeschnittenen …
Schaul und Jehonatan, die geliebten und holden in ihrem Leben,
  auch in ihrem Tode waren sie nicht getrennt; mehr denn
  Adler waren sie schnell, mehr denn Löwen stark.
Töchter Jisrael, um Schaul weinet, der euch gekleidet in Purpur
  samt herrlichem Schmuck, der goldnen Schmuck zog über
  euer Kleid.
Wie sind gefallen die Helden im Kriege, Jehonatan auf deinen
  Höhen erschlagen …
Wie sind gefallen die Helden, und sind dahin des Krieges
  Geräte!

Nach Schauls Tod wurde Dawid König. Aber diese Geschichte muss auf den nächsten Brief warten.

Liebe Tante Fori,

was kann man über König Dawid schreiben – er war ein Gigant der jüdischen Geschichte, eine biblische Figur und für Juden doch immer ein Mann aus Fleisch und Blut, ein leidenschaftlicher, äußerst sensibler Mensch, wenn auch keineswegs ohne Fehl und Tadel!

Zuerst akzeptierten nicht alle Stämme Jisrael Dawid als ihren Herrscher. Nach einer Weile brach deshalb sogar ein Bruderkrieg zwischen seinem Haus und dem Hause Schaul aus. Doch «Dawid ward immer stärker; und das Haus Schaul wurde immer schwächer». Nach einer Menge Blutvergießen errang Dawid schließlich den Sieg und wurde in Chebron von den Ältesten zum König über ganz Jisrael gesalbt. Das geschah ungefähr im Jahre 1005 v. d. Z.; Dawid war damals dreißig Jahre alt.

Von Anbeginn seiner Regentschaft an leistete Dawid Großes. Er begründete eine gerechte und effektive Verwaltung, tat «Recht und Gebühr seinem ganzen Volke», strukturierte das Heer um, führte neue Waffen ein und brachte seinen Soldaten «die goldnen Schilde, die den Knechten Hadadesers gehörten», nach Jerusalem. An der Spitze seines Heeres vertrieb er die Pelischtim aus Erez Jisrael und besiegte im Osten des Landes die Moabiter.

Sein Kampf gegen die Aramäer zog sich allerdings länger hin. Schon bald nach seiner Thronbesteigung tötete sein Heer in einer Schlacht bei Damaskus zweiundzwanzigtausend Aramäer, und «Aram ward dem Dawid zu Knechten, die Geschenke brachten». Später sollte Aram erneut gegen Dawid zu Felde ziehen, aber diesmal war Dawid der endgültige Sieg sicher: «Und Aram floh vor Jisrael, und Dawid erschlug von Aram siebenhundert Wagen und vierzigtausend Reiter.»

Nun herrschte Dawid auch über Damaskus, und bald erstreckte

sich sein Herrschaftsgebiet nach Osten bis zum Euphrat, nicht weit entfernt von dem Ort, von dem aus sein Vorfahr Abraham, der Patriarch der Juden, die erste Reise der jüdischen Geschichte angetreten hatte.

Sieben Jahre regierte Dawid Jehudah von Chebron aus, der Stadt, in der Abraham begraben lag. Dann zog er mit seinem Heer «gegen den Jebusi» auf der Feste Zion (Jerusalem), welche seit der Eroberung Kenaans durch die Jebusiter eine Enklave im Territorium von Jisrael gewesen war. Er nahm die Feste ein, «nannte sie Stadt Dawid's» und machte sie zu seinem Hauptsitz. Durch ihre Lage inmitten von mehreren Hügeln war sie von weitem nicht sichtbar; im Osten war sie durch das tiefe Kidron-Tal geschützt und im Südwesten durch das Hinnom-Tal – jenem einstigen «Höllental», in dem (zu selbst für Dawid uralten Zeiten) dem Moloch Kindesopfer dargebracht worden waren.

Als Erstes holte David nun die Gotteslade nach Jerusalem, dann verkündete er, dass seine Stadt, die noch niemals einem der zwölf Stämme gehört hatte, auch künftig unabhängig bleiben sollte – ähnlich wie man es später für Washington in den USA, Canberra in Australien und Islamabad in Pakistan beschließen sollte.

Von da an konzentrierte Dawid seine ganze Energie auf den Bau von Mauern um die Feste und die Errichtung von Steinhäusern innerhalb dieser Mauern. Er kaufte einer Jebusiterin einen Dreschboden am höchsten Punkt der Stadt ab und entschied, dass an dieser Stelle der Tempel errichtet werden sollte, um der Gotteslade als Heimstatt zu dienen, dem Zentrum des jüdischen Glaubens.

Vierzig Jahre lang war Dawid König von Jisrael. Schon in den ersten Wochen seiner Regentschaft hatten sich seine Verbündeten beeilt, ihm Präsente zu schicken. Chiram, der König von Zor an der Küste des heutigen Libanon, sandte «Zedernhölzer, Holzbehauer und Mauersteinbauer», die Dawid «ein Haus bauten». Aber König Dawid war nicht nur ein großer Heerführer und Verwalter, sondern

auch ein begnadeter Dichter. Sein dichterischer Nachlass, die Psalmen, werden bis heute in Ehren gehalten. In der Stunde der Not
pflegen Juden einander zu sagen: «Wart' nicht auf Wunder, sprich
lieber Psalmen!»

Anatoli Scharanski, dessen Wunsch, nach Israel auszuwandern,
ihm in den 1970er Jahren lange Einzelhaft in einem sowjetischen Gefängnis eingebracht hatte – die ganze jüdische Welt setzte sich für
seine Freilassung ein –, erzählte später, dass sein einziger Trost ein
dünner Band mit den Psalmen gewesen sei, den er trotz aller Feindseligkeiten seiner russischen Wärter bei sich behalten durfte.

Während Dawids Soldaten damit beschäftigt waren, die Ammoniter zu bekämpfen, verliebte sich der König in Bat Scheba, eine ver-
heiratete Frau: Eines Abends, da er nicht einschlafen konnte, beobachtete er «ein badendes Weib vom Dache aus, und das Weib war sehr
schön von Gestalt». Sofort ließ Dawid Nachforschungen anstellen. Er
erfuhr, dass es sich um die Frau «Urijah's, des Chitti» handelte. Dessen
ungeachtet ließ er sie zu sich bringen und «lag bei ihr». Bald darauf
meldete sie Dawid: «Ich bin schwanger.» Dawid schickte nach Urijah
und befahl ihm, gegen die Ammoniter zu kämpfen, nicht jedoch ohne
ihm ein Schreiben an seinen Befehlshaber Joab mitzugeben: «Stelle
den Urijah vorn in die Nähe des stärksten Kampfes, und ziehet euch
hinter ihm weg, dass er geschlagen wird und stirbt.»

Obwohl Joab den Befehl nicht ausdrücklich befolgte und Urijah
an eine Stelle in die Schlacht schickte, wo er «tapfere Männer da-
selbst» wusste, fiel Urijah neben vielen anderen Soldaten Dawids.
Bat Scheba war frei, und Dawid konnte sie heiraten. Doch Gott strafte ihn für sein falsches Spiel und ließ sein Kind mit Bat Scheba am
siebenten Tage sterben; außerdem warnte er ihn, dass das Schwert
nie wieder von seinem Hause weichen würde.

Diese Warnung sollte sich bald bewahrheiten. Abschalom, Dawids
ältester Sohn aus einer früheren Ehe, lehnte sich gegen den Vater
auf. Nur unter größten Schwierigkeiten gelang es Dawids Heerfüh-

rer Joab, den Aufstand niederzuschlagen. Abschalom wurde getötet: Sein Haar verfing sich in den Zweigen einer Terebinthe, als er mit seinem Maultier unter ihr hindurchritt. Da nahm Joab «drei Dolche» und stieß sie «in das Herz Abschalom's, da er noch lebte», dann warfen ihn die Soldaten im Wald in ein großes Loch und errichteten darüber einen Steinwall. Als man Dawid die Nachricht überbrachte, war er so verzweifelt, dass er sich wünschte, anstelle seines Sohnes tot zu sein: «Mein Sohn Abschalom, o mein Sohn, mein Sohn Abschalom», weinte er, «wer gäbs, dass ich an deiner statt gestorben wäre, Abschalom, mein Sohn, mein Sohn!»

Erst da verstand Dawid wirklich, wie kostbar Leben ist. Das Echo der Worte, die er vor seinem eigenen Tod an Gott richtete, klang durch alle Zeitalter: «Denn Fremdlinge sind wir bei dir und Beisassen gleich all unseren Väter, wie ein Schatten sind unsere Tage auf Erden, unaufhaltsam.»

Nach Abschaloms Tod wurde Dawids Sohn Adonijah von dessen Mutter Chaggit zum Anwärter auf den Thron erklärt, wofür sie sich die Unterstützung des Heerführers Joab und des Priesters Ebjatar gesichert hatte. Doch Adonijah hatte einen Konkurrenten, nämlich Schelomoh (Salomo), den Zweitgeborenen von Bat Scheba und Dawid, dem die Unterstützung des Propheten Natan sicher war. Noch zu Lebzeiten des bereits altersschwachen Dawid brach ein heftiger Streit um die Nachfolge aus. Dawid aber übergab Schelomoh seinen Thron: «Er soll König sein an meiner Statt.»

Als Dawid um 965 v.d.Z. starb, kam Schelomoh dem letzten Wunsch des Vaters nach und rächte sich an den Ränkeschmieden um den Thron. Joab und Adonijah wurden getötet, Ebjatar ins Exil geschickt.

Es waren gewalttätige Zeiten, doch das königlich dynastische Erbe war gesichert – was in der Zukunft noch von großer Bedeutung sein sollte. Denn wo immer Juden in den kommenden Jahrhunderten von anderen Völkern – Babyloniern, Griechen, Rö-

mern – versklavt wurden, hofften sie auf den Messias, und *Maschiach*
bedeutet «Gesalbter», ein von Gott gesandter, gesalbter König, der
sie aus der Unterdrückung erretten würde und nur ein direkter
Nachkomme des Königs Dawid sein konnte. Die Verfasser des Neu-
en Testaments, die sich dieser Überzeugung des Judentums sehr bewusst waren, betonten genau deshalb, dass Jesus ein direkter Nachkomme von König Dawid gewesen sei. Nun, sogar der Königin
Victoria – Queen Empress von Indien in der Zeit, in der sich «deine» Nehru-Familie ihren Namen zu machen begann – legte man
einen Stammbaum vor, welcher ihre direkte Abstammung von König Dawid nachwies.

Liebe Tante Fori,
König Dawid war tot. Doch die Erinnerung an den «schönen Sän-
ger Jisraels» wurde von allen kommenden jüdischen Generationen
wach gehalten. Unter der Herrschaft seines Sohnes Schelomoh reichte das jüdische Imperium von Asah – der einstigen Hauptstadt der
Pelischtim und dem heutigen Hauptsitz der Palästinensischen Autonomiebehörde (Gaza) – bis zum Euphrat, dem östlichen Grenzgebiet des heutigen Syrien, das Dawid erobert hatte. Alle Königreiche,
die Schelomoh besiegte, «brachten Geschenke, und dienten dem
Schelomoh all die Tage seines Lebens». Auch mit dem ägyptischen
Pharaoh schloss er ein Bündnis, heiratete dessen Tochter und «brachte sie in die Stadt Dawid's». Ihre Mitgift war die einstige Pelischtim-
Stadt Geser, auf dem Weg zwischen Jerusalem und der Küste gelegen, deren sämtliche Bürger der Pharaoh nach ihrer Einnahme
umgebracht hatte.
Schelomohs Gaben waren beträchtlich: «Gott gab Weisheit dem
Schelomoh, und sehr große Einsicht, und ausgebreitete Erkenntnis,
wie der Sand am Ufer des Meers.» Ein berühmtes Beispiel seiner
Weisheit war eine Begebenheit mit zwei Frauen – «Buhlweiber»

nennt sie die Hebräische Bibel –, die zur gleichen Zeit Söhne geboren hatten und nun, nachdem einer der Säuglinge gestorben war,
jeweils behaupteten, die Mutter des lebenden Kindes zu sein. Schelomoh hörte sich ihre Geschichten an, dann ließ er sich ein Schwert
bringen und sprach: «Haut das lebende Kind entzwei, gebet die
Hälfte der einen, und die Hälfte der anderen.» Doch nur eine der
Frauen flehte, das Kind lieber der anderen zu überlassen, als es zu
töten. Da wusste Schelomoh, wer die echte Mutter war, und ließ
ihr das Kind übergeben: «Und als ganz Jisrael hörte den Ausspruch,
den der König getan, da fürchteten sie sich vor dem Könige; denn
sie sahen, dass die Weisheit Gottes in ihm sei, Recht zu üben.»

Schon früh in seiner Regentschaft sorgte Schelomoh für Frieden
und schloss ein Bündnis mit Chiram, dem König von Zor im Norden, welcher daraufhin in unbegrenzten Mengen Zedern- und Zypressenholz aus dem Libanon schickte, damit Schelomoh Häuser erbauen konnte, wie es ihm beliebte, allem voran den lange ersehnten
Tempel. Im Gegenzug ließ Schelomoh dem Chiram Jahr für Jahr
«zwanzigtausend Kor Weizen zur Nahrung für sein Haus, und zwanzig Kor Öl von gestoßenen Oliven» zukommen.

In Jerusalem begann Schelomoh mit den Steinquadern und dem
Zedern- und Zypressenholz aus dem Libanon einen herrlichen Palast zu bauen, in dem sich auch die «Halle des Thrones befand, woselbst er richtete». Den großen Hof umgab er mit gewaltigen Mauern. Das prächtigste Gebäude allerdings war der Gotteslade
zugedacht: Auf dem Dreschboden, den sein Vater Dawid viele Jahre
zuvor erstanden hatte, errichtete Schelomoh auf einem hohen Fundament den Tempel.

Zuerst gebot er, «dass sie große Steine brachen, schwere Steine,
das Haus zu gründen, behauene Steine». Die eigentlichen Bauarbeiten setzten dann im vierten Jahr seiner Regentschaft ein, beinahe
fünfhundert Jahre (vierhundertachtzig, um genau zu sein) nachdem
Moscheh die Kinder Jisrael aus Ägypten geführt hatte. Während der

Arbeiten daran sprach Gott zu Schelomoh: «Dieses Haus, das du baust – wenn du wirst nach meinen Satzungen wandeln, und wirst meine Rechte tun, und wirst wahren all meiner Gebote, nach ihnen zu wandeln: so werde ich aufrecht halten mein Wort an dir, das ich geredet zu Dawid, deinem Vater. Und ich werde thronen unter den Kindern Jisrael und werde nicht verlassen mein Volk Jisrael.»

Es dauerte sieben Jahre, bis Schelomoh den Tempel fertig gestellt hatte. Die Goldverschalungen, Steinmetzarbeiten, Holzschnitzereien und Ornamente waren beeindruckend. Unter den unendlich vielen Details, die die Hebräische Schrift hierzu überliefert, werden zum Beispiel «vierhundert Granatäpfel zu den beiden Gittern» aufgezählt, Lilien bekrönten die Säulen, zwölf Rinder umgaben ein ornamentales Meer, und allenthalben waren vergoldete «Cheruben, Palmen und Blütengehänge» zu sehen. Ich «habe gebaut das Haus dem Namen des Ewigen», sprach Schelomoh, «und habe dort eine Stelle gemacht für die Lade worin der Bund des Ewigen».

Auch ein starkes Heer stellte Schelomoh auf, zu dem außer einer Infanterie eine Kavallerie mitsamt Streitwagen gehörte. In den 1960er Jahren entdeckte man bei Ausgrabungen auf der Festungsruine Megiddo (Harmageddon) am Rande des Jesreel-Tals einen Stall von gewaltigen Ausmaßen, mit Platz für vierhundertfünfzig Pferde. Und mit einer neuen Flotte begründete Schelomoh außerdem einen höchst profitablen Seehandel von den Mittelmeerhäfen und der südlichsten Stadt in seinem Herrschaftsgebiet aus, dem Hafen Ezjon Gaber am oberen Golf von Akaba, nur wenige Kilometer von der heutigen Stadt Eilat entfernt.

Schelomohs Schiffe, deren Besatzungen von Chiram gestellt wurden, segelten durch das Rote Meer in den Indischen Ozean, um Handel mit Südarabien, Ostafrika und sogar mit Indien zu treiben. Aus dem «Lande Ofir» (vermutlich das heutige Äthiopien) brachten sie riesige Mengen an Gold; der König ließ daraus unter anderem zweihundert Goldschilde fertigen und seinen Elfenbeinthron vergolden, und man trank aus goldenen Bechern. Selbst Affen und Pfauen wurden herbeigeschifft.

Aus dem entfernten Scheba (wahrscheinlich dem heutigen Jemen) kam die Königin sogar persönlich angereist, angelockt von Schelomohs Ruhm und den vielen Geschichten über seinen Gott. Sie kam nach Jerusalem, um «ihn mit Rätseln zu prüfen …, mit einem sehr mächtigen Zuge; mit Kamelen, tragend Gewürze und Gold in großer Menge, und edles Gestein». Als sie Schelomohs Hof mit eigenen Augen gesehen, seine Urteilssprüche gehört und den Tempel bewundert hatte, rief sie aus: «Glückselig sind deine Männer, glückselig diese deine Diener, die vor dir stehn beständig, die deine Weisheit hören.» Dann übergab sie dem König «einhundertundzwanzig Kikar Gold und Gewürz in großer Menge und edles Gestein; nicht ist wieder Gewürz in solcher Menge hereingekommen, wie die Königin von Scheba dem Könige Schelomoh gegeben».

«Schelomoh war größer, denn alle Könige der Erde, an Reichtum und an Weisheit.» Das ländliche Leben, das die zwölf jüdischen Stämme zu beiden Ufern des Jarden im Dienste an ihrem Ewigen Gott in ihren kleinen Siedlungen führten, wurde jedoch nicht nur durch Schelomohs Reichtum geschützt, sondern auch durch seine klug geschlossenen Bündnisse. Gestützt auf sein Urteil herrschte Gerechtigkeit, und zum Schutz vor möglichen Angriffen von außen ließ er an den Grenzen seines Reiches drei starke Festungen errichten: Chazor, Megiddo und Geser. Bis zum heutigen Tag zeugen ihre Überreste davon, wie gewaltig sie einst waren.

Mehrere Städte wurden unter Schelomoh für seine Lagerhaltung, Streitwagen und Reiter gegründet. Er «machte das Silber in Jeruschalajim gleich den Steinen», ließ Pferde und Linnen aus Ägypten herbeibringen und sorgte für ertragreiche Ernten. Allerdings lehnten sich die zehn im Norden siedelnden Stämme seines Königreichs gegen die von Schelomoh erhobenen Steuern auf. Die beiden Stämme im Süden waren von allen Abgaben befreit worden, weil sie nach dem Tode Schauls zu Dawid gehalten hatten, wohingegen die Stämme im Norden zunächst Schauls Sohn Ischbaal unterstützt und Dawid erst als Herrscher anerkannt hatten, als Ischbaal nach sieben Jahren auf dem Thron getötet worden war.

Doch eine Bürde lastete auf den Bürgern aller Landesteile gleichermaßen: Um seine vielen Bauprojekte finanzieren zu können, hatte Schelomoh jeden Sohn Jisrael verpflichtet, den dritten Teil eines jeden Jahres in königlichen Diensten zu arbeiten.

Für die Verfasser der Hebräischen Schrift schien allerdings ein anderes Problem weit gravierender zu sein – «der König Schelomoh liebte viele ausländische Weiber». Er war nicht nur mit der Tochter des Pharaoh verheiratet, er hatte auch zahlreiche Nebenfrauen, die heidnische Gottheiten anbeteten: Moabiterinnen, Ammoniterinnen, Edomiterinnen, Sidonierinnen und Chetiterinnen. Und «an diesen hing Schelomoh und liebte sie», wie die Schrift zu berichten weiß.

Alles in allem hatte Schelomoh «Weiber, Fürstinnen, siebenhundert, und Kebsweiber, dreihundert». Und je älter er wurde, umso mehr neigten diese unzähligen Frauen «sein Herz nach fremden Göttern», nach der Aschtoret, «dem Götzen der Zidonim», oder dem Molech, «dem Scheusal der Söhne Ammon». Kemosch, «dem Scheusal Moab's», wurde ein Altar auf dem Berg vor Jerusalem zugestanden, und «so tat er allen seinen ausländischen Weibern, die ihren Göttern räucherten und opferten».

Die Überreste des Palastes, den Schelomoh seinen Nebenfrauen und Konkubinen errichten ließ, sind noch heute auf einem Hügel südlich von Jerusalem zu besichtigen. Von jeder Stelle aus, ob aus den Gärten oder von den Dächern, konnten Schelomohs Frauen den strahlenden Tempelbau von Jerusalem sehen. 1948 waren die Ruinen dieses Palastes Schauplatz heftiger Kämpfe zwischen der gerade gegründeten Armee Israels, die dort Stellung bezogen hatte, und der ägyptischen Armee, die aus südlicher Richtung bis auf Sichtweite von Jerusalem vorgerückt war und genau hier aufgehalten werden konnte.

Heute kann der Besucher durch die Ruinen von Schelomohs heidnischem Palast und zugleich durch die Schützengräben wandern, die von den israelischen Soldaten bei dieser Schlacht Mitte des 20. Jahrhunderts verteidigt wurden. Pinien bieten willkommenen Schatten und blühende Büsche verströmen süßen Duft.

Liebe Tante Fori,
obwohl Gott Schelomoh zürnte, weil er im Alter begann, heidnische Götter anzubeten, und sogar beschloss, einen Aufstand gegen ihn herbeizuführen, berichtet die Hebräische Schrift, wie gut es den Kindern Jisrael unter diesem König erging: «Jehudah und Jisrael, so viel wie der Sand am Meer an Menge, aßen und tranken und waren fröhlich.» Der Handel blühte, und es herrschte Friede – trotz der Abschweifungen des alternden Königs war dies eindeutig ein goldenes Zeitalter der jüdischen Geschichte.

Schelomoh starb um 933 v.d.Z. Sein Sohn Rechabeam – dessen Mutter gehörte dem heidnischen Stamm der Ammoniter an, gegen den einst Dawid so heftig Krieg geführt hatte – folgte ihm auf den Thron. Doch schon der Beginn seiner Herrschaft stand unter keinem guten Stern. Als er zum Treueid der zehn Stämme im Norden nach Schechem nördlich von Jerusalem reiste, forderten diese als Gegenleistung für seine Anerkennung eine Verminderung der ihnen auferlegten Steuern.

Rechabeam, der Geld für seine geplanten Neubauten und Befestigungsanlagen brauchte, bat um drei Tage Bedenkzeit, dann lehnte er nicht nur die geforderten Steuererleichterungen ab, sondern verkündete obendrein: «Hat mein Vater schwer gemacht euer Joch, so will ich dazu tun zu eurem Joche; hat mein Vater euch gezüchtigt mit Ruten, so will ich euch züchtigen mit Skorpionen.»

Prompt lehnten sich die zehn Stämme im Norden gegen ihn auf und wählten statt seiner einen einstigen Minister Schelomohs namens Jarobeam zu ihrem König: «Was für Teil haben wir an Dawid?», fragten sie und riefen feindselig: «In deine Zelte, Jisrael! Nun, siehe zu deinem Hause, Dawid!» Ungeachtet dieser drohenden Gefahr sandte Rechabeam seinen Steuereintreiber zu ihnen, doch er sollte nie wieder zurückkehren, denn «ganz Jisrael steinigte ihn». Erst da packte Rechabeam die Angst, und er floh mit seinem Streitwagen nach Jerusalem.

Das unter Dawid und Schelomoh geeinte Land der Juden war nun plötzlich in zwei verfeindete Königreiche gespalten. Die Auswirkungen waren katastrophal. Jarobeams Herrschaftsgebiet wurde zum Nordreich Jisrael, dem die Berge von Schomron, Galil und die Mittelmeerküste angehörten; Dawids Enkel Rechabeam regierte im Südreich Jehudah, zu dem Jerusalem und die Berge von Jehudah zählten, denn der Stamm Jehudahs war dem Hause Dawids und damit Rechabeam treu geblieben.

Heute erinnert an Jarobeam und Rechabeam vor allem Rotwein in besonders großen Flaschen – ein «Rechabeam» hat das Äquivalent von sechs üblichen Weinflaschen, ein «Jarobeam» das von vier (eine «Magnum» dagegen nur von zwei). Sie blieben also nicht ihrer Taten wegen in Erinnerung, sondern weil sie offenbar beide ausgesprochen beleibte oder große Männer waren.

In meinem nächsten Brief werde ich dir vom Schicksal des geteilten Königreichs erzählen – vom gespaltenen Volk der Juden.

Liebe Tante Fori,

heute geht es um den Konflikt unter Juden – nicht der erste und auch nicht der letzte. Seit der Spaltung des Königreichs Jisrael in zwei rivalisierende und häufig verfeindete Reiche wurden alle Bewohner des Nordreichs Jisrael weiterhin als das Volk Jisrael bezeichnet, während alle Einwohner des Südreichs Jehudah *Jehudim* genannt wurden (woraus sich der Begriff «Jude» ableitet).

Rechabeam saß siebzehn Jahre auf dem Thron Jehudahs. Während dieser Zeit nahm er sich achtzehn Frauen und sechzig Nebenfrauen, die ihm achtundzwanzig Söhne und sechzig Töchter gebaren. Jehudah aber «tat, was böse ist in den Augen des Ewigen», weshalb Gott dem Rechabeam im fünften Jahr seiner Herrschaft zur Strafe ein Bündnisheer der Ägypter, Äthiopier und anderer Koalitionspartner nach Jerusalem schickte.

Doch die Fürsten von Jehudah, die ahnten, welches Unheil ihnen bevorstand, «demütigten sich» rechtzeitig vor Gott, als sie die ägyptischen Truppen aufmarschieren sahen, und Gott nahm ihre Reue an: «Ich will sie nicht verderben, und gönne ihnen einen geringen Überrest.»

Als die Ägypter schließlich vor den Toren Jerusalems standen, konnte Rechabeam sie mit hohen Tributen davon überzeugen, abzuziehen, und händigte ihnen die Schätze aus dem Tempel und seinem Palast aus, auch jene zweihundert goldnen Schilde, die Schelomoh hatte anfertigen lassen (Rechabeam sollte sie später durch kupferne ersetzen). Auf ihrem Marsch gen Jerusalem hatten die Ägypter mehrere Städte zerstört, darunter den Hafen Ezjon Geber, von dem aus Schelomoh Handel mit Afrika und Arabien getrieben hatte.

Aber die Auseinandersetzungen zwischen Rechabeam und Jerobeam setzten sich unvermindert fort. Jene benachbarten Königreiche, welche einst Schelomoh die Treue geschworen hatten, erkannten nun, dass der Bruderzwist die Juden militärisch schwächte, und forderten ihre Unabhängigkeit zurück. Alle, ob Pelischtim, Moabiter, Edomiter oder Ammoniter (obwohl Rechabeams Mutter selbst eine Ammoniterin war), stellten sich gegen die einstmals anerkannte jüdische Oberherrschaft. Damaskus war bereits während eines Aufstands zur Zeit von Schelomohs Regentschaft verloren gegangen, nun wurde es zur Hauptstadt des neuen Königreichs Aram (jener Region, die man später Syrien nannte). Um sein schwindendes Herrschaftsgebiet zu schützen, baute Rechabeam eine Reihe von

Festungen. «Und Krieg war zwischen Rechabeam und Jarobeam alle Tage seines Lebens.»

Rechabeam starb 917 v. d. Z. Sein Sohn und Nachfolger Abijah schrieb sich die Wiedervereinigung des jüdischen Königreichs aufs Schild und startete einen massiven Angriff gegen das Nordreich, nachdem er proklamiert hatte, dass es keine andere legitime Dynastie als die des Hauses Dawid gab – seine eigene. Von Erfolg gekrönt war dieser Feldzug jedoch nur bedingt; Abijah konnte mehrere Städte im Grenzgebiet zurückerobern, darunter auch Bet-El. Eine Vereinigung mit dem ganzen Nordreich gelang ihm nicht.

Jarobeam, der noch zehn weitere Jahre den Thron des Nordreichs besetzte, tat wiederum mit großer Entschlossenheit alles, um die Treue der Jehudim im Südreich gegenüber Jerusalem zu schwächen. Er ließ sogar zwei goldene Kälber errichten – eines in Dan, im nördlichsten Teil des Landes, wo der Stamm Dan seit der Eroberung Kenaans den Boden bestellte, und eines in Bet-El, dem einstigen Wohnort Abrahams –, um die Jehudim auf dieselbe Weise vom rechten Weg abzubringen wie einst Aharon die Kinder Jisrael, nachdem Moscheh auf den Berg Sinai gestiegen war.

Darüber hinaus entmachtete Jarobeam die Lewijim, die in allen Stämmen die priesterlichen Pflichten wahrnahmen – auch sie schienen ihm zu treu gegenüber Jerusalem. An ihrer statt setzte er «Priester von dem Auswurf des Volkes» ein, «die nicht von den Söhnen Lewi waren». König Jarobeam starb im Jahre 912 v. d. Z. Sein Sohn Nadab trat seine Nachfolge an, wurde jedoch binnen Jahresfrist vom Heerführer Bascha aus dem Stamme Jissachar getötet, welcher, kaum dass er den Thron bestiegen hatte, sämtliche männliche Nachkommen Jarobeams umbringen ließ. Anstelle der Weisheit Schelomohs herrschte Brudermord unter den Juden.

Während der Regentschaft Baschas über das Nordreich Jisrael regierte ein Nachkomme Dawids – Abijahs Sohn Asa – im Südreich Jehudah. Und der setzte nun alles daran, den Jehudim wieder die alten jüdischen Glaubensgesetze nahe zu bringen, indem er «die feilen Buben aus dem Lande» schaffte und «all die Götzen, die seine Väter gemacht», beseitigte. Sogar seine eigene Familie verschonte er nicht. Selbst seiner Mutter Maacha verweigerte er alle königlichen Privilegien, weil sie «ein Scheusal gemacht der Acherah», einer heidnischen Fruchtbarkeitsgöttin. Er ließ ihr Götzenbild fällen und «im Tale Kidron» verbrennen, dann zerstörte er auch alle anderen in seinem Reich und verbot jede Form von Prostitution.

Im 20. Jahrhundert sollte die Historikerin Joan Comay einmal bemerken (während sie mich in ihrem Auto durch die so geschichtsträchtige und blutgetränkte biblische Landschaft fuhr): «Asa ist einer der wenigen jüdischen Könige, die in der Hebräischen Schrift wegen ihrer Frömmigkeit gepriesen werden.»

Aber auch Asa sollte wieder gegen das Nordreich an die Waffen rufen: «Und Krieg war zwischen Asa und Bascha, König von Jisrael, all ihre Tage.» Gleich zu Beginn der Kämpfe gelang es Bascha, bis auf fünf Kilometer vor die Tore Jerusalems vorzustoßen. Asa, der nicht über genügend eigene Truppen verfügte, um Baschas Vormarsch aufhalten zu können, wandte sich Hilfe suchend an Ben Hadad, den König von Aram in Damaskus. Um ihn von seiner Teilnahme an diesem Krieg zu überzeugen, schickte er ihm sämtliches Silber und Gold, das im Tempel und Königspalast noch zu finden war. Ben Hadad versprach sich vom Zwist der jüdischen Königshäuser durchaus eigene Vorteile und willigte ein.

Seine Streitkräfte marschierten über die Golanhöhen (die das moderne Israel 1967 von Syrien eroberte) bis zum Ufer des Sees Genezareth (das der syrische Präsident Assad im Jahr 2000 als einen historischen Teil seines eigenen Landes beanspruchen sollte). Nun war Bascha gezwungen, sich von der Front vor Jerusalem zurückzuziehen und den Syrern im Norden entgegenzutreten. Kaum aber waren seine Truppen abgezogen, sah sich Asa einem neuen und noch mächtigeren Feind ausgesetzt, einem aus dem Süden angreifenden

Koalitionsheer Ägyptens und Libyens unter der Führung eines äthiopischen Generals. Und wieder gelang es ihm, ein Heer zu schlagen, das angetreten war, ihn zu vernichten.

Bascha starb 888 v. d. Z. nach vierundzwanzigjähriger Herrschaft über das Nordreich Jisrael, Asa dreizehn Jahre später, nachdem er einundvierzig Jahre lang das Südreich Jehudah regiert hatte. Mit der Umsicht und Präzision moderner Geschichtsschreibung schildert die Hebräische Schrift die dynastische Genealogie und Dauer jeder einzelnen Regentschaft und bietet damit eine narrative Grundlage, die es Juden aller Zeiten ermöglichte, sich mit den historischen Kämpfen, Bestrebungen und Errungenschaften ihrer Vorfahren verbunden zu fühlen.

Liebe Tante Fori,

inzwischen stecken wir tief in der Saga der jüdischen Könige. Einer der erfolgreichsten sollte Asas Sohn Jehoschafat sein. Er regierte fünfundzwanzig Jahre lang das Südreich und leitete eine Periode des Friedens zwischen den beiden jüdischen Reichen ein. Sein ältester Sohn und Erbe Jehoram heiratete sogar eine Tochter von Achab aus Jehudah, wodurch die beiden jüdischen Königshäuser wieder zu militärischen Bündnispartnern werden konnten. Zweimal zogen sie gemeinsam über den Jarden zu Felde, zuerst gegen die Moabiter, als sich diese gegen die jüdische Oberherrschaft auflehnten, und anschließend gegen den König in Damaskus, nachdem der auf das Gebiet der jüdischen Stämme am Ostufer des Flusses eingedrungen war.

Auch den Feldzug, den Asa gegen die Götzenanbetung geführt hatte, setzte Jehoschafat fort, und wie sein Vater tat er alles, damit die alten jüdischen Gesetze wieder eingehalten und die Traditionen gewahrt wurden. Doch ihm sollte es ebenfalls nicht gelingen, das gespaltene Land der Juden wieder zu vereinen; allmählich akzeptierte er, dass die Spaltung wohl von Dauer und deshalb eine bessere Ver-

teidigung nötig wäre. Er baute eine auf fünf Militärdistrikten beru-
hende Heeresstruktur auf und verstärkte die bestehenden Befestigungsanlagen. Auch seine Steuerbezirke reorganisierte er nach effi-
zienteren Kriterien, zudem setzte er in jeder befestigten Stadt
Richter ein, die er auf strenge Vorschriften verpflichtete und persönlich warnte: «Sehet zu, was ihr tut, denn nicht des Menschen richtet
ihr, sondern des Ewigen, und er ist bei euch im Rechtsspruch», und
wehe ihnen, wenn sie Bestechungen annahmen.

Mit dem Nordreich Jisrael begründete Jehoschafat jedoch zumindest wieder gute Beziehungen, denn er hatte begriffen, dass die beiden jüdischen Königshäuser, umgeben von feindlichen Völkern, nur
durch ein effektives Bündnis wieder zur einstigen Stärke zurückfinden konnten und nicht, wenn sie sich ständig in kriegerische Auseinandersetzungen miteinander verstrickten.

851 v. d. Z., nach fünfundzwanzig Jahren Herrschaft über das Südreich Jehudah, starb Jehoschafat. Seine Statur als weiser und erfolgreicher Regent sollte in starkem Kontrast zu der seines Sohnes Jehoram
stehen, dessen achtjährige Regierungszeit wieder von Kriegen gegen
das Nordreich geprägt war, während sich gleichzeitig Edom von der
jüdischen Oberherrschaft lossagte.

Jehoram «verführte die Bewohner Jeruschalajim's und verleitete
Jehudah» erneut, indem er Götzenaltäre errichten ließ. Also beschloss Gott wieder einmal eine drastische Strafmaßnahme und sorgte dafür, dass die Pelischtim und Kuschiter das Südreich Jehudah angriffen. Sie «brachen ein und führten fort all die Habe, die gefunden
wurde im Hause des Königs, und auch seine Söhne und seine Weiber» – alle außer Jehorams jüngstem Sohn. Damit sollte es der göttlichen Strafen noch nicht genug sein: «Nach diesem allen plagte ihn
der Ewige an seinen Eingeweiden mit einer unheilbaren Krankheit.»
Zwei Jahre später war er tot. Er wurde in der Stadt Dawids beerdigt,
jedoch «nicht in den Begräbnissen der Könige».

Die Kämpfe zwischen den rivalisierenden jüdischen Königshäu-

sern flackerten wieder auf, aber auch innerhalb ihrer Grenzen begann die Gewalt auszuufern: Im Nordreich Jisrael wurde Baschas
Sohn Elah knapp zwei Jahre nachdem er dem Vater auf den Thron
gefolgt war, von Simri, «Oberstem der Hälfte der Wagen», umgebracht. Simris eigene Herrschaft sollte dann allerdings nur sieben
Tage währen – auch er starb eines unnatürlichen Todes. Omri, der
Heerführer des Nordreichs, war, nachdem er gegen die Pelischtim
gekämpft hatte, eiligst auf Simris Hauptstadt Tirzah zumarschiert,
um sie zu belagern und schließlich einzunehmen.

Simri saß «in der Burg des Königshauses» in der Falle. Er sah keinen anderen Ausweg, als sie in Brand zu stecken, um seiner verzweifelten Situation ein Ende zu bereiten, auch wenn er selber in den
Flammen umkommen würde. Doch bis Omris Regentschaft endgültig gesichert war, musste er sich erst noch gegen einen weiteren
Prätendenten, einen Offizier namens Tibni, zur Wehr setzen. Erst
danach konnte sich Omri zuversichtlich daranmachen, Moab erneut
jüdischer Oberherrschaft zu unterwerfen und zugleich gute Beziehungen zu den Zidoniern (Phönikern) aufzubauen, die weiter nördlich an der Mittelmeerküste siedelten – die Küstenstadt Zidon war
ihre Hauptstadt –, um Handel mit dem gesamten östlichen Mittelmeerraum treiben zu können. Damit war auch das Nordreich Jisrael
in der Lage, Korn und Olivenöl zu exportieren und Holz, Minerale
sowie andere nötige Dinge einzuführen. Seinen Sohn Achab vermählte Omri mit der zidonischen Prinzessin Isebel und begründete
so eine wichtige dynastische Allianz der beiden Königreiche. Es folgte wieder eine Zeit des Friedens und Wohlstands.

Interessanterweise berichten die ersten zeitgenössischen schriftli-
chen Quellen, die sich neben der Hebräischen Schrift auf biblische
Ereignisse beziehen, von der Regentschaft Omris (nur einhundert
Jahre nach Schelomoh und Dawid). Später entdeckte man noch viele
Steintafeln – die «Briefe» und Chroniken des Altertums – mit Hin-
weisen auf die Könige und Kriege in Erez Jisrael. Eine assyrische

Chronik wählte «Omri» sogar als Bezeichnung für sämtliche Könige des jüdischen Volkes.

Liebe Tante Fori,

während Omris Regentschaft im Nordreich Jisrael blühten der Handel und die Wirtschaft, bis der König plötzlich den Ehrgeiz entwickelte, eine Stadt zu errichten, die Jerusalem noch weit in den Schatten stellen sollte. Er wählte dazu eine Stelle in den Hügeln rund zwölf Kilometer nördlich von Schechem, nannte sie Schomron und krönte sie mit einer gewaltigen Zitadelle, von welcher der Blick bis an die dreißig Kilometer entfernte Mittelmeerküste reichte.

Von den alten religiösen Werten seines Volkes hatte sich Omri dabei gewiss nicht leiten lassen. Die Hebräische Schrift verzeichnet sogar: «Und Omri tat, was böse ist in den Augen des Ewigen, und machte es schlimmer als alle, die vor ihm waren.» Er starb 869 v. d. Z., nach zwölf Jahren Regentschaft, und wurde in seiner neuen Hauptstadt beigesetzt.

Omris Sohn Achab, der ihm auf den Thron folgte, brachte dem Nordreich weiteren Wohlstand. Doch seine Frau Isebel war den frommen Juden im Land ein Dorn im Auge: Sie betete heidnische Gottheiten an und tat alles, um das jüdische Volk seinem Ewigen Gott zu entfremden und ihm die Götter ihres Volkes nahe zu bringen. Sogar im Hof des königlichen Palastes ließ sie dem Baal einen Tempel bauen. Die anschließend herbeigeholten vierhundertfünfzig Baal-Priester und vierhundert Ascherah-Priesterinnen gehörten jetzt zum königlichen Haushalt.

Achab fügte sich schließlich den Traditionen seiner Frau und «kränkte den Ewigen» durch einen Altar, den er dem Baal mitten in Schomron errichtete. Bereits sein Vater hatte gegen die jüdischen Religionsgesetze verstoßen, nun sollte Achab Gott noch mehr erzürnen «als alle Könige Jisrael's, die vor ihm gewesen». Aber diesmal ließ Gott seinen Zorn in ganz besonderer Gestalt unter die Juden kommen: Er sandte den Propheten Elijahu, um Achab zu verkünden, dass weder Tau noch Regen die Erde seines Reiches benetzen würden, solange dort Götzendienst betrieben werde. Achab ignorierte die Warnung, und wie Elijahu vorausgesagt hatte, setzte eine zweijährige Dürre ein.

Gott drängte Elijahu, sein Leben vor der Rache des Königs zu retten und in das Tal Kerit zu fliehen, ein Nebental des Jarden, wo er seinen Durst dann mit dem Wasser des Baches stillte und aß, was ihm die Raben brachten. Doch schon nach wenigen Tagen trocknete der Bach aus, und Gott schickte ihn weiter, bis nach Zarepat in Zidon, direkt in die Hochburg des Baal-Kults. Kaum dort angekommen, begegnete Elijahu einer Witwe, die er um ein wenig Wasser und Nahrung bat. Sie besaß allerdings selbst nichts und antwortete ihm: «So wahr der Ewige, dein Gott lebt, wenn ich Gebackenes habe! … außer einer Hand voll Mehl im Kruge und ein wenig Öl in der Flasche, und siehe, ich lese ein paar Holzspäne auf, und will gehen, und es zurechtmachen für mich und meinen Sohn; denn haben wir gegessen, so sterben wir.»

Darauf erwiderte Elijahu der Witwe, deren Name uns die Hebräische Schrift nicht nennt: «Fürchte nichts. Gehe, und mache zurecht, wie du geredet, doch mache mir zuerst davon einen kleinen Kuchen, und bringe ihn mir heraus, und für dich und deinen Sohn mache nachher. Denn also spricht der Ewige, der Gott Jisrael's: Das Mehl im Kruge wird nicht ausgehen, und das Öl in der Flasche wird nicht abnehmen, bis zu dem Tage, wo der Ewige Regen geben wird auf den Erdboden.» Die Witwe tat, wie ihr geheißen, und die Prophezeiung erfüllte sich: Mehlkrug und Ölflasche wurden nimmer leer.

Die Witwe gewährte Elijahu Unterkunft in ihrem Haus. Da erkrankte ihr Sohn und starb. Elijahu nahm ihn ihr vom Schoß und trug ihn hinauf in das Obergemach, wo sein Bett stand:

Und er streckte sich über das Kind dreimal, und rief zum
 Ewigen und sprach: Ewiger, mein Gott, kehre doch die Seele
 dieses Kindes in ihn zurück!
Und der Ewige hörte auf die Stimme Elijahu's und die Seele des
 Kindes kehrte wieder in ihn zurück, und es lebte.
Und Elijahu nahm das Kind und brachte es herab vom
 Obergemach in das Haus, und gab es seiner Mutter, und
 Elijahu sprach: Siehe da, dein Sohn lebt.

Achthundert Jahre später sollte ein anderer Jude namens Jesus aus
Nazareth ebenfalls Wunder wirken, darunter die Brotvermehrung
– ähnlich wie Elijahu die Vorräte der Witwe von Zarpat vermehrt
hatte. Und auch Jesus erweckte einen Mann – Lazarus – von den
Toten. Die jüdische Tradition betrachtet Elijahu als den Vorboten
des Messias, auf dessen Ankunft fromme Juden bis heute warten,
neunundzwanzig Jahrhunderte später. Bei jedem Pessachfest, wenn
der Auszug aus Ägypten gefeiert wird, stellen jüdische Familien ein
zusätzliches Weinglas auf den Tisch und halten die Eingangstür offen, für den Fall, dass Elijahu zurückkehrt, um, wie sie hoffen, den
unmittelbar bevorstehenden Beginn des messianischen Zeitalters an-
zukündigen.

Die beiden Wunder von Zidon waren jedoch erst der Anfang.
Nach drei Jahren im Versteck kehrte Elijahu nach Jisrael zurück und
stellte Achab zur Rede. «Bist du es, Verderbenbringer für Jisrael?»,
fragte Achab ihn, worauf der Prophet antwortete: «Nicht ich habe
Jisrael Verderben gebracht, sondern du und das Haus deines Vaters,
indem ihr verlassen habt die Gebote des Ewigen, und du bist den
Baalim nachgegangen.»

Elijahu forderte von Achab, «ganz Jisrael» an den Berg Karmel zu
rufen – heute liegt an seinem Fuße die Hafenstadt Haifa –, und dazu
«die Propheten des Baal, vierhundertfünfzig, und die Propheten der
Ascherah, vierhundert», damit bewiesen werden könne, wer ein

wahrer Prophet sei. Den Baalkündern trat Elijahu dann mit den Worten entgegen: «Wählet euch den einen Farren (ein Kalb) und richtet ihn zuerst zu, denn eurer sind viel …» Anschließend forderte er sie auf, den Namen ihres Gottes anzurufen, auf dass ein jeder feststellen könne, ob dieser ganz ohne ihr Zutun ein Feuer für das Brandopfer entfachen konnte. Also riefen die Baalkünder den Namen ihres Gottes «von dem Morgen bis zum Mittag», doch nichts geschah. Da spottete Elijahu: «Rufet mit lauter Stimme, denn er ist ein Gott, er ist wohl in Gedanken, oder in Geschäften, oder auf Reisen; vielleicht schläft er, und wird erwachen.»

Wieder beschworen die Baalkünder bis zum Abend ihren Gott, und wieder geschah nichts. Da holte Elijahu das ganze Volk zu sich, «besserte aus den niedergerissenen Altar des Ewigen» und ließ sogar noch vier Eimer Wasser über die Holzscheite gießen, bevor er Gott um Feuer anrief. Und siehe, sein Flehen wurde erhört: «Als das ganze Volk das sah, da fielen sie auf ihr Angesicht und riefen: Der Ewige, der ist Gott, der Ewige, der ist Gott!»

Elijahu hatte gewonnen. Sofort befahl er dem Volk, die Propheten des Baal zu ergreifen, an den Bach Kischon zu führen und dort zu töten. «Keiner von ihnen entrinne», lautete seine Anweisung. Und so geschah es. Aber nun musste Elijahu eilends vor Isebels Rache fliehen. Er entkam in die Wüste Sinai, «bis an den Berg Gottes, den Choreb», wo der Ewige lange mit ihm sprach, bevor er ihn aufforderte: «Geh', kehre wieder um auf deinem Wege nach der Wüste von Dammasek» (Damaskus), um «den Chasael zum König über Aram» und Jehu anstelle von Achab zum König über Jisrael zu salben. Und «Elischa», fuhr Gott fort, «salbe zum Propheten an deiner Statt».

Kaum zurückgekehrt, fand Elijahu heraus, dass Isebel inzwischen Briefe in Achabs Namen gefälscht und dadurch die Steinigung und den Tod des unschuldigen Nabot verschuldet hatte, damit Achab sich dessen Weinberg aneignen konnte. Da trat Elijahu vor Achab und fragte: «Hast du gemordet und hast auch in Besitz genommen?» Und er verkündete ihm: «Ich werde ausrotten dem Achab, was an die Wand pisset.»

Das irdische Ende von Elijahu war spektakulär. Er schlenderte gerade an der Seite seines Nachfolgers Elischa, ins Gespräch vertieft: «Siehe da, ein Feuerwagen und Feuer-Rosse, die trennten beide, und Elijahu fuhr auf in einer Wetterwolke gen Himmel.»

Der jüdischen Sage nach kehrt Elijahu immer dann in unterschiedlichster Gestalt zurück, wenn es gilt, einem Gerechten in der Stunde der Not beizustehen oder der Gerechtigkeit auf Erden Genüge zu tun; und auch wenn für den *Minjan* – das für den Beginn des jüdischen Gottesdienstes erforderliche Quorum von zehn Männern – einmal ein Mann fehlt, gilt der erste Fremde, der des Weges kommt und den Beginn der Gebete ermöglicht, als Elijahu in Verkleidung.

Nach jüdischem Brauch wird außerdem die Lösung jeder Frage, die sich anscheinend nicht beantworten lässt, bis zur endgültigen Wiederkehr des Elijahu vertagt, denn da der Prophet als Vorbote des Messias zurückkehren soll, wird damit auch ein Zeitalter anbrechen, in dem alle kleinlichen Probleme ihre Bedeutung verloren haben werden.

Liebe Tante Fori,

nun sind wir am Beginn einer Zeit angelangt, die voller gewaltiger Probleme und Katastrophen für die Juden in ihrem gelobten und so heiß umkämpften Land sein sollte. Denn während Achab über das Nordreich Jisrael herrschte, begann eine neue Macht im Osten aufzusteigen: das Königreich Aschur.

Im Jahr 853 v. d. Z. führte der assyrische König Schalmanaser III. eine mächtige Armee aus seiner Hauptstadt Ninive gegen viele am Mittelmeer siedelnde Völker, auch gegen die beiden jüdischen Königshäuser. Um Schalmanaser Einhalt zu gebieten, verbündeten sich

sogar die einstigen Todfeinde Achab und Ben Hadad, König von
Aram, mit noch weiteren Heeren. In Karkar am Orontes, im Nor-
den Syriens, etwa dreihundertzwanzig Kilometer von Schomron und
Jerusalem entfernt, zogen sie ihre Streitkräfte zu einer großen
Schlacht zusammen. Aschur konnte aufgehalten werden, allerdings
nur für die kommenden fünf Jahre.

Doch für den Moment hatte die Region der kleinen Völker, die
einander ebenso bekämpft hatten wie die im Bruderkrieg verfeinde-
ten Königshäuser Jisrael und Jehudah, die Oberhand. Ein weiteres
Ergebnis dieser neuen Bedrohung von außen war, dass Jehoschafat
als erster König des Südreichs Jehudah seit der Teilung des jüdischen
Landes offiziell Schomron besuchte, um mit Achab, dem König des
Nordreichs Jisrael, eine gemeinsame Strategie zu planen. Schon in
ihrer ersten Schlacht als Bündnispartner gegen ihren Feind Ben
Hadad aber sollte Achab fallen. Bei Sonnenuntergang ging bereits
die Parole durch die Lager der beiden jüdischen Heere: «Jedermann
in seine Stadt, und jedermann in sein Land!» So kehrte Jehoschafat
also nach Jerusalem zurück, Achabs Leichnam brachte man in seine
Hauptstadt Schomron.

Achabs Nachfolger auf dem Thron war Jehu. Während der bluti-
gen Ereignisse, die zu seiner Regentschaft und damit zur – von Elijahu prophezeiten – Zerstörung des Hauses Achab führten, hatte Jehu
dem König Jehoram klar gemacht, dass es «bei der Hurerei Isebel's,
deiner Mutter, und ihren vielen Zaubereien» keinen Frieden zwischen den beiden jüdischen Königshäusern geben konnte. Dann hatte er nach seinem Pfeil gegriffen, ihn Jehoram mitten ins Herz ge-
schossen und sich auf den Weg zu Isebels Palast in Jisreel gemacht.

Als Isebel davon erfuhr, «schmückte sie mit Farbe ihre Augen» und
wartete am Fenster auf Jehu, bis sie ihn kommen sah. Dann über-
häufte sie den Mann, der ja immerhin gerade ihren Sohn getötet hatte, mit Spott. Jehu blickte zum Fenster hinauf und fragte: «Wer ist
mit mir, wer?»

«Da blickten zu ihm hin zwei bis drei Hofbediente. Und er sprach: stürzet sie herab! Und sie stürzten sie herab. Und es spritzte von ihrem Blut auf die Mauer, und auf die Rosse, und man zertrat sie.» Anschließend betrat Jehu ihren Palast, «aß und trank» und ordnete den Bediensteten an, Isebel zu begraben. Aber «sie fanden nichts an ihr, als den Schädel und die Füße und die Hände.» Da erinnerten sie sich an die Prophezeiung des Elijahu: «Und das Aas Isebel's wird sein wie Dünger auf freiem Felde auf dem Acker Jisreel's, so dass man nicht soll sagen können: Das ist Isebel.»

Jehu war wild entschlossen, jedem Anwärter auf den Thron den Weg zu versperren. Als er erfuhr, dass zweiundvierzig Verwandte des verstorbenen Königs Achasjah von Jehudah – den er in einer Schlacht besiegt hatte – auf dem Weg nach Jisreel waren, um Isebels Familie zu kondolieren, ließ er sie sofort ergreifen und umbringen. Dann begab er sich nach Schomron, wo er alle Verwandten Achabs töten und den Baaltempel zerstören ließ.

Nach diesen drastischen Maßnahmen sollte Jehu achtundzwanzig Jahre lang – bis 816 v. d. Z. – über das Nordreich Jisrael herrschen. In seinem zweiten Jahr auf dem Thron kehrte das assyrische Heer unter Schalmanaser III. zurück, schlug sich einen Weg durch Zidon und erreichte schließlich den Berg Karmel. Jehu blieb nichts anderes übrig, als vor dem Eroberer niederzuknien und ihm Tribut zu zollen – mit Worten wie mit Gold und Silber. Schalmanaser zog sich schließlich nach Aschur zurück, doch jetzt nutzte der Aramäerkönig Chasael Jehus geschwächte Lage aus und «begann Israel zu verstümmeln», vom Jarden «gegen Sonnenaufgang, das ganze Land Gilead».

Das Reich, das Jehu seinem Sohn Jehoachas hinterließ (seine Regentschaft währte von 816 bis 800 v. d. Z.), war durch die Eroberungen von Chasael nicht nur um etliches kleiner, sondern auch zum Vasallen Arams geworden und wurde faktisch von dessen Hauptstadt Damaskus aus regiert. Im Südreich Jehudah hatte mittlerweile Joasch, ein weiteres Mitglied des Hauses Dawid, im Alter von nur

sieben Jahren den Thron bestiegen. In jungen Jahren durch seine
Mutter vertreten, sollte er vierzig Jahre in Jerusalem herrschen. Er
zahlte Chasael Tribut und schickte ihm sämtliche heiligen Tempel-
schätze, die seine Väter angesammelt hatten, «all das Gold, das sich
vorfand in den Schatzkammern des Hauses des Ewigen, und des
Hauses des Königs».

Das Leben in Jisrael und Jehudah besserte sich erst wieder, als die
Assyrer Damaskus zurückerobert hatten und anschließend bis zur
Küstenstadt Philistia nordöstlich von Ägypten vorgedrungen waren.
Damit waren beide jüdischen Königreiche von der äußeren Bedrohung befreit und gewannen ihre Autonomie zurück. Achtzig Jahre
lang sollte nun Frieden an den Außengrenzen herrschen, dafür
flammten innerhalb der Grenzen von Erez Jisrael immer wieder heftige Kämpfe unter den rivalisierenden Thronanwärtern auf.

743 v. d. Z. bestieg ein neuer König namens Menachem den
Thron des Nordreichs. Brutal zerstörte er sogar die eigene, ausschließlich von Juden besiedelte Stadt En Tappuach, weil er von ihr
nicht als rechtmäßiger Herrscher anerkannt wurde; und da er an
König Tiglat Pileser von Aschur hohe Tribute zahlen musste, erhob
er gewaltige Steuern von den wohlhabenden Familien in seinem
Reich. Menachems Nachfolger, sein Sohn Pekachjah, unterwarf sich
ebenfalls Aschur, bis er schließlich bei einer Palastrevolte durch den
Soldaten Pekach gestürzt wurde, der dann seinerseits im Jahr 736
v. d. Z. die Herrschaft übernahm.

König Pekach von Jisrael verbündete sich mit dem König von
Aram, um einen neuerlichen Angriff Tiglat Pilesers abzuwehren,
und appellierte an Achas, den König von Jehudah, sich ihnen anzuschließen. Achas lehnte ab. Er wollte keine Niederlage gegen den
allgewaltigen Assyrer riskieren. Zornig ob dieser Abfuhr fiel Pekach
ins Südreich ein, woraufhin Achas die Assyrer um Beistand bat und
ihnen als Anreiz sämtliches Gold schickte, das er in Tempel und Palast auftreiben konnte. Der Prophet Elijahu versuchte zwar, Achas

von der Allianz mit Aschur abzubringen, doch Achas ließ sich nicht beirren.

Tiglat Pileser griff Aschur und Jisrael an, nahm beide Länder ein und besetzte fast das gesamte Gebiet des Nordreichs, einschließlich des Gilead, des Jisreel-Tals und der Küstenebene von Scharon. Die Festungen Chasor und Megiddo wurden zerstört. Nur die Stadt Schomron und die umgebenden Hügel gehörten jetzt noch zu Pekachs Hoheitsgebiet, das übrige jüdische Nordreich war zur syrischen Provinz geworden.

732 v. d. Z. fiel Pekach einem Attentat zum Opfer, und Hoschea folgte ihm auf den Thron. Acht Jahre lang entrichtete er Tribut an die Assyrer, dann reichte es ihm – er beschloss, einen Aufstand gegen Aschur zu wagen, und verweigerte alle weiteren Zahlungen. Die Assyrer griffen sofort an und eroberten das Nordreich binnen Jahresfrist. Hoschea wurde gefangen genommen und ward nie wieder gesehen.

Nach einer Legende von irakischen Juden – noch im 20. Jahrhundert lebten Nachkommen der ersten jüdischen Exilanten dort – blieb Hoschea jedoch nicht im assyrischen Königreich, sondern wurde nach Osten verschleppt, bis nach Japan, wo er (so die Legende) zum ersten japanischen Kaiser Ose wurde – zum Patriarchen der Kaiserdynastie Japans.

Die Stadt Schomron hielt den Assyrern zwei weitere Jahre stand. Wie du in meinem nächsten Brief erfahren wirst, hatte sie allerdings auf Dauer keine Chance, die heftigen Angriffe zu überstehen.

Liebe Tante Fori,
die Hauptstadt des Nordreichs Jisrael, das auf einer Hügelkette mit Blick auf das Mittelmeer gelegene Schomron, konnte sich, wie gesagt, noch zwei Jahre gegen den assyrischen König Tiglat Pileser und sein Heer wehren, bis sie von dessen Nachfolger Sargon II. schließlich eingenommen wurde.

Nun hatten die Juden also auch Schomron verloren. Die Stadt und das gesamte Nordreich Jisrael wurden Aschur einverleibt. Wesentlich folgenreicher aber war, dass die Assyrer viele Juden aus dem Nordreich zusammentrieben, darunter alle bedeutenden Persönlichkeiten, und zuerst in ein Gebiet westlich des Tigris und dann weiter nach Media – im heutigen Iran – deportierten.

Eine Inschrift im Palast von König Sargon in Ninive hinterließ uns detaillierte Angaben über diese Deportation: Die Zahl der jüdischen Verschleppten wird mit 27 290 angegeben. Es war die erste jüdische Diaspora, einige Zeit später folgte die Zerstreuung der Jehudim aus dem Südreich Jehudah. Damit begann die Diaspora aller Juden, die sich im Laufe der nächsten zweieinhalbtausend Jahre buchstäblich über die ganze Welt erstrecken sollte und derenthalben plötzlich die unterschiedlichsten Völker behaupten konnten, einer der verlorenen Stämme Jisrael zu sein – sogar ein Bergvolk aus der nordöstlichen Grenzregion Indiens, deren Gouverneur Onkel Bijju vor zwei Jahrzehnten war.

Erst nach Gründung des modernen Staates Israel 1948 sollte sich das Volk der Juden wieder versammeln – 2670 Jahre nach dem Sieg der Assyrer. Während ich diesen Brief schreibe, feiert Israel gerade sein 52-jähriges Bestehen. Rund fünf Millionen Juden leben heute dort, aber die Mehrzahl der Kinder Jisrael befindet sich nach wie vor in der Diaspora – du und ich, wir sind nur zwei von etwa zehn Millionen Diasporajuden. Und sogar diejenigen von uns, die alljährlich das Pessachfest mit dem Gebet «Nächstes Jahr in Jerusalem» beenden, werden diese Worte höchstwahrscheinlich auch im folgenden Jahr noch in der Diaspora sprechen, obwohl wir jederzeit das «Recht auf Rückkehr» nach Israel hätten: Das vom israelischen Parlament 1950 verabschiedete «Law of Return» spricht jedem Juden, wo immer er lebt, das Recht auf israelische Staatsbürgerschaft zu, sobald er seinen Willen zur Rückkehr bekundet oder israelischen Boden betreten hat. Es stünde den 196 000 Juden der Stadt London, in der ich diesen

Brief schreibe, ebenso zu wie den 165 000 Juden Washingtons, wo du als Frau des indischen Botschafters gelebt hast, oder den 200 bis 300 Juden von Neu-Delhi, wo du mich einst nach einer Geschichte des Judentums gefragt hast und ich versprach, sie dir eigenhändig aufzuschreiben.

Liebe Tante Fori,

mit der Vertreibung der Juden aus dem Nordreich Jisrael in eine Region weit östlich ihres Heimatlandes begann eine neue Phase der jüdischen Geschichte. Tatsächlich aber war die Eroberung durch Aschur noch nicht das Ende jeder jüdischen Souveränität: Das Südreich Jehudah sollte noch einhundertsechsunddreißig weitere Jahre überleben. Und für dieses Reich war es ein wahrer Glücksfall, dass einer seiner größten Könige, nämlich Chiskijah (Hiskija), den Thron im Jahr 720 v. d. Z. bestieg und achtundzwanzig Jahre herrschte.

Chiskijah zahlte zwar ebenfalls regelmäßig Tribut an die Assyrer, verstand es jedoch, sie in Schach zu halten, und war obendrein entschlossen, sein Königreich so zu stärken, dass es nicht nur militärisch, sondern auch geistig überlebensfähig sein würde. Die gewaltige Macht von Aschur im Norden und die Tatsache, dass es das Nordreich Jisrael auf so grausame Weise eingenommen hatte, waren ihm Warnung genug. Er wusste, was in einem Zustand der Schwäche geschehen konnte – eine geistige Schwäche konnte die Jehudim erneut heidnischen Göttern zutreiben, und mangelnde militärische Vorbereitung konnte schnell zum physischen Niedergang führen. Bei seinen Reformplänen stand ihm Jeschajahu (Jesaja) beiseite, der gewiss bemerkenswerteste aller jüdischen Propheten. Jeschajahu war zutiefst davon überzeugt, dass Rettung und Erlösung allein durch Gott gegeben waren, und diese Überzeugung brachte er mit machtvoller Sprache zum Ausdruck. Überdeutlich, um das Mindeste zu sagen, verdammte er jeden Rückfall in die Anbetung heidnischer Gotthei-

ten. «Weh! sündiges Volk», rief er aus, «schuldbelastete Nation, Brut
der Missetäter, entartete Kinder; verlassen haben sie den Ewigen,
verworfen den Heiligen Jisrael's; sie sind zurückgewichen.»

Jeschajahus Sprache war die eines Dichters, doch er wusste die
Dinge höchst genau auf den Punkt zu bringen:

> Jegliches Haupt ist krank und jegliches Herz ist siech.
> Vom Fußballen bis zum Haupt ist nichts Heiles daran. Wunde
> und Beule und frischer Schlag. Nicht sind sie ausgedrückt und
> nicht verbunden worden, und nicht erweicht mit Öl.
> Euer Land – eine Öde, eure Städte feuerverbrannt, euer Boden
> – vor euren Augen verzehren ihn Fremde, dass er eine Öde
> ist, wie Zerstörung durch Fremde.
> Und übrig bleibt die Tochter Zijon, wie eine Hütte im
> Weinberg, wie eine Nachthütte im Kürbisfeld, wie eine
> belagerte Stadt.
> Wo nicht der Ewige der Heerscharen uns übrig ließ einen Rest
> so gering, wie Sedom wären wir, Amorah glichen wir …

Zu Abrahams Zeiten habe Gott die Städte Sedom und Amorah am
Toten Meer ihrer Frevelhaftigkeit wegen zerstört, rief Jeschajahu
seinen Glaubensbrüdern in Erinnerung, aber Gott werde sie verschonen und nicht verlassen, «wenn ihr willig seid und höret … Zijon wird durch Recht erlöst, und seine Bekehrten durch Gerechtigkeit».

Was Chiskijah mit dem Beistand Jeschajahus leistete, war beeindruckend. Der Tempel wurde restauriert und mit Spenden aus
dem Volk ein Fonds für seine künftige Instandhaltung eingerichtet.
Außerdem wollte Chiskijah natürlich auch, dass das Volk zu den
alten Glaubensgesetzen zurückkehrt, weshalb er vehement gegen
die wachsenden heidnischen Tendenzen unter den Juden anzu-
kämpfen beschloss. Als Anreiz plante er eine besonders schöne Pes-

sachfeier in Jerusalem, zu der er außer den führenden Persönlichkeiten und Notabeln aus seinem eigenen Südreich auch alle Juden einlud, die noch unter der Herrschaft Aschurs im einstigen Nordreich lebten.

Sein Schreiben, an dem Jeschajahu ohne Zweifel großen Anteil hatte, enthielt ein stark maßregelndes Element: «Kinder Jisrael, kehret um zu dem Ewigen, dem Gotte Abraham's, Jizchak's und Jisrael's, auf dass er umkehre zu den Geretteten, die euch übriggeblieben aus der Hand der Könige von Aschur. Und seid nicht wie eure Väter und wie eure Brüder, die untreu geworden dem Ewigen, dem Gotte ihrer Väter, dass er sie zum Entsetzen gemacht wie ihr sehet. Seid jetzt nicht hartnäckig, wie eure Väter, reichet die Hand dem Ewigen und kommet in sein Heiligtum, das er auf ewig geheiligt, und dient dem Ewigen, eurem Gotte, und seine Zornglut wird von euch nachlassen.»

Nicht jeder war von dieser wortgewaltigen Einladung begeistert. Die Hebräische Schrift berichtet, dass man die Läufer, die mit diesem Schreiben von Stadt zu Stadt im «Lande Efrajim und Menascheh bis Sebulun» eilten, verlachte und verspottete. Doch immerhin, einige Empfänger «demütigten sich und kamen nach Jeruschalajim», wo das große «Fest der ungesäuerten Brote» gefeiert wurde. Auf Chiskijahs Flehen hin vergab Gott allen, die die Glaubensgesetze missachtet hatten. Dafür «lobsangen dem Ewigen täglich die Lewijim und die Priester mit mächtigem Saitenspiel dem Ewigen». Sie feierten sieben Freudentage lang, «indem sie Mahlopfer opferten», dann wurde sogar beschlossen, das Fest weitere sieben Tage auszudehnen: «Chiskijah gab der Versammlung eine Hebe von eintausend Farren und siebentausend Schafen, und die Obern gaben der Versammlung eine Hebe von eintausend Farren und zehntausend Schafen.» Kein Wunder, dass «große Freude in Jeruschalajim» herrschte, wie man sie seit den Tagen von König Schelomoh fünfhundert Jahre zuvor nicht mehr erlebt hatte.

Das war zur Abwechslung einmal ein so glücklicher Moment, dass ich mit ihm diesen Brief beschließen möchte.

Liebe Tante Fori,

mein letzter Brief endete mit einer fröhlichen Note, doch heute will ich dir von den schweren Aufgaben berichten, die Chiskijah bevorstanden, als das feierliche Gelage vorüber war. Denn kaum war das Fest beendet, ließ er sämtliche den fremden Göttern geweihten Orte im ganzen Königreich zerstören. Sogar in Jerusalem hatten sich heidnische Bräuche eingeschlichen, gab es Götzenbilder am Wegesrand, die beseitigt werden mussten. Chiskijah wollte, dass alles wie früher werde. Und Jeschajahu warnte drastisch vor den Folgen, für den Fall, dass sich das Volk erneut vom Ewigen Gott abwenden würde.

Ganz Jerusalem, verkündete er, würde dann zerstört: «Weil sich überhoben die Töchter Zijon's – und einhergehen, die Hälse gestreckt, und die Augen umherwerfend; trippelnden Ganges gehen sie, und mit ihren Füßen machen sie Geklirr; so macht der Herr kahl die Scheitel der Töchter Zijon's, und der Ewige wird ihre Scham entblößen ...», und «statt des Duftes soll Modergeruch kommen», statt «des Lockenwerkes eine Glatze». So weit zu den Frauen. Aber auch das andere Geschlecht wurde deutlich gewarnt: «Deine Männer fallen durch das Schwert, und deine Macht im Kriege. Und es ächzen und trauern (Jerusalems) Tore, und ausgeräumt sitzt sie auf der Erde.»

Nur wenn allenthalben Bußfertigkeit herrsche und wieder Anstand einkehre, könne das Volk auf Erlösung hoffen: «Darum, so spricht Gott der Herr: Jetzt führe ich heim die Gefangenen Jaakob's und erbarme mich des ganzen Hauses Jisrael, und eifere für meinen heiligen Namen.» Die konkrete Verteidigung von Jisrael blieb, zumindest in der unmittelbaren Zukunft, allerdings dem König überlassen. Chiskijah war sich bewusst, dass ein starkes Heer und bestmögliche Verteidigungsanlagen lebenswichtig waren. Er errichtete daher sofort neue, stärkere Wachtürme um Jerusalem und verbesserte die Wasserversorgung durch ein fünfhundertfünfzig Meter langes Tunnelsystem, das er tief durch den Felsen von der Stadtmitte bis zum Bach Kidron schlagen ließ, damit die Bürger selbst bei einer längeren Belagerung mit ausreichend Wasser versorgt sein würden.

Aber nicht nur auf den Verteidigungsfall bereitete Chiskijah seine Hauptstadt und sein Heer vor: Im Jahr 705 v. d. Z. schloss er sich außerdem einem Aufstand einiger kleiner Völker gegen die assyrische Oberherrschaft an, darunter den Babyloniern, die gleich südlich von Aschur an Tigris und Euphrat siedelten. Der ägyptische Pharaoh – immer daran interessiert, einen mächtigen Rivalen in die Schranken gewiesen zu sehen – sicherte den Aufständischen seine Unterstützung zu; und Baladan, der König von Babel, schickte sogar Botschafter mit Geschenken nach Jehudah, als er erfuhr, dass Chiskijah erkrankt war. Dieser «ließ sie sehen all seine Schatzhäuser, das Silber, und das Gold, und die Gewürze, und das köstliche Öl, und sein ganzes Zeughaus» und alle anderen Schätze des Reiches Jehudah. Nur Jeschajahu drängte ihn, sich nicht mit den Mannen aus Babel zu verbünden, und warnte prophetisch: «Siehe, es kommen Tage, wo weggebracht wird alles, was in deinem Hause ist, und was deine Väter aufgesammelt bis auf diesen Tag, nach Babel; es wird nichts übrig bleiben, spricht der Ewige.»

Chiskijah entschied dennoch, das Bündnis einzugehen, weil er glaubte, nur so könne der Aufstand Erfolg haben. Und dem Jeschajahu erwiderte er (mit einer Frage – eine typisch jüdische Entgegnung): «Nicht so? Wenn nur Friede und Bestand sein wird in meinen Tagen.»

Die Revolte gegen Aschur begann. Als Erstes hielt Chiskijah sämtliche Zahlungen für den jährlichen Tribut zurück, was ein eindeutig rebellischer Akt war. Zwei Stadtstaaten von der Mittelmeerküste schlossen sich daraufhin dem Aufstand an: die zidonische Stadt

Zor (im heutigen Libanon) und Aschkelon, die Stadt der Pelitschim (heute eine große israelische Küstenstadt). Doch Babel, das sich ebenfalls auf die Seite der Aufständischen geschlagen hatte, wurde vom streitbaren Herrscher Sancherib aus Aschur 701 v. d. Z. besiegt. Nach dem Sieg über die Babylonier wandte Sancherib seine Aufmerksamkeit den Aufständischen im Westen zu. Der König von Zor wurde abgesetzt, ein ägyptisches Heer, das die Assyrer aufzuhalten versucht hatte, geschlagen und Aschkelon eingenommen. Anschließend marschierte Sancherib über die Hügel Jehudahs gen Jerusalem. Zweiundvierzig Siedlungen nahm er bei seinem Vormarsch ein; fast sämtliche Bewohner deportierte er nach Aschur. Wenigstens die bewehrte Stadt Lachisch in der Ebene hatte Chiskijah unter allen Umständen zu verteidigen befohlen, doch nach langer Belagerung konnte Sancherib schließlich auch sie einnehmen.

Vor ein paar Jahren schlenderte ich über den beeindruckenden Erdwall von gewaltigen Dimensionen, auf dem die Ruinen von Lachisch stehen und wo bei archäologischen Grabungen ständig neue Funde gemacht werden. Die Gemäuer sind über 2700 Jahre alt. In einer Grube fand man die Überreste von 1500 übereinander gestapelten Körpern.

Die Eroberung von Lachisch durch die Assyrer ließ Sancherib in einem Triumphrelief an seinem Palast in Ninive festhalten, um allen die Macht Aschurs und den Heldenmut seines Herrschers vor Augen zu führen. Im 19. Jahrhundert wurde es von einem britischen Archäologen entdeckt und nach Großbritannien gebracht. Heute gehört es zu den Schätzen des British Museum. Wenn mir der Sinn danach steht, brauche ich nur zwanzig Minuten mit dem Bus in die Stadt zu fahren, um mir diese Darstellung der Niederlage Chiskijahs anzusehen. Sie ist kein bisschen weniger lebendig als jedes moderne historische Dokument.

Kaum war Lachisch eingenommen, marschierte Sancheribs Heer nach Jerusalem und belagerte die Stadt. «Ich hielt ihn gefangen in

Jerusalem, seiner Residenz, wie einen Vogel im Käfig», verzeichnete der siegreiche König in seinem Kriegsbericht. Chiskijah kapitulierte. Was immer nötig war, um Sancherib zu überzeugen, nach Aschur zurückzukehren – er wollte es tun. Seine Botschaft an ihn war unterwürfig, knapp und unzweideutig: «Ich habe gefehlt! Ziehe wieder ab von mir; was du mir auflegen wirst, will ich tragen.»

Sancherib forderte so viel Gold und Silber, dass Chiskijah gezwungen war, sämtliche Schätze aus dem Palast und Tempel zusammenzusuchen. Sogar von den Verzierungen der Türen und Pfosten des Tempels, die er einst selbst hatte anbringen lassen, musste er das Gold abklopfen, um Sancherib auszahlen zu können.

Der aber wollte sich damit noch nicht zufrieden geben. Von Lachisch aus sandte er «den Tartan und den Rab Saris und Rabschakeh», drei hochrangige Beamte des Hofes von Aschur, mit einem großen Heer nach Jerusalem und forderte von Chiskijah die bedingungslose Kapitulation. Dass der Rabschakeh seine Forderung «auf Jehudisch» stellte, war eine deutliche Herabwürdigung: «Rede doch zu deinen Knechten Arammisch», antwortete man ihm, «denn wir verstehen es, und rede nicht mit uns Jehudisch, vor den Ohren des Volkes auf der Mauer.» Er aber verhöhnte den jüdischen König nur noch mehr: «Ich will dir geben zweitausend Rosse, ob du dir Reiter darauf setzen kannst?»

Jeschajahu drängte Chiskijah, keine weiteren Zugeständnisse zu machen und seine Stadt nicht hinzugeben; er solle Sancherib nicht fürchten: «Siehe, ich will ihm den Sinn eingeben, dass er, vernimmt er die Kunde, umkehre in sein Land, und ich lasse ihn durch das Schwert fallen in seinem Lande.»

Noch in derselben Nacht sollten viele assyrische Soldaten sterben. Als die Juden all die Leichen sahen, stand für sie außer Frage, dass Gott seine Hand im Spiel hatte. Spätere Kommentatoren legten die Darstellung der Hebräischen Schrift allerdings eher als Hinweis aus, dass im assyrischen Lager die Beulenpest gewütet hatte. Jedenfalls

zogen sich Sancheribs Truppen zurück. Jerusalem blieb die Hauptstadt eines unabhängigen Südreichs Jehudah. Die so oft bedrohte
Souveränität des Judentums hatte einmal mehr eine Krise überlebt.
Assyrischen Quellen zufolge wurde Chiskijah allerdings später erneut zum Vasallen und musste wieder hohen Tribut entrichten.

Liebe Tante Fori,
das Südreich von Jehudah hatte, wie gesagt, die Bedrohung durch
Aschur überstanden. Nach Chiskijahs Tod trat sein Sohn Menascheh
die Thronfolge an und herrschte fünfundvierzig Jahre lang. Um die
Assyrer zu besänftigen, zahlte auch er den jährlichen Tribut; und mit
König Assurbanipal von Aschur schloss er sogar ein Bündnis, um gemeinsam Ägypten anzugreifen.

Doch unter seiner Regentschaft hatten abermals heidnische Rituale Konjunktur, und beeinflusst von Aschur tauchten Astrologie
und Zauberei auf – es wurden dem jüdischen Glauben also Rituale
entgegengesetzt, die für jeden frommen Juden reiner Frevel waren.
Die Hebräische Schrift bemerkt zu Menascheh: «Und er baute wieder die Höhen ... und fiel nieder vor allem Heere des Himmels, und
diente ihnen.» Selbst im Tempelbezirk errichtete Menascheh heidnische Altäre.

Einer jüdischen Überlieferung nach wurden sogar Kindesopfer im
Hinnom-Tal wieder eingeführt, nur ein paar hundert Meter vom
Tempelberg entfernt. Wie der Hebräischen Schrift zu entnehmen ist,
opferte Menascheh dort seine eigenen Söhne: «Er auch führte seine
Söhne durch das Feuer im Tale Ben Hinnom, und deutete aus Wol-
ken und aus Schlangen, und trieb Zauberei und Beschwörung und
Weissagerei; er tat viel Böses in den Augen des Ewigen, um ihn zu
kränken.»

Der Zorn Gottes über sein «Eigentum» war wieder einmal so
groß, dass wahrlich Furchterregendes drohte: «Ich ... werde abwi-

schen Jeruschalajim, so wie man abwischt eine Schüssel, abgewischt und umgestürzt.» Menaschehs Herrschaft endete in Schimpf und Schande. Er schmähte die Assyrer, die ihn daraufhin in Ketten nach Aschur brachten. Sein Sohn, König Amon, sollte wieder Gottes Missfallen erregen, weil er im Tempel ein Bildnis des assyrischen Sonnengottes mit Pferdegespann aufstellen ließ.

Bereits zwei Jahre später wurde er von seinen Dienern getötet, welche dann ihrerseits vom «gemeinen Volk» erschlagen wurden. Dem Amon folgte sein achtjähriger Sohn Joschijahu auf den Thron. Und dieser Joschijahu von Jehudah sollte sich − Ironie des Schicksals, doch nach der heidnisch geprägten Regentschaft seines Großvaters und seines ebenfalls götzenhörigen Vaters vielleicht nicht überraschend − während seiner einunddreißigjährigen Herrschaft den Ruf als der gerechteste aller jüdischen Könige erwerben, gerechter noch als sein Urgroßvater Chiskijah.

Liebe Tante Fori,

mit diesem Brief sind wir fast schon am Ende der jüdischen Königssaga angelangt. 627 v. d. Z. begann der gerade achtzehnjährige Joschijahu mit der Restaurierung und rituellen Reinigung des Tempels, ähnlich wie bereits sein Urgroßvater Chiskijah achtzig Jahre zuvor. Er zerstörte den Götzenaltar im Hinnom-Tal, wo wieder Kindesopfer stattgefunden hatten, und fällte alle Götzenstatuen, die sein Großvater und Vater angebetet hatten. Den Schutt ließ er im Kidron-Tal vergraben.

Bei den Renovierungsarbeiten an Schelomohs Tempel ereignete sich der bedeutendste Vorfall während der Regentschaft des Joschijahu, denn dabei, so die Überlieferung, wurde ein «altes Buch» entdeckt, in dem der König sofort «die Worte des Buches der Lehre» erkannte. Dabei handelte es sich im Wesentlichen um die 125 Gebote und ihre Erläuterungen aus dem Buch Exodus, die den Grund-

stock des Fünften Buches «Deuteronomium» bilden. In der Tora
stellt es als «Zweites Gesetz» eine eigene Einheit dar, weil darin alle
übrigen der insgesamt 613 Gebote verzeichnet sind, von denen Juden sich bis zum heutigen Tage leiten lassen. Zudem enthielt jenes
«alte Buch» den Text aus dem «Leviticus», dem Buch der Priester, in
dem erstmals der göttliche «Eigentums»-Begriff bezüglich des jüdischen Volkes formuliert wurde – hieraus entsprang die spätere Vorstellung, das Judentum halte sich für ein «auserwähltes» Volk (worauf
ich noch eingehen werde). Und schließlich fand sich in dem Buch
der erste Hinweis darauf, dass der Tempel von Jerusalem die einzig
rechtmäßige Opferstätte sei (womit natürlich der Errichtung anderer
Opferstätten Einhalt geboten werden sollte).

Das Südreich Jehudah zerfiel nicht lange nach Joschijahus Herrschaft, doch die Texte aus dem Zweiten und Dritten Buch der Tora,
die in diesem «alten Buch» entdeckt worden waren, wurden von jüdischen Schreibern im babylonischen Exil erhalten und 485 v. d. Z.
von Esra wieder nach Jerusalem zurückgebracht, um dem orthodoxen Judentum fortan als Leitfaden zu dienen. Auch von Esra will ich
dir in einem späteren Brief berichten.

Die Künderin Chuldah prophezeite König Joschijahu, dass Jerusalem wegen seiner Frevelhaftigkeit zerstört würde, wenn auch nicht
mehr zu seinen Lebzeiten. Dafür wurde er noch Zeuge anderer entscheidender Ereignisse: Assurbanipal starb, und damit begann der
unaufhaltsame Machtverlust Aschurs und der Aufstieg Babels an seiner statt, geradeso wie Jeschajahu es fast ein Jahrhundert zuvor prophezeit hatte.

Die Tage des Südreichs von Jehudah, dem Chiskijah zu so viel
mehr Macht verholfen und dessen Glaubenstreue Joschijahu mit so
viel Mühen wiederherzustellen versucht hatte, waren gezählt. Die
geschwächten Assyrer schlossen ein Bündnis mit Ägypten. In der
Schlacht von Megiddo (dem biblischen Harmageddon) versuchte
sich Joschijahu dem ägyptischen Invasionsheer entgegenzustellen,

aber Jehudahs Heer wurde geschlagen und Joschijahu von einem Pfeil getötet.

Als Vasall Ägyptens befand sich nun auch das Südreich in größter Gefahr. Joschijahus Sohn Jehoachas, den die Ägypter zum König über Jehudah gemacht hatten, wurde nach nur drei Monaten abgesetzt und gefangen genommen. Sein jüngerer Bruder Jehojakim durfte ihm auf den Thron folgen, der Pharaoh erlegte ihm jedoch massive Tribute auf. Inzwischen wurde das Königreich Babylon zur neuen Macht am Euphrat. 605 v. d. Z. schlug sein König Nebukadnezar ein ägyptisch-assyrisches Heer vor der Stadt Karkemisch am oberen Euphrat, das nach Babylonien vorzudringen versucht hatte, und eroberte im Verlauf eines gewaltigen Angriffs die gesamte Ostküste des Mittelmeers bis hin zur Küstenstadt Asah im Süden.

Ob sich das Südreich Jehudah jetzt überhaupt noch gegen die Angriffe der Babylonier zur Wehr setzen sollte oder konnte, darüber wurde heftig gestritten. Am vehementesten sprach sich der Prophet Jirmejahu dagegen aus, denn er vertrat die Ansicht, dass Gott Babylon zu seinem Instrument erwählt habe, um die Jehudim für ihre mangelnde Glaubensfestigkeit zu strafen. Aus Zorn über solche defätistischen Äußerungen ließ der König das Buch der Prophezeiungen Jirmejahu im Palast verbrennen. Doch unverdrossen diktierte Jirmejahu die Texte seinem Schreiber Baruch neu und ließ sie anschließend von diesem im Tempel «von der Rolle ausrufen».

Mittlerweile kontrollierten die Babylonier drei weitere, an das Südreich Jehudah angrenzende Völker: Moab, Ammon und Aram. Im Jahr 600 v. d. Z. griffen sie gleichzeitig von Norden und Osten an, und zwei Jahre später war auch König Nebukadnezar bereit – er hatte erst eine gewisse innere Unruhe bewältigen müssen –, in den Kampf zu ziehen. Während sein Heer anrückte, starb Jehojakim, und sein achtzehnjähriger Sohn Jehojachin übernahm die Herrschaft. Ägypten jedoch erfüllte sein Versprechen nicht, Jehudah militärisch gegen Babel beizustehen.

Nach dreimonatiger Belagerung sahen sich die Jehudim zur Kapitulation gezwungen. Der neue König wurde mitsamt seiner Mutter, allen übrigen Familienmitgliedern, Kämmerlingen, Offizieren und Beamten nach Babel verschleppt und dort in Gefangenschaft gehalten.

Im Siegestaumel verwüsteten die Babylonier Jerusalem und zerstörten Schelomohs Tempel. Die Hebräische Schrift schildert den Sieg Nebukadnezars über die Stadt:

> Und er nahm von dort heraus alle Schätze des Hauses des Ewigen, und die Schätze des Königshauses, und zerschlug all die goldenen Gefäße, die der König Schelomoh gemacht in dem Tempel des Ewigen, so wie der Ewige geredet.
> Und führte weg ganz Jeruschalajim, und alle Oberen, und alle Starken des Heeres, Zehntausende Auswanderer, und alle Zimmerleute und Schlosser, es blieb nichts als die Ärmsten unter dem gemeinen Volke.

Es sollte allerdings noch schlimmer kommen. Nebukadnezar setzte Jehojachins Onkel Zidikijahu als König in Jerusalem ein. Nach vier Jahren auf Nebukadnezars Vasallenthron beschloss dieser angesichts der hohen Tribute, die Babylon forderte, zu revoltieren. Verbündete für das riskante Unterfangen fand er in den Herrschern von Zor und Zidon an der Küste sowie bei Moab und Edom im Inland. Nur Jirmejahu sprach sich wieder gegen den Aufstand aus. Gefesselt und im Joch, wie Gott es ihm geboten hatte, verkündete er Zidikijahu und dem Volk von Jehudah in Jerusalem Gottes Wort: «Bringet euren Hals in das Joch des Königs von Babel, und dienet ihm und seinem Volke und lebet. Warum wollt ihr sterben, du und dein Volk durch das Schwert, durch Hunger und die Pest? ... dienet dem Könige von Babel und lebet. Warum soll diese Stadt zu Trümmern werden?»

Zidikijahu ließ seine Pläne für den Aufstand fallen und schickte stattdessen Botschafter nach Babylon, um Nebukadnezar seiner Loyalität zu versichern. Fünf Jahre später, im Jahr 589 v. d. Z., änderte der König seine Meinung jedoch wieder und lehnte sich im Bündnis mit Zor und Ägypten gegen den König von Babel auf. Aber es half alles nichts. Nebukadnezar griff mit seinem Heer Jerusalem an und zog einen Belagerungsring um die Stadt; und die Edomiter – Zidikijahus einstige potentielle Verbündete – nutzten die Gunst der Stunde, um Jehudah von Süden her zu attackieren.

Zwei Jahre lang schnitten Nebukadnezar und seine Truppen Jerusalem von jeder Versorgung ab: «Die Hungersnot aber hatte überhand genommen in der Stadt, und es war kein Brot mehr für das gemeine Volk.» Da «ward die Stadt erbrochen» – mit riesigen Katapulten wurden Gesteinsbrocken hineingeschleudert und mit Rammböcken Breschen in die Stadtmauer geschlagen. Die babylonischen Soldaten marschierten von Haus zu Haus, sie plünderten und zerstörten alles, was ihnen in die Quere kam. Noch in derselben Nacht gelang es Zidikijahu, aus der Stadt zu fliehen. Begleitet von ein paar Kriegern, Palastwachen und seiner Familie, kam er bis in die Steppen von Jerecho. Dort holten ihn die Babylonier ein, versprengten sein Heer und ergriffen ihn mitsamt seinen Söhnen.

Zidikijahu und seine Söhne wurden in Nebukadnezars Feldlager nach Riblah im Norden Syriens gebracht, wo sie ein schreckliches Schicksal erwartete: «Und die Söhne Zidikijahu's schlachteten sie vor seinen Augen, und die Augen Zidikijahu's blendete man, und legte ihn in Ketten, und brachte ihn nach Babel.»

Anschließend reiste Nebusaradan, der Oberste von Nebukadnezars Leibwächtern, nach Jerusalem, «verbrannte das Haus des Ewigen, und das Haus des Königs, und alle Häuser in Jeruschalajim, und alle Häuser der Großen verbrannte er im Feuer» und schleifte die Stadtmauern. Sechzig jüdische Soldaten, die in Jerusalem zurückgeblieben waren, sowie die obersten Schreiber und fünf von Zidikijahus Höflingen wurden zu Nebukadnezar nach Riblah verschleppt und dort getötet.

Dann brachte Nebusaradan persönlich alle Juden, die er noch in Jerusalem auftreiben konnte – 4600 insgesamt – nach Babylon. «So wanderte Jehudah in das Exil von seinem Boden hinweg.»

Wieder einmal blieben nur die Ärmsten zurück, um für die Eroberer das Land zu beackern und die Weinberge zu bestellen. Der jüdischen Nation war ein jähes und gewaltsames Ende bereitet worden.

Liebe Tante Fori,

nach der Zerstörung des Südreichs Jehudah – desjenigen der beiden jüdischen Königreiche, das bis ins 7. Jahrhundert v. d. Z. überlebt hatte – folgte schiere Agonie. Die Hebräische Schrift hält die Verzweiflung im Südreich fest, als es nach über hundertjähriger Unabhängigkeit bezwungen worden war und den Härten der Fremdherrschaft unterworfen wurde.

Unser Erbe ist übergegangen an Fremde, unsere Häuser an Ausländer,
Waisen sind wir, vaterlos, unsere Mütter gleichen Witwen …
Dicht an unserem Nacken werden wir verfolgt, wir sind müde,
und keine Rast wird uns.

Auch der zweiten Zerstreuung der Juden gedachten die Gefangenen in den Zentren der Diaspora, in die man sie deportiert hatte, mit einem Psalm (137)[6]:

An den Stromarmen Babylons,
dort saßen wir und wir weinten,
da wir Zions gedachten.

An die Pappeln mitten darin
hingen wir unsre Leiern.

Denn dort forderten unsere Fänger
Sangesworte von uns,
unsre Foltrer ein Freudenlied:
«Singt uns was vom Zionsgesang!»

Wie sängen wir SEINEN Gesang
auf dem Boden der Fremde!

Vergesse ich, Jerusalem, dein,
meine Rechte vergesse den Griff!

Meine Zunge hafte am Gaum,
gedenke ich dein nicht mehr,
erhebe ich Jerusalem nicht
übers Haupt meiner Freude ...

Jehojachin, der letzte unabhängige König von Jehudah, wurde sie-
benunddreißig Jahre lang in babylonischer Gefangenschaft gehalten.
Erst Nebukadnezars Nachfolger, der Jehojachins Thron «über den
Stuhl der Könige (setzte), die bei ihm waren in Babel» (vermutlich
königliche Gefangene aus anderen eroberten Reichen), entließ ihn
und seine fünf Söhne aus dem Kerker und versprach, für ihn zu sorgen: «Und er speiste beständig bei ihm all seine Lebenstage, ein be-
ständiges Gastgeschenk, wurde ihm vom Könige gegeben, der tägli-
che Bedarf an seinem Tage, all seine Lebenstage.»
   Mit den Eroberungen durch Aschur und Babel waren die Juden
also aus beiden Reichen ins Exil vertrieben und zerstreut worden.
Einige flohen aus ihrer jeweiligen Diaspora nach Ägypten, die meisten in die Hafenstadt Alexandria. Der Prophet Jirmejahu fand mit
einer kleinen Gruppe von Soldaten aus Zidikijahus Heer, die vergeblich versucht hatten, den bewaffneten Widerstand aufrechtzuerhalten, Zuflucht im ägyptischen Tahpanhes im östlichen Nildelta.

Selbst im Exil drängte Jirmejahu auf strikte Einhaltung der Gottesgesetze. Immer begleitet von seinem treuen Schreiber Baruch, sprach er unheilvolle Warnungen gegen alle Glaubensbrüder aus, die er in der ägyptischen Diaspora einer heidnischen Fruchtbarkeitsgöttin huldigen sah.

Dort, im ägyptischen Exil, sang Jirmejahu auch sein wortgewaltiges Klagelied über Jerusalem:

> Wie sitzt einsam die Stadt, die volkreiche, ist einer Witwe gleich geworden die Herrin über Völker! Die Fürstin über Länder ist zinsbar geworden.
> Sie weint in der Nacht, ihre Tränen bleiben auf ihren Wangen, niemand tröstet sie von all ihren Freunden, all ihre Vertrauten sind ihr treulos geworden, wurden ihre Feinde. Jehudah wandert aus ...

Jirmejahu verbrachte die letzten Jahre bis zu seinem Tod in Ägypten. Andere Exilanten wanderten in Richtung Norden, in das Gebiet der heutigen Türkei. Der Weg der meisten aber führte zurück nach Mesopotamien, wo einst Abraham geboren worden war, und in die Städte entlang des Euphrat und Tigris.

Das Judentum war zu einem versprengten Volk geworden, zerstreut über den ganzen östlichen Mittelmeerraum und über Persien, wo später die mutige jüdische Königin Ester einen von Haman, dem «Obersten aller Oberen», geplanten Massenmord an den Juden verhindern sollte. Doch diese Geschichte (deren das jüdische Purimfest gedenkt) will ich dir erzählen, wenn ich auf die jüdischen Fest- und Feiertage zu sprechen komme.

Trotz Verfolgung und Gefahr – und natürlich auch dank solcher Menschen wie Ester, die Gefahren abwandten – bauten Juden überall, wohin sie zu gehen gezwungen wurden, sogar in den Ghettos, in denen sie oft zu wohnen verdammt waren, ihr Leben und Auskommen so gut es ging wieder auf. Sie bewahrten ihren ausgeprägten Familiensinn und richteten sich nach den Gesetzen ihres Glaubens. Sie folgten ihren Traditionen und hielten unverbrüchlich an ihrem Glauben an den Ewigen Gott fest. Und sie entwickelten ihr einzigartiges Zusammengehörigkeitsgefühl. Jüdischen Brüdern und Schwestern allerorten empfanden sie sich verbunden. So weit sie sich auch zerstreuten, so fern sie einander geographisch auch sein mochten, überall gedachten die Juden ihrer Glaubensbrüder anderenorts, selbst wenn sie ihnen nie persönlich begegnen oder nie in die anderen Regionen der Diaspora reisen konnten.

Wo immer Juden lebten, war der jüdische Glaube zum Bindeglied, zu einer machtvollen, einigenden Kraft geworden, die jedem Druck standhielt, ob Krieg, Unterjochung, Besatzung, Tyrannei, Separation oder Zerstreuung. Während jüdische Schreiber im einstigen Südreich Jehudah die vergangene Geschichte ihres Volks aufzeichneten – das Buch Jehoschua, das Buch der Richter, die Bücher Schemuel und die Bücher der Könige –, verfassten Schreiber unter persischer Herrschaft die Bücher der Chronik, Esra und Nechemjah. Juden allerorten blieben sich zu allen Zeiten ihrer Geschichte und damit ihrer nationalen Identität bewusst, weil sie festgeschrieben war in den Büchern, denen ihr tägliches Studium galt und die sie inspirierten.

Damals entstand der Brauch, Texte aus der Tora in den *Tefillin* (Gebetsriemen, die am Kopf und dem linken Arm zu befestigen sind) oder der *Mesusa* zu verwahren (jenem kleinen länglichen Behältnis, welches in jedem jüdischen Haushalt als Schutzsymbol am Türpfosten angebracht wird). Bereits feststehende Daten im jüdischen Kalender, die ursprünglich reine Erntedankfeste gewesen waren – *Pessach*, *Schawuot* oder *Sukkot*, von denen ich dir noch berichten werde –, wurden zu Tagen des Gedenkens an die jüdische Geschichte. Auch *Jom Kippur*, der Versöhnungstag, von dem ich dir ebenfalls später erzählen will, fand damals Eingang in den jährlichen

Feiertags- und Gebetszyklus. Aber vor allem wurde aus dem jüdischen Gott Jachwe, der bis dahin «nur» der einzige Stammesgott der Juden gewesen war – während alle umgebenden Völker viele Götter anbeteten – der Einzige, der Ewige Gott der Juden.

Liebe Tante Fori,

nachdem die Perser 539 v. d. Z. Babylon erobert hatten, ließen sie Juden aus der Babylonischen Gefangenschaft nach Jerusalem im einstigen Südreich Jehudah zurückkehren. Zwar stand die Gegend nach wie vor unter persischer Oberhoheit, dem Volk der Juden aber war wieder weitreichend Autonomie eingeräumt worden, und Nechemjah, ein jüdischer Beamter der Perser und ehemaliger Mundschenk des Königs Artaxerxes, der zum Statthalter von Jehudah ernannt worden war, ließ die Mauern Jerusalems wieder erbauen. Nach der Überlieferung wurde diese Aufgabe in nur zweiundfünfzig Tagen bewältigt. Um die Stadt auch wieder zu bevölkern, sorgte Nechemjah dafür, dass sich ein Zehntel der Einwohner von Jehudah in ihr ansiedelten und den Armen dort alle Schulden erlassen wurden. Esra, der damals ebenfalls aus dem babylonischen Exil nach Jerusalem zurückkehrte, überzeugte die Juden nun, einen neuen Bund zu schließen – diesmal nicht mit Gott, sondern mit sich selbst, um ihre jüdische Identität durch das Gesetz Gottes, welches sie von allen anderen Völkern unterschied, wieder zu stärken.

Von Esra, dem Schriftkundigen, stammt ein eigenes Buch in der Hebräischen Schrift. Rabbinische Gelehrte stellten ihn auf eine Stufe mit Moscheh – wäre die Tora nicht Moscheh offenbart worden, sagten sie, hätte Gott sie Esra gegeben. Spinoza, der jüdische Philosoph des 17. Jahrhunderts und ein Pionier der Bibelkritik, behauptete sogar, Esra sei der eigentliche Kompilator der Tora gewesen.

An einem jedenfalls lässt das Buch Esra keinen Zweifel: Er war nach seiner Rückkehr aus dem babylonischen Exil entschlossen, die

Juden zu einem streng von ihrer Umgebung abgegrenzten Volk zu machen. So focht er zum Beispiel nicht nur gegen Ehen zwischen jüdischen Männern und nichtjüdischen Frauen, sondern schloss Männer, die sich nicht daran hielten, samt ihren Kindern aus der jüdischen Gemeinschaft aus. Seine in der Hebräischen Schrift überlieferten Worte an die Patriarchen waren kompromisslos: «Ihr habt untreu gehandelt und fremde Weiber heimgeführt, um die Schuld Jisrael's zu mehren. So gebet denn ein Bekenntnis dem Ewigen, dem Gotte eurer Väter, und tut seinen Willen und scheidet euch von den Völkern des Landes und von den fremden Weibern. Und die ganze Versammlung antwortete, und sie sprachen mit lauter Stimme: Also, wie deine Reden, soll von uns getan werden.»

Auch Nechemjah wirkte läuternd auf die jüdische Tradition ein, vor allem was die Praktiken im Tempel betraf, die im Laufe der Jahre so deutlich vernachlässigt worden waren. «Ich reinigte sie von allem Ausländischen», verzeichnet das Buch Nechemjah (das sich an das Buch Esra anschließt), «und bestellte die Posten der Priester und Lewijim, jeglichen bei seinem Dienst: Und auch für die Holzspenden zu bestimmten Zeiten und für die Erstlinge. Gedenke es mir, mein Gott, zum Guten!»

Nechemjahs Bitte an Gott, sich eines Menschen seiner guten Taten wegen gnädig zu erinnern, ist – als ein unter Juden in aller Welt üblicher Wunsch zum jüdischen Neujahrsfest – zu einer festen Redeweise geworden: «Zu einem guten Jahr mögest du sogleich eingeschrieben (erinnert) werden.»

Liebe Tante Fori,

obwohl das Judentum so weit zerstreut wurde, ließ seine Verbundenheit mit dem Land der Väter nie nach. Eine jüdische Minderheit blieb dort immer präsent. Selbst unter assyrischer und babylonischer Herrschaft oder unter der des nachfolgenden persischen Reiches, das deren Nachfolge antreten sollte, haben einzelne jüdische Gemeinden überlebt. Jerusalem war und blieb der Mittelpunkt all ihrer religiösen Aktivitäten, vor allem natürlich zu Zeiten der Pilgerfeste, wenn sich viele Juden auf den Weg in die Stadt und zum Tempel machten beziehungsweise nach dessen Zerstörung zu seinen Überresten. Und in den sanften Hügeln und grünen Tälern von Galiläa (dem biblischen Galil) waren jüdische Siedlungen zu allen Zeiten besonders dicht gesät.

Nicht nur in der Diaspora, auch in Erez Jisrael selbst versuchte man stets, eine klare Trennlinie zwischen Gehorsam und Unterwürfigkeit zu ziehen, zwischen der Annahme fremder Gesetze und der Auflehnung gegen Willkür und Erniedrigung. In Persien zum Beispiel rebellierten die Juden 338 v. d. Z. gegen die immer schonungslosere Obrigkeit – der Aufstand wurde niedergeschlagen, und sie wanderten weiter nach Osten, um schließlich am Ufer des Kaspischen Meeres und entlang der Westküste Indiens Zuflucht und ein neues Siedlungsgebiet zu finden. Doch wie weit entfernt von Jerusalem jüdische Gemeinden auch entstanden, immer erinnerten sie sich an die Worte des Propheten Jirmejahu: «Und suchet das Wohl der Stadt, dahin ich euch weggeführt habe, und betet um sie zu dem Ewigen; denn in ihrem Wohle wird euch wohl sein.»

Jerusalem selbst wurde währenddessen mehrfach erobert und zur Provinzstadt von diversen Großmächten, zuerst von Babylon, gefolgt von Persien und dem Reich Alexanders des Großen, der die Stadt auf seinem Weg nach Indien einnahm. Er war der einzige Machthaber im Laufe von tausend Jahren, der nicht ihre Zerstörung anordnete (weshalb so mancher Jude seither aus Dankbarkeit seinen dritten Sohn Alexander nennt).

Nach Alexanders Tod im Jahr 323 v. d. Z. wurde sein Reich unter seinen Generälen aufgeteilt. Einer von ihnen, Ptolemäus, begründete eine Dynastie in Ägypten; ein anderer, Seleukus, herrschte über das Gebiet des heutigen Syrien. Das winzige Judäa (das einstige Südreich Jehudah) entlang der Straße, die die Hauptstädte dieser beiden Herrscher verband, wurde zum Schlachtfeld ihrer Kämpfe gegeneinander und sollte zwischen 332 und 302 v. d. Z. ganze sieben Mal den Besitzer wechseln. In den folgenden hundert Jahren wurde es von Ägypten regiert. 198 v. d. Z. eroberte es dann Antiochus III. wieder für das Seleukidenreich. Die Juden waren zum Spielball der Mächte geworden.

Liebe Tante Fori,
Alexander der Große vertrat und propagierte die späthellenistische Kultur in Judäa, ebenso wie die nachfolgenden Ptolemäer und Seleukiden. Griechisch wurde nicht nur in Syrien und Ägypten, sondern auch in Judäa zur Verwaltungssprache und Sprache der Literatur. Viele Juden hellenisierten ihre Namen und ließen sich von der Mode und Lebensart der Griechen beeinflussen. Im 3. Jahrhundert v. d. Z. wurde für die griechischsprachigen jüdischen Gemeinden in Ägypten sogar die Hebräische Schrift ins Griechische übersetzt (*Septuaginta*). Die Zeiten waren gut, der Frieden war gesichert, und die Juden genossen in Ägypten volle Religionsfreiheit, die ihnen später auch der erste Seleukidenherrscher Antiochus III. gewährte. Der von Alexander dem Großen verschonte Tempel in Jerusalem stand nach wie vor im Zentrum des jüdischen Glaubens.

Als Antiochus III. im Jahr 175 v. d. Z. von seinem Sohn Antiochus IV. abgelöst wurde, war es mit der Toleranz allerdings vorbei. Für den neuen Herrscher war der Hellenismus nicht nur eine von vielen, sondern die einzig akzeptable Lebens- und Denkungsart. Und in dieser Haltung wurde er sogar von einer Minorität assimilierter, wohlhabender jüdischer Hellenisten in Jerusalem bestärkt. Wieder einmal sollte sich die jüdische Welt spalten. Die hellenisierten Juden ermunterten den neuen König, den glaubenstreuen und aus einer der großen jüdischen Priestersippen stammenden Hohepriester

Onias III. durch dessen Bruder ablösen zu lassen, der dann seinen hebräischen Namen Jehoschua ablegte und den griechischen Namen Jason annahm.

Dieser neue Hohepriester fühlte sich den alten jüdischen Gesetzen weit weniger verpflichtet als Onias; er unternahm keinerlei Versuche mehr, der Hellenisierung und Assimilierung der Juden von Judäa – oder gar in Jerusalem selbst – Einhalt zu gebieten. Schließlich aber sollte sogar dieser Getreue der Griechen einer Intrige zum Opfer fallen und in seinem Amt als Hohepriester durch Menelaus abgelöst werden, einem Laienführer der jüdischen Hellenisten, der sich bei Antiochus mit Goldgefäßen aus dem Tempel für diese Gefälligkeit bedankte und schließlich seine Legitimität zu sichern versuchte, indem er den wahren Hohepriester Onias ermordete.

Fromme Juden kehrten Jerusalem nach und nach den Rücken, darunter der Priester Mattitjahu, dessen Geschichte – und die seiner ganzen Familie, der Hasmonäer – die Situation in Judäa wieder einmal grundlegend verändern würde: Ihnen war es zu verdanken, dass sich die Juden wieder auf ihre eigene Identität besannen. Mit Mattitjahu verlassen wir die biblischen Zeiten – welch seltsamer Gedanke, dass trotzdem noch «uralte Zeiten» vor uns liegen! Was wir von nun an über unsere Vorfahren wissen, stammt nicht mehr aus der Hebräischen Schrift, sondern aus einer Generation für Generation wachsenden Zahl von schriftlichen Aufzeichnungen, die jede nur denkbare Information enthalten und uns alle großen Debatten und Ideen von Rabbinern sowie eine Menge Aufzeichnungen von Reisenden und Schreibern aus vielen Zeitaltern überliefern.

Teil II
Die historische Zeit

Liebe Tante Fori,

mit der historischen Zeit betreten wir eine Ära, die von Aufruhr und Rebellion geprägt ist – und vom Wiedererstarken des jüdischen Nationalbewusstseins. Antiochus IV., der Seleukiden-Herrscher über Judäa, beschloss, die Jahrzehnt für Jahrzehnt wachsende Macht Roms herauszufordern und die kurz zuvor aufgestellten römischen Garnisonen in Ägypten anzugreifen. Doch er wurde zurückgedrängt. Seine Rachegelüste ob dieser Niederlage ließ er dann an Jerusalem und seinem dort wirkenden Gegner aus, dem einstigen Hohepriester Jason, der sich, nachdem die Vielgötterei und Lebensweise der Griechen die jüdische Einheit zu gefährden drohten, inzwischen gegen die exzessive Hellenisierung aufgelehnt hatte. Kaum hatte Antiochus die Kontrolle über Jerusalem gewonnen, untersagte er den Juden die Praktizierung ihres Glaubens und forderte von ihnen, den griechischen Göttern zu opfern und sogar die Sabbatruhe zu brechen. Auch die Beschneidung ihrer neugeborenen Söhne wurde verboten. Zwei Mütter, die sich dieser Anordnung widersetzt hatten, wurden gefangen genommen, in Ketten durch die Straßen von Jerusalem geschleppt und mitsamt ihren Kindern von der Stadtmauer in den Tod gestürzt.

Unbeirrt leisteten die Juden Widerstand. Einem ihrer führenden Weisen und Lehrer, Elasar – benannt nach dem frommen Sohn des biblischen Aharon –, befahl man, vom Fleisch eines Schweins essen, das dem griechischen Gottvater Zeus geopfert worden war. Er weigerte sich standhaft, bis schließlich Antiochus IV. persönlich den hoch geachteten alten Mann zu überreden suchte, denn er wusste, wenn er einen Juden seiner Position zu einer solchen Tat bewegen konnte, wäre der Widerstand seiner Glaubensbrüder gebrochen. Er ließ eine Reihe von frommen Juden versammeln, damit sie Zeuge der Szene wurden, und sprach zu Elasar:

«Ich für mein Teil, bevor ich die Foltern an dir beginnen lasse, Alter, möchte dir den Rat geben, dich durch Kosten des Schweinefleisches zu retten; denn ich habe Achtung vor deinem Alter und deinem Graukopf, wiewohl mir jemand, der ihn schon so lange wie du trägt und sich immer noch zur Judenreligion hält, gerade nicht als Philosoph vorkommt. Denn warum verabscheust du, wo doch die Natur die gnädige Spenderin ist, den Genuss des vorzüglich schmeckenden Fleisches dieses Tieres da?»[7]

Ohne zu zögern, antwortete Elasar, dass er ein göttliches Gesetz auch dann nicht verletzen werde, wenn Antiochus dies für eine lässliche Sünde halte. «Denn kleine und große Gesetzesübertretungen sind gleich ernst; wird doch in beiden Fällen mit gleichem Übermut gegen das Gesetz gefrevelt.» Antiochus ließ Elasar schrecklichen Folterungen unterziehen. Ein königlicher Höfling hatte ihm noch vorgeschlagen, sein Leben zu retten, indem er vom Fleisch eines Tieres, das ihm erlaubt war, essen und vorgeben sollte, es handle sich um Schweinefleisch, doch Elasar war standhaft geblieben: «So greisenhaft unmännlich bin ich denn doch nicht, dass sich meine Vernunft, wo es sich um die Frömmigkeit handelt, nicht verjüngen könnte.» Nach diesen Worten folterte man ihn zu Tode.

Unter den Zeugen dieser furchtbaren Szene befanden sich eine Jüdin namens Channa und ihre sieben Söhne. Nach der Ermordung Elasars wurden sie gleichfalls vor die Wahl gestellt, von einem dem Gott Zeus geopferten Schwein zu essen oder zu sterben. Sofort antwortete einer der Söhne, wenn ihr verehrungswürdiger Lehrmeister Elasar für seinen Glauben sterben konnte, dann könnten sie das auch. Man ergriff ihn, schnitt ihm die Zunge heraus und hackte ihm Hände und Füße ab. Anschließend warf man seinen Körper ins Feuer. Wie er entschieden sich seine Brüder, vor die Wahl gestellt, lieber für den Tod, ebenso die Mutter, die als Letzte an die Reihe kam.

Diese Geschichte von Standhaftigkeit und Bereitschaft zum Martyrium sollte im Mittelalter das europäische Christentum so stark beeindrucken, dass die Kirche jene sieben Juden zu ihren «makkabäischen» Märtyrern und Helden erklärte – dabei gehörten sie gar nicht der Sippe der Makkabäer an. Sie wurden heilig gesprochen und zu Symbolen des militanten Christentums, die seleukidischen Häscher hingegen zur Verkörperung des Antichristen. Im französischen Lyon weihte man den sieben «heiligen Makkabäern» eine eigene Kirche, und in einer Kapelle der Genfer Kathedrale St. Pierre stellen fromme Katholiken ihnen bis heute Weihekerzen auf. Auf mittelalterlichen Gemälden tauchte die Mutter Channa sogar Seite an Seite mit der Jungfrau Maria auf, daneben ihre Söhne, mit verstümmelten Händen und sieben Schwertern.

Die von Mattitjahu geführte Sippe der Hasmonäer hatte einst Jerusalem verlassen, um der Hellenisierung zu entgehen. «Makkabäer» nennt man sie nur, weil Mattitjahus Sohn Jehudah der Beiname *Makkabi*, «Hammerschwinger», verliehen worden war. Sie waren in die Stadt Modi'in an der Grenze zwischen dem einstigen Südreich Jisrael und dem Nordreich Jehudah gezogen. Dort wollten sie ihre priesterlichen Pflichten erfüllen. Im letzten Jahrzehnt des 20. Jahrhunderts sollte sich das kleine israelische Dorf Modi'in in eine blühende Metropole verwandeln, von deren Hügeln aus man den schmalen gelben Sandstreifen der Dünen und das glitzernde Wasser des Mittelmeers fünfundzwanzig Kilometer westlich erkennen kann.

Mattitjahu wehrte sich beharrlich gegen die ständigen Versuche von Antiochus IV., den Juden die Ausübung ihrer Religion zu untersagen. Im Jahr 166 v. d. Z. kam ein Seleukidenoffizier mit einem Soldatentrupp nach Modi'in, um auch dort den Juden einen Befehl zu erteilen, der gerade in sämtlichen jüdischen Siedlungen ausgerufen wurde, nämlich dem Zeus ein Schwein zu opfern und das nach jüdischen Speisegesetzen verbotene Fleisch zu essen. Entsetzt über diese Anordnung – welche, so versichert die jüdische Überlieferung, der Seleukidenoffizier nur höchst widerstrebend an die Juden weitergab –, stellten sich Mattitjahu und seine fünf Söhne vor die jüdischen Einwohner der Stadt und weigerten sich, vor den Götzenaltar zu treten, den die Soldaten mittlerweile errichtet hatten.

Als dem Offizier klar wurde, dass er einen höchst entschlossenen Priester von großer Autorität vor sich hatte, sagte er zu ihm: «Du bist der Vornehmste und Gewaltigste in dieser Stadt und hast viele Söhne und eine große Freundschaft. Darum tritt du zuerst hin und tue, was der König geboten hat … so wirst du und deine Söhne einen gnädigen König haben und begabt werden mit Gold und Silber und großen Gaben.»

Ohne zu zögern, erwiderte Mattitjahu: «Wir wollen nicht willigen in das Gebot des Antiochus und wollen nicht opfern und von unserm Gesetz abfallen und eine andere Weise annehmen.» Doch einer der anwesenden Juden fürchtete sich so sehr vor dem Zorn der Seleukiden, dass er dem königlichen Befehl nachkam. Als er vor aller Augen auf dem Götzenaltar opferte, ergriff Mattitjahu das Opfermesser und erstach ihn, dann wandte er sich dem Seleukidenoffizier zu, erstach auch ihn und zerstörte gemeinsam mit seinen Söhnen den Altar. Der Aufstand hatte begonnen. Bevor sie in die Berge flohen, riefen die aufständischen Makkabäer alle Juden auf, sich ihnen anzuschließen und gegen ihre Unterdrücker zur Waffe zu greifen.

Noch im selben Jahr wurde Mattitjahu im Kampf getötet; seine Söhne überlebten. Der älteste, Jehudah Makkabäus, übernahm als neuer Anführer des Aufstands die Rolle seines Vaters und besiegte die Seleukiden schließlich in einer Schlacht, eroberte Jerusalem und begann mit Renovierungsarbeiten am Tempel. Dann schloss er nach einem gewagten diplomatischen und militärischen Schachzug ein Bündnis mit Rom, der Macht, die sich gerade in der zentralen Mittelmeerregion etablierte. Beim Versuch, die Seleukiden zum Rückzug nach Syrien zu zwingen, kam er schließlich, wie sein Vater fünf Jahre zuvor, im Kampf ums Leben. Auch sein Bruder Elasar fiel, zermalmt vom Körper eines Elefanten, den er gerade selbst getötet hatte. Die Dynastie der Hasmonäer – von 166 bis 37 v. d. Z. – war jedoch durch Jehonatan und Schimeon, zwei Brüder des Jehudah Makkabäus, gesichert. Unter ihrem Regiment wurde das jüdische Herrschaftsgebiet sogar stark erweitert.

Es gelang ihnen, Lydda – das heutige Lod in Israel – in der Küstenebene einzunehmen (wo englische Kreuzritter später der Legende vom heiligen Georg begegnen sollten, den sie zu ihrem Schutzpatron erklärten) und anschließend die Hafenstadt Jaffa zu erobern, einen der wenigen Küstenorte, vor dem Schiffe zwischen den Uferfelsen in einer Art natürlichem Hafen Schutz finden konnten.

Auch die Autorität der Priester wurde unter den Hasmonäern wiederhergestellt. Jehonatan wurde Hohepriester, gefolgt von seinem Bruder Schimeon, und dieser wiederum von seinem Sohn Johannes Hyrcanos I., welcher dann im siebten Jahr der Unabhängigkeit dieses jüdischen Reichs die Außengrenzen noch weiter ausdehnte. Samaria (das biblische Schomron), die Region, die sechshundert Jahre zuvor Aschur von Jisrael erobert hatte, wurde zurückgewonnen; das unabhängige Königreich Idumäa im Süden von Judäa (das einstige Edom) wurde überrannt, seine Bewohner bekehrte man zum jüdischen Glauben – mit Gewalt. Unter den Konvertiten befand sich das Geschlecht Antipater, dessen Abkömmling Herodes einmal zu den wichtigsten und umstrittensten jüdischen Herrschern zählen sollte.

Von Johannes Hyrcanos weiß man nahezu sicher, dass er als erstes Mitglied der Hasmonäer-Dynastie eigene Münzen prägen ließ – ein in der Welt des Altertums bedeutendes Zeichen der Unabhängigkeit. Flavius Josephus, der berühmte jüdische Geschichtsschreiber im Dienste Roms, nannte diese wohlhabende Region mit ihrem florierenden Handel einmal «glücklich». Doch es ist der legendäre Hel-

denmut der Hasmonäer, von dem man jüdischen Kindern noch
zweitausend Jahre später erzählt und den diese bewundern. Es muss
in der Tat ein stolzer Moment gewesen sein, als ein Koalitionsheer
aus Juden und Ägyptern das Hasmonäer-Reich erfolgreich gegen einen Angriff der römischen Truppen unter Ptomeläus verteidigte. In
den Reihen der ägyptischen Heerführer befanden sich zwei jüdische
Generäle.

Liebe Tante Fori,
die jüdische Hasmonäer-Dynastie herrschte hundertneunund-
zwanzig Jahre lang. In späteren Jahrhunderten, als das Leben in der
Diaspora immer schwieriger wurde, sollten sich Juden in aller Welt
an diese ferne, aber denkwürdige Zeit erinnern, in der – lange nachdem die Babylonier das biblische Südreich Jehudah zerstört hatten –
Juden Souveränität auf eigenem Grund und Boden besaßen. Den
Hasmonäern war es auch zu verdanken, dass der Monotheismus in
einer zunehmend von nationaler Macht und nationalen Grenzen bestimmten Welt überleben konnte. 139 v. d. Z., sechsundzwanzig Jahre nach der Errichtung des neuen jüdischen Reichs, erkannte der römische Senat die Unabhängigkeit der Juden an und räumte den
Hasmonäern damit mehr Macht ein, als sie allein durch ihre Hohe-
priesterschaft gehabt hätten. Aristobulus, Sohn und Erbe des Johannes Hyrcanos, erklärte sich zum König und war somit der erste Hasmonäer, der diesen Titel trug.

Neben der territorialen Expansionspolitik betrieb auch er die
Konversion von Nachbarvölkern. Im Norden fielen die Ituräer unter seine Herrschaft und wurden gezwungen, sich zum Judentum zu
bekehren. Alexander Jannai, der seinem Bruder Aristobulus im Jahr
103 v. d. Z. auf den Thron folgte und siebenundzwanzig Jahre lang
herrschen sollte, eroberte weitere Gebiete. Unter ihm erfuhr das
Reich der Hasmonäer seine stärkste Ausdehnung – es war größer als

der heutige Staat Israel. Zu Alexander Jannais Eroberungen zählten
der nördliche Sinai bis hin zur Küstenstadt Rhincolura (der modernen ägyptischen Süßwasseroase und Hafenstadt El Arisch) und die
imposanten Karmelhöhen (an deren Fuß heute die israelische Hafenstadt Haifa liegt).

Doch wie schon am Vorabend der Eroberung durch Aschur sechshundert Jahre zuvor begannen Zwistigkeiten unter den Juden auszu-
brechen, und sie manövrierten sich erneut in einen Bruderkrieg hinein. Zwischen den Hasmonäern und den Pharisäern hatten sich
unüberbrückbare Glaubensdifferenzen aufgetan. Im Wesentlichen
ging es dabei um vier Punkte: Alexander Jannai fühlte sich von so
manchen Aspekten der hellenistischen Kultur angezogen, welche die
Pharisäer ablehnten. Ebenso wenig gefiel ihnen, dass die Hohepries-
terschaft und die Königswürde in ein und derselben Person vereinigt
waren, zumal die Hasmonäer zwar ein Priester-, aber kein Hohepries-
tergeschlecht waren. Außerdem lehnten die Pharisäer die territoriale
Expansionspolitik der Hasmonäer ab, wodurch Jannai schließlich gezwungen wurde, den Wehrdienst abzuschaffen und sein Heer auf
Söldnern aufzubauen. Und was den jüdischen Glauben selbst betraf,
so hatten die Pharisäer, ausgehend von den umfangreichen traditionellen Auslegungen der jüdischen Weisen, ein mündliches Gesetz entwickelt, das für sie bindend war, wohingegen Alexander Jannai und
die Priesterschaft nur das geschriebene Gesetz anerkannten, wie es in
der Tora festgehalten war (nicht zuletzt, weil sie glaubten, dass ihnen
dies eine gewisse Flexibilität bei der Hellenisierung erlaubte).

Vor allem aber in seiner Eigenschaft als Hohepriester lehnten die
Pharisäer Alexander Jannai ab. Es kam zu gewalttätigen Auseinandersetzungen. Ein Kompromiss konnte erst unter Alexanders Frau
Salome Alexandra gefunden werden, die 76 v. d. Z. den Thron bestieg. Doch er sollte nicht lange halten – kaum war Alexandra gestorben, zerstritten sich ihre beiden Söhne über die Frage der Nachfolge. Antipater, unter Salome Minister und selbst auf der Seite des

älteren Bruders Hyrcanos II., forderte schließlich einen Urteilsspruch von den Römern. Den jüngeren Bruder, Aristobulus, ließ er vom Heer vertreiben und schaffte so die Hasmonäermonarchie endgültig ab: Hyrcanos sollte vom Römischen Reich nur als jüdischer Ethnarch (subalterner Repräsentant) anerkannt werden. Antipater wurde durch die Ernennung zum Prokurator von Judäa belohnt.

In meinem letzten Brief erklärte ich dir, dass die «makkabäischen» Märtyrer zu wichtigen Figuren der christlichen Tradition wurden. In Wahrheit haben sie dem Judentum immer weit mehr bedeutet. Sogar in die jüdische Liturgie haben sie Eingang gefunden; noch heute wird die Geschichte der Channa von Jüdinnen im Nahen Osten, in Nordafrika und selbst in Persien am Jahrestag der römischen Tempelzerstörung besungen – ein Ereignis, das zweihundert Jahre nach dem Ende der Makkabäersaga stattgefunden hatte. Und bis heute inspiriert die Geschichte dieser Hasmonäer-Dynastie jüdische Schriftsteller, Maler und Komponisten zu historisch-literarischen Werken, Gemälden und Musik. Insbesondere das osteuropäische Judentum schöpfte große Kraft aus Anton Rubinsteins Oper «Die Makkabäer», die 1875 in Berlin uraufgeführt wurde; 1948, im Jahre der wiederhergestellten Unabhängigkeit von Jisrael durch den neuen Staat Israel, veröffentlichte der amerikanische Schriftsteller Howard Fast seinen Makkabäer-Roman «My Glorious Brothers»; und im sechsten Jahr der Existenz Israels, 1954, publizierte der israelische Autor Mosche Schamir eine Biographie über Alexander Jannai mit dem Titel «König aus Fleisch und Blut».

Fünfundzwanzig Jahre nachdem Rom das Hasmonäer-Reich erobert hatte, sollte wieder die Fahne der Revolution geschwenkt werden, diesmal unter Führung eines Enkels von Alexander Jannai, Antigonus Mattathias, der 40 v. d. Z. Hohepriester geworden war: Nachdem er die Parther im Osten überzeugt hatte, sich ihm anzuschließen, forderte er wagemutig das mächtige römische Heer heraus. Aber er wurde geschlagen, und mit dieser Niederlage im Jahr 37

v. d. Z. endete die Priester- und Königs-Dynastie der Hasmonäer, auch wenn Mariamne, Antigonus Mattathias' Nichte, später König Herodes heiraten sollte, jenen Juden, der von den Römern 37 v. d. Z. nach dem Sieg über den letzten hasmonäischen Hohepriester auf den Thron gehoben wurde.

Doch das ist eine Geschichte, der ein eigener Brief gewidmet sein soll.

Liebe Tante Fori,
mit dem Aufstieg von Herodes als Herrscher über Judäa begegnen wir einer der schillerndsten Figuren der jüdischen Geschichte. Im Jahr 44 v. d. Z., sieben Jahre vor seiner Thronbesteigung, hatte er sich bereits einen Namen als ein Mann gemacht, der gewalttätige Aktionen nicht scheute. Noch im selben Jahr, in dem er von den Hasmonäern als Statthalter in Galiläa eingesetzt worden war, schlug er den Aufstand der Juden gewaltsam nieder und ließ die Anführer ohne jeden Prozess hinrichten.

Wegen dieser Selbstherrlichkeit wurde Herodes vor den Sanhedrin in Jerusalem zitiert, vor die oberste religiöse Rechtsinstanz des Judentums. Herodes wusste, dass ihm die Todesstrafe drohte, wenn man ihn schuldig sprechen würde, die Exekutionen allein mit dem Recht seiner weltlichen Macht vollzogen zu haben. Um die Richter einzuschüchtern, erschien er in Begleitung seiner schwer bewaffneten Soldaten vor dem Sanhedrin. Doch dann beschloss der Hasmonäerkönig Hyrcanos II., das Verfahren abzubrechen und Herodes zur Flucht aus der Stadt zu verhelfen. Herodes schlug sich in die römische Provinz Syrien im Norden durch, wo ihn der römische Herrscher dann zum Prokurator der kleinen, aber wichtigen Provinz Coele Syria bestellte, deren Hauptstadt Samaria war – jenes Schomron, von dem aus das Nordreich Jisrael bis zu seiner Eroberung und Zerstörung durch Aschur regiert worden war.

Herodes war Jude. Seinen Großvater, einen Edomiter, hatte man im Jahrhundert zuvor gezwungen, zum Judentum zu konvertieren; sein Vater war jener Antipater, der die Römer zu Hilfe gerufen hatte und dafür mit der Herrschaft über Judäa belohnt worden war. Und dieser Jude Herodes verband sich nun auf Gedeih und Verderb mit Rom. Als der Hasmonäerkönig Aristobulus II. in Galiläa einfiel, war es Herodes' Heer, das ihn in die Flucht schlug und damit die Ausdehnung des jüdischen Herrschaftsgebiets in den Norden verhinderte.

Sein Ehrgeiz, Herrscher über ganz Judäa zu werden, führte Herodes dazu, sich mit dem römischen General Mark Anton anzufreunden und ihm sogar finanzielle Unterstützung anzubieten. Im Jahr 40 v. d. Z. wurde Herodes schließlich König, doch es sollte noch drei Jahre dauern, bis er die Hasmonäer und ihr Gefolge vertreiben und sich in Jerusalem einrichten konnte. Zwei große jüdische Delegationen hatten bei Mark Anton vorgesprochen, um ihn zu drängen, Herodes nicht zum König zu machen, aber Mark Anton hatte sie in den Kerker werfen und umbringen lassen. 37 v. d. Z. erreichten Herodes' Truppen mit Hilfe des römischen Heers Jerusalem und nahmen die Stadt nach fünfmonatiger Belagerung ein.

Herodes herrschte von 37 v. d. Z. bis zu seinem Tod dreiunddreißig Jahre später unangefochten über Judäa. Um seine Macht zu wahren, tat er alles. Kein Rivale sollte ihn vom Thron stoßen können. Er scheute sich nicht einmal, seine eigene Frau Mariamne – Mitglied des hasmonäischen Königshauses –, seine Schwiegermutter (gleichfalls eine Hasmonäerin), seine beiden Söhne und noch viele andere Blutsverwandte töten zu lassen. Dem Gerichtsverfahren, bei dem seine beiden Söhne zum Tode verurteilt wurden, saßen römische Beamte bei. Den rechtmäßigen Erben des Hasmonäer-Throns, seinen Schwager Aristobulus, ließ er in einem Badehaus in Jerecho ertränken; und auch den letzten Hasmonäerkönig Hyrcanos II., der ihm einst zur Flucht vor dem Richterspruch des Sanhedrin verholfen hatte, sowie alle fünfundvierzig Mitglieder dieses Gerichts ließ er umbringen. Von da an verlor der Sanhedrin, der unter den Hasmonäern noch die einzige Legislative gewesen war, jeglichen Einfluss.

Als Mark Anton in Rom in Ungnade fiel, kehrte Herodes seinem einstigen Patron den Rücken und schwor dessen Rivalen Oktavian die Treue. Er bewirtete Oktavian in Ptolemais (der heutigen israelischen Hafenstadt Akko) und reiste später sogar eigens nach Ägypten, um ihm zum Tode Mark Antons zu gratulieren. Als Oktavian dann zum römischen Kaiser (Augustus) gekrönt worden war, dankte er Herodes' Treubruch gegenüber Mark Anton und seine Art der Herrschaft über Judäa mit zusätzlichen Gebieten im Norden des Landes – was Herodes wiederum dem Kaiser dankte, indem er sich an den Militäraktionen seines Schwiegersohnes Agrippa beteiligte und in dessen Namen eine Flottenexpedition ins Schwarze Meer unternahm.

Im Gegenzug für seine Unterstützung Roms und weil er die Juden, Griechen und Syrer innerhalb der Grenzen seines Landes zur Loyalität gegenüber Rom verpflichtet hatte, wurde Herodes der Titel «der Große» – mit dem offiziellen Beinamen «König, Verbündeter und Freund des römischen Volkes» – verliehen. Er konnte zwar nach wie vor keine unabhängige Außenpolitik betreiben und musste Rom alljährlichen Tribut zollen, doch in Judäa hatte er in allen administrativen, finanziellen und religiösen Fragen uneingeschränkte Autorität. Er allein besaß die Macht über ein Königreich, dem Samaria angehörte (das ehemalige Nordreich Jisrael), Idumäa im Süden (das frühere Edom, die Heimat seines eigenen Geschlechts), Gaulanitis (die heutigen Golanhöhen), Banias (das Oktavian ihm überließ) und Jerecho (das Mark Anton einst Cleopatra geschenkt hatte).

Bereits vor der Ermordung seiner hasmonäischen Frau Mariamne und der beiden gemeinsamen Söhne hatte sich Herodes eine neue Frau genommen, Doris aus Jerusalem, mit der er ebenfalls einen

Sohn bekam; nach Mariamnes Tod heiratete er insgesamt noch acht-
mal und wurde Vater von vierzehn Söhnen und Töchtern. Alle überlebten, ebenso Herodes' Brüder, für die er offenbar einige Zuneigung empfand.

Sein Heer baute Herodes mit großer Sorgfalt auf, vor allem indem er darauf achtete, nicht zu viele Juden, dafür Söldner aus so weit
entfernten Gebieten wie Thrake und sogar Gallien dienen zu lassen.
Zudem schützte er seinen Herrschaftsanspruch mit einem umfangreichen Informantensystem – sein Reich war genau das, was man
heutzutage einen «Polizeistaat» nennen würde. Hohepriester benannte er nach eigenem Gutdünken, und ebenso willkürlich setzte
er sie wieder ab; sämtliche autonomen Institutionen der Juden – unter den Hasmonäern so in Ehren gehalten – löste er auf. Von Herodes' berüchtigter Unbarmherzigkeit und Grausamkeit berichtet auch
das christliche Neue Testament in der Geschichte über «den Kinder-
mord in Bethlehem». Er war wahrlich ein Mann mit zwei Gesich-
tern, denn zugleich tat er alles, um das Volk in Zeiten der Hungersnot zu ernähren; er ermöglichte besitzlosen Juden Arbeit auf dem
Land, errichtete Bewässerungsanlagen um Jerecho und schuf dadurch
ein blühendes Paradies in der Wüste; er reduzierte zweimal die Steuerlast – obwohl er sie einst selbst auferlegt hatte – und gebot einem
großen Fluch seiner Zeit Einhalt, nämlich den Straßenräubern, die
insbesondere Trachonitis, das Wüstengebiet östlich der Golanhöhen,
durch das die Straße nach Damaskus führte, in Angst und Schrecken
versetzten.

Etwas, das Herodes aus jüdischer Sicht besonders auszeichnete,
war seine Einstellung gegenüber Juden, die jenseits der Grenzen Ju-
däas lebten: Immer wieder setzte er sich für verfolgte jüdische Gemeinden in der Diaspora ein. Als die griechischen Städte in Kleinasien ihren jüdischen Bewohnern alle Bürgerrechte absprachen,
intervenierte er so entschieden, dass man sie ihnen schnell wieder
zuerkannte.

Andererseits tat Herodes, obwohl selbst Jude, so ziemlich alles, um
die griechische Kultur zu fördern. Die Hellenisierung des Judentums – die erste wirklich erfolgreiche Assimilation, vergleichbar nur
dem andauernden Prozess in den Vereinigten Staaten, wo heute bereits fast die Hälfte aller Juden Nichtjuden heiraten – vollzog sich
konsequent erst unter seiner Herrschaft. Er begründete kulturelle
Institutionen nach griechischem Muster, zum Beispiel ein Theater
und ein Hippodrom in Jerusalem, und ließ Griechenland hohe
Geldspenden für die Finanzierung der Olympischen Spiele zukommen, weshalb er zu deren Ehrenpräsidenten auf Lebenszeit ernannt
wurde. Auch zur Verherrlichung des Kaisers Augustus gründete er
sportliche Einrichtungen, und seine vielen eigenen Söhne (die er am
Leben gelassen hatte) schickte er sämtlich zur Ausbildung nach Rom.
   Sein dauerhaftestes und sichtbarstes Erbe hinterließ Herodes jedoch als Erbauer großartiger Gebäude. Unter seinen wachsamen
Blicken und animiert von seinem Engagement wurden ganze Städte
errichtet und vergrößert. Die beiden beeindruckendsten Beispiele
seiner Stadtplanung waren Caesarea an der Mittelmeerküste und Se-
baste (die biblische Stadt Schomron) in den Hügeln von Samaria.
Noch heute, zweitausend Jahre später, sind ihre Überreste imposant.
Andere Bauwerke zeugen nicht nur von seiner Vorliebe für geradezu
einschüchternde Monumentalität, sondern auch von seinem Bedürfnis, sich – wie alle einstigen Herrscher Jehudahs – vor Angriffen zu
schützen. Die Antonia-Festung in Jerusalem, das Herodium auf einem Hügel in der Judäischen Wüste (nur ein paar Kilometer von
Jerusalem entfernt) und die Festung von Zypros in der Nähe von
Jerecho sind nur drei seiner Hinterlassenschaften. Sein gewiss beein-
druckendstes Bauwerk aber war die Festung Masada, hoch oben auf
einer Steilwand mit Blick über den südlichen Teil des Toten Meers
gelegen. Ihre Wasserleitungen und -speicher und die hängenden Paläste sind wahre Wunder der Baukunst.
   Daneben war Herodes ein höchst erfolgreicher Unternehmer. So

pachtete er von Augustus die Kupferminen auf Zypern und erzielte mit ihren Erträgen beträchtliche persönliche Gewinne (sein Anteil umfasste die Hälfte der gesamten Produktion). Doch für das fromme Judentum blieb der Wiederaufbau des Tempels natürlich seine größte Leistung. Herodes ließ das Fundament vergrößern, errichtete gewaltige Stützmauern und erschuf einen Bau, dessen Schönheit ein jeder pries, der ihn zu Gesicht bekam. Zehntausend Arbeiter und tausend Priester schufteten neun Jahre lang unermüdlich bis zu seiner Fertigstellung. Von diesem neuen Tempel, «Zweiter Tempel» genannt, hieß es, wer ihn niemals sah, habe niemals erfahren, was Schönheit sei. Andererseits brachte Herodes das fromme Judentum gegen sich auf, als er die Fassade mit einem imposanten römischen Adler schmücken ließ. Die riesigen Steinquader, das Kennzeichen all seiner Bauwerke, waren ein weithin sichtbares Merkmal des Tempelbaus und jener Westmauer entlang des Tempelbergs, die zur heute viel besuchten «Klagemauer» wurde.

Auch Papst Johannes Paul II. stand am 26. März 2000 vor dieser Klagemauer und hinterließ in einem Spalt zwischen zwei Steinquadern die Botschaft: «Gott unserer Väter, du hast Abraham und seine Nachkommen auserwählt, deinen Namen zu den Völkern zu tragen. Wir sind zutiefst betrübt über das Verhalten aller, die im Laufe der Geschichte deine Söhne und Töchter leiden ließen. Wir bitten um Verzeihung und wollen uns dafür einsetzen, dass echte Brüderlichkeit herrsche mit dem Volk des Bundes.»[8] Zweitausend Jahre nach Herodes' Ära reichte das Oberhaupt der katholischen Kirche den Juden – dem «Volk des Bundes» – die Hand der Versöhnung.

Liebe Tante Fori,
wir befinden uns noch immer in der Zeit des Königs Herodes. Kurz vor seinem Lebensende sollte er noch einen Plot aufdecken, den Antipater, sein Sohn mit Doris, geschmiedet hatte, um sein

Nachfolger zu werden. Ein Gericht unter Beisitz des römischen Statthalters von Syrien verurteilte Antipater zum Tode. Zur Vollstreckung des Urteils war nur noch die Zustimmung von Kaiser Augustus höchstpersönlich nötig. Er gab sie, fügte jedoch den Kommentar hinzu: «Ich wäre lieber Herodes' Schwein als sein Sohn.» Fünf Tage nach der Exekution seines Sohnes starb Herodes. Im Laufe dieser letzten Lebenstage ordnete er noch zwei Hinrichtungen an: Zwei pharisäische Gelehrte hatten Juden angestiftet, Herodes' römischen Adler von der Tempelfassade herunterzureißen. Herodes befahl, ihn wieder anzubringen; die Täter wurden verhaftet und lebendigen Leibes verbrannt. Es dürfte sein letzter Befehl gewesen sein.

Der Zweite Tempel – gewiss eine der erstaunlichsten Errungenschaften seiner Zeit – überlebte seinen Erbauer. Zu den dort lehrenden Weisen gehörte auch Hillel, eine der ganz großen Figuren der jüdischen Geschichte, der, wie es heißt, aus dem Hause Dawid stammte. Wie viele Gelehrte, die in Jerusalem wirkten, war auch er in Babylon als Nachkomme von Juden geboren worden, die dreihundert Jahre zuvor ins Exil geschickt worden waren. Als junger Mann hatte er dann die Reise nach Jerusalem angetreten, hatte, wie man im Hebräischen sagt, *alija* gemacht und war nach Jerusalem «hinaufgezogen» – die Stadt in den Hügeln von Judäa liegt rund sechshundert Meter über dem Meeresspiegel; von ihrem höchsten Punkt kann man sowohl das Mittelmeer als auch das Tote Meer sehen. Nach Jerusalem «hinaufzuziehen» war das Ziel aller Juden während der Pilgerfeste.

Im Jahr 30 v. d. Z., sieben Jahre nach der Machtübernahme von Herodes, wurde Hillel zum *Nassi* ernannt, zum Patriarchen des Sanhedrin und damit zum geistigen Führer des Judentums. Vierzig Jahre lang, bis 10 n. d. Z., hatte er das Amt inne. Dabei soll es zwischen ihm und Schammai, seinem Kollegen und Stellvertreter am Sanhedrin, zu vielen Kontroversen gekommen sein, allerdings sind nur sechs überliefert, die glaubhaft den beiden Weisen selbst zugeschrieben werden können, hingegen über dreihundert, die ihre Anhänger austrugen, die so genannten Häuser Hillel und Schammai. In späteren Jahren wurden ihre Differenzen – die sicherlich stark übertrieben wurden – auf eine insofern etwas vereinfachende Formel gebracht, als man Hillel und seine Anhänger grundsätzlich mit den Armen, Schammai und sein Gefolge mit den Reichen identifizierte; und während Hillels Auslegungen des jüdischen Gesetzes als «sanftmütig» bezeichnet wurden, hieß es von Schammais, dass sie «von starrer Strenge» gewesen seien. So sagt man zum Beispiel, dass Schammai den Zugang zur Akademie auf wohlhabendere Studenten der Oberschicht beschränken wollte, Hillel hingegen darauf bestanden habe, dass sie allen offen steht, ungeachtet ihrer sozialen Herkunft.

Eine dieser angeblichen Differenzen zwischen Hillel und Schammai führte zu besonders vielen Anekdoten und einer sprichwörtlichen Redensart, die aus keiner Talmudschule mehr wegzudenken ist: Einmal, so heißt es, sei ein Nichtjude bei Schammai erschienen und habe ihn gebeten, die ganze Tora «auf einem Fuße stehend» – also so schnell wie möglich – beigebracht zu bekommen. Schammai schickte ihn empört weg: Wie konnte dieser Mann nur annehmen, das umfangreiche Kompendium der jüdischen Gesetze könne in derart kurzer Zeit erklärt werden?! Als derselbe Mann sich dann mit derselben Bitte an Hillel wandte, habe dieser ihm schlicht geantwortet: «‹Was dir nicht lieb ist, das tue auch deinem Nächsten nicht›, das ist die ganze Tora, alles andere ist Kommentar.»

«Was dir nicht lieb ist, das tue auch deinem Nächsten nicht» – wie wünschte man sich doch, dass diese Regel beherzigt würde, von jedem natürlich, aber besonders von all denen in der Welt, die ihre Mitmenschen noch immer foltern und verfolgen. Von Schammai ist übrigens – obwohl er als so streng galt – das Wort überliefert: «Sprich wenig und tue viel, und empfange jeden Menschen mit einem freundlichen Angesichte.» Diesem Gebot bist du, Tante Fori, gewiss immer gefolgt. Aber von Hillel stammt der Spruch, der zu einer Kernfrage der jüdischen Philosophie werden sollte: «Wenn nicht ich für mich eintrete, wer soll dann für mich eintreten? Wenn ich nur für mich eintrete, was bin ich dann? Und wenn nicht jetzt, wann dann?»

Liebe Tante Fori,
Herodes soll noch König gewesen sein, als der Jude Jehoschua, genannt Jesus, auf die Welt kam – obwohl dessen Geburt in Wirklichkeit wahrscheinlich auf das Jahr 12 n. d. Z. zu datieren ist, denn genau in diesem Jahr ordneten die Römer jene Volkszählung an, welche auch Jehoschuas Eltern zwang, von ihrem Wohnort in Galiläa nach Bet-Lechem zu reisen, wo ihr Sohn dann geboren wurde. «Jesus» war die übliche hellenisierte Form des hebräischen Namens «Jehoschua», so wie seine Mutter Mirjam «Maria» genannt wurde. Dass die christliche Tradition betont, Jesus sei durch die mütterliche Linie ein direkter Nachkomme von König Dawid gewesen, ist, wie bereits erwähnt, darauf zurückzuführen, dass nach jüdischer Tradition der Messias von Dawid abstammen muss.

Seine jungen Jahre verbrachte Jesus in Judäa. Wie jeder Jude war er im Alter von acht Tagen beschnitten worden. Er lebte mit seinen Eltern in Nazareth, soll aber bereits als Kind das erste Mal im Jerusalemer Tempel und dort derart ins Gebet versunken gewesen sein, dass man ihn nur mit Mühe überzeugen konnte, diesen Ort wieder zu verlassen.

Jesus wurde jüdischer Prediger in Galiläa – den Begriff «Rabbiner» gab es damals noch nicht. Dann jedoch schlug er einen für Juden revolutionären Weg ein: Er ließ sich von seinem Vetter Jochanan (Johannes), der das Ende aller Tage und die bevorstehende Ankunft des Messias prophezeit hatte, im Jarden taufen, vollbrachte Wunder, sprach in Gleichnissen (erzählte Alltagsgeschichten mit einer Moral) und wurde von seinen Anhängern zum Messias erklärt. Der Name «Jesus Christus» bedeutet «Jehoschua der Maschiach», der von Gott Gesalbte. Scheinbar nannte er sich «der Menschensohn» – eine Bezeichnung, die häufig auf den Messias bezogen wurde –, tatsächlich aber verwendete er diesen Begriff nur in der dritten Person, bezogen also auf jemanden, der in naher Zukunft zu erwarten und nicht unbedingt er selber war.

In der Hebräischen Schrift wird die folgende Vision Daniels geschildert: «Ich schaute im Gesichte der Nacht, und siehe, mit den Wolken des Himmels war er gekommen, wie ein Menschensohn, und bis zu dem Alten an Jahren gelangte er, und sie führten ihn vor ihn hin. Und ihm gab man die Herrschaft und Würde und Regierung, und alle Völker, Nationen und Zungen dienten ihm; seine Herrschaft ist eine ewige Herrschaft, die nicht weicht, und sein Reich wird nicht zerstört werden.»

Jesus betrachtete Armut als eine Tugend, verurteilte Gewalt und war vor allem eines: Pazifist. Zu seinen Anhängern sprach er: «Leistet dem, der euch etwas Böses antut, keinen Widerstand.»[9] Als er eine Frau, die achtzehn Jahre krank gewesen war, am Sabbat heilte, empörte sich, wie es im christlichen Lukas-Evangelium heißt, der Synagogendiener, weil Jesus die Sabbatruhe nicht befolgte. Den Umstehenden sagte er, sie sollten während der sechs Arbeitstage kommen, um sich heilen zu lassen, und «nicht am Sabbat!». Darauf erwiderte Jesus: «Ihr Heuchler! Bindet nicht jeder von euch am Sabbat seinen Ochsen oder Esel von der Krippe los und führt ihn zur Tränke? Diese Tochter Abrahams aber, die der Satan schon seit achtzehn Jahren gefesselt hielt, sollte am Sabbat nicht davon befreit werden dürfen?»

In Jerusalem – es waren, wie sich herausstellen würde, die letzten Tage seines Lebens – erregte das Treiben der Händler im Tempelbezirk Jesu Zorn, und er prophezeite die Zerstörung des Tempels.

Dann nahm er an einem Mahl teil, das Bibelforscher als ein traditio-
nelles jüdisches Pessach-Mahl identifizierten, und sagte zu seinen
zwölf Aposteln: «Ich habe mich sehr danach gesehnt, vor meinem
Leiden dieses Paschamahl mit euch zu essen.» Nach der im christlichen Neuen Testament überlieferten Darstel-
lung wurde Jesus von seinem Apostel Judas (Jehudah) verraten, von
Tempelwächtern gefangen genommen und vor den Hohepriester
Kajaphas geführt. Vermutlich hat ihn der Rat des Sanhedrin, dem
Kajaphas vorsaß, verhört und dabei versucht, ihm blasphemische
Äußerungen zu entlocken – wie zum Beispiel, dass er sich selbst
zum Sohn Gottes erklärt habe. Anschließend überstellten sie ihn an
den römischen Statthalter Pontius Pilatus. Die Römer kreuzigten
Jesus und brachten, um ihn zu verhöhnen, eine Tafel mit den Buchstaben «INRI» am Kreuz an: «Jesus von Nazareth, König der Juden». Man geht heute allgemein davon aus, dass die Kreuzigung
zwischen 30 und 35 n. d. Z. stattfand (Pilatus war von 27 bis 36
n. d. Z. im Amt). Dem christlichem Glauben zufolge fuhr Jesus –
Sohn Gottes und Messias – nach der Kreuzigung in den Himmel
auf. Nach jüdischer Tradition wird der Messias jedoch weder die
Inkarnation Gottes sein noch von den Toten auferstehen. Genau
diese beiden neuen Elemente des christlichen Glaubens waren es,
welche die neue Religion von der alten, das Christentum vom Judentum abspalteten.

Am Kreuz rief Jesus, der gläubige Jude, in höchster Agonie genau
die Worte, die alle gläubigen Juden im Augenblick größter Gefahr
für Leib und Leben sprechen, nämlich zuerst die Zeile aus dem
Psalm 22: «Mein Gott, mein Gott, warum hast du mich verlassen»,
und dann, Momente vor dem Tod, aus dem Psalm 31: «In deine
Hand verordne ich meinen Geist.»

Jesu Bruder Jaakob wurde zum Oberhaupt der ersten Christengemeinde von Jerusalem. Im Jahr 62 n. d. Z., rund dreißig Jahre nach
der Kreuzigung seines Bruders, wurde er zu Tode gesteinigt, angeb-

lich auf Anordnung eines jüdischen Hohepriesters, da er unbeirrt weiter die Göttlichkeit Jesu gepredigt hatte. Dessen Vetter Schimeon übernahm nach Jaakobs Tod die Führung der Christengemeinde von Jerusalem; die Enkel von Jesu Bruder Jehudah, die noch zur Regentschaft von Kaiser Trajan lebten (sie begann 98 n. d. Z.), standen der Christengemeinde von Galiläa vor.

Der erste große christliche Prediger nach der Kreuzigung war Schaul – später nahm er den Namen Paulus an – ein Diaspora-Jude aus dem Stamme Binjamin (wie auch der gleichnamige erste König von Jisrael), geboren in Tarsus, im Süden der heutigen Türkei. Laut dem Neuen Testament war der künftige christliche Führer Paulus ein Schüler des jüdischen Weisen Rabban Gamaliel des Älteren gewesen.

Seit er auf der Straße nach Damaskus eine Vision gehabt hatte, reiste Paulus durch die östliche Mittelmeerregion, um in den Synagogen Jesus zu lobpreisen. Somit war vor allem er es, der den christlichen Glauben verbreitete. Vor Paulus wäre es noch möglich gewesen, ein «jüdischer Christ» oder ein «christlicher Jude» zu sein – ein frommer Jude also, der Jehoschua als einen großen jüdischen Lehrmeister, vielleicht sogar Propheten anerkannt, jedenfalls als einen tief gläubigen Juden betrachtet hätte, niemals jedoch als den Sohn Gottes.

Während seiner zehnjährigen Reise, die Paulus nach Zypern, Kleinasien und in die griechischen Städte Saloniki und Korinth führte – dort gab es überall große jüdische Bevölkerungsanteile –, fanden viele Konversionen statt. Schließlich reiste er nach Rom, wo ihn die Römer gefangen nahmen und er, vermutlich während der Christenverfolgungen des Kaisers Nero, im Jahr 64 n. d. Z. starb.

Ein Martyrium in Rom durchlebte auch Schimeon, dem die griechische oder hebräische Bezeichnung für «Fels» als Beiname gegeben wurde – griechisch *petra*, hebräisch *kefas*. Dieser jüdische Fischer aus Galiläa gilt dem Christentum als derjenige der zwölf Apostel, zu dem

Jesus sagte: «Du bist Petrus – der Fels – und auf diesen Felsen werde ich meine Kirche bauen.» Zuerst erstreckte sich die Autorität des Petrus nur auf die konvertierten Juden von Jerusalem, dann aber begab er sich, ähnlich wie schon Paulus, auf Missionsreisen nach Judäa und Syrien. Nach jüdischer Überlieferung hatte dieser fromme pharisäische Jude Schimeon beschlossen, ausschließlich Nichtjuden zu bekehren, um gläubige Juden nicht dem Druck einer Konversion auszusetzen. Außerdem wird ihm eines der wichtigsten Gebete der jüdischen Liturgie zugeschrieben, das *Nischmat kol chaj* («Die Seele allen Lebens rühmt seinen Namen …»), das Juden am Sabbatmorgen und an allen Feiertagen sprechen, um Gott zu lobpreisen und sich der eigenen Unvollkommenheit bewusst zu werden.

Sicher jedenfalls ist, dass Petrus nach einigem Zögern den Entschluss des Paulus unterstützte, ausschließlich Nichtjuden das Christentum zu predigen und von den Bekehrten auch nicht zu verlangen, sich als ersten Glaubensakt wie Juden beschneiden zu lassen. Cornelius, ein in der Hafenstadt Caesarea stationierter römischer Soldat, soll der erste Nichtjude gewesen sein, der sich von Petrus zum Christentum bekehren und taufen ließ. Petri Grabstätte in Rom, unter dem späteren Papstaltar im Petersdom, wurde zum Zentrum der römisch-katholischen Kirche und des Papsttums.

Bis ins Jahr 300 waren Zehntausende von Juden und Nichtjuden in Jerusalem, Judäa, Syrien, Kleinasien und Griechenland, auf den Inseln Kreta, Rhodos, Zypern und in Nordafrika zum Christentum bekehrt worden. Juden, die eine Konversion verweigerten, waren schließlich heftigen Feindseligkeiten ausgesetzt, die sich dann rund tausend Jahre nach der Kreuzigung – als man Juden als «Mörder Christi» zu diffamieren begann – in offene Gewalt verwandelten.

Papst Johannes XXIII., der sich im Zweiten Weltkrieg während seiner Zeit als Nuntius in der Türkei erfolgreich bei der Regierung Bulgariens dafür stark gemacht hatte, die Juden des Landes nicht in die deutschen Vernichtungslager im besetzten Polen zu deportieren, ordnete 1959 an, den Wortlaut des bis dahin üblichen antisemitischen Karfreitagsgebets zu ändern, zum Beispiel die darin enthaltene Bezeichnung von Juden als *perfidi* zu streichen; dennoch sollte so mancher Negativismus erhalten bleiben.[10] Aber immerhin hatte der christliche Antisemitismus einen seiner entschlossensten Widersacher an allerhöchster Stelle der römisch-katholischen Hierarchie gefunden – den Papst von Rom, den direkten Nachfolger des zum Christen Petrus gewandelten Juden Schimeon.

Liebe Tante Fori,
unter Herodes war man in Judäa vorsichtig darum bemüht gewesen, Rom nicht zu verärgern, denn das Land konnte seine – allerdings ziemlich umfassende – Autonomie nur wahren, solange es sich Rom gefällig zeigte. Mit Herodes' Tod erhielt das römische Gesetz wieder auf allen Ebenen Gültigkeit. Mehrere Jahrhunderte lang, bis sich Roms Macht schließlich auflöste, sollten Juden nun Untertanen des Römischen Reiches bleiben. Nach dem Tod von Herodes hing jede Form von Selbstverwaltung, die sich Juden noch sichern konnten, allein vom Wohl und Wehe des römischen Kaisers ab.

40 n. d. Z. legte Agrippa I., der jüdische König und Untertan Roms, dem römischen Kaiser Caligula (Gaius) jene zentralen Punkte dar, welche die jüdische Identität in den kommenden Jahrhunderten bestimmen sollten. Caligula hatte ein kaiserliches Dekret erlassen, dem zufolge ein Standbild des Kaisers in allen Tempeln unter römischer Gerichtsbarkeit aufgestellt werden musste, also auch im Tempel von Jerusalem. Natürlich rebellierten die Juden gegen dieses religionsfeindliche Dekret und erklärten, dass sie lieber sterben wollten, als sich und ihren Glauben einem solchen Befehl zu unterwerfen. Agrippa, der sich damals gerade in Rom aufhielt, stellte Caligula daraufhin in einem Schreiben lang und breit den jüdischen Standpunkt

dar: In jedem Menschen sei die Liebe zur Heimat ebenso angelegt wie die zum Brauchtum und den Gesetzen seines Volkes, so auch in ihm, dem jüdischen König, dessen Heimat Jerusalem war. Mutig und stolz erklärte Agrippa dem römischen Kaiser, dass sein Volk keinem Volk Asiens oder Europas nachstehe, weder an Frömmigkeit noch was seine Bereitschaft angehe, auf dem heiligen Altar zu opfern. Jerusalem sei aber nicht nur die heilige Stadt der Juden von Judäa, sondern das Heiligtum sämtlicher Juden in Tausenden Städten, Siedlungen und Dörfern im ganzen Römischen Reich und weit darüber hinaus, auf allen Kontinenten und Inseln wie Kreta, Zypern, Rhodos, Malta, Sizilien oder Sardinien, kurz: wo immer sich Juden angesiedelt hatten.

Agrippas Appell hatte Erfolg; Caligula ordnete zwar dennoch eine Bestrafung der aufsässigen Juden von Jerusalem an, bevor dieser Befehl jedoch ausgeführt werden konnte, fiel der Kaiser einem Attentat zum Opfer. Die Juden von Jerusalem waren überaus bewegt, als ihnen Agrippa die goldene Kette präsentierte, die ihm Caligula als Weihegeschenk für den Tempel übergeben hatte, und anschließend im Tempel das Gebot Gottes verlas: «Du darfst nicht über dich einsetzen einen Ausländer, der nicht dein Bruder ist.»

Unter römischer Herrschaft konnten Juden, sofern sie sich wie alle anderen Untertanen Roms den herrschenden Bedingungen anpassten, ein zwar unterjochtes, aber relativ ruhiges, in manchen Fällen sogar wohlhabendes Leben führen. Doch ihre Zusammengehörigkeit als Volk stand stets im Vordergrund, insbesondere natürlich dann, wenn Rom ungerecht oder tyrannisch mit ihnen verfuhr, was immerhin so häufig geschah, dass im Jahr 66 n. d. Z. ein von den Zeloten geführter jüdischer Aufstand ausbrach. Obwohl sich viele Juden nicht daran beteiligen wollten, gelang es den Zeloten schließlich, die Kontrolle über Jerusalem, einen Großteil von Galiläa und einige Küstenregionen zu übernehmen. Zwar brachten die Römer innerhalb eines Jahres – nachdem sie die Zeloten-Festung Gamla auf den Golanhöhen belagert hatten – Galiläa wieder unter ihre Kontrolle, aber es sollte noch vier weitere Jahre dauern, bis sie unter dem Kaisersohn Titus im Jahr 70 n. d. Z. auch Jerusalem zurückerobern konnten. Sie zerstörten den Zweiten Tempel und verschleppten viele jüdische Gefangene und heilige Ritualien nach Rom, darunter die große *Menora*. 12 000 Juden wurden in Jerusalem massakriert. Rabbis, die sich weigerten, das Gebet im Tempel zu unterbrechen, wurden vor der Gotteslade hingemetzelt. Die Stadt wurde in Schutt und Asche gelegt, und ein frohlockendes Rom gab Münzen mit der Aufschrift *Juda capta* aus – «Jehudah gefangen».

Auf dem Titusbogen, der heute am Rande von Rom steht, ist dargestellt, wie die Schätze aus dem Tempel im Triumphzug durch die Hauptstadt des Römischen Reichs getragen wurden. Vor ein paar Monaten stand ich mit meinem Sohn David davor – über dessen Besuch in Delhi, kurz nach deinem neunzigsten Geburtstag, du dich so gefreut hast.

Liebe Tante Fori,

drei Jahre nach der Zerstörung des Tempels endete der Aufstand gegen Rom. Er hatte jenen unbeugsamen Geist enthüllt, der das jüdische Volk von den anderen «Satellitenvölkern» Roms so deutlich unterschied. Fügsamkeit war noch nie ein hervorstechendes jüdisches Charaktermerkmal gewesen. Weder das jüdische Zusammengehörigkeitsgefühl als Volk noch die innere Stärke, die Juden aus ihrem Glauben bezogen, ließen es zu, dass sie vollständig in dem von so vielen Göttern, Altären und heidnischen Moralvorstellungen der Römer geprägten Leben aufgingen. Das überall im Römischen Reich herrschende Bewusstsein, das mit der Formel «Ich, Bürger Roms» zum Ausdruck gebracht wurde und all jenen, die vom Hadrianswall im Norden Britanniens über die Donau-Auen bis hin zum Nildelta zufrieden unter römischer Herrschaft lebten, ein Gefühl von Sicher-

heit und Stolz vermittelte, konnte in einem Juden keine Zugehörig-
keitsgefühle wecken.

Der jüdische Widerstand blieb nie örtlich begrenzt; wo immer Juden sich gegen Rom erhoben, wurden sie von ihren Glaubensbrüdern jenseits der Grenzen des Römischen Reiches, etwa aus Persien
und Babylon, unterstützt. Es herrschte schon immer ein universelles
Verantwortungsgefühl unter Juden. Die letzten Zeloten trotzten den Römern in der Wüstenfestung
Masada. Erst 73 n. d. Z. sollte der Widerstand der Juden auch dort
gebrochen werden: Die überlebenden Verteidiger töteten schließlich
zunächst ihre Frauen und Kinder und dann sich selbst, um der Gefangenschaft zu entgehen.

Die letzten Tage und Stunden der Juden auf Masada schilderte auf
höchst beeindruckende Weise Flavius Josephus, ein von den Römern
versklavter Jude, der, nachdem er sich von den Aufständischen abgewandt und Rom die Treue geschworen hatte, zum römischen General ernannt worden war. Seine Historie «Der Jüdische Krieg» ist eines der größten narrativen Geschichtswerke aller Zeiten. Mit Fug
und Recht kann man sagen, dass er der erste jüdische Historiker war.
Ein Großteil seiner detaillierten Schilderung des Kampfes um Masada sollte 1890 Jahre später bei den Grabungen des israelischen Archäologen Yigal Yadin bestätigt werden. Yadin fand fünfundzwanzig
Skelette von Männern, Frauen und Kindern übereinander in einer
kleinen Höhle im südlichen Teil der Felsenfestung gelagert. Er entdeckte auch zwölf Ostraka – kleine Scherben zerbrochener Tongefä-
ße –, jeweils mit einem bestimmten Namen in der Handschrift ein
und derselben Person beschriftet: Mit ziemlicher Sicherheit handelte
es sich dabei um jene von Josephus beschriebenen Lose, welche die
letzten zehn Überlebenden der römischen Belagerung gezogen hatten, um zu bestimmen, wer die anderen töten sollte, bevor er selbst
Hand an sich legen würde.[11]

Zur Strafe für den Aufstand verlangten die Römer von den Juden, dass sie sich innerhalb Palästinas verteilten. Sie vertrieben sie aus Jerusalem und zwangen sie, sich in Küstenstädten anzusiedeln, in denen mehrheitlich Nichtjuden lebten, in Städten wie Aschdod und Jawne zum Beispiel. Doch sogar aus diesem feindseligen Akt sollten die Juden noch etwas Positives machen: Einer der großen jüdischen Weisen aus der Zeit des Zweiten Tempels, Jochanan ben Zakkai, überzeugte die Römer, die jüdische Akademie von Jawne nicht zu zerstören, sondern vielmehr zu gestatten, dass dort weiterhin gelehrt, «die Mizwot befolgt und die Tora studiert» werden konnten. Von diesen *Mizwot* (Pflichten eines Juden) werde ich dir später noch berichten.

Da die Römer das Fortbestehen der Akademie gestatteten, blieb das jüdische Geistesleben trotz des Verlusts des Tempels im Gelobten Land gewahrt. In dieser Akademie machte man es sich nun unter dem Vorsitz von Rabban Gamaliel II. zur Aufgabe, das Judentum einer Zeit ohne Tempel anzupassen. Das Opfersystem wurde ersetzt und die bislang zentrale Rolle der Priester reduziert. Hier wurde den Weisen auch erstmals der Titel «Rabbi» verliehen, bevor sie dann dem rekonstruierten Sanhedrin angehören konnten, dem höchsten richterlichen Gremium des Judentums, in dessen Namen sie handelten. Zu Zeiten des Tempels waren menschliche Sünden durch Tieropfer gesühnt worden; nun, nachdem der Tempel zerstört worden war, musste man umdenken. Ein Jude, der sich einmal bei Rabbi Jochanan ben Zakkai beklagte, dass er nicht mehr opfern konnte, bekam von diesem zur Antwort: «Wir haben ein Mittel, das dem Opfer gleichwertig ist: Das Ausführen guter Taten (*Mizwot*).»

Nicht allen jüdischen Weisen gefiel das Experiment von Jawne. Gamaliel, der von 80 bis 110 n. d. Z. diesem rabbinischen Zentrum vorstand, musste bis nach Syrien und sogar Rom reisen, um Unterstützung für dieses florierende geistige Zentrum zu bekommen. Während Juden aus der Diaspora den in Jawne wirkenden Rabbis religiöse Fragen unterbreiteten, machten diese sich selbst auf den Weg, um bei den Juden in der Diaspora um finanzielle Unterstützung zu bitten. Mit Erfolg: Die Diaspora zahlte, die jüdischen Institutionen in Erez Jisrael wuchsen – sowohl was ihre Größe als auch ihren Einfluss betraf –, und dabei wurden Bande geknüpft, die sicherstellten, dass die Probleme der Juden im Gelobten Land immer auch für die Juden in der Fremde von Bedeutung blieben.

Die Veränderungen, die Gamaliel damals bei den religiösen Ritualen vornahm, beeinflussen den jüdischen Gottesdienst bis zum heutigen Tage: Er war es, der die Regeln für den Sederabend am Pessachfest neu bestimmte (wie versprochen werde ich dir noch einen eigenen «Pessachbrief» schreiben), der die *Amida*, das «Achtzehntgebet», zu einem zentralen Bestandteil der täglichen Gebete in der Synagoge machte und Beerdigungsrituale abschaffte, welche soziale Unterschiede hervorhoben. Gewiss am wichtigsten war allerdings, dass Gamaliel die konkurrierenden Interpretationsschulen (oft hat man sie als Auseinandersetzung zwischen Orthodoxen und Liberalen verstanden, doch das ist zu vereinfachend) unter einem geistigen Dach versammelte.

Liebe Tante Fori,

115 n. d. Z., fünfundvierzig Jahre nach dem Aufstand der Zeloten in Palästina, erhoben sich die Juden in Ägypten und der Cyrenaica (im heutigen Libyen) gegen die römische Obrigkeit. Sie waren, wie ein römischer Schriftsteller berichtet, von ausgesprochen wildem und aufrührerischem Geist. Es sollte zwei Jahre dauern, bis ihr Aufstand niedergeschlagen werden konnte. Doch die Nachricht davon hatte sich schnell in der gesamten jüdischen Welt verbreitet. Auch auf Zypern lehnten die Juden sich gegen die herrschenden Griechen auf; sie wurden ebenfalls besiegt und vertrieben. In Mesopotamien führte eine jüdische Revolte sogar zur Ausweisung der römischen Verwalter, aber Rom stellte seine Macht bald wieder her. Siebzehn Jahre später, im Jahr 132 n. d. Z., formierten sich die Juden von Judäa

unter der Führung von Schimeon Bar Kochba (Ben Kosiba) schließlich zu einem letzten großen Aufstand. Seine Geschichte sollte dem
Judentum in allen folgenden Jahrhunderten Inspiration sein.

Schon in den ersten Monaten des Aufstands gelang es Bar Kochba, die Römer aus Jerusalem zu verjagen und den jüdischen Staat
wiederherzustellen. Sofort ließ er Münzen mit der Prägung «Jerusalems Befreiung» und «Jahr eins der Befreiung Jisraels» ausgeben, wobei «Jahr eins» natürlich dem Jahr 132 n. d. Z. entsprach. Die römische Herrschaft war grausam gewesen, aber Bar Kochba führte kein
minder strenges Regiment. Er forderte bedingungslosen Gehorsam
– einer Legende zufolge musste sich zum Beispiel jeder Mann, der in
sein Heer eintrat, als Zeichen seiner Entschlossenheit einen Finger
abhacken; und wie der christliche Heilige Hieronymus berichtet, soll
sich Bar Kochba gern einen brennenden Strohhalm zwischen die
Zähne geklemmt haben, damit es so aussah, als schlügen Flammen
aus seinem Mund.

Bar Kochbas Selbstherrlichkeit war beträchtlich. Wenn ihn jemand
mit den Worten «Gott mit dir» begrüßte, pflegte er zu antworten:
«Gott ist weder mit mir noch gegen mich.» Schließlich schickte Kaiser
Hadrian ein 35 000 Mann starkes römisches Heer gegen die Aufständischen aus. Zehntausende Juden wurden getötet, manche Berichte
sprechen sogar von Hunderttausenden. Bar Kochba wurde aus Jerusalem vertrieben und starb im Jahre 135 bei der Verteidigung seiner letzten Zufluchtsstätte, der Festung von Betera in den Hügeln um Jerusalem, am 9. Aw, dem Datum, an dem man bis heute der Zerstörung
des Ersten wie des Zweiten Tempels gedenkt. Wenn man heute mit
dem Zug von Tel Aviv nach Jerusalem fährt – die Strecke wurde 1892
von den Türken in Betrieb genommen, das Schienensystem in den
1920er Jahren von den Briten ausgebaut –, passiert man eine tiefe
Schlucht genau unterhalb des Schlachtfeldes von Betera.

Hadrian rächte sich für die Aufsässigkeit der Juden, indem er jeden, der seine Religion ausübte, schwer bestrafte und Jerusalem in

die heidnische Stadt Aelia Capitolina verwandelte. Das geistige Zentrum von Jawne wurde geschlossen, fast alle Juden mussten Judäa, ihr historisches Heimatland Jehudah, das sie seit Moschehs Tod bewohnt hatten, verlassen. Sogar der Name «Judaea» wurde ausgelöscht und die Region mit der neuen Bezeichnung «Syria Palaestina» zu einem Teil Syriens gemacht.

Liebe Tante Fori,
in diesem Brief wird es um einen bemerkenswerten Mann gehen. Sein Name war Akiwa ben Josef, Juden nennen ihn allgemein Rabbi Akiwa. Angeblich soll er von einem Mann abstammen, der viele Generationen vor Akiwas Geburt zum Judentum übergetreten war – einer rabbinischen Tradition zufolge handelte es sich dabei um niemand anderen als Sancherib, den Eroberer Jehudahs. In dieser Legende kommt aber wohl vor allem der Wunsch eines Nachweises zum Ausdruck, dass nicht einmal die schlimmsten Feinde der Kinder Jisrael verhindern konnten, dass deren Nachkommen Juden wurden (von einem anderen berühmten Rabbi, Akiwas Schüler Meir, heißt es sogar, Nero habe zu seinen Vorfahren gehört!).

Als Junge war Akiwa Schafhirte gewesen, dann heiratete er die Tochter des reichen Gutsbesitzers, für den er arbeitete. Doch er verließ, so die Legende, Frau und Kinder, um in den führenden rabbinischen Akademien seiner Zeit zu studieren. Erst nach vierundzwanzig Jahren kehrte er zu seiner Familie zurück, in seinem Gefolge Tausende jüdische Anhänger. Sein eigenes Gelehrtenhaus in Bnei Brak – heute ein von Ultraorthodoxen bewohnter Vorort von Tel Aviv – wurde zu einem Zentrum des jüdischen Geisteslebens, in dem Generationen von Rabbis ausgebildet werden sollten.

Im Jahre 95 reiste Akiwa nach Rom, um beim Kaiser die Abschaffung sämtlicher antijudaistischen Gesetze zu erwirken. Zurück in Bnai Brak, verfasste er einen schriftlichen Verhaltenskodex für das gläubige Judentum, basierend auf den bis dahin rein mündlichen Überlieferungen. Ein jüdisches Sprichwort sagt: «Was Moscheh nicht offenbart wurde, fand Akiwa heraus.»

Einer – nahezu sicher falschen – Legende nach soll Akiwa von Beginn des Aufstands an (er war damals in seinen Neunzigern, so alt wie du heute) Bar Kochba als Messias gepriesen haben. Angeblich war es sogar Akiwa selbst, der ihm seinen Messiastitel verliehen hatte – «Bar Kochba» heißt «Sternensohn», abgeleitet von der Weissagung im Vierten Buch der Tora: «Aus Jaakob bewegt ein Stern sich» –, um ihn dann mit dem ganzen Gewicht seiner Autorität zu unterstützen. Erst Schriftrollen, die in Höhlen versteckt die Zeiten bis zu ihrer Wiederentdeckung überdauert haben, lieferten den Hinweis, dass Bar Kochba eigentlich Ben beziehungsweise Bar Kosiba hieß.

Nach der Niederschlagung des Bar-Kochba-Aufstands soll Akiwa so lange gegen das römische Verbot der Ausübung und des Studiums des jüdischen Glaubens verstoßen haben, bis man ihn schließlich inhaftierte. Die Römer verurteilten ihn zum Tode, doch zuvor folterten sie ihn auf das schrecklichste. Während sie ihm «die Haut mit eisernen Kämmen abzogen», sprach er das *Schema*, das Gebet «Höre Israel!», welches jedem Juden aufträgt, Gott den Ewigen «mit ganzem Herzen, mit ganzer Seele und mit ganzer Kraft» zu lieben. Von seinen Folterknechten befragt, wie er in dieser Stunde der Schmerzen noch beten könne, soll Akiwa geantwortet haben, dass er erst jetzt, im Moment, da Gott das Leben nahm, verstanden habe, was es heißt, den Ewigen «mit ganzer Seele» zu lieben.

Seit Akiwa unter der Folter für seinen Glauben starb, ist das *Schema Jisrael* traditionell das letzte Glaubensbekenntnis eines Juden auf dem Sterbebett. Während des Holocaust, beinahe zweitausend Jahre nach Akiwas Tod, wurden zumindest die ersten Worte dieses Glaubensbekenntnisses vermutlich von Millionen Juden in den letzten Momenten vor ihrer Ermordung gesprochen, im Augenblick ihres eigenen Martyriums, zutiefst berührt vom unbedingten Glauben Akiwas.

Eine zweitausend Jahre alte rabbinische Geschichte erzählt, Moscheh sei einmal auf wundersame Weise ins Lehrhaus des Akiwa versetzt worden und habe dort dessen Lehrvortrag gelauscht. Zu seiner Verzweiflung aber stellte er fest, dass er kein Wort verstand. Erst als ein Schüler fragte, woher Akiwa überhaupt wissen könne, dass das, was er ihnen gerade zu erklären versuchte, richtig sei, und Akiwa darauf antwortete, es sei Moscheh auf dem Berge Sinai so offenbart worden, lehnte sich der Patriarch beruhigt zurück.

Liebe Tante Fori,

trotz der Anziehungskraft und des missionarischen Eifers der frühen Christen – fast alles Juden, so wie Jesus und seine Jünger – blieb das Judentum in Ländern, in denen der christliche Glaube nun zur vorherrschenden Religion wurde, unverbrüchlich der Tora und der hebräischen Sprache verbunden. Selbst dort, wo Juden im Alltag die herrschenden Sprachen, Moden und Gewohnheiten der Völker angenommen hatten, unter denen sie lebten, blieb das biblische Hebräisch die Sprache, in der in den Synagogen gebetet und die Wochenabschnitte aus der Tora verlesen wurden.

Die Erfahrungen und Erinnerungen jeder neuen jüdischen Generation wurden im Laufe der Zeit zwar immer stärker von der jeweiligen Diasporaregion gefärbt – meist unterschied sie sich deutlich von der Landschaft, dem Klima und den Feldfrüchten des oft weit entfernten Landes Jisrael –, doch die Geschichten aus ihrer Schrift, ihre Gebete und Psalmen, ihre Traditionen und Feste erzählten ihnen in ihrer eigenen Sprache von den Schönheiten, den Flüssen und Bergen, den Patriarchen und Propheten, Richtern und Königen, Helden und Weisen ihres Heimatlandes und hielten die Erinnerung an Gottes Versprechen wach, dass sie dazu bestimmt waren, in das Gelobte Land zurückzukehren.

Diese Vision von der Rückkehr bewahrte sich das zerstreute Judentum in allen Zeiten also durch seine Schrift und seine täglichen Gebete. Noch lange nachdem es nahezu allen Juden unmöglich gemacht worden war, an den Pilgerfesten teilzunehmen und Jahr für Jahr nach Jerusalem «hinaufzuziehen», war das Judentum in der Hoffnung geeint, sich «nächstes Jahr in Jerusalem» wiederzusehen. Bis zum heutigen Tag sind das die letzten Worte des Gebets, die zum Abschluss des Festmahls an Pessach gesprochen werden. Hoffnung und Erwartung sind mächtige Gefühle, und sie haben nicht weniger zum Erhalt der jüdischen Identität beigetragen als der Glaube an das Kommen des Messias. Einer der dreizehn Glaubensgrundsätze, die im Mittelalter formuliert und während des Holocaust von gewiss ebenso vielen Juden vor ihrer Ermordung gesprochen wurden wie das *Schema*, lautet: «Ich glaube in ganzem Glauben, dass der Messias kommt, und ungeachtet seines langen Ausbleibens erwarte ich täglich seine Ankunft.»

Ein weiterer mächtiger Faktor für den Erhalt des jüdischen Erbes war die Tatsache, dass es im Land der Väter zu allen Zeiten jüdisches Leben gab. Trotz schlimmster Exzesse während der römischen Judenverfolgungen – dazu gehört Jerusalems vollständige Zerstörung – gelang es niemals, sämtliche Juden aus ihrem Land zu vertreiben. Zwischen der römischen Eroberung und den modernen Zeiten haben jüdische Familien und Einzelpersonen dafür gesorgt, dass die Verbindungen zwischen ihrer Diaspora und dem Gelobten Land nie abgerissen sind – wo immer Juden lebten, fühlten sie sich ihrem Volk zugehörig, das Gott zu seinem «Eigentum» erwählte, weil es seinen Gesetzen folgen sollte, und nicht, damit es andere beherrsche.

Vor der Zerstörung des Tempels durch die Römer waren vierundzwanzig Priestersippen für den Tempeldienst verantwortlich gewesen. Sie waren im Land geblieben und hatten sich in den Städten und Dörfern Galiläas niedergelassen. Zudem siedelten stets einzelne jüdische Familien in den geschützten Höhenlagen jener Berge östlich von

Galiläa, die man heute Golanhöhen nennt, weit entfernt von den Lagern der römischen Legionen in Jerusalem oder Caesarea. Auch die Niederschlagung des Bar-Kochba-Aufstands 135 n. d. Z. hatte das Zusammengehörigkeitsgefühl der Juden nicht zerstören können. Etwa fünf Jahre danach gestatteten die Römer den Juden die Wiedereröffnung eines geistigen Zentrums, der Gerichtsstätte Bet Din, allerdings nicht mehr in Jawne, sondern in Bet-Schearim im Jesreel-Tal. Ungefähr siebzig Jahre später wurde es nach Sepphoris (Zipporin) in Galiläa und um 240 n. d. Z. schließlich nach Tiberias verlegt. Jüdisches Leben im geistigen wie weltlichen Sinne konzentrierte sich jetzt also nicht mehr auf die Küste, sondern fand in den Hügeln des nördlichen Galiläa statt. Es wurde wieder Ackerbau betrieben, neue Synagogen wurden errichtet, und man sammelte und kommentierte sämtliche Auslegungen der göttlichen Gebote durch die Weisen. Sogar die führenden Rabbiner Babylons – zu jener Zeit das religiöse Zentrum der Diaspora – konnte man überzeugen, sich der geistigen Führung der Weisen aus Erez Jisrael zu beugen.

Ab 200 n. d. Z. wurde den Juden, obwohl sie der römischen Provinz «Syria Palaestina» und damit römischer Obrigkeit unterstanden, wieder ein Gemeindeoberhaupt (Patriarch) zugestanden, ein so genannter Nassi («Fürst»), der sowohl über religiöse als auch weltliche Befugnisse verfügte. Und selbst das Recht auf Landbesitz wurde den Juden nun wieder gewährt. Weit wichtiger jedoch war, dass ihr geistig-religiöses Leben sich erneut entfalten konnte. Die zentrale Figur bei dieser religiösen Entwicklung war Jehudah ha Nassi, wegen seiner außerordentlichen Frömmigkeit und großen Redlichkeit auch *Rabbenu ha Kadosch* genannt: «Unser Heiliger Rabbi» (in der rabbinischen Literatur bezieht man sich auf ihn meist nur als «Rabbi», ohne Artikel). Er war ein Enkel des Rabban Gamaliel von Jawne, des ersten Patriarchen nach der Zerstörung Jerusalems, und von dessen Lehren stark beeinflusst. Dieser Jehudah ha Nassi begann 200

n. d. Z., sein ganzes Wirken der Wahrung jüdischen Lebens in Erez Jisrael und der Einheit des Judentums zu widmen. So ermunterte er die Juden – ungeachtet ihrer sozialen Herkunft –, die Tora zu studieren, und forderte sie auf, den religiösen und sozialen Kodex, den er für das gesamte Judentum vereinheitlichend kompilierte, mit Leben zu erfüllen. Damit gelang es ihm in der Tat, eine Fragmentierung des Judentums in aller Welt zu verhindern.

Jehudah ha Nassi war es auch zu verdanken, dass Hebräisch in allen jüdischen Gemeinden die Sprache des Gebets blieb. Er selbst bestand innerhalb seiner Familie und seines Freundeskreises darauf, dass ausschließlich Hebräisch gesprochen wurde, obwohl die Alltagssprache seiner Region Aramäisch war. Von einem seiner Zeitgenossen stammt der Satz: Von Moscheh bis Rabbi waren Tora und Größe niemals so vollkommen in einer Person vereint.

Die *Mischna* – der Kern der mündlichen Lehre – diente als grundlegender Verhaltenskodex und wurde zur Basis für die Gesetzesauslegungen und die religiöse Entwicklung aller künftigen jüdischen Generationen. In ihrer geschriebenen Form, als eine bemerkenswerte kanonische Sammlung der nach Materialien geordneten Gesetzestexte (deren Endredakteur ha Nassi war) – für sich allein schon ein gewaltiges Schrifttum –, bildete sie später den Kern des Talmud, jenes vielbändigen zentralen Werks, welchem die täglichen Studien und Diskussionen aller streng orthodoxen Juden gewidmet sind.

Bis dahin hatte es als gottlos gegolten, Auslegungen der Tora niederzuschreiben, da sich der Text des interpretierenden Menschen damit auf die Ebene von Gottes Wort gestellt hätte. Aus diesem Grund wurde jede Auslegung allein dem Gedächtnis eingeschrieben. Doch mittlerweile waren jüdische Gelehrte so oft verfolgt worden, dass man es nun unbedingt notwendig fand, ihre Auslegungen schriftlich festzuhalten, damit sie nicht in Vergessenheit gerieten. Von da an war das Mündliche Gesetz nicht mehr mündlich. Das aber zog eine weitere religiöse Veränderung nach sich: Bis zur Mischna war der jüdische Glaube primär eine auf den Tempel und auf die Weisheit des Hohepriesters konzentrierte Religion gewesen; seit Jehudah ha Nassi konzentrierten sich die internen judaistischen Debatten auf das jüdische Gesetz, wie es in der Mischna festgehalten und im Talmud diskutiert wurde.

Jehudah ha Nassi wurde in Bet-Schearim beerdigt. Seine Weisheit war sprichwörtlich. In einem seiner viel zitierten Sprüche heißt es, er habe von seinen Lehrern viel, von seinen Kollegen mehr, aber am meisten von seinen Schülern gelernt. Und wie ein Echo von Elasar, jenem Märtyrer, der beinahe vierhundert Jahre zuvor der Rache der Seleukiden zum Opfer gefallen war, mahnte ha Nassi: «Beachte mit der gleichen Sorgfalt das leichte Gebot wie das schwere, denn du kennst den Lohn nicht, den ein Gebot bringen wird.»

Liebe Tante Fori,

in den zwanziger Jahren des 20. Jahrhunderts – als du dich in Budapest gerade auf dein Studium in London vorbereitetest, um dann jedoch in den indischen Kosmos einzutauchen – kam eine Gruppe jüdischer Farmer aus dem Kibbuz Bet Alfa im Jesreel-Tal, einer der schönsten Gegenden Palästinas, mit einer ziemlich ungewöhnlichen Mission nach Jerusalem: Sie waren angereist, um mit dem berühmten Archäologen Professor Sukenik zu sprechen (dem Vater eines anderen weltberühmten Archäologen – und israelischen Generals –, nämlich Yigal Yadin). Sukenik bat sie in sein Arbeitszimmer, und sie erzählten ihm, dass sie bei Bodenaushebungen für das Fundament eines neuen Kuhstalls etwas entdeckt hatten, das wie ein sehr altes Mosaik ausgesehen habe.

Zuerst hatten die Kibbuzniks das Mosaik wieder zuschütten und niemandem davon erzählen wollen, denn immerhin war es ja ihre Aufgabe, den Kibbuz zu vergrößern und das Tal zu kultivieren, damit die wachsende Zahl von Juden im englischen Mandatsgebiet Palästina ernährt werden konnte. Ein archäologischer Fund mitten auf ihrem Grund und Boden konnte diese dringliche Aufgabe gefährden oder gar dazu führen, dass sie ihr ohnehin begrenztes Ackerbaugebiet verloren. Andererseits war den Farmern sofort klar gewesen, dass sie auf etwas ganz Besonderes gestoßen waren, auf etwas von wirklich großer Bedeutung. Also beschlossen sie, nach Jerusalem zu fahren. Und in der Tat handelte es sich nicht nur um ein faszinierendes Relikt aus uralten Zeiten, sondern, wie Professor Sukenik schnell feststellte, um einen einzigartigen Beweis, dass sogar im «finsteren Mittelalter» des Judentums – jenen «versunkenen Jahrhunderten», nachdem die Römer den Tempel zerstört und das politische Leben der Juden vernichtet hatten – im Jesreel-Tal Juden gelebt hatten.

Eilends machte sich Professor Sukenik in den Norden auf, um das Mosaik mit eigenen Augen zu sehen. Dort fand er dann heraus, dass es sich um den mittleren Teil des Fußbodenmosaiks einer Synagoge handelte, deren Fundamente später größtenteils freigelegt werden konnten. Im Laufe der Grabungen trat eine Inschrift zutage, die das Mosaik auf die Zeit der Regentschaft von Kaiser Justinian I. (518 bis 527 n. d. Z.) datierte. Der einfache, aber ausdrucksstarke Stil dieses Kunstwerks war nach Aussage von Archäologen repräsentativ für die Volkskunst, die sich damals in vielen jüdischen Dörfern Galiläas entwickelt hatte.

So hat also der zufällige Spatenstich eines Kibbuzniks einen weiteren Beweis für die Kontinuität und den Glanz jüdischen Lebens im Land der Väter in den achtzehn Jahrhunderten ans Tageslicht befördert, die zwischen dem Fall von Masada und der «Rückkehr nach Zion» im 19. Jahrhundert vergangen waren, als die polnischen Pioniere, die 1922 dann diesen Kibbuz Bet Alfa gründeten, nach Palästina gezogen waren.

Die Geschichte jener achtzehn Jahrhunderte erzählt von einem

ständigen Überlebenskampf unter einer ununterbrochenen Herr-
schaftsfolge von Feinden: Als die Römer den Tempel zerstörten, hatten sie damit das Zentrum des geistigen und politischen Leben der
Juden in Erez Jisrael vernichtet; und indem sie alle jüdischen Famili-
en aussonderten und töteten, die aus dem Hause Dawid stammten,
wollten sie die Wiederherstellung von Dawids Königreich unmöglich machen. Jüdische Bauernhöfe wurden konfisziert und römischen
Soldaten als Dank für ihren Eifer überlassen, wie wir es vom Dorf
Moza vor den Toren Jerusalems wissen. Die Zehnte Römische Legion, deren Soldaten den Krieg gegen die Juden an vorderster Front
führten, blieb als deutlich sichtbarer Beweis der Kontrolle Roms
über die eroberte Provinz vor Ort. Eines ihrer Lager wurde vor nicht
allzu langer Zeit während der Bauarbeiten am Convention Centre –
in dem unzählige Veranstaltungen stattfinden, zum Beispiel die Jerusalemer Buchmesse oder der Eurovision Song Contest – direkt an
der Einfahrt ins moderne Jerusalem entdeckt.

Trotz der drastischen Maßnahmen der römischen Obrigkeit gab
es stets Juden, die in ihrem Land ausharrten und nicht nur am eigenen Leib alle Härten ertrugen, sondern auch miterleben mussten,
wie Zehntausende ihrer Glaubensbrüder verschwanden, als Gefangene nach Rom abtransportiert oder über die riesige römisch beherrschte Welt zerstreut wurden, von Spanien bis zur Krim. Vielen
der verbliebenen Juden – wie den enteigneten Bauern von Moza –
gestattete man zwar, das Land, das ihnen weggenommen worden
war, als Pächter weiter zu bestellen, doch dabei drohte ihnen ständig
gewaltsame Vertreibung, falls sie aus irgendwelchen Gründen den
Unmut der Römer erregten.

Die Steuerlast, die den Juden in «Palästina» aufgebürdet wurde,
war höher als in den meisten anderen Gebieten des Römischen Reiches. Es wurde sogar eigens ein Doppelbesteuerungssystem für sie
erdacht: Neben der Kommunal- hatten sie eine Produktionssteuer
zu entrichten. Auch Zwangsarbeit mussten sie leisten – es waren Ju-

den, die jene Straßen bauten, über die ihre römischen Herren dann
die Außenposten der Provinz schneller erreichen konnten.

Durch all die schwierigen Jahre hindurch wahrten die Juden in
Erez Jisrael, für die es so aussah, als ob Rom auf Dauer präsent bleiben würde, starke Bande zu ihren Glaubensbrüdern in der Diaspora,
von denen manche schon zu diesen frühen Zeiten ins Land der Väter
zurückkehrten: In jeder Generation finden sich Individuen und
Gruppen, deren Leben einzig vom Wunsch auf Rückkehr beseelt
war, zum Beispiel Rabbi Nathan, der Sohn eines prominenten babylonischen Gelehrten. Er kehrte nach Erez Jisrael zurück, um Gamaliels Sohn Schimeon zu dienen, und erwarb sich dort den Ruf eines
großen Lehrers und Gesetzesinterpreten – inspiriert, so die Legende, vom Propheten Elijahu selbst. Rabbi Nathan war der Vorschlag
zu verdanken, überschüssiges Geld aus den Spenden für Beerdi-
gungskosten nun für Grabsteine zu verwenden. Und von ihm, der ja
als einer der Ersten aus der Diaspora zurückgekehrt war, ist auch das
Wort überliefert, es gebe keine größere Liebe als die Liebe der Tora,
und keine Weisheit sei mit der Weisheit von Erez Jisrael und keine
Schönheit mit der Schönheit von Jerusalem vergleichbar.

Die Siedlungsbeschränkungen, die den Juden Galiläas im Hinblick auf Jerusalem – das sie nach wie vor als ihr einzig wahres geistiges Zentrum betrachteten – auferlegt worden waren, konnten sich
nicht lange halten: Gamaliels Enkel Jehudah ha Nassi (dessen Wirken, wie ich dir bereits erzählte, von der Endredaktion der Mischna
bestimmt war) hatte den römischen General Septimius Severus im
Kampf gegen den Judenhasser und Prokurator von Syrien, Pescen-
nius Niger, unterstützt. Nach dem Sieg über Niger begann Severus
als Belohnung für diese Hilfe die für Juden geltenden Restriktionen
zu lockern. Und einer seiner Nachfolger, Alexander Severus – er
bestieg den Kaiserthron 222 –, gewährte ihnen schließlich wieder
die volle Selbstverwaltung in allen Fragen des jüdischen Gesetzes.

Während des «goldenen Zeitalters» unter Severus durfte der geistige Führer der Juden, der Nassi, von den jüdischen Gemeinden im Land eigene Verwaltungssteuern erheben, außerdem zivil- und strafrechtliche Vergehen von Juden gerichtlich verhandeln und rechtskräftige Urteile über die schuldige Partei aussprechen. Jehudah ha Nassi soll den Römern noch viele weitere Gefälligkeiten abgerungen haben, darunter die Rückgabe von Land im Jesreel-Tal und in den Hügeln östlich des Sees Genezareth, im Gebiet der Golanhöhen. Die Gunst der Stunde öffnete den Juden auch wieder den Zugang nach Jerusalem. Offiziell war der Bann, mit dem die Römer sie von der Stadt fern hielten, nach wie vor in Kraft, aber er wurde einfach ignoriert. So konnte sich allmählich wieder eine jüdische Gemeinde in der Stadt ansiedeln, die «heilige Gemeinde von Jerusalem», während Juden zugleich ermuntert wurden, sich in den wachsenden Städten in anderen Landesteilen niederzulassen, zum Beispiel in Bet Guvrin oder Lydda. Es wurden neue Synagogen erbaut – die Ruinen der Gebetshäuser von Baram und Kfar Nachum (jenem Kapernaum, in welchem laut Neuem Testament Jesus gepredigt haben soll) sind noch im 21. Jahrhundert beeindruckend –, und nicht mehr nur einzelne Juden, sondern ganze Familien und Gruppen kehrten aus Babylon und anderen Diasporaregionen zurück. Am Hof des Nassi herrschte bald schon eine derart königliche Pracht und Opulenz, dass Kaiser Alexander Severus, der sich den Juden so wohlgesinnt gezeigt hatte, von seinen Feinden verächtlich *archi-synagogus* genannt wurde – das «Oberhaupt der Synagoge».

Mit Beginn der zwanzigjährigen Regierungszeit von Kaiser Diocletian im Jahre 284 legte Rom jedoch wieder eine härtere Gangart ein. Unter seiner Verantwortung setzte die «große Verfolgung» von sowohl Juden als auch Christen ein – von allen, die sich weigerten, ihn, den Kaiser, anzubeten. Das religiöse und geistige Leben der Juden in Palästina war wieder einmal in seiner Existenz bedroht. Römische Soldaten überfielen jüdische Bauern und raubten ihnen die gesamte Habe. Unter Kaiser Konstantin, der ab 313 das

Christentum propagierte, drohten den Juden in den nun «Palaestina Prima» und «Palaestina Secunda» genannten Provinzen dann weitere Gefahren. Davon und von dem Schatten, den das Christentum in den kommenden Jahrhunderten wie eine schwarze Wolke über einen großen Teil der jüdischen Geschichte warf, werde ich dir in späteren Briefen berichten.

Liebe Tante Fori,
es war keine Frage, dass die Juden nicht einfach verschwinden würden, auch wenn ihre nationalen und regionalen Aufstände gegen Rom allesamt fehlgeschlagen waren. Im Gegenteil, sie mehrten sich nicht nur und taten ihr Bestes, um unter römischer Herrschaft so gut es ging leben zu können, sie bewiesen außerdem, dass sie ihr stolzes Unabhängigkeitsbedürfnis und ihren Glauben mit den Härten des Alltags durchaus in Einklang bringen konnten. Von Cadiz an der spanischen Atlantikküste bis zu den Küsten des Schwarzen Meeres und weiter in den Bergen des Kaukasus empfanden sich die Juden als *ein* Volk und wurden von allen, unter denen sie lebten, als solches betrachtet. Im Laufe ihrer vielen Niederlagen und Vertreibungen waren sie innerlich immer stärker geworden. Ihr Glaube an den Ewigen Gott und seine Gesetze hatte ihnen zu dieser Einheit verholfen, inspirierte sie und ermöglichte es ihnen durchzuhalten. Ihre Feiertage – darunter Pessach, die Feier ihrer Freiheit – und ihre täglichen Gebete verbanden Gemeinden, die ansonsten keine Kontakte miteinander hatten.

Viele Aspekte des jüdischen Lebens zu römischen Zeiten sollten zu Mustern für die folgenden zweitausend Jahre werden. Der jüdische Bauer und Schäfer aus biblischen Zeiten erwies sich unter der Herrschaft Roms als ebenso gut geeignet für das wettbewerbsorientierte Leben in der Stadt wie für den Seehandel oder andere kaufmännischen Berufe. In Spanien und Nordafrika passten sich die Juden den

Wirtschaftsstrukturen einer vom Oliven- und Weinanbau geprägten Region an; in Italien waren sie, wie viele Nachweise aus jenen Tagen zeigen, vor allem als Weber, Tuchmacher, Bäcker, Händler oder Schauspieler tätig – ein Vorgeschmack auf die Vielseitigkeit ihres Lebens in London oder New York zweitausend Jahre später.

Als sich die Herrschaft Roms in den Norden und Osten auf die entlang des Rheins und der Donau siedelnden Stämme ausweitete oder im Westen auf französische Städte wie Marseille, Bordeaux, Toulouse, Lyon und Orléans, fanden sich auch dort über kurz oder lang jüdische Kaufleute ein. Aber selbst außerhalb der römisch kontrollierten Regionen überlebten Juden, sie mehrten sich und fanden ihr Auskommen als Händler oder Bauern und Viehzüchter, wie an den Ufern des Euphrat und Tigris; als Winzer, wie im Kaukasus; oder im Seehandel, wie in den entfernten Schwarzmeerhäfen.

Nicht jedes Jahrzehnt brachte Leid und Verfolgung. Sogar unter römischer Herrschaft gab es Zeiten, in denen jüdisches Leben unter dem guten Stern von Normalität und Chancenvielfalt stand. 300 n. d. Z. wurde den Juden im Römischen Reich Religionsfreiheit garantiert, außerdem waren sie vom Wehrdienst befreit und erhielten das Recht, Streitigkeiten untereinander nach jüdischen Gesetzen zu regeln. Mit der Anerkennung als eigenständiges Volk konnten sie ihre religiösen Traditionen pflegen und waren dennoch in das Alltagsleben ihrer Umwelt integriert.

Liebe Tante Fori,

ein Grund, weshalb Juden als ein Volk überlebten, war also ihre Fähigkeit, ihr religiöses Leben im Exil wieder aufzubauen, es zu bewahren und weiterzuentwickeln. Ganz besonders gut gelang ihnen das in den bedeutenden babylonischen Akademien von Sura und Pumbedita am Euphrat. In jener Zeit, als der allmähliche, aber unaufhaltsame Verfall des mächtigen römischen Imperiums einsetzte, gedieh das Talmudstudium in Babylon. Seinen Höhepunkt erreichte es mit der Fertigstellung des Babylonischen Talmud um etwa 500 n. d. Z. – rund dreißig Bände mit Kommentaren und Reflexionen über Gesetze, Geschichten und Moralvorstellungen, die sich aus der biblischen Narration ergaben, bestehend aus etwa zweieinhalb Millionen Wörtern und alles in allem 5900 Seiten – unendliches Material für ein lebenslanges Studium, gelehrte Diskussionen und, allem voran, den täglichen Dienst an Gott.

Der Babylonische Talmud bot – neben seinem rund hundert Jahre früher entstandenen Jerusalemer Gegenstück – das Fundament für alle Debatten und Auslegungen, die in sämtlichen jüdischen Gemeinden geführt und aufgeschrieben wurden, ganz gleich, in welcher Diaspora sie angesiedelt waren. Die Akademien von Sura und Pumbedita entwickelten sich (mit den Worten der «Encyclopaedia of Judaism») zu einem «Zentrum des Weltjudentums», dessen Bedeutung in islamischen Zeiten gewahrt blieb. Es wurde oft behauptet, dass das Judentum ohne die Juden von Babylon nicht überlebt hätte. Es gab zwar auch im Westen ein reges jüdisches Geistesleben, aber unter der Herrschaft von Theodosius I. (379–395) wurde das Christentum schließlich zur einzig zulässigen Religion im Römischen Reich erklärt, und nachdem dieses Reich 410 den Barbaren in die Hände gefallen war, setzte das östliche (byzantinische) Imperium, das über Palästina herrschte, die Judenverfolgungen fort. Ihren Höhepunkt erreichte sie im Jahr 425 unter Kaiser Theodosius II. Von da an mussten die babylonischen Akademien die Fackel der jüdischen Lehre alleine weitertragen.

Liebe Tante Fori,
   während sich das Christentum im Laufe des 4. Jahrhunderts immer weiter ausbreitete, mussten die Juden in Erez Jisrael erfahren, dass ihre heilige Stadt Jerusalem ebenso wie ihr wichtigstes Siedlungsgebiet

Galiläa zum Objekt christlicher Begierden geworden war. In allen nach wie vor mehrheitlich von Juden bewohnten Städten – Tiberias, Kfar Nachum, Nazaret – errichteten Christen Kirchen und Klöster und sorgten damit für eine ständig wachsende Zahl christlicher Pilger, die sich aus Griechenland, Italien und dem Balkan auf den Weg in ihr heiliges Land machten, um sich dort auf Dauer niederzulassen und das Christentum zu etablieren – so wie die vielen zum Christentum bekehrten ortsansässigen Nichtjuden, die über keinerlei monotheistische Traditionen verfügten. Sogar der eine oder andere Jude ließ sich bekehren, wie einige Nachweise nahe legen.

Immer wieder gingen Christen nun mit massiver Gewalt gegen die Juden in Palästina vor. Zu Beginn des 5. Jahrhunderts führte ein christlicher Mönch aus Syrien namens Bar Sauma eine Bande gleichgesinnter Fanatiker durch Palästina und brandschatzte auf seinem Weg die Synagogen. Ein anderes Mal wurden in über zwanzig Städten im ganzen Land Juden attackiert. Doch ungeachtet solcher Rückschläge konnte die Autorität des Nassi nicht nur gewahrt, sondern unter so manchem Herrscher noch gestärkt werden.

Ein paar Jahrzehnte lang, als die christliche Welt selbst in geistigen Aufruhr geriet und es in ihr zu gewalttätigen Abspaltungen kam, ließ man die Juden von Palästina in Frieden. Unter Kaiser Justinian durften vermehrt Synagogen entstehen, darunter die von Jerecho, Gaza, Aschkelon und Hammat Gader (bei den heißen Quellen in der Jarmuk-Schlucht, im Schatten der Golanhöhen). Mit der gleichzeitigen Ausweitung des Christentums und der Errichtung neuer Kirchen setzte die Judenverfolgung allerdings wieder ein, da es der Kirche nun zunehmend zweckdienlich erschien, Juden als *den* Feind des einzig wahren Glaubens darzustellen. Sogar der Bau von Synagogen wurde plötzlich verboten und die Autonomie der jüdischen Gerichte immer stärker beschnitten.

Doch wie sehr man die Juden Palästinas auch behinderte und verfolgte, sie wichen nicht – nicht aus der Küstenebene, nicht aus Judäa

und Samaria, nicht aus dem Jardental, und vor allem nicht aus Galiläa. Unbeirrt hielten sie an dem Land fest, das seit uralten Zeiten das
ihre war, ebenso wie an ihrem nach Jerusalem orientierten Glauben.
Weder die Strenge der römischen Herrschaft noch der neu erwachte
christliche Eifer konnten sie vertreiben. Das religiöse Schrifttum der
Juden wuchs, während sich ihre Gebete wie eh und je auf das Land
der Väter konzentrierten, jenes «Erez Jisrael» genannte Land, in dem
sie nach wie vor den Acker bestellten, Handel trieben, beteten und
freudig des Tages harrten, an dem der Messias kommt.

Liebe Tante Fori,
    als das mit Byzanz verfeindete persische Heer im Jahr 614 in Erez
Jisrael einmarschierte, um gegen die oströmischen Machthaber zu
kämpfen, schlossen sich ihm viele Juden an. Hastig zusammenge-
stellte jüdische Truppen vereinten sich mit dem persischen Heer zum
Vormarsch auf Jerusalem, in dem die Perser dann einen prominenten
Juden namens Nechemia ben Huschiel als Statthalter einsetzten. Vie-
le Christen mussten die Stadt verlassen, ihre Kirchen wurden ge-
schlossen. Diese Periode jüdischer Autonomie sollte jedoch nicht
lange währen. Drei Jahre später verbündeten sich die Perser mit den
Christen, wandten sich von Nechemia ab und töteten ihn.
    Nach fünf Jahren persischer Herrschaft schien es erneut Grund zur
Hoffnung für die Juden in Palästina zu geben: Ein byzantinisches
Heer eroberte unter der Führung von Kaiser Heraclitus das Land.
Bei dessen Vormarsch hatte ein wohlhabender Jude namens Binjamin von Tiberias den Kaiser in seinem galiläischen Haus einquar-
tiert und die Versorgung seines Heeres übernommen, um dann Seite
an Seite mit ihm gen Jerusalem zu marschieren. Im Gegenzug sah
der Kaiser gnädig über die Unterstützung hinweg, die die Juden seinen persischen Feinden zuvor gewährt hatten.
    Doch am Ende waren alle Gefälligkeiten und alles Flehen um-

sonst. Kaum war Heraclitus in Jerusalem einmarschiert, gab er dem Druck der christlichen Interessen nach. Per Dekret wurden alle Juden aus der Stadt gewiesen. Viele, die sich zu gehen weigerten, wurden getötet, vielen machte man den Prozess, und Hunderte, wenn nicht gar Tausende von ihnen wurden zum Christentum zwangskonvertiert.

Die Rückkehr des militanten Christentums nach Jerusalem – und in weite Gebiete der Mittelmeerregion – fand mehr als fünfhundert Jahre nach der Zerstörung des Zweiten (Herodischen) Tempels durch die Römer statt. Die folgenden tausend Jahre sollten dem Land der Väter jedoch ganz andere Herrscher und eine ganz neue Religion bringen, nämlich die Araber und den Islam.

Liebe Tante Fori,

es war im Jahr 622, als der fünfzigjährige Mohammed von Arabern aus Mekka vertrieben wurde, weil sie seinen beharrlichen Glauben ablehnten, dass Allah nicht einfach ein Gott unter Hunderten – obschon der Hauptgott – war, sondern der Einzige. Mohammed floh in die von jüdischen Dattelpflanzern gegründete Stadt Yathrib, von ihrer nach wie vor florierenden jüdischen Gemeinde bei ihrem hebräischen Namen Medina genannt, «die Stadt» (oder «der Staat»). Genau diesen Namen sollte sie auch im Koran – der Sammlung von Mohammeds Offenbarungen und Heiligen Schrift des Islam – führen.

Während seiner beiden ersten Jahre in Medina gelang es Mohammed, arabische Stämme aus der Region vom Monotheismus zu überzeugen und einen Pakt mit ihnen sowie den ansässigen Juden zu schließen, welcher vorsah, dass sie sich «unter Ausschluss aller anderen» – der Polytheisten also – im Falle eines Krieges gegenseitig beistehen würden. Judaismus und Islam schienen zu einer friedlichen Koexistenz als Bündnispartner bestimmt.

Viele der von Mohammed formulierten Gebote des Islam – das
Wort bedeutet «Unterwerfung» (unter den Willen Gottes) – beruhen auf dem jüdischen Glauben: Die islamischen Speisegesetze sind
eine Abwandlung der jüdischen *Kaschrut*, auf die ich in einem späteren Brief eingehen werde; die Muslime jener Zeit fasteten am jüdischen *Jom Kippur*, beteten nach Jerusalem gewandt und durften sich
mit Juden verehelichen; und nach Aussage mehrerer Islamwissen-
schaftler verlegte Mohammed das Freitagsgebet nur auf diesen Wo-
chentag, um nicht mit dem jüdischen Sabbat in Konflikt zu geraten.

Es scheint, als sei Mohammed bereit gewesen, zum Judaismus zu
konvertieren, so sehr stimmten seine religiösen Überzeugungen mit
den jüdischen überein. Die Voraussetzung wäre für ihn allerdings gewesen, dass ihn die Juden als jüngsten jüdischen Propheten anerkannten. Aber das taten sie nicht. Seit dem letzten jüdischen Propheten Malachi, der rund tausend Jahre vor Mohammed gelebt hatte,
war von Juden kein Mensch mehr als Prophet anerkannt worden.
Außerdem war kurze Zeit nach Malachi das *Tanach* bereits abge-
schlossen worden, wie man die Heiligen Schriften der Juden (*Kitbhej
ha-Kodesch*) nennt. Hinzu kam, dass die Geschichten, die der Koran
von der Hebräischen Schrift ableitete, in vielen Details von ihr ab-
wichen und solche Varianten für Juden, deren biblische Überlieferung durch die *Tora Min-Haschamajim* – das himmlische und ergo
göttliche Gesetz – festgeschrieben war, völlig inakzeptabel waren.

Ebenso inakzeptabel für Juden war, dass Mohammed zwar ebenfalls den christlichen Glauben an die Göttlichkeit Jesu ablehnte, den
jüdischen Jehoschua jedoch als Propheten anerkannte (wie er selbst
einer sein wollte). Schwer, wenn nicht unmöglich war es den Juden
angesichts ihres biblischen Hebräisch auch, den in arabischer Sprache
verfassten Koran als ein heiliges Buch zu akzeptieren, wenngleich im
Laufe der kommenden Jahrhunderte viele jüdische Weise in Ländern
unter islamischer Herrschaft Arabisch sprechen, schreiben und sogar
denken sollten.

Also begann Mohammed den Judaismus zu kritisieren. Wie der christlichen warf er der jüdischen Religion vor, Zusatzelemente zu enthalten, die mit dem einfachen Glauben Abrahams – den die Muslime als den Urvater des Islam betrachten, da er der Vater Jischmaels war, von dem sie ihre eigene Abstammung herleiten – unvereinbar seien. Im Jahr 624 wies Mohammed seine Anhänger an, sich beim Beten gen Mekka und nicht mehr nach Jerusalem zu wenden, ein Jahr darauf verlegte er das Fasten der Muslime vom jüdischen Jom Kippur auf den Ramadan («Neunter Monat»), und in seinen Predigten – den 114 Kapiteln des Koran – fielen nun immer feindseligere und schließlich ausgesprochen feindliche Bemerkungen über das Judentum. Prompt verhielten sich die Juden neutral, anstatt sich an den einst geschlossenen Pakt zu halten, als Mohammed von heidnischen Stämmen vor den Toren Medinas angegriffen wurde.

Die ohnedies schon starke militärische Macht Mohammeds wurde immer gewaltiger. 630 nahm er die Stadt Mekka ein, aus der er acht Jahre zuvor hinausgejagt worden war. Jetzt hatte der Islam ein neues Zentrum, und die Juden hatten einen neuen Gegner. Zwei Jahre darauf, im Jahre 632, starb Mohammed. Innerhalb von vier Jahren eroberten seine Anhänger Palästina und Syrien; innerhalb eines Jahrzehnts waren sie die Herren von Ägypten, Mesopotamien und Persien. Von Ägypten aus sollten sie durch Nordafrika bis zum Atlantik marschieren und im Jahr 711 Spanien erreichen. Welche Gebiete sie auch unterwarfen, überall sollten Juden zu ihren neuen Untertanen gehören.

Judentum und Islam werden das Thema meines nächsten Briefes sein.

Liebe Tante Fori,
zwischen Altertum und Mittelalter verläuft keine klare Trennlinie. Für die Juden in Palästina war die Wasserscheide jedenfalls die An-

kunft des Islam im Jahr 636 n. d. Z. Jerusalem wurde zwei Jahre später von den Muslimen eingenommen. Die Herrschaft Roms und die Vormachtstellung des Christentums in Palästina waren zu Ende. Dem Leben der Juden in Palästina unter dem Islam ist mit keiner Generalisierung gerecht zu werden. Jedes Jahrhundert brachte neue Veränderungen und eine andere Wendung mit sich. Während der ersten fünfzig Jahre erging es ihnen gut. Der letzte byzantinische Herrscher in Jerusalem, der christliche Kaiser Heraclitus I., hatte die Juden neun Jahre zuvor aus der Stadt gewiesen; der erste muslimische Herrscher, Kalif Omar I., gestattete ihnen die Rückkehr und gewährte ihnen wie den Christen uneingeschränkte Religionsfreiheit. Andererseits vertrieb Omar alle Nichtmuslime, also auch Juden, aus der Küstenregion von Hejaz (heute gehört sie zu Saudi-Arabien), in der sich die Städte Mekka und Medina befanden.

Unter der Herrschaft von Omar II. (717-20) wurden dann den Nichtmuslimen in der gesamten islamischen Welt, vom Persischen Golf bis zur Atlantikküste des heutigen Marokko, harte Restriktionen auferlegt. Juden wie Christen wurden zu *Dhimmis* – «geschützten» Untertanenvölkern – erklärt, die ungeachtet dieser Bezeichnung Gesetzen unterlagen, welche sie eindeutig zu Bürgern zweiter Klasse degradierten. So mussten sie zum Beispiel eine Sondersteuer leisten, bei deren Abgabe sie den Kopf so tief zu beugen hatten, dass er das Haupt des Steuereintreibers nicht überragte, was natürlich eine Unterwerfungsgeste war, vor allem aber ein symbolischer – und nicht selten mehr als symbolischer – Schlag ins Gesicht.

Erniedrigungen waren an der Tagesordnung. Jüdische (und christliche) Geschäfte durften nicht auf Straßenhöhe liegen, damit Muslime grundsätzlich über Nichtmuslimen stehen konnten, und das Haus eines Dhimmis durfte das benachbarte Haus eines Muslim niemals überragen. Auch der Landbesitz eines Dhimmis wurde mit hohen Steuern belegt. Andererseits war es einem Juden hier – im Gegensatz zum christlichen Europa – immerhin gestattet, überhaupt

Land zu besitzen oder ein Mitglied von Gilden zu sein. Selbst Geschäftspartnerschaften zwischen Juden und Muslimen waren erlaubt, was im damaligen Europa zwischen Christen und Juden unvorstellbar gewesen wäre.

Die islamischen Herrscher Mesopotamiens respektierten sogar die Autorität der weltlichen Führer des babylonischen Judentums – der so genannten Exilarchen, die nach dem Erbrecht herrschten und ihre Abstammung auf König Dawid zurückführten. Die Exilarchen lebten fürstlich, trieben Steuern ein und benannten Richter. Auch gegen das Wirken der geistigen Führer des Judentums unternahmen die Muslime nichts, gegen die *Geonim*, die die Traditionen und das religiöse Wissen der vierhundert Jahre alten babylonischen Akademien von Sura und Pumbedita wahrten.

Als das Kalifat im Jahr 762 das Zentrum des riesigen islamischen Imperiums nach Bagdad an den Tigris verlagerte, sollte die Autorität dieser beiden jüdischen Akademien sogar noch gestärkt werden. In Bagdad verfasste Raw Amram, der 874 verstorbene Gaon von Sura, das *Seder* (oder *Siddur*), das älteste jüdische Gebetbuch, welches in der gesamten jüdischen Welt zum Standard werden sollte und von dem ich dir in meinen Briefen über den jüdischen Glauben mehr schreiben werde. Es war das erste Werk, das die Gebete für jeden Anlass im Jahreszyklus und alle Regeln für den Sabbat und die Feiertage logisch anordnete. Ursprünglich war es nur als Leitfaden für die entfernte jüdische Gemeinde von Barcelona gedacht, doch dann sollte es den ganzen babylonischen (später sephardischen) Ritus bestimmen und ab dem 11. Jahrhundert zumindest zum Modell für die Rituale des ostmitteleuropäischen (aschkenasischen) Judentums werden.

Saadia Gaon, 882 in Ägypten geboren, war als junger Mann nach Palästina ausgewandert und hatte sich anschließend in Babylonien niedergelassen. Er und seine Kollegen an den babylonischen Akademien führten geschriebene Vokalzeichen in die hebräische Sprache ein, um die Aussprache festzulegen, und etablierten die Unterscheidung zwischen Wörtern, Sätzen und Absätzen in der Hebräischen Schrift.

Saadia Gaon war es auch, der die erste hebräische Grammatik, ein hebräisches Reimlexikon sowie eine Erläuterung der Wörter verfasste, die nur einmal in der Hebräischen Schrift auftauchen und deren Bedeutung daher nicht anhand eines Vergleichs mit anderen Textstellen geklärt werden kann. Seine kommunale und geistige Führung war von so außerordentlicher Bedeutung, dass man ihm dem Titel *aluf* verlieh, «Prinz» (im modernen Hebräisch wird so der General der israelischen Armee genannt). Bis zum heutigen Tag wird seine arabische Übersetzung der Hebräischen Schrift von jemenitischen Juden im Jemen wie in Israel verwendet. Maimonides – auf den ich noch zurückkommen werde – schrieb im 12. Jahrhundert über ihn: Hätte es Saadia nicht gegeben, hätte die Tora dem jüdischen Volk leicht verloren gehen können.

Im Jahr 930 unternahm Saadia Gaon jedoch etwas, das die babylonischen Juden spalten sollte – er attackierte den Lebensstil des Exilarchen Dawid ben Zakkai und beschuldigte ihn, die *Halacha* (das religiöse Gesetz) zu missachten und sein Amt zur persönlichen Bereicherung zu missbrauchen. Es dauerte sieben Jahre und bedurfte der Überwindung von einer Menge Bitternis in der jüdischen Gemeinde, bevor die beiden Männer sich wieder versöhnten. Über die offizielle Versöhnungszeremonie präsidierte der muslimische Kalif.

Die Juden der römisch-byzantinischen Stadt Caesarea an der Küste Palästinas empfingen ihre islamischen Befreier mit offenen Armen. Die Herrschaft des Islam ermöglichte es Juden in ganz Palästina, sich von den Härten der byzantinischen Obrigkeit zu erholen und in den kommenden Jahrhunderten eine friedliche Existenz als Weber und Fischer zu führen oder als Bauern die lange vernachlässigten Weizenfelder zu beackern. In dieser Periode wohlwollender islamischer Herrschaft erwachten nicht nur die jüdischen Gemeinden in Galiläa, Jerusalem und im Jardental zu neuem Leben, es kehrten auch immer mehr Juden aus anderen islamisch beherrschten Regionen nach Palästina zurück. Eine der prominentesten jüdischen Familien im Jerusalem des 10. Jahrhunderts etwa stammte aus Fes in Marokko, der westlichsten Ecke des islamischen Herrschaftsgebiets. Sie wohnten nur einen Steinwurf vom neu erbauten islamischen Felsendom entfernt. Eines ihrer Mitglieder, Schelomoh ben Jehudah, war Patriarch der rabbinischen Akademien von Jerusalem und Ramla, deren Emissäre bis nach Sevilla in Spanien und Aleppo in Syrien reisten. Doch die Zeiten blieben nicht immer so liberal. In manchen Jahrzehnten hatten die Juden in Palästina und anderen muslimischen Ländern sich durch das Tragen eines gelben Turbans kenntlich zu machen (Christen mussten blaue Turbane tragen). Und unter dem Kalifen Al-Hakim (996-1021) sollte es in Palästina und Ägypten sogar zu einer kurzen, aber heftigen Phase der Verfolgung kommen: Synagogen und Kirchen wurden zerstört und das Land von Nichtmuslimen so hoch besteuert, dass sich mehr und mehr Juden gezwungen sahen, ihren jahrhundertelang gepflegten Ackerbau in Galiläa aufzugeben.

Die vertriebenen Juden begannen im islamischen «Filastin» (Palästina) vom «Urdunn» (Jarden) in die Städte zu ziehen, um ein neues Auskommen zu suchen, oft als Händler, Gerber oder Färber. Anders als über weite Strecken der römischen Herrschaft war es ihnen nun allerdings jederzeit gestattet, nach Jerusalem zu reisen. Muslime hegten nicht annähernd so großen Hass gegen das Judentum wie die christliche Welt, wo man Juden mittlerweile überall als «Mörder Christi» diffamierte. In den Regionen des Islam wurden Juden weder in Ghettos kaserniert, wie im christlichen Europa, noch derart häufig physisch attackiert.

Mit Hilfe des maurischen Schwerts hatte der Islam schließlich auch Spanien erreicht und trotz heftigster Gegenwehr dessen christliche Monarchen besiegt. Doch für die Juden kam er nicht als Feind, sondern als Befreier. Die Juden von Toledo öffneten den maurischen Reitern – wie einst die Juden von Caesarea – begeistert die Stadttore, und in der Tat sollten wahrhaft denkwürdige Jahre der jüdischen Geschichte folgen. Jüdische Schriftsteller, Mediziner, Finanziers und Diplomaten waren hoch geachtet, das geistig-religiöse Leben von Juden konnte sich frei entwickeln, ein jüdischer General kommandierte das islamische Heer von Granada, und jüdische Dichter erfanden ganz neue und wunderbare Stilrichtungen.

Liebe Tante Fori,

einer jüdischen Legende zufolge entsandten die babylonischen Akademien einst vier hervorragende Gelehrte in die Gemeinden der Diaspora, um Spenden für die Arbeit der Akademien zu sammeln. Als sie durch das Mittelmeer kreuzten, wurde ihr Schiff von Piraten gekapert, die sie dann gegen Lösegeld in verschiedene Gemeinden der Diaspora entließen. Einer von ihnen gründete eine Talmudschule in Fostat (Alt-Kairo), ein anderer ein Zentrum für Religionsstudien in Kairouan, Tunesien, einer der heiligen Städte des Islam; der nächste etablierte eine Akademie im südfranzösischen Narbonne; der vierte, Mose ben Chanoch, wurde Oberhaupt der jüdischen Akademie von Cordoba im maurischen Spanien. Je geringer der Einfluss von Sura und Pumbedita wurde, umso mehr Autorität gewannen diese vier Zentren; doch zum bei weitem prosperierendsten wurde die Akademie von Cordoba, denn dort bot der Islam den Juden die tolerantesten Bedingungen, um ihre Kreativität ausleben und sich ökonomisch entwickeln zu können.

Das goldene Zeitalter des spanischen Judentums begann mit dem Sieg des Islam und der Begründung des Omaijaden-Kalifats im Jahr 755 in dessen Hauptstadt Cordoba. Während der Herrschaft der Omaijaden florierte jüdisches Leben allenthalben, ob in der Wissenschaft, Medizin, Kunst, in der Landwirtschaft, im Handel oder Handwerk. In Lucena, südlich von Cordoba, wurde eine jüdische Akademie gegründet, die zwischen dem 9. und 12. Jahrhundert von großer Bedeutung sein sollte. Arabische Geographen bezeichneten diese Stadt sogar als die einzig «rein jüdische» neben Granada und Tarragona. Der Jude Chasdai ibn Schaprut wurde Diplomat am Hofe des Kalifen zu Cordoba, wo er für den Zoll und Außenhandel zuständig war und im Namen des Kalifen mit christlichen Herrschern aus dem Norden verhandelte. Auch die jüdische Literatur erlebte eine Glanzzeit. Der hebräische Linguist und Dichter Dunasch ben Labrat (der bei Saadia Gaon in Bagdad studiert hatte) führte das arabische Versmaß in die hebräische Dichtung ein und legte damit den Grundstein für die jüdische Dichtung des Mittelalters; eines seiner Lieder wurde zum Bestandteil der traditionellen Danksagung nach dem Hochzeitsmahl.

Zur Entwicklung der Geographie trugen Juden ebenfalls entscheidend bei. Einer der prominentesten spanischen Geographen des 10. Jahrhunderts war der Jude Ibrahim ibn Jakub. Er unternahm ausgedehnte Reisen durch Mittel- und Osteuropa und landete 966 schließlich am Hof von Kaiser Otto dem Großen. (Unter anderem schilderte er ein von Juden betriebenes Salzbergwerk im Deutschen Reich.) Ein anderer berühmter Jude aus dem goldenen Zeitalter in Spanien war Isaak ibn Jahusch (er starb 1056), der Hofarzt des maurischen Herrschers der Küstenstadt Denia und ein brillanter Grammatiker; er schrieb eine Studie über die Beugung von hebräischen Verben sowie einen auf kritischen – und erstaunlich modernen – Methoden beruhenden Kommentar zum Tanach.

Ein jähes Ende fand das goldene Zeitalter des spanischen Judentums, als die Berber in den Jahren 1086 und 1146 Spanien unter ihre Herrschaft brachten. Ironischerweise sollten viele positive Aspekte dieser goldenen Vergangenheit ausgerechnet unter den Christen wieder aufleben, die dann Südspanien zurückeroberten. Zu einer

Zeit, in der anderenorts im christlichen Europa Vertreibungen und Verfolgungen von Juden an der Tagesordnung waren, versuchte die christliche spanische Krone Juden gegen die antisemitische Agitation der Kirche und der spanischen Kaufleute zu schützen. In Kastilien war das königliche Patronat von 1080 bis 1370 in Kraft; in Aragon – wo Juden ausdrücklich eingeladen wurden, sich in den neu eroberten Gebieten niederzulassen, was sie auch vielfach taten – bis 1412. Der führende Astronom des christlichen Spanien in der zweiten Hälfte des 13. Jahrhunderts war ein Jude, Isaak ibn Said; von ihm stammt zum Beispiel eine bemerkenswerte Himmelskugel, auf der sich die Bewegungen der Gestirne nachvollziehen ließen. Und sogar jüdische Höflinge gab es, die in Positionen von großer administrativer und finanzieller Bedeutung aufstiegen – wenn sie freilich aus irgendeinem Grund in Ungnade fielen oder zu reich geworden waren, konnte es ihnen schnell ans Leben gehen. Außerdem sollte der königliche Schutz lange vor der Massenvertreibung der Juden aus Spanien im Jahr 1492 aufgehoben werden.

Liebe Tante Fori,
nicht nur Handel, Wissenschaft und Religion konnten sich in den toleranten Zeiten islamischer Herrschaft frei entfalten, sogar in hohe politische Positionen stiegen Juden auf. Der Kaukasus zum Beispiel wurde in einer frühen Phase dieser islamischen Ära nicht von muslimischen, sondern von jüdischen Gouverneuren regiert; der Hafen von Sirat am Persischen Golf unterstand jahrelang einem jüdischen Verwalter; und in Ägypten waren Juden auf die Posten des Steuer- und Finanzministers und in das wichtige Amt des Inspektors für Staatsangelegenheiten berufen worden.
Und wo immer Juden Glaubensbrüder in so mächtigen Ämtern hatten, waren sie, ihre Gemeinden und ihre Lebensbedingungen geschützt. Als Gegenleistung für die Möglichkeit, einen normalen und

von Verfolgungen ungetrübten Alltag führen zu können, brachten sie ihre Fähigkeiten, Energien und ihren Reichtum zum Wohle der Städte ein, in denen sie lebten und als deren loyale, produktive Bürger sie sich verstanden.

Doch auch unter islamischer Herrschaft konnte sich die Toleranz schnell und mit entsetzlichen Folgen in ihr Gegenteil verkehren, denn selbst während der tolerantesten Perioden blieben Juden in den Augen von Muslimen immer Dhimmis – Bürger zweiter Klasse, die nie wirklich als gleichwertig betrachtet wurden, egal wie erfolgreich, hilfreich oder sogar unverzichtbar ihre Dienste waren. Und wo Toleranz in Intoleranz umschlug, wurde der Status eines Dhimmi zu einer schweren Bürde und zu einem Fluch, der antijudaistische Gewalt gegen Individuen wie ganze Gemeinden heraufbeschwor.

Mit dem Aufkommen von fanatischen muslimischen Sekten verwandelten sich die Hoffnungen der Juden dann über Nacht in Verzweiflung. Eine dieser Sekten, die Almohaden, die 1033 viele Anhänger in Marokko gewann, schlachteten fanatisch über sechstausend Juden in Fes hin. Drei Jahrzehnte später, 1066, wurden auch im islamischen Granada fünftausend Juden von muslimischen Fanatikern getötet.

Judenverfolgungen brachen zu den unterschiedlichsten Zeiten in allen islamischen Ländern aus. Zwangssteuern, Restriktionen, Raub, Plünderungen, Vertreibungen und sogar Zwangskonversionen sind aus jedem Jahrhundert und aus allen islamischen Regionen zwischen dem Atlantischen Ozean und dem Persischen Golf verzeichnet.

Solche Gewaltakte von Muslimen gegen Juden zogen sich zwar selten über so lange Zeiträume hin wie in christlich beherrschten Ländern, aber sie waren oft ebenso intensiv und bestätigten jedenfalls immer den niederen Status der Juden als Dhimmis. Viele jüdische Gemeinden wurden zu einem verarmten, furchtsamen und unterdrückten Schatten ihres einstigen stolzen Selbst aus vormuslimischen Zeiten. Juden in arabischen Ländern hatten jedoch gar keine andere Wahl, als ihren niederen Stand im Gegenzug für das Recht zu akzeptieren, über lange Perioden hinweg relativ unbehelligt ein bescheidenes Dasein führen zu können.

Liebe Tante Fori,
im Jahr 1000 n. d. Z. lebten Juden innerhalb der Grenzen des Deutschen Reichs, das sich damals von Avignon bis Prag und von Köln bis Rom erstreckte, noch in Sicherheit. Das jüdische Geistesleben blühte, wie das Beispiel der bemerkenswerten Karriere von Rabbenu Gerschom Ben Jehudah zeigt – auch *Meor ha-Gola* (Leuchte des Exils) genannt –, der fast sein ganzes Leben in Mainz verbrachte. Doch er machte sich gewiss keine Illusionen über die Pein, welcher Juden in dieser Zeit anderenorts ausgesetzt waren. «Von Tag zu Tag steigert sich mein Leid», schrieb er, «jeder neue Tag ist schwerer als der letzte.» In seiner Mainzer Talmudschule machte er seine jüdischen Schüler aus dem Rheinland mit den Werken der Weisen aus Babylon und Jerusalem vertraut; er war Urheber der für das abendländische Judentum verbindlichen *Takkanot*, «Verordnungen», und kopierte die gesamte Mischna sowie den Talmud im Klartext, gestützt auf die besten handschriftlichen Quellen, die er finden konnte.

Nicht einmal von den heftigen antisemitischen Tumulten, die im Jahr 1012 in Mainz ausbrachen, ließ sich Rabbenu Gerschom – er war damals siebenundvierzig Jahre alt – an der Fortsetzung seiner Arbeit hindern. Geduldig gab er seine Gutachten zu Myriaden von Fragen des täglichen Lebens ab, immer in Form jenes von Rabbis bevorzugten Frage-Antwort-Systems, der so genannten *Responsen*. Gerschoms Responsen waren bekannt für ihre Großherzigkeit. Er entschied etwa, dass die Ansicht der Majorität einer Gemeinde von der Minorität immer akzeptiert werden muss; oder dass sich kein Mann gegen den Willen seiner Frau scheiden lassen kann; dass Poly-

gamie – die es in einigen jüdischen Gemeinden nach wie vor gab –
nicht akzeptabel war; dass ein Mensch, der sich einst vom Judaismus
abwandte und nun zu ihm zurückkehren möchte, niemals an seine
Apostasie erinnert werden darf; dass niemand die private Korrespondenz eines anderen lesen darf; oder dass Beschränkungen der Geschäftsbeziehungen zwischen Juden und Nichtjuden unsinnig seien.
So beeindruckt von Gerschoms Weisheit waren die Juden, dass sie
ihm auch künftig noch viele Entscheidungen zuschreiben sollten, um
diesen mehr Gewicht zu verleihen.

Im Jahre 1096 breitete sich die antisemitische Gewalt im ganzen
Rheinland aus, und die Kreuzzüge taten das ihre, um die Isolation
der Juden auf deutschem Boden zu verstärken – Tausende starben
durch die Hand fanatischer «Gottesmänner», weil sie als «Mörder
Christi» nichts Besseres als den Tod verdient hätten. Die Juden flohen. Auf allen Straßen sah man sie in Massen ihre Karren in andere
deutsche Städte oder weiter Richtung Osten ziehen, wo sie ihre Geschäfte und Synagogen dann wieder einmal von neuem aufbauen
mussten. Mit sich nahmen sie auch die Sprache, die sie in ihren deutschen Wohnorten gesprochen hatten – das Jiddische, das entstanden
war, weil Hebräisch allein den Gebeten und dem Gottesdienst vorbehalten blieb.

Im Laufe von vierhundert Jahren zogen diese jiddischsprachigen
Juden immer weiter östlich. Generation für Generation wurden sie
noch ein Stück näher an die düsteren Wälder und die Ödnis der Pripet-Sümpfe herangetrieben. Je mehr Menschen vom Christentum
erweckt wurden, desto mehr wuchs der Hass auf die Juden.

Liebe Tante Fori,
    im frühen Mittelalter hatte das Judentum vor allem in zwei Re-
gionen Westeuropas gedeihen können, im Rheinland und in der
Provence. Der große jüdische Gelehrte Raschi – er wurde 1040 im

nordfranzösischen Troyes geboren – hatte als junger Mann in Worms
studiert, war dann mit fünfundzwanzig nach Troyes zurückgekehrt
und sollte bis zu seinem Tod im Jahre 1105 mit seinen Kommentaren
zur Hebräischen Schrift und seinen Beiträgen zum Talmud großen
Einfluss auf das Judentum in Westeuropa gewinnen. Sein hebräischer
Name war Schelomoh ben Isaak und «Raschi» das Akronym seines
Umgangsnamens Rabbi Schlomo Jizchaki. Da er für seine Urteilssprüche dem Brauch der Zeit gemäß kein Geld verlangte, bestritt er
seinen Lebensunterhalt, wie es heißt, aus dem Ertrag seiner Weinberge (Winzer sollte ab 1880 übrigens ein von den Rothschilds stark
geförderter Beruf unter Juden in Palästina werden).

Raschis Kommentare zur Hebräischen Schrift, die zu den klassischen Texten für jeden Talmudschüler gehören, wurden im 13. Jahrhundert ins Lateinische übersetzt, was wiederum großen Einfluss auf
die christlichen Bibelübertragungen haben sollte. 1475 wurden sie
als erstes hebräisches Buch, das mit einem Veröffentlichungsdatum
versehen war, gedruckt. Seine Responsen auf Fragen des jüdischen
Gesetzes zeugen – wie schon diejenigen Gerschoms – von einer bemerkenswerten Liberalität. So entschied er zum Beispiel, dass man
das Dankgebet nach der Mahlzeit unterbrechen darf, um das Vieh zu
füttern, ausgehend von dem biblischen Gebot, dass erst die Tiere zu
versorgen sind, bevor man sich selbst zum Mahle niedersetzen soll.
Zudem sprach große Bescheidenheit aus seinen Antworten. Wie viele Schreiber oder Lehrer (mich eingeschlossen) wären schon zu einem Zugeständnis wie dem folgenden bereit? «Diese Frage wurde
mir bereits einmal gestellt, aber ich erkenne, dass meine Antwort
damals falsch war, und ich begrüße die Gelegenheit, meinen Fehler
zu berichtigen.» Zwei Sprüche Raschis – beide zutiefst talmudisch
geprägt – haben, wie ich finde, einen besonders universellen und
humanistischen Aspekt: «Tadle deinen Mitmenschen nicht auf eine
Weise, die ihn öffentlich beschämt.» Und: «Aus Liebe gehorchen ist
besser denn aus Furcht gehorchen.»

Raschis Kommentare zum Babylonischen Talmud, der in aramäischer Sprache verfasst wurde und deshalb für viele Juden unverständlich geworden war, machten die wichtigsten Gesetzesauslegungen auch aschkenasischen Juden zugänglich (*aschkenas* ist das hebräische Wort für «deutsch»; später sollten sich Aschkenasim in ganz Osteuropa, dann Westeuropa und schließlich in Nord- und Südamerika zerstreuen).

Raschi starb vor der Vollendung seiner Kommentare. Sein Enkel Schemuel ben Meir – der beim Akronym seines Namens RaSchBaM genannt wurde und Raschis Schüler war – vervollständigte sie. Bereits Raschi selbst hatte erklärt, immer wieder einmal einen seiner Kommentare zugunsten einer besseren Auslegung seines Enkels verändert zu haben (der sein Brot übrigens, wie Raschi, als Winzer verdiente, aber außerdem Schafzüchter war).

Die Verbreitung jüdischer Gelehrsamkeit weckte den Neid von so manchen christlichen Gelehrten, die über weitreichenden Einfluss verfügten. Nun sahen sich Juden in Frankreich ständig neuen Angriffen ausgesetzt und von Ausweisung bedroht. 1240 wurden in Paris sämtliche hebräischen Bücher verbrannt, alle Juden hatten die Stadt zu verlassen, ihre Talmudschulen und Synagogen wurden zerstört oder christlichen Zwecken zugeführt. 1306 wurden die Juden aus ganz Nordfrankreich vertrieben.

Doch wie so oft in der jüdischen Geschichte sollte sich das Unglück der Juden in einer Region in das Glück von Juden in einer anderen verwandeln: Von der Vertreibung aus Paris und Nordfrankreich profitierten die jüdischen Gemeinden in der Provence, sowohl in qualitativer wie in quantitativer Hinsicht. In über hundert Städten und Dörfern in ganz Südfrankreich begann nun eine fruchtbare Zeit für die jüdischen Gemeinden – allein in Marseilles gab es drei Synagogen.

Im Jahre 1348, als das jüdische Leben dort in voller Blüte stand, lebten rund 15000 Juden in der Provence. Einige gingen dem in christlichen Regionen mittlerweile allein Juden gestatteten Geschäft des Geldverleihens nach (die Zinssätze in der Provence waren übrigens beträchtlich niedriger als anderenorts zu dieser Zeit), andere etablierten sich im Getreide- oder Weinhandel und viele bestellten eigene Felder oder Weinberge. Und wie schon am provenzalischen Hofe Karls des Großen fünfhundert Jahre zuvor gehörten nun auch wieder Juden zu den bedeutendsten Ärzten der Region, die Christen wie Juden behandelten.

Obwohl von der Kirche verfolgt, standen die Juden in der Provence unter dem Schutz des Königs, der sich mehrfach dem kirchlichen Drängen widersetzte, sie auszuweisen. Dennoch mussten ab 1341 alle Juden in gesonderten Stadtteilen, Ghettos also, wohnen. Es war ihnen verboten, Christen zu beschäftigen, und man zwang sie, ein Abzeichen zu tragen, das sie als Juden kenntlich machte.

Auch antisemitische Tumulte ereigneten sich wieder einmal. So manche davon wurden von der Kirche entfacht. Zu den gewiss gewalttätigsten Ausschreitungen kam es 1348, als sich der schwarze Tod ausbreitete. Es war leicht und obendrein politisch opportun, Juden für die schreckliche Seuche verantwortlich zu machen, obwohl das wenige, das man dagegen unternehmen konnte, oft nur von einem ortsansässigen jüdischen Arzt geleistet wurde. Nachdem die Pest schließlich Zehntausende von Opfern gefordert hatte, richtete sich der geballte Zorn der Christen überall gegen die Juden. In Toulon etwa wurde fast die gesamte jüdische Gemeinde umgebracht.

Noch ein Jahrhundert lang sollten in der Provence Juden ansässig sein, über mehrere Jahrzehnte hinweg geschützt von den Herrschern, insbesondere von Königin Jolande, die sich weigerte, der willkürlichen Verhaftung von Juden zuzustimmen, oder von René dem Guten, der den Juden Zugang zu jedem Wirtschafts-, Handels- und Handwerkszweig einräumte. Die Kennzeichnungspflicht blieb bestehen, René gestattete lediglich die Verkleinerung des Abzeichens; doch gegen ein anderes typisches Merkmal jüdischen Lebens im europäischen Mittelalter, die anderenorts übliche Zwangstaufe von Juden, verwahrte sich König René entschieden.

1481 wurde die Provence mit Frankreich vereint. In den kommenden zwanzig Jahren sollten antisemitische Gewalttaten auch dort großes Leid hervorrufen. 1501 wurden schließlich alle Juden aus der Provence ausgewiesen. Sogar eine Gemeinde, die nachweislich bereits 1000 Jahre dort angesiedelt war, wurde entwurzelt und vertrieben – bleiben durften nur jene, die sich taufen ließen, was viele notgedrungen taten.

Liebe Tante Fori,

eine der ältesten jüdischen Gemeinden existierte auf der Baleareninsel Mallorca, dem heute bei Europäern beliebten Ferienparadies.

Bereits im 5. Jahrhundert sind Juden auf den Balearen nachgewiesen, zunächst auf der Insel Menorca. Zu dieser Zeit herrschten dort die Vandalen, die jedoch, wie es scheint, ungeachtet ihres Rufs keine feindseligen Gefühle gegenüber Juden hegten. Als dann aber 534 ein byzantinischer General und gottesfürchtiger Christ in Mallorca einfiel, wurden auch auf den Balearen Juden gemordet. Erst 1135, sechshundert Jahre später und nunmehr unter wohlgesinnten islamischen Herrschern, verzeichnen die dortigen Annalen wieder Juden.

Sogar unter der 1229 beginnenden Regentschaft des christlichen Königs von Aragon erging es Juden wesentlich besser als unter dessen christlichen Vorgängern. Nun durften sie selbst in Mallorcas Hauptstadt Palma Land besitzen, und zum Gefolge von König Jaime I., dem Eroberer der Balearen, gehörten ebenfalls Juden.

Das jüdische Leben unter der Herrschaft der spanischen Christen auf den Balearen galt als so sicher und erstrebenswert, dass Juden aus mehreren südfranzösischen Städten wie etwa Marseille, aus Nordafrika und dem ägyptischen Alexandria nach Mallorca übersiedelten.

Auch auf Ibiza, Menorca und Formentera waren ihnen inzwischen
Handelsbeziehungen als Textil-, Getreide-, Öl-, Leinen- und Sa-
franhändler oder Kreditgeschäfte mit ansässigen Christen gestattet.
1269 erhielten die Juden von Palma das Recht, Weinberge und
Stadthäuser zu besitzen, wenngleich sie nicht unmittelbar neben dem
Haus eines Christen bauen durften und 1290 eine «Judenstraße» in
Palma ummauert wurde, die von dieser Zeit an nur noch durch Tore
zu betreten war.

Viele 1306 aus Frankreich ausgewiesene Juden fanden Zuflucht
auf den spanischen Inseln, darunter der prominente Gelehrte Rabbi
Aaron ha-Kohen. Doch drei Jahre später kam es auch auf Mallorca
erstmals zu einer Blutbeschuldigung: Man warf den Juden vor, ein
Christenkind ermordet zu haben, um mit dessen Blut ihr Pessachbrot zu backen. Sofort machte man Jagd auf sie, doch der König ordnete die Bestrafung ihrer Verfolger an und versprach, sie vor neuerlichen Ausbrüchen christlicher Gewalt zu schützen. 1331 befahl König
Jaime III. seinem Vizekönig auf den Balearen sogar gegen den Willen von Papst Johannes XXII., den Juden der Insel beim Bau einer
Synagoge beizustehen.

Ein jüdischer Alchemist, von dem nur der Vorname Menachem
überliefert ist, stand bei König Pedro IV., der die Inseln 1343 erobert
hatte, als Arzt und Astrologe in Diensten, ebenso der Jude Jehuda
Mosconi, der aus Griechenland nach Mallorca eingewandert war.
Jüdische Astronomen und Kartographen – wichtige Männer im
Zeitalter des Seehandels und der Entdecker – führten ein wohlhabendes Leben auf den Balearen. Zwei dieser Kartographen, Abraham Cresques und seinem Sohn Jehuda, waren die ersten exakten
Kartenzeichnungen zu verdanken (das erinnert mich daran, dass du,
Tante Fori, mich um ein paar Karten gebeten hast; hoffentlich wer-
den sie mir so gelingen, dass sie Vater und Sohn Cresques zufrieden
gestellt hätten).

Als Piraten 1351 einige Juden gefangen nahmen, ordnete König

Pedro an, sie gegen eine bescheidene Summe auszulösen. Zwanzig Jahre später, kurz nachdem die Pest gewütet hatte – während man Hunderte von jüdischen Gemeinden im ganzen christlichen Europa beschuldigte, die Brunnen der Christen vergiftet zu haben, und sie mit wütender Gewalt dafür bestrafte –, sollte Pedro die Juden auf den Balearen erneut schützen. 1381 gewährte er dem Juden Solomon Benallell das Recht, auf Mallorca Seife herzustellen; im selben Jahr überreichte der König von Aragon dem König von Frankreich eine von Abraham Cresques gezeichnete Weltkarte. Das friedliche, behütete Leben der Juden auf den Balearen fand 1391 ein jähes Ende. Ein in seiner Bösartigkeit kaum zu überbietender Antisemitismus erfasste Spanien, und auch auf den Balearen wurden ganze jüdische Gemeinden ausgelöscht. Die Synagoge von Palma wurde geschlossen, und man zwang die Juden, an christlichen Gottesdiensten teilzunehmen, wo die Priester sie dann drängten, sich zum Christentum zu bekehren.

Wer sich ihr verweigerte, starb den Märtyrertod, wie der prominente Rabbi Vital Efraim Gerondi. Einige führende jüdische Persönlichkeiten ließen sich deshalb lieber taufen, so auch Jehuda Cresques, der seinen Namen daraufhin in Jaime Ribes änderte. Später sollte er Karten für den portugiesischen König Heinrich den Navigator zeichnen.

Ein paar Juden gelang es, nach Nordafrika zu fliehen, wie dem prominenten Gemeindemitglied Schimeon ben Zemach Duran, der sich in Algerien niederließ, oder wie der Konvertitenfamilie der Najjars, die dort in den Schoß des Judentums zurückkehrte.

Kaum war dieser Ausbruch an gewalttätigem Hass gegen Juden abgeflaut, gab es wieder erste Versuche, jüdisches Leben auf den Inseln anzusiedeln. Auch Juden aus Portugal ermunterte man, sich dort niederzulassen; die Synagoge von Palma wurde restauriert und alle Juden wurden von der Pflicht entbunden, am christlichen Gottesdienst teilzunehmen. Doch innerhalb nur eines Jahrzehnts gewann der fanatische Antisemitismus der römisch-katholischen Kirche wieder die Oberhand. 1432 führte eine neuerliche Blutbeschuldigung zu heftigen Tumulten auf ganz Mallorca. Drei Jahre später existierte dort keine jüdische Gemeinde mehr – zweihundert Juden waren zwangskonvertiert worden, der Rest war nach Nordafrika geflohen.

Diese getauften, in Spanien *conversos* und auf Mallorca *chuetas* genannten Juden, darunter besonders viele Silberschmiede, lebten nach außen hin als Christen, insgeheim aber nach den Gesetzen ihrer eigenen Religion weiter. Als die spanische Inquisition 1488 schließlich auch die Balearen erreichte, konnte ihnen freilich nicht einmal die Konversion mehr helfen.

Noch in den Jahren 1675, 1677 und 1691 wurden viele «heimliche» Juden nach Schauprozessen hingerichtet. Erst 1782 wurde die Verfolgung von *conversos* unter Strafe gestellt, dennoch kam es 1856 erneut zu massiven Übergriffen und etwas über ein Jahrhundert später, 1966, sollten schließlich viele «heimliche» Juden von Mallorca nach Israel auswandern, in der Hoffnung, dort zu ihrem inzwischen größtenteils verloren gegangenen alten Glauben und seinen Lehren zurückzufinden. Das Experiment war jedoch nur von kurzer Dauer. Ihre Probleme, sich in den jüdischen Staat zu integrieren, erwiesen sich als zu massiv, und die meisten kehrten nach Mallorca zurück.

Heute leben noch ungefähr dreihundert dieser einstigen «heimlichen» jüdischen Familien auf Mallorca – endlich ohne den Zwang, sich verbergen zu müssen, tausendfünfhundert Jahre nachdem sich ihre Vorfahren auf der Insel angesiedelt hatten.

Liebe Tante Fori,
heute will ich dir vom größten jüdischen Denker des Mittelalters erzählen, von Moses Maimonides, geboren 1135 im spanischen Cordoba.
Juden nennen Maimonides den RaMBaN, nach dem Akronym

der hebräischen Form seines Namens, Rabbi Moses ben Maimon. Nachdem er als Dreizehnjähriger mit seiner Familie vor einer fanatischen islamischen Sekte geflohen war, die Cordoba erobert hatte, schlug er sich nach Fes in Marokko durch, wo er die Tora und Medizin studierte. Als der islamische Fundamentalismus allmählich auch in Fes überhand nahm, flohen er und seine Familie weiter nach Palästina, das damals – im Jahr 1165 – unter christlicher Herrschaft stand. Zuerst blieben sie in der Hafenstadt Akko, dann zogen sie nach Jerusalem und schließlich nach Chebron, wo Abraham, Jizchak und Jaakob begraben lagen. Aber unter den dortigen Christen herrschte noch größere Unterdrückung als unter den Muslimen, also übersiedelte die ganze Familie im selben Jahr via Alexandria nach Fostat (Alt-Kairo), wo Maimonides den Rest seines Lebens verbringen sollte.

Auch Indien hat in dieser Familiengeschichte eine Rolle gespielt, was dich, Tante Fori, sicher interessieren wird: Maimonides und sein Bruder Dawid waren in den Perlen- und Edelsteinhandel eingestiegen, doch dann erlitt Dawid auf einer Handelsreise im Indischen Ozean Schiffbruch und ertrank. Mit ihm ging das gesamte Familienvermögen unter, alles, was in Indien zu Geld gemacht werden sollte. Maimonides gab daraufhin seine Karriere als Händler auf, begann, Medizin zu praktizieren, und bald schon hatte er sich einen solchen Ruf erworben, dass er zum Leibarzt des ägyptischen Großwesirs ernannt wurde. Gleichzeitig übernahm er das Ehrenamt des Nagir, des geistigen Oberhaupts aller jüdischen Gemeinden Ägyptens. Daneben schrieb er eine meisterhafte Synthese der jüdischen Gesetze aus sämtlichen Büchern der Tora und begann, das gesamte Material aus der Mischna zu kompilieren und zu systematisieren. Auch die jüdischen Glaubensartikel hielt er schriftlich fest – es war der erste bekannte Versuch, ein Credo des Judentums zu formulieren. Er stellte den bis dahin systematischsten jüdischen Religionskodex zusammen, listete sämtliche 613 Gebote und Verbote religiös-ritueller, bürgerlicher und strafrechtlicher Art auf und verfasste nebenher noch mehrere medizinische Abhandlungen. Sein 1190 abgeschlossener «Führer der Unschlüssigen» ist ein bemerkenswertes Sammelwerk religionsphilosophischer jüdischer Weisheit, das sich auch auf das christliche Denken der damaligen Zeit auswirken sollte, nachdem es ins Lateinische übersetzt worden war.

Den «Führer der Unschlüssigen» und seine Kommentare hatte Maimonides in arabischer Sprache verfasst, erst später sollten sie ins Hebräische übersetzt werden. Sein bedeutendstes Werk aber, die «Mischna Tora» («Wiederholung des Gesetzes») – der erste Versuch, den umfassenden gesetzlichen Stoff des Talmud nach sachlichen Prinzipien neu zu ordnen und zu erfassen –, schrieb er in hebräischer Sprache; und *wie* er das Hebräische hier verwendete, sollte starken Einfluss auf die Entwicklung dieser Sprache haben. Nach eigener Aussage bezweckte Maimonides mit seiner Revision, das reine Gesetz aus den vielen abstrakten Diskussionen und Geschichten der Tora herauszuschälen.

Er habe, wie Maimonides in seinem Vorwort erklärt, eine Schrift verfassen wollen, welcher eindeutig zu entnehmen wäre, was verboten oder erlaubt, unrein oder rein ist, und in der die Bedeutung aller Gesetze der Tora in einer möglichst klaren Sprache und in schnörkellosem Stil dargelegt sein würde. Das ist ihm wahrlich gelungen. Herman Wouk, dessen 1959 publiziertes Buch «This is My God» ein anregendes Meisterwerk für jeden ist, der sich mit dem Judaismus beschäftigt – mein Vater, Peter Gilbert, wurde stark davon beeinflusst und machte mich damit bekannt –, Wouk schrieb einmal, dass Maimonides «die enzyklopädische Arbeit von Hunderten Weisen im Laufe von tausend Jahren zu einem einzigen Werk verschmolz, ohne dabei irgendetwas von Bedeutung auszulassen, und das alles, während er Medizin praktizierte und zu einem der gefragtesten und besten Ärzte in der maurischen Welt wurde, schließlich sogar zum Hofarzt des Sultans von Ägypten.»

In einem seiner bedeutendsten Briefe, einem in Arabisch verfassten Schreiben an die jemenitischen Juden, warnte Maimonides
vor falschen Messiassen und dem Hang zum Messianismus. Damit
würden Hoffnungen geweckt, die nur unerfüllt bleiben und verstö-
rend wirken könnten. Der erste seiner dreizehn als Credo des Judentums formulierten Glaubensartikel gilt denn auch der Existenz
Gottes: «Ich glaube in ganzem Glauben, dass der Schöpfer, gelobt
sei sein Name, jegliche Kreatur schafft und lenkt und dass er allein
der Urheber alles dessen ist, was geschah, geschieht und geschehen
wird.»

Als Maimonides 1204 in Fustat starb, beklagte die ganze jüdische
Welt diesen großen Verlust. In Alt-Kairo trauerten Juden wie Muslime drei Tage lang, bevor sein Leichnam schließlich nach Tiberias am
See Genezareth gebracht wurde, wo sein Grab bis heute eine Pilgerstätte ist. Man verglich Moses Maimonides oft mit dem biblischen
Moscheh. Auf seinem Grabstein stehen die Worte: «Von Moscheh
bis Moscheh gab es keinen wie Moscheh.»

Dich, Tante Fori, die du so viel über indische Essgewohnheiten
weißt, wird es interessieren, dass zu den medizinischen Ernährungs-
ratschlägen von Maimonides die Aufforderung zählt, jeden Bissen
mindestens vierundzwanzigmal zu kauen. Ich habe es heute beim
Mittagessen versucht, kurz bevor ich mich hinsetzte, um diesen Brief
zu schreiben. Es war eine merkwürdige Erfahrung – aber zweifellos
sehr zuträglich.

Liebe Tante Fori,

nicht der Islam, sondern das Christentum und seine Kreuzritter
stellten die größte Bedrohung für Juden in der Mittelmeerregion
dar.

Nach 1095 zogen Zehntausende eifernde Soldaten unter dem
Banner des Kreuzes los, um, in Intervallen bis ins Jahr 1250, ihr hei-

liges Land von Heiden und «gottlosen Muselmanen» zu befreien – mit Erfolg. Hundert Jahre hielten sie Jerusalem besetzt, bis sie schließlich vom Muselmanenkrieger Saladdin in die Flucht geschlagen wurden. Aber auf ihrem Marsch durch die christlichen Städte des Rheinlands und Mitteleuropas stellten sie das Ziel ihrer Kreuzzüge oft zurück, um sich zuerst noch die Juden vorzunehmen. Besonders grausam mordeten sie in Speyer, Worms, Trier, Köln, Regensburg, Metz und Prag. Viele Kölner Juden waren vom Bischof der Stadt in acht nahe gelegenen Dörfern versteckt worden, doch die Kreuzzügler spürten sie auf und schlachteten sie hin. Alles in allem töteten sie dabei etwa fünftausend Juden.

Kaum in Beirut angekommen, ließen sie keinen Zweifel daran, welches Schicksal auch den Juden von Palästina drohte: Alle fünfunddreißig jüdischen Familien der Stadt wurden hingemetzelt. In Haifa, wo sich Juden den Muslimen zur Verteidigung des Hafens angeschlossen hatten, säbelten die Kreuzritter ebenfalls jeden nieder, der ihnen in die Quere kam. Tausende von Juden wurden in Galiläa, der Küstenebene, in Samaria und Judäa umgebracht und viele Überlebende in die Sklaverei nach Europa verschleppt oder gegen Lösegeld an die jüdische Gemeinde Ägyptens verkauft.

Die Kreuzritter herrschten von 1099 bis 1187 in Jerusalem. Zuerst vertrieben sie die Juden aus ihren Bezirken, dann holten sie christliche Araber aus den östlich des Jarden siedelnden Stämmen in die Stadt, um all die Häuser zu besetzen und die Gassen wieder zu bevölkern, die sie so brutal von Juden gereinigt hatten. Doch die Liebe der Juden zum Land der Väter hatten sie nicht auslöschen können. 1210, nicht lange nachdem die Herrschaft der Kreuzritter beendet war, reisten über dreihundert Rabbis aus Flandern und der Provence nach Palästina, um beim Wiederaufbau der durch Massaker und Vertreibungen dezimierten jüdischen Gemeinden zu helfen.

Nicht einmal während der grausamen Zeit der Kreuzritter verlor die Sehnsucht der Juden nach dem Land der Väter an Innigkeit. Der in Spanien geborene Dichter Jehuda Halevi kleidete sein Sehnen nach Jerusalem in die folgenden Worte:

> Jäh steigst, prangst entzücktem Ball
>   Du Stadt, des Weltherrn Thron.
>   Nach Dir krankt mein Herz hin aus
>   der Erde Westbastion.
> Heiß wallt mir mein Innres auf,
>   denk ich des Einst, wie's war,
>   der Glorie, im Elend nun,
>   der Wohnstatt, nun ein Hohn.
> Und flög ich auf Fittichen
>   des Aars, so mischt' ich bald
>   des Augs Naß mit Deinem Staub,
>   bis bildsam er wie Ton.
> Dich such ich, auch wenn Dein Herr
>   Dir ferne ist und, wo
>   dein Balsamland Gilead,
>   nun Viper und Skorpion.
> Ach noch Dein Gestein begehr
>   zu kosen, küssen ich,
>   und Schmack Deiner Scholle wär'
>   mir honigsüßer Lohn.[12]

1140 machte sich Jehuda Halevi schließlich selbst von Spanien auf den Weg nach Erez Jisrael. Der Legende nach näherte er sich gerade den Mauern von Jerusalem, als ihn ein arabischer Reiter – andere Versionen sprechen von einem Kreuzritter zu Pferde – zu Tode trampelte. Noch während er im Sterben lag, soll er sein berühmtestes Gedicht «An Zion» rezitiert haben: «Zion! nicht fragst Du den Deinen nach, die Joch tragen …»

Liebe Tante Fori,
von jeher lieben Juden das Streitgespräch, auch wenn sie gewiss nicht immer als Sieger daraus hervorgehen. 1213 vertiefte sich der neunundsechzigjährige Philosoph Moses ben Nachmann, genannt Nachmanides, im christlichen Spanien in eine vier Tage währende Disputation mit dem christlichen Theologen und jüdischen Konvertiten Pablo Christiani. Die Debatte fand in Barcelona in Gegenwart des spanischen Königs statt, der Nachmanides absolute Redefreiheit garantiert hatte. Christiani beharrte darauf, dass der Talmud Blasphemien gegen Jesus enthalte – ein üblicher Vorwurf der Christen. Außerdem behauptete er, die Überlegenheit des Christentums lasse sich durch den Talmud selbst beweisen. Nachmanides reagierte darauf, indem er die christliche Auffassung, Jesus sei der «himmelsgeborene Prinz des Friedens», in Frage stellte: Seit den Zeiten von Jesus sei die Welt nur von Gewalt und Ungerechtigkeit geprägt; die Christen hätten weit mehr Blutvergießen als alle anderen Menschen verschuldet.

Die Disputation wurde von den beisitzenden Klerikern ohne Ergebnis abgebrochen – die Art, in der Nachmanides seine Sache vertrat, hatte ihnen keineswegs gefallen. Der König aber versicherte dem RaMBaN (Nachmanides' Akronym): «Ich bin noch keinem Mann begegnet, der eine falsche Sache so gut verteidigt.» Eine Woche später nahm der König am Gottesdienst in der Synagoge teil und hielt eine Ansprache, gefolgt von der Predigt eines Mönchs, der die Juden zur Konversion drängte. Nachmanides wurde eine Replik gestattet. Zum Lohn für seine Debattierkunst übergab der König ihm ein Geldgeschenk, dann kehrte Nachmanides in seine Heimatstadt Gerona zurück. Zwei Jahre später, im Jahr 1265, klagten ihn die Dominikaner der Gotteslästerung an und er musste aus Spanien fliehen.

Er machte sich auf den Weg nach Palästina, wo er 1267 eintraf, sieben Jahre nach der Invasion der Tataren aus Zentralasien, die Tausende von Juden und Christen niedergemetzelt und Jerusalem wieder einmal zerstört hatten. Von dort schrieb Nachmanides in einem Brief, er sei nun von seinem Tisch vertrieben und viel zu weit von Freund und Blutsbruder entfernt, um sie je wiedersehen zu können. Doch der Verlust von allem, was seine Augen einst beglückte, werde mit der Freude über jeden Tag entgolten, den er in den Mauern Jerusalems verbringen dürfe. Hier, wo er sich an das Gestein schmiegen, den Staub liebkosen und die Zerstörung beweinen könne, finde sein Herz Glückseligkeit.

Einem seiner Söhne, die in Spanien zurückgeblieben waren, klagte er, dass sich im herrenlosen Jerusalem ein jeder des zerstörten Tempels bemächtigen durfte. Dann berichtete er von seinen Anstrengungen für den Wiederaufbau der zerstörten jüdischen Gemeinde. Die Torarollen, die nach dem Einfall der Tataren in Jerusalem nach Schechem (dem heutigen Nablus) verschleppt worden waren, wurden zurückgeholt, und damit waren die Gründung einer Synagoge und das Gebet in Jerusalem wieder möglich. Aus Damaskus, Aleppo, von überall her strömten Juden nach Jerusalem, um die Heilige Stätte zu schauen und sie zu betrauern. «Mögest du, mein Sohn, deine Brüder, unsere ganze Familie, die Erlösung Jerusalems erleben.»

Liebe Tante Fori,
nicht nur der islamischen Welt brachte die Vertreibung der Juden aus Spanien im Jahr 1492 – und aus Portugal fünf Jahre später – einen Zustrom an talentierten, ideenreichen Menschen. Isaak Abrabanel zum Beispiel, einer der hochgeachtetsten rabbinischen Gelehrten Spaniens, Finanzberater von König Ferdinand und Königin Isabella, floh nach Neapel, wo er dann seinen berühmten Kommentar zum Buch der Könige vollendete. Nicht einmal seine privilegierte Position bei Hofe hatte ihn vor der Vertreibung schützen können. Über 160 000 Juden waren 1492 gezwungen, Spanien zu verlassen. Und

diese Sephardim (das hebräische Wort für «Spanien» ist *sefarad*) zerstreuten sich nun in alle Welt – die sich ja gerade selbst gewaltig «auszudehnen» begann. Über 25 000 von ihnen gelangten nach Holland,
20 000 fanden in Marokko ein neues Zuhause, 10 000 in Frankreich
und 10 000 in Italien. 5000 machten sich gar auf die gefährliche Reise über den Atlantik zu den niederländischen Kolonien entlang der
Küste Südamerikas, in die Karibik oder nach Nordamerika.

Doch die zahlenmäßig stärkste Exilantengruppe, insgesamt 90 000
Juden, ließ sich in den blühenden Städten und Dörfern des Osmanischen Reichs nieder. Sultan Mohammed II. (1451-1481) hatte bereits
die Juden Konstantinopels (Istanbul), das er 1453 eingenommen hatte, aus der byzantinischen Unterdrückung befreit; jetzt hieß sein
Nachfolger Bajazid II. (1481-1512) die jüdischen Flüchtlinge aus Spanien in allen Städten seines Reichs willkommen – ob in Konstantinopel selbst oder in Algier, Alexandrien, Damaskus, Smyrna, Saloniki und, nach dessen Eroberung durch die Türken im Jahr 1512, sogar
in den Städten Palästinas. Viele Juden, die nun ins Land der Väter
zurückkehrten, siedelten sich in Galiläa an. Bereits für das Jahr 1498
liegen Aufzeichnungen über Juden vor, die in Safed mit Früchten
und Gemüse, Käse, Öl und Gewürzen handelten; im Laufe des
nächsten Jahrhunderts sollte Safed zu einem bedeutenden Zentrum
des kabbalistischen und talmudischen Geisteslebens werden.

Die Juden, die nach 1512 aus Spanien nach Palästina kamen, fanden
dort also bereits eine kleine und höchst lebendige jüdische Gemeinde
vor. Trotz der vielen Schwierigkeiten, mit denen sie auch nach dem
Sieg des Islam über die Kreuzritter konfrontiert gewesen war, hatte
sie überdauert. Schon unter der Herrschaft des ägyptischen Mame-
lucken-Sultans einhundertsiebzig Jahre vor der Vertreibung aus Spanien waren Juden trotz der immer wieder aufkeimenden Verfolgungen in Palästina ins Land der Väter zurückgekehrt. 1322 hatte sich etwa
Aschtori ha-Pari, ein jüdischer Geograph aus Florenz, im Jesreel-Tal
niedergelassen, wo er ein Werk über die Topographie Palästinas ver-

fasste; und viele christliche Pilger dieser Zeit priesen Juden aus Safed, Ramalla und Gaza als ideale Führer. Ein Mönch aus Verona, der 1335 in das heilige Land der Christen gereist war, berichtete nach seiner Rückkehr, dass am Fuße des Berges Zion in Jerusalem eine alte jüdische Gemeinde lebe, und kein Pilger, der die alten Festungen und Stätten im Heiligen Land zu besuchen wünschte, könne sie ohne einen der ansässigen Juden als Führer finden: Nur sie könnten die Geschichte der Stätten erzählen, da ihnen das Wissen darum von ihren Vorvätern und Weisen überliefert wurde. Er habe nach seiner Reise über das Meer oft nach einem hervorragenden Führer Ausschau gehalten und ihn stets unter den dort lebenden Juden gefunden.

Allmählich wurde die Herrschaft des Islam jedoch hart und intolerant. 1491, im Jahr vor der Vertreibung der Juden aus Spanien, schilderte ein christlicher Pilger aus Böhmen namens Martin Kabtanik in einem Buch über seine Reise nach Jerusalem die dortigen Zustände. Er sei wenigen Christen, dafür umso mehr Juden begegnet, die von den Muselmanen auf vielfältigste Weise drangsaliert würden; Christen wie Juden gingen in Lumpen gekleidet durch die Stadt, und doch ließen die Juden den Muselmanen gegenüber keinen Zweifel daran, dass dies ihr Gelobtes Land sei und dass sie von ihren Glaubensbrüdern in anderen Ländern als Heilige betrachtet würden, da sie sich trotz aller Härten und Beschwernisse standhaft weigerten, das Land zu verlassen.

Die Eroberung Palästinas durch die Türken im Jahr 1512 sorgte für mehr Toleranz und verhalf dem jüdischen Leben dort zu neuem Aufschwung. Auch Juden aus dem christlichen Spanien wurden von den vielen Möglichkeiten angezogen, die sich ihnen nun eröffneten, und es begann ein reger Handel. In Jerusalem baute die jüdische Gemeinde vier schöne Synagogen, in denen während der nächsten vierhundert Jahre – bis 1948, als sie der Artillerie der arabischen Legion im israelischen Unabhängigkeitskrieg zum Opfer fielen – friedlich gebetet werden konnte.

Gleichfalls eine Blütezeit erlebten die jüdischen Gemeinden von Tiberias und Safed in Galiläa. Nach dem Zusammenbruch der jüdischen Akademien in Spanien sollte Safed zum Mittelpunkt des jüdischen Geisteslebens und vor allem der jüdischen Mystik werden – so wie einst Spanien die geistigen und vor allem kabbalistischen Zentren Mesopotamiens ersetzt hatte.

Im 15. Jahrhundert unterlag das Judentum in Palästina keinerlei Beschränkungen. Immer mehr Juden kehrten zurück, so auch Elijahu von Ferrara, ein italienischer Rabbi, der 1438 zum geistigen Oberhaupt der jüdischen Gemeinde von Jerusalem wurde, oder Obadja von Bertinoro, ebenfalls italienischer Jude und ein berühmter rabbinischer Gelehrter, der sich 1488 in Jerusalem niederließ. Selbst christliche Beobachter waren von den Juden im Gelobten Land beeindruckt. Ein hochrangiger Besucher, der Mainzer Domherr Bernhard von Breidenbach, sah sich nach seiner Pilgerreise durch Palästina im Jahr 1486 zu der Bemerkung veranlasst, dass man von den Juden in Jerusalem oder Chebron absolut ehrlich behandelt würde; sie seien weit vertrauenswürdiger als irgendeine andere Gruppe in den Ländern der Heiden.

Christlichen Besuchern fiel auch die Kargheit des Bodens in Galiläa auf. Doch davon ließen sich die Juden der Diaspora nicht schrecken. Insbesondere in Osteuropa entsprachen die Lebensumstände selten ihren sozialen und geistigen Bedürfnissen; Palästina war zwar weit weg, aber mit einiger Ausdauer erreichbar und vor allem vertraut.

Juden wahrten und förderten in Galiläa also nicht nur ihre mystischen und rabbinischen Traditionen, sie erneuerten auch ihre Verbundenheit mit Erez Jisrael. 1574 notierte ein französischer Arzt in sein Reisetagebuch: «Wir blicken uns am See Genezareth um und betrachten die Siedlungen von Bet Saida und Korasim. Sie werden von Juden bewohnt, die diese Orte, wie alle rund um den See, wieder aufgebaut, ein Fischereigewerbe ins Leben gerufen und die Erde fruchtbar gemacht haben, wo sie verödet gewesen war.»

Die Juden unter islamischer Herrschaft mussten keinen derart intensiven Hass erdulden wie ihre Glaubensbrüder in vielen christlichen Ländern. In gewisser Weise waren Juden im Islam durch ihren niederen Status als Dhimmis geradezu geschützt: Einerseits schloss dieser Rang individuelle Karrieren in der islamischen Gesellschaft nicht aus, andererseits verhinderte er, dass sich ganze jüdische Gemeinden assimilieren konnten. Und obwohl viele von ihnen aufgrund der gewaltigen geographischen Distanzen zwischen den islamisch beherrschten Regionen von ihren Glaubensbrüdern anderenorts völlig abgeschnitten waren, wahrten sie ihre jüdische Identität, selbst in den verlassensten Gegenden wie in den Bergdörfern der Sahara oder den Steinwüsten des Jemen.

Liebe Tante Fori,
vor siebzig Jahren, als du gerade in Indien eingetroffen warst, brüsteten sich die Briten damit, dass ihr Imperium – einschließlich seines Kronjuwels Indien – so groß war, dass die Sonne darin niemals unterging. Das war ja durchaus richtig, aber es galt bestenfalls ein Jahrhundert lang, wohingegen sich die jüdische Diaspora seit mehr als tausend Jahren mit einem weltumspannenden Siedlungsgebiet brüsten konnte, in dem die Sonne nie unterging. Unter diesen uralten jüdischen Gemeinden in aller Welt waren die Indiens und Chinas gewiss die ungewöhnlichsten. Dort hatte es, als Karl der Große über Europa herrschte, schon vor Jahrhunderten jüdische Gemeinden gegeben.

Die ersten jüdischen Familien hatten China vermutlich schon knapp zweihundert Jahre nach der Zerstörung des Zweiten Tempels durch die Römer erreicht. Ihre Nachkommen sollten das Land nie wieder verlassen, aber das Wissen um ihren jüdischen Ursprung bis ins 20. Jahrhundert bewahren. Wie und woher sie genau kamen, konnte nie mit letzter Sicherheit geklärt werden. Wahrscheinlich waren die ersten von ihnen als Seidenhändler mit den Karawanen aus Samarkand und Zentralasien nach China gezogen oder über das Meer aus dem Persischen Golf angesegelt. Mit dem Aufstieg der neuen Religion des Islam, der bis 750 n. d. Z. Gebiete von Spanien bis Samarkand erobert und in Jerusalem die Menora und das Kreuz durch sein Symbol des Halbmondes ersetzt hatte, erlebte der jüdische Handel einen neuen Aufschwung. Denn in diesen unruhigen Zeiten heftigster Auseinandersetzungen zwischen Islam und Christentum erhielten Juden jene bedrohten Handelswege aufrecht, über welche die an den beiden äußersten Enden Asiens gleichermaßen geschätzten Waren transportiert wurden. Von arabischen und muslimischen Schriftstellern des 9. Jahrhunderts wissen wir, welchen Beitrag sie dadurch für die Verbindung der Frankenherrscher – der Nachkommen von Karl dem Großen – mit dem chinesischen Reich im Fernen Osten leisteten. Es waren jüdische Händler, die den Europäern Seide und Gewürze aus China und den Chinesen gefärbte Webstoffe und Glaswaren aus Europa brachten. Eine genaue Schilderung ihrer Handelswege ist uns von dem arabischen Geographen Abdallah ibn Khordadhbeh aus dem 9. Jahrhundert überliefert:

«Die Wege der jüdischen Händler, genannt Radaniten: Diese Händler sprechen Arabisch, Persisch, Romanisch, die Sprachen der Franken, Andalusier und Slawen. Sie reisen von West nach Ost, teils zu Land, teils zu Wasser. Aus dem Westen bringen sie Eunuchen. Sie besteigen das Schiff im Land der Franken und steuern über das westliche Meer Fatama an (heute der Eingang zum Suezkanal). Dort verladen sie ihre Waren auf den Rücken von Kamelen und ziehen auf dem Landweg nach Kolzum (am Golf von Suez), wo sie wiederum ein Schiff besteigen, um nach Jeddah zu segeln und dann von dort aus nach Sind, Indien und China weiterzuziehen ...»

Fatama lag am nördlichen Eingang zum heutigen Suezkanal, Kolzum am Golf von Suez. Als ich 1958 mit dem Schiff von Indien aus heimkehrte, unternahm ich dieselbe Reise in umgekehrter Richtung.

Ein anderer Muslim, Ibn Al-Faqth, hielt zur selben Zeit fest, dass Juden «Brokat und eine überragende Art von Biberpelz» von Europa nach China transportierten und dann von dort mit «allerlei» Waren zurückkehrten. Einem dritten muslimischen Chronisten namens Abu-Zaid al-Sirafi verdanken wir einen rund dreißig Jahre später, also bereits im 10. Jahrhundert, verfassten Bericht über die chinesischen Banditen – oder Rebellen – des Banschu-Aufstands, der einen ersten und sehr verstörenden Hinweis auf Juden enthält, die um 877/78 in China lebten: Nachdem der Rebellenführer die Stadt Khanfu nach langer Belagerung eingenommen hatte, «gab er ihre Bewohner dem Schwert hin. Von Mannen, die ihr Handwerk verstehen, wurde erwähnt, dass er neben der chinesischen Bevölkerung auch 120 000 Muslime, Juden, Christen und Magier tötete, die sich in dieser Stadt als Händler niedergelassen hatten.»

Abu-Zaid vermerkte, dass die Zahl der ermordeten Anhänger dieser vier in Khanfu ansässigen Religionen so genau bekannt sei, weil Chinesen deren Gemeinden ihrer Größe entsprechend besteuert hätten. Die Zahl der getöteten Juden wird nicht ausgewiesen – es muss sich in der Tat um eine Gemeinde von beachtlicher Größe gehandelt haben.

Der jesuitische Missionar Matteo Ricci zeichnete im Jahr 1605 die mündliche Überlieferung der damals noch siebenhundertfünfzig Mitglieder zählenden jüdischen Gemeinde von Kaifeng auf, von der er erfahren hatte, dass ihre Vorfahren vor 1127 aus Persien nach China gekommen waren. Ihre Alltagssprache sei nach wie vor Persisch gewesen. Bis in die Neuzeit wären Juden in China demnach als solche kenntlich geblieben, da sie ihre jüdischen Schriften und Traditionen über all die Jahrhunderte gerettet hatten; doch im Laufe des durch Mischehen geförderten langsamen, aber unvermeidlichen Prozesses – unvermeidlich, weil diese Juden über achthundert Jahre lang von allen Kontakten mit dem Mittelmeerraum und Europa ab-

geschnitten waren – hatten sie allmählich chinesische Züge angenommen. Ihrem Aussehen wie ihrem Habitus nach waren sie immer
chinesischer geworden, und bis zum Beginn des 19. Jahrhunderts
hatten sie schließlich auch ihre eigene Sprache verlernt; sie konnten
sich nur noch im chinesischen Dialekt ihrer jeweiligen Region verständigen.

Das völlige Aufgehen in ihrer Umwelt verhinderte allerdings
nicht, dass sie sich eine gewisse Vorstellung davon bewahrt hatten,
Juden zu sein. Noch hatten sie ihre jüdischen Lebensweisen und die
Riten des jüdischen Glaubens – oder was sie darunter verstanden –
nicht vollständig abgelegt.

So kam es, dass Jesuiten schon kurz nach Beginn ihrer Missionsar-
beit in China chinesische Juden entdeckten und davon so fasziniert
waren, dass sie genauestens schriftlich festhielten, was sie von ihnen
erfuhren. Diesen Missionaren verdanken wir unser ganzes Wissen
über Alltagsleben und Brauchtum der jüdischen Gemeinden von
China.

Die umfangreiche Materialsammlung, die damals zusammenge-
tragen wurde, befindet sich heute in den jesuitischen Archiven von
Paris, darunter auch ein detaillierter Plan der 1163 erbauten und 1279
renovierten Synagoge von Kaifeng sowie viele Beispiele hebräischer
Skripturen, die gefunden wurden, nachdem sie achthundert Jahre
der vollständigen Isolation von der übrigen jüdischen Welt überstanden hatten. Auch eine Reihe von Begriffen in chinesischer Sprache,
die das gesamte Spektrum jüdischen Lebens, Denkens und Glaubens
abdeckten, hatten die Jesuiten aufgezeichnet, zum Beispiel: «Rolle
des Gesetzes mit Bedeckung», «Feier für die Durchwanderung des
Gesetzes», «Ältester der Synagoge», «die Zwölf Stämme», «Rabbi»,
«rituelle Schlachtung», «Tempel für die Verehrung des Gesetzes» und
«Jisrael» – chinesisch ji-ts'u-lo-je.»

In den faszinierenden Berichten der Jesuiten über die Juden von
China ist schlichtweg alles festgehalten, was sich in Erfahrung brin-

gen ließ. Trotz des achthundertjährigen chinesischen Einflusses waren jene Juden noch immer von Spuren ihrer Herkunft umgeben und als Juden kenntlich. In einem Brief, den Pater Ricci am 26. Juli 1605 aus Peking schrieb, heißt es: «Die Christen in Kaifeng berichteten uns von einem seinem Glauben wie seinen völkischen und individuellen Merkmalen nach deutlich als solchem kenntlichen Juden, welcher mich in den vergangenen Tagen aufsuchte … Seine beiden Brüder studierten Hebräisch und gelten in der jüdischen Gemeinde offenbar als Rabbiner … Dieser Mann kannte den Begriff Jude nicht, er bezeichnete sich als Israelit.» In Pater Riccis Haus hing ein Bild der Madonna mit Kind und von Johannes dem Täufer. «Als der Mann das Bildnis sah, glaubte er, darauf die beiden Kinder Jakob und Esau mit Rebekka zu erkennen, und sagte deshalb: ‹Obwohl ich keine Bilder anbete, möchte ich meinen frühesten Ahnen die Ehre erweisen.› Daraufhin kniete er nieder und betete.»

Pater Ricci unterhielt sich mit dem Juden aus Kaifeng über seinen Alltag in der Stadt: «Er gestand, dass es ihnen in China unmöglich sei, nach ihren Gesetzen zu leben, da Beschneidung, rituelles Tauchbad, die Verweigerung von Schweinefleisch und andere jüdische Traditionen ihre Beziehungen zu den anderen beeinträchtigen würden, insbesondere wenn einer von ihnen die Beamtenlaufbahn anstrebt.» Über die jüdische Religion und die Tora, verzeichnete Ricci, habe dieser Jude «nicht viel gewusst, obwohl er viele Geschichten aus dem Alten Testament erzählte, von den Zwölf Stämmen, von Moses, bis zurück zu den Geschichten von Abraham, Judith, Mordechai, Ester und anderen, auch wenn er deren Namen ganz anders aussprach.»

Matteo Ricci kopierte sämtliche Texte aus den hebräischen Büchern, die er in der Synagoge von Kaifeng vorfand, und berichtete, dass ihm der Rabbi erklärt habe, es werde noch zehntausend Jahre dauern, bis der Messias kommt. Aus dem Jahr 1621 findet sich die Notiz: «Ihre Religion ist mit heidnischen Elementen durchsetzt …, aber sie werden weniger geachtet als die Mohammedaner.»

1642 wurde die Stadt Kaifeng von einer Flut heimgesucht. Hunderttausende von Chinesen ertranken. Die jüdische Gemeinde erlitt ebenfalls große Verluste, doch es gelang ihr, die meisten ihrer Schriftrollen mit sechsundzwanzig unterschiedlichen hebräischen Texten zu retten. Eine neue Synagoge wurde errichtet, die alten Rollen wurden kopiert und mehrere historische Berichte verfasst, darunter ein Memorbuch über die verstorbenen Gemeindemitglieder und deren Vorfahren. All diese Texte haben überlebt – bedeutende Zeugnisse, die der Nachwelt erhalten blieben, weil auch sie von jesuitischen Missionaren im frühen achtzehnten Jahrhundert gerettet wurden.

Das Memorbuch verzeichnet Stammbäume von chinesischen Juden bis ins Jahr 1400. Die Namen waren zu jener Zeit noch eindeutig jüdisch: Abraham, Jizchak, Schemuel, Obadja, Esra, Elkana oder Dawid. Auch im 15. Jahrhundert herrschten noch jüdische Namen wie Moscheh, Josef, Chajm, Jehudah, Manasse, Adonja, Daniel oder Sebulun vor. Erst im 16. Jahrhundert begannen sie sich mit Namen chinesischer Herkunft zu vermischen. Ein Familienstammbaum zum Beispiel hält folgende Generationenfolge fest: Meir, Eliasar, Mattitjahu, Itamar, Tsung-te, Tsung-huei, Schi-kuei, Tsin, Schi, Schi-jing, Jung-kuang, Ji-fan, Hsien-ji, Rabbi Akiwa.

Nach der Abreise der letzten jesuitischen Missionare aus China verschwand die Geschichte der chinesischen Juden wieder in der Versenkung. Mit an Sicherheit grenzender Wahrscheinlichkeit kann man davon ausgehen, dass sie kein Europäer zwischen 1723 – dem letzten Besuch von Jesuiten – und 1850 zu Gesicht bekam. Inzwischen hatten sie ihre Identität als Juden und ihre Kenntnisse über das Judentum fast vollständig verloren.

Ein britischer Missionsdienst versuchte im Jahr 1850 erstmals wieder Kontakt mit den Juden von Kaifeng aufzunehmen und entdeckte bei dieser Gelegenheit über fünfzig weitere hebräische Manuskripte. Am 20. August 1850 baten die Juden von Kaifeng die Missionare, ihnen wieder die hebräische Sprache beizubringen und diverse Schriften aus dem Judentum zu schicken: «Während der vergangenen vierzig oder fünfzig Jahre wurde uns unsere Religion nur unvollkommen vermittelt. Obwohl kanonische Schriften noch vorhanden sind, gibt es niemanden, der auch nur ein Wort davon versteht. Zufällig lebt noch eine alte Frau von über siebzig Jahren hier, die sich noch an die Glaubensgrundsätze erinnert ... Unsere Synagoge an diesem Ort war lange ohne Prediger, die vier Wände ihres Hauptsaals sind stark verfallen.»

Nun waren die Juden aus Kaifeng endgültig von Europa «entdeckt» worden. Dutzende Besucher drängten sich danach, sie kennen zu lernen, und ihre Lebensweise wurde zum Objekt von Neugierigen wie gelehrten Kommentatoren. Aber es war zu spät; man konnte ihnen nicht mehr helfen. Mischehen waren längst an der Tagesordnung; sämtliche Kenntnisse, die es ihnen ermöglicht hätten, die eigenen hebräischen Schriften zu lesen, waren verloren gegangen; sie hielten nicht einmal mehr den Sabbat ein, und ihre physische Erscheinung war ganz und gar «chinesisch» geworden.

Im Jahr 1900 lebten noch ungefähr fünfzig Juden in Kaifeng, die den Familiennamen ihrer Vorväter trugen und sich für «irgendwie anders» als ihre Nachbarn hielten. Ein amerikanischer Besucher notierte 1923 spöttisch: «Die mir begegneten, sahen allesamt weniger jüdisch aus als so mancher Chinese.» Neun Jahre später verzeichnete ein anderer jüdischer Besucher aus Amerika: «Sie wissen, dass sie Juden sind, wissen aber nichts über das Judentum. Ihnen ist bewusst, dass sie Chinesen und vollständig assimiliert sind, dennoch erwächst ihnen Stolz aus dem Wissen, dass sie von einem uralten Volk abstammen, welches sie von den anderen Chinesen aus Kaifeng unterscheidet.»

Die Juden von Kaifeng waren die einzige jüdische Gemeinde Chinas, über die seit dem ersten Eintreffen der Jesuiten viele Jahre lang Aufzeichnungen gemacht wurden. Man weiß jedoch, dass es im Mittelalter noch weitere, sehr alte Gemeinden – über zwanzig – zwischen Peking im Norden und Kanton im Süden gegeben hat. Sehr wahrscheinlich handelte es sich ebenfalls um Nachkommen von Seidenhändlern aus dem 9. Jahrhundert, die ihr Judentum fragmentarisch bis in die Neuzeit wahrten. Auf den Namenlisten der chinesischen Arbeiter, die in den frühen 1860er Jahren nach Kalifornien verschifft wurden, finden sich zum Beispiel noch sieben «Juden». Und aus dem Jahr 1854 gibt es Unterlagen über einen chinesischen Juden aus der seit dem Mittelalter bestehenden Gemeinde Hangkow, der nach Bombay gebracht worden war, um dort beschnitten zu werden. Von ihm ist sogar eine Photographie aus dem Jahr 1906 erhalten – sie zeigt einen Mann mit rein chinesischen Zügen, ähnlich den Juden von Kaifeng.

Liebe Tante Fori,

dieser Brief ist einer Geschichte gewidmet, die sich – geographisch gesehen – näher bei dir zu Hause abgespielt hat als alle anderen, die ich dir bisher erzählt habe. Es ist die Geschichte der Juden von Indien, die, soweit uns das überliefert ist, von ebenso alter Herkunft waren wie die Juden Chinas und die aller Wahrscheinlichkeit nach ebenfalls während der ersten beiden Jahrhunderte nach der Zerstörung des Tempels im Jahr 70 n. d. Z. als Händler und Flüchtlinge auf der Suche nach einem dauerhaften Zufluchtsort in Indien eingetroffen waren. Und auch sie haben die physischen Merkmale und Lebensweisen ihrer Umwelt angenommen.

Doch im Gegensatz zu den Juden Chinas wurden die Juden Indiens weder zu einem vergessenen Volk, noch verloren sie jedes Wissen um das Judentum. Im Gegenteil, Generation für Generation wahrten sie sich genügend Elemente des jüdischen Glaubens, um sogar im 20. Jahrhundert noch eine der bedeutendsten jüdischen Gemeinden der Welt zu sein, eine der vitalsten Diasporagruppen des Judentums, bevor sich über 30 000 von ihnen nach 1948 vom neu gegründeten Staat Israel aus dem Exil «einsammeln» ließen.

Die beiden wichtigsten jüdischen Gemeinden Indiens, die sich bis auf die Zeit unmittelbar nach der Tempelzerstörung zurückführen lassen, waren die Cochin-Juden und die Beni Israel, welche ursprünglich in den Dörfern des Konkan, entlang der Küste südlich des heutigen Bombay, angesiedelt waren. Die Cochin-Juden waren im Besitz einer alten Charta, die regionale Radschas zwischen 974 und 1020 n. d. Z. einem Josef Rabban und zweiundsiebzig Familien ausgestellt hatten und die ihnen über all die Jahre so viel Schutz bot, dass sie nicht nur als Gruppe fortbestehen, sondern sogar ein ausgesprochen wohlhabendes Leben führen konnten – «weit entfernt», wie ein Historiker schrieb, «von Fanatikern, Raubrittern, Zwangskonvertierern, Inquisitoren und Kreuzrittern». So war es ihnen möglich, über all die Zeiten hinweg an ein und demselben Ort zu überleben und an ihrem Glauben festzuhalten.

1502 nahmen die Portugiesen Cochin und 1510 auch Goa ein. In Cochin sollten die Radschas einhundertfünfzig Jahre lang in der Lage sein, ihren Juden Schutz zu bieten – bis die Portugiesen während des portugiesisch-holländischen Krieges 1662 schließlich viele massakrierten oder zur Flucht zwangen. Als Vasco da Gama Kerala erreichte, sprach er zum Zamarin, dem regionalen Herrscher: «Die Juden haben unseren Heiland getötet, also werde sie los!» Folgsam schlug der Zamarin einmal symbolisch auf die Juden ein und schickte sie fort, nicht aber ohne ihnen zuvor zu erklären: «Wenn diese Plage vorüber ist, könnt ihr zurückkehren.»

Im portugiesischen Goa fanden Juden jedoch von Anfang an keinen Schutz vor dem militanten römischen Katholizismus, es sei denn, sie waren bereit, zum Christentum zu konvertieren. 1560 begannen die Portugiesen dort mit der ganzen Härte der Inquisition durchzugreifen und pflichtgemäß alle Juden, selbst wenn sie sich hatten taufen lassen, auf dem Scheiterhaufen zu verbrennen. In der Hafenstadt Cranganore hatten sich bereits siebzehn Jahre zuvor Muslime mit den Portugiesen verbündet und die Mitglieder der dort ansässigen jüdischen Gemeinde – ein Seitenzweig der Gemeinde von Cochin – massakriert.

Zum Glück für die Juden von Cochin nahte Hilfe. 1663 vertrieben die Holländer die Portugiesen aus Cochin und gewährten den Juden unter dem Schutz ihrer Zivilisation absolute Religionsfreiheit. 1795, gut einhundert Jahre später, begann die Herrschaft der Briten, und auch sie respektierten die jüdische Gemeinde und fügten ihr keinen Schaden zu.

Ein Grundmuster ihrer sozialen Umwelt aber hatte die Cochin-Juden längst stark beeinflusst, nämlich das Kastensystem: Im Laufe der Zeit sollten sie sich in zwei deutlich und dauerhaft unterschiedliche Kasten spalten, in «schwarze» und «weiße» Juden, mit getrennten Sitzplätzen in den Synagogen und dem eindeutigen Empfinden der «Weißen», dass sie den «Schwarzen» überlegen seien. Dennoch, nicht einmal im Hinblick auf dieses Kastensystem hatten sie sich voll und ganz dem Druck des Brauchtums ihrer Umwelt gebeugt. Und wie es in einem Bericht von Elkan N. Adler heißt, veröffentlicht am 11. Mai 1906 im «Jewish Chronicle»: «Obwohl die Weißen Juden hellhäutig sind, sind sie gewiss nicht rein weiß, ebenso wenig wie die Schwarzen Juden wirklich schwarz sind.»

Auch unter den Beni Israel waren die alten jüdischen Traditionen gefährdet. Sie selbst bezeichneten sich als Nachkommen von Juden, die Galiläa bereits zur Zeit von Antiochus IV. (175-163 v. d. Z.) verlassen hatten, und sie hatten sich Rudimente des jüdischen Glaubens bewahrt. Doch wie die chinesischen Juden von Kaifeng hatten sie beträchtlich unter ihrer tausendjährigen Isolation gelitten, isoliert von allen anderen jüdischen Gemeinden und jenen Regionen in Europa, Nordafrika und dem Mittleren Osten, in denen die jüdischen Massenmigrationen stattfanden oder in die Juden freiwillig reisten.

1680 gründete ein Führer der Beni Israel namens Jakob Semach eine kleine jüdische Kolonie in Surat, einer 1613 ins Leben gerufenen Handelsstation der English East India Company. In der zweiten Hälfte des 18. Jahrhunderts übersiedelte die gesamte Kolonie dann in die noch wichtigere Handelsstation Bombay, wo sie unter dem Schutz der europäischen Herrschaft und durch die nun möglichen Handelskontakte mit Juden aus aller Welt florierte. Während die chinesischen Juden von Kaifeng ihre Bande, die viele Generationen lang zart geknüpft geblieben waren, schließlich ganz verloren, begannen die indischen Juden von Bombay wieder in den Strom jüdischen Lebens einzutauchen – gerettet durch die ständigen Vorstöße der Mächte Europas und des britischen Imperiums in den Fernen Osten. Ein Cochin-Jude namens David Rahab, der den Beni Israel Mitte des 18. Jahrhunderts einen Besuch abgestattet hatte, fühlte sich dabei «ungefähr ins Jahr 1000» zurückversetzt und berichtete, dass die einzigen hebräischen Wörter, die sie noch kannten, aus dem *Schema* stammten, dem Gebet mit seiner mächtigen Eröffnung «Höre, Israel!». Die jüdischen Feiertage seien zum Zeitpunkt seines Besuchs zwar noch alle eingehalten worden, doch unter anderen, den indischen Vorstellungen angepassten Bezeichnungen. Den Versöhnungstag zum Beispiel begingen sie nicht mehr als Jom Kippur, sondern als das «Fest der Türschließung». Auch die jüdischen Speisegesetze und das Gebot der Beschneidung hatten überlebt.

David Rahab machte es sich daher zur Aufgabe, den Beni Israel die Grundregeln des jüdischen Glaubens in allen Einzelheiten wieder beizubringen und sie in das sephardische Gebetsritual einzuführen. Später versah er sie mit einem Gebetbuch in ihrer eigenen Sprache, dem Mahratti, und bildete Nachfolger aus, damit seine Arbeit fortgesetzt werden konnte.

Im Krieg der Briten 1783 gegen Tipu Sultan kämpften fünf jüdische Brüder auf britischer Seite. Einer von ihnen, Samuel Ezekiel Diwekar, der in den Rang eines «Native Commandant» aufgestiegen war, geriet in Gefangenschaft und wurde nur dank Tipu Sultans Mutter wieder freigelassen, weil sie ihrem Sohn erklärte, dass der

Koran die Beni Israel mit Wohlwollen erwähnte. Diwekar schwor aus Dankbarkeit für seine Rettung, so bald als möglich eine Synagoge zu erbauen. Er erfüllte sein Versprechen und errichtete 1796 aus eigenen Mitteln die erste Synagoge der Beni Israel in Bombay. Bis Ende des 19. Jahrhunderts hatten alle Beni Israel Familiennamen nach den Dörfern angenommen, in denen sie lebten (sie endeten meist mit der Silbe «kar», wie zum Beispiel «Jhiradkar»); erst nachdem sie mit dem – hauptsächlich westlichen – Judentum in Kontakt getreten waren, begannen sie zu biblischen Familiennamen wie Abraham, Mose oder Elias zurückzukehren.

Dass sie ihre jüdische Identität wieder belebten, hinderte sie jedoch nicht daran, ihre eigene Art des alten «Kasten»-Systems beizubehalten – wer als «weiß» galt, musste nach wie vor mit großen Schwierigkeiten rechnen, wenn er jemanden aus der jüdischen Gemeinde heiraten wollte, der als «schwarz» eingestuft war. Häufig war das sogar explizit verboten.

Abgesehen von ihrem etwas unentschlossenen Versuch, sich dem Kastensystem ihrer Hindunachbarn anzupassen, verknüpften die Beni Israel weder die Art ihres Glaubens noch ihr Brauchtum mit ihrer sozialen Umwelt in Indien. Rabbi Hugo Gryn, der von 1957 bis 1969 in Byculla, einem Vorort von Bombay, Rabbiner bei den Beni Israel gewesen war, beschrieb ihre Situation einmal mit den Worten: «Sie wurden nicht diskriminiert, aber man half ihnen auch nicht.» Und so kam es, dass gerade diese Juden mit der Gründung des Staates Israel 1948 eine neue Perspektive fanden und erstmals eine territoriale Identität entwickeln konnten. Außerdem war ihnen damit die Möglichkeit gegeben, die einzige andere jüdische Gruppe zu umgehen, der sie bis dahin begegnet waren, nämlich die der einst ebenfalls nach Indien emigrierten Juden aus Bagdad, die mit kaum verhüllter Geringschätzung auf sie herabgeblickt hatten.

In Israel stießen sie dafür auf neue Probleme, nicht zuletzt ihrer dunkleren Hautfarbe wegen. Andererseits profitierten sie vom Zu-

sammengehörigkeitsgefühl der ins Land der Väter zurückgekehrten
jüdischen Gemeinden aus den unterschiedlichsten Regionen der
Welt: Hier brauchte kein Jude mehr Angst zu haben, als «Unter-
mensch» oder Außenseiter betrachtet zu werden. Und so übersiedelten von den 24 000 Beni Israel, die es Ende des Zweiten Weltkriegs
in Indien gab, die Hälfte nach Israel. Andere gingen nach Großbritannien, Kanada und Australien.

Viele indische Juden, die nach der Unabhängigkeit Indiens im
Jahr 1947 im Land blieben, nahmen exponierte Positionen in der indischen Gesellschaft ein. Hannah Sen – die du, Tante Fori, so gut
kennst – kämpfte als Präsidentin der All-India Women's Conference
couragiert für die Rechte der indischen Frauen; Joschua M. Benjamin schuf als Chefarchitekt der indischen Regierung unter anderem
den imposanten Neubau des Parlaments in Neu-Delhi; Ezra Kolet –
der einst unter Onkel Bijju im Finanzministerium gearbeitet hatte –
wurde Schifffahrts- und Transportminister und war als solcher verantwortlich für den Transport von Lebensmitteln nach Indien. Außerdem war Kolet Mitbegründer der jüdischen Wohlfahrtsorganisa-
tion von Neu-Delhi und, selbst leidenschaftlicher Musiker, der Delhi
Symphony Society.

Auch ich habe persönliche Beziehungen zu indischen Juden. Die
erste datiert auf das Jahr 1958 zurück – zu dir, seit ich dir zum ersten
Mal begegnete. Damals lernte ich auch das Geschwisterpaar David
und Jean Jhirad kennen, Mitglieder der jüngsten Generation einer
alten und vornehmen indisch-jüdischen Familie. Ihr Vater, Elijah
Ephraim Jhirad, ein in Quetta geborener Jude und Jurist, hatte sich
sehr um die Angelegenheiten der Juden von Delhi gekümmert. Bei
Kriegsausbruch 1939 war er in die Royal Indian Navy eingetreten
und nach Indiens Unabhängigkeit Chef der indischen Navy-Justiz
geworden. Mein Tagebuch enthält Notizen zu zahlreichen Gesprächen, die wir mit David und Jean bis tief in die Nacht über alles
führten, was gerade aktuell war: Kasten und Klassen, Reichtum und

Armut, Imperialismus und Kommunismus – die hitzigen Debatten
einer idealistischen Jugend. Jean eroberte mein Herz. Ich habe mich
oft gefragt, was aus ihr geworden ist. Erst jetzt, während ich diese
Briefe schreibe, habe ich erfahren, dass sie vor beinahe zwanzig Jahren nach langer Krankheit in London starb; sie war nicht einmal
fünfzig. David lebt und arbeitet in Washington.

Ein weiteres Bindeglied zu den Juden Indiens entwickelte sich
durch meine Freundschaft mit Samuel Solomon, von dem ich anfänglich geglaubt hatte, er sei ein britischer Jude aus Hampstead (seine Tochter Emma Klein befasst sich als Schriftstellerin mit anglo-jü-
dischen Themen). Tatsächlich aber war er 1904 in Kalkutta geboren
worden. Dem Vater seiner Mutter, Elias Moses Duveck-Cohen – die
Familie kam ursprünglich aus Syrien –, gehörte das größte Theater
von Kalkutta; sein Bruder, Samuels Großonkel Sir David Ezra, war
Polizeipräsident von Kalkutta gewesen und seinerseits durch Heirat
mit der indisch-jüdischen Familie Sassoon verwandt, aus der auch
Sir Victor Sassoon stammte, der 1922 Abgeordneter im indischen
Parlament wurde.

Nach seinem Schulabschluss in Indien war Samuel Solomon in
Großbritannien für den Indian Civil Service ausgebildet worden. In
seine Heimat zurückgekehrt, trat er 1927 sein erstes Amt als stellvertretender Leiter der Zoll- und Steuerbehörde an. Es folgten Posten
als Assistant Settlement Officer – was einem Bezirksrichter entspricht
– und als Leiter der Öffentlichkeitsarbeit der Regierung von Bihar,
bevor er 1942 Direktor der Entwicklungsabteilung der Regierung
von Orissa wurde. Damit war er unter anderem für die Aufnahme
der Tausende von Flüchtlingen zuständig, die nach der japanischen
Invasion aus Burma geflohen waren und oft splitternackt vor der
Küste von Orissa aufgefischt wurden, nachdem die Japaner ihre ohnedies kaum seetüchtigen Boote bombardiert hatten.

1947 übersiedelte Samuel Solomon dann nach Großbritannien
und begann, Spenden für den geplanten Staat Israel zu sammeln. Seit

ich ihn in den 1960er Jahren kennen lernte, faszinierte mich die Geschichte seines Lebens und seiner Karriere in Indien, weil sie geradezu beispielhaft für die jüdische Geschichte steht – die Geschichte von «Juden unterwegs», wie ich einmal einen Vortrag nannte. Sechs seiner sieben Enkel wurden in Israel geboren und leben noch heute dort. Eine andere meiner Verbindungen zu Indien ist jüngeren Datums. Sie geht auf das Jahr 1974 und den Beginn meiner Freundschaft mit Hugo Gryn zurück, damals Reformrabbiner der West London Synagogue. Eineinhalb Jahrzehnte früher, als er noch in Bombay arbeitete, hatte er ausgedehnte Reisen durch Indien unternommen und an indischen Universitäten Vorlesungen über Judaismus und die jüdische Geschichte gehalten. Im Verlauf dieser Reisen lernte er in vielen Städten indische Juden kennen, beispielsweise in Poona, Cochin, Delhi und Achmedabad (wo er sich mit Onkel Bijjus Cousin Raja Hathisingh, dem Gouverneur von Gujarat, anfreundete, mit dem auch ich einmal einen amüsanten Tag verbringen durfte).

Ursprünglich hatte Hugo nur die Gemeinde der Beni Israel in Bombay betreuen sollen, doch dann weitete er seinen Zuständigkeitsbereich auf die Juden von Bagdad – die im 19. Jahrhundert aus dem Irak nach Indien ausgewandert waren – und die europäischen Juden aus, von denen manche als Flüchtlinge vor den Nationalsozialisten gekommen waren. Von allen wurde er gleichermaßen geachtet, und viele konnte er bewegen, nach Israel zurückzukehren. Bis heute erinnern sich die Juden aus Bombay und Cochin mit großer Wärme an ihn. Dass er in Indien verschiedenen Religionen begegnet war, sollte sich stark auf seine eigenen glaubensübergreifenden Interessen und seinen späteren Einfluss in Großbritannien auswirken. Sein Tod 1996, im Alter von nicht einmal siebzig Jahren, wird noch heute betrauert. Er war ein Überlebender des Holocaust gewesen: 1944 war er aus seiner Heimatstadt Beregszasz in den Karpaten, in der fast die gesamte Bevölkerung ungarisch war, nach Auschwitz deportiert worden, wo sein jüngerer Bruder Gabi im Alter von nur zehn Jahren ermordet wurde.

Liebe Tante Fori,
als ich dir 1958 zum ersten Mal in Indien begegnete, lebte meine Großmuter Golda Green noch, die Mutter meiner Mutter. Wie fast alle Großeltern oder Urgroßeltern britischer Juden stammte sie aus Russland, geboren über tausend Kilometer vom Londoner Osten entfernt in der abgelegenen Region um die Pripet-Sümpfe. Vor hundert Jahren lebten noch über sieben Millionen Juden in dieser einsamen Gegend – jenem nach einem Zarenukas aus dem 18. Jahrhundert so genannten Tchum, einem den Juden zugewiesenen Ansiedlungsrayon an der Westgrenze des Zarenreichs. Ihre Alltagssprache war das damals höchst lebendige Jiddisch, obwohl gebildete Juden auch das Russische beherrschten. Aber Jiddisch war die Sprache ihrer Freude und ihres Leids, ihrer Geschäfte, ihrer Literatur und ihrer eng geknüpften Familienbande.

Wo stammten sie her, diese Juden aus den Pripet-Sümpfen zwischen Warschau im Westen, Wilna im Norden, Kiew im Osten und den Hunderten von umliegenden Dörfern und Weilern – diese Schtetl-Juden, die sich in ihrem gutturalen, altmittelhochdeutsch klingenden Jiddisch unterhielten, welches in so starkem Kontrast zum härteren slawischen Klang der sie umgebenden russischen, polnischen und ukrainischen Sprachen stand? 1917 sollte es einer dieser «Pripet-Juden» namens Chaim Weizmann sein, der die britische Regierung überzeugte, die Idee einer nationalen jüdischen Heimstatt in Palästina zu unterstützen.

Die Juden Russlands hatten das enge Schtetl-Leben auf zwei sehr verschiedenen Wegen erreicht: Tausende, vielleicht sogar Zehntausende waren zweifellos schon im beginnenden Mittelalter aus den Regionen um das Schwarze und das Kaspische Meer und aus dem riesigen Chasarenreich dorthin gezogen. Das einstige Nomadenvolk der Chasaren war ein zentralasiatischer Stamm von mongolischem Äußeren, dessen Könige um etwa 700 n. d. Z. zum Judentum übergetreten waren. Nach dieser Konversion war ihr Herrschaftsgebiet zum Refugium für Tausende von «echten» Juden geworden, die zu jener Zeit im ganzen Byzantinischen Reich, auf dem Balkan und im Süden Persiens verfolgt wurden. Diese Juden aus Griechenland und Persien lebten zweihundert Jahre lang in relativem Frieden und Wohlstand im Chasarenreich. Sie pflanzten Reis und Getreide an, produzierten Honig, bestellten Weinberge oder verdienten sich als Schäfer und, entlang den Küsten des Kaspischen Meers, auch als Fischer ihr täglich Brot. Sie trieben Handel mit ihren Glaubensbrüdern bis ins entfernte Spanien und Nordafrika, und mit den spanischen Juden korrespondierten sie sogar. Einem anderen zentralasiatischen Stamm, den Magyaren, halfen sie, deine einstige Heimat, das heutige Ungarn, zu erobern; ein paar von ihnen ließen sich dann mit ihnen an der Donau nieder.

Als 1016 ein russisch-byzantinisches Bündnisheer die bereits geschwächte Chasaren-Armee besiegte, waren die «chasarischen» Juden wieder einmal zur Flucht gezwungen – «Juden unterwegs», ein Schicksal, das Juden aller Generationen und Regionen ereilte. Doch diese Juden waren mittlerweile nicht mehr einfach als Nachkommen von jüdischen Flüchtlingen aus Griechenland und Persien zu bezeichnen, denn durch ihre Ehen mit den zum Judentum übergetretenen «echten» Chasaren hatten ihre Züge typisch asiatische Merkmale wie hohe Wangenknochen und mandelförmige Augen angenommen. Ich erinnere mich noch gut, wie erstaunt ich war, als ich vor zehn Jahren in Toronto bei einer rein jüdischen Veranstaltung einem «Mr. Khazar» vorgestellt werden sollte und plötzlich einem Mann gegenüberstand, der voll und ganz meinem Bild eines Menschen aus den abgelegensten Steppen Asiens entsprach. Fast alle kaspischen Juden – Chasaren beziehungsweise Mongo-

len – wurden durch den Sieg der Kiewer Russen über die Chasaren
im Jahr 965, und ein weiteres Mal durch die endgültige Zerstörung
des Chasaren-Reichs im Jahr 1016, zerstreut und heimatlos. Bereits
986 berichtet die Russische Chronik von chasarischen Juden, die
beim russischen Herrscher Wladimir in Kiew vorgesprochen hatten
und ihn sogar zur Konversion zum Judentum bewegen wollten.
Ein paar Juden schlugen sich nach der Zerstörung des Chasaren-
Reichs nach Griechenland und in andere Mittelmeerregionen
durch – wieder einmal waren sie zu Exilanten geworden. Es müssen
jedoch auch viele von ihren russischen Eroberern nach Südrussland
verschleppt worden sein, nach Kiew und Charkow, in Regionen
also, die erst kurz zuvor unter die Kontrolle des sich ausdehnenden
Russischen Reiches geraten waren. Diese chasarischen Juden waren in Russland nicht besonders beliebt oder willkommen. Unter den erhaltenen historischen Nachwei-
sen findet sich zum Beispiel der Beleg, dass hundert Jahre nach ihrem Eintreffen in Kiew heftige antisemitische Tumulte ausbrachen,
bei denen viele Juden ums Leben kamen. Dennoch versuchten die
Überlebenden irgendwie ein normales, ihrem jüdischen Glauben
treues Leben zu führen, Handel zu treiben, sich zu mehren und ganz
einfach zu überleben. Aus fernen Zeiten stammt auch ein historischer Nachweis, der
von einem höchst ungewöhnlichen Ereignis unter Beteiligung von
chasarischen Juden berichtet. Trotz der Zerstörung des Chasaren-
Reichs hatten sie es irgendwie geschafft, in der kaspischen Region
zu überdauern. In der Kairoer Genisa[13] fand sich eine Schrift aus dem
12. Jahrhundert, die 1920 erstmals veröffentlicht wurde und unter
anderem folgenden Text enthielt: «In den Bergen des Landes Chasarien erhob sich ein Jude des Namens Solomon ben-Dugi ... der Name seines Sohnes war Menachem
und in ihrer Begleitung befand sich ein redegewandter Mann des Namens Efrajim ben-Azaria aus Jerusalem ... Sie schrieben Briefe an alle

Juden nah und fern und in alle umliegende Länder, darin sie erklärten, es sei die Zeit gekommen, in der G-tt sein Volk Jisrael aus aller Welt in der Heiligen Stadt Jerusalem versammeln wollte ... und Solomon ben-Dugi sei Elijahu und sein Sohn der Messias.»

Es ist so gut wie sicher, dass es sich bei diesem falschen Messias Menachem ben-Solomon ben-Dugi in Wirklichkeit um Menachem ben-Solomon ben-Ruhi handelte, besser bekannt unter dem Namen David El-Roi, der 1160 am Höhepunkt seiner Selbstdarstellung als Messias getötet wurde, nachdem er einen Aufstand in Kurdistan angeführt hatte. A. N. Poliak, ein Kenner dieser Geschichte, ist überzeugt, dass David El-Roi einer der Überlebenden der in alle Winde zerstreuten jüdischen Gemeinde aus Chasarien war und sich gerade mit seinen Anhängern von dort auf dem Weg nach Jerusalem befand, als er zu Tode kam.

In derselben Zeit, in der sich die besiegten chasarischen Juden im Süden Russlands niederließen – nachdem die Mongolen im 13. Jahrhundert in diese Region eingefallen waren, sollte es zu einer zweiten chasarischen Diaspora kommen –, wurde eine andere, zahlenmäßig weit stärkere jüdische Gruppe aus ihren Häusern vertrieben, nämlich die Juden im Rheinland, die zu Zeiten des Römischen Reiches aus dem Mittelmeerraum und sogar Palästina gekommen waren, um sich als Händler an den Außenposten Roms niederzulassen.

Bereits zweitausend Jahre sind vergangen, seit die ersten Juden mit römischen Legionen in Westeuropa eingetroffen waren und entlang der großen Flüsse – dem Ebro in Spanien, der Rhône und der Seine in Frankreich, dem Rhein und der Elbe in Deutschland – kleine Handelszentren eingerichtet hatten, von denen aus sie römische Truppen und die Bewohner der Regionen versorgen konnten. Im römischen Kernland Italien waren sie besonders zahlreich vertreten und aktiv. Und irgendwie hatten sie es geschafft, die Auflösung des römischen Imperiums, den Sieg der barbarischen Stämme und den Anbruch des Mittelalters zu überleben.

In den vielen Kleinstädten und Festungen entlang der Ströme
«Germaniens» fanden Juden genügend Möglichkeiten, ihr Brot zu
verdienen. Und selbst als die römische Herrschaft durch die der Barbaren ersetzt wurde, blieben sie als Händler und Zwischenhändler
vor Ort und ließen sich allmählich im ganzen Gebiet jenes Reiches
nieder, welches schließlich der einigenden und schützenden Macht
Karls des Großen und seiner Franken unterstand. In diesem von Karl
dem Großen erschaffenen europäischen Imperium wurde den Juden
völlige Handelsfreiheit gewährt, doch mit seinem Tod im Jahr 814
starb auch die Toleranz, und es brachen Tumulte im ganzen Reich
aus. Der Kampf der Juden um Gerechtigkeit und Gleichheit begann – ein Kampf, der über tausend Jahre währen sollte.

Liebe Tante Fori,
auf der Geschichte der Juden von Polen lastet ein düsterer Schatten, vor allem was die letzten einhundert Jahre betrifft. Viele Juden
sind zutiefst überzeugt, dass Polen grundlegend antisemitisch sind,
was sie immer wieder bestätigt fanden, zuletzt als Ende des 20. Jahrhunderts enthüllt wurde, dass das Massaker an den Juden des Dorfes
Jedwabne im Jahr 1941 nicht von deutschen Besatzern, sondern von
ihren polnischen Nachbarn verübt wurde. Und doch waren die frühen Jahre der polnisch-jüdischen Geschichte von vielen positiven
Aspekten begleitet, nicht zuletzt weil Polen die aus Deutschland flie-
henden Juden geradezu ermuntert hatte, sich auf polnischem Boden
niederzulassen.
     Bereits im Jahr 1170, einhundert Jahre nach der ersten Judenver-
treibung aus deutschen Landen, hatten Juden die polnische Münze
verwaltet und sogar Geldstücke mit hebräischen Aufschriften prägen
lassen. Vierzig Jahre später erlaubte man ihnen, eigenes Land in Galizien zu erwerben. Im 14. Jahrhundert wurde den Juden von Krakau mit einer Charta garantiert, dass keinem von ihnen im Haus ei-

nes Christen ein Haar gekrümmt oder etwas Beleidigendes angetan werden durfte. Wenig später wurden ähnliche Privilegien auch den Juden Litauens gewährt. In einer Stadt nach der anderen gründeten sich nun jüdische Gemeinden. Eine Widmung aus dem Jahr 1243 erwähnt einen «Rabbi Jakob Savra von Krakau ... ein großer Gelehrter und im ganzen Talmud bewandert».

Eine weitere Wendung zum Guten kam 1264, als König Boleslaw der Fromme ein Statut erließ, welches die Juden als «Kammerknechte des Herrschers» unter seinen persönlichen Schutz stellte. Polen hatte schrecklich unter dem Einfall der Mongolenhorden aus Zentralasien gelitten, und Boleslaw erkannte, dass die Juden mit ihren Fähigkeiten entscheidend zum Wiederaufbau des Handels und des Wohlstands seines Landes beitragen konnten. Nachdem 1385, ein Jahrhundert später, das Großherzogtum Litauen mit Polen zusammengeschlossen wurde, erstreckte sich dieses Statut auch auf litauische Gebiete.

Doch wie so oft in der jüdischen Geschichte wurde das Recht auf Niederlassung und Unversehrtheit vom Mob und von christlichen Fanatikern, die jeder aufhetzen konnte, der einen Sündenbock für irgendetwas suchte, ständig verletzt. Während der schwarze Tod in ganz Europa um sich griff, beschuldigte man überall die Juden, für die Ausbreitung der Pest, für die damals niemand eine Erklärung hatte, verantwortlich zu sein. Polen war da keine Ausnahme. Ein polnische Chronik aus dem Jahre 1349 konstatiert: «Nahezu alle Juden ... in Polen wurden massakriert.»

In Westpolen wurden 1399 ein Rabbi und dreizehn Gemeindeälteste gefoltert und anschließend lebendigen Leibes verbrannt, weil sie beschuldigt worden waren, Kirchengut zerstört zu haben; 1407 kam es in Krakau zu antisemitischen Ausschreitungen, bei denen man einen jüdischen Geldverleiher öffentlich folterte und verbrannte; weiter östlich, in Moskau, wurde 1490 der jüdische Hofarzt Meister Leon hingerichtet, weil er den Sohn des Großherzogs nicht heilen konnte; 1495 wurden alle Juden aus Litauen, das ihnen über zweihundert Jahre lang Zuflucht gewährt hatte, vertrieben. Es gab jedoch auch zu allen Zeiten Juden, die in der polnischen Gesellschaft Karriere machten. Polnische Juden handelten mit Tuchen, Farbstoffen, Pferden und Rindern und verkauften ihre Waren bis nach Venedig und auf die Krim. In einem Dekret von König Ladislaus II. aus dem Jahr 1425, das sich auf ein abgelegenes Gebiet im polnischen Galizien bezog, hieß es: «Da wir großes Zutrauen in die Weisheit, Umsicht und Voraussicht unseres Zollpächters, des Juden Wolchko von Lwow, haben ... nachdem es besagter Jude Wolchko gewesen war, welcher besagte Wildnis in eine dörfliche Ansiedlung verwandelte, soll diese ihm bis zu seinem Tode unterstehen.» Einem anderen Juden namens Natko vertraute König Kasimir Jagello die Salzbergwerke von Drohobycz an.

Die Sicherheit der Juden von Polen schien gewährleistet. König Boleslaws Statut wurde mehrmals erneuert, am nachdrücklichsten im Jahr 1453 von König Kasimir IV. aus der Jagellonendynastie. Im 16. Jahrhundert brachte Rabbi Moses Isserles – besser bekannt unter seinem Akronym Rema – die Lage auf den Punkt: Es sei besser, bei trocken Brot, aber in Frieden in Polen zu leben, als satt in für Juden gefährlicheren Gegenden. Von Isserles stammt auch ein unter Juden beliebtes Wortspiel mit der hebräischen Bezeichnung für Polen, *polin*: Sie leite sich, so sagte man, von den beiden hebräischen Wörtern *po* und *lin* ab («hier soll er ruhen»). Isserles gründete eine *Jeschiwe* – Talmudschule – in Krakau, deren Studenten er aus eigenen Mitteln unterstützte, saß dem rabbinischen Gericht der Stadt vor und schrieb unter anderem einen berühmten Kommentar zum *Schulchan Aruch* («Gedeckten Tisch») über die Speisegesetze. Er starb 1572. Sein Ruhm als Gelehrter war so groß, dass man auch auf seinen Grabstein in Krakau – wie schon auf den von Moses Maimonides – die bis heute lesbaren Worte meißelte: «Von Moscheh bis Moscheh gab es keinen wie Moscheh.»

1569 eroberte Polen die Ukraine. Damit geriet eine beträchtliche Zahl weiterer Juden unter polnische Herrschaft. Viele wurden nun Verwalter der großen Güter, die sich der polnische Adel in der Ukraine angeeignet hatte. Juden pachteten sie für viel Geld auf Zeit und erhielten während dieser Periode unbeschränkte Macht über die Bauern. So kam es, dass sich unter ukrainischen Bauern doppelt heftiger Antisemitismus entwickelte – einmal gegen die Juden als «ausländische Gutsbesitzer» und zum anderen, weil sie als verlängerter Arm der polnischen Machthaber galten.

Jüdisches Geistesleben und jüdische Kultur aber blühten. Ein polnischer Chronist aus dem 16. Jahrhundert hielt fest: «Die Juden lesen hebräische Bücher und studieren Wissenschaft und Kunst, Astronomie und Medizin.» Jüdische Gelehrte und Lehrer gab es zuhauf. Die interne jüdische Verwaltung wurde durch einen Zentralrat, dem Zentrum jüdisch-kommunaler Aktivitäten, geregelt. Und es wurden prächtige Synagogen erbaut, darunter die Rema-Synagoge von Krakau und die Große Synagoge von Lwow.

Liebe Tante Fori,

in Mittel- und Westeuropa war die Lage der Juden während des gesamten 16. Jahrhunderts derart prekär, dass sie sich gezwungen sahen, immer weiter in Richtung Osten und allem voran nach Polen zu fliehen. Im Jahr 1500 wurden sie aus dem Rheinland vertrieben, 1541 aus Prag und 1571 aus Berlin. Der Strom nach Osten floss stetig.

Während der Reformation erreichte der Antisemitismus im christlichen Europa dann einen grausamen Höhepunkt. 1543 veröffentlichte Martin Luther seine Polemik «Von den Jüden und ihren Lügen». In einer Abhandlung «Dass Jesus ein geborener Jude sei» hatte er Juden 1523 noch verteidigt, weil er hoffte, dass sie zum Christentum konvertieren würden, wenn man sie nicht länger verfolgte. Doch als sie sich nicht bekehren lassen wollten, schlug er andere

Töne an. Sein Zorn war grenzenlos. Der «teure Rat», den er seinen christlichen Brüdern in sieben Punkten als Antwort auf die selbst gestellte Frage gab, «was wollen wir Christen nun thun mit diesem verworfenen, verdammten Volk der Juden?», war von geradezu gewalttätig hasserfüllter Kraft:[14]

Der erste Rat lautete unumwunden, «dass man ihre Synagoga oder Schule mit Feuer anstecke und was nicht verbrennen will, mit Erde überhäufe und beschütte, dass kein Mensch einen Stein oder Schlacke davon sehe ewiglich. Und solches soll man thun, unserm Herrn und der Christenheit zu Ehren, damit Gott sehe, dass wir Christen seien und solch öffentliche Lügen, Fluchen und Lästern seines Sohnes und seiner Christen wissentlich nicht geduldet noch gewilligt haben.»

Es mangelte Luther wahrlich nicht an Vorschlägen. Als Nächstes folgte der Rat, «dass man auch ihre Häuser desgleichen zerbreche und zerstöre. Denn sie treiben schon dasselbige drinnen, das sie in ihren Schulen treiben. Dafür mag man sie etwa unter ein Dach und Stall thun, wie die Zigeuner, auf dass sie wissen, sie seien nicht Herren in unserem Lande, wie sie rühmen, sondern im Elend nur gefangen, wie sie ohn Unterlass vor Gott über uns Zeter schreien und klagen.»

Als Drittes schlug er vor, «dass man ihnen nehme alle ihre Betbüchlein und Thalmudisten, worin solche Abgötterei, Lügen, Fluch und Lästerung gelehret wird».

«Zum vierten: Dass man ihren Rabbinen bei Leib und Leben verbiete, hinfort zu lehren ...»

«Zum fünften: Dass man den Jüden das Geleit und Straße ganz und gar aufhebe. Denn sie haben nichts auf dem Lande zu schaffen, weil sie nicht Herren, noch Amtsleute, noch Händler oder desgleichen sind. Sie sollen daheim bleiben ...»

«Zum sechsten: Dass man ihnen den Wucher verbiete, der ihnen von Mose verboten ist, wo sie nicht sind in ihrem Lande Herren über fremde Lande, und nehme ihnen alle Barschaft und Kleinod an Silber und Gold und lege es beiseite, zu verwaren. Und ist dies die Ursache: Alles, was sie haben (wo droben gesagt) haben sie uns gestohlen und geraubt durch ihren Wucher, weil sie sonst keine andere Nahrung haben ...»

Doch auch das war noch nicht das Ende von Martin Luthers fulminanten Drohungen. Der siebte Rat galt der Jugend: «Dass man den jungen starken Jüden und Jüdinnen in die Hand gebe Flegel, Axt, Karst, Spaten, Rocken, Spindel und lasse sie ihr Brot verdienen im Schweiß der Nasen, wie Adams Kindern auferlegt ist ... Denn es taugt nicht, dass sie uns verfluchten Goiym wollen lassen im Schweiß unsers Angesichts arbeiten, und sie, die heiligen Leute, wolltens hinter dem Ofen mit faulen Tagen, Feisten und Pompen verzehren und darauf rühmen lästerlich, dass sie der Christen Herren wären und von unserm Schweiß; sondern man müsste ihnen das faule Schelmenbein aus dem Rücken vertreiben.»

«Versorgen wir uns aber», fährt Luther fort, «dass sie uns möchten an Leib, Weib, Kind, Gesind, Vieh usw. Schaden thun, wenn sie uns dienen oder arbeiten sollten, weil es wohl zu vermuten ist, dass solch edle Herren der Welt und giftige, bittere Würmer, keiner Arbeit gewohnt, gar ungern sich so hoch demütigen würden, unter die verfluchten Goiym, so lasst uns bleiben bei gemeiner Klugheit der andern Nationen, als Frankreich, Hispanien, Böhmen u. a. und mit ihnen rechnen, was sie uns abgewuchert, und darnach gütlich geteilet, sie aber zum Lande ausgetrieben ...»

Das Pamphlet endet mit der nochmaligen Betonung, dass die Juden «aus unserm Lande vertrieben werden» sollten, bevor dann die Ermahnung folgt, der «liebe Herr und gute Freund», welcher «sich der blinden giftigen Jüden nicht allein wol erwehren kann», möge immer bedenken, dass diese Juden «gewisslich mit allen Teufeln besessen sind».

Angesichts solcher Bigotterie und der ihr folgenden Gewalt blieb

Juden kaum eine andere Wahl, als zu fliehen. Wieder und wieder wurden sie mit Feuer und Schwert vertrieben. Kein Wunder, dass sie sich auf die Suche nach einer mystischen Kraft machten, die ihnen beistehen konnte. Elijahu, der Rabbi von Chelm (jene Stadt, die später zum Synonym für den jüdischen Schelm werden sollte), glaubte bis an sein Lebensende 1583 an die Macht eines von Menschenhand aus Lehm erschaffenen *Golem* (hebräisch für «ungeformte Materie») mit äußerster Zerstörungskraft, auf dessen Stirn die hebräischen Lettern für «Wahrheit», *emet*, standen. Nur wenn es gelang, den ersten Buchstaben aus diesem Wort zu löschen, sodass nur noch *met*, «Tod», dort zu lesen stünde, konnte dieses Geschöpf bezwungen werden. Rabbi Elijahu und seine Nachfolger führten endlose Diskussionen über den Golem: Wäre es ihm zum Beispiel gestattet, an einem *Minjan* teilzunehmen, jener notwendigen «Zehnzahl» von Gläubigen, ohne die kein Gottesdienst beginnen kann? Die Antwort lautete klar: Nein. Viele Jahre später sollte ein anderer Elijahu, nämlich der «Wilnaer Gaon», einem seiner Schüler gestehen, dass er als Junge einen solchen Golem zu erschaffen versucht und erst davon abgelassen habe, als ihm eine Vision Einhalt gebot.

Um 1760 wurde die von Elijahu aus Chelm stammende Legende vom Golem dem berühmten Rabbi Jehuda Loew von Prag zugeschrieben (der bereits 1609 gestorben war), obwohl es keinerlei Hinweise darauf gab, dass er sich je mit diesem Thema auseinander gesetzt hätte. Doch seit man die Legende mit diesem hochverehrten Rabbi in Verbindung brachte – vor allem seit es hieß, Rabbi Loew selbst habe einen Golem erschaffen, damit er ihm zu Diensten sei, und ihn erst zu Staub zerfallen lassen, als dieser das Leben der Bürger Prags zu bedrohen begann –, wurde sie zur Grundlage für unzählige Schauermärchen, Romane, Dramen, eine Orchestersuite, eine Oper, ein Ballett und mehrere Filme.

Liebe Tante Fori,

im Jahre 1648 fielen der Kosakenführer Bogdan Chmielnicki und seine Anhänger über die Juden von Polen, Litauen und der Ukraine her und brachten im Verlauf der folgenden acht Jahre Tod und Zerstörung über Hunderte von jüdischen Gemeinden. Mehr als 100 000 Juden wurden ermordet, Hunderttausende gefoltert und viele zur Flucht nach Holland, Deutschland, Böhmen oder auf den Balkan gezwungen − zurück in ebenjene Länder, aus denen sie zwei, drei, vier oder fünf Jahrhunderte zuvor vertrieben worden waren. Über dreihundert Gemeinden wurden von Chmielnicki ausgelöscht. «Chmiel», die russische Form des Namens, wurde deshalb von Juden als das Akronym der hebräischen Bezeichnung *Chevle Maschiach Yavi L'Olam* interpretiert: «Er wird in die Schmerzen des Messias einführen.» Und wie es jüdischem Brauch bei der Erwähnung eines Todfeindes entspricht, folgt auch seinem Namen stets der Nachsatz: «Möge er auf ewig rotten.» Doch obwohl Chmiel so viele Juden so grausam hinschlachtete, konnte er das jüdische Leben in dieser Region nicht vollständig auslöschen. Schritt für Schritt wurden die Gemeinden wieder aufgebaut.

Eine Nachwirkung der Chmielnicki-Massaker war jedoch der bemerkenswerte Aufstieg von falschen Messiassen. Der berühmteste, Sabbatai Zwi, stammte allerdings nicht aus Polen, sondern aus dem Osmanischen Reich. Bereits während jener Massaker hatte der damals Zweiundzwanzigjährige verkündet, er sei der Messias, und selbstherrlich begonnen, die jüdische Tradition zu unterwandern. So sprach er in der Synagoge von Smyrna (dem heutigen Izmir) demonstrativ und mutwillig den Namen Gottes aus, welcher in den Texten der Hebräischen Schrift 6823-mal in Form des Tetragramms JHWH erwähnt wird, weil er nach jüdischer Tradition unaussprechlich ist − lediglich Hohepriester durften ihn (zu biblischen Zeiten) am Versöhnungstage flüstern. Sabbatai behauptete zudem, er sei am 1. August 1626 in Smyrna zur Welt gekommen − auf diesen Tag war nach

dem jüdischen Kalender in jenem Jahr das Fest des Neunten Aw gefallen, an dem nicht nur der Zerstörung des Tempels gedacht wird,
sondern laut einer Prophezeiung auch der Messias geboren werden
soll. Prompt sprachen die Rabbis von Smyrna *herem*, den Bann, über
Sabbatai Zwi aus.

Sabbatai übersiedelte nach Saloniki und ließ sich dort mit einer
mystischen Zeremonie, bei der er die Tora «heiratete», als Messias
feiern. Daraufhin wiesen ihn die Rabbis von Saloniki gleichfalls aus
der Stadt. Mit seiner immer größer werdenden Anhängerschaft zog
er durch Griechenland und die Türkei und schiffte sich schließlich
nach Palästina ein, wo er von dem berühmten Kabbalisten Nathan
von Gaza zum «König Maschiach» erklärt wurde; Nathan hielt sich
für die Reinkarnation des Propheten Elijahu und sollte zum wichtigsten Mitstreiter Sabbatais werden. In einem Rundbrief an die jüdischen Gemeinden erklärte er den kommenden «Lauf der Dinge»
im Detail: Zuerst werde Sabbatai kampflos den türkischen Sultan
entthronen, nach wenigen Jahren würden ihm dann die Könige aller
Völker Tribut zollen, doch nur dem Sultan werde er sein Reich an-
vertrauen und dann weiterziehen. Der Sultan werde ihn jedoch verraten, weshalb Sabbatai auf einem himmlischen Löwen reitend zurückkehren werde, und alle Völker der Erde und ihre Könige
würden sich vor ihm in den Staub werfen.

Alarmiert ließen ihn die Rabbis von Jerusalem verhaften und aus-
peitschen, um seinen Abschwur zu erzwingen. Er weigerte sich und
wurde aus der Religionsgemeinschaft ausgestoßen. Nach Smyrna zurückgekehrt – im Jahre 1665, fünfzehn Jahre nach seiner Vertreibung –, verkündete er das Jahr 1666 als das «messianische Jahr», in
dem er auf seinem himmlischen Löwen in Jerusalem Einzug halten
würde.

Doch als er zu einem Streitgespräch mit dem Sultan nach Konstantinopel reiste, wurde er vom Statthalter in der Zitadelle interniert und
dort in Ehrenhaft gehalten. Schließlich gab ihm der Sultan die Wahl

zwischen drei Möglichkeiten – ein Wunder zu vollbringen, das beweisen würde, dass er tatsächlich der Messias war; den Tod; oder die Konversion zum Islam. Sabbatai wählte die Konversion. Darüber war der Sultan so erfreut, dass er ihn in den Adelsstand erhob. Sabbatai setzte sich einen Turban auf und nannte sich Mechmet Effendi.

So mancher aus Sabbatais Gefolge bekehrte sich daraufhin gleichfalls zum Islam, mit der von Nathan nachgelieferten Begründung, dass der Messias zunächst in das Reich des Bösen absteigen und es von innen heraus bekämpfen müsse, bevor er die Welt retten kann. Sabbatai aber wurde vom Sultan nach Dulcigno an der albanischen Küste verbannt (das heutige Dulcinj in Montenegro), von wo aus er mit seinen Anhängern, die ihn noch immer für den Messias hielten, weiterhin Kontakt hielt, bis er 1676 dort starb.

Seine «Dönmeh» genannten Anhänger (türkisch für «Abtrünnige») und deren Nachkommen wahrten trotz ihrer Konversion zum Islam ihre jüdische Identität und sollten bis zum heutigen Tage in der Türkei als eine eigenständige Gruppe überleben. Djavid Bey zum Beispiel, einer der Anführer der jungtürkischen Revolution von 1908, war ein Dönmeh. Im Zweiten Weltkrieg wurden die Dönmehs schließlich erstmals als nichtmuslimische Gruppe behandelt und mussten deshalb Sonderabgaben leisten.

Den größten Einfluss hatte die sabbatäische Bewegung jedoch auf die Juden von Polen, die noch unter dem Trauma der Chmielnicki-Massaker litten. Viele von ihnen sehnten sich nach einer göttlichen Intervention, durch die ihr hartes Los gelindert würde. Nach Sabbatais Konversion zum Islam begann ihre inbrünstige Hingabe allerdings bald zu schwinden. Was blieb, war die still genährte Hoffnung auf Erlösung.

Sabbatai ist, nebenbei bemerkt, die hebräische Bezeichnung für den Planeten Saturn. Außerdem gab es noch zwei bekannte Juden dieses Namens: Sabbatai Meir ha-Kohen, ein Rabbi aus Litauen, der zur Zeit der Judenverfolgungen in Litauen im Jahr 1655 nach Böhmen floh und unter anderem ein bedeutendes Werk über das Schicksal der Juden von Polen während der Chmielnicki-Massaker geschrieben hat. Und Sabbatai von Raszkow, einer der ersten Chassidenführer; er gab ein Gebetbuch und eine Sammlung kabbalistischer Schriften heraus, bevor er 1745 im Alter von neunzig Jahren starb. Tausenden von Juden, die nach den Chmielnicki-Massakern zum Christentum zwangskonvertiert worden waren, gestattete der polnische König nun offiziell die Rückkehr zum Judentum, und auch die alten Muster des jüdischen Alltagslebens wurden wiederhergestellt. Zwar waren Juden in Polen gefährdet wie eh und je, nun aber hatten sie wenigstens die Chance, in Ruhe und Frieden ihren Lebensunterhalt zu verdienen, um die Familie zu ernähren und die Ausbildung der Kinder – zwingend im Leben eines Juden – zu sichern.

Liebe Tante Fori,

im 18. Jahrhundert wurde das Judentum drei weitere Male – 1734, 1750 und 1768 – durch Massaker in der Ukraine erschüttert. 1768 leisteten die Juden in der Stadt Uman während der so genannten Haidamak-Massaker zwar nach Kräften Widerstand, doch am Ende wurden sie fast alle, auch Frauen und Kinder, in der Synagoge umgebracht, sogar diejenigen, die sich für hohe Summen freizukaufen versucht hatten.

Aber auch diesmal hatte weder das Gemetzel an Unschuldigen noch die Verwüstung von Synagogen und jüdischen Häusern den Gemeinschaftssinn und das geistige Zusammengehörigkeitsgefühl der Juden zerstören können. Im Gegenteil, gerade infolge der Haidamak-Massaker konnte das europäische Judentum von einer neuen, geistig-moralisch beflügelnden Kraft und anhaltend wirksamen revolutionären Strömung erfasst werden – dem Chassidismus. Wieder einmal hatte jüdische Kreativität einen bemerkenswerten Fokus gefunden.

Viele Juden fühlten sich von der religiösen Bewegung des Chassidismus angesprochen. Die Chassiden glauben, *simcha* («Freude») und Frömmigkeit sollten das Leben eines jeden Juden prägen und im Zentrum der Verehrung Gottes stehen. Denn wenn alles von Gottes Herrlichkeit durchdrungen ist, wie sollte es dann irgendjemand auf Erden elend ergehen?

Auch die Liebe zum Land der Väter spielt eine wesentliche Rolle in der chassidischen Weltanschauung, eine so starke sogar, dass sich 1777 eine Gruppe von mehreren hundert Chassiden jeden Alters aus Russland in das gerade türkisch beherrschte Palästina aufmachte. Die Türken hatten zwei Jahre zuvor jedem Juden eine hohe «Kopfsteuer» aufgebürdet, und schon 1720 war die aschkenasische Synagoge in Jerusalem von ortsansässigen Arabern überfallen worden (wobei die Torarollen vernichtet wurden), doch davon ließen sich die Chassiden nicht schrecken. Gemeinsam mit vielen nichtchassidischen Juden und geführt von einem ihrer berühmtesten Weisen, dem damals dreiundvierzigjährigen Menachem Mendel von Witebsk, machten sie sich auf die gefährliche Reise nach Galiläa. Dort ließen sie sich in der inzwischen blühenden Gemeinde jener Juden nieder, deren Vorfahren mehr als zweihundertfünfzig Jahre zuvor aus Spanien und Portugal gekommen waren.

Gegründet wurde der Chassidismus in der ersten Hälfte des 18. Jahrhunderts als volkstümliche, mystisch-religiöse Bewegung von Israel ben Elieser, genannt Baal Schem tov (*Baal Schem* heißt «Herr des [göttlichen] Namens»), von seinen Anhängern kurz als «Bescht» angesprochen.

Das hebräische Wort *chasidut* bedeutet «Frömmigkeit». Der Bescht (er starb 1760) und alle, die seinem geistigen Weg folgten, ergänzten die alten Traditionen des jüdischen Glaubens mit ihrem gesteigerten Sinn für Freude und religiösen Enthusiasmus. Darüber hinaus entwickelten sie ein hierarchisches Konzept, das dem Judaismus der Rabbis und Weisen völlig fremd war, denn es stützte sich auf die Vor-

stellung, dass göttliche Gnade allein über den Zaddik, den geistigen
Führer oder «Gerechten» der Chassiden, zuteil werden und der ein-
fache Chassid nur durch seinen Zaddik erfahren könne, wie er mit
Gott in Kontakt treten kann.

Für einen Chassiden ist Gott allgegenwärtig. «Auf jeder Ebene»,
schrieb der Judaist Geoffrey Wigoder – ein kürzlich verstorbener
Freund von mir, ein unerschöpflicher Quell weltlicher Weisheiten
und historischen Wissens –, «erlebt der fromme Chassid, wie göttliche Energie alle Materie des Universums durchdringt. Vorausgesetzt,
er ist bereit, die Welt ausschließlich im Geiste seiner Frömmigkeit zu
erfahren, erkennt er seinen Schöpfer sogar in so alltäglichen Verrich-
tungen wie Essen, Trinken und jedem anderen körperlichen Bedürfnis, dem er nachkommt.» Das jiddische Wort für Rabbi – *Rab* oder
Rebbe – wird dem Namen eines chassidischen Führers oder Lehrers
häufig vorangestellt.

Von Anbeginn an waren orthodoxe Juden der alten religiösen
Tradition Gegner der Chassiden, so genannte *Mitnagdim*. Es quälte
sie, zu sehen, dass sich Chassiden von den existierenden Gemeinden und Synagogen absonderten, abgeschieden in eigenen Kreisen
lebten und beteten, dabei immer fröhlich um weitere Anhänger für
ihre Bewegung warben und die althergebrachte Orthodoxie offensichtlich geringschätzten. Am entschiedensten aber lehnten die Mitnagdim das Konzept des chassidischen Zaddik als dem einzig möglichen Vermittler zwischen Mensch und Gott ab, denn das war in
ihren Augen eine Herabwürdigung des jüdischen Glaubens; und die
unbedingte, fast mystische Hingabe, die ein Chassid gegenüber seinem Zaddik an den Tag legte, empfanden die Mitnagdim fast schon
als Gotteslästerung.

Im 19. Jahrhundert wurden die Ideale und Bräuche des Chassidismus am entschiedensten von der *Haskala* – der jüdischen Aufklärung, über die ich dir nächste Woche mehr schreiben werde – in
Frage gestellt. Nach Meinung der Aufklärer musste sich die jüdische

Religion verändern, um mit der modernen Welt Schritt halten zu können. Deshalb verurteilten sie die «mystische Wolkigkeit» des Chassidismus und die Tatsache, dass Chassiden jede weltliche Bildung ablehnten und sich sogar weigerten, die Sprachen zu erlernen, die in ihrer sozialen Umwelt gesprochen wurden – was für die Aufklärer ein entscheidendes Element der Modernisierung war. Trotz der unversöhnlichen Gegensätze zwischen diesen beiden Strömungen konnte der Chassidismus bis heute blühen und gedeihen. Unter Chassiden wird im Prinzip nach wie vor nur Jiddisch gesprochen; das Hebräisch lehnen sie als Alltagssprache ab, weil es ihrer Meinung nach ausschließlich den Heiligen Schriften und dem Gebet vorbehalten sein darf. Von einigen chassidischen «Höfen» – den von den einzelnen chassidischen Führern begründeten Dynastien – wird auch der Zionismus abgelehnt, weil sie darin einen Versuch des Menschen sehen, sich in Entscheidungen (wie die Gründung des jüdischen Staates) einzumischen, die allein Gott vorbehalten seien. Andere Chassiden, etwa die Anhänger des erst kürzlich verstorbenen Lubawitscher Rebbe, beteiligen sich hingegen sehr aktiv an der Politik des jüdischen Staates und gehören meist dem politisch rechten Spektrum an.

Die Bekleidung der heutigen Chassiden entspricht noch immer den Kostümen, die der katholische Adel Polens im 18. Jahrhundert (zur Zeit der Gründung ihrer Bewegung) bevorzugte, ergänzt durch äußere Hinweise auf die – ihrem Verständnis nach – mystischen Eigenschaften des Judentums, beispielsweise durch den *Schtrajmel*, einen breitkrempigen Fellhut aus dreizehn Zobelschwänzen, die nach Sicht einiger chassidischer Gruppen die Eigenschaften göttlicher Gnade symbolisieren.

Am Sabbat und an den Festtagen pflegt der Rebbe (oder Zaddik) von den aufgetragenen Speisen zu kosten und sie erst dann an seine um ihn versammelten Anhänger zu verteilen, denn Speisen, von denen er gegessen hat, sollen auf den Pfad wahrer Frömmigkeit führen.

Wenn das Mahl vorüber ist, lauschen die Chassiden den Auslegungen, die ihnen ihr Rebbe vom Wochenabschnitt der Tora unterbreitet, dann singen und tanzen sie, wie es im Psalm 100 geschrieben steht: «Dienet IHM in der Freude! Kommt mit Jubelruf vor sein Antlitz!» Jeder chassidische Hof folgt seinen eigenen Glaubensauslegungen. Zu den heute einflussreichsten chassidischen Gruppen gehört die Chabad-Bewegung. Das Wort *Chabad* setzt sich aus den Anfangsbuchstaben der hebräischen Wörter für Weisheit (*chochma*), Intelligenz (*bina*) und Glauben (*da'at*) zusammen. Diese Gruppe beruft sich auf die Schriften des Rabbi Schneur Zalman von Liadi, geboren 1745, welcher jahrelang an einer neuen Kodifizierung des jüdischen Gesetzes gearbeitet hatte (später sollte ein Teil der Texte einem Feuer zum Opfer fallen) und in Weißrussland und Litauen eine große Anhängerschaft gewinnen konnte. In Wilna, dem «Jerusalem Litauens», stieß er allerdings auf die massive Ablehnung zweier traditionell orthodoxer Führer, nämlich des Wilnaer Gaon, der Schneur Zalman nicht einmal begegnen wollte, und auf die des chassidischen Charismatikers Menachem Mendel von Witebsk. Der Wilnaer Gaon machte seinen Einfluss geltend, und es gelang ihm in der Tat, den Chassidismus mit einem rabbinischen Bann (*herem*) zu belegen; ein dem Andenken an Baal Schem tov gewidmetes Buch wurde öffentlich verbrannt. Ebenso kritisch stand der Wilnaer Gaon der jüdischen Aufklärung gegenüber, von der ich dir in meinem nächsten Brief berichten will. Übrigens soll der Gaon seine erste öffentliche Predigt im Alter von sechs Jahren gehalten und bereits damals die anwesenden Rabbiner mit seiner Weisheit in Erstaunen versetzt haben.

1798, als sich die Chabad-Bewegung auch im Norden Russlands langsam ausbreitete, wurde Schneur Zalman von den zaristischen Behörden verhaftet und als Häretiker sowie als politische Gefahr für das Zarenreich angeklagt. Über ein Jahr lang hielt man ihn in St. Petersburg gefangen. Noch heute wird seine Freilassung von seinen Anhängern alljährlich als Freudenfest und triumphaler Beweis der

Legitimität seines Lubawitscher Hofes gefeiert. Von ihm ist der Ausspruch überliefert: «Der einzige Weg, um Finsternis in Licht zu verwandeln, besteht darin, den Armen zu geben.» Nach seinem Tod im
Jahr 1813 war die Erbfolge durch seinen Sohn Dov Ber Schneerson
und dessen Hof in der weißrussischen Stadt Lubawitsch gesichert;
sechs weitere Generationen lang sollte diese Dynastie mit einem jeweils «Lubawitscher Rebbe» genannten Zaddik gewahrt bleiben. Der
letzte Rebbe aus dieser Linie, Menachem Mendel Schneerson, war
1902 in Russland geboren worden; als er 1994 im Alter von zweiundneunzig Jahren in New York City starb, war so mancher seiner
Anhänger davon überzeugt – und ist es bis heute –, dass er als Messias zurückkehren werde. Und zwar bald.

    Liebe Tante Fori,
    um 1770 begann eine neue Geistesströmung die Juden Europas in
ihren Bann zu ziehen, die *Haskala* («Erkenntnis»), jene in meinem
letzten Brief erwähnte Aufklärungsbewegung, welche die Gesetzesauslegungen der ultraorthodoxen chassidischen Bewegung für völlig
rückständig hielt.
    Über hundert Jahre lang sollte die Haskala jüdisches Denken und
Verhalten stark beeinflussen, und das wirkt sich bis zum heutigen
Tage aus. Was sie für viele Juden in Deutschland und, als sich die
Aufklärung nach Süden und Osten auszubreiten begann, auch in Italien, Polen und Russland so attraktiv machte, war die Prämisse, dass
weltliche Studien nicht nur ein legitimer, sondern ein absolut notwendiger Bestandteil der jüdischen Erziehung seien. Natürlich sollte
auch die Tora weiter studiert werden, doch darüber dürfe man weder wissenschaftliche Erkenntnisse noch die «moderne» Welt der
Landwirtschaft, des Handwerks, der Technik oder der Künste ver-
nachlässigen.
    Israel Zamosc, ein in Galizien geborener Talmudist und Mathe-

matiker, hatte 1741 als einer der Ersten biblische und talmudische Literatur mit Hilfe säkularer moderner Wissenschaft kommentiert; 1765 publizierte er ein Buch über die Bedeutung der Wissenschaften für die jüdische Erziehung; und der deutsch-jüdische Dramatiker und Philosoph Gotthold Ephraim Lessing wandte sich vehement gegen die Vorstellung, dass irgendeine Religion die Wahrheit für sich gepachtet haben könnte. Die jüdische Aufklärung fürchtete sich auch nicht vor Assimilation. Im Gegenteil, in vielerlei Hinsicht förderte sie diese Tendenz sogar, indem sie sich begeistert der Sprache, den Umgangsformen und Moden der Völker zuwandte, unter denen Juden lebten. Der in Dessau als Sohn eines Schreibers von Torarollen geborene Moses Mendelssohn etwa – Israel Zamosc hatte ihn in Astronomie und Mathematik unterrichtet –, vertrat die Ansicht, dass die Übersetzung der Hebräischen Schriften durch einen Juden in die deutsche Sprache der erste Schritt zur Begründung einer wahrhaft deutsch-jüdischen Kultur wäre. Und genau dazu trug er mit seiner 1783 erschienenen Tora-Übersetzung eine Menge bei.

Mendelssohn, zeitlebens gläubiger Jude, übte beträchtlichen Einfluss auf die Aufklärung und die jüdische Emanzipation aus, nicht zuletzt indem er als erster Jude seine eigenen Schriften in deutscher Sprache veröffentlichte. Seiner philosophischen Abhandlungen wegen nannte man ihn sogar den «deutschen Sokrates». Für ihn stand der Judaismus keineswegs in Konflikt mit dem rationalen Geist seiner Zeit; Juden verbreiteten keine Lehren, schrieb er, die sich gegen die Vernunft richten, und hätten der Naturreligion nie etwas anderes hinzugefügt als Gesetze und Gebote. In seinem 1783 veröffentlichten Werk «Jerusalem oder über religiöse Macht und Judentum» drängte er zur Trennung von Kirche und Staat, denn Religion war für ihn allein eine Frage der individuellen Gewissensentscheidung und nicht irgendeines Zwangs. Nicht einmal in der 1778 auf seine Initiative hin gegründeten Jüdischen Freischule in Berlin wurde – wie einer Auf-

zählung der Unterrichtsfächer aus dem Jahre 1786 zu entnehmen ist –
ein jüdischer Religionsunterricht angeboten. Der Dichter und Linguist Naphtali Herz Wessely bemerkte dazu herausfordernd, dass eben
nicht alle Juden zum Talmudisten geschaffen seien. Eine bedeutende Wirkung auf die Aufklärung hatten auch die so
genannten Hofjuden, wohlhabende und einflussreiche Juden – viele
von ihnen Bankiers –, die an den Höfen deutscher Fürsten als Finanzberater tätig waren oder als Kredit- und Geldgeber halfen, deren Macht zu wahren, und in vielfältigen Geschäftsbeziehungen zu
führenden nichtjüdischen Persönlichkeiten standen. Durch sie und
ihre Familien kamen vermögendere, prominente jüdische mit nichtjüdischen Kreisen in Kontakt und wurden ihrerseits von der säkularen Kultur ihrer Umwelt stark beeinflusst. Zum Beispiel ließen nun
wohlhabende Juden in Deutschland und Elsaß-Lothringen ihren
Kindern deutschen und französischen Sprachunterricht erteilen, damit sie es in den Geschäftskreisen und auf dem sozialen Parkett ihrer
nichtjüdischen Umwelt einmal leichter haben würden.

Sprachliche Assimilation wurde damals zu einem so zentralen Element der jüdischen Aufklärung, dass sie heute längst zur Norm geworden ist – so wie deine «Muttersprache», Tante Fori, Ungarisch und
meine Englisch ist. In vielen jüdischen Gemeinden wurde Jiddisch
nun vernachlässigt und schließlich ganz abgelegt – nicht zuletzt, weil
man den Juden vorwarf, dass sie bei Verhandlungen untereinander nur
Jiddisch sprachen, um ihre nichtjüdischen Geschäftspartner übers Ohr
hauen zu können. Sogar Moses Mendelssohn ließ sich davon beeinflussen. 1782 schreibt er an einen Freund: «Ich fürchte dieser Jargon
hat nicht wenig zur Unsittlichkeit des gemeinen Mannes beigetragen,
und verspreche mir sehr gute Wirkung von dem unter meinen Brüdern seit einiger Zeit aufkommenden Gebrauch der reinen Mundart»,
also Hochdeutsch. Mit der Entscheidung von Kaiser Joseph II., Jiddisch als Umgangssprache in Österreich stark einzuschränken, war
auch Naphtali Wessely ganz und gar einverstanden.

David Friedländer, ein Pionier der Theorie und Praxis jüdischer Assimilation und mit der Tochter des preußischen Bankiers und Hofjuden David Itzig (seinerseits Israel Zamoscs Mentor) verheiratet, war so tief davon überzeugt, dass Jiddisch den ursprünglichen Gehalt des jüdischen Glaubens entstellt habe, dass er sogar beschloss, eine hochdeutsche Übersetzung jüdischer «Gebete aufs Jahr» zu publizieren. Gleichzeitig aber wollte er dem jüdischen Identitätsverlust durch die allmähliche Assimilation der Juden in Preußen 1813 mit einer (anonymen) Schrift entgegentreten, in der er dafür eintrat, den jüdischen Gottesdienst und eine explizit jüdische Erziehung durch emanzipatorische Umgestaltungen wieder attraktiver zu machen. In vielen Ländern sollte es nun zu sprachlichen Assimilationen kommen. In Holland zum Beispiel erschien 1806 erstmals eine jüdische Wochenzeitung auf Holländisch, und in «deinem» Ungarn begann man in den 1840er Jahren in den Toraschulen Jiddisch als Lehrsprache durch Ungarisch zu ersetzen und sogar Rabbis ungarisch predigen zu lassen.

Ein nur auf den ersten Blick widersprüchlicher Aspekt dieser jüdischen Aufklärung war, dass sie zugleich den Anstoß für die Entwicklung des modernen Hebräisch gab. Mendelssohn betrachtete die hebräische Sprache als einen «Nationalschatz», und Jonathan Eybescheutz (der 1725 zu jenen Prager Rabbis gehört hatte, welche die Sabbatäersekte verstießen, obwohl sich sogar sein eigener Sohn später zum Sabbatäischen Propheten erklärte) wollte ebenfalls durchsetzen, dass grundsätzlich jeder Jude fließend Hebräisch sprechen sollte. Auch Wessely, der bei Eybescheutz studiert hatte, war ein Pionier der Wiederbelebung des biblischen Hebräisch als Alltagssprache und der Weiterentwicklung von hebräischer Dichtung. Im ostpreußischen Königsberg erschien 1783 erstmals ein hebräischsprachiges Monatsheft – und zwar als Vehikel der Aufklärung. Seine Herausgeber, die «Freunde der hebräischen Sprache», änderten ihren Namen 1786 in die (hebräischsprachige) Bezeichnung: «Sucher nach Güte und Weisheit und Freunde der hebräischen Sprache». Alle Artikel erschienen auf Hebräisch – und Deutsch.

Liebe Tante Fori,
für das Judentum Westeuropas begann das 19. Jahrhundert hoffnungsvoll. Unter dem Einfluss der Französischen Revolution waren die Restriktionen für die Juden von Frankfurt, Mainz, Venedig und Rom gelockert und auch die Tore der Ghettos geöffnet worden. Italienische Juden, deren Emanzipation Napoleon nach Kräften gefördert hatte, nannten den Kaiser *helek tov*, hebräisch für «guter Teil» – «bona parte». 1807 wurden den Juden von Westfalen durch Napoleons Bruder Jérôme sämtliche Bürgerrechte garantiert, vier Jahre später auch den Juden Hamburgs, Mecklenburgs, Lübecks und Bremens.

Napoleon selbst versuchte jedoch alles, um das Nationalbewusstsein von Juden in diejenigen Nationalstaaten zu kanalisieren, in denen sie lebten. Ihre Religionsfreiheit tastete er nicht an, doch jede andere tiefsitzende, explizit jüdische Identität wollte er umlenken – ausgenommen unter den Juden in Palästina. Als er 1799 von Ägypten nach Norden vorrückte, um sich einem britisch-türkischen Koalitionsheer vor Akko zu stellen (von dem er geschlagen wurde), zog er durch die Küstenebene rund dreißig Kilometer vor Jerusalem und verkündete den Juden Palästinas, die er für seine Sache gewinnen wollte, dass er ihnen nach einem Sieg über die Türken «ihr Jerusalem zurückgeben» wollte («rendre aux juifs leur Jérusalem»). In den östlichen Provinzen Frankreichs, in denen die meisten Juden seines Landes lebten, erließ er 1808 hingegen das von Juden so genannte Schändliche Dekret, das ihre Handels- und Reisefreiheiten für einen Zeitraum von zehn Jahren stark einschränken sollte. Erst nach Napoleons Niederlage 1815 wurde diese restriktive Maßnahme wieder zurückgenommen.

Im Laufe des Jahrhunderts nach Napoleons Niederlage wurden viele seiner emanzipatorischen Ideale verwirklicht. In immer mehr Regionen Westeuropas wurden Juden nun die Bürgerrechte gewährt, wodurch sich ihnen bis dahin kaum erträumte Chancen eröffneten und die Härten ihrer Isolation gemildert wurden. Zugleich konnte die jüdische Aufklärungsbewegung immer mehr an Einfluss gewinnen. 1813 wurde im galizischen Tarnopol – im Herzen der jüdischen Orthodoxie – eine Schule gegründet, in der nicht mehr nur die Tora studiert, sondern überdies Mathematik, Geschichte und Geographie gelehrt wurden und die Unterrichtssprache Deutsch war. In Warschau eröffnete 1819 eine jüdische Schule, in der auf Polnisch unterrichtet wurde.

Eine jüdische Schule, deren Lehrplan zusätzlich säkulare Fächer umfasste, entstand 1826 auch im russischen Schwarzmeerhafen Odessa, und dort ermunterte man die Schüler ebenfalls, «reines Deutsch oder Russisch» zu sprechen. Im italienischen Padua eröffnete 1829 ein Rabbinerseminar, das jeden Studenten verpflichtete, zusätzliche weltliche Fächer zu belegen, und dessen eigene Statuten in italienischer Sprache verfasst waren. Den Lehren der aufklärerischen Haskala verpflichteten sich 1836 auch eine rabbinische Akademie in Amsterdam und 1857 eine in Budapest.

Diese säkulare Ausbildung von Juden ging Hand in Hand mit dem Abbau vieler Beschränkungen, die ihnen seit dem Mittelalter auferlegt worden waren. Juden durften nun staatliche Schulen und Universitäten besuchen, Mitglieder von nationalen Parlamenten und Regierungen werden, Land besitzen und konnten als Barone, Grafen oder Lords die oberen Ränge der Gesellschaft einnehmen. Viele konvertierten zum Christentum, so mancher allerdings nur, weil er so in der Adelshierarchie aufsteigen konnte. Aber auch für Juden, die ihrem Glauben treu blieben, gehörten Bärte und andere «typisch jüdische» Äußerlichkeiten der Vergangenheit an. Sie legten nicht nur ihre traditionelle Kleidung samt Hüten ab, sondern passten häufig

sogar ihre jüdischen Familiennamen den regionalen Gegebenheiten
an – so wie deine Familie deinen Mädchennamen Friedmann in Forbath verwandelte und der einstige Name meiner Familie – Fichten-
cwajg – zu Goldberg und schließlich Gilbert verballhornt wurde.

Liebe Tante Fori,
zur Zeit Napoleons war die Zahl der Juden im Osten – in Polen,
Litauen und Westrussland – auf mehrere Millionen angewachsen.
Ihre Lebensumstände wandelten sich dramatisch, bedingt jedoch
nicht durch Napoleons Erfolge, sondern durch die Expansion des zaristischen Russland. Zwischen 1772 und 1815 wurde der gesamte
mittlere und östliche Teil Polens sowie ganz Litauen von Russland
annektiert.

Da war es ein großes Glück für die Juden, dass sie in dem Staatsmann und Militär Prinz Potemkin einen Freund und Verbündeten
an höchster Stelle der russischen Gesellschaft hatten. Er ermutigte
sie, sich im Süden Russlands niederzulassen, vor allem in der von
ihm annektierten Kosaken-Region.

Nutznießer des Potemkin'schen Plans war auch ein Vorfahre von
Taya Zinkin gewesen, die 1947 gemeinsam mit dir, Tante Fori, den
muslimischen Flüchtlingen in Delhi half und viele Jahre Indien-Kor-
respondentin des «Manchester Guardian» war. Wie deine Familie
stammte auch die ihre ursprünglich aus Ungarn. Potemkin hatte ihren Vorfahren in der Nähe der Stadt Uman Land übereignet, auf
dem sie Zuckerrüben anbauten und später Zuckerrübenfabriken errichteten. Erst die bolschewistische Revolution vertrieb die Familie
nach Frankreich, wo sie dann leben sollte, bis Hitler sie erneut in die
Flucht schlug.

Nach Aussage des Potemkin-Biographen Simon Sebag-Montefiore (aus der berühmten angelächsisch-jüdischen Familie) sollten die
beiden einst von Kosaken – und Griechen – bewohnten Städte

Cherson und Jekaterinoslaw bald schon zu fast «rein jüdischen Städten» werden. Er berichtet, dass Joschua Zeitlin, ein jüdischer Kaufmann und Gelehrter, Potemkin auf seinen Reisen begleitet habe, dessen Landgüter verwaltete und finanzielle Abkommen für die Versorgung seiner Armee schloss, wie es die Rothschilds für die Herrscher Mittel- und Westeuropas taten. Potemkin verlieh ihm den Titel eines «Hofrats», was ihm erlaubte, sowohl eigenes Land als auch Leibeigene zu besitzen. Russische Juden nannten Zeitlin ihren *hazar*, «Fürst».

Im Süden Russlands wurde die Politik von zwei langwierigen Kriegen gegen die Türken bestimmt, der erste dauerte von 1768 bis 1774 und der zweite von 1787 bis 1792. Potemkin forderte die Juden deshalb auf, für seine Zarin Katharina II., die Große, in den Kampf zu ziehen, und stellte zu diesem Zweck eigens ein jüdisches Regiment auf – das erste rein jüdische seit den Zeiten von Bar Kochbas Aufstand gegen Rom rund 1600 Jahre zuvor.

Dieses jüdische Regiment, die Israelowski – der Name spielt auf die prächtige Ismailowski-Garde von Peter dem Großen an – bestand aus halb Infanterie und halb Kavallerie und kämpfte wie geplant gegen die Türken. Aus jener Zeit stammt ein typischer Spruch, den die «jiddische Mame» – immer darum besorgt, dass sich die Kinder nicht zu sehr verausgaben, nicht einmal für Potemkin! – ihrem Garde-Sohn (in eindringlichstem Jiddisch) mit auf den Weg zu geben pflegte: «Töt einen Türken und dann schlaf!» Er wurde zur sprichwörtlichen Ermahnung unter Juden, es mit den Dingen des Lebens nicht zu übertreiben.

Die Zaren standen den Juden in ihrem Reich unterschiedlich gegenüber. Zarin Elisabeth Petrowna hatte sie noch 1742 als «Feinde Christi» aus ihrem Reich verbannt; Katharina die Große beschränkte 1791 die Ansiedlungsmöglichkeit für Juden auf jene litauischen und polnischen Provinzen, in denen die meisten von ihnen ohnehin schon lebten, seit sie zwanzig Jahre zuvor unter russische Herrschaft geraten waren. Nach 1812 wurde dieser Ansiedlungsrayon dann um die jüngst eroberte Region Bessarabien erweitert. Innerhalb dieses Sperrbezirks gab der 1804 erlassene «Judenukas» von Zar Alexander I. den Juden das Recht, russische Schulen zu besuchen und sogar eigene zu errichten, vorausgesetzt, die Unterrichtssprache war Russisch, Polnisch oder Deutsch (und nicht die jüdische Lingua franca Jiddisch). 1817 verbot Zar Alexander Blutbeschuldigungen, die den Juden Russlands in den vorangegangenen beiden Jahrhunderten noch so viel Angst und Schrecken eingeflößt hatten; doch 1822 begann er plötzlich, Juden systematisch aus vielen russischen Dörfern vor allem in Weißrussland zu vertreiben. Alexanders Nachfolger Zar Nikolaus I. führte dann zwei Jahre nach seiner Thronbesteigung 1825 das verhasste «Kantonisten»-System ein: Juden ab dem Alter von zwölf Jahren wurden zu einem fünfundzwanzigjährigen Militärdienst verpflichtet und, bis sie achtzehn waren, zu einer «vormilitärischen Ausbildung» auf speziell eingerichtete Schulen geschickt. Gemeinden, die ihre Quote nicht erfüllten, drohten harte Strafen, weshalb sie häufig sogar «Greifer» ausschickten, um sich geeignete Kandidaten zu schnappen. Viele von den Juden, die eingezogen wurden, fielen im Kampf. Im Krimkrieg starben fünfhundert jüdische Soldaten und Matrosen bei der Verteidigung Sewastopols gegen englisch-französische Truppen. Zur antijüdischen Politik von Nikolaus gehörte es auch, dass er sämtliche Juden aus Kiew, einer von jüdischem Leben nur so vibrierenden Stadt, und aus dem inzwischen etwa dreißig Kilometer breiten Gürtel entlang der russischen Westgrenzen vertrieb. Sein Sohn Alexander II. (1855-81) verfolgte wieder eine liberalere Politik. Er schaffte das Kantonistensystem ab und erweiterte das Recht von Juden auch auf freie Berufswahl in allen kaufmännischen, handwerklichen und intellektuellen Bereichen, inklusive Medizin und Pharmazie. Juden spielten eine führende Rolle im Eisenbahnbau, bei der Entwicklung des Kohlebergbaus, in der Textilindustrie, im Handel mit Zucker und Tee, beim Export von Nutzholz und Getreide und im Bankwesen. Einige wurden so wohlhabend und einflussreich, dass sie sich an höchsten Stellen für die Rechte ihrer Glaubensbrüder in Russland einsetzen konnten. Juden forderten den Zorn Alexanders II. heraus, weil sie eine zentrale Rolle im polnischen Aufstand von 1863 spielten. Um zu verhindern, dass sie im Schmelztiegel des polnischen Nationalismus verschwinden, hatte ihnen der Zar volle Bürgerrechte zugestanden, was in anderen Gebieten des Russischen Reiches undenkbar gewesen wäre. Plötzlich konnten Juden Land erwerben und Mitglieder von Handelsverbänden und Gilden werden, auch die verhasste Sondersteuer auf koscheres Fleisch wurde abgeschafft. Dennoch schlossen sich viele der Unabhängigkeitsbewegung an und kämpften in Partisaneneinheiten oder gründeten eigene Kampftruppen, wie die unter Führung des österreichischen Juden Major Julian Rozenbach, der später im Kampf fiel. Unter den Gefangenen, die von den Russen hingerichtet wurden, befanden sich mehrere hundert jüdische Soldaten, darunter auch Wladislaw Rawicz, der Anführer des Aufstands in Podlachien.

Durch all diese guten wie schlechten Zeiten hindurch war der jüdische Bevölkerungsanteil Russlands von knapp über zwei Millionen im Jahr 1850 auf über fünf Millionen am Ende des 19. Jahrhunderts angewachsen. Mit dem Einsetzen von systematischer Gewalt gegen Juden – den Pogromen – im Jahr 1881, nach der Ermordung von Zar Alexander II., begannen jedoch immer mehr Überlebende, die nun als Sündenböcke für alles Mögliche herhalten mussten, auszuwandern. Die «Maigesetze» von 1882, die Alexander III. (1881–94) als eine der ersten gesetzgebenden Handlungen erließ, untersagten den Juden schließlich, weiter in ihren angestammten Schtetln zu leben, und zwangen sie zur Übersiedlung in andere Orte.

Ab 1887 wurde auch die Zulassung von Juden an staatliche Schulen und Universitäten strikt begrenzt. Viele verließen nun das Land, um im Exil zu studieren. 1891 wurden fast alle Juden aus Moskau verbannt. Unter dem letzten Zaren Nikolaus II. (1894-1918) unterstützte Konstantin Pobedonostschew – ein russischer Staatsmann und zugleich Oberster Ankläger des Vorstands der russisch-orthodoxen Kirche, der Heiligen Synode – ein Projekt des jüdischen Philanthropen Baron Maurice de Hirsch, das die Auswanderung von drei Millionen Juden innerhalb der kommenden fünfundzwanzig Jahre vorsah. Sie sollten in Gebiete umgesiedelt werden, die Hirsch in Kanada, Argentinien und Palästina erwerben wollte. Mit der Prophezeiung, dass «ein Drittel der Juden konvertieren, ein Drittel sterben und ein Drittel aus dem Land fliehen» werde, hatte Probedonostschew gewiss einer von vielen russischen Regierungsmitgliedern gehegten Hoffnung Ausdruck verliehen.

Nach der Abdankung des Zaren 1917 und dem Beginn der russischen Revolutionsära wurden alle den Juden auferlegten Beschränkungen, auch die Siedlungsrestriktionen, wieder aufgehoben. Tausende von Juden, die in den Jahrzehnten zuvor zum Christentum übergetreten waren, um sich der Verfolgung zu entziehen, kehrten nun in den Schoß des Judentums zurück. Doch mittlerweile gab es Zehntausende Nachkommen von konvertierten Juden, die sich dem Judentum nicht mehr verbunden fühlten und daher keine Notwendigkeit sahen, zu ihm zurückzukehren. In der St. Petersburger Simeonowskajastraße steht eine Kirche, in der sich einst ein jüdischer Arzt namens Ascher Blank taufen ließ. Auf seinem Taufschein ließ er den Vornamen Alexander eintragen. Dieser ansonsten unauffällige jüdische Konvertit war Lenins Großvater (seine Tochter heiratete Lenins Vater).

Liebe Tante Fori,

im 19. Jahrhundert erhielt die Geschichte der Juden von Westeuropa wieder eine neue Dimension. Im Zuge der stetigen Liberalisierung und Demokratisierung konnten immer mehr Juden eine positive – gleichberechtigte – Rolle im politischen, wirtschaftlichen und sogar gesellschaftlichen Leben spielen. In Frankreich war bereits 1848 ein Jude in das Kabinett eingetreten; in den folgenden Jahrzehnten sollten auch in anderen westeuropäischen Ländern Juden Ministerämter bekleiden – in Holland 1860, in Italien 1870, in Großbritannien 1909 und in Dänemark 1911. In Großbritannien war 1868 außerdem bereits der getaufte Jude Benjamin Disraeli Premierminister geworden. Für Engländer, die ja mit antisemitischen Karikaturen aufgewachsen waren, allem voran mit Shakespeares Shylock und Dickens' Fagin, mochte Disraeli eine exotische Gestalt gewesen sein, doch er wahrte und erweiterte das britische Empire auf eine Weise, die sogar der bigotteste Patriot bewundern musste.

Nach dem Berliner Kongress im Jahr 1878 soll sich sogar Bismarck bewundernd über Disraeli geäußert haben. Disraelis Vater stammte aus einer vornehmen jüdischen Familie, die 1492 gezwungen gewesen war, aus Spanien nach Italien zu fliehen. Dort hatte der Familienname noch «Israeli» gelautet; als Benjamins Großvater Jizchak 1748 dann aus Ferrara nach England auswanderte, setzte er das aristokratisch klingende «D» vor den Namen und nannte sich D'Israeli. Sein Sohn Isaac heiratete Maria Basevi, eine italienische Jüdin aus einer noch vornehmeren Familie. Ihr gemeinsamer Sohn Benjamin wurde 1804 in England geboren. Hebräisch lernte er bei einem Rabbi, der einmal wöchentlich in seine Schule kam.

Isaac D'Israeli hatte der Bevis-Marks-Synagoge in London angehört, war jedoch mit der Synagogenverwaltung in Streit geraten, als sie ihn zum «Warden» erklären wollte, ein Ehrenamt, das ein beträchtliches Geldgeschenk an die Gemeinde erfordert hätte. Isaac D'Israeli selbst trat niemals zum Christentum über, aber ein Freund konnte ihn überzeugen, seine Kinder taufen zu lassen, damit sie es einmal besser haben würden – auch Benjamin, der seinen Familiennamen dann zu Disraeli vereinfachte und Romane schrieb, bevor er

durch die parlamentarischen Ränge bis ins Amt des Premierministers aufstieg. Wäre er nicht getauft gewesen, hätte er nach damals
herrschenden Gesetzen niemals Parlamentsmitglied werden können,
geschweige denn Premierminister. Bis zum heutigen Tage hat kein
weiterer Jude, getauft oder nicht, Großbritannien regiert, obwohl
dem längst keine gesetzlichen Barrieren mehr im Wege stünden.
Bis 1870 hatten fast alle Universitäten Westeuropas jüdischen Studenten ihre Tore geöffnet. Die Medizinergilde ließ jüdische Ärzte
zu, jüdische Anwälte und Journalisten arbeiteten auf gleicher Ebene
mit nichtjüdischen Kollegen, und sogar gesellschaftliche Ehren und
Titel wurden Juden nun zuteil, die bis dahin allein der alten Aristo-
kratie vorbehalten gewesen waren. In Großbritannien erhielt 1885
erstmals ein Jude mit der Ernennung zum Lord die Peerswürde:
Nathaniel Rothschild, ein Urenkel von Mayer Amschel Rotschild,
dem Frankfurter Gründer dieser Dynastie.

In Deutschland glaubten indessen viele Juden nach Napoleons
Niederlage 1815, dass sie nur dann eine Perspektive als deutsche Bürger hätten, wenn sie sich vollständig assimilierten und auch zum
Christentum überträten. Unter der nun wachsenden Zahl von Konvertiten befanden sich einige der berühmtesten Juden Deutschlands,
etwa Heinrich Heine oder Karl Marx (auf Konvertiten werde ich in
einem späteren Brief gesondert eingehen). 1819 bewiesen die «Hep-
Hep!»-Krawalle jedoch, wie tief der Antisemitismus des Durch-
schnittsdeutschen saß und wie schnell er sich, da er immer nur knapp
unter der Oberfläche lauerte, überall Bahn brechen konnte, wo Neid
gegen einen erfolgreichen Juden oder Misstrauen gegenüber dem assimilierten Judentum, dessen deutscher Patriotismus heftig bezwei-
felt wurde, die Oberhand gewannen. Philosophen wie Historiker,
Politiker wie Pamphletisten äußerten sich offen antisemitisch.

Während das 19. Jahrhundert den Juden Westeuropas trotz alledem
zu ständig mehr Emanzipation und Fortschritt verhalf, beschäftigten
sich diese selbst zunehmend mit dem Leid ihrer Glaubensbrüder an-

derenorts, sei es in den arabischen Ländern oder im unterdrückerischen Zarenreich. Als dann die russischen Pogrome 1881 immer gewalttätiger wurden, flohen immer mehr Juden aus Russland in die Schutzhäfen Westeuropas und der Vereinigten Staaten, wohin sie jedoch nicht nur ihre Fähigkeiten, dynamischen Energien und ihren rastlosen Ehrgeiz mitnahmen, sondern auch ihre Armut. Die Probleme, vor die sie die westlichen Gesellschaften mit ihren so ganz anderen Verhaltensweisen und Traditionen stellten, wuchsen ständig.

In Westeuropa sollte nun der Zustrom dieser so fremdartig wirkenden Gestalten zu immer neuen und noch intensiveren antisemitischen Ausbrüchen führen. Egal, ob Intellektuelle oder primitive Rohlinge, alle schwangen plötzlich Reden vom «hinterlistigen Juden». Es waren die Auswirkungen dieses neuen Antisemitismus, die schließlich den Wiener Journalisten Theodor Herzl zu seinem Feldzug für den «Judenstaat» bewogen. Aber Herzl und sein Zionismus verdienen wirklich einen eigenen Brief.

Liebe Tante Fori,

bis 1870 war die Zahl der Juden innerhalb der Grenzen Russlands auf acht Millionen angewachsen. Die Ermordung von Zar Alexander II. ein Jahrzehnt später führte schließlich zu antisemitischen Pogromen und einschneidenden Beschränkungen der Rechte von Juden, zum Beispiel zu einem Numerus clausus, der die Zahl von jüdischen Schülern und Studenten an russischen Schulen und Hochschulen drastisch begrenzte und damit einen großen Erfolg der Aufklärung zunichte machte. Du, Tante Fori, hast so etwas ja selbst erfahren müssen, als du dich in den zwanziger Jahren vergeblich an der Budapester Universität einzuschreiben versuchtest.

1881 – meine vier damals noch jungen Großeltern lebten zu dieser Zeit alle innerhalb des jüdischen Ansiedlungsrayons im Westen Russlands – begann sich mit der Ausweitung der Pogrome die geographische Einheit der Juden im zaristischen Russland und ihr reiches jüdisch-jiddisches Leben aufzulösen. Im Laufe von dreißig Jahren sollten über drei Millionen Juden Russland verlassen. Eine Million floh nach Westeuropa, Großbritannien einbeschlossen, 50 000 zogen von dort aus weiter nach Palästina, damals noch unter türkischer Herrschaft, und beinahe drei Millionen überquerten den Atlantik, um sich in den Vereinigten Staaten niederzulassen – dem Land, das in der jüdisch-jiddischen Welt Osteuropas als das «goldene Medina» bezeichnet wurde.

Die Pogrome in Russland brachten aber auch nicht wenige Juden dazu, sich den Revolutionsbewegungen anzuschließen, die den Sturz des Zaren und seiner Autokratie forderten. Andere wurden Mitglieder von Organisationen wie den *Chowewe-Zion*, den «Freunden Zions», die eine jüdische Besiedlung Palästinas propagierten. 1892 verließ auch der in Russland geborene, damals siebzehnjährige Chaim Weizmann sein Schtetl Motol an den Pripet-Sümpfen, um eine Reise anzutreten, die ihn nach Deutschland, England und Palästina führte, wo er 1948 schließlich zum ersten Staatspräsidenten Israels gewählt werden sollte. Ein anderer, ebenfalls im zaristischen Russland geborener Jude namens David Gruen brach 1906 im Alter von zwanzig Jahren aus seinem Geburtsort Plonsk auf, ein rund dreißig Kilometer von der Weichsel entferntes Städtchen; zweiundvierzig Jahre später wurde er unter dem Namen David Ben Gurion Israels erster Premierminister.

Die Juden waren wieder einmal unterwegs. Aber wohin sie auch gingen, nahmen sie ihre Verbundenheit zum jiddischen Leben und die jiddische Sprache mit. Unabhängig davon, wie viele Juden unter den Einflüssen der Aufklärung und der Moderne russisch-, polnisch-, deutsch- oder ungarischsprachige Schulen besucht und anschließend ein Alltagsleben in der jeweiligen Landessprache geführt hatten – Jiddisch war und blieb die unter ihnen meistgesprochene Sprache.

Diese jiddische Welt sollte während des Zweiten Weltkriegs vollends ausgelöscht werden. Von den sechs Millionen Juden, die im Holocaust ermordet wurden, kamen vier Millionen aus Gebieten, in denen man ausschließlich Jiddisch sprach. Doch Juden wären keine Juden, wenn sie nach dem Zweiten Weltkrieg nicht unermüdlich versucht hätten, das noch von Hunderttausenden, wenngleich zunehmend alternden Immigranten gesprochene Jiddisch wieder zu beleben. In einigen amerikanischen Universitäten wurden ohne große Hoffnungen Jiddischkurse angeboten, die dann zum Erstaunen aller immer gut besucht waren. Auch in London und Oxford wurden solche Kurse eingerichtet. Und seit kurzem wird von Dovid Katz, einem ehemaligen Professor aus Oxford, auch in Wilna, der Hauptstadt des 1991 vom Kommunismus befreiten Litauens, ein Jiddisch-Studium angeboten. Doch die 1897 gegründete jiddische Zeitung «Forverts» in New York musste nach über hundert Jahren ihre jiddischsprachige Ausgabe einstellen und sich mit einer rein englischsprachigen Version («Forward») begnügen.

Liebe Tante Fori,

in den Vereinigten Staaten kennst du dich gut aus, da du ja mit Onkel Bijju (mit dem du nun beinahe siebzig Jahre verheiratet bist) in seiner Zeit als Botschafter Indiens von 1961 bis 1968 in Washington gelebt hast, wo auch ich euch einmal besuchen durfte.

Die Juden in den Vereinigten Staaten bildeten damals wie heute die größte jüdische Gruppe innerhalb einer einzelnen Landeshoheit – es leben dort beinahe doppelt so viele Juden wie heute in Israel. Unter amerikanischen Juden ist jede nur denkbare Facette jüdischen Lebens vertreten, von der strengsten Orthodoxie bis hin zur vollständigen Assimilation, und man spricht sowohl Hebräisch als auch Jiddisch – beides die Wächter eines kostbaren jüdischen Erbes.

In den Vereinigten Staaten kann jeder Jude nach seiner Fasson selig werden. In diesem Land, mit seinen nahezu beispiellosen Möglichkeiten für seine Bürger, konnten sich daher auch Juden an alle Spitzen der Gesellschaft hocharbeiten. Sie haben der Wirtschaft deutlich ihren Stempel aufgedrückt, und ihre Beiträge zur Entstehung des Mythos «Hollywood» sind Legende. Mit einem Wort, sie haben in hohem Maße von dieser toleranten Gesellschaft profitiert – die vielfältigen Talente von Juden bedürfen nicht erst der Verfolgung, um zum Leben erweckt zu werden.

Die wechselvolle Geschichte der Juden in den Vereinigten Staaten lässt sich über dreihundert Jahre zurückverfolgen. Zur selben Zeit, als Oliver Cromwell Juden einlud, nach Großbritannien zurückzukehren, nahmen auch die holländischen Verwalter der beiden amerikanischen Städte New Amsterdam und Newport Rhode Island Opfer der Judenverfolgungen durch die Katholiken in Brasilien mit offenen Armen auf.

Die brasilianischen Juden hatten unter einer toleranten holländischen Herrschaft gelebt. Doch mit der Eroberung Brasiliens durch die Portugiesen im Jahre 1654 wurden sie erneut Opfer von religiöser Bigotterie, dabei hatten sie nach ihrer brutalen Vertreibung aus Spanien und Portugal den ganzen Atlantik überquert, um genau ihr zu entgehen. Also begaben sie sich einmal mehr auf Wanderschaft und auf die Suche nach einem sicheren Hort. Es sollten wieder die Holländer sein, die ihnen einen Schutzhafen anboten, diesmal in Nordamerika.

Juden, die während der Inquisition zwangsgetauft wurden, aber insgeheim ihrem Glauben treu geblieben waren, wurden *Marranos* (spanisch für «Schweine») genannt. In Brasilien lebten solche Marranen schon seit der portugiesischen Eroberung im Jahr 1500. Gaspar da Gama (Gaspar de las Indias) war einer der ersten Juden gewesen, die in jenem Jahr im Gefolge von portugiesischen Siedlern dort ankamen, nachdem er drei Jahre zuvor von Portugiesen in Indien gefangen genommen und zur Konversion gezwungen worden war.

Doch dann wurden die Marranen auch in Brasilien an die Inquisition verraten und nach Lissabon zum Prozess geschickt, so wie Isaak
de Castro, der aus Holland nach Brasilien ausgewandert war und dort
verhaftet wurde, weil er Marranen den Talmud gelehrt hatte. Er
wurde nach Lissabon verfrachtet und fand dort bei einer kollektiven
Ketzerverbrennung von fast ausschließlich «heimlichen» Juden den
Tod auf dem Scheiterhaufen.

Erst die tolerante Herrschaft der Holländer in einigen Landesteilen Brasiliens erlaubte es diesen heimlichen Juden nach 1624, sich zu
erkennen zu geben. 1636 wurde die erste Synagoge in Recife errichtet, allerdings verfügte sie noch über keinen Rabbiner. 1642 gründete sich eine zweite jüdische Gemeinde, geführt vom prominenten
Amsterdamer Rabbi Isaak Aboab de Fonseca, selbst ein ehemaliger
Marrane aus Portugal, der somit der erste Rabbiner auf dem amerikanischen Kontinent war. Als die Portugiesen 1654 Brasilien wieder
einnahmen, kehrte Aboab nach Amsterdam zurück.

Mit den ersten dreiundzwanzig jüdischen Flüchtlingen, die 1654
in New Amsterdam eintrafen, wurde dieser Ort zur Wiege des amerikanischen Judentums. Doch wie so häufig in der jüdischen Geschichte hieß man sie auch in dieser Zufluchtsstätte nicht ganz so
herzlich willkommen, wie es auf den ersten Blick ausgesehen haben
mag. Peter Stuyvesant, der Gouverneur der Neuniederlande, legte
bei der Dutch West India Company Protest gegen die Ansiedlung
dieser «hinterlistigen Rasse» mit ihrer «widerwärtigen Religion» ein.
Vor allem fürchtete Stuyvesant, dass die Juden wegen ihrer Weitsicht
und ihres finanziellen Geschicks – ihres «Gottesdienstes zu Füßen
des Mammon», wie er sagte – den Handel übernehmen und die Pro-
fite der Dutch West India Company minimieren könnten.

Die Juden ließen sich Stuyvesants Feindseligkeit jedoch nicht so
einfach gefallen und wandten sich direkt an ihre bei der Dutch West
India Company beschäftigten Glaubensbrüder. Endlich wurde ihnen,
nach dreijährigen Kämpfen, offiziell die Erlaubnis erteilt, sich auf

holländischem Herrschaftsgebiet niederzulassen, Handel zu treiben und sich frei zu bewegen. Dank der hartnäckigen Einwände Stuyvesants durften sie jedoch weder Synagogen errichten noch öffentliche Ämter bekleiden.

1664 gingen die holländischen Territorien dann in den Besitz von Großbritannien über, und aus New Amsterdam wurde New York. Die von den Holländern auferlegten Restriktionen verschwanden, woraufhin jüdische Händler sofort führende Rollen im Überseehandel der Kolonie zu spielen begannen, gestützt auf ihre Verbindungen zu jüdischen Händlern in der Karibik, in Italien, dem Mittleren Osten und sogar in Indien.

Mittlerweile traten immer mehr Juden auf der Flucht vor den Verfolgungen in Ostmitteleuropa die gefährliche Reise über den Atlantik an; und mit der Ausdehnung der Gebiete unter britischer Kontrolle auf dem amerikanischen Kontinent begannen sich auch jüdische Siedlungen auszubreiten. Gleich nachdem die Spanier 1733 aus dem Südstaat Georgia vertrieben worden waren, ließen sich europäische Juden im Seehafen Savannah nieder; unter den Einwanderern aus Deutschland, die in Pennsylvania siedelten, befanden sich ebenfalls Juden. Nach der Teilung Polens im Jahr 1772 und der ersten Zerstörung polnischer Unabhängigkeit sollten sich viele polnische Juden dem transatlantischen Exodus anschließen, unter ihnen Chaim Salomon, ein führender Finanzier und späterer Pionier der Wall Street.

Auch im amerikanischen Unabhängigkeitskrieg spielten Juden eine Rolle. Eine Gruppe von vierzig jüdischen Soldaten in einer sechzig Mann starken Kompanie, die gegen die Briten in South Carolina kämpfte, wurde sogar «The Jews' Company» genannt. Salomon wurde von den Briten als Spion verhaftet, weil es ihm gelungen war, die Loyalität deutscher Offiziere in der britischen Truppe zu erschüttern und viele davon zu überzeugen, die Fronten zu wechseln.

Die Machthaber der neuen unabhängigen Vereinigten Staaten

blickten mit Wohlwollen auf ihre jüdischen Bürger. George Washington höchstpersönlich versicherte den Juden von Newport Rhode Island 1790 in nahezu biblischer Sprache: «Mögen die Kinder des Stammes Abraham, die ihre Zelte in diesem Land aufschlugen, auch fürderhin in den Verdienst und Genuss des Wohlwollens aller anderen Bürger dieses Landes kommen, in welchem ein jeder in Sicherheit unter seinem eigenen Weinstock und Feigenbaum verweilen kann und sich vor niemandem fürchten muss.»

Im Krieg, der 1812 zwischen den Engländern und Amerikanern ausbrach, halfen Juden mit, die Republik zu verteidigen. Tatsächlich war es ein jüdischer Offizier, Captain Mordecai Myers, der am 11. November 1813 einen erfolgreichen Angriff gegen die Briten bei Chrysler's Farm anführte, auch wenn die unter Kälte und Hunger leidenden und durch Krankheiten geschwächten Amerikaner die Schlacht schließlich verloren – und damit auch die Möglichkeit, Kanada zu erobern.

Mit jedem Ausbruch von Gewalt in Europa kamen mehr Juden in die Vereinigten Staaten. Die Verwüstungen nach den Napoleonischen Kriegen im Süden Deutschlands überzeugten Tausende Juden in den 1820er Jahren, die Reise über den Atlantik anzutreten. Die erste rein deutsch-jüdische Gemeinde wurde 1825 in New York gegründet.

Auch die Niederschlagung der europäischen Revolutionen von 1848 ließ eine jüdische Einwanderungswelle über die USA schwappen. Zwischen 1826 und 1850 wuchs die jüdische Bevölkerung von gerade einmal sechstausend auf mehr als fünfzigtausend an.

Juden hatten wichtige Rollen bei diesen Revolutionen gespielt. In Paris wurde 1848 ein Hauptmann Moise (sein Vorname ist nicht überliefert) dafür ausgezeichnet, dass er das Polizeihauptquartier eingenommen hatte; und in Ungarn fochten 1849 Tausende von Juden in den Reihen der ungarischen Unabhängigkeitskämpfer. Nach dem Scheitern dieser Revolution wurden mehreren jüdischen Gemein-

den in Ungarn hohe Geldbußen auferlegt. In Italien unterstützte
Rabbi Schmuel David Luzzato – genannt Schadal – aktiv das *Risorgi-
mento*, das für ein Ende jeder Fremdherrschaft auf italienischem Boden focht. 1860 nahmen elf Juden an Garibaldis «Zug der Tausend»
teil. Am Aufstand der Polen 1863 beteiligten sich mindestens einhundert Juden als bewaffnete Freiwillige. Einer von ihnen, Rafal
Kraushaar, der von seinen polnischen Revolutionsgenossen als ein «in
Armut gebildeter Jude» gepriesen wurde, war unter den ersten Ver-
wundeten dieses Kampfes.

In Amerika angekommen, kämpften sich viele nun ins Inland hinein, um neue Handelsposten zu eröffnen und neue Gebiete unter
amerikanischer Kontrolle zu erschließen. Bereits 1792 hatte der Jude
Jacob Franks Handelsbeziehungen mit Indianern im heutigen Wisconsin geknüpft; im Laufe von zehn Jahren erwarb er sich mit seinen
Geschäften den Ruf eines integren, fairen und gastfreundlichen
Mannes. 1805 errichtete er seine erste Sägemühle in dieser abgelegenen Region.

Als sich amerikanische Siedler schließlich in Richtung Westen
aufmachten, folgten ihnen auch viele Juden. Die erste Synagogenfeier am Mississippi wurde 1836 in St. Louis abgehalten. 1842
schickte die Jewish Colonization Society aus New York einen Emis-
sär namens Henry Meyer los, um in der Nähe von Chicago Farm-
land für eine jüdische Kolonie zu erwerben. Kaum hatte er den
Kauf getätigt, machten sich Juden in beträchtlicher Zahl auf den
Weg nach Westen. Allerdings sollten sich nur wenige von ihnen tatsächlich als Farmer dort niederlassen; die meisten wandten sich den
besseren kommerziellen Aussichten zu, die ihnen die Stadt Chicago
bot. 1847 wurde dort die erste jüdische Gemeinde ins Leben gerufen.

In den fünfziger Jahren des 19. Jahrhunderts eröffnete Lazarus
Straus einen kleinen Krämerladen im Landesinneren von Georgia –
es war der Beginn des Imperiums von Macy's in New York. Im sel-

ben Jahrzehnt legte auch der Hausierer Adam Gimbel unweit des
Mississippi den Grundstein für eine der größten Warenhausketten
der Vereinigten Staaten. Gimbel aus Bayern war 1835 in New Orleans eingetroffen. Seinen
ersten Laden eröffnete er 1842 in Vincennes, Wisconsin. In den
1880er Jahren gründeten dann seine Söhne Jacob und Isaac in Mil-
waukee, Wisconsin, die Firma Gimbel Brothers; 1894 machten ihre
Brüder Charles und Ellis ein Kaufhaus in Philadelphia auf; New
York folgte 1910. 1961 gab es dreiundfünfzig Gimbel-Kaufhäuser
über die ganzen Vereinigten Staaten verteilt.

Die jüdische Orthodoxie fand sich bald schon von den weniger
rigiden Religionsauffassungen vieler Juden in Amerika und von jüdischen Selbsthilfeorganisationen herausgefordert, die wie Pilze aus
dem Boden schossen, unter anderem die 1822 gegründete Hebrew
Benevolent Society, die 1843 ins Leben gerufene Bnai Brith und das
1859 eröffnete Hebrew Orphan Asylum. Das erste mit jüdischem
Geld finanzierte Krankenhaus entstand 1852 in New York; Arme,
Nichtjuden wie Juden, wurden kostenlos behandelt.

1840 erwiesen sich die Vereinigten Staaten erstmals auch als Verteidiger der Rechte von Juden jenseits der Grenzen amerikanischen
Territoriums. Für das amerikanische Judentum sollte dies ein Wendepunkt sein, denn nie zuvor war es in der Lage gewesen, seinen
Glaubensbrüdern in Europa und Asien konkret beizustehen. Die
erste Intervention der USA erfolgte anlässlich der Verfolgung und
Folterungen der Juden von Damaskus, von der ich dir in meinem
nächsten Brief erzählen werde: Der amerikanische Konsul in Ägypten wurde angewiesen, «aktiv die Sympathie der Vereinigten Staaten» für diese Juden zu zeigen; gleichzeitig appellierten die USA an
die türkische Regierung in Konstantinopel, das Los des syrischen
Judentums zu verbessern.

Diese diplomatische Einmischung der USA im Jahre 1840 war
vor allem aus einem Grund bemerkenswert – unter den Betroffe-

nen und Opfern befand sich kein einziger amerikanischer Staatsbürger. Dessen ungeachtet machte die amerikanische Regierung
den Machthabern in Konstantinopel klar, dass sich die Vereinigten
Staaten jederzeit das Recht auf Intervention in Staaten vorbehiel-
ten, in denen Menschen wegen ihrer Rasse oder Religion benach-
teiligt oder verfolgt würden, was laut der amerikanischen Verfassung verboten ist.

In den kommenden Jahrzehnten sollten die USA in der Tat immer wieder intervenieren. 1853 begann das State Department zum
Beispiel Druck auf die Regierung der Schweiz auszuüben, um ein
Ende der dortigen Judendiskriminierungen zu erreichen; über
zwanzig Jahre lang ließ das amerikanische Außenamt nicht locker,
bis die neue Schweizer Verfassung 1874 endlich auch Juden volle
Bürgerrechte garantierte.

Inzwischen hatten die USA weitere offizielle diplomatische Initiativen zugunsten der Juden von Serbien, Marokko, Rumänien,
Russland und sogar von Palästina unternommen.

Am Vorabend des Bürgerkriegs sollte das amerikanische Judentum untereinander dann ebenso gespalten sein wie die übrige amerikanische Gesellschaft, der es gleichberechtigt angehörte. Während
zum Beispiel Rabbi Einhorn 1855 in Baltimore gegen die Sklaverei
predigte – «Sprengt die Ketten der Unterdrückung, entlasst die Ge-
knechteten in die Freiheit und reißt von ihnen das Joch!» –, verkündete Rabbi Raphall in New York, dass Knechtschaft eine «göttliche
Einrichtung» sei.

Im Bürgerkrieg selbst zeigte sich dann jedoch, dass diese Zweitei-
lung nicht gleichgewichtig war – ungefähr 3000 Juden meldeten sich
freiwillig zum Dienst an der Waffe bei den Konföderierten, aber
7000 bei der nordamerikanischen Armee. Über fünfhundert jüdische Soldaten fielen im Lauf der Kämpfe. Auch jüdische Zivilisten
bekamen die Härten der Zeit zu spüren. Rabbi Einhorn zum Beispiel musste 1861 nach New York fliehen, weil er vom Mob wegen

seiner Haltung gegen die Sklaverei bedroht und tätlich angegriffen
worden war. Später, als sich die konföderierten Staaten allmählich
bewusst wurden, dass sie verloren hatten, und nun Schuldige such-
ten, sah sich Außenminister Judah P. Benjamin heftigen antisemitischen Beschuldigungen wegen Hochverrats und Profitgier ausgesetzt. Und sogar General Grant im Norden weckte uralte jüdische
Ängste, als er die Vertreibung der jüdischen Baumwollhändler hinter
seinen Linien anordnete. Lincoln höchstpersönlich annullierte diesen Befehl umgehend.

Sowohl George Washington als auch Abraham Lincoln zeigten
sich also den Juden der Republik gegenüber wohlgesinnt.

Liebe Tante Fori,

nach dem Amerikanischen Bürgerkrieg begann sich das jüdische
Leben in Amerika wieder zu entfalten. Sogar Juden, die auf konfö-
derierter Seite gestanden hatten, konnten in ihre Vorkriegsposi-
tionen zurückkehren. Raphael J. Moses, der im Rang eines Majors
gedient hatte, wurde zum Vorsitzenden des parlamentarischen
Rechtsausschusses von Georgia gewählt. 1878, als er einen Wahlkampf um einen Sitz im Kongress führte (erfolglos, wie sich herausstellen würde), sollte er im ganzen Land bekannt werden, nachdem
er seinen Gegner, der ihn als Jude verhöhnt hatte, in einem Brief
hatte wissen lassen: «Ich empfinde es als Ehre, einer Rasse anzugehören, welche Verfolgung nicht zerbrechen kann, auf welche erfolglos mit Vorurteilen Jagd gemacht wurde, welche nach nahezu neun-
zehn Jahrhunderten der Verfolgungen noch immer als ein Volk
überlebt hat und ihre Menschlichkeit und Intelligenz behauptet.
Würden Sie mir die Ehre erweisen? Nennen Sie mich einen Juden!»
Das amerikanische Judentum schrieb sich das auf die Fahne.

Zu der Zeit, als Raphael Moses diesen Brief verfasste, lebten über
eine viertel Million Juden in den Vereinigten Staaten. Jahr für Jahr

wurden neue jüdische Gemeinden gegründet. Und man vernach-
lässigte auch die jüdische Erziehung nicht: 1864 wurde in New York
die Hebrew Free School Association ins Leben gerufen. Es wurden
schöne Synagogen gebaut, und das ständig wachsende Reformjudentum erreichte 1875 mit der Gründung des Hebrew Union College in Cincinnati einen Höhepunkt seines Einflusses. Darüber hinaus gab es eine Fülle von jüdischen Wohltätigkeitsorganisationen,
gefördert von Logen wie der Bnai Brith und den Söhnen Benjamin.

Aber 1880 sollten sich all diese Aktivitäten, all die vielen großen
Gemeinden, das ganze in den USA niedergelassene Judentum von
einer viertel Million Menschen über Nacht verändern: Der große
Exodus der Juden aus Russland hatte begonnen. In den kommenden
dreißig Jahren sollten Massen von Juden die unheilvoll illiberale
Politik Russlands gegen die Liberalität der Vereinigten Staaten eintauschen. Zwischen 1880 und 1915 erreichten über zweieinhalb
Millionen Juden die USA, die meisten von ihnen kamen aus den
polnischen Provinzen oder anderen Gebieten Russlands, einige auch
aus dem benachbarten, gleichermaßen intoleranten Rumänien.

Das Bild des amerikanischen Judentums verwandelte sich vollständig: Die Geburtenrate unter den russisch-jüdischen Einwanderern
war hoch; in allen Großstädten wuchsen ausschließlich von Juden
bewohnte Viertel, in denen Jiddisch zur vorherrschenden Sprache
wurde und jiddische Zeitungen und Theater großen Zuspruch fanden. Als sich die Bedingungen auf dem Arbeitsmarkt zusehends ver-
schlechterten, kämpften jüdische Arbeiter an vorderster Front für
bessere Arbeitsbedingungen und höhere Löhne. Der entscheidende
Auslöser für die Streiks war ein Brand bei Triangle Shirtwaist in New
York gewesen, der 1911 einhundertsechsundvierzig junge italienische
und jüdische Arbeiterinnen das Leben gekostet hatte. Es ist schon
ein Zufall, dass ich die Nachricht vom Tod der letzten Überlebenden dieses Feuers erhielt, als ich gerade diesen Brief begann. Sie

wurde einhundertfünf Jahre alt. Kurz nach jenem Unglück spitzten sich die Arbeitskämpfe zu; 60 000 Textilarbeiter forderten während eines dreimonatigen Streiks von den Arbeitgebern die Anerkennung ihrer Gewerkschaft als des einzig legitimen Verhandlungspartners. Das «Protocol of Permanent Peace», das den Streik schließlich beilegte, war von Louis Brandeis ausgearbeitet worden, später als erster Jude zum Richter des Obersten Bundesgerichts der Vereinigten Staaten ernannt.

1925 war die jüdische Bevölkerung der USA auf viereinhalb Millionen angestiegen. In jedem Bundesstaat gab es nun jüdische Gemeinden, von der damals über eineinhalb Millionen starken New Yorker über die tausend Mitglieder zählende von Arizona bis hin zu einer Gemeinde von nur fünfhundert Juden in Nevada. Juden waren zu einem verfassungstreuen, integralen Teil des amerikanischen Lebens geworden. Sie wahrten zwar ihre eigenen Traditionen – die nun vorherrschend aus Russland stammten –, passten sich aber mit vollendetem Erfolg dem Lebensstil und den Anforderungen ihrer neuen Welt an. Im Ersten Weltkrieg kämpften eine viertel Million Juden in der amerikanischen Armee, 3500 von ihnen fielen.

Doch 1925 fand die Einwanderungsflut in die USA ein abruptes Ende. Der ständige Zustrom an osteuropäischen Juden, der in den vorangegangenen vierzig Jahren jenes typisch amerikanische Judentum begründet hatte, das wir noch heute kennen, wurde jäh gestoppt: Infolge des in diesem Jahr verabschiedeten amerikanischen «Einwanderungsquotengesetzes» durften nur noch 5962 Emigranten aus Polen, 2148 aus Russland und 749 aus Rumänien pro Jahr in die Vereinigten Staaten immigrieren. Bei einer solchen Rate hätte es über 250 Jahre gedauert, um noch einmal die jüdische Einwanderungszahl der vorangegangenen vierzig Jahre zu erreichen. Doch als sich die Tore nach Amerika schlossen, war das amerikanische Judentum bereits zu einer Macht im Staate geworden. Nun stand es an der Schwelle zu einer seiner aktivsten Perioden als eine wahrhaft

amerikanische, keiner Verfolgung ausgesetzte und vor Leben vibrie-
rende Gemeinschaft.

Liebe Tante Fori,

im 19. Jahrhundert begann sich die Lage der Juden in islamischen
Ländern, deren goldenes Zeitalter im muslimischen Spanien nun
bereits über siebenhundert Jahre zurücklag, zu verschlechtern. 1839
stürmte ein fanatisierter und durch ein falsches Gerücht aufgehetz-
ter muslimischer Mob im ostpersischen Mesched – jener heiligen
islamischen Stadt, durch die 1958 mein Weg zu dir führte – in das
Judenviertel, brannte die Synagoge nieder und zerstörte die Torarollen. Nur durch den Rückgriff auf eine der finsteren Methoden
des Christentums im Mittelalter konnte im letzten Moment ein
Massaker verhindert werden: durch eine Zwangskonversion – in
diesem Fall natürlich zum Islam – der gesamten jüdischen Gemeinde.

Doch die konvertierten Juden von Mesched kehrten ihrem Glauben nicht den Rücken. Obwohl sie sogar gezwungen waren, die Pilgerreise nach Mekka und Medina anzutreten, wenn sie glaubhaft den
Eindruck erwecken wollten, wahre Muslime zu sein, schafften sie es
insgeheim und unter großen Gefahren, den Grundgesetzen des jüdischen Glaubens getreu zu leben.

Schließlich machten sich die «Mesched-Juden» in kleinen Gruppen auf den Weg nach Zentralasien, Indien, Großbritannien und Palästina. Es war ein langsamer und schwieriger Prozess: Erst ein Jahrhundert später, nach Gründung des Staates Israel 1948, sollte es der
Mehrheit dieser heimlichen Juden von Mesched gelingen, den Islam
abzulegen und ihre jüdische Gemeinschaft in Israel wiederherzustellen. Zu ihnen gehörte auch der 1914 in Mesched geborene Mordechai Zar, der es bereits im Alter von zweiundzwanzig Jahren, kurz
vor Ausbruch des Zweiten Weltkriegs, nach Palästina geschafft hatte

und der 1969 zum stellvertretenden Sprecher der israelischen Knesset gewählt werden sollte.

Die Zwangskonversion der Juden von Meched war nur ein Vorgeschmack auf das bittere Leid, das den Juden nun in allen islamischen Staaten bevorstand. Schon ein Jahr später wurden die Juden von Damaskus des Mordes an einem christlichen Mönch und seinem muslimischen Diener bezichtigt. Dabei brachten die Muslime genau die Beschuldigung vor, welche die Christen im Mittelalter so gerne angeführt hatten, nämlich dass die Juden mit dem Blute ihrer Opfer das Pessachbrot backen wollten. Diese neuerliche Blutbeschuldigung, auf die auch die Nationalsozialisten wieder zurückgreifen sollten, führte zu gewaltigen Ausbrüchen antijudaistischen Hasses unter der arabischen Bevölkerung. Ein jüdischer Barbier wurde willkürlich verhaftet und gefoltert, bis er «gestand» und die Namen weiterer Juden nannte, von denen zwei anschließend ebenfalls zu Tode gefoltert wurden; ein Dritter rettete sein Leben, indem er zum Islam übertrat. Immer mehr Juden, darunter auch Kinder, wurden verhaftet, die Folterungen nahmen kein Ende.

Das Schicksal der Juden von Damaskus führte zu weltweiten Protesten. Juden wie Nichtjuden in London, Paris oder New York forderten Gerechtigkeit für die zu Unrecht Beschuldigten und die jüdische Gemeinde von Damaskus. Die Proteste hatten Erfolg. Der Sultan ließ die Blutbeschuldigung fallen, und alle überlebenden jüdischen Gefangenen kamen frei.

Die Damaskus-Affäre, wie man sie damals nannte, war eine bittere Mahnung, wie rapide sich Toleranz und Akzeptanz ins Gegenteil verkehren, in fanatischen Hass und Verfolgung ausarten können. Den Juden von Libyen wurden in den 1860er Jahren Strafsteuern auferlegt; in den marokkanischen Städten Marrakesch und Fes brachte man 1864 fünfhundert Juden um, in Tunis wurden 1869 achtzehn Juden ermordet, und auf der Insel Djerba überfiel der arabische Mob jüdische Häuser und Geschäfte, brannte Synagogen nieder und versetzte die dort ansässige jüdische Gemeinde in Angst und Schrecken. So versuchte man sich wieder einmal anderenorts ein neues Leben aufzubauen. Viele Juden flohen nach Frankreich, andere in das türkisch beherrschte Palästina. Im November 1843 verzeichnete ein in Jerusalem tätiger christlicher Missionar die Ankunft von einhundertfünfzig Juden aus Algerien: «Viele Juden sind inzwischen von der afrikanischen Küste hier eingetroffen und schließen sich zu einer eigenen Gemeinde zusammen.» Auch Juden aus anderen islamischen Ländern, sogar aus den abgelegensten Flecken im Jemen oder dem muslimischen Fürstentum Buchara in Zentralasien gelang es, das tolerantere Jerusalem zu erreichen und somit wieder jüdisches Leben in der Heiligen Stadt zu etablieren. 1870 waren Juden zur Majorität im jüdisch-muslimisch-christlichen Amalgam dieser Stadt geworden.

Die während des gesamten 19. Jahrhunderts andauernden Ächtungen der Juden in arabischen und den vom Islam beherrschten Ländern standen im starken Kontrast zu der zunehmenden Emanzipation von Juden anderenorts, insbesondere in den Vereinigten Staaten und Westeuropa. Die dort lebenden Juden machten sich nun immer mehr Sorgen um ihre weit weniger begünstigten Glaubensbrüder. Die 1860 mit Hauptsitz in Paris gegründete Alliance Israélite Universelle begann eine Kooperation von Juden in aller Welt zu organisieren, um allen beizustehen und überall dort eine jüdische Erziehung anzubieten, wo das Judentum unterdrückt oder verfolgt wurde. Besonders aktiv wurde die Alliance in Marokko. Ein guter Freund von mir, der Schriftsteller David Littman, fand in den siebziger Jahren bei Forschungsarbeiten in deren Archiven heraus, wie schrecklich eingeschränkt und gefährdet das Leben der Juden im islamischen Nordafrika gewesen war.

1875 wurden zwanzig Juden vom muslimischen Mob in Demnat, Marokko, ermordet. Die Zeitungen der jüdischen Gemeinden in

Europa, noch aufgebracht über die Judenverfolgungen im christlichen Russland, berichteten ausgiebig über dieses neueste Beispiel islamischer Bigotterie. Dennoch, das Leben der Juden unter islamischer Herrschaft sollte auch im restlichen 19. Jahrhundert hart bleiben. In Marokko lauerte man ihnen auf offener Straße auf, um sie, oft vor aller Augen, zu erschlagen; in Tripolis wurden im Jahr 1897 Synagogen geplündert und Juden umgebracht. Das beginnende 20. Jahrhundert brachte keine Besserung. 1903 fielen vierzig Juden in der marokkanischen Stadt Tasa der Gewalt zum Opfer; im Jemen wurden 1905 alte Gesetze aus den Schubladen gekramt, die es Juden untersagten, Muslime unaufgefordert anzusprechen, ihre Häuser höher als die ihrer muslimischen Nachbarn zu bauen und sich in irgendeinem traditionell muslimischen Gewerbe zu betätigen. Und sogar die Juden, denen es gelungen war, aus Nordafrika, Zentralasien oder dem Jemen nach Palästina zu übersiedeln, sollten nun einen Niedergang der bisherigen Toleranz erleben.

Liebe Tante Fori,

die Zwangskonversion der Juden von Meschhed im Jahr 1839 und die Blutbeschuldigungen in Damaskus im Jahr 1840 hatten wieder einmal die alte jüdische Idealvorstellung bestärkt, dass Juden einen Ort brauchen, zu dem sie jederzeit fliehen und an dem sie ihr eigener Herr sein können, ungefährdet von den tyrannischen Launen aller, die den jüdischen Glauben und die jüdische Kultur verachten. Unter den Demonstranten gegen die Folterungen in Damaskus befand sich der erfolgreiche jüdische Geschäftsmann Sir Moses Montefiore aus Großbritannien. Von da an sollte er sein ganzes Leben – und er wurde hundert Jahre alt! – der Sache seiner verfolgten Glaubensbrüder widmen, wo immer sie auch litten.

Am 11. Juni 1842 schrieb Colonel Charles Churchill, Duke of Marlborough – ein Mitglied der Familie, deren berühmtester Spross einmal Winston Churchill sein sollte –, an Montefiore, dass sich die Juden endlich für die Wiederherstellung einer eigenen Heimstatt in Palästina einsetzen sollten. Nur so, glaubte der Colonel, würden sie am Ende wenigstens erreichen, dass Palästina Souveränität erlangt. Auch Charles Churchill war überzeugt davon, dass sich die Juden ihre «Existenz als ein Volk», wie er Montefiore schrieb, zurückerobern mussten. Vier Jahre nach diesem Brief ließ sein englischer Landsmann George Gawler eine Broschüre drucken, in der er zur Gründung von jüdischen Kolonien in Palästina aufrief; das sei «das vernünftigste und sinnvollste Mittel gegen das Elend in der asiatischen Türkei». 1847 veröffentlichte Gawler, der 1815 in der Schlacht von Waterloo gekämpft hatte und später der erste britische Gouverneur in Südaustralien geworden war, eine zweite Broschüre, in der er die Dringlichkeit der Judenemanzipation betonte. Zwei Jahre später begleitete er Montefiore nach Palästina.

Es war Gawler, der Montefiore drängte, jüdische Landwirtschaftskommunen in Palästina aufzubauen. Doch er und Charles Churchill waren nicht die einzigen britischen Nichtjuden, die sich für eine Rückkehr der Juden nach Erez Jisrael einsetzten. 1847 schrieb ein Mitglied des Oberhauses, Lord Lindsay, in einem Reisebericht nach seiner Rückkehr aus Palästina: «Der jüdischen Rasse, die sich auf so wunderbare Weise erhalten hat, könnte eine neue Phase ihrer völkischen Existenz offen stehen, sie könnte wieder in den Besitz ihres Heimatlandes gelangen ... Die Erde Palästinas kennt den Sabbat noch immer und wartet nur auf die Rückkehr ihrer verbannten Kinder und einen ihren Möglichkeiten angemessenen landwirtschaftlichen Einsatz, um wieder in der Hülle und Fülle ihrer Fruchtbarkeit zu erblühen und sich in das zu verwandeln, was sie in den Tagen Salomons war.»

Die Bemühungen von Sir Moses Montefiore um die Errichtung von jüdischen Siedlungen in Palästina waren 1856 von Erfolg gekrönt, als ihn ein Edikt des türkischen Sultans erreichte, welches

den Juden den Erwerb von Land gestattete. Sofort machte sich
Montefiore ans Werk und kaufte Ackerland bei Jaffa und Jerusalem,
etwas später auch in Galiläa, Tiberias und Safed. George Gawler
unterstützte nach wie vor das Bemühen Montefiores und sollte ein
überzeugter Anwalt des Rechts der Juden bleiben, Herr im eigenen
Haus zu sein.

Am 10. August 1860 schrieb Gawler im «Jewish Chronicle»: «Es
wäre mir eine wahre Freude, in Palästina eine starke jüdische Garde
zu erleben, die sich in blühenden Landwirtschaftskommunen niedergelassen hat und bereit ist, sich in den Bergen Israels gegen alle Aggressoren zu verteidigen. Ich kann mir in diesem Leben nichts
Ruhmvolleres vorstellen, als meinen Anteil beizutragen, damit dies
verwirklicht werden kann.»

Im weiteren Verlauf des 19. Jahrhunderts schien die Antwort der
Juden Westeuropas auf Vorurteile und Verfolgung jedoch zunehmend Assimilation und Partizipation zu sein. Eine jüdische Stimme
aus Deutschland erhob sich allerdings lautstark gegen dieses angebli-
che Allheilmittel: Rabbi Hirsch Kalischer bezweifelte, dass Assimilation Sicherheit versprechen konnte, und betonte, dass eine geistige
Erlösung für das Judentum erst nach dessen physischer Rückkehr ins
Land der Väter erfolgen würde.

Deshalb fragte Kalischer seine Glaubensbrüder mit Nachdruck,
weshalb sie ausgerechnet in einer Zeit, in der sich alle europäischen
Nationen um Unabhängigkeit bemühten, nicht gleichermaßen für
ein solches Ziel einsetzten. 1860 unterstützte er die Gründung einer
Gesellschaft in Frankfurt an der Oder, die es sich zum Ziel gesetzt
hatte, die Rückkehr der Juden nach Jerusalem voranzutreiben. Diese
Gesellschaft veröffentlichte auch seine Schrift «Derischat Zion» («Die
Grüße Zions»), in der sich Kalischer expressis verbis gegen die Vorstellung wehrte, dass allein der Messias die Juden zurück ins Land der
Väter führen könne. Er forderte seine Glaubensbrüder vielmehr auf,
ihre Erlösung selbst in die Hand zu nehmen und sich nicht dem gu-

ten Willen anderer zu überlassen, sondern mit eigener Hände Arbeit das Land aufzubauen. Auch ihre Sicherheit sollten sie nicht den Türken überlassen, sondern selbst eine jüdische Verteidigungsgarde ausbilden und aufstellen.

Liebe Tante Fori,
die Vision von der kollektiven Rückkehr nach Erez Israel, die Rabbi Kalischer mit solcher Leidenschaft vertrat, war niemals verblasst. Einer der Ersten, die sie praktisch umsetzten, war Charles Netter, ein Jude aus Straßburg und Gründungsmitglied der Alliance Israélite Universelle, die ins Leben gerufen worden war, um verfolgten Juden in aller Welt zu Arbeit und Ausbildung zu verhelfen. Netter war begeistert von der Idee, das Angebot der Alliance auf Palästina auszudehnen, und schlug bereits 1867 vor, den Juden in Persien bei der Flucht vor Armut und Verfolgung zu helfen, indem man für sie Landwirtschaftssiedlungen in Palästina errichtete. 1868, nach seiner Rückkehr von einer Reise in das Land der Väter, schilderte er in glühenden Farben, wie man die Juden dort vor den Feindseligkeiten allerorten in Sicherheit bringen und ihnen anschließend die nötigen landwirtschaftlichen Fähigkeiten beibringen könnte.

Netters Begeisterung zeitigte bald schon praktische Ergebnisse. 1869 reiste er nach Konstantinopel, wo er, wie zuvor bereits Moses Montefiore, den türkischen Sultan von seinem Projekt überzeugen konnte. Ein Jahr darauf, 1870, wurde als erstes Ergebnis seiner Bemühungen eine Landwirtschaftsschule für Juden in der Nähe von Jaffa eingeweiht, die *Mikwe Jisrael*, die mit ihren 650 Morgen Land ein bedeutender Schritt hin zur Erfüllung von Kalischers Vision der Unabhängigkeit und Selbstversorgung der Juden war. Kalischer dachte selbst daran, Deutschland zu verlassen und sich dort anzusiedeln, doch mit seinen fünfundsiebzig Jahren glaubte er eine solche Reise nicht mehr antreten zu können.

Auch Sir Moses Montefiore hatte seine philanthropischen Pläne mittlerweile Jahr für Jahr intensiv weiterverfolgt. 1860 war die erste von ihm geplante Siedlung fertig gestellt, Wohnhäuser außerhalb der Stadtmauern von Jerusalem, die ausschließlich mittellosen Juden vorbehalten waren, da sie in dieser (sogar mit eigener Windmühle ausgestatteten) Siedlung weniger von humanitärer Hilfe aus dem Ausland abhängig sein würden. Vier Jahre später gründete Evelina de Rothschild (aus dem Rothschild-Clan) in der Jerusalemer Altstadt eine Mädchenschule. 1870 waren 9000 Juden in Jerusalem ansässig, was damals der Hälfte der gesamten Einwohnerschaft der Stadt entsprach.

Die Idee von der Rückkehr der Juden nach Erez Jisrael fand in dem Sepharden Jehuda Alkalai einen weiteren geistigen Mentor. Der in Sarajevo geborene Rabbi war, wie so viele Juden in Europa, zutiefst entsetzt gewesen über die Damaskus-Affäre und ebenfalls zu dem Schluss gekommen, dass Juden nicht auf den Messias warten konnten, um in ihr Land zurückzukehren, sondern selbst jede Anstrengung dafür unternehmen mussten. Auch die wachsende Kontroverse zwischen dem orthodoxen und dem Reformjudentum konnte seiner Ansicht nach nur durch eine «nationale Einheit» der Juden beigelegt werden – Gott warte nur darauf, dass der Mensch den ersten Schritt macht, lautete Alkalais Botschaft. 1874 machte sich der damals sechsundsiebzigjährige Rabbi selbst auf den Weg nach Jerusalem, wo er dann bis zu seinem Tod vehement für die Wiederbelebung des Hebräischen als Alltagssprache und für den Zusammenschluss des Judentums in aller Welt zu einer nationalen Kraft wirkte.

Im selben Jahr, in dem Rabbi Alkalai nach Jerusalem zog, veröffentlichte der britische Forschungsreisende Charles Warren ein Buch mit dem unzweideutigen Titel «The Land of Promise», in dem er seine Vision eines Palästina mit fünfzehn Millionen jüdischen Einwohnern ausmalte. Um dieses Ziel zu erreichen, sprach er sich für im ganzen Land verteilte jüdische Landwirtschaftskommunen aus. In seinem nächsten, ein Jahr später publizierten Buch «Underground Jerusalem» schrieb Warren dann allerdings, dass Palästina erst einmal im Namen der Juden von anderen regiert werden müsste, damit «der Jude ganz allmählich Zugang zu einer eigenen Armee, einem eigenen Rechtssystem und eigenen diplomatischen Dienst finden kann und allmählich lernt, selbständig die Farmbetriebe zu beaufsichtigen und auf den Farmen zu arbeiten». Nach zwanzig derart lehrreichen Jahren, so Warren weiter, könnte eine jüdische Regierung dann als «eigenständiges Königreich mit den Garantien der Großmächte bestehen». Die Bühne für eine neue Revolution war bereitet. Einige Juden hatten es geschafft, beinahe zweitausend Jahre der ständigen Kämpfe und Isolation im Land der Väter auszuharren. Sie hatten überlebt, sich gemehrt und es sich dort eingerichtet; aber auch ihre Bande zum Judentum in der Diaspora hatten sie gewahrt und waren ihrerseits physisch wie psychisch immer aus der Diaspora unterstützt worden.

1881 wurden Tausende russische Juden die Opfer eines neuen Ausbruchs von Verfolgung und Gewalt. Hunderte wurden getötet, viele in den Straßen verprügelt und zahllose ihrer Häuser und Läden geplündert. Vergleichbare Tumulte und Diskriminierungen gab es auch in Rumänien. Die Folge war ein Massenexodus nach Amerika und Westeuropa; daneben stießen sie eine zweite Entwicklung an, die in ihrem Umfang zwar geringer, in ihren Auswirkungen auf die jüdische Geschichte jedoch weit entscheidender war.

«Juden», hatte ein rumänisches Gesetz in den siebziger Jahren des 19. Jahrhunderts festgelegt, «haben kein eigenes Land und sind daher staatenlos». So kam es, dass sich am 20. Dezember 1881 die Repräsentanten von zweiunddreißig jüdischen Gruppen aus Rumänien in der Stadt Foscani trafen und drei Tage lang über die Notwendigkeit diskutierten, die «nationale Ehre der Juden wiederherzustellen». Es sei unerlässlich, sagten sie, im jüdischen Herzen wieder jene «heili-

gen Gefühle» zu erwecken, «welche durch das schiere Gewicht von
Leid, Not und Armut Tausende Jahre lang verschüttet waren». Die
Konferenz entschied, im kommenden Jahr einhundert Familien nach
Palästina zu schicken. Es sollte die erste konkrete Aktion einer rasch
größer werdenden Bewegung der rumänischen und russischen Ju-
den sein, der *Chowewe-Zion* («Freunde Zions»), der Vorläufer des
Zionismus als politische Bewegung, über den ich dir bald schreiben
werde. Es war jedoch in Russland, nicht in Rumänien, wo die Freunde
Zions ihre meisten Anhänger fanden. Aber selbst dort musste diese
Bewegung zunächst klein anfangen. Ende 1881 versammelten sich
zwei Familien, die so genannten Bilu-Gruppen oder Biluim[15], in
Charkow, alles in allem nicht mehr als vierzehn Personen, und die
Yesud ha-Ma'lah-Gesellschaft in Suwalki, um jeweils zu besprechen,
wie eine baldige Rückkehr nach Zion zu bewerkstelligen wäre. Zalman David Lewontin, damals erst sechsundzwanzig Jahre alt, wurde
dazu bestimmt, eine Vorausgruppe zu leiten, um in Palästina eine
landwirtschaftliche Siedlung (*Moschaw*) zu gründen. Bevor er sich
im Januar 1882 daransetzte, die Probleme zu studieren, mit denen
die Einwanderer konfrontiert sein würden, schrieb er einem
Freund: «Ich fand es notwendig, den Worten endlich Taten folgen
zu lassen.»

Sogar als er sich bereits auf dem Weg von Russland nach Palästina
befand, warb der junge Lewontin noch in der jüdischen Presse Süd-
russlands um finanzielle Unterstützung. Ein Onkel von ihm reagierte so großzügig auf diesen Appell, dass es den Biluim-Pionieren mit
weiterer Unterstützung der Freunde Zions sogar möglich wurde,
ein Stück Land in der Küstenebene von Palästina zu kaufen. Sie
nannten es *Rischon le-Zion* («Erster in Zion»). Im Sommer 1882
machten sich beide Gruppen schließlich aus Russland auf den Weg
nach Erez Jisrael, um künftig dort den Boden zu beackern. Noch
während sie über das Schwarze Meer Richtung Süden nach Kon-

stantinopel fuhren, bestieg auch eine Gruppe rumänischer Juden –
über zweihundert Personen – ein Schiff, deren Ziel es ebenfalls war,
ein Stück Land zu erreichen, das sie in Samarin südlich von Haifa
erworben hatten.

Mit diesen Schiffsreisen unternahmen die Pioniere die ersten konkreten Schritte zur Umsetzung der Idee des Zionismus in die Praxis,
ein Ziel, das im kommenden Jahrhundert einen so mächtigen Einfluss auf das Leben der Juden in aller Welt haben sollte.

Liebe Tante Fori,
vor hundert Jahren war der Zionismus ein romantischer Traum,
nichts weiter als die Hoffnung einer Hand voll Idealisten. Denn ungeachtet zweier Jahrtausende der Gebete um Rückkehr, in denen die
Sehnsucht nach dem Land der Väter zum Ausdruck kam, war es am
Ende nicht Palästina, sondern Amerika, das Millionen von Juden aus
Russland und Osteuropa lockte, weil ihr drängendstes Bedürfnis
dem Entkommen aus Armut und Verfolgung galt. Es waren die Straßen von New York und nicht die von Jerusalem, die sie mit Gold
gepflastert glaubten, oder doch wenigstens mit goldenen Möglichkeiten. Dennoch, dem Idealismus wohnt eine Kraft inne, die jeder
Statistik trotzt, und die wenigen, für die der Traum nach wie vor
Erez Jisrael hieß – die russischen Freunde Zions und die Biluim –,
hielten mit einer Zähigkeit an ihm fest, von der sie auch nicht jener
deutsche Rabbi abbringen konnte, der mit würdevoller Emphase
verkündet hatte: «Frankfurt ist mein Jerusalem.»

Die ersten Pioniere der Biluim und Freunde Zions, weniger als
dreihundert, wanderten also 1882 aus Russland und Rumänien nach
Zion. Die Tatsache, dass es so wenige waren, machten sie durch
Feuereifer wett. Einer von ihnen, Zeew Dubnow, fand geradezu
epische Worte für seine Begeisterung. Am Vorabend seiner Abreise
nach Palästina schrieb er: «Das Ziel unserer Reise ist die Verwirkli-

chung von unseren vielen Plänen. Wir werden den Juden Palästina
und die politische Unabhängigkeit zurückerobern, die ihnen vor
zweitausend Jahren gestohlen wurden. Wo ein Wille ist, bleibt dies
kein Traum. Wir müssen Landwirtschaftssiedlungen, Fabriken und
Betriebe aufbauen. Wir müssen eine Industrie entwickeln und sie
in jüdische Hände legen und allem voran junge Menschen militärisch ausbilden und mit Waffen ausstatten. Dann wird jener glorrei-
che Tag nahen, welchen uns Jeschajahu prophezeite, als er uns die
Wiedererstehung von Jisrael versprach. Mit der Waffe in der Hand
werden Juden verkünden, dass sie wieder die Herren ihrer uralten
Heimat sind.»

Im Juli 1882 erreichten Zeew Dubnow und seine Bilu-Gruppe
aus Odessa die Stadt Jaffa. Willkommen geheißen wurden sie in Palästina von Charles Netter, der ihnen Arbeit an der Landwirtschaftsschule Mikwe-Israel verschaffte, die er zwanzig Jahre zuvor gegründet hatte. Doch noch im selben Jahr starb Netter, und die Biluim
standen plötzlich ohne Mentor und ohne eigene Mittel zum Aufbau
einer Gemeinschaft da. Also waren sie gezwungen, sich als Arbeiter
zu verdingen. Mit viel Ausdauer schafften sie es schließlich, Land in
den Ausläufern der judäischen Berge zu kaufen. Im Dezember 1884,
weniger als drei Jahre nachdem sie ihren Traum zu verwirklichen
begonnen hatten, bauten sie ihre eigene Siedlung Gedera auf.

In Russland war es mittlerweile zu immer neuen antisemitischen
Ausschreitungen gekommen. Im November 1884 versammelten
sich die Freunde Zions im oberschlesischen Kattowitz (dem polnischen Katowice). Zweiundzwanzig der zweiunddreißig Delegierten stammten aus Russland, sechs aus Deutschland, zwei aus England und je einer aus Frankreich und Rumänien. Der in Russland
geborene Schriftsteller Nachum Sokolow brachte mehrere Vorschläge für eine Industrialisierung Palästinas ein. Der britische Jude
Zerah Barnett, der bereits zweimal in Palästina gewesen war – 1871,
um das Viertel Mea Schearim («Hundert Tore») vor den Stadtmau-

ern Jerusalems mit aufzubauen, und 1878, um beim Bau der jüdischen Siedlung Petach Tikwa zu helfen –, berichtete als Delegierter aus London von den Härten, mit denen diese Siedler konfrontiert waren. Die Kattowitz-Konferenz wies zwei existierenden Projekten in Palästina Gelder an – Petach Tikwa und der gerade neu gegründeten Siedlung der Yesud-ha-Ma'ala-Gruppe, die in den trostlosen Hule-Sümpfen um ihr Überleben kämpfte.

Der Zionismus war auch in seinen Anfängen weder als Appell nur an die Juden Europas noch allein als Antwort auf den gewalttätigen russischen Antisemitismus zu verstehen. Im Mai 1885 erhielt er zum Beispiel durch einen neuerlichen Ausbruch antijudaistischer Gewalt in der marokkanischen Stadt Demnate neuen Auftrieb. Die jüdische Presse Europas berichtete ausführlich über dieses Pogrom in der muslimischen Welt. Auch Sir Moses Montefiore, der sich mittlerweile schon seit über fünfzig Jahren von seinem Wohnsitz in England aus oder während seiner Reisen entschieden für die Rechte der Juden einsetzte, protestierte lautstark.

Nach dem Massaker von Demnate schrieb ein noch nicht einmal elfjähriger russischer Schuljunge an seinen Lehrer, dass es nunmehr unbedingt erforderlich sei, «unsere unterdrückten Brüder zu retten, die in allen Ecken der Welt im Exil verstreut sind und keinen Platz haben, an dem sie ihre Zelte aufschlagen können». Zum Wohle der Juden, fügte er hinzu, müsse schleunigst ein Ort gefunden werden, «zu dem wir in der Not fliehen können». Amerika, glaubte er, sei zwar ein Land, «in dem Aufklärung vorherrscht», doch würden die Juden dort schließlich ebenso «geschlagen» werden wie in Afrika und vor allem Marokko. Der Brief endet mit den Worten: «Lasst uns unser Banner nach Zion tragen und zu unserer Urmutter zurückkehren, auf deren Knien wir geboren wurden. Denn weshalb sollten wir uns Mitleid heischend an die Könige Europas wenden, auf dass sie Erbarmen haben mit uns und uns einen Rastplatz gewähren? Es wäre

umsonst! Alle haben entschieden: Der Jude muss sterben. Nur England wird uns trotz alledem gnädig sein. Es bleibt nur eines: auf nach Zion! – Juden: nach Zion! Lasst uns gehen.»
Der Verfasser dieses Briefes hieß Chaim Weizmann. Die ungestüme Äußerung jugendlicher Seelenqual war der Vorbote eines Lebens, das ganz und gar der Sache Zions gewidmet sein sollte, der jüdischen Heimstatt in Palästina. 1917 stand Weizmann im Zentrum jener Entwicklung, welche schließlich zu Großbritanniens Balfour-Deklaration führte und den Juden eine «nationale Heimstatt» in Palästina versprach; in den zwanziger und dreißiger Jahren des 20. Jahrhunderts trat er in Großbritannien wie auf der diplomatischen Weltbühne als führender Anwalt des jüdischen Staates auf; und 1948 wurde er zum ersten Staatspräsidenten Israels gewählt (ein Amt, das ein halbes Jahrhundert später auch sein Neffe Ezer Weizmann übernehmen sollte).

Liebe Tante Fori,
dieser Brief wird kurz, denn es ist schon fast Mitternacht, und ich will morgen früh unbedingt ein paar Zeilen an dich abschicken. Ich hoffe, die Sondermarken, mit denen ich ihn frankiere, gefallen dir.
Sir Moses Montefiore, dieser unermüdliche Kämpfer für die Sache der Juden und für eine jüdische Heimstatt in Palästina, starb im Juli 1885, drei Monate vor seinem einhundertsten Geburtstag. Seit seiner ersten Reise nach Jerusalem im Jahr 1827 hatten verfolgte Juden in aller Welt zu ihm aufgeblickt und ihn als ihren Fürstreiter verehrt. In den beiden Jahrzehnten nach seinem Tod sollte sein Ideal in Palästina tatsächlich Schritt für Schritt verwirklicht werden.
Die Pioniere, die im letzten Viertel des 19. Jahrhunderts in Palästina eintrafen, sahen sich gewaltigen Härten ausgesetzt: Krankheiten, Sümpfen, einer primitiven Landwirtschaft, Banditen, Isolation

und Armut. Zwei Jahre vor Montefiores Tod hatte man jedoch den damals dreiundsechzigjährigen, in Paris geborenen Philanthropen Baron Edmond de Rothschild überzeugen können, sich finanziell aktiv um das Schicksal der ums Überleben kämpfenden jüdischen Siedler in Palästina zu kümmern. Und so begann er, in ganz Palästina große Ländereien für die Entwicklung von Landwirtschaftsbetrieben für jüdische Siedler aufzukaufen. Geld war kein Hindernis. Das Problem war vielmehr, Männer und Frauen zu finden, die bereit waren, den oft unfruchtbaren Boden unter wenig einladenden Bedingungen zu beackern. «Der Baron», wie man ihn nannte, tat jedenfalls sein Bestes. Er finanzierte die Anpflanzung von Weinstöcken und ließ gleich noch die Kellereien errichten, ohne die die Trauben nicht in einen wohlschmeckenden und damit gut verkäuflichen Wein verwandelt werden konnten.

Bis 1890 hatten sich dann über 50 000 in Russland geborene Juden in Palästina niedergelassen. In Jerusalem betrug ihre Zahl inzwischen über 25 000 – bei einer Gesamteinwohnerschaft von 40 000. Die Araber, die auf dem spärlich besiedelten Land in der Mehrzahl waren, beobachteten den Zustrom an Neuankömmlingen aus Russland alarmiert. Im Juni 1891 telegraphierten die muslimischen Würdenträger aus Jerusalem an die türkische Regierung in Konstantinopel die Forderung, den Juden jede weitere Einreise zu verwehren. Als Grund gaben sie unter anderem an, dass Juden aus Europa «in allen möglichen Gewerben geschult» waren und sie «mit ihnen nicht konkurrieren» konnten.

Ergebnis des Protestes war, dass die Türken jede weitere jüdische Einwanderung untersagten. Doch nach einer Weile zeigte sich, dass niemand für die Umsetzung des Bannspruchs sorgte. Damals stellte der christliche Priester Hugh Callan in seiner Geschichte Jerusalems über die Lage der Juden in dieser Stadt die Frage: «Was wird ihre Zukunft sein? Werden die Russen sie mittels ihrer morgenländischen Kirche beherrschen (wie es ihnen gefiele), oder werden die Juden sie besitzen?» Zumindest eines steht fest: Während alle anderen Fremde sind, sind Juden dort die einzigen Vaterländer.»

Einer dieser «Vaterländer» war ein seltsam gestrenger, visionärer junger Mann, der mit dem Ziel aus Russland gekommen war, Hebräisch als Alltagssprache der Juden in Erez Jisrael durchzusetzen. Sein Name war Elieser Jitzchak Perelmann, geboren 1858 in Litauen. 1880 veröffentlichte er in Paris einen Artikel, in dem er dafür eintrat, dass man ausschließlich Hebräisch und nicht «irgendwelche Fremdsprachen» in den jüdischen Schulen Palästinas sprechen sollte (an denen damals hauptsächlich auf Französisch oder Deutsch unterrichtet wurde). Er zeichnete seinen Artikel mit dem Pseudonym Ben Jehuda («Sohn Jehudas»), das er künftig als Name beibehalten sollte. An dem Tag, als er sich 1881 in Palästina niederließ, setzte er seine Frau davon in Kenntnis, dass von nun an jedes Gespräch in Hebräisch geführt werde! Zuerst stieß er mit seiner Idee bei den Juden Palästinas auf heftige Ablehnung, doch allmählich sollte sich sein Wunsch durchsetzen, und er fuhr entschlossen fort, ein alltagstaugliches «modernes» Hebräisch zu entwickeln.

An der Geschichte Ben Jehudas lässt sich sehr gut ablesen, welche Kämpfe es unter den frühen Zionisten zu bestehen galt, und zwar nicht nur «nach außen» – gegen die türkisch-arabische Umwelt –, sondern auch innerhalb der jüdischen Welt, in der gerade alle möglichen Strömungen miteinander konkurrierten: von der Orthodoxie mit ihrer Betonung der Tradition bis zur völligen Assimilation. Aber Ben Jehuda setzte sich gegen allen Hohn und Spott durch. 1890 gründete er gemeinsam mit einigen gleichgesinnten Freunden – zumeist in Russland geborene Einwanderer wie er selbst – in Jerusalem eine Sprachgesellschaft; der Grundstein für die Entwicklung des Hebräischen als offizielle Landessprache des jüdischen Staates war gelegt. Zudem begann er mit der Arbeit an einem Hebräischlexikon, das nach seinem Tod 1922 von seinem Sohn Ehud weiterbearbeitet wurde. Der siebzehnte und letzte Band erschien erst 1959, elf Jahre nach Gründung des Staates Israel, der mit der Verwendung des Hebräischen als Landessprache Ben Jehudas Traum, dem er die Arbeit eines ganzen Lebens widmete, erfüllt hat.

Liebe Tante Fori,
1891 gerieten die Aktivitäten der Freunde Zions unter heftigen Beschuss durch einen der brillantesten jüdisch-russischen Schriftsteller seiner Zeit: Ascher Ginzberg, der das Pseudonym Achad Haam angenommen hatte (hebräisch für «Einer des Volkes»). Bei seiner ersten Palästinareise im Jahr 1889 war ihm klar geworden, dass aus diesem Land mehr als nur eine Ansammlung von landwirtschaftlichen Siedlungen werden musste. Was fehlte, schrieb er, war ein zur Wahrung hoher moralischer Werte unbedingt nötiges «geistiges Zentrum», insbesondere solange schwere Arbeit, Bescheidenheit und ein anspruchsloses Leben untrennbar mit der Rückkehr nach Zion verbunden waren.

Achad Haam schilderte dramatisch die seiner Meinung nach von den Verfechtern einer massenhaften jüdischen Einwanderung völlig ignorierten Schwierigkeiten, darunter die Unfruchtbarkeit weiter Anbaugebiete, die Feindseligkeit der ansässigen Araber, von denen man nicht erwarten könne, dass sie ihren Platz «so einfach abtreten» würden, oder die Macht der türkischen Behörden, die der Besiedlung jederzeit Hindernisse in den Weg stellen konnten. Andererseits beschwor er die alte und nun von neuem Geist durchdrungene Vision: Eine Auswanderung nach Amerika, schrieb er, sei zwar noch immer die einzige Möglichkeit, die ökonomischen Probleme von Juden zu lösen, doch dagegen stehe «die Dringlichkeit, uns durch die Ansiedlung eines Großteils unseres Volkes auf einem festgelegten Gebiet und auf landwirtschaftlicher Basis einen unverrückbaren Mittelpunkt zu erschaffen, denn sowohl Juden als auch ihre Feinde müssen wissen, dass es auf der Welt einen Ort gibt, wo, auch wenn er vielleicht zu klein ist, um das ganze Volk zu beherbergen, ein Jude hocherhobenen Hauptes wie ein Mensch gehen, dem Boden im Schweiße seines Angesichts seinen Lebensunterhalt abringen und seine eigenen Lebensbedingungen in seinem eigenen nationalen Geiste erschaffen kann». Wenn es irgendeine Hoffnung gebe, das Problem in diesem Sinne zu lösen, dann «nur in Palästina». 1893 reiste Achad Haam nach Paris und London, um Geldmittel aufzutreiben und Pioniere anzuwerben. «Was die englischen Juden und meine Hoffnungen anbelangt, dass sie irgendwas für die jüdische Sache tun würden», notierte er in sein Tagebuch, «so erröte ich vor Scham und werde dazu nichts weiter sagen.» In England überkamen Haam große Zweifel am Schicksal der Juden. «Wartet wirklich eine strahlende Zukunft auf uns? Oder ist dies der letzte Lichtstrahl?»

Kurze Zeit nachdem sich Haam in London über die Zukunft der Juden Sorgen machte, im September 1894, verlebte ein junger jüdischer Journalist seine Ferien in Baden bei seiner Heimatstadt Wien. Sein Name war Theodor Herzl. Bei einem Spaziergang mit einem Freund kam er auf «die Judenfrage» zu sprechen: «Ich begreife den Antisemitismus», sagte Herzl. «Wir Juden haben uns, wenn auch nicht durch unsere Schuld, als Fremdkörper inmitten verschiedener Nationen erhalten ... Es wird die Darwin'sche mimicry eintreten. Die Juden werden sich anpassen. Sie sind wie Seehunde, die der Weltzufall ins Wasser warf. Sie nehmen Gestalt und Eigenschaften von Fischen an, was sie doch nicht sind. Kommen sie nun wieder auf festes Land und dürfen da ein paar Generationen bleiben, so werden sie wieder aus ihren Flossen Füsse machen.» Mit einem Wort, wenn Juden erst einmal Nichtjuden glichen, glaubte Herzl, wären sie auch «ihr jüdisches Problem» los. Darauf sein Freund: «Das ist eine welthistorische Auffassung.»

Als Herzl anschließend «in die wachsende Nacht» nach Baden zurückfuhr, kamen zwei junge Leute seinem Fiaker entgegen. «Da hör-

te ich deutlich hinter dem Wagen herrufen: ‹Saujud!›» Herzl war erschüttert, so etwas war ihm das erste Mal «auf heimischem Boden»
geschehen. Er suchte schnell nach einer Erklärung: «Es war auch
nicht beleidigend für meine ihnen unbekannte Person, sondern nur
für meine Judennase und meinen Judenbart, die sie in der halben
Dunkelheit hinter den Wagenlaternen gesehen hatten.»
    Herzls Erwachen folgte schnell und dramatisch. In Paris, wo er
über das Verfahren gegen Alfred Dreyfus berichten sollte – den man
zu Unrecht beschuldigt hatte, Staatsgeheimnisse an Deutschland verraten zu haben –, nahm er zum ersten Mal erschüttert wahr, wie
feindselig die Franzosen nicht nur diesem einen jüdischen Offizier,
sondern allen Juden gegenüber eingestellt waren. Im Juni 1895 besuchte er den reichen und ziemlich exzentrischen jüdischen Philanthropen Baron Maurice de Hirsch, um ihm «den Plan einer neuen
Judenpolitik» zu unterbreiten. Herzl fand, dass sich nicht nur die
«Geistesjuden», sondern vor allem auch die «Geldjuden» für das Ziel
eines «Judenstaates» einsetzen sollten. «Nun war ich keineswegs von
vornherein darauf aus, mich mit der Judenfrage zu beschäftigen», erklärte er de Hirsch. «Aber meine Erfahrungen, Beobachtungen, der
wachsende Druck des Antisemitismus zwangen mich zur Sache …
Durch unsere zweitausendjährige Verstreuung sind wir ohne einheit-
liche Leitung unserer Politik gewesen. Das aber halte ich für unser
Hauptunglück … wenn wir diese Leitung hätten, könnten wir an
die Lösung der Judenfrage herangehen.» Hirsch lächelte und erwiderte: «Phantasie … Die reichen Juden geben nichts her. Die Reichen sind schlecht, interessiren sich für die Leiden der Armen nicht.»
    Im September 1895 wurde der Antisemit Karl Lueger mit großer
Mehrheit zum Bürgermeister von Wien gewählt. Herzl, der mit
Schrecken diesen Anstieg des offiziell sanktionierten, gesellschaftsfä-
higen Antisemitismus beobachtete, notierte in sein «Zionistisches
Tagebuch»: «Die Stimmung ist eine verzweifelte unter den Juden.»
Aber noch hatte er die Hoffnung nicht aufgegeben, dass er Juden

wie Nichtjuden überzeugen könnte, sich seiner Idee vom Judenstaat anzuschließen, obwohl ihn einige, denen er sie vorgetragen hatte, für verrückt erklärt hatten. Ein jüdischer Freund riet ihm sogar, einen Psychiater aufzusuchen. Dafür fand er einen berühmten und hoch geachteten Verbündeten in Max Nordau, der in den 1890er Jahren ebenfalls als Pressekorrespondent in Paris war und einmal zu Herzl sagte: «Wenn du verrückt bist, sind wir beide verrückt. Du kannst auf mich zählen.»

Im Februar 1896 veröffentlichte Herzl sein Buch «Der Judenstaat. Versuch einer modernen Lösung der Judenfrage», in dem er schließlich unumwunden erklärte: «Palästina ist unsere unvergessliche historische Heimat. Dieser Name allein wäre ein gewaltig ergreifender Sammelruf für unser Volk.» Nach einer ausgiebigen Analyse des Anteils, den der Antisemitismus an der gegenwärtigen verzweifelten Lage der Juden hatte, schreibt er: «Wir haben überall ehrlich versucht, in der uns umgebenden Volksgemeinschaft unterzugehen und nur den Glauben unserer Väter zu bewahren. Man lässt es nicht zu. Vergebens sind wir treue und an manchen Orten sogar überschwängliche Patrioten ...» Später erklärt er: «Ja, wir haben die Kraft, einen Staat, und zwar einen Musterstaat zu bilden. Wir haben alle Mittel, die dazu nötig sind.»

Einen großen Teil des Buches widmete Herzl den spezifischen Details des sozialen Lebens im neuen Judenstaat, darunter dem «Landkauf», den «Bauten», dem «Siebenstundentag», der «Arbeitshilfe», dem «Marktverkehr», aber auch der «Verfassung» oder der «Fahne». Er schließt mit den Worten: «Darum glaube ich, dass ein Geschlecht wunderbarer Juden aus der Erde wachsen wird. Die Makkabäer werden wieder aufstehen ... Wir sollen endlich als freie Männer auf unserer eigenen Scholle leben und in unserer eigenen Heimat ruhig sterben.»

Nach der Veröffentlichung dieses Buches verstärkten sich die Diskussionen und Hoffnungen unter den Juden Europas. Viele hatten absolut nichts übrig für die Idee eines eigenen Judenstaats, nicht zuletzt weil sie fürchteten, dass Juden, sobald sie einen eigenen Staat hätten, überall dort, wo man sie verachtete, aus dem Land geworfen würden («Juden, haut ab nach Palästina!» war ein oft zu hörender Schlachtruf der polnischen Antisemiten in den 1930ern). Aber Herzl war Optimist und blieb seinem Anliegen treu. Am Sonntagmorgen, dem 19. August 1897, trat der Erste Zionistenkongress in Basel zusammen. Dies wurde zu einem Wendepunkt in der modernen jüdischen Geschichte, zu dem Moment, auf den so viele unserer heutigen Gegebenheiten zurückzuführen sind: der Staat Israel, der ein halbes Jahrhundert später gegründet wurde, wie der arabisch-israelische Konflikt, der noch heute ungelöst ist, mehr als einhundert Jahre nach dem Kongress, auf dem zum ersten Mal die Vision einer jüdischen Souveränität im Gelobten Land postuliert wurde.

Teil III
Das zwanzigste Jahrhundert

Liebe Tante Fori,

zum Ersten Zionistenkongress in Basel fanden sich mehr als zweihundert Delegierte ein. Über ein Drittel (70 von 197) waren aus Russland angereist. Die Freunde Zions hatten ihre Skepsis überwunden; sogar Achad Haam war anwesend und hatte sich, da er kein Delegierter war, einverstanden erklärt, die Funktion des offiziellen Photographen zu übernehmen. Es waren Juden aus Palästina, den arabischen Ländern, Großbritannien und selbst aus New York gekommen (die Herausgeberin von «American Jewess», Rosa Sonnenschein).

Herzl, der Präsident des Kongresses, hielt eine so flammende Rede, dass sich auch diejenigen im Auditorium, die vor ein paar Monaten noch skeptisch gewesen waren, hingerissen zeigten von der Zukunft, die er in so glühenden Farben auszumalen verstand. «Wir wollen den Grundstein legen», begann er, «zu dem Haus, das dereinst die jüdische Nation beherbergen wird.» Die jüdische Sache müsse «freimütig erörtert» und dürfe nicht dem Zufall überlassen werden. Und um das Ziel einer «öffentlich-rechtlich gesicherten Heimstätte» zu erreichen, sollte sich der Kongress im Anschluss an diese Diskussionen keinesfalls auflösen, sondern vielmehr als Hauptorgan der zionistischen Bewegung das jüdische Volk auf eine nie dagewesene Weise organisieren.

Herzls Ziel war es, dem Außenseitervolk die Möglichkeit zu verschaffen, mit Würde handeln und verhandeln zu können, um «die Heimkehr zum Judentum noch vor der Rückreise ins Judenland» zu garantieren. Anstatt sich weiterhin in das Land der Väter «hineinzustehlen», sollte es seine Rückkehr völkerrechtlich mit den Groß-

mächten klären: «Wir Zionisten wünschen zur Lösung der Judenfrage nicht etwa einen internationalen Verein, sondern eine internationale Diskussion.» Und diese Gespräche sollten schließlich zu einer
Vereinbarung führen, die statt auf Tolerierung auf der Verwirklichung von Rechten beruhen müsse. Nach dem erfolgreichen Abschluss der Verhandlungen würde die Besiedlung Palästinas endlich
nicht mehr «nach dem falschen Prinzip der allmählichen Infiltration
von Juden» stattfinden müssen, welches Herzl schon so lange kriti-
siert hatte, sondern könne auf der Basis einer legitimen jüdischen
Masseneinwanderung vollzogen werden.

Nach Herzl ergriff Max Nordau in seiner Eigenschaft als Vizeprä-
sident des Kongresses das Wort. Er betonte die Bedeutung, die der
Zionismus als Reaktion auf das materielle und moralische Unglück
der Juden in der Diaspora habe. Ob in Ostmitteleuropa, Nordafrika
oder Asien, wo neun Zehntel des Judentums lebten, überall müsse
sein Unglück wörtlich genommen werden – als eine tagtägliche kör-
perliche Qual, als dauernde Angst vor dem nächsten Tag und ständiger Kampf um die nackte Existenz. Sogar das westliche, emanzipier-
te und halbwegs assimilierte Judentum wisse, welche Not durch
permanente Erniedrigungen, Verletzungen des Ehrgefühls und die
brutale Unterdrückung des Bedürfnisses nach geistiger Befriedigung
verursacht werde.

Kaum war der Zionistenkongress beendet, machten sich Herzl
und seine Mitstreiter aus der neuen zionistischen Organisation ans
Werk. Sie begannen Gelder zu sammeln, mit den Großmächten zu
verhandeln und um breitere Unterstützung für die Sache der Juden
zu werben. Das bereits Erreichte versetzte Herzl in Hochstimmung.
Am 3. September 1897, nach seiner Rückkehr nach Wien, notierte
er in sein Tagebuch: «Fasse ich den Baseler Kongress in einem Wort
zusammen – das ich mich hüten werde, öffentlich auszusprechen –,
so ist es dieses: In Basel habe ich den Judenstaat gegründet. Wenn ich
das heute laut sagte, würde mir ein universelles Gelächter antworten.

Vielleicht in 5 Jahren, jedenfalls in 50 wird es jeder einsehen.» – «Der Staat», fügte er an, «ist wesentlich im Staatswillen des Volkes, ja selbst eines genügend mächtigen Einzelnen … begründet.» Und wahrhaftig alle, die über diesen «Staatswillen» verfügten, mühten sich nun nach Kräften, Herzls Beispiel zu folgen. Nach seinem Tod im Jahr 1904 verlagerten sich Führerschaft wie Fokus des Zionismus zunächst nach Deutschland, später nach Großbritannien.

1917 überzeugte Chaim Weizmann das Kriegskabinett von Lloyd George, dass sich das Ziel Großbritanniens, das Osmanische Reich zu besiegen und die Herrschaft der Türken über Palästina zu beenden, sehr gut mit den Zielen der Juden decke. Außenminister James Balfour schrieb daraufhin einen Brief an Baron Edmonde Rothschild, der in die Geschichte einging: «Seiner Majestät Regierung betrachtet die Schaffung einer nationalen Heimstätte in Palästina für das jüdische Volk mit Wohlwollen …» Zu dieser Zeit befanden sich britische Truppen unter General Allenby gerade auf dem Vormarsch aus Ägypten und bereiteten sich darauf vor, die Türken zum Rückzug aus Jerusalem zu zwingen.

Während zionistische Juden von Palästina träumten und sich nach der Niederlage der Türken und der britischen Deklaration einer jüdischen Heimstatt dort niederließen, um am Aufbau eines jüdischen Staates mitzuwirken, zogen es Millionen anderer Juden vor, weiterhin den vorwiegend christlichen Gesellschaften ihrer bisherigen sozialen Umwelt anzugehören. Sie glaubten ihre persönlichen Fähigkeiten und Ziele außerhalb von Palästina besser verwirklichen zu können. Viele ließen das Russische Reich und seine Restriktionen hinter sich, um in Westeuropa oder den Vereinigten Staaten Karriere zu machen. Der in Litauen geborene Sidney Hillman beispielsweise wurde 1910 einer der Anführer des Arbeiteraufstands in Chicago, bei dem sämtliche Textilfabriken der Stadt bestreikt wurden. Im gleichen Jahr eroberte Lew Samiolowitsch Rosenberg – er wurde in St. Petersburg geboren und änderte seinen Namen in Leo Bakst – mit seinen Bühnenbildern für das «Russische Ballett» Paris im Sturm. Der gebürtige Warschauer Biochemiker Casimir Funk entdeckte 1912 in London Mangelstoffe, für die er das Kunstwort «Vitamine» erfand.

Als im August 1914 der Erste Weltkrieg ausbrach, sahen viele Zionisten ihre Chance gekommen, gegen die Türken vorzugehen und ihre nationale Souveränität in Palästina zu erlangen, während sich andere Juden darauf vorbereiteten, dem Land zu dienen, in dem sie jeweils lebten, selbst wenn das bedeutete, gegen ebenso patriotische Juden aus anderen Ländern kämpfen zu müssen.

Liebe Tante Fori,

der Erste Weltkrieg war ein ziemlich seltsamer Krieg in der jüdischen Geschichte: Juden kämpften in den Armeen aller Kriegsparteien und standen sich oft in den Schützengräben als Todfeinde gegenüber. Jüdische Soldaten in den Armeen Deutschlands, Österreich-Ungarns, der Türkei und Bulgariens – der Mittelmächte – trafen auf jüdische Soldaten in den Armeen der Entente-Staaten: Großbritannien, das britische Commonwealth, Frankreich, Italien, Serbien, Griechenland, Rumänien, Russland und schließlich auch die USA. In vielerlei Hinsicht war der Erste Weltkrieg die Kulmination des jüdischen Patriotismus für die Nationen, in denen sie aufgenommen worden waren.

Der Philosoph Ludwig Wittgenstein stand als Habsburger Offizier an der russischen Front. René Cassin, der später – neben Eleanor Roosevelt – der erste Präsident der Menschenrechtskommission der Vereinten Nationen werden sollte, kämpfte in der französischen Armee, wurde schwer verwundet und erhielt die *Médaille Militaire*. Ludwik Hirszfeld entdeckte während seiner Dienstzeit als deutscher Feldarzt in Serbien das Bakterium des Paratyphus C (genannt *Salmonella hirszfeldi*). Der junge britische Offizier Leslie Howard – Enkel eines ungarischen Rabbis – wurde 1917 an der Westfront lebensgefährlich verwundet; später war er ein weltberühmter Theater- und Filmschauspieler (zum Beispiel 1939 in «Vom Winde verweht»). Er starb während des Zweiten Weltkriegs, als eine Passagiermaschine, in der er saß, von den Deutschen abgeschossen wurde.

Zu den deutschen Juden, die dem Ersten Weltkrieg zum Opfer fielen, gehörte auch der Astronom Karl Schwarzschild, einer der Ersten, die «Schwarze Löcher» im Sternensystem studierten; er starb an einer Krankheit, die er sich als Soldat an der Ostfront zugezogen hatte.

Einige Juden waren in höchste militärische Ränge aufgestiegen. Der belgische Stabsoffizier Louis Bernheim zum Beispiel kommandierte die Truppen, die 1914 den deutschen Vormarsch auf Antwerpen so lange aufhielten, bis es Großbritannien und Frankreich möglich war, die Stellungen am Kanal zu sichern. Schwer verwundet wurde er zum General befördert. 1918 befehligte er drei belgische Divisionen bei der Befreiung Flanderns.

Der höchstrangige jüdische Offizier im Ersten Weltkrieg war Generalleutnant Sir John Monash – der erste jüdische Militärkommandant seit über zweihundert Jahren, der nach einem entscheidenden Sieg noch auf dem Schlachtfeld den Ritterschlag erhielt. Monash war Australier und im Zivilleben ein auf die Verstärkung von Betonbauten spezialisierter Ingenieur. 1915 kommandierte er eine der australischen Brigaden, die auf der Halbinsel Gallipoli landeten. 1918, nun als Kommandant aller australischen und neuseeländischen Truppen in Frankreich, brachte er als einer der Ersten die neuen Panzer zum Einsatz – die ihrerseits von dem britischen Juden und Oberst Alfred Stern entwickelt worden waren.

Auch der erste Hubschrauber, der wirklich fliegen konnte, wurde von einem Juden konstruiert, nämlich dem in Budapest geborenen Theodor von Karman aus dem österreichisch-ungarischen Fliegerkorps. In Italien trug der jüdische Mathematiker Vito Volterra

zur Entwicklung und zum Bau der Luftschiffe bei, die von den Entente-Staaten während des Krieges eingesetzt wurden (als Traggas
benutzte man erstmals das sicherere Helium anstelle von Wasserstoff).

In Deutschland spielte der Chemiker und spätere Nobelpreisträger Fritz Haber eine führende Rolle bei der Entwicklung von Senfgas als Kriegswaffe, das vom deutschen Heer zum ersten Mal am
22. April 1915 eingesetzt wurde (die Briten sollten das Schlachtfeld
bald darauf mit ihrem eigenen Gas verwüsten). Ein anderer deutscher Jude, Walther Rathenau, stellte sicher, dass Deutschland über
die nötigen Rohstoffe für seine Streitkräfte verfügte; er sollte 1922
von deutschen Antisemiten ermordet werden.

Die britische Armee verlieh insgesamt fünf Juden das Victoria-
Kreuz, die höchste Tapferkeitsmedaille, als Erstem Oberleutnant
Frank Alexander De Pass, einem Sepharden aus London, der 1915 in
der Schlacht fiel, während er seinen indischen Truppen, den Poona
Horse, an der Westfront voranritt. Er wurde einen Tag vor seinem
Tod ausgezeichnet, weil er einem indischen Soldaten, der verwundet
auf freiem Feld lag, unter heftigem Feuer das Leben gerettet hatte.

Die meisten Juden, die im Ersten Weltkrieg im Kampf fielen,
stammten aus Russland, alles in allem etwa 100 000, ein Siebtel aller
jüdischen Soldaten. Über 40 000 Juden wurden beim Kriegsdienst
in der österreichisch-ungarischen Armee getötet. Den dritthöchsten
Blutzoll entrichteten die Juden im deutschen Heer, hier starben insgesamt 12 000. Die Nationalsozialisten sollten ihre Namen später von
den Kriegerdenkmälern in Dutzenden deutscher Städten entfernen.
In der französischen Armee ließen 9500 Juden ihr Leben, 8600 fanden in der britischen Armee den Tod. Erst kürzlich erwies ich ihnen
meinen Respekt: Wie es jüdische Sitte ist, legte ich Steinchen auf
viele Grabsteine, die sich durch ihre Davidsterne so deutlich von den
anderen Gräbern auf den zahlreichen Soldatenfriedhöfen Großbritanniens und des Commonwealth an der ehemaligen Westfront un-

terscheiden. Zu den gefallenen britischen Juden zählte auch der Maler und Dichter Isaac Rosenberg, dessen «Trench Poems» auf so beeindruckende Weise die Schrecken des Krieges beschworen. Er fiel sieben Monate vor Kriegsende.

Wie ich schon in meinem Brief über das amerikanische Judentum erwähnte, dienten eine viertel Million Juden in den amerikanischen Streitkräften; 3500 von ihnen kamen auf den Schlachtfeldern ums Leben. Weitere 1000 jüdische Soldaten fielen als Angehörige der türkischen Armee und nochmals 1000 in der Armee Bulgariens (beides Verbündete Deutschlands). Das rumänische Judentum verlor 900 und das serbische 250 Männer im Kampf für die Entente-Staaten, das italienische 500 und das belgische 125. Unter den Soldaten Australiens fielen 300 Juden; ein Überlebender war Leonard Keysor, ein einfacher Soldat, der bereits 1915 auf der Halbinsel Gallipoli das Victoria-Kreuz bekommen hatte.

Harvey Sarner erzählt in seinem Buch «The Jews of Gallipoli» die Geschichte des Soldaten Keysor. Durch sein Geschick im Umgang mit primitiven Handgranaten – mit Sprengstoff und Metallstücken gefüllte Blechdosen, die für den Werfer mindestens so gefährlich waren wie für den, in dessen Umkreis sie landeten – erwarb er sich den Ruf eines genialen «Bombenwerfers». Es sei unübertroffen gewesen, schreibt Sarner, wie Keysor «die von den Türken geworfenen Bomben aufhob und zurückwarf». Prompt reagierte der Feind, indem er die Zündschnur an den Bomben kürzte, um die Zeit bis zur Explosion zu reduzieren. Keysor wusste, dass er bei Bomben mit so kurzen Zündschnüren nicht mehr warten konnte, bis sie in seinem Schützengraben landeten, also begann er sie zum fassungslosen Erstaunen seiner Kameraden in der Luft aufzufangen, wie Kricketbälle, und sie den Türken gleich wieder zurückzuschleudern. Im Verlauf dieses ständigen Hin und Her wurde Keysor zweimal verwundet und ins Lazarett beordert, weigerte sich jedoch, den Schützengraben zu verlassen. Als eine andere Kompanie alle Bombenwerfer verlor, ließ er sich freiwillig zu ihr abstellen. Unglaubliche fünfzig Stunden lang fing und warf er Bomben. Sein Einsatz trug wesentlich dazu bei, die Kontrolle über einen wichtigen Frontabschnitt zu wahren, als es entscheidend gewesen war, diesen zu halten.

Als Untertanen von König George V. kämpften Juden in vielen Armeen des britischen Imperiums und Commonwealth – als Australier, Kanadier, Neuseeländer, Südafrikaner, als Soldaten aus British West India (auch Jamaika) und als Inder. Sie waren an allen Fronten und in sämtlichen Streitkräften vertreten, ob im Machine Gun Corps, der Rifle Brigade, der Royal Air Force, der Royal Navy, der Royal Field Artillery, der Cavalry, dem Tank Corps oder den Guards – überall kämpften sie, zu Lande, zu Wasser und in der Luft.

Sogar eine rein jüdische Einheit gab es, das so genannte Zion Mule Corps, das für den Munitions- und Versorgungsnachschub zwischen den Stränden und Schützengräben auf Gallipoli zuständig war. Es bestand aus jüdischen Freiwilligen aus Ägypten, von denen viele bei Kriegsausbruch von den Türken aus Palästina vertrieben worden waren. In einer ehrenhaften Erwähnung anlässlich der Verleihung der Distinguished Conduct Medal an einen Obergefreiten Grouchkowsky aus diesem Zion Mule Corps heißt es: «Obwohl an beiden Armen verwundet ... lieferte er die Munition.»

Lyn MacDonald, eine Historikerin des Ersten Weltkriegs, schickte mir kürzlich ein Photo, das sie bei einem Besuch auf der Halbinsel Gallipoli aufgenommen hatte. Es zeigt einen Grabstein, den sie in einem der vierzig dort angelegten Commonwealth-Soldatenfriedhöfe entdeckt hatte. Unter einem Davidstern steht geschrieben: «Vermutlich auf diesem Friedhof begraben. Jacob Rotman, Zion Mule Corps, 3. Juni 1915. Nie möge ihr Ruhm vergehen.» Laut dem 1922 veröffentlichten «British Jewry Book of Honour» war Rotman als einfacher Soldat in Kairo rekrutiert worden. Sehr gut möglich, dass er einer von Tausenden von Juden war, die durch die Türken aus Palästina vertrieben worden waren. Welche Ironie

des Schicksals, dass er seine letzte Ruhe ausgerechnet auf türkischem
Boden fand.

1918 autorisierte die britische Regierung die Aufstellung von drei
Bataillonen der Royal Fusiliers für den Kampf gegen die Türken in
Palästina, alles in allem etwa fünftausend ausschließlich jüdische Soldaten. Unter den Männern, die in den Vereinigten Staaten Juden für
diese Füsiliere rekrutierten, befand sich auch David Ben Gurion,
später der erste Premierminister des Staates Israel; und unter den Juden, die sich in den USA rekrutieren ließen, war Nechemia Rubi-
chow, dessen 1922 in Jerusalem geborener Sohn Yitzhak zweimal israelischer Premierminister werden sollte. Als junger Mann hatte er
seinen Familiennamen in Rabin geändert.

Ebenfalls bei der Aufstellung des Zion Mule Corps wie der jüdischen Royal Fusiliers half der in Russland geborene Wladimir Jabo-
tinski, später ein Pionier der jüdischen Selbstverteidigung in Palästina und Gründer einer revisionistisch orientierten zionistischen
Bewegung. Er schrieb: «Das jüdische Volk kann stolz sein auf seine
fünfhundert Maultiertreiber und seine fünftausend Füsiliere – auf jeden einzelnen – aus Whitechapel, Tel Aviv, New York, Montreal,
Buenos Aires und Alexandria. Sie kamen aus vier Kontinenten, einer sogar aus dem fünften, Australien, und erfüllten gewissenhaft
und ehrenvoll ihre Pflicht für die Zukunft des Judentums.»

Erst als die russischen Bolschewiki am Vorabend ihrer Revolution
drohten, Russland aus dem Krieg zurückzuziehen, veröffentlichte
die britische Regierung – sie brauchte die russischen Juden dringend,
weil sie die Regierung ihres Landes nicht nur zum Weiterkämpfen,
sondern sogar zu einer Verstärkung ihres Engagements bewegen sollten – endlich jene Deklaration, auf welche die Zionisten über zwei
Jahre lang gedrängt hatten: das Versprechen auf eine Nationale
Heimstatt der Juden in Palästina, falls die Entente-Staaten siegen
würden. Denn ihr Sieg war gleichbedeutend mit einer Niederlage
der Türkei, und nur in diesem Fall, also wenn die Briten Palästina

erobern würden, konnte Großbritannien autonome jüdische Institutionen dort unterstützen. Die türkische Herrschaft wäre durch die britische ersetzt und die Sache der Zionisten auf dem erstrebten Territorium durch einen starken Schutzherrn vertreten.

Die nach ihrem Unterzeichner Balfour benannte Deklaration begeisterte Zionisten in aller Welt. Sie kam jedoch zu spät, um die russischen Juden noch bewegen zu können, sich für ein stärkeres Engagement Russlands im Krieg einzusetzen. Während Großbritannien gerade alle nötigen Vorbereitungen traf, um einige Zionistenführer, darunter Chaim Weizmann selbst, über die See nach Russland zu schicken, damit sie dort – wie es im Rahmen der Deklaration vereinbart worden war – für ein weiter reichendes Kriegsengagement werben konnten, brach die bolschewistische Revolution aus. Und als buchstäblich ersten Akt verkündete Lenin den Rückzug Russlands von allen Kriegsschauplätzen.

Ironischerweise marschierte die britische Armee in genau diesem Moment in Jerusalem ein. Hätte sich Russland noch im Krieg befunden, hätte den Juden Russlands bewiesen werden können, dass eine nationale Heimstatt in Palästina nicht mehr nur eine ferne Hoffnung, sondern eine potentielle Realität für das Judentum geworden war.

Die Konkretisierung der Aussichten auf einen jüdischen Staat, wie entfernt er damals auch noch scheinen mochte, war also aus einem Versprechen geboren, das die Briten den Juden zu einem Zeitpunkt während des Krieges gaben, als sie dringend ihrer Unterstützung bedurften.

Liebe Tante Fori,
kein Bericht über das moderne Judentum kann das verdrießliche Thema von Juden umgehen, die zum Christentum konvertierten – «hinaus» konvertierten, wie Juden sagen. Einer der einflussreichsten

englischen Kriegsdichter war Siegfried Sassoon, ein Christ, obwohl er ein Enkel David Sassoons war, eines prominenten, 1832 in Bombay geborenen Juden, der in Großbritannien ein neues Leben begonnen hatte. Dessen Großvater wiederum, Scheich Sassoon ben Salah, war vierzig Jahre lang Präsident der jüdischen Gemeinde von Bagdad und Oberster Schatzmeister des Ottomanen-Paschas gewesen. Bereits als Anglikaner aufgewachsen, trat Siegfried Sassoon noch im Alter von über siebzig Jahren zur römisch-katholischen Kirche über.

Vor beinahe zweihundert Jahren konvertierte sogar Moses Schneerson, der Sohn des ersten Lubawitscher Rebbe – des charismatischen Führers jener ultraorthodoxen chassidischen Sekte, von der ich dir bereits berichtete – zum Christentum. Die Töchter des jüdischen Philosophen Moses Mendelssohn ließen sich protestantisch taufen, demzufolge war auch Moses Mendelssohns Enkel, der Komponist Felix Mendelssohn-Bartholdy, ein Christ. Dessen ungeachtet findet er sich im «jüdischen» Referenzbuch, dem von Geoffrey Wigoder herausgegebenen «Dictionary of Jewish Biography».

Juden werden wohl bis in alle Ewigkeiten debattieren, ob ein Konvertit zum Judentum oder ein Christ jüdischer Herkunft Jude ist oder nicht. Eines aber steht fest – nach jüdischen Religionsgesetzen ist Jude, wessen Mutter Jüdin ist (wie Felix Mendelssohn-Bartholdy), und eine Konversion ist dem jüdischen Verständnis nach in einem solchen Falle völlig irrelevant.

Benjamin Disraelis Vater war im 19. Jahrhundert zum Christentum übergetreten, wie auch der Urgroßvater von Raoul Wallenberg, der 1944 als schwedischer Diplomat Tausenden jüdischen Familien in Budapest Schutzdokumente ausstellte, oder wie der Komponist Gustav Mahler, dessen Werk Hitler als «entartet» verbot. Der deutsche Dichter Heinrich Heine war ebenso Konvertit wie die Großeltern des einstigen amerikanischen Präsidentschaftskandidaten Barry Goldwater (der seinen Wahlkampf 1964 führte, als du mit Onkel Bijju gerade in Washington lebtest).

Zum Christentum konvertierten sowohl Theodor Herzls Sohn als auch der in Polen geborene Jean-Marie Lustiger, heute Kardinalerzbischof von Paris. Anton Zolli, 1945 noch Oberrabbiner von Rom, ließ sich nach dem Krieg taufen.

Eine ganze Reihe von britischen Politikern, die allgemein für Juden gehalten werden, sind in Wirklichkeit Konvertiten, die nicht den geringsten Wunsch verspüren, zu ihren jüdischen Wurzeln zurückzukehren. Edwina Currie zum Beispiel war als konservative Politikerin in der Ära Margaret Thatcher aktiv; Nigel Lawson war Mitglied in deren Kabinett. Bischof von Birmingham war zu jener Zeit Right Reverend Hugh Montefiore, ein Spross der prominenten jüdischen Familie Sebag-Montefiore, aus der auch Sir Moses Montefiore stammte, der jüdische Philanthrop aus dem 19. Jahrhundert, von dem ich dir bereits erzählte.

Juden pflegen oft stolz «das Jüdische» von Personen zu betonen, die sich selbst längst als Christen betrachten und nichts «Jüdisches» mehr an sich finden. Der Autor von «Doktor Schiwago» und Nobelpreisträger Boris Pasternak war ebenfalls ein Konvertit, dennoch wird er in der «Encyclopaedia Judaica» unter die jüdischen Nobelpreisträger eingereiht.

Der gewiss umstrittenste Jude jüngerer Zeit war Karl Marx, dessen Werk nicht nur große soziale Umwälzungen und Revolutionen anregte, sondern – in pervertierter Form – auch zu Tyrannei führte. Er selbst betrachtete sich nie als Jude. Sein Vater, Heinrich Marx, ursprünglich Hirschel Halevi Marx und Sohn eines Rabbiners aus Deutschland, war zum Christentum übergetreten. Die Abstammung seiner Mutter lässt sich bis auf einen holländischen Rabbiner im 17. Jahrhundert zurückführen. Als Karl Marx sechs Jahre alt war, ließ sich sein Vater taufen und schickte den kleinen Karl auf eine protestantische Schule. Doch der sollte sich zu einem glühenden Atheisten entwickeln und jede Religion als «Opium für das Volk» bezeichnen. Dem Judentum gegenüber war Marx sogar ausgesprochen feindselig eingestellt. In einer seiner Schriften fragte er zum Beispiel: «Welches ist der weltliche Grund des Judentums? Das praktische Bedürfnis, der Eigennutz. Welches ist der weltliche Kultus des Juden? Der Schacher. Welches ist sein weltlicher Gott? Das Geld.» Darauf lässt sich eigentlich nur mit einem «Oj wej!» reagieren – wie es Juden angesichts von etwas Unerfreulichem auszurufen pflegen. Doch auch Marx wird in Wigoders «Dictionary of Jewish Biography», ebenso wie in Israel Levines «Faithful Rebels. A Study in Jewish Speculative Thought», als Jude aufgeführt.

Dem westeuropäischen Judentum brachte die Emanzipation zur Gleichheit und zu vollen Bürgerrechten zum ersten Mal seit über tausend Jahren unzählige neue Möglichkeiten. Die Juden begannen, sich weniger fremd zu fühlen und Mut zu schöpfen, sie konnten aktiv am Leben der westlichen Gesellschaften teilnehmen, und viele fühlten sich sogar zur Assimilation ermuntert. So manche Familie gab vor allem durch Mischehen ihre jüdische Identität auf und damit auch ihr jüdisches Erbe preis, andere nahmen einen säkularen Lebensstil an oder konvertierten zum Christentum.

Solchen Konvertiten, die sich selbst nicht mehr als Juden begreifen, aber von anderen nach wie vor als solche betrachtet werden, stehen all die Menschen mit nur einem jüdischen Elternteil gegenüber, die sich stark zum Judentum hingezogen fühlen oder irgendeinen Restbestand an «jüdischem Empfinden» bewahrt haben. Zwei solcher «Halbjuden» sind zum Beispiel die Schauspielerin Gwyneth Paltrow, die väterlicherseits aus einer russischen Rabbiner-Dynastie stammt, sowie der amerikanische Viersternegeneral Wesley Clark, der von 1997 bis 2000 Nato-Oberkommandierender in Europa war und erst jüngst – zu seinem freudigen Erstaunen – von seinen jüdischen Wurzeln erfuhr. In den Vereinigten Staaten, wo heutzutage beinahe die Hälfte aller Juden Nichtjuden heiraten, übersteigt die Zahl der «Halbjuden» unter elf Jahren bereits die Zahl der «Volljuden» gleichen Alters, was die jüdische Demographie des 21. Jahrhunderts vor so manches Problem stellen wird.

Liebe Tante Fori,
als Hitler 1933 in Deutschland an die Macht kam, begann eine finstere und schreckliche Zeit. Vom ersten Tag des Nazi-Regimes an wurden Juden konsequent isoliert, gequält und verfolgt. Schon zwischen dem 30. Januar 1933, dem Tag, an dem Hitler Reichskanzler wurde, und dem 1. September 1939, als seine Truppen in Polen einmarschierten, ließ er die Juden seinen ganzen Hass spüren. 1600 Jahre lang hatten Juden auf deutschem Boden gelebt. 12 000 von ihnen waren im Ersten Weltkrieg für «das deutsche Vaterland» gefallen. Dann kam Hitler, und jeder Patriotismus war vergebens. Deutschen Schulkindern wurde beigebracht, dass «der Jude» eine Pest sei, eine ansteckende Krankheit, an der sich die gesunde «arische» Jugend infizieren konnte; Erwachsenen wurde erzählt, dass sich Deutschland zum Schutz der «arischen Rasse» von den Juden befreien müsse, wobei die propagandistischen Scharfmacher diese biologische Fiktion so gekonnt verbreiteten, dass sie tatsächlich den schlimmsten vorstellbaren Rassismus zum Leben erweckten. Das Schicksal der Juden wurde aber nicht nur durch weit verbreitete Vorurteile und die Gewalt des Pöbels bestimmt. Zwei wichtige Instrumentarien nationalsozialistischer Machtausübung, die Gestapo und die SS, konnten ohne Haftbefehl verhaften, ohne Gerichtsverfahren einsperren, ohne Beschränkung foltern und ohne Konsequenzen morden.

Etwa der Hälfte der 500 000 in Deutschland lebenden Juden gelang es vor Ausbruch des Krieges, Zuflucht im Ausland zu finden. Doch mit Kriegsbeginn schloss Deutschland seine Grenzen. Und viele Juden, die außerhalb Deutschlands Schutz gefunden hatten, saßen nach dem Einmarsch der Nationalsozialisten in Ländern wie Frankreich, Belgien und Holland fest, wo sie dann ebenfalls der Gestapo in die Hände fielen, so wie es Anne Frank und ihrer deutsch-jüdischen Familie in Holland erging. Ihr Versteck wurde verraten, und sie wurden nach Auschwitz deportiert, wo im Laufe der Zeit eine Million Juden vergast werden sollten (Anne Frank starb in Bergen-Belsen).

In den sechs Vorkriegsjahren, als Hitler seine Macht konsolidierte, wurde Juden das Zusammenleben mit Deutschen unmöglich gemacht. Man erlegte ihnen Restriktionen in allen Bereichen auf; systematisch wurden sie von deutschen Schulen und Universitäten entfernt, mussten ihre Beamtenposten räumen und durften viele andere Berufe nicht mehr ausüben, ja nicht einmal mehr Mitglieder des Taubstummenverbands oder eines Taubenzüchtervereins sein. Mit Verkündung der Nürnberger Gesetze 1935[16] galt jeder Mensch mit einem jüdischen Großelternteil als «Mischling 1. Grades»; Juden waren zu den Unberührbaren Deutschlands geworden. Durch diese Gesetze erhielt Hitlers totalitärer Polizeistaat schier unbegrenzte Macht und konnte willkürlich mit seiner «Rassentrennung», Isolierung und Diskriminierung von schließlich sogar «Vierteljuden» fortfahren.

Bereits in den ersten Vorkriegsjahren nationalsozialistischer Herrschaft wurden in den schon damals existierenden Konzentrationslagern Hunderte Juden umgebracht – aber auch Kommunisten, Sozialisten, Gewerkschafter, Liberale und viele andere Regimegegner oder unliebsame Untertanen der Nationalsozialisten. Als Hitler im März 1938 den «Anschluss» Österreichs vollzog, gerieten weitere 183 000 Juden unter nationalsozialistische Jurisdiktion und bekamen deren Grausamkeiten augenblicklich am eigenen Leib zu spüren.

In November 1938, während jener Schreckensnacht, die wegen des vielen zerbrochenen Fensterglases «Reichskristallnacht» genannt wurde, wurden Juden auf den Straßen ermordet und Hunderte von Synagogen in Brand gesetzt. Die Schaufenster von Tausenden jüdischen Geschäften wurden eingeschlagen (Glas zersplitterte zu «Kristallen») und die Wohnungen von Juden in buchstäblich jeder deutschen und österreichischen Stadt geplündert. Im Lauf der nächsten Monate starben an die fünfhundert Juden an den Folgen der sadistischen Behandlung in den Konzentrationslagern auf deutschem Boden, in die sie in jener Nacht deportiert worden waren. Ein Resultat dieser «Reichskristallnacht» war – vor allem in Großbritannien – entsetzte Abscheu vor der antisemitischen Hetzjagd des Nazi-Regimes. Die britische Regierung, die bereits 40 000 jüdische Kinder aus Deutschland und Österreich aufgenommen hatte, machte sofort das Angebot, weitere 10 000 ins Land zu holen. Mit «Kindertransporten» wurden sie per Zug und Schiff aus Deutschland und Österreich nach Großbritannien in Sicherheit gebracht. Hier landeten sie in Aufnahmezentren, von wo aus sie dann an nichtjüdische englische Familien weitervermittelt wurden. Auch Margaret Thatchers Eltern gehörten zu den Tausenden, die ein jüdisches Kind zu sich nahmen. Fast alle diese Kinder sahen ihre Eltern zum letzten Mal in ihrem Leben, als sie ihnen auf den Bahnsteigen im ganzen Hitler-Reich nachwinkten. 1943 wurden die meisten der Väter und Mütter nach Osten deportiert und ermordet.

Liebe Tante Fori,

im Juli 1936, während Hitler seine Macht in Deutschland etablierte, unternahm General Franco seinen am Ende erfolgreichen Versuch, die Spanische Republik zu Fall zu bringen und in Spanien sein faschistisches Regime zu etablieren. Zehntausende Freiwillige eilten herbei, um der Spanischen Republik beizustehen, mehr als zweitausend von ihnen Juden. In Spanien konnten sie Reaktion und Unterdrückung erstmals konkret bekämpfen. Viele waren jüdische Kommunisten, die gegen die Übel von Nazismus und Faschismus vorgehen wollten, einige direkt unter dem Befehl Moskaus, andere als Teil der Internationalen Brigaden.

Der Jude Edward Bender war ein Organisator von amerikanischen Freiwilligen aus New York. Ein Mitglied einer Gruppe von Amateurschaustellern, die in Spanien zur Truppenbetreuung eingesetzt wurden, war Bernard Abramofsky, der die Kämpfer mit englischen und jiddischen Liedern unterhielt. Nicht lange nachdem sein Cousin Harold Melofsky aus derselben Schaustellergruppe gefallen war, wurde Abramofsky wegen Fahnenflucht erschossen.

Der aus Ungarn stammende jüdische Journalist Arthur Koestler schrieb mit seinem «Spanischen Testament» eines der beeindruckendsten Bücher über den Spanischen Bürgerkrieg. Er wurde von Francos Schergen inhaftiert und zum Tode verurteilt. Nur durch massive internationale Proteste – auch Churchill verwendete sich für ihn – konnte er gerettet werden. Koestler, 1905 in Budapest geboren, veröffentlichte 1941 sein Buch «Sonnenfinsternis», eine vernichtende Abrechnung mit den sowjetischen Säuberungsaktionen der 1930er Jahre, das enormen Einfluss auf meine Generation hatte.

Viele Juden, die in Spanien kämpften, stiegen später in den osteuropäischen kommunistischen Regimen der Nachkriegszeit in Führungspositionen auf. Einer von ihnen, der in Budapest geborene Ernő Singer – später nahm er den Nachnamen Gerő an –, war schon 1919 in Béla Kuns kommunistischer Revolution aktiv gewesen und zur Zeit des antikommunistischen Aufstands 1956, den er niederzuschlagen versuchte, Erster Sekretär der ungarischen Kommunistischen Partei.

Auch der leitende militärische Berater der republikanischen Armee, der sowjetische General Grigorij Schtern (er legte sich den Nom de Guerre Grigorewitsch zu), war Jude und wie die übrigen sowjetischen Freiwilligen von Stalin nach Spanien geschickt worden. 1939 kommandierte er die sowjetischen Streitkräfte im Krieg gegen Japan, wofür er die begehrte Auszeichnung «Held der Sowjetunion» erhielt. Ein anderer sowjetischer General, Jakob Smuschkewitsch, der Sohn eines armen litauisch-jüdischen Schneiders, befehligte die republikanischen Luftstreitkräfte; drei Jahre später kehrte er in die Sowjetunion zurück, um das Kommando über die Luftwaffe der Roten Armee zu übernehmen. 1941, am Vorabend des deutschen Einmarschs in die Sowjetunion, war Smuschkewitsch Oberkommandierender der sowjetischen Luftverteidigung. Doch kurz darauf fielen er und Schtern bei Stalin in Ungnade; beide wurden hingerichtet. Die «Ukrainische Enzyclopädie» führt denselben Tag, den 28. Oktober 1941, als Datum ihres «tragischen» Todes an – natürlich ohne den Grund oder die Umstände ihres plötzlichen Ablebens zu erklären.

Ein dritter russisch-jüdischer General, der in Spanien kämpfte, war Lazar Stern, Kommandant der 11. Internationalen Brigade. In seiner Einheit waren Juden aus Ländern wie Frankreich, Österreich, Polen und Ungarn zahlenmäßig am stärksten vertreten. Stern kämpfte unter dem Namen Emile Kleber und führte den Freiwilligentrupp, der dazu beitrug, Franco im November 1936 an der Einnahme Madrids zu hindern. Auch durch seine Teilnahme an den Schlachten von Jamara und Guadalajara im Jahr 1937 machte er sich einen Namen. Von der sowjetischen Geheimpolizei des «Internationalismus» beschuldigt, wurde er plötzlich aus Spanien zurückgerufen und verschwand – eines von Millionen Opfern der stalinistischen Säuberungen.

Es gibt noch einen sowjetisch-jüdischen General, den ich hier erwähnen möchte, nämlich Simon Kriwoschein, der Sohn eines Uhrmachers. Nachdem er sich 1931 einem der ersten sowjetischen Panzergrenadierverbände angeschlossen hatte, schickte ihn Stalin mit neunundzwanzig weiteren Offizieren der Roten Armee als Panzerkommandeure nach Spanien. Nicht zuletzt ihnen war zu verdanken, dass Francos Truppen im März 1937 bei der Schlacht um Guadalajara zurückgedrängt werden konnten. 1941 befehligte Kriwoschein einen Panzergrenadierverband gegen die Deutschen und 1945 schließlich ein Armeekorps beim Kampf um Berlin.

Britische und amerikanische Juden kämpften freiwillig in Spanien und schließlich an sämtlichen Fronten des Krieges, wenngleich keiner im Rang eines Generals. Einige Mediziner, die von den Vereinigten Staaten durch das «American Medical Bureau to Aid Spanish Democracy» auf die republikanische Seite geschickt wurden, waren ebenfalls Juden, unter ihnen Dr. Irving Busch und Dr. Edward Barsky, ein Chirurg vom Beth Israel Hospital in New York, der ein Team aus vier weiteren Ärzten, acht Krankenschwestern und zwei Sanitätsfahrern leitete. Kurz bevor ich diesen Brief zu schreiben begann, hielt ich in einer kleinen Stadt nördlich von New York einen Vortrag und traf dort den Anwalt Jay Greenfield, dessen Bruder Hy während der Kämpfe in Spanien als Angehöriger des Teams von Dr. Barsky tödlich verwundet worden war. Jay Greenfield war erst fünf Jahre alt, als sein Bruder fiel; vor kurzem reiste er nach Spanien zu dessen Grab auf dem kleinen Dorffriedhof von Segura.

Liebe Tante Fori,

diesen Brief zu schreiben fällt mir am schwersten. Das von Hitler versprühte rassistische Gift – ich bringe es nicht über mich, hier von Ideologie zu sprechen – führte zwischen 1939 und 1945 zur Ermordung von sechs Millionen Juden und zur Zerstörung von jüdischem Leben in fast ganz Europa. Die Kultur, das menschliche Dasein und der Pulsschlag von Generationen wurden unter grausamsten und barbarischsten Bedingungen ausgelöscht. Wie der Begriff «Holocaust»[17] versuchen auch das jiddische Wort *churban* («Zerstörung») und das hebräische *sho'ah* («Katastrophe»), das Geschehen einzufangen – aber es gibt kein Wort, das diesen Horror ausdrücken könnte.

Es geht nicht nur um das Problem, dass es keinen angemessenen Namen für diese unbeschreiblichste Periode in der jüdischen Geschichte gibt, es ist schlicht eine Frage des Vorstellbaren. Kann ein

Mensch, der nicht Zeuge wurde, die Ungeheuerlichkeit dieses Geschehens wirklich je begreifen? Wird ein Mensch, der ein friedliches
Leben zu führen versucht, diese Gewalt des Bösen, das sich mit aller
Macht gegen die Juden Europas verschwor, jemals in allen Facetten
seines Schreckens verstehen können? Ein Überlebender schrieb unmittelbar nach dem Krieg einem Freund über den Mord an 1,5 Millionen jüdischen Kindern: «Wenn du eine pathologische Phantasie
hast, wirst du es dir vielleicht vorstellen können, aber wenn du ein
normaler Mensch bist, wird es dir niemals gelingen, dir dieses
Schreckenskapitel in all seiner Lebendigkeit zu gewärtigen, so phan-
tasievoll du auch sein magst.»

Im September 1939 begann mit dem deutschen Einmarsch in Polen eine neue Phase der nationalsozialistischen Brutalität: der vor-
sätzliche Mord an über fünftausend in ihren Häusern, Synagogen,
Geschäften oder auf den Straßen willkürlich aufgegriffenen Juden –
Männern, Frauen und Kindern. Einige sperrte man in Synagogen
ein und steckte diese dann in Brand, andere wurden in umliegende
Wälder oder Schluchten getrieben und dort erschossen.

Nach der Eroberung Westpolens wurden weitere Hunderte von
Juden bei dem Versuch ermordet, in Gewaltmärschen durch Sümpfe
und Flüsse auf russisches Gebiet zu kommen. Dann wurde eine neue
Politik umgesetzt: Man verschleppte die Juden aus ihren Häusern und
zwang sie, sich in zu Ghettos umfunktionierten Stadtteilen anzusiedeln, mauerte diese zu und überließ die Insassen den Seuchen und
dem Hunger. Hunderte starben, Tausende magerten zu Skeletten ab.
Als die Deutschen nach dem April 1940 Dänemark und Norwegen
besetzten, im Mai 1940 dann auch Frankreich, Belgien und Holland
und im April 1941 Jugoslawien und Griechenland, saßen Zehntausende weitere Juden in der Falle. Sie wurden ausgesondert, mussten
den gelben Stern tragen, wurden auf Hungerrationen gesetzt, und
schließlich ließ man sie ganz verhungern.

Bis Frühjahr 1941 waren bereits allmonatlich über zweitausend Juden im Warschauer Ghetto und zwischen sieben- und achthundert im Ghetto von Lodz den Hungertod gestorben. Inzwischen waren schon Zehntausende ermordet worden, aber die Vernichtungsaktion war gerade erst angelaufen. Im Frühjahr 1941 wurden im Ausbildungszentrum der nationalsozialistischen Sicherheitspolizei in Pretzsch an der Elbe Tötungskommandos systematisch auf ihre grauenvolle Aufgabe vorbereitet.

Als dann am 22. Juni 1941 der Angriff der Wehrmacht auf die Sowjetunion begann, marschierten diese Kommandos – bekannt als Einsatzgruppen – der Armee hinterher, immer weiter ostwärts, und mordeten Juden in einem selbst für die jüdische Geschichte einzigartigen Ausmaß. Innerhalb von drei Wochen waren über fünfzigtausend jüdische Männer, Frauen und Kinder gnadenlos erschossen worden. Viele wurden aus ihren Häusern getrieben und einfach bis zum nächsten Graben oder zur nächsten Grube gezerrt. Alte und Kranke, Behinderte und Säuglinge wurden gleich im Haus oder in ihren Betten umgebracht.

Auch nach dieser dreiwöchigen Orgie des Mordens setzten die Tötungskommandos ihre Arbeit Woche für Woche unbeirrbar fort. Weitere Zehntausende von Juden wurden hingeschlachtet. Das Morden zog immer weitere Kreise, durch Litauen und Lettland nach Estland, durch Wolhynien und die Ukraine, von der Ostsee bis zum Schwarzen Meer. Innerhalb von acht Monaten waren eine Million Juden auf diese Weise umgebracht worden.

Doch mit dieser Schreckenszahl war der Plan der Nazis noch lange nicht erfüllt, denn der zielte auf die Vernichtung jedes einzelnen Juden, ja noch der geringsten Spur jüdischen Lebens. Am 8. Dezember 1941 wurde in einem abgelegenen Waldgebiet im besetzten Polen ein Experiment durchgeführt. Viertausend Juden aus acht Dörfern wurden in extra abgedichtete Lastwagen gepfercht, in einen Wald gefahren und dort mit eingeleiteten Auspuffabgasen erstickt. Das Experiment dauerte vier Tage. An einem dieser Tage kam ein

Besucher aus dem Reichssicherheitshauptamt in Berlin. Sein Name war Adolf Eichmann. Zwanzig Jahre später sollte er während seines Prozesses in Jerusalem erklären, dass ihn das Gesehene entsetzt habe. Damals allerdings hatte er das Experiment als einen ersten Erfolg bezeichnet. Das Waldgebiet hieß Chelmno. In den kommenden Wochen wurden Zehntausende polnische Juden aus einem immer größeren Umkreis dorthin verschleppt und vergast. Eichmann war längst wieder in Berlin, wo er am 20. Januar 1942 bei der Wannseekonferenz der anwesenden Führungsriege deutscher Beamter die Zahlen der noch verbliebenen Juden in Europa verlas. Land für Land war auf dieser Liste gesondert aufgeführt, und jeder einzelne Jude in jedem einzelnen dieser Länder sollte aufgetrieben und deportiert werden, um dann entweder bei Zwangsarbeit umzukommen oder vergast zu werden. Sogar Großbritannien und Irland standen auf der Liste, ebenso wie die neutrale Schweiz, Schweden, Spanien und Portugal.

Was die Deutschen «die Endlösung der Judenfrage in Europa» nannten, sollte nun in die Tat umgesetzt werden. Die deutsche Wehrmacht stand siegreich und triumphierend vom Atlantik bis fast zum Kaspischen Meer, vom nördlichsten Punkt Norwegens bis zur ägyptischen Grenze. In sämtlichen deutsch besetzten Gebieten Europas sorgte die Gestapo für Untertanentreue. Die Mörder versuchten mit Täuschungsmanövern den wahren Charakter und das wahre Ausmaß des tatsächlichen Geschehens zu verhüllen, was ihnen im großen Ganzen gelang.

Am Beginn des Frühjahrs 1942 wurde das Todeslager von Chelmno erweitert, gleichzeitig errichteten die Deutschen in Belzec, Sobibor und Treblinka drei weitere Vernichtungslager auf polnischem Boden, die dann einen schrecklichen Blutzoll fordern sollten: Über zwei Millionen Juden wurden in Viehwaggons aus ganz Europa in diese Lager transportiert. Fast alle wurden bereits Stunden nach ihrer Ankunft vergast. Nur ein verschwindend geringer Teil wurde für

Zwangsarbeiten zurückbehalten, die meist darin bestanden, die Kleidung und das Gepäck der Glaubensbrüder zu sortieren – Material, das für die deutsche Kriegswirtschaft genutzt wurde – und deren Leichen zu beseitigen. Zwei Millionen Juden wurden innerhalb eines einzigen Jahres allein in diesen vier Todeslagern ermordet. Als dann die Rote Armee Richtung Deutschland vorrückte, befahl die Gestapo, die Leichen auszugraben, zu verbrennen und die Asche in den umliegenden Wäldern zu verstreuen.

Im März 1942, als jene vier Todeslager bereits auf Hochtouren arbeiteten, wurde ein fünftes Vernichtungslager eröffnet. Anfänglich wurden die Hunderttausende von ständigen Neuzugängen nicht sofort vergast, wie in Chelmno, Belzec, Treblinka und Sobibor, sondern mit weiteren Hunderttausenden Opfern in langen Baracken als Reserve für die Zwangsarbeit am Leben erhalten. Der Name des fünften Lagers war Auschwitz. Doch ab Mai 1942 unterzog man auch dort die ersten Juden einer «Sonderbehandlung»: Alle Frauen, Kinder und alten Menschen, die nach Meinung der Gestapo «im Punkt Einsatz nicht vielversprechend» waren, wurden vergast. In den nächsten zweieinhalb Jahren wurden dort über eine Million Juden vergast oder auf andere Weise brutal ermordet.

Lange nachdem Chelmno und die anderen drei Todeslager auf polnischem Boden eingeebnet worden waren, wurde in Auschwitz das Werk des Bösen fortgesetzt. Noch heute wird man auf diesem Gelände von einer solchen Hilflosigkeit überwältigt, dass man unfähig ist, seine Gefühle auszudrücken, wenn man zwischen den totenstarren Überresten der Krematorien und Gaskammern steht, die von den Nazis gesprengt, aber nie ganz eingeebnet wurden, oder vor den Reihen über Reihen von Lagerbaracken. Der Schmutz, das Elend und der Gestank des Todes sind verschwunden. Doch ein verstörendes Gefühl des Bösen bleibt.

Liebe Tante Fori,

dies wird ein kurzer Brief. Er handelt von einer Gruppe Juden, deren Schicksal mir oft durch den Kopf gegangen ist: von den Ärzten und Krankenschwestern, die im Holocaust ermordet wurden. Sie hatten ihr Leben der Medizin und Betreuung von Kranken geweiht; doch in den Augen der Nazis waren sie dasselbe «Ungeziefer» wie alle anderen Juden. Einige waren längst angesehene Mediziner gewesen, als sie umgebracht wurden, andere standen gerade erst am Beginn einer Karriere, die sie der Heilung und Lebensrettung widmen wollten.

Zu den wertvollsten Dingen, die ich besitze, zählt die Fotokopie eines Buches mit dem Titel «The Martyrdom of Jewish Physicians in Poland», das nach dem Krieg in New York erschien. Es enthält die Namen und Kurzbiographien von 2500 jüdischen Ärzten und Krankenschwestern, deren Ermordung allein aus Polen bekannt ist. Ich möchte nicht wissen, wie vielen in ganz Europa das Leben genommen wurde.

Das erste polnisch-jüdische Opfer, das in diesem Buch erwähnt wird, ist Mateusz Aberdam, ein Gynäkologe aus Przemisl, einem reizenden Städtchen auf ehemals österreichisch-ungarischem Gebiet. Er hatte sich aktiv am sozialen jüdischen Leben seiner Gemeinde beteiligt, wurde 1943 nach Auschwitz deportiert und dort umgebracht. Er war vierundvierzig Jahre alt.

Mehrere der im Buch Erwähnten waren 1908 zur Welt gekommen, in «deinem Jahr», Tante Fori. Izaak Mandel, ein Arzt aus der ostgalizischen Stadt Przemisljani, wie du ein einstiger k. u. k. Bürger, wurde von ukrainischen Nachbarn ermordet, als er Schutz in einem nahe gelegenen Dorf suchte. Jakub Taffet praktizierte als Arzt in Wadowice bei Krakau, dem Heimatort des heutigen Papstes. Er kam in Lwow während der deutschen Besatzung ums Leben, ebenso wie sein Bruder Teofil, ein Mitglied des von den Deutschen eingesetzten Judenrates für die Belange des Ghettos; Teofil wurde von der Gestapo erhängt. Naftali Lichtenbaum, ein Gynäkologe und Geburtshelfer, praktizierte in Warschau; auch er überlebte den Krieg nicht. Die Kinderärztin Franzizka Hirsch-Rotkopf, die ihre Praxis in Wieliczka nahe Krakau hatte, wurde im August 1942 in das Todeslager Belzec deportiert, zusammen mit ihrem Ehemann Julian, gleichfalls Arzt, und beinahe sämtlichen anderen 8000 Juden aus dieser Stadt und den umliegenden Dörfern. Niemand überlebte diese Deportation.

Eine andere im Buch erwähnte jüdische Ärztin namens Chaja Manusiewicz, 1911 geboren, hatte an der Universität von Vilnius studiert, einen Christen geheiratet und in der Kleinstadt Wsielub in Weißrussland praktiziert. Als 1941 die Deutschen in die Sowjetunion einmarschierten, floh sie in die Wälder, um sich den Partisanen anzuschließen. Sie wurde im Kampf gegen die Deutschen getötet.

Die letzte im Buch aufgeführte Person heißt Izaak Zyw. In den Zwischenkriegsjahren war er Chirurg in der Stadt Lodz gewesen und hatte während der ersten Kriegsjahre im Krankenrevier des Warschauer Ghettos gearbeitet. Er war einundvierzig, als die Deutschen die Wohnung, in der er lebte, stürmten und ihn zusammen mit seiner Familie ermordeten.

Das «Martyrdom»-Buch besteht aus 497 Seiten mit ausschließlich Namen und kurzen, vier- oder fünfzeiligen Lebensläufen. Würde jedem im Holocaust ermordeten Juden, einschließlich der eineinhalb Millionen Kinder und Jugendlichen unter sechzehn Jahren, der gleiche Raum gewährt – nicht gerade viel für ein Menschenleben –, wären mehr als 2000 solcher Bücher nötig.

Liebe Tante Fori,
heute will ich dir vom jüdischen Widerstand im Holocaust berichten. Während die Deutschen immer mehr Juden in Ostpolen und Westrussland ermordeten und aus allen besetzten Ländern Eu-

ropas in die Vernichtungslager deportierten, versuchten Zehntausende von ihnen, Widerstand zu leisten. Einigen gelang am Vorabend einer Mordaktion oder Deportation die Flucht aus einem der Ghettos, und einigen wenigen sogar, einer Mordgrube zu entkommen, nachdem sie sich inmitten von Leichenbergen tot gestellt hatten. In jedem Ghetto wurden ungeachtet des herrschenden Hungers und all der anderen Härten große Anstrengungen unternommen, die Moral aufrechtzuerhalten, Kinder zu unterrichten, Konzerte und Theateraufführungen zu veranstalten und insgesamt sicherzustellen, dass die Kultur des europäischen Judentums der Vorkriegszeit nicht vollständig verloren ging. Im KZ-Ghetto Theresienstadt, in das über 140 000 Juden deportiert worden waren (und in dem Theodor Herzls Tochter Trude, wie so viele Tausende, den Hungertod starb), gab eine Gruppe Halbwüchsiger unter allergrößter Geheimhaltung eine wöchentliche Lagerzeitung heraus – jede Ausgabe wurde in einem Speicher von Hand kopiert. Kleinere Kinder wurden ermuntert, zu malen und zu zeichnen. Die meisten wurden später nach Auschwitz weitertransportiert, wo sie der Tod erwartete. Auch diese Malkurse, Theateraufführungen oder Konzerte, die das kurze, gequälte Leben im Ghetto begleiteten, waren Akte des Widerstands – eines Widerstands des menschlichen Geistes, der sich weigerte, sich seine Würde völlig nehmen oder sich versklaven zu lassen.

Im Warschauer Ghetto griffen am Pessachfest 1943 jüdische Kämpfer zu den wenigen Waffen, die sie sich verschaffen konnten, und begannen, die gut ausgerüsteten deutschen Wehrmachtstruppen unter Beschuss zu nehmen. Sie kämpften einen ganzen Monat lang, bis schließlich siebentausend von ihnen umgekommen waren und die deutsche Artillerie das Ghetto fast vollständig in Schutt und Asche gelegt hatte. Im Staat Israel wurde das Datum, an dem der Warschauer Ghettoaufstand begonnen hatte, zum Gedenktag an die jüdischen Helden und Märtyrer erklärt. Während im ganzen Land

die Sirenen heulen, steht alles Leben für zwei Minuten still, jeder
verharrt in schweigendem Gedenken, sogar die Autofahrer.

   Als die Nachricht vom Aufstand im Warschauer Ghetto die Juden
im Wilnaer Ghetto erreichte, verfasste einer seiner Insassen, Hirsch
Glick, ein jiddisches Lied, das zur Hymne aller jüdischen Widerstandskämpfer und Partisanen werden sollte. Die erste Strophe – die
noch heute bei vielen jüdischen Gedächtnisfeiern in aller Welt gesungen wird – lautet:

Sog nit kejnmol, as du gejst dem letztn weg,
chotsch himlen blajene farschteln bloje teg,
kumen wert noch unser ojsgbente schtund,
s'wert a pojk tun unser trot: Mir sajnen do!

Sag niemals, dass du den letzten Weg gehst,
auch wenn die strahlenden Tage von bleiernen Himmeln
    verhängt sind,
unsere ersehnte Stunde wird noch kommen,
unser Schritt wird Donnerhall: Wir sind noch da!

Ein Jahr nachdem er dieses Lied geschrieben hatte, wurde Hirsch
Glick mit Tausenden anderen Juden aus Wilna in ein Arbeitslager
nach Estland deportiert. Dort verliert sich seine Spur.
   Im Januar 1942 wurde in Wilna die jüdische *Farajnikte Partisanen
Armatsie* gegründet. Als die Deutschen ein Jahr darauf die Wilnaer
Juden zusammenzutreiben begannen, führte der jüdische Partisanen-
führer Aba Kovner eine Gruppe Juden in die umliegenden Wälder,
von wo aus sie gegen die Deutschen kämpften. Drei Jahre später, am
Tag der Befreiung, kehrten sie Seite an Seite mit der Roten Armee
nach Wilna zurück.
   Bewaffnete Aufstände fanden in mindestens zwei Dutzend Ghet-
tos statt, so etwa in Krakau (wo meine Großmutter Ende des

19. Jahrhunderts studierte, bevor sie nach England auswanderte). Zu den Krakauer Ghettokämpfern gehörten auch zwei junge Frauen: Gole Mire, die umkam, und Rivka Liebeskind, die überlebte. Beide arbeiteten als Kuriere für die jüdische Farajnikte Partisanen Armatsie, die den Kontakt zwischen den Partisanen in den diversen Ghettos unter großen Gefahren aufrechterhielten. Die meisten von ihnen wurden im Kampf oder in einem Hinterhalt getötet oder von Nichtjuden verraten und anschließend hingerichtet.

Während dieser Ghettoaufstände – Akte eines hoffnungslosen Widerstands, da die deutsche Wehrmacht mit so überwältigender Überlegenheit zurückschlagen konnte – gelang einigen Juden die Flucht in die Wälder. Dort schlossen sie sich diversen einheimischen Partisaneneinheiten an, unter denen es auch Gruppen mit ausschließlich jüdischen Mitgliedern gab. Juden kämpften in Wäldern und Sümpfen ganz Europas gegen die Deutschen. Tief in einem Wald Weißrusslands bewachten zum Beispiel die drei Brüder und Partisanenführer Tuvia, Zus und Asael Bielski ein unterirdisches Versteck, das sie für 1200 Frauen und Kinder gegraben hatten, die aus den Ghettos der Region hatten entkommen können. Asael fiel im Kampf gegen die Deutschen, Tuvia und Zus überlebten.

Sogar in den Vernichtungslagern gab es jüdischen Widerstand. In Treblinka lehnten sich die Häftlinge geschlossen gegen ihre Wärter auf; in Sobibor führte ein jüdischer Kriegsgefangener namens Alexander Pechersky, ein Offizier der Roten Armee – mit dem ich später korrespondierte –, einen Aufstand der Zwangsarbeiter an. Er überlebte den Krieg. Sein Kamerad Leon Felhendler, ein polnischer Jude, der mit ihm den Aufstand organisiert hatte, wurde im Jahr der Befreiung von polnischen Antisemiten umgebracht (so wie ungefähr 1500 andere polnische Juden, die in ihre einstigen Heimatorte zurückgekehrt waren).

Selbst in Birkenau – neben dem Stammlager «Auschwitz I» als «Auschwitz II» zum Vernichtungszentrum ausgebaut – begehrten jüdische Häftlinge auf. Am 7. Oktober 1944 gelang es ihnen, eine oberirdische Krematoriumsanlage mit zwei Öfen zu zerstören, bevor sie gefasst und getötet wurden. Auch Roza Robota war an diesem Aufstand beteiligt gewesen. Sie hatte Sprengstoff ins Lager geschmuggelt und wurde schließlich vor den Augen aller weiblichen Häftlinge in Birkenau exekutiert. Nicht einmal unter schrecklichster Folter gab sie die Namen der anderen Beteiligten preis. Solch mutige Akte der Auflehnung sind noch heute ein Quell der Inspiration. Es waren Taten der Tapferen und Anständigen – von Menschen, die von den Nazis den Stempel des Opfers aufgedrückt bekamen, sich aber nicht widerstandslos in ihr Schicksal fügen wollten und sich ungeachtet der schrecklichen Umstände mit aller Macht bemühten, ihre Menschlichkeit zu bewahren. Das Gotteswort, das Moscheh einst an die Kinder Jisrael weitergab – du sollst das Leben erwählen! –, war auch während des Holocaust der Leitfaden von Juden, selbst unter lebensbedrohlichsten Umständen, selbst als sie von der Macht des Bösen, dem eine so gewaltige Militärmaschinerie zur Seite stand und das ein so entsetzliches Tötungsverlangen hatte, bereits vernichtet wurden.

Ein Überlebender des Holocaust namens Moniek Goldberg, der heute in Miami lebt – er war bei Kriegsende fünfzehn Jahre alt –, schickte mir einen Brief, als ich gerade mein Buch «The Boys» über 732 Teenager schrieb, die überlebt hatten und 1945 nach Großbritannien geholt wurden: «Obwohl fünfzig Jahre vergangen sind, glaube ich sagen zu können, dass ich meinem Vater unter die Augen treten könnte, denn ich vergaß nie, was er mir als Jungen beibrachte. Ich half meinen Mitmenschen, wann immer ich konnte. Ich bin stolz darauf, Jude zu sein, denn ich habe Menschen gesehen, die sich schlimmer verhielten als wilde Bestien, während wir Juden uns an das erinnerten, was uns Rabbi Hillel lehrte: ‹Bist du an einem Ort, wo es keine Menschen gibt, musst du danach trachten, Mensch zu sein.› Wir waren unter wilden Tieren und ich kann mit Stolz behaupten, dass wir die Würde des Menschen aufrechterhalten haben.»

Neben der Geschichte des jüdischen Widerstands im Holocaust – des kollektiven Widerstands wie des mutigen Aufbegehrens Einzelner – gibt es die Geschichte Tausender von Nichtjuden, die ihr eigenes und oft auch das Leben ihrer Familien riskierten, um Juden zu retten. Wir kennen die Namen von über 16 000 europäischen Nichtjuden, die Juden versteckten, versorgten und vor der Deportation und dem sicheren Tod bewahrten. Mehrere tausend jüdische Kinder wurden von nichtjüdischen Familien versteckt, vor allem in Holland, Belgien und Frankreich. Über dreihundert Deutsche halfen sogar auf deutschem Boden, Juden zu retten, darunter prominente deutsche Fabrikanten, Männer wie Oskar Schindler, über den Steven Spielberg einen so beeindruckenden Film drehte.

In der Stadt Lwow – in der Zwischenkriegszeit gehörte sie zu Polen, vor 1914 zur Habsburgermonarchie – versteckte Erzbischof Scheptitski Juden, dabei hatte er Anfang der zwanziger Jahre noch die antisemitische Bewegung des Simon Petlura unterstützt. Doch vom ersten Tag der deutschen Besatzung an half er Juden, darunter dem Oberrabbiner von Lwow und dessen Familie, und forderte von anderen Kirchenmännern und seiner eigenen Schwester, einer Äbtissin, es ihm gleichzutun.

Auch mehrere europäische Regierungen bemühten sich, Juden zu retten. Der bulgarische König und das bulgarische Parlament weigerten sich, auch nur einen der 48 000 Juden Bulgariens zu deportieren – am Ende des Krieges sollte der jüdische Bevölkerungsanteil Bulgariens sogar höher sein als bei Kriegsausbruch. Finnland willigte zunächst ein, alle 2300 Juden zu deportieren, meist Flüchtlinge aus Deutschland und Österreich, doch als dann die ersten elf von der Gestapo umgebracht worden waren, weigerte sich die finnische Regierung, weitere Juden auszuliefern. Sie alle überlebten in Finnland den Krieg. Das unter Besatzung stehende dänische Volk schmuggelte fast sämtliche 6500 Juden Dänemarks nach Schweden in Sicherheit, und zwar in einer einzigen Nacht.

Die italienische und die ungarische Regierung widersetzten sich ebenfalls dem Druck der Deutschen, die Juden ihres Landes zu deportieren. Erst nachdem Italien 1943 und Ungarn 1944 okkupiert wurden, kam es dort noch zu Deportationen. Ungarns Regent Admiral Horthy hatte sich zweimal sogar Hitlers persönlicher Aufforderung verweigert, die ungarischen Juden endlich auszuliefern.

Jeder Mensch, der half, vollbrachte eine wahrhaft heroische Tat. Die meisten waren normale Bürger, die instinktiv – ob als bewusste Christen und einfach als Menschen – auf den Irrsinn und die Barbarei der antisemitischen Gewalt reagierten. Indem sie Juden halfen, riskierten sie ihr eigenes Leben. In Israel nennt man sie die «Gerechten unter den Völkern», und ein israelisches Gesetz garantiert, dass sie die gebotene Anerkennung finden und geehrt werden.

Liebe Tante Fori,

jüdische Soldaten kämpften in allen alliierten Armeen. Seit dem Tage des deutschen Einmarschs in Polen verteidigten Juden Seite an Seite mit Polen ihr Gastland. Rund dreitausend von ihnen fielen. Ab Mai 1940, nach Hitlers Invasion in Frankreich, Belgien und Holland, gehörten Juden auch dort den Landesverteidigungskräften an, ebenso wie in Jugoslawien und Griechenland, nachdem Hitlers Wehrmacht im April 1941 in diese Länder einmarschiert war. Und als die Deutschen im Juni 1941 die Sowjetunion überfielen, zogen die russischen Juden ebenfalls in den Kampf. Jacob Kreiser, ein jüdischer General, hielt in den ersten Wochen des Krieges zwei Tage lang einem deutschen Panzerangriff stand.

Der erste sowjetische Schriftsteller, der auf dem Schlachtfeld fiel, war der Jude Lew Kantorowitsch; die erste sowjetische Pilotin, die abgeschossen und getötet wurde, war die Jüdin Lydia Litwak.

Auch unter den Partisanen und im Widerstand ihrer von Deutschland besetzten Gastländer kämpften Juden. Im ersten Halbjahr 1941 wurden über einhundertdreißig meist polnischstämmige Juden in Paris wegen aktiven Widerstands gegen die deutsche Besatzungsmacht erschossen. Der Oberrabbiner von Athen, Elias Barzilai, war nur einer von Hunderten Juden in Griechenland, die mit den griechischen Partisanen kämpften. Und in Italien wurde die junge Partisanenführerin und Jüdin Rita Rosani gefangen genommen und getötet, als sie weit hinter den deutschen Linien bei Verona im Einsatz war.

Als Hitler im Dezember 1941 den Vereinigten Staaten den Krieg erklärte, begannen in den Reihen der alliierten Armeen noch mehr Juden in allen Einheiten, den Nazismus zu bekämpfen, bis er im Mai 1945 schließlich besiegt war. Amerikanische Juden wurden in allen Streitkräften für ihren Einsatz ausgezeichnet, ob im Heer, in der Marine oder in der Luftwaffe. Auch zu den Truppen, die die Konzentrationslager befreiten, gehörten Juden.

Am 9. Dezember 1941, zwei Tage nach dem Angriff auf Pearl Harbor, klinkte der amerikanische Jude Sergeant Meyer Levin die Bomben seiner fliegenden Festung aus und versenkte ein japanisches Schlachtschiff. Er starb im späteren Kriegsverlauf beim Versuch, seine Kameraden zu retten, nachdem ihr Flugzeug in den Pazifik gestürzt war. Ein anderer jüdischer Air-Force-Mann, der Funker Sergeant Albert Garshowitz aus Kanada, gehörte der alliierten «Dambuster»-Staffel an, die über Deutschland Sondereinsätze gegen Talsperren flog; er wurde 1943 beim Abschuss seiner Maschine getötet.

Über 30000 Juden aus Palästina hatten sich freiwillig gemeldet, um mit den britischen Streitkräften an allen Fronten zu kämpfen. Einer der jüdischen Piloten, die 1940 an der Luftschlacht über Großbritannien teilnahmen, war der damals erst zwanzigjährige George Ernest Goodman aus Haifa. Für seine Tapferkeit im Einsatz und den Abschuss von mindestens sechs angreifenden deutschen Fliegern wurde ihm das «Distinguished Flying Cross» verliehen. 1941 wurde er im Kampf über Nordafrika abgeschossen und getötet. Juden aus Palästina kämpften auch Seite an Seite mit britischen und französischen Soldaten in der Schlacht, die Syrien von Vichy-Frankreich befreite und in deren Verlauf Mosche Dayan – später Stabschef der israelischen Verteidigungsarmee, dann Israels Verteidigungsminister und schließlich Außenminister – ein Auge verlor.

Bei einer Pessachfeier 1943 in Tripolis trafen viele dieser «Palästinenser», wie sie genannt wurden, erstmals auf jüdische Soldaten aus den Armeen der USA, Großbritanniens und Südafrikas. Dass sie gemeinsam die *Hatikwa* («Die Hoffnung», wie die «jüdische» Nationalhymne heißt) singen konnten, war für alle Anwesenden ein bewegendes Erlebnis.

Palästinensische Juden verteidigten auch Hafenanlagen, die von Deutschen und Italienern bombardiert wurden. Eine dieser Gruppen, die 462. Kompanie, befand sich gerade an Bord eines Schiffes, das Kurs auf das damals besetzte Malta genommen hatte, als sie torpediert wurde. Einhundertachtundvierzig der Männer kamen ums Leben. Bei meinem letzten Besuch in Jerusalem entdeckte ich am Herzl-Berg einen Gedenkstein mit ihren Namen.

Im Sommer 1944 wurde eine Jüdische Brigade aufgestellt, meist ebenfalls Juden aus Palästina, um in Italien zu kämpfen. Die Kommandos wurden in hebräischer Sprache gegeben – anstatt also zum Beispiel «Eins, zwei! Eins, zwei!» zu rufen, marschierten die Soldaten auf das Kommando «Alef, bet! Alef, bet!» («A, b»). Dreiundachtzig dieser Brigadisten fielen, weitere sechshunderteinundfünfzig Juden aus Palästina verloren ihr Leben auf anderen Kriegsschauplätzen.

Gerald Smith aus London, der dieser Jüdischen Brigade angehört hatte, erinnerte sich an seine Zeit als Krankenträger in Italien, später dann als Armee-Fahrer: «Ich werde nie vergessen, wie wir durch Österreich und Deutschland fuhren. Je tiefer nach Deutschland wir eindrangen, desto schweigsamer wurden wir alle. Überall völlige

Zerstörung. Die Leute starrten mit ungläubigen Blicken auf unsere jüdischen Fahnen [mit dem Davidstern]. Die Menschen im verwüsteten Köln taten uns Leid – bis wir dann von diesem unbeschreiblichen Gestank überfallen wurden und begriffen, dass wir in der Nähe des Konzentrationslagers Bergen-Belsen angekommen waren.»

Juden standen an allen Fronten Europas und Asiens. Sie fielen auf den entlegensten Pazifischen Inseln, in der rauen See des Atlantiks und auf den grimmigsten Schlachtfeldern des Krieges. Mir wurde das zum ersten Mal so richtig klar, als ich 1994 am fünfzigsten Jahrestag der Landung der Alliierten zu den Gedenkfeiern in die Normandie reiste und die vielen Davidsterne auf den Grabsteinen der Soldatenfriedhöfe sah. An den Todesdaten war das Auf und Ab der Kämpfe nach der Landung abzulesen.

Welches Ausmaß der Beitrag der Juden zum Kampf gegen die Nationalsozialisten hatte, erfuhr ich auch, als ich am fünfzigsten Jahrestag des Sieges über Deutschland im Mai 1995 durch die neue Kriegergedenkstätte in Moskau geführt wurde und dort vor weißen Marmorwänden stand, in die goldene Lettern mit den Namen der Männer und Frauen eingelassen waren, die mit der höchsten Tapferkeitsauszeichnung, «Held der Sowjetunion», geehrt worden waren – es sind viele jüdische darunter.

Und noch ein drittes Mal sollte ich vom jüdischen Beitrag zum Kampf gegen Hitler stark beeindruckt sein: Ich war zu einem Lunch in den Club der Special Forces in London eingeladen worden. Als ich die Haupttreppe hinauf- und dabei an den Photographien von Briten vorbeiging, die ihr Leben für die Befreiung des besetzten Europas gegeben hatten, sah ich das Bild einer Hanna Szenes, Codename «Minnie», einer Jüdin aus Budapest, die nach Palästina ausgewandert war und sich dort in einem Kibbuz angesiedelt hatte. Sie hatte sich freiwillig gemeldet, um mit dem Fallschirm hinter den deutschen Linien abzuspringen. Zusammen mit ihr stellten sich einunddreißig weitere Juden aus Palästina für diese Aufgabe zur Verfügung. Sieben wurden gefangen genommen und getötet, darunter Hanna Szenes. Sie wurde zweiundzwanzig Jahre alt. Als ich zuletzt in Budapest war, entdeckte ich einen Park, der nach ihr benannt ist.

Liebe Tante Fori,
jenseits der Fronten trugen Juden ebenfalls dazu bei, dass die Alliierten ihre Kriegsziele erreichten. Jüdische Flüchtlinge aus Deutschland, die während des Krieges Schutz in Südafrika gefunden hatten, spendeten der südafrikanischen Armee zwölf Militärambulanzen; auch Juden aus Palästina hatten Geld für viele Ambulanzen gesammelt, um sie der britischen Armee zu stiften.

Zu den Juden, die als Einzelne einen Beitrag zum Sieg der Alliierten leisteten, gehörte etwa J. Robert Oppenheimer, der das Team von Los Alamos beim Bau der Atombombe leitete, oder der spätere Nobelpreisträger Richard Feynman, der ebenfalls in Los Alamos forschte, wie James Franck, der sich schließlich vehement gegen den Abwurf der Atombombe auf Japan aussprach. Der bereits in meiner Schilderung des Ersten Weltkriegs erwähnte Theodor von Karman aus Budapest koordinierte während des Zweiten Weltkriegs das amerikanische Forschungsprojekt für die Entwicklung des Düsenantriebs.

Neben ihrem Kampfgeist bewiesen Juden großes erzählerisches Talent. Viele schilderten das Kriegsgeschehen in höchst eindringlichen Worten. Vor allem unter den alliierten Kriegskorrespondenten des Zweiten Weltkriegs befanden sich eine Menge Juden – der Journalismus hatte Juden immer schon besonders angezogen. Einer der ersten Korrespondenten für das amerikanische Soldatenblatt «The Stars and Stripes» war Ralph G. Martin, ein Absolvent der Missouri School of Journalism. Im Alter von nur zweiundzwanzig Jahren schickte man ihn als Kriegsberichterstatter nach Nordafrika.

In der Sowjetunion schloss sich der Filmemacher Sergej Eisenstein, dessen Vater Jude war, mit einer Reihe von führenden jüdischen Intellektuellen zusammen, darunter der brillante Schauspieler und Theatermann Solomon Michoels, der den König Lear so meisterhaft auf Jiddisch dargestellt hatte. Sie wollten nicht nur ihrem Stolz als Juden Ausdruck verleihen, sondern vor allem die internationale Aufmerksamkeit auf den Massenmord an den Juden auf sowjetischem Boden lenken.

Der jüdische Schriftsteller Ilja Ehrenburg, der im Ersten Weltkrieg als russischer Kriegskorrespondent von der Ostfront berichtet hatte und dem Onkel Bijju, wie ich mich zu erinnern glaube, in den fünfziger Jahren begegnete, hielt sich 1940, zur Zeit des deutschen Einmarsches in Frankreich, gerade in Paris auf. Für seine Kriegsberichterstattung und das anschließende Buch «Der Fall von Paris» erhielt er den Stalin-Preis. Zu den jüdischen Journalisten aus dem Westen zählte auch Alexander Werth, der Moskau-Korrespondent der «Sunday Times», dessen Bericht über die Befreiung des Konzentrationslagers Majdanek im Sommer 1944 der Weltöffentlichkeit den ersten Augenzeugenbericht über das Grauen in einem nationalsozialistischen Vernichtungslager lieferte.

Weit entfernt vom Krieg in Europa, auf dem amerikanischen Kontinent, in Südafrika und Australien, ging währenddessen das jüdische Leben seinen gewohnten Gang. Es gab Toraschulen, man feierte die traditionellen Feste und hatte jede Chance, seine Kreativität auszuleben. Manchmal konzentrierte sich künstlerisches Talent auf den Krieg, wie bei Lillian Hellman, deren Stück «Wacht am Rhein» 1941 in New York uraufgeführt wurde und die Geschichte eines Deutschen erzählt, der sein Leben im Kampf gegen das Nazi-Regime riskiert. Manchmal lenkte es auch bewusst von der grausamen Wirklichkeit ab, wie zum Beispiel der ebenfalls 1941 uraufgeführte Film «Lady in the Dark» mit David Daniel Kaminsky, dem Sohn russischer Immigranten und unter dem Namen Danny Kaye ein berühmter amerikanischer Komödiant, der sein Talent für witzige Zungenbrecher zur Schau stellte, indem er die Namen von fünfzig russischen Komponisten in neununddreißig Sekunden herunterrasselte.

1943 gab Leonard Bernstein, der in den USA geborene Sohn jüdischer Einwanderer aus der Ukraine, sein Debüt als Dirigent der New Yorker Philharmoniker; 1944 spielte Lauren Bacall (in New York als Betty Joan Perske geboren) in dem Film «To Have and Have Not». In ihren 1979 veröffentlichten Memoiren nennt sie sich «bloß ein nettes Mädchen aus New York», nicht jedoch ohne hinzuzufügen: «Heute, im Rückblick auf mein Leben, bleibt ein stolzes und starkes Gefühl für die jüdische Familie, und ich muss sagen, dass ich wirklich froh bin, einer solchen zu entstammen. Ich würde diese Wurzeln – diese Identität – gegen nichts eintauschen.»

Die jüdische Identität behauptete sich gegen Hitlers Versuche, sie zu zerstören. Nicht einmal in Europa hatten seine Schergen sie vollständig vernichten können, doch am präsentesten war sie natürlich unter den acht Millionen Juden, die jenseits seines Einflussbereichs überlebt hatten: Die Nachrichten, die sie über Hitlers Vernichtungsmaschinerie erreichten, gaben der jüdischen Solidarität, der nationalen Identität und dem jüdischen Stolz einen nur noch mächtigeren Schub.

Juden, denen es am Vorabend des Zweiten Weltkriegs und gar nach Kriegsausbruch gelungen war, aus Europa zu entkommen, durften sich zu den wenigen Glücklichen zählen. In der Nachkriegszeit waren es dann diese Geretteten, die sich zum Sprachrohr und zu Repräsentanten der Millionen Ermordeten machten, darunter auch Joseph Isaac Schneerson, der damalige Führer der Lubawitscher Chassiden, der 1940 aus Polen kommend in New York eingetroffen war. Unter seiner Führung, von 1950 bis 1994, dann unter der seines Schwiegersohns Menachem Mendel Schneerson, fand die Lubawitscher Bewegung in den Vereinigten Staaten eine neue Heimstatt und neue Kräfte; und von dort aus sollte sie im folgenden halben Jahrhundert ihren weltweiten Einfluss auf die strenge Orthodoxie ausüben und alle, die dem jüdischen Glauben abtrünnig geworden waren, zur Rückkehr ermuntern.

Ein anderer prominenter Jude, der 1940 in den Vereinigten Staaten angekommen war, der in Rumänien geborene Saul Steinberg, zeichnete Cartoons für den «New Yorker», die bald schon als Inbegriff des Amerikanischen gelten sollten.

In Palästina ging das jüdische Leben während des Zweiten Weltkriegs entschlossen weiter; jedes Jahr wurden neue Kibbuzim errichtet, der erste nur einen Monat nach Kriegsausbruch am Nordufer des Toten Meeres von Juden, die kurz zuvor aus Deutschland und Mitteleuropa geflohen waren. Immigranten aus der Tschechoslowakei, Jugoslawien und Ungarn gründeten 1940 drei weitere; 1942 entstand der Kibbuz Kfar Blum am Rande der Hule-Sümpfe. Benannt wurde er nach dem französisch-jüdischen Politiker Léon Blum, dem Premierminister der Vorkriegs-«Volksfront», der sich damals bereits in deutscher Haft befand. Viele Kibbuzniks kamen aus den baltischen Staaten und Großbritannien und waren mit Hilfe der widerständischen Jugendbünde Habonim geflohen. Ein Großteil der Gelder für das «anglo-baltische» Kfar Blum wurde von der «American Labour Zionist Organisation» zur Verfügung gestellt. Die ältere Siedlung Kfar Etzion etwa sechzehn Kilometer südlich von Jerusalem, die nach den Araberaufständen 1936 verlassen worden war, wurde seit 1943 durch orthodoxe jüdische Vorkriegs-Immigranten aus Polen wieder aufgebaut. Rund zehn Kilometer nördlich der palästinensisch-arabischen Stadt Gaza gründeten polnische Juden Yad Mordechai («Die Hand des Mordechai»), das seinen Namen zum Gedenken an den Führer des Warschauer Ghetto-Aufstands Mordechai Anielewicz erhielt, der bei den Kämpfen umgekommen war. Die Nachricht von seinem Tod war gerade erst nach Palästina gedrungen.

Liebe Tante Fori,

als Historiker interessiert mich natürlich immer auch besonders das Schicksal meiner jüdischen Kollegen.

Der bekannte jüdisch-polnische Historiker Emanuel Ringelblum wurde 1944 von den Nationalsozialisten in Warschau ermordet. Philip Friedman, ein anderer jüdischer Historiker aus der Zwischenkriegszeit in Polen, überlebte den Holocaust in einem Versteck in Lwow, wanderte in die Vereinigten Staaten aus und wurde dort zu einem führenden Wissenschaftler seines Fachs. Ein weiterer jüdischer Historiker aus dem Polen der Zwischenkriegszeit, Jacob Shatzky, emigrierte bereits 1927 in die USA, wo er dann seine dreibändige Geschichte der Juden von Warschau schrieb.

Der bedeutendste jüdische Historiker aus der Periode vor und unmittelbar nach dem Ersten Weltkrieg war jedoch Simon Dubnow. 1908 begann er am Institut für Jüdische Studien in St. Petersburg zu unterrichten; von 1919 an − nach der bolschewistischen Revolution − lehrte er an der Jüdischen Volkshochschule. 1922 verließ er Russland und ging nach Berlin, wo er bis zur Wahl Hitlers dozierte, um anschließend Zuflucht in der lettischen Hauptstadt Riga zu suchen. Dort wurde der bereits Einundachtzigjährige in der Nacht auf den 9. Dezember 1941, als die gesamte jüdische Gemeinde von Riga in ein Todeslager deportiert wurde, auf der Straße erschossen − wie manche Quellen behaupten, von einem Gestapomann, der angeblich ein ehemaliger Schüler von ihm war.

Zu den grundlegenden Studien Dubnows zählt ein dreibändiges Werk über das Leben der Juden in Russland und Polen, sein Hauptwerk aber ist die «Weltgeschichte des jüdischen Volkes» in zehn Bänden. Seine letzten Worte, nachdem die Schüsse auf ihn gefallen waren, sollen gelautet haben: «Jidden, schrajbt und farschrajbt!» − «Juden, schreibt und zeichnet auf!»

«Schreiben und aufzeichnen», das wurde nicht nur für jüdische Historiker, sondern für Tausende von Juden während des Holocaust zum Imperativ. Genaueste Aufzeichnungen über das Leben in den Ghettos im deutsch besetzten Polen führte auch Meir Balaban. Sein erster, gleich mit einem Preis bedachter Essay über die polnisch-jüdische Bibliographie erschien 1903 – in polnischer Sprache –, als er gerade einmal sechsundzwanzig war; sein erstes Buch über die Juden von Lemberg (Lwow) um 1700 wurde drei Jahre später veröffentlicht. 1927 gehörte Balaban zu den Gründern des Warschauer Instituts für Jüdische Studien, das bis heute überlebte; 1928 begann er Vorlesungen über jüdische Geschichte an der Universität von Warschau zu halten. Er starb 1942 im Alter von fünfundsechzig Jahren – nur ein Jahr älter als ich heute – im Warschauer Ghetto.

Alles in allem publizierte Balaban siebzig historische Studien, darunter die Geschichte der Juden von Lublin (1919) sowie ein zweibändiges Werk über die Geschichte der Juden von Krakau (1931, 1936). Während meines letzten Aufenthalts in Warschau besuchte ich sein Grab auf dem dortigen jüdischen Friedhof, dem zweitgrößten Europas nach dem jüdischen Friedhof in Berlin-Weißensee. Beide überstanden den Zweiten Weltkrieg praktisch unzerstört.

Ein weiterer vorzüglicher jüdischer Historiker aus der polnischen Vorkriegszeit war Max Weinreich, Mitbegründer des YIVO in Wilna, des Wissenschaftlichen Instituts für die Jiddische Sprache. Mit dessen Gründung wollte er sicherstellen, dass die jiddischsprachige Welt aus eigenen Archiven, Dokumenten und einer eigenen Geschichtsschreibung geistige Kraft schöpfen konnte. Weinreich verließ Wilna 1932, um nach New York auszuwandern. Als acht Jahre später auch das YIVO dorthin übersiedelte, wurde er dessen Direktor. Sein Buch «Hitler's Professors», zu dessen kürzlich erschienener Neuauflage ich eine Einführung schrieb, weist nach, wie zahlreich die Verbindungen zwischen der deutschen Wissenschaft und der nationalsozialistischen Judenvernichtungsmaschinerie waren.

Weinreichs größte Leistung aber war seine vierbändige Geschichte der jiddischen Sprache, «Geshikhte fun der yidisher shprakh. Ba-

grifn, faktn, metodn».[18] «Angesichts des sich rapide fragmentieren-
den Milieus jiddischer Kultur», schreibt der Historiker Irving Howe,
«war seine Rolle wesentlich integrativer und von viel größerer kom-
munaler Verantwortung und auch höherem Ansehen, als es sich die
meisten amerikanischen Wissenschaftler für sich erträumen konnten.»

Wenn ich an Weinreich denke, fällt mir dein Kommentar über die
jiddische Sprache ein, weil er so typisch war für den Zeitgeist, der
unter den «westlichen» Juden vor einem halben Jahrhundert herrschte. Weißt du noch? Du sagtest: «Jiddisch? Wir haben herabgeblickt
auf alles, was jiddisch war!»

Gewiss ist es nicht zuletzt Weinreichs Bemühen zu verdanken,
dass dieses so reiche Erbe, diese Sprache, in der lebendige Literatur
und Dichtung, so schöne Lieder und so viel Humorvolles zum Ausdruck gebracht wurden, bewahrt werden konnte.

Der österreichisch-ungarische Historiker Salo Wittmayer Baron
kündigte seine Anstellung am Jüdischen Lehrerkollegium in Wien
und emigrierte 1926 ebenfalls nach New York. Im Laufe der kommenden sechzig Jahre veröffentlichte er dort seine bemerkenswerte
achtzehnbändige «Social and Religious History of the Jews». Baron
war es auch, den die israelische Regierung 1961 bat, den historischen
Hintergrund des Holocaust als Zeuge bei der Eröffnung des Eich-
mann-Prozesses in Jerusalem darzustellen.

In seinem 1964 publizierten Buch über das russische beziehungsweise sowjetische Judentum schrieb Baron die prophetischen Worte,
dass dieses «auf eine noch nicht bestimmbare Weise über kurz oder
lang zu seiner alten Vitalität zurückfinden und beispiellose Lösungen
für die neuen und an sich widersprüchlichen Herausforderungen finden wird, die sich mit der Diskriminierung durch und der Assimilierung an eine der historischen Großmächte stellen».

Baron war ein ausgesprochener Gegner des, wie er schrieb, «wei-
nerlichen Konzepts», welches jüdische Geschichte zur Variation ei-

ner einzigen Aussage mache: «Erst schlagen sie uns und dann schlagen sie uns.»

Salo Baron starb 1989 im Alter von vierundneunzig Jahren. Zwei Jahre zuvor hatte der nichtjüdische Historiker Paul Johnson in seiner bedeutenden einbändigen Geschichte des Judentums auf die sorgenvolle Kritik Barons mit folgender Bemerkung geantwortet: «Kein Volk war kreativer, wenn es um die Bereicherung von Armut, die Vermenschlichung von Reichtum oder darum ging, Unglück schöpferisch auf die Habenseite zu verlagern.» Die Schlussfolgerung, zu der Johnson kam – und von der ich mir gerne vorstellen würde, dass sowohl Salo Baron als auch ich sie hätten schreiben können –, lautet: «Die Juden werden der Schöpfung weiterhin Bedeutung verleihen, indem sie aus dem drei Mal wiederholten Gebot in dem vortrefflichen ersten Kapitel des Buches Jehoschua Kraft schöpfen: ‹Hab ich dir nicht geboten, sei stark und fest? Nicht sei zag und nicht bang; denn mit dir ist der Ewige dein Gott überall, wo du gehest.›»

Liebe Tante Fori,

du hast mir einmal erzählt, dass der Vater deines Vaters aus Miskolc im nordöstlichen Ungarn stammte, und mich gebeten, etwas über diese Stadt für dich herauszufinden.

Bei Kriegausbruch 1939 wurden fünfhundert jüdische Einwohner von Miskolc, bei denen es angeblich «Unregelmäßigkeiten» mit der Staatsangehörigkeit gab, in das deutsch besetzte Polen deportiert, wo dann beinahe alle ermordet wurden. Hunderte mehr, Jung und Alt, wurden 1941 zusammengetrieben, nach Kamenez-Podolsk in der Ukraine verfrachtet und dort ebenfalls nahezu ausnahmslos getötet. Nachdem die Deutschen 1944 Ungarn besetzt hatten, wurden auch die verbliebenen zehntausend Juden von Miskolc nach Auschwitz deportiert. Nur einhundertundfünf überlebten.

Dies war das typisch schreckliche Schicksal, das Juden in allen ungarischen Provinzstädten ereilte. Nur die Juden von Budapest wurden, obwohl sie großen Terror durchlebten, niemals in Massen nach Auschwitz deportiert, weshalb ihre Gemeinde auch nicht vollständig ausgerottet wurde. Wie du mir erzähltest, lebte dein Vater 1944 in der Pozsonyistraße Nr. 3. Bei meinen Nachforschungen fand ich heraus, dass dieses Haus in der Zeit, als die ungarischen Faschisten die Stadt kontrollierten, unter dem Schutz der schwedischen Botschaft stand. Es war eines von über vierzig Wohnhäusern, die der Diplomat und «Gerechte der Völker» Raoul Wallenberg mit dem Siegel des neutralen Schweden gesichert hatte. Manchmal wurden zwar auch ihre Bewohner von den Truppen der ungarischen Faschisten nicht verschont, doch die Mehrheit konnte in der Tat erfolgreich von der schwedischen Krone geschützt werden.

Aber zurück zu Miskolc. Die ersten Juden, die sich zu Beginn des 18. Jahrhunderts dort angesiedelt hatten, verdienten ihren Lebensunterhalt mit dem Verkauf von Alkoholika. Im Jahr 1717 überlegte die Stadtverwaltung, sie auszuweisen, erlaubte ihnen dann aber, zu bleiben; elf Jahre später erteilte sie ihnen die Genehmigung, ihre Waren auf dem Stadtmarkt anzubieten. Innerhalb von einhundert Jahren besaßen die Juden in Miskolc Häuser und Land, und die jüdische Gemeinde durfte Recht über ihre Mitglieder sprechen und ihnen Geld- oder sogar Prügelstrafen auferlegen. Die Große Synagoge, in der dein Großvater gebetet haben muss, wurde 1861 gebaut.

Der «Encyclopaedia Judaica» zufolge gehörten die Toraschulen von Miskolc «zu den fortschrittlichsten, mit landesweiten Kontakten». 1910, zwei Jahre nachdem du in Budapest geboren wurdest, betrug die Zahl der jüdischen Einwohner von Miskolc über zehntausend – das war mit zwanzig Prozent der höchste jüdische Bevölkerungsanteil von allen Städten Ungarns.

Nach dem Zweiten Weltkrieg wurde wieder eine kleine jüdische

Gemeinde von insgesamt rund 2300 Mitgliedern in Miskolc aufgebaut. Es gab sogar eine Toraschule, bis sie vom kommunistischen
Regime geschlossen wurde. 1990, als der Kommunismus in Ungarn
abgedankt hatte, lebten nur noch knapp tausend Juden in der Stadt.

Liebe Tante Fori,
   ich dachte, du wüsstest sicher gerne mehr über die Juden Ungarns,
wo du vor etwas über neunzig Jahren geboren wurdest und wo Assimilation und Konversion in den Anfangsjahren des 19. Jahrhunderts
gang und gäbe waren. Ein paar Dinge in diesem Zusammenhang erwähnte ich bereits früher einmal, doch «dein» Ungarn als solches verdient gewiss einen eigenen Brief.
   Das moderne Ungarn wurzelt in der gescheiterten ungarischen
Revolution von 1848/49 gegen Österreich. Viele Juden hatten sich
als ungarische Patrioten an ihr beteiligt, weshalb auch sie die ganze
Härte der österreichischen Vergeltungsmaßnahmen zu spüren bekamen und unter anderem hohe kommunale Bußgelder zahlen mussten. Die erste Phase ihrer Emanzipation folgte ein Jahrzehnt später,
1859, als das «neue Ungarn» über mehr Autonomie verfügte und den
Juden die freie Berufswahl und Niederlassungsfreiheit im ganzen
Land einräumte.
   Die formale Emanzipation der inzwischen über einer halben Million Juden in Ungarn wurde mit einem Gesetz eingeleitet, welches
das unabhängige Budapester Parlament am 20. Dezember 1867 verabschiedete. Unter den ungarischen Juden war das frisch vermählte
Ehepaar Weiss, das sich 1874 zur Emigration in die Vereinigten Staaten entschloss, in das Land der Hoffnung und der unbegrenzten
Möglichkeiten für Millionen von europäischen Juden. Mit ihnen
reiste ihr erst ein paar Wochen altes Baby Ehrich, aus dem einmal
der berühmte Harry Houdini werden sollte, der vom Publikum als
Entfesselungskünstler geschätzte «größte Magier der Welt».

Für die in Ungarn zurückgebliebenen Juden gingen Emanzipation und Antisemitismus, wie so oft auf der ganzen Welt, weiter Hand in Hand. 1882 kam es in der Stadt Tiszaeszlar wieder einmal zu einer Blutbeschuldigung und anschließend in mehreren Städten zu heftigen antisemitischen Ausschreitungen. Allerdings wurden sie von vielen christlichen Führern des Landes verurteilt. 1895 wurde der jüdische Glaube als eine in Ungarn gesetzlich zulässige Religion anerkannt.

Juden konnten nun ein gutes Leben als Kaufleute, Handwerker, Gutsbesitzer, Schriftsteller, Ärzte oder Gelehrte führen – und sogar als Sportler. Ungarische Juden zählten zu den führenden Persönlichkeiten der zionistischen Bewegung (auch Theodor Herzl stammte ja ursprünglich aus Budapest). Im Nordosten Ungarns blühte der Chassidismus, gleichzeitig waren Assimilation und Konversion zum Christentum weit verbreitet. Der Antisemitismus gehörte aber natürlich ebenfalls immer zum ungarischen Alltagsleben. Oft zeigte er sich nur in unangenehmen, aber letztlich harmlosen verbalen Äußerungen – die Hauptstadt Budapest, die aufgrund ihrer Chancenvielfalt so viele Juden anzog, wurde zum Beispiel abfällig «Judapest» genannt (auch Johannesburg, im lokalen Jargon «Jo'burg», war von Südafrikanern damals «Jew'burg» getauft worden). Manchmal jedoch brachen sich antisemitische Vorurteile mit Gewalt Bahn und hinterließen eine Spur der Zerstörung.

Wie ich dir, liebe Tante Fori, bereits in meinem Brief über jüdische Soldaten schrieb, fielen im Ersten Weltkrieg auch zehntausend ungarische Juden für Österreich-Ungarn. Während des Krieges berichtete der in Budapest geborene Dramatiker und Romancier Ferenc Molnár (sein eigentlicher Nachname war Neumann) in derartig beeindruckenden Zeitungsreportagen von der Ostfront, dass sie sogar von der «New York Times» veröffentlicht wurden – obwohl die Vereinigten Staaten und Ungarn auf gegnerischen Seiten standen. Als die Kommunisten 1919 unter der Führung Béla Kuns die

Macht ergriffen, ernannte er mehrere seiner ebenfalls jüdischen Mitstreiter zu Kommissaren. Gemeinsam mit ihm begannen sie den
«Roten Terror» gegen ihre Gegner und die gemäßigten Elemente in
der eigenen Regierung. Banken, Industrien und Ländereien wurden
verstaatlicht, Letztere sehr zum Leidwesen der Bauern, die gehofft
hatten, sie unter sich aufteilen zu können. Prompt zog der Sturz seines Regimes und seine Flucht (sie endete in Moskau) massive antisemitische Tumulte nach sich. Im nun folgenden «Weißen Terror»
wurden dreitausend Juden umgebracht.

Dem Regime von Béla Kun hatte auch ein junger Filmemacher
namens Alexander Korda gedient. Nachdem die Revolution fehlgeschlagen war, setzte er sich nach Hollywood ab und ging von dort
später nach England, wo seine Filme zu dem Patriotischsten zählten,
was Großbritannien in den Zwischenkriegsjahren und während des
Zweiten Weltkriegs aufzubieten hatte. Churchill war ein großer Ver-
ehrer des ultrapatriotischen Streifens «Lady Hamilton» (er spielt zu
Zeiten der Napoleonischen Kriege); 1942 wurde Korda zum Ritter
geschlagen – zu einem ungarisch-jüdischen Ritter Englands.

Das ungarische Parlament verabschiedete 1920 ein Numerus-
clausus-Gesetz, das die Zulassung von Juden an die Universitäten auf
fünf Prozent beschränkte – und auch dich zwingen sollte, zum Studium nach England zu reisen, wo du Onkel Bijju trafst ... der Rest
ist (deine) Geschichte.

1938, fünf Jahre nachdem Hitler in Deutschland an die Macht gekommen war – du lebtest damals schon vier Jahre in Indien –, wurde
vom ungarischen Parlament das «Erste Judengesetz» verabschiedet.
Es beschränkte (das heißt: mehr als halbierte) die Zahl von Juden in
freien Berufen, im Staatsdienst und in der Wirtschaft, wobei der Begriff «Jude» nach diesem Gesetz auch all diejenigen einbezog, die
nach 1919 zum Christentum übergetreten waren. Durch ein erwei-
tertes «Zweites Judengesetz» erhöhte sich die Zahl der Konvertiten,
die nun als Juden eingestuft wurden, auf 100 000, was die Gesamt-

zahl von Juden, denen die Ausübung ihres Berufes noch gestattet
war, abermals drastisch reduzierte. 250 000 von den 450 000 Juden
Ungarns war es damit unmöglich gemacht worden, ihren Lebensunterhalt zu verdienen.

Während des Zweiten Weltkriegs wurden von den 825 000 Personen, die nach den ungarischen Gesetzen mittlerweile als Juden galten (also auch nahezu sämtliche Konvertiten), geschätzte 565 000
ermordet, fast alle nachdem sie 1944 nach Auschwitz deportiert worden waren. Bereits 1941 waren rund 14 000 umgebracht worden, die
meisten hatte man zuvor in die von Ungarn annektierte Karpatho-
Ukraine vertrieben und von dort als Zwangsarbeiter in die Ukraine,
vor allem nach Kamenez-Podolsk, verschleppt.

Eines der Wunder inmitten all der Schrecken des Zweiten Weltkriegs war, dass dennoch rund einhunderttausend Juden in Ungarn
überleben konnten. Vielen gelang dies nur aufgrund des mutigen
Einschreitens ausländischer Diplomaten in Budapest, insbesondere
des schon erwähnten schwedischen Konsuls Raoul Wallenberg (der
später von den Russen verhaftet wurde und verschwand; bis heute
weiß man nicht, ob er in der Moskauer Lubjanka erschossen wurde
oder in einem sibirischen Arbeitslager ums Leben kam). Bittere Ironie, dass Wallenberg selbst aus der ersten jüdischen Familie stammte,
die im 18. Jahrhundert Zuflucht in Schweden gesucht hatte. Sein
Vorfahre Benedicks war zum Protestantismus konvertiert und hatte
eine christliche Frau geheiratet.

Nach dem Krieg wurde wieder eine jüdische Gemeinde in Ungarn
aufgebaut. Und wie schon 1919 besetzten Juden auch diesmal Spit-
zenpositionen im kommunistischen Regime, zum Beispiel Ernő
Gerő, der bereits an der Revolution 1919 aktiv beteiligt gewesen war
und von 1950 bis 1966 führendes Mitglied der kommunistischen No-
menklatura sein sollte. Unter den engagierten Gegnern des Regimes
waren gleichfalls Juden zu finden. Nach dem antikommunistischen
Aufstand von 1956 mussten sie ins Exil fliehen oder wurden verhaftet.

Der endgültige Fall des Kommunismus ließ die ungarischen Juden neue Hoffnung schöpfen. Im Moment beträgt die Zahl der in Ungarn registrierten Juden 100 000 (80 000 davon leben in Budapest); auch in Israel gibt es sehr, sehr viele Juden ungarischer Herkunft. Juden haben in allen Bereichen des ungarischen Lebens ihre Spuren hinterlassen. Dávid Meir Gutman zum Beispiel gehörte zu der Gruppe, die 1848/49 für die ungarische Unabhängigkeit kämpfte. Enttäuscht vom Antisemitismus der Ungarn, emigrierte er 1876 jedoch nach Palästina, ließ sich in Jerusalem nieder und kümmerte sich um den Ankauf von Grund und Boden für die ersten jüdischen Landwirtschaftssiedlungen und die neue Stadt Petach Tikwa. Um die Schulden der Stadt zu begleichen, verkaufte er später seinen gesamten Besitz und starb völlig verarmt.

Ignác Goldziher, 1850 als Izsák Júda geboren, war ein Gründer der modernen Islamstudien und lehrte ab 1872 an der Universität von Budapest sowie am rabbinischen Seminar der Stadt. Als erster moderner Wissenschaftler erforschte er die mündliche Überlieferung des Islam und trug entscheidend zu unserem Wissen über muslimische Sekten bei. Goldziher war eine Art Wunderkind gewesen, denn schon im Alter von zwölf Jahren hatte er eine Abhandlung über jüdische Gebete veröffentlicht. Nach seinem Tod 1921 wurden seine umfangreiche Bibliothek und wissenschaftliche Korrespondenz von der Jüdischen National- und Universitätsbibliothek in Jerusalem erworben, zu deren Schätzen sie nach wie vor zählen.

Der ungarische Dichter Dávid Widder, der unter dem Pseudonym János Giszkalay publizierte, gab seit 1918 in Budapest eine zionistische Zeitung heraus. Er vertrat die Auffassung, dass Antisemiten keinerlei moralisches Recht hätten, von den ungarischen Juden Vaterlandsliebe zu verlangen. Überzeugt von seinen zionistischen Argumenten emigrierten viele Juden aus Ungarn nach Palästina, er selbst folgte ihnen schließlich 1941 nach. Jahrelang sollte er als Schäfer in einem Kibbuz leben und gleichzeitig seine Dichtungen ins Hebräische übersetzen.

Zu den Juden, die 1956 am Aufstand gegen die Kommunisten in Ungarn teilnahmen und nach dessen gewaltsamer Niederschlagung gezwungen waren, aus dem Land zu fliehen, gehörte auch der Autor und Journalist Tamás Aczél, der dann im Exil eine Emigrantenzeitschrift herausgab. Der jüdische Dichter Zoltán Zelk – seine Verse sind vor allem bei Kindern beliebt – hatte sich sogar als orthodoxer Marxist aktiv am Aufstand beteiligt und wurde deshalb später zu zwei Jahren Gefängnis verurteilt. Ungarische Juden brachten dem Land als Sportler bei diversen Olympischen Spielen Goldmedaillen ein. Während der ersten modernen Spiele 1896 in Athen gewann Alfréd Hajós-Guttmann zweimal Gold – die ersten Medaillen, die je in der Disziplin Schwimmen vergeben wurden. Später, nachdem er sich als Architekt auf den Bau von Sportanlagen spezialisiert hatte, erhielt er eine Silbermedaille für olympische Architektur, den höchsten Preis, der dafür vergeben wird. Drei Jahre lang, von 1901 bis 1903, war er obendrein Mitglied der ungarischen Fußballnationalmannschaft. Er überlebte den Zweiten Weltkrieg, im Gegensatz zu seinem Mitolympioniken, dem Arzt und Fechter Oszkár Gerde, der sowohl 1908 von den Spielen in London als auch 1912 aus Stockholm Goldmedaillen für Ungarn nach Hause brachte. Gerde starb im Oktober 1944 im Alter von einundsechzig Jahren im nationalsozialistischen Konzentrationslager Mauthausen.

Rihárd Weisz, der ungarische Meister im Schwergewichtsringen, gewann bei den Olympischen Spielen 1908 Gold in der griechisch-römischen Schwergewichtsklasse – sein Nackenumfang betrug fünfzig, sein Brustumfang hundertsiebenundzwanzig Zentimeter. János Garay holte im Fechten drei Medaillen für Ungarn: Silber und Bronze bei den Olympischen Spielen 1924, Gold bei den Spielen 1928. Man nimmt an, dass er gegen Ende des Krieges im Alter von fünfundfünfzig Jahren in einem nationalsozialistischen Konzentrationslager umkam.

Zu den ungarischen Goldmedaillengewinnern von 1924 gehörte auch der Budapester Jude Ferenc Mező, allerdings nicht als Sportler, sondern als Schriftsteller und erster offizieller Historiker der Olympischen Spiele. Er gewann seine Medaille für das Buch «Die Olympischen Spiele der Antike» – erinnerst du dich an den Brief, in dem ich dir schrieb, dass Herodes ein großer Förderer der Olympischen Spiele seiner Zeit gewesen war? Viele Jahre lang sollte Mező Präsident des Olympischen Komitees von Ungarn sein; 1948 wurde er ins Internationale Komitee gewählt. Er starb 1961 in Budapest.

Eine ungarisch-jüdische Familie steuerte gleich vier Goldmedaillengewinner bei, unter ihnen Éva Székely, die zehn Weltrekorde und fünf olympische Rekorde im Schwimmen aufstellte und erstaunliche achtundsechzig ungarische Titel hielt. 1944 wurden sie und ihre Familie in einem Haus, das unter dem Schutz der Schweiz stand, vor dem Zugriff der ungarischen Faschisten bewahrt. Um nicht aus der Übung zu kommen, pflegte Éva nachts aufzustehen, über die anderen, die auf dem Boden schliefen, hinwegzuklettern und einhundertmal die fünf Stockwerke des Hauses hinauf- und herunterzurennen. Bei den Olympischen Spielen 1952 in Helsinki gewannen sie und ihr Mann Dezső Gyarmati (ein ungarischer Wasserpolomeister, den sie kurz zuvor geheiratet hatte) jeweils eine Goldmedaille. Éva hatte einen neuen olympischen Rekord im 200-Meter-Brustschwimmen aufgestellt.

Die Turnerin Ágnes Keleti wurde als Jüdin während des Zweiten Weltkriegs aus der ungarischen Nationalmannschaft ausgeschlossen. 1944 wurde ihr Vater nach Auschwitz deportiert und dort umgebracht. Ihre Mutter und ihre Schwester fanden in einem der schwedischen Schutzhäuser Zuflucht, die Raoul Wallenberg in Budapest eingerichtet hatte; Ágnes selbst gelang es, sich «christliche» Papiere zu kaufen, mit ihnen aus Budapest zu fliehen und irgendwo auf dem Land zu überleben. Nach dem Krieg gewann sie elf Olympiamedaillen für Ungarn, darunter fünf Goldmedaillen: eine 1948 bei den

Spielen in London (die ich als elfjähriger Schüler besuchte), eine 1952 in Helsinki und drei weitere 1956 in Melbourne. Sie war gerade in Australien, als die Sowjets den Ungarnaufstand gewaltsam niederschlugen. Umgehend suchte sie um Asyl an, das ihr auch gewährt wurde. 1957 emigrierte sie nach Israel, wo sie bei der *Makkabiade* (der «jüdischen Olympiade») im selben Jahr zwei Sondervorstellungen gab – Turnen zählte dort noch nicht zum Wettbewerbssport. Später trainierte sie mehrere Generationen israelischer Turnernationalmannschaften.

Auch Victor Barna, einer der großartigsten Tischtennisspieler der Welt und Inhaber von dreiundzwanzig Weltmeistertiteln, war ungarischer Jude. Sein erstes Match hatte er 1924 bei der Bar-Mizwa-Feier seines besten Freundes in Budapest gespielt, der zu diesem Anlass eine Tischtennisplatte geschenkt bekommen hatte. 1944 wurde sein jüngerer Bruder, ebenfalls Tischtennismeister, von den ungarischen Faschisten ermordet. Als Victor Barna nach dem Krieg erfuhr, dass seine eigenen Trophäen von einem christlichen Nachbarn gerettet worden waren, sagte er über seinen Bruder: «Stell dir vor, er war ungarischer Meister, er war in meine Fußstapfen getreten, er hatte eine große Zukunft im Tischtennis vor sich, und sie haben ihn getötet. Ich wünschte, die Leute hätten ihn und nicht meine Trophäen gerettet.»

András Friedmann wurde nicht nur fünf Jahre nach dir, Tante Fori, in deiner Heimatstadt Budapest geboren, sondern trug auch denselben Familiennamen wie du. Berühmt wurde er dann allerdings unter dem Namen Robert Capa als einer der gefeiertsten Photographen des 20. Jahrhunderts. Als junger Mann verließ er Ungarn und ging nach Paris, wo er anfänglich in einem Photolabor assistierte. Seine berühmte Photographie eines Soldaten im Moment des Todes, aufgenommen im Spanischen Bürgerkrieg, wurde zu einem unauslöschlichen bildlichen Zeugnis der Schrecken des Krieges. Von Spanien reiste er nach China, um den Chinesisch-Japanischen Krieg zu dokumentieren, und während des Zweiten Weltkriegs arbeitete er in Nordafrika, der Normandie und in Nordeuropa. 1948 photographierte er im israelischen Unabhängigkeitskrieg. Sechs Jahre später trat er während einer Berichterstattung über die französischen Kämpfe in Indochina auf eine Landmine und kam ums Leben. Er war erst einundvierzig Jahre alt.

Auch Hollywood hatte seine ungarischen Juden, zum Beispiel Adolph Zukor. Mit fünfzehn Jahren war er in die Vereinigten Staaten ausgewandert; 1903 rief er dort die «Penny Arcades» ins Leben – kleine Ladenlokale, die als Filmvorführräume dienten und die Urversion des Kinos des zwanzigsten Jahrhunderts waren. Acht Jahre später, 1911, wurde er Mitbegründer und Manager einer Kinokette, die in vielen Staaten der USA präsent war. Er wurde einhundertdrei Jahre alt. An seinem hundertsten Geburtstag 1973 witzelte er: «Wenn ich gewusst hätte, dass ich so lange leben werde, hätte ich besser auf mich aufgepasst.»

Der Vater der Zeichentrickfigur Bambi (Félix Salten) stammte ebenso aus Ungarn wie der Erfinder der Holographie (Dennis Gábor) und der des Rubik-Würfels (Ernő Rubik) – drei weitere ungarische Juden, die zu internationalem Ruhm gelangten.

Auch das Leben in Großbritannien erhielt durch zwei ungarische Juden eine Menge Würze – durch den Karikaturisten Vicky und den Humoristen George Mikes. Vicky, eigentlich Victor Weisz, hatte in Deutschland studiert und dort 1928 seine ersten Anti-Hitler-Karikaturen veröffentlicht. 1935 übersiedelte er nach Großbritannien. Während des Zweiten Weltkriegs boten seine Karikaturen im «News Chronicle» scharfsichtige, witzige, oft giftige, aber immer die Augen öffnende Kommentare zum Kriegsgeschehen und zur Misere der Flüchtlinge – ein Thema, dessen er sich besonders annahm.

George Mikes, der vier Jahre nach dir in Ungarn geboren wurde, emigrierte 1938 nach Großbritannien, wo er dann zehn Jahre lang für den ungarischen Dienst der BBC arbeitete. Sein erstes humoristisches Buch, «How To Be an Alien», wurde 1946 veröffentlicht, im Laufe der nächsten vierzig Jahre folgten vierzig weitere. Manche waren ernsthaften Charakters, etwa die Erinnerungen an seine Freundschaft mit dem ebenfalls aus Ungarn stammenden jüdischen Schriftsteller Arthur Koestler oder sein Buch über den Ungarnaufstand 1956. Meist jedoch schrieb er amüsante Geschichten, in denen er sich auf liebevolle Weise über die alltäglichen Absurditäten in vielen Ländern lustig machte. «Milk and Honey» zum Beispiel ist ein witziges und zugleich empfindsames Panorama des Alltags in Israel. Zwei in Ungarn geborene Juden haben mich von jeher besonders fasziniert. Der eine – dessen Reise- und Abenteuerbücher ich als Schuljunge verschlang – war Arminius Vambery alias Hermann Vamberger, der aus einer orthodoxen jüdischen Familie stammte. 1862 hatte er als Muslim getarnt die entferntesten Regionen Zentralasiens erforscht. Als er drei Jahre später nach Ungarn zurückkehrte, konvertierte er zum protestantischen Glauben und erhielt den Lehrstuhl für orientalische Sprachen an der Universität von Budapest. Ohne Konversion wäre eine solche Professur undenkbar gewesen. Vambery war es auch, der Theodor Herzl 1901 mit dem türkischen Sultan bekannt machte.

Der ebenfalls in Ungarn zur Welt gekommene Aurél Stein erkundete die unzugänglichsten Regionen im nördlichen Himalaja und fand dabei die alten Karawanenwege zwischen China und dem Westen. 1904 wurde er britischer Staatsbürger und acht Jahre später geadelt. Als du, Tante Fori, geboren wurdest, kehrte er gerade von seiner zweiten Expedition zurück. Viele der von ihm entdeckten Artefakte befinden sich heute im Antikenmuseum von Delhi.

Stein gelang es auch, die Lage jener nahezu unbezwingbaren Festung zu bestimmen, welche über den Indus wachte und von Alexander dem Großen auf seinem Marsch nach Indien eingenommen wurde. Sogar im Alter von achtzig Jahren ließ er noch nicht von seinen Entdeckungsreisen ab. Er starb 1943, kurz vor seinem einundachtzigsten Geburtstag, nachdem er gerade in Kabul eingetroffen war. Seine persönliche Bibliothek hinterließ er der Ungarischen Akademie der Wissenschaften in Budapest. Neil Malcolm und ich hatten keine Ahnung, dass er in Kabul gestorben war, als wir 1958 Afghanistan durchquerten.

Mit Neil war ich auch durch die einstigen armenischen Gebiete im Osten der heutigen Türkei gereist, die vor 1922 und den Massakern an den Armeniern zum armenischen Kernland gehört hatten. Franz Werfel war es, der diesem Volk und seinem tragischen Schicksal mit seinem 1933 veröffentlichten epischen Roman «Die vierzig Tage des Musa Dagh» die gewiss eindringlichste literarische Stimme verlieh. Werfel fühlte sich stark vom römischen Katholizismus angezogen, doch nachdem er im Zweiten Weltkrieg in den USA Schutz vor den Nazis gefunden hatte, entschied er sich aus Solidarität mit den von Hitler verfolgten Juden gegen eine Konversion.

Liebe Tante Fori,

meinen letzten Brief schrieb ich an die Ungarin Fori, diesen richte ich nun an die Inderin.

Einer der populärsten Autoren meiner Jugendzeit war Louis Fischer, ein in Philadelphia geborener amerikanischer Jude. Seine 1950 veröffentlichte Gandhi-Biographie blieb mir von all seinen Büchern am lebendigsten in Erinnerung. Fischer hatte sich 1939 mit Gandhi angefreundet und trug viel dazu bei, die Vision und den Mut Mahatmas einem breiten Publikum nahe zu bringen. Kürzlich las ich ein Buch von Margaret Chatterjee mit dem Titel «Gandhi and his Jewish Friends», in dem sie schreibt: «Unter den frühen Verbündeten Ghandis gab es meiner Überzeugung nach nur wenige, die so viele seiner Ideen so kenntnisreich teilten wie seine jüdischen Freunde.»

Gandhis engster jüdischer Freund war Hermann Kallenbach, ein in Deutschland geborener Architekt, der in Südafrika lebte. 1909 schrieb Gandhi an ihn: «Unsere gegenseitige Zuneigung ist der bestmögliche Beweis, dass wir bereits in einem anderen Leben als dem gegenwärtigen lebten.»

Kallenbach war es auch, der Gandhi 1910 sein 1100 Hektar großes Anwesen rund zwölf Kilometer vor Johannesburg zur Verfügung stellte, damit dieser dort seine Tolstoi-Farm verwirklichen und mit seinen Anhängern autark leben konnte. Um selbst ein nützliches Mitglied der Farm zu werden, lernte Kallenbach, Sandalen zu schustern. Anlässlich eines jüdischen Fastentages schrieb ihm Gandhi, dass er ihm «in jeder Hinsicht alles Gute» wünsche. Und als die Dinge für beide schlecht liefen, munterte er Kallenbach auf: «Der Wert eines Menschen wird nicht im Wohlstand, sondern in der Not auf die Probe gestellt. Sei also guten Mutes.»

In der Zeit vor 1914, als Gandhi sich für die Rechte der Inder in Südafrika einsetzte, begann er zu begreifen, wie ähnlich die Erfahrungen seines jüdischen Freundes waren, der ja ebenfalls in einer Diaspora lebte und irrationalen rassistischen Diskriminierungen ausgesetzt war. «Wir wissen, dass Juden in Südafrika nicht gegen irgendwelche konkreten Beschränkungen ankämpfen», schrieb er 1911, «sondern gegen eine stille und heimtückische Opposition, die immer wieder an die Oberfläche drängt.» Im südafrikanischen Parlament war es der jüdische Abgeordnete und Jurist M. Alexander, der Gandhis Kampf um die Rechte der Inder am vehementesten unterstützte.

Gandhis Sekretärin ab 1907 war Sonia Schlesin, eine Jüdin kühnen Mutes, die ausgezeichnet stenographieren konnte. Ein indischer Freund Gandhis nannte sie einmal «mehr oder weniger eine Suffragette». Ihre Hingabe gegenüber Gandhi blieb nicht unbemerkt. Sie pflegte ihn damit aufzuziehen, dass er so «unbusinesslike» war, und er gab ihr Paroli, indem er sie neckte, weil ihr Geschmiere unleserlich sei. Später wurde sie Lehrerin in Südafrika.

Ein Mitarbeiter Gandhis, als dieser 1906 als Kopf einer Delegation nach London gereist war, um dort für die Rechte der südafrikanischen Inder zu werben, war der Jude Lewis W. Ritch. In Gandhis Johannesburger Anwaltskanzlei war er Schriftführer gewesen, in London half er ihm, Gelder aufzutreiben und wichtige Kontakte zu knüpfen. Ebenso setzte sich der Jude J. H. Polak für ihn ein; er verschaffte Gandhi zum Beispiel die Möglichkeit, sich im House of Commons mit diversen liberalen Parlamentsmitgliedern zu beraten. Polaks Sohn Henry sollte nach Kallenbach der engste jüdische Weggefährte Gandhis werden.

Nach seiner Ausbildung in Großbritannien war Polak als junger Journalist nach Südafrika gezogen. Sofort nach ihrer ersten Begegnung 1904 hatte er wortgewaltige Artikel in Gandhis Zeitung «Indian Opinion» zu schreiben begonnen, die er später selbst herausgab. Einmal erklärte er, dass ihn an Gandhi vor allem die Entschlossenheit beeindrucke, mit der er Hindus und Muslime zusammenbringen und ihnen klar machen wolle, «dass sie eine Bruderschaft desselben Vaterlandes sind».

Henry Polak gewährte Gandhi bedingungslose Unterstützung, als dieser beschloss, dem System der Deputationen, Delegationen und Petitionen – also der als angemessen betrachteten Routine jeglichen Protests – den Rücken zu kehren und zum passiven Widerstand überzugehen. Polak reiste mit der Mission nach Indien, dort Gandhis passiven Widerstand zu erklären und den Indern zu verdeutlichen, welches Potential diese Strategie besaß und welche Chance sie barg, der britischen Herrschaft ein Ende zu bereiten. Er kehrte nicht nur mit einer Menge verbaler Unterstützung für diese Idee nach Südafrika zurück, sondern auch mit vielen Geldern, die er für die Fortführung von Gandhis Arbeit gesammelt hatte.

Zu Gandhis Freunden aus der jüdischen Gemeinde von Johannesburg zählten darüber hinaus William M. Vogel, ein Tuchhändler, und Gabriel Isaacs, ein Juwelier, den er mehrmals in die Synagoge begleitete und in dessen Haus er an der Sederfeier zu Pessach teilnahm. Isaacs half, Abonnenten und Anzeigenkunden für den «Indian Opinion» zu gewinnen, und ging gemeinsam mit Gandhi ins Gefängnis, als sie während eines Protestmarsches – beim «Großen Marsch» 1913 – verhaftet wurden.

Bei Kriegsausbruch 1914 war Hermann Kallenbach gerade in Großbritannien. Als deutscher Staatsbürger wurde er von den Briten sofort auf der Isle of Man interniert, wo er den Rest des Krieges ausharren musste (während des Zweiten Weltkriegs sollten dort viele jüdische Flüchtlinge aus Deutschland als «feindliche Ausländer» interniert werden). Gandhi schrieb Kallenbach auf die Insel: «Ich denke bei jedem Handgriff an Dich.»

Gandhi kehrte nach Indien zurück. Bereits am ersten Tag nach der Gründung seines Aschram in Achmedabad berichtete er Kallenbach von den neuesten Ereignissen. Ein Jahr später heißt es in einem seiner Briefe: «Ich benutze Dein geliebtes Holzkissen.» Und einmal, nachdem er gerade die Toiletten gereinigt und den Boden gewischt hatte, erzählte er seinem fernen Freund: «Deine Ideen vermisse ich ebenso sehr wie Deine Nase.»

Kallenbach sollte Ghandi dreiundzwanzig Jahre lang nicht wiedersehen, erst 1937, als er nach Indien reiste, um seinen alten Freund vom Zionismus zu überzeugen. Gandhi aber wollte, dass sich die Juden um die Unterstützung der Araber bemühten, und schrieb Kallenbach nach ihren Gesprächen: «Wenn sich die Juden voll und ganz auf den guten Willen der Araber verlassen würden, müssten sie ein für alle Mal auf die Protektion der Briten verzichten.» Und er fügte hinzu: «Ich frage mich, ob sie dieses heldenhafte Mittel anwenden werden.»

Das Schicksal der Juden in Deutschland, auf das ihn Kallenbach drängend aufmerksam machte, bewegte Gandhi zutiefst. Als Kallenbach 1938 nach Südafrika zurückkehrte, fragte Gandhi ihn: «Ist die antisemitische Welle auch in Deine Richtung geschwappt?» Seine jüdische Assistentin im Aschram während der dreißiger Jahre,

Margarete Spiegel, war nach der Wahl Hitlers an die Macht aus ihrem Lehramt in Berlin entlassen worden. Ihre Enttäuschung über das den Juden so feindlich gesinnte Leben in Berlin ließ in ihr den Wunsch aufkeimen, die Religion zu wechseln. Gandhi brachte sie von dieser Idee ab: «Du brauchst keine Hindu zu werden, um eine wahre Jüdin zu sein», meinte er. «Wenn Dich der jüdische Glaube nicht zufrieden stellt, wird Dich auf längere Sicht auch kein anderer Glaube befriedigen. Ich möchte Dir raten, Jüdin zu bleiben und Dir das Gute aus anderen Glauben anzueignen.» Später schrieb er ihr: «Deine semitischen Wurzeln werden in Indien am wenigsten abgelehnt werden.»

Den Juden in Deutschland riet Gandhi, demselben Rezept zu folgen, das er den Indern unter britischer Oberherrschaft verschrieben hatte: keine Gewalt! In einem Artikel kurz nach der «Reichskristallnacht» im November 1938 räumte er jedoch ein: «Wenn es je einen gerechtfertigten Krieg im Namen der und für die Menschheit gäbe, dann wäre ein Krieg gegen Deutschland zur Verhinderung der unmenschlichen Verfolgung einer ganzen Rasse vollständig gerechtfertigt. Doch ich glaube an keine Art von Krieg.»

Als der aus Deutschland geflohene Philosoph Martin Buber von Gandhis Unterstützung für die Araber in Palästina erfuhr, schrieb er ihm im Februar 1939 aus Jerusalem – obwohl er selbst zu einem Befürworter der arabisch-jüdischen Aussöhnung geworden war – in einem offenen Brief, Gandhi möge bedenken, dass die Araber weit davon entfernt seien, Gewaltlosigkeit zu üben. Wieso, fragte Buber, gehe ausgerechnet er, Gandhi, der oberste Verfechter von Gewaltlosigkeit, der «den Zusammenhang zwischen Tradition und Zukunft» so gut kenne, derart nachsichtig mit Menschen um, die tagtäglich Juden mordeten? Er «sollte sich nicht auf die Seite derjenigen schlagen, die unsere Sache verständnislos und ohne jede Sympathie übergehen». Doch Gandhi hatte in Bezug auf den Zionismus und eine jüdische Heimstatt in Palästina seine feste Meinung bereits 1931 in einem Artikel für den «London Jewish Chronicle» zum Ausdruck gebracht: «Zion lebt im Herzen. Es ist die Verweil Gottes. Das wahre Jerusalem ist das spirituelle Jerusalem.» Deshalb könnten Juden «diesen Zionismus in jedem Teil der Welt verwirklichen». Auch was die Juden in Deutschland betraf, blieb Gandhi unverbrüchlich bei seinem Rat der Gewaltfreiheit. «Wenn der Hitlerismus zerstört werden soll», schrieb er Ende 1938 – nach der «Reichskristallnacht» – an Margarete Spiegel, «so geht dies nur durch Gewaltlosigkeit, auf keine andere Weise.» Dein Verwandter Jawaharlal Nehru, Tante Fori, hatte mehr Verständnis für all diejenigen, die keine andere Möglichkeit mehr sahen als den Kampf. Während des «Internationalen Kongresses gegen den Imperialismus», der 1927 in Brüssel stattfand, hatte er sich mit Ernst Toller angefreundet, dem deutschjüdischen Revolutionär, Dramatiker und Dichter, der im Ersten Weltkrieg noch ein ausgesprochener Pazifist gewesen war. 1933 ging Toller ins Exil, und im Spanischen Bürgerkrieg unterstützte er dann die republikanische Seite. Als er 1939 erfuhr, dass Madrid an die Nationalisten gefallen war, nahm er sich das Leben. Im «Indian National Herald» erschien ein Nachruf Nehrus: «Ganz allmählich und im Laufe eines schmerzlichen Denkprozesses war er zu dem Schluss gekommen, dass Gewalt gegen den Aggressor nicht nur gerechtfertigt, sondern notwendig war, um den Zusammenbruch der von ihm so hoch geschätzten Werte zu verhindern.»

Liebe Tante Fori,
im Dezember 1944, als die Alliierten im nationalsozialistisch besetzten Europa bereits auf dem Vormarsch waren, wurde die Zukunft der Juden in Palästina auf einem Parteitag der Labour Party in Großbritannien diskutiert. Am Ende gab man mit einer formalen öffentlichen Erklärung bekannt, dass die Partei schlussendlich eine jüdische Mehrheit in Palästina voll und ganz unterstütze und für eine

Aussiedlung der Araber aus Palästina in die umliegenden arabischen Staaten plädiere. «Die Araber sollten gleichermaßen zur Auswanderung ermuntert werden, wie die Juden zur Einwanderung», hieß es in der Deklaration, «denn die Araber verfügen bereits über viele eigene, weitläufige Territorien.»

Man sollte, so die Labour Party weiter in ihrer Deklaration, auch die Möglichkeit ins Auge fassen, «die gegenwärtigen Grenzen Palästinas auszudehnen», natürlich in Absprache mit Ägypten, Syrien und Transjordanien, denn das bestehende Gebiet Palästinas sei einfach zu klein für die zu erwartende Zahl von Juden, die sich dort ansiedeln wollten.

So lautete jedenfalls die offizielle Sicht der Labour Party im Dezember 1944, einer Zeit, in der mehrere altgediente Parteimitglieder – Clement Attlee, Herbert Morrison, Ernest Bevin – Churchills Allparteien-Kriegskabinett angehörten. Für diese Staatsdiener, die sich um das politische Tagesgeschäft zu kümmern hatten, schien jedoch Ende 1944 die vorrangigste Aufgabe noch immer darin zu bestehen, jüdische Überlebende und Flüchtlinge daran zu hindern, Palästina zu erreichen und dort allmählich eine jüdische Mehrheit zu konstituieren. Am 24. Dezember 1944 telegraphierte Lord Gort, der neue Hochkommissar für Palästina, dem Foreign Office in London aus Jerusalem, man möge die sowjetische Regierung, deren Truppen in Bukarest und Sofia standen, darum bitten, sowohl die rumänischen als auch die bulgarischen Grenzen zu schließen, da sonst «die jüdische Migration aus Südosteuropa außer Kontrolle gerät».

Am 8. Mai 1945 war der Krieg in Europa zu Ende. Sechs Jahre lang hatten die Juden zwischen den barbarischen Plänen derjenigen, die sie vernichten wollten, und der Indifferenz derjenigen, die kein besonderes Interesse an ihrer Rettung hatten, in der Falle gesessen. Sechs Millionen Juden waren ermordet worden – nicht nur ihr Leben, eine ganze Kultur war ausgelöscht worden. Ihre Traditionen,

Besitztümer, kulturellen Errungenschaften und die natürliche Evolution von Generationen, von Millionen weiterer Juden waren gemeinsam mit über einem Drittel der gesamten jüdischen Weltbevölkerung vernichtet worden. Juden durften ihr Schicksal «nie wieder!» anderen überlassen. Der Holocaust war der bittere Höhepunkt einer zweitausendjährigen Verfolgung, aber in gewisser Weise war er für das Judentum auch ein Wendepunkt. Und spätestens im Winter 1946 war den meisten Juden klar, dass weit mehr Argumente für eine jüdische Eigenstaatlichkeit sprachen als dagegen.

In Palästina hatten inzwischen bereits über eine halbe Million Juden die Basis für ein eigenständiges jüdisches Leben geschaffen. Die meisten von ihnen waren wegen des Versprechens ins Land gekommen, das ihnen Großbritannien 1917 gegeben und bis 1939 auch politisch verfolgt hatte, nämlich eine «nationale Heimstatt» für die Juden in Palästina zu errichten. Doch seit dem so genannten White Paper von 1939 hatten die Briten eine Kehrtwendung gemacht und versucht, die Möglichkeit einer jüdischen Mehrheit in Palästina zu verhindern. 1946 waren die britisch-jüdischen Beziehungen angesichts dieses gebrochenen Versprechens deutlich von Konfrontation und keineswegs mehr von Kooperation geprägt.

Die Briten begannen, sich erbarmungslos auf die Suche nach Juden zu machen, die im britischen Protektorat Palästina Waffen versteckten. Wer im Besitz einer Waffe erwischt wurde, wurde verhaftet, eingesperrt und sogar ausgepeitscht. Im Anschluss an eine solche Auspeitschung, am 29. Dezember 1946, nahm die jüdische Untergrundarmee *Irgun*[19] einmal einen britischen Major und drei Sergeanten gefangen und übte Vergeltung, indem man diese ebenfalls auspeitschte. In den ersten Wochen des Jahres 1947 begann sich die allgemeine Gewaltbereitschaft immer mehr aufzuschaukeln. Und seit am 1. Januar eine Irgun-Gruppe beim Angriff auf einen britischen Polizeiposten einen Engländer getötet hatte, drängte die Presse in

Großbritannien auf die Teilung des Landes und den Rückzug der Briten.

Die britische Regierung war mit ihrer Geduld am Ende, aber auch ihr Selbstvertrauen schwand dahin. Am 1. Januar 1947 kam das Verteidigungskomitee des Kabinetts während einer Sitzung zu dem Schluss, «dass eine Fortführung dieser Palästinapolitik unter den gegebenen Umständen die Streitkräfte in eine unmögliche Lage brächte». Drei Tage später verkündete der Generalsekretär der Arabischen Liga, General Azzam Pascha, dass die Araber jeden Teilungsplan ablehnen, den die Briten ins Auge fassten, und massiv gegen jede weitere jüdische Einwanderung vorgehen würden.

Solche Feindseligkeiten seitens der Araber waren inzwischen nur allzu vertraut. Doch am Morgen des 7. Januar 1947 – dem Jahr, in dem Indien seine Unabhängigkeit erreichen sollte – wurde ein Faktor in die Diskussion um den Nahen Osten eingeführt, der den guten Willen der Araber dringend erforderlich machte: An diesem Tag ließ man ein vier Tage zuvor verfasstes, streng geheimes Memorandum mit dem Titel «Middle East Oil» im britischen Kabinett zirkulieren. Seine Autoren waren der damalige Außenminister Ernest Bevin und der jüdische Parlamentarier und Energieminister Emanuel Shinwell.

Die beiden Minister hatten Fakten und Tabellen zusammengefasst, um zu illustrieren, was sie «die vitale Bedeutung der Ölressourcen dieses Gebietes für Großbritannien und das Britische Empire» nannten. Der Nahe Osten, betonten sie, würde höchstwahrscheinlich schon bald «größeren Anteil an der gesamten weltweiten Produktionssteigerung haben als jede andere ölführende Region». Bis spätestens 1950 würde sich der «Schwerpunkt» von Persien «auf die arabischen Länder» verlagert haben und Saudi-Arabien, Bahrein, Kuwait und der Irak zu den bedeutendsten Ölproduzenten geworden sein. Mit einem Wort, Bevin und Shinwell warnten vor den Risiken einer britischen Politik, die von den Arabern verurteilt würde und «die den Anschein gäbe, als ermunterten wir zur Ansiedlung von noch mehr Juden und unterstützen deren Hoffnung auf einen eigenen Staat».

Bevin favorisierte mittlerweile den von arabischen Staaten vorgebrachten Plan eines «Einheitsstaates» in Palästina. In einem ebenfalls streng geheimen Memorandum unternahm er am 14. Januar einen letzten Versuch, seine Kollegen von der Idee einer Teilung abzubringen. «Arabische Feindseligkeiten gegen eine Teilung sind gewiss», schrieb er, «und die Folgen einer dauerhaften Entfremdung der Araber so gravierend, dass eine Teilung allein schon aus diesen Gründen als ein völlig unpraktikables Mittel betrachtet werden muss.» Eine solche Entscheidung, so Bevin weiter, würde «zur Eliminierung des britischen Einflusses im riesigen muslimischen Gebiet zwischen Griechenland und Indien beitragen» und bei weitem nicht nur strategische Folgen haben: «Sie würde die Sicherung unserer Interessen angesichts der zunehmend wichtigeren Ölproduktion im Nahen Osten gefährden.»

Also legte Bevin seinen Kollegen dar, dass er einen «unabhängigen Einheitsstaat» in Palästina bevorzuge, in dem der jüdischen Minderheit dann zwar einige Sonderrechte eingeräumt werden könnten, der jedoch «so viel als nur möglich vom arabischen Plan» verwirklichen müsse. Die Forderungen der Araber, die Einwanderung von Juden gänzlich zu unterbinden, wollte er zwar nicht akzeptieren, plädierte jedoch dafür, alle nötigen Schritte einzuleiten, «um einer wahren Überflutung des Landes durch jüdische Einwanderer zuvorzukommen».

Was die Juden selbst betraf, so glaubte Bevin, dass eine «jüdische Regierung» die Teilungsgrenzen niemals als endgültig akzeptieren und schließlich unausweichlich versuchen würde, sie auszudehnen. «Während sich nach einem gewissen Intervall sehr wahrscheinlich der jüdische Drang zur Unabhängigkeit wieder zu Wort melden wird», schrieb er, «ist der arabische Drang zur Unabhängigkeit von

Anfang an gewiss. Die Existenz eines jüdischen Staates kann sich daher nur als ein konstanter Unruhefaktor im Nahen Osten erweisen.»

Für die Juden in Palästina schien die Chance auf einen eigenen Staat angesichts dieser unverrückbaren Haltung Bevins zu einem unerfüllbaren Traum geworden zu sein. Doch dann sollte sich beinahe über Nacht alles ändern. Großbritannien, das seit 1917 die Hand auf Palästina hatte, entschied am 14. Februar 1947, die Palästina-Frage mit allem Drum und Dran an ein Sonderkomitee der Vereinten Nationen, genannt UNSCOP, zu übergeben. Und dieses Komitee sollte nach langwierigen Diskussionen und der Anhörung vieler führender Juden und Araber schließlich die Errichtung zweier separater, unabhängiger Staaten vorschlagen, eines arabischen und eines jüdischen, wobei Jerusalem unter internationale Treuhänderschaft gestellt werden sollte.

Diesem neuen Vorschlag gemäß sollte der jüdische Staat aus 498 000 Juden und fast ebenso vielen Arabern, nämlich 407 000, bestehen, der arabische Staat hingegen aus 725 000 Arabern und nur 10 000 Juden. In der Stadt Jerusalem mit angrenzender Umgebung, inklusive der arabischen Städte Beit Lechem und Beit Jalla, sollten sich 105 000 Araber und 100 000 Juden niederlassen dürfen, doch diese Region sollte als separate Entität der Kontrolle der Vereinten Nationen unterstellt werden. Die Wüste Negev würde dem jüdischen und das fruchtbare Hügelland von Westgaliläa dem arabischen Staat angehören. Die palästinensischen Araber drohten jedoch, dass sie nicht einmal einen derart winzigen jüdischen Staat an ihrer Seite akzeptieren würden.

Liebe Tante Fori,
am 15. August 1947, nach Jahren der Kämpfe, wurde Indien unabhängig und du, Tante Fori, wurdest stolze Bürgerin einer neuen Na-

tion. Wie die Juden waren auch die Inder schon einmal der Souverän eines eigenen Landes gewesen. Nun konnten sie wieder ihre eigene Fahne hissen, ihre eigenen Grenzen verteidigen, ihre eigenen Gesetze erlassen und ihnen durch ein eigenes Rechtssystem Geltung verschaffen.

Die Juden fragten sich unterdessen, ob ihnen das überhaupt jemals wieder im Land der Väter möglich sein würde, und sei es auch auf kleinstem Raum. Im September lehnte das «Übergeordnete Arabische Komitee» sogar den Vorschlag der Vereinten Nationen für einen jüdischen «Kleinstaat» ab. Die Jewish Agency hingegen akzeptierte diesen Vorschlag, vorausgesetzt, es würden weitere Gespräche über die endgültigen Grenzziehungen stattfinden und obwohl damit ein Viertel der Juden in Palästina außerhalb jüdischen Hoheitsgebiets leben würde. Ein solches Zugeständnis, erklärte Abba Hillel Silver[20] am 2. Oktober 1947, bedeute ein sehr großes Opfer; doch dieses Opfer sei «der jüdische Beitrag zur Lösung eines schmerzlichen Problems und bezeugt den internationalen Geist meines Volkes und seine Sehnsucht nach Frieden».

Am 29. November 1947 stimmte die Vollversammlung der Vereinten Nationen ab. Die Vorschläge des UN-Sonderkomitees wurden mit dreiunddreißig zu dreizehn Stimmen bei zehn Stimmenthaltungen (und einer Abwesenheit) angenommen. Großbritannien gehörte zu den Staaten, die sich neben Äthiopien, Argentinien, Chile, China, El Salvador, Honduras, Jugoslawien, Kolumbien und Mexiko der Stimme enthielten. Alle sechs unabhängigen arabischen Staaten (Iran, Irak, Jemen, Libanon, Saudi-Arabien, Syrien) stimmten mit Afghanistan, Ägypten, Griechenland, Indien, Kuba, Pakistan und der Türkei dagegen. Für die Teilung stimmten Australien, Belgien, Bolivien, Brasilien, Costa Rica, Dänemark, Dominikanische Republik, Ecuador, Frankreich, Guatemala, Haiti, Island, Kanada, Liberia, Luxemburg, Niederlande, Neuseeland, Nicaragua, Norwegen, Panama, Paraguay, Peru, Philippinen, Polen, Schweden, Süd-

afrikanische Union, Tschechoslowakei, Ukraine, USA, UdSSR,
Uruguay, Venezuela und Weißrussland.

Für die Juden in der Diaspora bedeutete die Nachricht, dass sie
nun einen eigenen Staat in Palästina haben würden, wahrlich einen
«Meilenstein in der Weltgeschichte», wie der American Zionist
Emergency Council erklärte: Endlich war die «2000 Jahre währende
Heimatlosigkeit des jüdischen Volkes beendet». Die bereits in Palästina lebenden Juden begannen nach dieser Nachricht – obwohl nur
ein «Kleinstaat» entstehen sollte –, auf den Straßen zu singen und zu
tanzen.

Liebe Tante Fori,
unter den Juden, die nach der Abstimmung der Vereinten Nationen vor Freude auf den Straßen Palästinas tanzten, befand sich ein
bereits dort geborener, junger jüdischer Soldat namens Mosche
Dayan, später Generalstabschef der Israelischen Verteidigungsarmee,
Israels Verteidigungsminister und 1979 als Außenminister einer der
Architekten des Friedensvertrages zwischen Israel und Ägypten. In
seinen Memoiren erinnerte er sich an den Moment im November
1947, in dem er das Resultat erfuhr: «Ich fühlte den Sieg des Judentums bis in die Knochen. Zweitausend Jahre lang hatte es im Exil
von Erez Jisrael gelebt und trotz Verfolgungen, der spanischen Inquisition, Pogromen, antisemitischen Gesetzen, Restriktionen und
des Massenmords durch die Nazis in unserer eigenen Generation
überlebt und nun die Erfüllung seiner uralten Sehnsucht erreicht –
die Rückkehr in ein freies und unabhängiges Zion.»
Doch dann fügte Dayan hinzu: «Wir waren so glücklich in dieser
Nacht, wir tanzten und unser Herz gehörte den Staaten, deren Vertreter in der UNO für die Resolution gestimmt hatten. Wir hatten
gehört, wie sie nacheinander das magische Wort ‹Ja› aussprachen, hatten ihren Stimmen aus Tausenden Kilometern Entfernung über das

Radio gelauscht. Wir tanzten – aber wir wussten, dass vor uns das Schlachtfeld lag.»

Auch Dayans jüngerer Bruder Zorik sollte zu den Juden gehören, die in den kommenden Monaten auf diesem Schlachtfeld starben. Die Araber – sowohl innerhalb der Grenzen Palästinas als auch außerhalb – wehrten sich sofort mit aller Macht gegen die Entscheidung der Vereinten Nationen. Der «Kleinstaat», der ihnen angeboten worden war, interessierte ihre Führer und Propagandisten nicht; ihnen war die Vorstellung eines separaten jüdischen Staates in jeder Form verhasst.

Vom Augenblick der Bekanntgabe des Abstimmungsergebnisses in den Vereinten Nationen an begannen arabische Terroristen und bewaffnete Banden jüdische Männer, Frauen und Kinder im ganzen Land anzugreifen. Allein in den ersten zwölf Tagen nach der Abstimmung töteten sie achtzig Juden, plünderten jüdische Geschäfte und griffen zivile Busse auf allen Verbindungsstraßen im Land an.

Auch außerhalb Palästinas führte der antijudaistische und antizionistische Hass von Arabern in beinahe jeder arabischen Stadt zu Gewaltaktionen. Im britisch beherrschten Aden, der Szenerie brutalster Attacken gegen jüdisches Leben und Eigentum, wurden am 9. Dezember 1947 zweiundachtzig Juden ermordet. In Beirut, Kairo, Alexandria und Aleppo wurden die Häuser von Juden geplündert und Synagogen zerstört. Über einhundertdreißig Juden wurden in Tripolis vom arabischen Mob umgebracht.

In Palästina selbst folgten fünfeinhalb Monate terroristischer Gewalt. «Die Juden werden alle nötigen Maßnahmen zum eigenen Schutz ergreifen», erklärte der jüdische Nationalrat am 3. Dezember. Doch instinktiv hatten die Juden begriffen, dass sie sich zurückhalten mussten: Am 13. Dezember 1947 verurteilte die Jewish Agency, der Repräsentant der Mehrheit aller Juden in Palästina, die steigende Flut der Vergeltungsmaßnahmen durch die jüdische Irgun und bezeichnete diese als spektakuläre Akte, mit denen der Stimmung in der Bevölkerung Rechnung getragen worden sei.

Dennoch, während die arabischen Angriffe in den ersten vier Monaten des Jahres 1948 immer brutaler, das jüdische Jerusalem belagert und seine Wasserversorgung abgeschnitten wurden, begannen auch die Vergeltungsmaßnahmen immer grausamer zu werden. Der Ermordung von über einhundert Arabern im Dorf Deir Yassin am 9. April folgte vier Tage später das Massaker an siebenundsiebzig jüdischen Ärzten und Krankenschwestern, die sich gerade auf dem Weg ins Hadassah-Krankenhaus auf dem Scopus-Berg befunden hatten. Diese beiden Aktionen gehörten allerdings nur zu den meistpublizierten aus einer schier endlosen Reihe von Anschlägen und Gegenanschlägen, willkürlichen Tötungsaktionen und militärischen Operationen, die Tausende Todesopfer auf beiden Seiten forderten.

Auf dem Höhepunkt dieser Gewalt verkündeten die Briten, dass sie sich am 15. Mai 1948 vollständig aus Palästina zurückziehen würden. Während der sechs Wochen, bevor sie das Land verließen, taten die Araber alles, was in ihrer Macht stand, um die Kommunikationsmöglichkeiten zwischen den jüdischen Siedlungen zu unterbrechen und Juden daran zu hindern, Jerusalem zu erreichen. Ein Leben von Juden innerhalb der Stadt wurde praktisch unmöglich gemacht. Viele an diesen militärischen Aktionen beteiligte Araber und viele arabische Scharfschützen, die jüdische Zivilisten aus dem Hinterhalt erschossen, waren reguläre Soldaten aus den Armeen Syriens und sogar des Irak und keine Palästinenser, so wie es ebenfalls keine Palästinenser, sondern irakische Truppen waren, die Jerusalem von der Wasserversorgung abgeschnitten hatten.

Im Verlauf des Aprils und der ersten Maihälfte 1948 wurden massive Angriffe auf sämtliche der nun voneinander isolierten jüdischen Siedlungen gestartet: Am 13. April attackierten vierhundert arabische Soldaten Kfar Etzion südlich von Beit Lechem. Nachdem sie zunächst zurückgedrängt werden konnten, griffen sie am 12. Mai erneut an und töteten einhundert Juden. Nur vier überlebten. Fünfzehn Juden aus Kfar Etzion wurden gefangen genommen und, obwohl sie sich ergeben hatten, unter dem Klicken der Photoapparate ihrer Häscher mit Maschinengewehren niedergemäht.

Trotz dieser arabischen Angriffe waren die Juden entschlossen, sich nicht aus ihrem Gelobten «Kleinland» ins Meer drängen zu lassen. Im Laufe der Kämpfe der arabischen und jüdischen Streitkräfte zwischen dem 19. April und dem 14. Mai wurden die Städte Tiberias, Haifa, Akko, Safed und Jaffa wieder von jüdischen Truppen eingenommen und die arabischen Truppenverbände aus mehreren Randgebieten von Jerusalem vertrieben. Zwischen November 1947 und Mai 1948 waren über viertausend jüdische Soldaten und zweitausend jüdische Zivilisten getötet worden, beinahe ein Prozent der gesamten jüdischen Bevölkerung.

Als der 15. Mai und damit der Rückzug der Briten nahte, war die Lage der Juden, ungeachtet der Tatsache, dass sie die wichtigsten Städte eingenommen hatten, nach wie vor höchst prekär: Vier hochgerüstete arabische Armeen – aus Ägypten, Transjordanien, Syrien und dem Libanon – hatten an den südlichen, westlichen und nördlichen Grenzen Stellung bezogen und bereiteten sich darauf vor, im Moment des Abzugs der Briten einzumarschieren.

Dann verlegten die Briten ihren Abmarsch im letzten Moment um vierundzwanzig Stunden auf den 14. Mai vor. Am 12. Mai hatte Yigal Yadin, damals Operationschef der *Hagana*,[21] zu Ben Gurion und anderen politischen Führern der Juden gesagt: «Die stehenden Armeen der Nachbarländer haben angesichts ihrer Ausrüstung und Waffen diesmal die Oberhand.» Dann hatte er hinzugefügt, dass die Zukunft der Juden in Palästina nicht nur eine Frage «der militärischen Erwägung von Waffen gegen Waffen und Einheiten sein kann, da wir über solche Waffen und diese Streitkraft nicht verfügen. Die Frage ist, in welchem Ausmaß unsere Soldaten in der Lage sein werden, die feindlichen Streitkräfte allein durch ihren Kampfgeist, unsere Planung und unsere Taktik zu besiegen.»

Zum ersten Mal seit dem Sieg des römischen Heeres über Bar

Kochba vor über 1880 Jahren bereiteten sich Juden wieder darauf vor, ihre souveränen Rechte zu verteidigen. Am Morgen des 14. Mai verließ der letzte britische Hochkommissar Jerusalem. Das dreißigjährige Protektorat Großbritanniens war beendet. Noch am Nachmittag desselben Tages deklarierte Ben Gurion in Tel Aviv die Unabhängigkeit des jüdischen Staates, welcher, wie er in seiner bewegenden Ansprache verkündete, «Israel» heißen sollte. Seiner Rede lauschten viele jüdische Soldaten, die sich in ihren Unterständen und Schützengräben um die Radios der Armee drängten, während sie auf den für Mitternacht – dem offiziellen Abzugstermin der Briten – angekündigten arabischen Angriff warteten.

Liebe Tante Fori,

bei der Unabhängigkeitszeremonie des Staates Israel in Tel Aviv war auch Golda Meir anwesend, die spätere Premierministerin des Landes und eine veritable Matriarchin des neuen jüdischen Staates während der ersten dreißig Jahre seiner Existenz. Später erinnerte sie sich, wie überwältigt sie von ihren Gefühlen war, als Ben Gurion die Worte «Staat Israel» aussprach: «Meine Augen füllten sich mit Tränen und meine Hände zitterten. Wir hatten es geschafft. Wir hatten den jüdischen Staat ins Leben gerufen – und ich, Golda Mabowitsch Meyerson, durfte diesen Tag noch erleben. Welchen Preis jeder von uns dafür auch zu bezahlen haben würde, wir hatten den jüdischen Nationalstaat wieder erschaffen. Das lange Exil war vorbei. Von diesem Tage an würden wir nicht länger unter stillschweigender Duldung im Land unserer Väter leben. Jetzt waren wir eine Nation unter anderen Nationen, die Herren – zum ersten Mal nach zwanzig Jahrhunderten – unseres eigenen Schicksals. Der Traum war wahr geworden, zu spät, um noch all diejenigen zu retten, die im Holocaust vernichtet worden waren, aber nicht zu spät für künftige Generationen.»

Doch sämtliche arabischen Staaten standen dem neuen Israel ablehnend gegenüber. Im nun folgenden Krieg erlitten die Juden – jetzt Israelis – beträchtliche Verluste, gleichwohl ging ihr Staat nicht unter; er wurde zu einer kleinen, aber lebensfähigen Entität an der südöstlichen Küste des Mittelmeers. Mehr als 550 000 palästinensische Araber waren aus den Gebieten geflohen, die nun das Land Israel konstituierten, über zwei Drittel von ihnen in die Regionen Palästinas – Westbank und Gazastreifen –, die nach dem Teilungsplan der Vereinten Nationen dem neuen arabischen Souverän zuerkannt worden waren, aber für den Augenblick noch von Jordanien und Ägypten besetzt wurden.

Für Juden in Israel wie in der Diaspora bedeutete die Gründung ihres eigenen Staates das Ende ihres jahrhundertelangen Sehnens und von jahrzehntelangen Auseinandersetzungen. Zionisten wie Nichtzionisten haben sich oft gefragt, wie viele Juden vor dem Holocaust hätten gerettet werden können, wenn es den jüdischen Staat bereits 1933 gegeben hätte.

Seit der Gründung des Staates Israel im Jahr 1948 steht jedem Juden, egal in welcher Diaspora er von Antisemitismus bedroht wird, ein Zufluchtsort zur Verfügung. Zwischen 1948 und 1952 strömten auch über eine halbe Million Juden aus arabischen Ländern wie Marokko oder dem Jemen nach Israel, um sich ein Leben ohne das Stigma eines Bürgers zweiter Klasse aufzubauen. Natürlich war es dort nicht immer leicht für sie, denn nicht alle damals noch vorherrschend aus Mittelosteuropa stammenden Israelis hießen diese Neuankömmlinge aus arabischen Ländern willkommen und nicht überall in Israel konnten sie sich schnell integrieren. Doch die Tatsache, dass hier ein jeder Jude sein eigener Herr sein konnte, setzte eine Menge Energie und neuen Mut frei. Vor ähnlichen Problemen sollten übrigens auch die mehr als 120 000 Juden stehen, die vor allem im Jahrzehnt nach 1967 aus der Sowjetunion nach Israel auswandern durften und ebenfalls viel Mut in ihrer neuen Situation bewiesen (bis heute hat sich die Zahl russischer Einwanderer in Israel auf fast eine Million erhöht).

Aber nicht alle Juden, auch nicht die aus arabischen Staaten oder der Sowjetunion, wählten Israel, weil sie Zionisten gewesen wären oder weil sie dem auf der Tora basierenden, deutlich nationalistische Untertöne aufweisenden Credo der Zionisten gefolgt wären, dass es eine Heimstatt der Juden nur im Land der Väter geben kann. Sie kamen ganz einfach, weil sie Juden waren, die in irgendeiner Ecke der Welt abgelehnt, verfolgt und erniedrigt wurden, in Israel dagegen hieß man sie grundsätzlich willkommen.

Am 19. Mai 1948, fünf Tage nach Gründung des Staates Israel, hielt sein erster Premierminister David Ben Gurion eine Rede, in der er noch einmal Revue passieren ließ, wie die Eigenstaatlichkeit erreicht worden war, und erklärte, wie sie zu bewahren sei. «Wir wissen», sagte er, «dass wir unsere Freiheit nicht dem Wohlwollen anderer Nationen verdanken und dass ihre Wahrung nicht von deren Mildtätigkeit abhängen wird.»

Die jüdische Gemeinschaft in Palästina, fuhr Ben Gurion fort, wurde «mit unserem eigenen Blut» aufgebaut. «Auf diese Weise werden wir nun auch den Staat aufbauen, auf diese Weise ihn auch schützen ... Wir haben nie den Glauben an das Gewissen der Menschheit verloren. Wir werden von der Welt immer verlangen, was gerechterweise uns gehört. Doch von morgens bis abends, tagein, tagaus, müssen wir uns bewusst sein, dass unsere Existenz, unsere Freiheit und unsere Zukunft in unseren eigenen Händen liegen. Unser eigenes Streben, unsere eigenen Fähigkeiten, unser eigener Wille sind alles entscheidend.»

Auch seiner Visionäre erinnerte sich Israel. Theodor Herzl, der mit seinem Traum vom «Judenstaat» so viel Boden bereitet hatte, war 1904 in Wien begraben worden. 1949 wurden seine sterblichen Überreste nach Israel überführt und auf jenem Herzl-Berg im Westen von Jerusalem beigesetzt, der zur letzten Ruhestätte der Helden, Führer und Gefallenen Israels werden sollte. Die Einrichtung von Herzls Arbeitszimmer wurde ebenfalls aus Wien nach Israel gebracht und in einem Haus unweit seiner Grabstätte wieder aufgestellt.

Mehr als einmal musste Israel kämpfen, um sein Überleben zu sichern. 1956, 1967 und 1973 wurde es von seinen arabischen Nachbarstaaten bedroht. Glücklicherweise waren diese Kriege von kurzer Dauer, doch sie forderten von dem kleinen, isolierten Staat schwere Verluste. Ich selbst besuchte Israel erstmals 1971. Viele meiner britischen Zeitgenossen waren längst in das Land gereist, um in einem Kibbuz zu arbeiten oder an der Hebrew University in Jerusalem und der Tel Aviver Universität zu studieren (an beiden habe ich später gelehrt). Doch als ich in meinen Zwanzigern war, hatten mich meine Reisen an andere Orte geführt – nicht zuletzt 1958 nach Indien und zu meiner ersten Begegnung mit dir, Tante Fori.

1973, zwei Jahre nach jenem ersten Besuch, kehrte ich nach Israel zurück und war zufällig genau an dem Tag in Jerusalem, als der Krieg ausbrach. Es war ein beängstigender Moment, Israels Schicksal schien an einem seidenen Faden zu hängen. Die beiden angreifenden arabischen Armeen wurden schließlich zurückgeschlagen, doch die drei Wochen dieses Krieges waren eine Zeit der Prüfungen für Israelis wie für Juden in aller Welt, die sich nichts sehnlicher als das Überleben ihres Staates in Frieden mit seinen Nachbarn wünschten. Die Tatsache, dass die Angriffe der Syrer und Ägypter (König Hussein von Jordanien hatte sich verweigert) am heiligsten Tag des ganzen jüdischen Jahres gestartet wurden – an *Jom Kippur*, dem Versöhnungstag, an dem gebetet und gefastet wird –, sollte sich als ausgesprochen folgenschwer für die Aggressoren erweisen, aber dazu später mehr. Als ich unmittelbar nach dem Krieg nach Oxford zurückkehrte – wo ich damals lehrte –, entwarf und zeichnete ich einen historischen Atlas zum Thema Juden und Araber in Palästina und Israel seit frühesten Zeiten.

Frieden mit seinen Nachbarn war und ist ein mühsames Unterfangen für Israel, dennoch gab es erstaunliche Momente der Hoffnung und des Optimismus. Der Besuch des ägyptischen Präsidenten
Anwar as-Sadat 1978 in Israel war ein unerwarteter und dramatischer
Höhepunkt und der Beginn eines Prozesses, der bislang zwei Frie-
densverträge und damit den Abbau von zwei Spannungsgebieten
nach sich zog. Zuerst wurde 1979 mit Unterstützung des amerikanischen Präsidenten Jimmy Carter in Camp David der Friedensvertrag
mit Ägypten ausgehandelt. 1994 dann, fünfzehn Jahre später also –
eine wirklich kurze Zeitspanne in der langen Geschichte des Judentums –, wurde unter den wachsamen Augen eines anderen amerikanischen Präsidenten, Bill Clinton, der Friedensvertrag mit Jordanien
auf dem Rasen des Weißen Hauses unterzeichnet. Bis jetzt, im Sommer 2000, da ich diesen Brief schreibe, haben sich weder die Frie-
densgespräche mit Syrien, denen auf der Madrider Friedenskonfe-
renz 1991 der Weg geebnet wurde, noch die diversen Abkommen
und Verhandlungen mit den Palästinensern seit Israels Prinzipien-
erklärung im Jahr 1993 materialisiert.

Du hast neun Jahrzehnte der jüngsten Geschichte des Judentums
miterlebt, beinahe ein ganzes Jahrhundert, darunter die grauenvol-
len Jahre des Holocaust. Trotz all dieses Schreckens konnte mit der
Neugründung eines jüdischen Staates nach zweitausend Jahren in
Erez Jisrael allmählich wieder die Vielfalt jüdischen Lebens entstehen, und auch in der Diaspora gab es viele Beispiele jüdischer Kreativität und viele jüdische Beiträge zum Wohle der Menschheit. Das,
finde ich, sollte das Thema meiner nächsten – und die Geschichte
des jüdischen Volkes mit dem 21. Jahrhundert dann abschließenden
– Briefe an dich sein.

Im darauf folgenden letzten Teil möchte ich dir dann von der jüdischen Religion erzählen, jenem Mörtel, der das jüdische Leben
fünftausend Jahre lang zusammengehalten und damit das Überleben
des Judentums als solches gesichert hat.

Liebe Tante Fori,

dies ist der erste von sieben weiteren «historischen Briefen», in denen ich versuchen will, die letzten fünfzig Jahre des 20. Jahrhunderts zu skizzieren.

1947 hatte die Sowjetunion bei den Vereinten Nationen zwar für einen jüdischen Staat gestimmt, doch gleich zu Beginn des vierzig Jahre währenden Kalten Krieges dann offenbar herausgefunden, dass es ihren Interessen wesentlich gelegener käme, wenn sie sich zum Schutzpatron von so vielen arabischen Staaten wie nur möglich machte. Also begann die UdSSR, diese aufzurüsten und gegen Israel aufzuhetzen, während Stalin im eigenen Land jede Manifestation von jüdischer Kultur unterdrückte, die es nach den langen Jahren seiner Autokratie noch gab. Viele Juden hatten nach dem Sieg über Hitler geglaubt, ihr religiöses und kommunales Leben in der Sowjetunion wieder aufnehmen zu können. Doch dazu sollte es nicht kommen, denn nun begannen die von Juden so genannten Schwarzen Jahre der stalinistischen Periode. Der jüdische Glaube wurde verhöhnt und verteufelt und die meisten Synagogen geschlossen. Kontakte mit Juden außerhalb der Sowjetunion wurden unterbunden, sogar wenn es sich um enge Verwandte handelte. Dem sowjetischen Volk brachte man bei, am Arbeitsplatz und in den Wohnblocks misstrauisch jeden Juden zu beäugen und ihn, sobald er auch nur das geringste Interesse an seiner Religion, Geschichte oder Tradition zeigte, sofort den Behörden zu melden. 1948 wurde der große Schauspieler und Leiter des Jüdischen Staatstheaters, Solomon Michailowitsch Michoels, auf Stalins Geheiß ermordet. Innerhalb von drei Jahren wurden Dutzende bekannte Juden, darunter viele Ärzte, umgebracht, verhaftet oder zur Zwangsarbeit nach Sibirien verschleppt. Nur Stalins Tod 1953 konnte diesen brutalen Aktionen, die sich leicht zu einem Pogrom hätten ausweiten können, ein Ende setzen. Mit dem nun folgenden kommunistischen Regime konnte sich so mancher Jude arrangieren. Jacob Kreiser, im Zweiten Weltkrieg als Held der Sowjetunion gefeiert und zum Kommandanten über den Fernen Osten der UdSSR ernannt, wurde 1962 Abgeordneter im Obersten Sowjet. Wenjamin Djimschjits, der als einer der stellvertretenden Ministerpräsidenten eine wichtige Rolle bei der Entwicklung der sowjetischen Wirtschaftsbeziehungen zu Indien gespielt hatte, wurde 1962 zum Vorsitzenden des Nationalen Wirtschaftsrats. Er machte sich vor allem die Modernisierung des Verteilungssystems zur Aufgabe – eines der schwarzen Löcher der Sowjetwirtschaft. 1964 erhielt die jüdische Tänzerin Maja Plisezkaja, damals Primaballerina des Bolschoi-Balletts, den Lenin-Preis.

Doch auch Stalins Nachfolger weigerten sich, Juden ausreisen zu lassen. Als 1967 die staatlich kontrollierten sowjetischen Medien mit unverhüllter Schadenfreude von der unmittelbar bevorstehenden Zerstörung des jüdischen Staates durch die Armeen Ägyptens, Syriens und Jordaniens berichteten, entdeckten die Juden in der Sowjetunion plötzlich ihre Verbundenheit mit Israel; und als Israel sechs Tage später siegreich aus diesem Krieg hervorging, war das neu erwachte jüdische Bewusstsein in der Sowjetunion nicht mehr zu bremsen. Zehntausende standen um Ausreisegenehmigungen Schlange, wurden aber unverrichteter Dinge wieder nach Hause geschickt. Tausende wollten nun jüdische Geschichte studieren, Hebräisch lernen oder an so etwas wie einem jüdischen Gemeindeleben teilhaben, aber man stellte ihnen reihenweise Hürden in den Weg, ja drohte einigen sogar mit Verhaftung und Gefängnis.

In den 1970ern und zu Beginn der 1980er Jahre kam es schließlich zu Protesten von Juden in aller Welt: Die Sowjetunion sollte «unser Volk ziehen lassen». Nach dieser Kampagne entwickelte sich unter allen Juden in der Diaspora wieder ein stärkeres Zusammengehörigkeitsgefühl. In Moskau gründete Elena Dubjanskaja eine Frauengruppe, die den Ehefrauen von über zwanzig inhaftierten jüdischen Aktivisten – genannt «Gefangene Zions» – beistand und die sowjetischen Behörden öffentlich beschuldigte, die Geschichte der Juden in der Sowjetunion zu manipulieren. Denn bei einer Feierlichkeit zum Gedenken an das Massaker, das die Nationalsozialisten 1941 in Babi Jar verübt hatten, einer Schlucht vor den Toren von Kiew, wurden Juden nicht einmal erwähnt, obwohl sie in Wirklichkeit die einzigen Opfer gewesen waren. Die Frauengruppe fuhr nach Kiew, um öffentlich zu protestieren, wurde vom KGB jedoch daran gehindert, nach Babi Jar zu gelangen. Erst als sich der Kommunismus aufzulösen begann, sollten sich die Tore öffnen. Die Ära der oft brutalen, aber immer demoralisierenden Auseinandersetzungen in der Sowjetunion fand mit der Ausreise von einer halben Million Juden nach Israel, einer viertel Million in die Vereinigten Staaten und von Tausenden weiteren in ein Dutzend andere Länder, in denen es jüdische Gemeinden gab, ein Ende. Über eine Million blieben in der Hoffnung im Land, dass das neue Russland und die anderen Nachfolgestaaten der einstigen Sowjetunion Juden gerechter behandeln würden. Es wird sich zeigen.

So etwas wie einen Eisernen Vorhang, hinter dem Juden ein diskriminiertes und isoliertes Leben führen mussten, gab es allerdings nach wie vor, nämlich für die 3266 Juden in Syrien. Ihres Falles sollte sich in den neunziger Jahren schließlich unter allergrößter Geheimhaltung eine einzelne Jüdin aus Toronto annehmen. Judy Feld Carr gelang es tatsächlich, die syrische Regierung davon zu überzeugen, 3228 von ihnen ziehen zu lassen. Achtunddreißig blieben auf eigenen Wunsch zurück, obwohl sogar der Oberrabbiner von Syrien, Avraham Hamra, das Land verließ und nach Israel zog.

Liebe Tante Fori,

die wachsenden Erfolge, die die zionistische Bewegung im Anschluss an die Balfour-Deklaration von 1917 verzeichnen konnte, und die jüdische Einwanderung nach Palästina in den zwanziger und dreißiger Jahren sollten schließlich zu immer lauteren Protesten in den islamisch beherrschten Regionen und den erst jüngst unabhängig gewordenen arabischen Staaten führen. Ihr Zorn richtete sich aber nicht nur gegen Juden, die aus islamischen oder europäischen Staaten nach Palästina zurückgekehrt waren, sondern auch gegen all jene, die noch in islamischen Ländern lebten und dort, wo ihre Familien seit Generationen angesiedelt waren, ungeachtet aller Probleme bleiben wollten.

Im Jemen führte dieser Antijudaismus 1922 zu einem Gesetz, das die Konversion aller jüdischen Waisenkinder unter dreizehn Jahren zum Islam forderte, sogar dann, wenn es sich um Halbwaisen handelte, deren Mütter noch lebten. Hier wie im Irak wurden in den Zwischenkriegsjahren Gesetze verabschiedet, die den Juden die Ausreise nach Palästina verboten. In Tunesien wurden 1932 ortsansässige Juden aus Protest gegen die Einwanderung von europäischen Juden nach Palästina tätlich angegriffen; 1938 brachen auch im ägyptischen Kairo, in Alexandrien, Ismailia und Port Said antizionistische Tumulte aus; und zu vergleichbarer Gewaltanwendung kam es in Damaskus, nachdem Abgesandte der Nationalsozialisten den dortigen Würdenträgern die antisemitische Politik des Dritten Reiches «erklärt» hatten.

Während des Zweiten Weltkriegs wurden Juden in islamischen Regionen, die unter die Kontrolle der Nationalsozialisten geraten waren, misshandelt, als Zwangsarbeiter verschleppt oder deportiert. In vielen Fällen führten die islamischen Regierungen unter dem Schutzschild des deutschen Nazismus aber auch ihre ganz eigenen Pogrome durch. So wurden beispielsweise im Juni 1941, nachdem das pronazistische Regime im Irak zusammengebrochen war, von den Irakern dennoch fast eintausend jüdische Häuser zerstört und einhundertfünfundsiebzig Juden ermordet. Und sogar als der Nationalsozialismus bereits besiegt worden war, sollte seine antisemitische Propaganda in der ganzen muslimischen Welt nachwirken. Antijudaistische Karikaturen und Verleumdungen, bis dahin ausschließlich eine Spezialität des europäischen Antisemitismus, verbündeten sich mit dem Antizionismus arabischer Staaten und vertieften den dort herrschenden Judenhass noch.

In der unmittelbaren Nachkriegszeit kam es schließlich zu einem gewaltigen Ausbruch an antizionistischen Aktivitäten in der ganzen muslimischen Welt. Immer mehr der nun unabhängigen arabischen Staaten formierten sich zu einer starken Opposition gegen die drohende Gründung eines jüdischen Staates, indem sie zum Beispiel nach Kräften antijudaistische Unruhen im jeweils eigenen Land schürten. Dabei wurden die wildesten Gerüchte in Umlauf gesetzt. In einer irakischen Stadt beschuldigte man einen Juden beispielsweise, irakische Kinder mit choleraverseuchtem Wasser umzubringen; und in Bagdad wurde ein Jude von den Massen zu Tode geprügelt, weil er einem irakischen Kind angeblich vergiftete Süßigkeiten geschenkt hatte.

Kaum war 1947 in den Vereinten Nationen für die Gründung eines jüdischen Staates abgestimmt worden, sahen sich die Juden in islamischen Regionen noch massiveren Feindseligkeiten ausgesetzt. Uralte Vorurteile gingen nun eine unheilige Allianz mit der politischen Propaganda ein. In Aden folgten dem UN-Beschluss drei Tage heftigster antizionistischer Gewalt, in deren Verlauf zweiundachtzig Juden getötet und vier Synagogen in Schutt und Asche gelegt wurden. Im Juni 1948 – der Staat Israel war gerade einen Monat alt – wurden in zwei Städten im Osten Marokkos dreiundvierzig Juden ermordet; im irakischen Basra wurde ein jüdischer Millionär aufgehängt und sein Vermögen beschlagnahmt; in Bagdad wurde der Zionismus zum Verbrechen erklärt; in Kairo konfiszierte man jüdisches Eigentum und brachte über fünfzig Juden im Zuge von antizionistischen Aufständen um; in Damaskus wurde der jüdische Gemeinderat aufgelöst; in Libyen wurden fast dreihundert Häuser von Juden zerstört und zwölf Juden ermordet.

Die Folge war eine der größten Völkerwanderungen des zwan-

zigsten Jahrhunderts – die Flucht der Juden aus der islamischen Welt
in den neuen jüdischen Staat, in dem sie ihren Status als Bürger
zweiter Klasse und die Bedrohung sich ständig wiederholender Gewalt gegen die Sicherheit im eigenen, souveränen Staat eintauschen
konnten. 1945 lebten über 870 000 Juden in der arabischen Welt; bis
1952 hatten mehr als 500 000 von ihnen Israel erreicht – als Flüchtlinge, denn fast alle hatten ihre gesamte Habe, ihr ganzes Erbe und
alle persönlichen Erinnerungsstücke zurücklassen müssen. Albert
Memi, ein in Tunis geborener Jude, schrieb: «Eigentlich hätte es uns
gefallen, arabische Juden zu sein. Wenn wir diese Idee ad acta legten,
dann nur, weil muslimische Araber ihre Verwirklichung im Laufe
von Jahrhunderten systematisch durch Verachtung und Grausamkeit
verhinderten.» Dann fügte Memi hinzu: «Das Haus Jisrael wurde
nicht nur in Deutschland und Polen, sondern auch hier bei uns zerstört und in alle Winde zerstreut.»

Nach der Rückkehr einer halben Million Juden aus der islamischen Welt nach Erez Israel und nach der Flucht einer weiteren viertel Million in europäische Staaten war nur noch ein verschwinden-
der Rest ihrer einst so großen, zweitausend Jahre alten Gemeinden
in der riesigen islamischen Region übrig geblieben. Die wenigen,
die weiterhin in der Diaspora-Gemeinde im Iran ausharren – mit
ehedem 25 000 Juden einst eine der größten –, sind durch ihre unsi-
chere Lage in dieser von religiösen Fanatikern bestimmten Umwelt
bis heute ständigen Gefahren ausgesetzt. Vor nicht allzu langer Zeit
wurde ein prominentes Mitglied dieser Gemeinde hingerichtet und
anderen Juden nach der fabrizierten Beschuldigung, für Israel spio-
niert zu haben, der Prozess gemacht. Während der Suezkrise 1956,
nachdem Ägypten die Suezkanalgesellschaft verstaatlicht hatte und
Großbritannien, Frankreich und Israel militärisch intervenierten,
wurden mehr als zehntausend Juden aus Ägypten vertrieben oder
sie flohen; die meisten gingen nach Europa, Israel und in die Vereinigten Staaten. Einige kamen damals nach Großbritannien, so die

heute bekannte Kochbuchautorin Claudia Roden und die spätere Verlegerin Martine Halban.

In Ägypten scheint der winzige Rest der einst so großen und blühenden jüdischen Gemeinde – einhundertfünfzig Juden sind heute in Kairo zu Hause, fünfzig in Alexandrien – nach dem israelisch-ägyptischen Friedensvertrag von 1979 die Chance auf eine Existenz in Ruhe und Frieden zu haben. Doch für alle anderen Juden, die noch unter der Herrschaft von Muslimen oder in einem islamischen Gottesstaat leben, gibt es keine Möglichkeit, ihre einstigen großen und wohlhabenden Gemeinden wiederherzustellen. Es gibt keine Hoffnung auf die Rückkehr jenes lang versunkenen goldenen Zeitalters einer friedlichen und toleranten Koexistenz. Der gnadenlose Lauf der Geschichte hat sich davon längst höhnend verabschiedet.

Damit soll nicht gesagt sein, dass niemals wieder ein besseres Zeitalter am jüdisch-muslimischen Firmament auftauchen könnte, ein «messingnes» vielleicht, oder sogar ein «silbernes». Als der israelische Politiker Shimon Peres 1995 in Casablanca an einem hochrangig besetzten israelisch-arabischen Treffen teilnahm, zeichnete er allerdings eine weit strahlendere Vision der Zukunft als die arabischen Teilnehmer. Bisher ist sie nicht Wirklichkeit geworden. Doch wie alle Visionäre versteht auch Peres, dass die Menschheit ohne jene Mischung aus Traum und Anstrengung (was Winston Churchill einst «genius and plod» nannte, «Genie und Plackerei») ihre so kummervollen Probleme nicht wird lösen können. Und weshalb sollte der arabisch-israelische Konflikt auf lange Sicht gesehen unlösbarer sein als zum Beispiel der zwischen Deutschland und Frankreich (zwischen den «Teutonen und Galliern», wie man einst sagte), der sich – nach drei ungemein zerstörerischen Kriegen innerhalb von nur fünfundsiebzig Jahren – ganz einfach in Luft auflöste und nichts als Freundschaft, gute Handelsbeziehungen und offene Grenzen zurückließ?

Liebe Tante Fori,

heute will ich über ein Thema in der modernen jüdischen Geschichte schreiben, das mir mehr Anerkennung zu verdienen scheint: Während des gesamten 20. Jahrhunderts haben sich Juden aktiv für die Menschenrechte eingesetzt. Victor Basch, 1863 in «deinem» Budapest geboren und an der Sorbonne in Paris ausgebildet, gründete 1926 die Menschenrechtsliga, den Vorgänger von Amnesty International. Er war einundachtzig Jahre alt, als er gemeinsam mit seiner Frau von pronazistischer Vichy-Miliz in Frankreich erschossen wurde. Sein Verbrechen war, Jude gewesen zu sein, den Widerstand gegen die deutschen Besatzer in Frankreich unterstützt zu haben und dass er für die Menschenrechte kämpfte. Das Verbrechen seiner Frau: Sie stand ihm zur Seite.

1951, sechs Jahre nach Ende des Zweiten Weltkriegs, trat die «United Nations Convention on the Prevention and Punishment of the Crime of Genocide» in Kraft, kurz «Genozid-Konvention» genannt. Ihre Definition von Völkermord basiert auf einer juristischen Interpretation von Raphael Lemkin, einem österreichisch-ungarischen Juden, der sich mit dem Fall der türkischen Massaker an den christlichen Armeniern während des und nach dem Ersten Weltkrieg beschäftigte.

Auf dem Höhepunkt des Völkermords an den Armeniern hatte der damals einundzwanzigjährige Lemkin als Jurastudent in Lwow mit seinen Professoren über das Attentat eines Armeniers auf einen türkischen Politiker diskutiert, der diese Massaker mitzuverantworten hatte. Lemkins Professoren verteidigten die Maßnahmen der Türkei gegen die Armenier, indem sie das Argument der «Souveränität des Staates» zitierten. Doch die «Souveränität des Staates», erwiderte Lemkin, «beinhaltet eine unabhängige Außen- und internationale Politik, die Errichtung von Schulen, den Bau von Straßen, kurzum alle Arten von Aktivitäten, die auf das Wohl des Volkes gerichtet sind. Souveränität kann nicht als das Recht verstanden werden, Millionen von unschuldigen Menschen zu töten.»

1933, kurz nachdem Hitler in Deutschland an die Macht gekommen war, unterbreitete Lemkin – inzwischen hatte er den Begriff «Genozid» für Völkermord geprägt – der «Internationalen Konferenz für die Vereinheitlichung des Strafrechts», die in Madrid unter der Ägide des Völkerbundes stattfand, seinen Vorschlag, «die Zerstörung von rassischen, religiösen oder sozialen Kollektivitäten zu einem Verbrechen nach dem Völkerrecht zu erklären». Völkermord als solchen definierte Lemkin als «die kriminelle Absicht, eine Gruppe von Menschen zu vernichten oder dauerhaft zu schädigen». Handlungen im Sinne des Völkermords, fügte er hinzu, «werden gegen Gruppen als solche verübt, und Individuen werden ausschließlich deshalb für Vernichtung selektiert, weil sie diesen Gruppen angehören». Auf genau dieser Definition – die mitsamt dem ihr zu Grunde liegenden Konzept vom Völkerbund abgelehnt wurde – sollte dann jene Genozid-Konvention aufbauen, welche die Vereinten Nationen 1948 verabschiedeten.

Ein weiterer Jude, der einen Beitrag zum Schutz der allgemeinen Menschenrechte leistete, war der in Polen geborene Joseph Rotblat. Während des Zweiten Weltkriegs hatte er dem Team angehört, das in den Vereinigten Staaten an der Entwicklung der Atombombe arbeitete. Zutiefst besorgt über die möglichen Folgen eines Atomkriegs rief er jedoch 1957 gemeinsam mit anderen die Pugwash-Konferenzen ins Leben, benannt nach dem entlegenen kanadischen Dorf, in dem sie zum ersten Mal stattfanden. Sie brachten Wissenschaftler von beiden Seiten des Eisernen Vorhangs zusammen, denen es darum ging, die Gefahr eines Atomkrieges zu bannen. Im englischen St Bartholomew's Hospital Medical College erforschte Rotblat über fünfundzwanzig Jahre lang (1950-1976) die Auswirkungen von radioaktiver Bestrahlung auf lebendes Gewebe. 1995 erhielten Rotblat und die Pugwash Conferences on Science and World Affairs zu gleichen Teilen den Friedensnobelpreis (und kürzlich wurde Rotblat von der Queen geadelt).

Jude war auch der Amerikaner Luis Kutner, der die Fackel von
Victor Basch übernahm und 1961 die Gründung von Amnesty International anregte. Anlässlich seines Todes schrieb die «Chicago Tri-
bune»: «In einigen Teilen der Welt, vor allem dort, wo Diktatoren
herrschen, werden Menschen ins Gefängnis geworfen, ohne die
Chance zu haben, jemals wieder herauszukommen. Man wird eingesperrt, und keine Verfügung kann daran etwas ändern. Sein Le-
benswerk war, sich für eine Veränderung dieses Zustands auf der ganzen Welt einzusetzen.»

In Südafrika trat Helen Suzman, sechsunddreißig Jahre lang Abgeordnete im Parlament – und wie so viele südafrikanische Juden
das Kind von Immigranten aus Litauen –, unermüdlich gegen die
Apartheid ein; und Aron «Ali» Bacher aus dem südafrikanischen
Kricket-Team (dem es 1966 sogar gelang, Australien zu schlagen)
führte in den Jahren bitterster Apartheidpolitik eine Kampagne für
die gleichen Rechte aller Rassen im Sport. Am Kampf des African
National Congress waren ebenfalls viele Juden beteiligt: Joe Slovo
(er war als Neunjähriger mit seinen Eltern aus Litauen eingewandert), der wegen Hochverrats verhaftet wurde, später aber wieder
freigelassen werden musste, entwarf 1955 die «Freedom Charter»;
Ruth First, seine Frau und Mitstreiterin gegen die Apartheid, wurde
1982 getötet, als sie ein an ihn adressiertes Paket öffnete. 1990 wurde
Slovo zum Generalsekretär des African National Congress ernannt
und 1994 Wohnungsbauminister im Kabinett von Mandela.

Nach dem Ende der Apartheid erzählte Professor Kadar Asmal,
Mandelas Erziehungsminister, einem jüdischen Auditorium: «Die
jüdische Gemeinde setzte sich gegen die Flut der vorherrschenden
weißen Meinung hinweg und brachte mehr Helden und Heilige hervor – darunter so manchen streitbaren Rabbi – als jede andere so
genannte weiße Gruppe ...»

Rabbiner spielten auch eine führende Rolle in dem Kampf, der
zu Zeiten von Kennedy und Johnson in den USA gegen die Segre-

gation geführt wurde – in genau den Jahren also, in denen Onkel Bijju Botschafter in Washington war. Einer von ihnen, Rabbi Seymor J. Cohen aus Chicago, koordinierte 1963 die National Conference on Religion and Race und stellte als Hauptredner der Veranstaltung Martin Luther King vor. Außerdem gehörte Cohen zu den ersten Aktivisten, die sich für eine Ausreiseerlaubnis für Juden aus der Sowjetunion einsetzten, und er war – ebenfalls im Jahr 1963 – einer der Ersten, die der jüdischen Gemeinschaft in der Sowjetunion einen Besuch abstatteten.

Liebe Tante Fori,
in vielen jüdischen Haushalten war es zu einer Triebkraft geworden, die Kinder darauf vorzubereiten, einmal Außerordentliches zu leisten. In einer feindlichen Umwelt waren jüdische Eltern fest entschlossen, ihren Kindern den bestmöglichen Start ins Leben zu ermöglichen. Als die Diskriminierungen abnahmen, offene Feindseligkeiten gegen Juden in vielen Staaten sogar offiziell verpönt waren und daher praktisch ganz verschwinden sollten, blieb dennoch das alte Bedürfnis der Juden, sich durch außerordentliche Leistungen zu beweisen. Seit Einführung des Nobelpreises 1899 wurde dieser vergleichsweise mehr Juden verliehen als irgendeiner anderen Gruppe. Zu den nach 1945 an Juden vergebenen Preisen zählte auch 1966 der erste Literaturnobelpreis, mit dem ein in hebräischer Sprache schreibender Autor geehrt wurde, der in Ostgalizien geborene israelische Schriftsteller Schmuel Josef Agnon. Den einzigen Literaturnobelpreis, der jemals an einen in jiddischer Sprache schreibenden Autor ging, erhielt 1978 Isaac Bashevis Singer. Singer, 1904 in Polen geboren (auch sein Bruder I. J. Singer war ein begabter Schriftsteller), emigrierte noch vor dem Zweiten Weltkrieg in die USA, wo er weiterhin auf Jiddisch schrieb. Seine Romane, ungeheuer dichte Schilderungen des jüdischen Lebens im Polen der Vorkriegszeit, wurden,

wöchentlich fortgesetzt, in der jiddischsprachigen New Yorker Zeitung «Forverts» gedruckt. Ins Englische übersetzt, waren seine Texte beliebte Beiträge im «Playboy» und im «New Yorker».

Weitere Nobelpreise gingen nach 1945 unter anderem an die deutsch-schwedische Dichterin Nellie Sachs, für ihr der biblischen Psalmendichtung nachempfundenes Werk über das Schicksal des jüdischen Volkes, und an die südafrikanische Schriftstellerin Nadine Gordimer, eine entschiedene Gegnerin der Apartheid. Die Liste jüdischer Nobelpreisträger ist lang: Ernst Chain erhielt die Auszeichnung 1945 (gemeinsam mit H. Flory und A. Fleming) «für die Entdeckung des Penicillins und seiner Heilwirkung bei verschiedenen Infektionskrankheiten»; der amerikanische Genetiker Joseph Goldstein 1985 gemeinsam mit seinem ebenfalls jüdischen Kollegen Michael S. Brown für ihre Forschung auf dem Gebiet des Cholesterin-Stoffwechsels; Herbert Brown 1979 für seine Arbeit über die Zusammenhänge zwischen Molekülstrukturen und dem chemischen Verhalten von Stoffen, die – wie die Forschung seines Namensvetters über das Cholesterin – beträchtlich zum Wohl der Menschheit beitrug; Milton Friedman für seine Arbeiten über den freien Handel und die freie Marktwirtschaft. Friedman sollte eine Zeit lang der Guru aller Marktwirtschaftler sein, vor allem wegen seiner Überzeugung, dass Wirtschaftskontrollmaßnahmen «nicht nur die Freiheit einschränkten, unsere ökonomischen Ressourcen zu nutzen, sondern sich auch auf unsere Rede-, Presse- und Religionsfreiheit auswirkten».

Dem jüdischen Mathematiker Lew Landau aus der Sowjetunion wurde der Lenin-Orden, der Lenin-Preis und der Stalin-Preis verliehen, bevor ihm 1962 auch der Nobelpreis zuerkannt wurde. René Cassin, ein französisch-jüdischer Anwalt und Politiker, der maßgeblich an der Formulierung der Menschenrechtserklärung der Vereinten Nationen beteiligt gewesen war und später Präsident des Europäischen Gerichtshofs für Menschenrechte wurde, erhielt 1968 den Friedensnobelpreis, ebenso wie Elie Wiesel im Jahr 1986. Er war aus

Sighet im ungarischen Transsilvanien nach Auschwitz deportiert worden und wurde zu einer mächtigen Stimme der Überlebenden des Holocaust.

1960 wurde Victor Weisskopf, ein Physiknobelpreisträger österreichischer Herkunft, zum Generaldirektor des Europäischen Kernforschungszentrums CERN bei Genf ernannt. 1965 reiste die aus Großbritannien stammende Israelin Zena Harman aus Jerusalem nach Stockholm, um im Namen des Kinderhilfsfonds der Vereinten Nationen, UNICEF, dessen Vorstandsvorsitzende sie damals war, den Friedensnobelpreis in Empfang zu nehmen. Begleitet wurde sie vom amerikanisch-jüdischen Komödianten Danny Kaye, der viel Zeit und Energie zugunsten der UNICEF aufgewandt hatte.

Am 10. Dezember 1979 traf ein ehemaliger Untergrundkämpfer gegen die britische Mandatsregierung in Palästina in Stockholm ein, der in Polen geborene israelische Premierminister Menachem Begin, um gemeinsam mit dem ägyptischen Präsidenten Anwar as-Sadat den Friedensnobelpreis entgegenzunehmen. Sie sollten nicht die Letzten sein, deren Bemühungen um einen Frieden im Nahen Osten mit dem Nobelpreis gewürdigt wurden. Zwei weitere Israelis, beide einstmals Premierminister ihres Landes, Yitzhak Rabin und Shimon Peres, wie auch der damalige Vorsitzende der palästinensischen Autonomiebehörde, Jassir Arafat, erhielten den Preis für ihre Anstrengungen, eine Brücke über die tiefe Schlucht der herrschenden Differenzen zu schlagen. Man kann nur hoffen, dass die nächsten Nobelpreise an Friedensstifter gehen werden, denen es tatsächlich gelungen sein wird, die Aufgaben zu vollenden, die noch bevorstehen, um wirklich Frieden in dieser Region herbeizuführen.

Liebe Tante Fori,
ich kann einfach nicht widerstehen, dir einen kurzen Brief zum Thema Juden und Sport zu schreiben – über jene ungarischen Sport-

ler und Sportlerinnen hinaus, von denen ich dir bereits berichtet habe. Schon bei den ersten modernen Olympischen Spielen 1896 in Athen waren Juden angetreten, und auch später sollten sie immer wieder meisterhaftes sportliches Talent beweisen, obwohl Nichtjuden sie selten für besonders sportlich oder sportinteressiert halten. Ich will dir ein paar Beispiele nennen, die ich aus den Reihen von Sportlern der USA, Südafrikas, der UdSSR und Israels ausgewählt habe.

Seit den 1920ern haben Juden die Möglichkeit, sich nicht nur bei den internationalen Olympischen Spielen zu messen, sondern auch bei der so genannten jüdischen Olympiade, der *Makkabiade*. Schon im Palästina der Zwischenkriegsjahre war sie mehrmals veranstaltet worden, und seit dem Bestehen Israels findet sie regelmäßig alle vier Jahre statt, heute in einem Stadion vor den Toren von Tel Aviv.

Als du, Tante Fori, dir in den dreißiger Jahren gerade dein Leben in Indien einrichtetest, begann ein Sportler namens Marshall Goldberg – auch «Biggie» oder «Mad Marshall» genannt – seine Karriere als amerikanischer Spitzenfootballer bei den Chicago Cardinals, denen er von 1939 bis 1943 und von 1946 bis 1948 angehörte. Im American Baseball gab es einen Sandy Koufax, der für die New York Dodgers spielte. Als das Eröffnungsspiel der World Series 1965 auf Jom Kippur fiel, weigerte er sich, teilzunehmen, schloss sich dem Team aber am nächsten Tag wieder an und sorgte beim Endspiel der Saison dafür, dass die Dodgers die World Series gewannen. Im selben Jahr erkämpfte sich ein Jude aus den amerikanischen Südstaaten, Bill Goldberg, den Weltmeistertitel im Ringen.

Vor kurzem las ich einen Nachruf auf den Boxer Sammy Luftspring, der im Alter von fünfundachtzig Jahren in Toronto starb. Er hätte bei der Olympiade 1936 in Berlin für Kanada antreten sollen, doch seine Eltern hatten ihn zur Absage gedrängt: «Sie hatten Angst, dass mir jemand etwas antun könnte, und als braver Sohn habe ich gehorcht.» 1938 wurde Luftspring kanadischer Meister im Weltergewicht und Dritter auf der Weltrangliste, zwei Jahre später verlor er bei einem Aufwärmkampf in New York ein Auge, und die Boxerkarriere war für den gerade einmal Dreiundzwanzigjährigen zu Ende.

Bei der Olympiade 1948 gewann Henry Wittenberg, ein New Yorker Polizist und einer der größten Ringer aller Zeiten, eine Goldmedaille. Zwischen 1938 und 1952 – dem Jahr, in dem er eine Silbermedaille aus Helsinki nach Hause brachte – ging er aus vierhundert aufeinander folgenden Wettkämpfen als Sieger hervor. 1949 wurde er zum «besten jüdischen Sportler» Amerikas gewählt. Nach seinem Abschied vom aktiven Sport war er als Sportlehrer tätig. 1955 wurde Sylvia Wene Martin zur besten amerikanischen Keglerin des Jahres gekürt. Mit den drei perfektesten Spielen ihrer Karriere (300 Kegel) hielt sie einen Weltrekord, der fünfzehn Jahre nicht gebrochen werden konnte.

Ron Blomberg begann seine erstaunliche Baseballkarriere 1967 – seine jüdischen Fans aus New York gaben ihm den Spitznamen «the Messiah». Einmal, als sein Team – die White Sox – laut Spielplan ausgerechnet während der hohen jüdischen Feiertage antreten sollte, erklärte er, dass er trotzdem spielen könnte, denn «für diesen Fall hab ich schon mit ein paar Rabbis gesprochen, und die versprachen, für mich zu beten, wenn ich auf den Platz muss».

Zu den Juden aus der Sowjetunion, die sich im Sport hervortaten, gehörte Alexander Gomelski, der «Vater» des sowjetischen Basketballs. Er war der Trainer des sowjetischen Basketballteams, das 1972 bei den Olympischen Spielen in München die Goldmedaille gewann; damals holte auch der jüdische Schwimmer Mark Spitz sieben Goldmedaillen für die USA und stellte mit jedem Wettbewerb einen neuen Weltrekord auf. Er gilt als der größte jüdische Sportler aller Zeiten. Es waren dieselben Spiele, bei denen elf Mitglieder des israelischen Olympiateams von palästinensischen Terroristen in ihrem Quartier überfallen wurden. Zwei wurden auf der Stelle er-

schossen, die anderen neun tagelang als Geiseln gehalten und schließlich beim Befreiungsversuch auf tragische Weise getötet.

1980 beendete der Südafrikaner Jody Scheckter eine zwölfjährige
erfolgreiche Rennsportkarriere mit der Formel 1, nachdem er bereits
Siege in der Formel 3 und der American Formula 5000 eingefahren
hatte. Und 1992 holte die israelische Judomeisterin Yael Arad die erste Olympiamedaille für Israel – Silber. Am aufregendsten, sagte sie
anschließend, sei der Moment gewesen, als sie vor aller Welt auf dem
Podest stand und die israelische Nationalhymne *Hatikwa* gespielt
wurde.

Liebe Tante Fori,

nach 1945 konnten Juden, wie jede andere Minorität in Demokratien, von ihrem Recht auf unbeschränkte Beteiligung am politischen Leben Gebrauch machen. In Frankreich waren zwei Ministerpräsidenten der Nachkriegszeit Juden, Pierre Mendès-France und
René Mayer. 1966 wurde der Diplomat Olivier Wormser, der während des Zweiten Weltkriegs mit de Gaulles Exilkräften in London
gewesen war, zum Botschafter Frankreichs in der Sowjetunion ernannt. Drei Jahre später war er Chef der Banque de France.

Zur ersten Präsidentin des Europarats wurde 1979 die Holocaust-
Überlebende Simone Weil gewählt, nachdem sie zuvor bereits
Frankreichs Gesundheitsministerin gewesen war. 1944 war sie als
Dreizehnjährige gemeinsam mit ihrer Schwester und Mutter nach
Auschwitz deportiert worden; Vater und Bruder, die an einen unbekannten Ort verschleppt wurden, sah sie nie wieder, ihre Mutter
starb in Auschwitz an Typhus. Nach ihrer Ernennung zur Präsidentin des Europarats – sie hatte dieses Amt bis 1982 inne –, erklärte sie
in einem Interview: «Als Jüdin, als Überlebende eines Konzentrationslagers wie als Frau hat man das unmissverständliche Gefühl, zwei
Minderheiten anzugehören, die sehr lange Zeit tyrannisiert wurden.

Von der Deportation bleibt am stärksten die Erniedrigung in Erinnerung, und dieses Gefühl, wie es ist, wenn die Würde mit Füßen getreten wird, kennen auch viele Frauen.» Nach einigen Bemerkungen über andere Aspekte ihres Lebens endete sie mit dem Satz: «Wenn dieses Parlament eine Jüdin und Frau zum Präsidenten wählen kann, dann heißt das, dass heute jeder Mensch dieselben Rechte hat.»

Auch in Großbritannien besetzten Juden hohe Positionen in den Administrationen eines jeden Premierministers der Nachkriegszeit. Harold Wilson unternahm mehrere Initiativen, um Druck auf die Sowjetunion auszuüben, damit sie Juden die Ausreise erlaubte (besonders stolz war er, dass er die Emigration des Ballett-Ehepaars Panow aus Russland ermöglicht hatte). Zu seinem Stab gehörten mehrere Juden; einer von ihnen, der in Ungarn geborene Thomas Balogh, war als Experte für die Vereinten Nationen tätig und beschäftigte sich mit der wirtschaftlichen Entwicklung Indiens, bevor er 1964 Wilsons Wirtschaftsberater wurde. Und schon 1960 brachte Sydney Silverman, der für die Labour Party im Parlament saß und im Ersten Weltkrieg den Kriegsdienst verweigert hatte, das Gesetz zur Abschaffung der Todesstrafe durch das House of Commons.

Margaret Thatchers konservativer Regierung von 1979 bis 1992 gehörten gleichfalls Juden in führenden Positionen an. Michael Howard war Innenminister und Malcolm Rifkind Staatsminister für Schottland und dann Verkehrsminister (später, im Kabinett von John Major, wurde er Verteidigungs- und schließlich Außenminister). Beide waren Enkel jüdischer Einwanderer aus dem zaristischen Russland, wie auch der Mediziner Robert Winston, ein Pionier auf dem Gebiet der künstlichen Befruchtung, und Jeremy Isaacs, seit 1988 Generaldirektor des Royal Opera House (sein nach Israel eingewanderter Bruder kam in den siebziger Jahren bei einem Bombenanschlag in Jerusalem ums Leben).

Auch in den Staaten des britischen Commonwealth nahmen Juden aktiv am politischen und kulturellen Leben teil und schafften es bis an die Spitzen der Gesellschaft. In Australien wurde Zelman Cowen, Professor für Öffentliches Recht, zum Generalgouverneur gewählt. Sir Michael Myers, ehemaliger Präsident des Obersten Bundesgerichts von Neuseeland, repräsentierte sein Land im Juristenkomitee der Vereinten Nationen und war mehrmals stellvertretender Generalgouverneur von Neuseeland. Maxwell Cohen gehörte der kanadischen Delegation bei den Vereinten Nationen an; später wurde er Vorsitzender einer kanadischen Regierungskommission zum Thema «Hass und Propaganda». Bora Laskin wurde 1970 als jüngste Person, die dieses Amt je innehatte, zum Richter am Obersten Gerichtshof von Kanada bestellt; drei Jahre später wurde er dessen Präsident. Die Neuen Demokraten Kanadas wurden nach 1971 von einem Juden geführt, David Lewis, 1909 als David Los in Polen geboren. Sein Sohn Stephen war kanadischer Botschafter bei den Vereinten Nationen.

Auf dem übrigen amerikanischen Kontinent profitierte man nicht weniger von jüdischem Engagement, so wie die Karibischen Inseln und Jamaika von Sir Neville Ashenheim, dem ersten jamaikanischen Botschafter in den Vereinigten Staaten, der in den 1960ern Kredite für die industrielle Entwicklung seines Landes beschaffte und dem Tourismus in seiner gerade unabhängig gewordenen Heimat auf die Beine half. Und Horacio Lafer war von 1958 bis 1961 Außenminister Brasiliens.

Aber nicht nur in der Politik, auch in den Künsten und Wissenschaften, in Wirtschaft und Technik, als Lehrer und Gelehrte haben sich Juden nach 1945 in aller Welt Namen gemacht. Der medizinischen Forschung zum Beispiel haben sie eine ganz neue Dimension hinzugefügt, indem sie auf die ethischen Kodizes der Hebräischen Schrift zurückgriffen, um einige der verstörenden Fragen zu behandeln, mit denen Ärzte heute konfrontiert sind, wenn es um Abtreibung, künstliche Befruchtung, Autopsie, Organtransplantation oder die künstliche Verlängerung von Leben geht. Sie versuchten, der

Medizin mittels jüdischer Ethik einen moralischen, auf den traditionellen Werten und Vorstellungen des Judentums basierenden Leitfaden anzubieten. Eine führende Stimme bei dieser Debatte war kein Mediziner, sondern der Rabbiner Immanuel Jakobovits, der vor 1939 aus Deutschland geflohen und später Großrabbiner von Großbritannien und dem Commonwealth geworden war. 1960 versammelte er in New York Rabbiner wie Mediziner, um gemeinsam über all die anstehenden ethischen Fragen im Bereich der Medizin zu diskutieren, für die er sein Leben lang als Autorität galt.

Der Respekt gegenüber Medizinern hat eine lange jüdische Tradition – denn es sind die Ärzte, die dazu ausgebildet sind, das höchste jüdische Gebot zu erfüllen: Leben zu retten. Der Talmud enthält sogar den Rat, sich nicht in einer Stadt niederzulassen, die über keinen Arzt verfügt!

Liebe Tante Fori,

seit Ende des Zweiten Weltkriegs lebt die Mehrheit der Juden aller Welt in den USA – heute sind es über acht Millionen. Vor dem Krieg hatten die 3 500 000 Juden Polens noch die größte Gruppe gebildet, doch von ihnen wurden über drei Millionen im Holocaust ermordet. In Palästina hatten 1945 fünfhunderttausend Juden gelebt, und auch Israel konnte fünfundfünfzig Jahre später bei weitem nicht mit den Vereinigten Staaten gleichziehen.[22]

Auch die italienische Neurobiologin Rita Levi-Montalcini emigrierte nach dem Krieg in die Vereinigten Staaten. Ihre Arbeit war unterbrochen worden, als Mussolinis Faschisten Juden aus allen Lehrämtern verbannten und ihnen verboten, Medizin zu praktizieren. 1951, nur fünf Jahre nach ihrer Ankunft in den USA, gelang ihr ein Durchbruch bei der Erforschung des Nervenwachstums, der sich auf die Alzheimer- und die Parkinson-Forschung auswirken sollte und ihr den Nobelpreis für Medizin einbrachte.

Der erste jüdische Außenminister der Vereinigten Staaten im 20. Jahrhundert war Henry Kissinger; seine Eltern waren kurz nach seiner Bar-Mizwa-Feier mit ihm aus dem nationalsozialistischen Deutschland geflohen. Madeleine Albright, Außenministerin in Bill Clintons Kabinett, hat tschechisch-jüdische Wurzeln; ihre Eltern hatten die Tschechoslowakei am Vorabend des Zweiten Weltkrieges verlassen und waren nach Großbritannien geflohen. An der Memorwand der Prager Pinkas-Synagoge befindet sich unter den Namen von 77 297 Juden aus Böhmen und Mähren, die von den Nationalsozialisten ermordet wurden, auch der von Madeleine Albrights Großvater Arnost Korbel.

1967 beendete der amerikanische Schauspieler und Komiker Milton Berle (alias Milton Berlinger, von seinen Fans liebevoll «Mr. Television» genannt) seine sechste Fernsehserie in Folge. Bereits 1913, im Alter von fünf Jahren, hatte er sich dem amerikanischen Publikum in Stummfilmen präsentiert, fünfundsiebzig Jahre später spielte er noch immer in Filmen mit. Joan Rivers (geborene Molinsky) wurde in den sechziger Jahren zum Nachtclub-, Bühnen-, Film- und Fernsehstar. Jackie Mason (alias Jaakov Moscheh Maza), ein ehemaliger Rabbiner, bringt die Juden als Humorist dazu, über sich selbst zu lachen.

Ein anderer amerikanischer Jude, Abe Fortas, der 1945 unmittelbar an der Gründung der Vereinten Nationen beteiligt gewesen war, schrieb 1963 amerikanische Rechtsgeschichte: Das Oberste Bundesgericht schloss sich seiner Vorlage an und bestätigte damit, dass jeder Angeklagte, der sich keinen Anwalt leisten kann, das Recht auf kostenlosen juristischen Beistand hat. Max Kampleman führte in der Reagan-Regierung an vorderster Front die Verhandlungen zwischen den Vereinigten Staaten und der Sowjetunion um eine Beendigung der sowjetischen Menschenrechtsverletzungen; für dieselbe Sache stritt auch der amerikanische Jude Morris Abram bei der UN-Menschenrechtskommission in Genf. In den beiden Jahren (1984/85), in denen ich dieser Kommission als Vertreter einer regierungsunabhängigen Organisation angehörte, bestürmte der jüdische Rechtsprofessor Marshall Breger aus Washington gerade die westeuropäischen Staaten, in dieser Frage eine härtere Gangart gegenüber der Sowjetunion einzulegen, insbesondere was die Inhaftierung und Verfolgung von Juden betraf.

Juden, die in den USA auf die «schwarze Liste» von Senator McCarthy und seinen antikommunistischen Hexenjägern gesetzt wurden, führten ihre Karrieren schnell anderenorts fort: Carl Foreman zum Beispiel wurde Präsident der britischen Writers' Guild und sollte später unter anderem den Film «Young Winston» produzieren; der Hollywoodstar Sam Wanamaker setzte sich intensiv für den Wiederaufbau des Shakespeare's Globe Theatre in London ein und inszenierte am Opernhaus von Sydney unter anderem Prokofjews «Krieg und Frieden».

Liebe Tante Fori,

für viele Juden war es nach all dem Leid, das dem jüdischen Volk im Holocaust zugefügt wurde, zu einer schier unerträglichen Vorstellung geworden, dass auf der Welt immer noch Zivilisten getötet werden. Bei einer Rede zu den Feierlichkeiten, mit denen am 27. Januar 1995 des fünfzigsten Jahrestages der Befreiung von Auschwitz gedacht wurde, sagte Elie Wiesel, selbst Auschwitz-Überlebender: «Während wir uns der Vergangenheit erinnern, müssen wir uns der Gegenwart und Zukunft bewusst sein. Im Namen von allem, das unserer Erinnerung heilig ist: Lasst uns das Blutvergießen beenden, wo immer es noch geschieht. Lasst uns religiösem Fanatismus und Rassenhass entgegentreten und sie mit mehr Nachdruck bekämpfen.»

Sich zu erinnern, das ist für Juden nicht einfach nur eine fromme Geste gegenüber einer versunkenen Vergangenheit, sondern ein

Mittel, die Aufmerksamkeit von Gesellschaften auf die Gefahren von Voruteilen und Intoleranz zu lenken. Francesca Klug, eine der Architekten des britischen Menschenrechtsgesetzes und ein Jahrzehnt nach dem Holocaust als Jüdin in London geboren, berichtete im Jahr 2000: «Meine Eltern brachten mir bei, die Zusammenhänge zwischen dem Holocaust und der Geschichte der Judenverfolgungen mit dem Leid anderer Minderheiten zu erkennen.» In den 1980er Jahren hatte sie sich in der Anti-Apartheid-Bewegung engagiert.

Seit dem Holocaust stehen Tragödien, die Nichtjuden widerfahren, hoch oben auf der intellektuellen Agenda und den Aktionsplänen von Juden. 1996 gab Adam Yauch, einer der drei jüdischen Jungen, die fünfzehn Jahre zuvor die Rockband «The Beastie Boys» gegründet hatten, in San Francisco ein Konzert, um gegen die Unterdrückung der tibetischen Kultur durch China zu protestieren; über 50 000 Menschen kamen. Und jüdische Gemeinden in aller Welt sammelten Geld, um den Opfern der «ethnischen Säuberungen» in Bosnien und dem Kosovo zu helfen.

Nach 1945 konnten Juden wesentlich aktiver als jemals zuvor am politischen und kulturellen Leben der Demokratien teilnehmen, deren Bürger sie sind. Und sie nutzen diese Chance, um wie zu allen Zeiten der jüdischen Geschichte ihren Glaubensbrüdern in Ländern zu helfen, in denen ihnen das Leben nach wie vor schwer gemacht wird, weil noch immer Vorurteile herrschen und der Rassenhass sein abscheuliches Haupt erhebt. Die in Genf und London ansässige World ORT Union[23] hat seit 1880 (als sie noch im zaristischen Russland angesiedelt war) über dreieinhalb Millionen Juden eine Ausbildung ermöglicht; heute fördert sie jährlich 260 000 Juden in sechzig Ländern. Und der Central British Fund For World Jewish Relief, der zwischen 1933 und 1939 Juden zur Flucht vor Hitler verholfen hatte, versorgt unter dem mittlerweile verkürzten Namen World Jewish Relief alte und verarmte Juden in den Nachfolgestaaten der ehemaligen Sowjetunion.

Jüdische Philanthropen, aber auch unzählige jüdische Durchschnittsfamilien, die regelmäßig auf Spendenaufrufe reagieren, standen von jeher an vorderster Front, wenn es darum ging, die vom Staat Israel benötigten Mittel aufzutreiben, um den Zustrom besonders bedürftiger Neueinwanderer bewältigen zu können – in der jüngsten Geschichte vor allem den Einwanderungsstrom aus Äthiopien, nach dem Fall des Kommunismus 1989 aus Albanien und schließlich den aus den Kriegsgebieten im ehemaligen Jugoslawien. Wo immer Gewalt und Bürgerkrieg drohen, versuchen Juden das Land zu verlassen. 1995 begleitete ich als Mitglied einer Mission des British Joint Israel Appeal eine Gruppe von Juden aus Tschetschenien per Bus durch den Nordkaukasus und dann per Flugzeug von Russland nach Israel. Sie selbst hätten nicht die Mittel aufbringen können, um diese Reise anzutreten.

Die World Union of Jewish Students bekämpft nicht nur antisemitische Strömungen an den Universitäten in aller Welt, sondern bietet jungen Juden in allen Staaten auch Programme an, die ihnen beim Studium auf dem Weg zu Führungspositionen nützlich sind. Die Anti-Defamation League in New York, das Simon Wiesenthal Centre in Los Angeles und das Vidal Sassoon Centre for Anti-Semitism an der Universität von Tel Aviv sind nur drei von vielen Institutionen, die tagtäglich die internationalen Medien und den Buchmarkt nach möglichen Verleugnungen oder Herabwürdigungen des Holocaust durchforsten.

Die in New York angesiedelte Ronald S. Lauder Foundation kümmert sich um die Ausbildung von Juden in den ehemals kommunistischen Staaten Ostmitteleuropas – auch in «deinem» Ungarn – und um die Unterbringung und Einrichtung der vielen wiederentstandenen jüdischen Gemeinden in dieser Region. Ich selbst besuchte kürzlich die Schule, die Ronald Lauder in Warschau für mehr als zweihundert Kinder eingerichtet hat. Ihre Direktorin Helise Lieberman war vor acht Jahren aus den Vereinigten Staaten gekommen.

Die Maimonides Foundation widmet sich der Verständigung von
Juden und Muslimen, und hier in Großbritannien arbeitet das 1987
gegründete Inter-Faith Network for the United Kingdom unermüdlich für die Entwicklung guter Beziehungen zwischen Menschen unterschiedlichen Glaubens. Zu seinen Mitgliedern gehören
Bahamisten, Buddhisten, Christen, Hinduisten, Dschainisten, Juden,
Muslime, Sikhs und Zoroaster. Eines seiner ersten und treuesten
Mitglieder war Hugo Gryn, mein 1996 verstorbener Rabbi und
Freund. Für ihn, den Auschwitz-Überlebenden, war ein freund-
schaftliches Verhältnis zu den Vertretern aller Religionen ein Glaubensartikel und absolut unerlässlich für das künftige Wohlergehen
der Menschheit.

Solche Institutionen und Stiftungen – von denen es Hunderte
gibt – und ihre guten Taten könnten ein eigenes Buch füllen. Ich
aber muss mich jetzt darauf vorbereiten, dir die versprochenen Briefe über den jüdischen Glauben zu schreiben – über die Gebete, Feste, Traditionen und religiösen Lebensmuster, die das Judentum Jahrhundert für Jahrhundert durch gute und schlechte Zeiten erhalten,
gestärkt und inspiriert haben.

Teil IV

Glaube und Gebet

Liebe Tante Fori,

aus vielen meiner bislang über hundert Briefe ging hervor, wie untrennbar die Geschichte des Judentums mit seiner Religion verbunden ist. Durch all die Jahrtausende hindurch schweißte sie Juden zu einer erkennbaren Gruppe zusammen. Als die jüdischen Gemeinschaften wuchsen und über die ganze Welt zerstreut wurden, blieben sie doch durch ihre Traditionen verbunden, gleich wie entfernt sie einander räumlich waren.

Du und ich, wir sind beide Teil jener Zerstreuung, die man Diaspora nennt, und wir stehen in diesen Traditionen, mögen uns einige davon auch fern gerückt oder ganz aus der Erinnerung geschwunden sein.

Im heutigen Brief wird es um das jüdische Neujahr *Rosch ha-Schana* gehen (wörtlich «Haupt des Jahres»), eines der hohen Feste im jüdischen Kalender, aufgeteilt in den *Jom ha-Din*, «Tag des Gerichts», und den *Jom ha-Zikaron*, «Tag des Gedenkens» – weil sich Gott an diesem Tag all seiner Geschöpfe erinnert.

Von Sonnenuntergang am Abend vor Neujahr bis Sonnenuntergang am Neujahrstag beten fromme Juden in den Synagogen und bitten Gott: «Schreibe uns in das Buch des Lebens ein.» Immer wieder im Verlauf der Neujahrsliturgie werden die Gläubigen an drei Dinge gemahnt, die ihr Schicksal zum Guten wenden können: Buße, Gebet und gute Taten. Der rabbinischen Tradition zufolge wird am Neujahrstag der Beschluss über das Schicksal eines jeden Juden schriftlich niedergelegt und am Versöhnungstag zehn Tage später, in denen jeder noch durch Einsicht und Umkehr das endgültige Urteil beeinflussen kann, zur Vollstreckung besiegelt.

Weil Neujahr als einziges Fest auf den Beginn eines Monats fällt und von der Sichtung des Neumondes abhängt, wurde es – und wird es nach wie vor – über zwei Tage verteilt am ersten und zweiten Tag des hebräischen Monats *Tischri* gefeiert. Auf diese Weise konnten sich die Väter sicher sein, dass sie die dünne Sichel des Neumondes spätestens am zweiten Tag entdeckten, falls sie sie am ersten Tag nicht gesehen hatten. Das Reformjudentum feiert nur noch einen Tag, mit der Begründung, dass man heutzutage den Neumond nicht mit eigenen Augen sehen müsse, um zu wissen, dass er da ist.

Der Versöhnungstag beginnt am zehnten Tischri. Die Tage zwischen Neujahr und Versöhnungstag werden «die Tage der ehrfürchtigen Scheu» genannt, da alle frommen Juden in dieser Zeit über ihre Schwächen und Sünden nachdenken, Gott um Vergebung für die Verfehlungen des vergangenen Jahres bitten und sich innerlich auf eine bessere Lebensweise im neuen Jahr vorbereiten. Selbst für nicht religiöse Juden bieten die Feierlichkeiten an Versöhnungstag und Neujahr alljährlich die Gelegenheit, ihre Bindung an Gott zu erneuern.

Ein wichtiges Gebet, das in allen Synagogen am Neujahrstag gesprochen wird, soll aus der Feder des großen babylonischen Gelehrten Rabbi Abba Areka stammen, genannt Rab, 160 n. d. Z. geboren und im Alter von siebenundachtzig Jahren gestorben. Rab war als junger Mann aus Babylon nach Palästina gereist, um in den dortigen rabbinischen Akademien zu studieren; nach Babylon zurückgekehrt, gründete er die berühmte Akademie von Sura, die achthundert Jahre lang ein Zentrum jüdischer Gelehrsamkeit bleiben sollte. Das Gebet, das er zur Neujahrsliturgie beitrug, preist Gott mit den Worten: «Du erinnerst dich an die Frömmigkeit unserer Vorfahren und bringst deshalb liebevoll ihren Enkeln Erlösung um deines Namens willen.»[24]

Von Rab stammt auch eine Formulierung, die Bestandteil des täglichen *Amida*-Gebets wurde: «Die Lebenden ernährst du in Güte. In großem Erbarmen schaffst du Leben angesichts des Todes. Du stützt die Fallenden. Du heilst die Kranken. Du machst die Gebundenen los und hältst die Treue denen, die im Staube schlafen …» Und ebenfalls von ihm ist das Wort überliefert, die Welt sei so schön, dass ein jeder, der sich ihrer Vortrefflichkeit verweigert, Rede und Antwort stehen müsse. Rab sagte auch: «Wem es an Mitleid mangelt, der ist kein Kind Abrahams.»

Im Mittelpunkt der Neujahrsliturgie steht die Lesung der *Akedat Jizchak*, der Geschichte der «Bindung» Jizchaks auf dem Opferaltar, mit der jeder Gläubige daran erinnert werden soll, dass der Erzvater Abraham ohne Zögern Gottes Ruf nach absolutem Gehorsam gefolgt und sogar bereit war, den eigenen Sohn zu opfern. Mit der Wiederholung von Gottes Worten an Abraham, «streck deine Hand nicht gegen den Knaben aus, und tu ihm nichts zuleide», wollen die Gläubigen ihrerseits Gott daran erinnern, seinem Volke gut zu sein.

Ebenfalls von zentraler Bedeutung bei der Synagogenfeier an Neujahr ist das Blasen des *Schofar*. Dass hierfür ein Widderhorn bevorzugt wird, basiert auf der Überlieferung, dass Gott Abraham einen Widder schickte, um ihn anstelle seines einzigen Sohnes Jizchak zu opfern, und es somit ein Widder war, der den Beginn der jüdischen Genealogie ermöglichte. Es darf jedoch auch das Horn eines Schafes, einer Ziege oder einer Antilope verwendet werden. Das einzig verbotene Horn ist das eines Rinds, denn es würde zu sehr daran erinnern, dass die Kinder Jisrael das Goldene Kalb anbeteten, nachdem Moses auf den Berg Sinai gestiegen war – eine Episode, an die fromme Juden bis heute nur in tiefer Scham zurückdenken. Wenn der Feiertag jedoch auf einen Sabbat fällt, wird das Horn nicht geblasen, da die Sabbatgesetze, die jede Arbeit verbieten, Vorrang haben.

Im Buch Numeri steht geschrieben: «Und im siebenten Monat am ersten des Monats sollt ihr heilige Berufung haben: keine Arbeitsverrichtung sollt ihr tun; ein Tag des Posaunenschalls sei es euch.» Schon in frühesten Zeiten diskutierten die Weisen über die Bedeutung dieses «Posaunenschalls». Der Prophet Amos fragte:

«Oder wird in die Posaune gestoßen in der Stadt, und das Volk sollte nicht erschrecken?» Und der Prophet Zefania erklärte den «Tag des Grimmes des Ewigen» – den Tag des Gerichts – zum «Tag der Posaune und des Kriegslärms über die festen Städte und über die hohen Zinnen». Der Klang des Widderhorns soll den Sünder also aufschrecken und mahnen, in sich zu gehen und Buße zu tun.

Von jeher wird für das Schofar ein geschwungenes Horn verwendet, als Symbol für den Menschen, der sich Gottes Willen beugt. Maimonides brachte im 12. Jahrhundert den Sinn und Zweck dieses «Posaunenschalls» besonders klar auf den Punkt: «Erwacht, ihr Schläfer, aus eurem Schlaf! Und ihr, die ihr dumpf und verblendet dahinlebt, rafft euch auf aus eurem Stumpfsinn! Geht in euch wegen eurer Taten, tut Buße, kehrt reumütig um! Gedenket eures Schöpfers! Seid nicht wie die, die die Wahrheit vergessen über ihrem Jagen nach Schatten, Hirngespinsten, Trugbildern und das ganze Jahr hindurch ihre Zeit mit Nichtigkeiten vertun, aus denen ihnen weder Hilfe noch Erlösung kommt. Schauet in eure Seelen und bessert euren Wandel, euer Tun! Entschlagt euch eurer Laster und unnützen Gedanken!» Welch weiser Mann Maimonides doch war!

Da Juden glauben, dass Gott zu Beginn des neuen Jahres das Buch des Lebens öffnet, wünschen sie sich gegenseitig: «Mögest du eingeschrieben werden für ein gutes Jahr!» Sephardische Juden fügen diesem Wunsch noch an: «Und mögest du noch unzähliger Jahre wert sein.» In einigen Gemeinden wird an Neujahr Brot in Form einer Leiter gebacken, als Symbol des bevorstehenden Schicksals und des materiellen Glücks – der eine wird die Leiter des Lebens hinaufsteigen, der andere hinab.

Zu den Neujahrsritualen im eigenen Heim gehört es auch, in Honig getauchte Apfelschnitze zu essen, in Erwartung eines süßen Jahres, auf das wir mit Gottes Segen hoffen: «Ewiger, unser Gott und Gott unserer Vorfahren, es möge dein Wille sein, uns ein gutes und süßes neues Jahr zu geben.» Nüsse meidet man an diesem Tag, weil sie träge machen und es erschweren, die Gebete des Tages zu sprechen. Übrigens ist der Zahlenwert – jedem hebräischen Buchstaben ist ein solcher Wert zugeordnet – des hebräischen Wortes für Nuss, *ehoz*, derselbe wie für das Wort Sünde, *het*. Am ersten Neujahrstag – oder am zweiten, falls der erste auf einen Sabbat fällt – folgt man einer auf den Worten des Propheten Micha basierenden Tradition: «Wiederum wird er sich unser erbarmen, wird unterdrücken unsere Schuld; ja du wirst in die Tiefen des Meeres werfen all ihre Sünden.» Im Hebräischen heißt «wirst werfen» *taschlich,* daher nennt man die zeremonielle Suche nach einem Gewässer ebenfalls *Taschlich.* Dabei kann es sich um das Meer, einen Fluss oder sogar einen Teich handeln. Jedenfalls wirft man symbolisch seine Sünden in das Wasser, während man die Verse Michas rezitiert und um Gottes Vergebung bittet. Einer alten Tradition zufolge ist für diese Zeremonie immer «lebendes Wasser» nötig, denn Fische, deren Augen sich ja niemals schließen, sollen uns an das ewig wachsame Auge Gottes und daran erinnern, dass sein – barmherziger – Blick ständig auf seinen irdischen Geschöpfen ruht.

In den vergangenen hundertfünfzig Jahren hat sich auch unter Juden der vom Christentum übernommene Brauch eingebürgert, sich zu Neujahr gegenseitig Glückwunschkarten zu schicken. Wenn du diesen Brief erhältst, wird das neue Jahr bereits begonnen haben: Ab 30. September 2000 schreiben wir das Jahr 5761. Ich werde hoffentlich nicht vergessen, dir einen jüdischen Neujahrsgruß ins Vorgebirge des Himalaja zu schicken.

Liebe Tante Fori,
zehn Bußtage nach Rosch ha-Schana folgt *Jom Kippur,* der Versöhnungstag oder auch Sühnetag genannt. 1973 hatten Ägypten und Syrien ihre Armeen ganz bewusst an Jom Kippur, dem heiligsten Tag im jüdischen Jahr, in Israel einmarschieren lassen. Dieser Um-

stand sollte sich paradoxerweise als ein Segen für Israel erweisen.
Denn die Reservisten, aus denen die israelische Verteidigungsarmee
ja im Wesentlichen besteht, verbrachten diesen Tag nicht wie die
staatlichen Feiertage am Meer oder an beliebten Ausflugszielen, sondern waren praktisch alle in den Synagogen versammelt. Daher
konnten sie viel schneller zu den Sammelplätzen ihrer Einheiten geholt werden als an einem gewöhnlichen Feiertag, geschweige denn
an einem Arbeitstag, an dem man sie erst aus den Geschäften, Büros,
Hörsälen, Fabriken und von den Feldern des Landes hätte zusam-
menrufen müssen. Die meisten Einheiten marschierten daher geschlossen von den Synagogen an die Front – und das war ein entscheidender Grund dafür, dass Israel, obwohl es völlig überrumpelt
worden war, nach ein paar Tagen heftigster Kämpfe und großer Verluste die Aggressoren zurückschlagen konnte.

Natürlich wurde an diesem Versöhnungstag 1973 sofort das an hohen Feiertagen übliche strikte Fahrverbot aufgehoben, um die Soldaten eiligst an die bedrohten Grenzen transportieren zu können.
Sämtliche Übertretungen der Gebote, die zum Schutz des Volkes
und für das Überleben der Nation nötig waren, wurden von den
Rabbinern abgesegnet.

Am Versöhnungstag ist man stets vom Atem der Geschichte um-
weht. In britischen Synagogen wird zum Beispiel ein von Rabbi
Jomtov aus York verfasstes Loblied gesungen, welcher höchstwahrscheinlich zu den Juden zählte, die im Jahr 1190 dem Massaker in
seiner Heimatstadt zum Opfer fielen. Und sogar in den nationalsozialistischen Konzentrationslagern, wo Juden tagtäglich verhunger-
ten, gab es fromme Juden, die es irgendwie fertig brachten, das Fas-
tengebot dieses Tages einzuhalten und sich ihren erbärmlichen
Brotkanten bis zum Fastenende nach Sonnenuntergang aufzusparen.

Wie am Sabbat ruht auch am Versöhnungstag jede Arbeit. In der
Hebräischen Schrift wird dieser Tag sogar der «Sabbat der Sabbate»
genannt, und wie das Neujahrsfest ist er ein Tag des feierlichen In-

sichgehens, der Gebete, des Sühnens und des Fastens. Essen, trinken und arbeiten sind strikt verboten. Im Buch Leviticus steht geschrieben: «Eine Sabbatfeier sei er euch und ihr sollt euch kasteien, eine ewige Satzung. Und es sühne der Priester, den man gesalbt und dem man die Hand gefüllt, den Priesterdienst zu tun an der Stelle seines Vaters, und der angelegt hat die Kleider von Linnen, die heiligen Kleider. Und sühne das Allerheiligste und das Stiftszelt, auch den Altar sühne er und die Priester und das versammelte Volk sühne er.» Seit es keinen Tempel und keine Tieropfer mehr gibt, büßt jeder Mensch durch das Gebet.

Am Jom Kippur wird um Vergebung der Sünden gebetet, die man vor Gott beging und die auch nur Gott allein verzeihen kann. Sünden, die der Mensch an seinen Mitmenschen beging, bedürfen hingegen neben der deutlichen Reue des Sünders einer vollständigen Wiedergutmachung des Vergehens und des ausdrücklichen Verzeihens der Person, an der man sich versündigt hat. Die Bekenntnisse, die während Jom Kippur gesprochen werden, sind nicht nur biblischen, sondern auch talmudischen Ursprungs. Während etwa das mehrmals wiederholte Sündenbekenntnis «Ich habe gesündigt, mich vergangen, gefrevelt» dem Buch Leviticus entnommen ist, stammt das Büßerwort «Wahrlich, wir haben gesündigt» vom talmudischen Weisen Mar Samuel, der 257 n. d. Z. starb; und von Rabbi Abba Areka wiederum ist die Anrede Gottes überliefert: «Du, der du die Geheimnisse der Ewigkeit kennst». Solche Formeln und Bittgebete sind bis heute erhalten und ein fester Bestandteil der Bekenntnisse an diesem Tag geblieben.

Der Gottesdienst des Versöhnungstages beginnt in den Synagogen unmittelbar nach Sonnenuntergang am Vorabend mit dem *Kol Nidre*, einem Gebet – in der aschkenasischen Tradition wird es mit einer zu Herzen gehenden Melodie vorgetragen –, bei dem die Gemeinde Gott um die Vergebung der im letzten Jahr begangenen Sünden bittet. Für mich ist es immer ein sehr bewegendes Erlebnis, das im Laufe der Jahre nichts an Intensität verloren hat, diesem Gesang zu lauschen und in ihn einzustimmen. Jehuda ben Samuel ha-Chassid, genannt «der Fromme», hatte im 13. Jahrhundert gefordert, dass der Fastende seine Bittgebete in einer Melodie vortragen solle, die das Herz erweicht und Gott so innig lobpreist, dass das Herz jubiliert und spürt, wie es von Liebe zum Ewigen durchflutet wird.

Im Mittelalter mokierten sich Christen über das Kol Nidre. Sie behaupteten, es diene den Juden nur dazu, sich von ihren Versprechen gegenüber Nichtjuden zu lösen und sich von ihren Schulden, Verträgen und Verpflichtungen loszusagen. In Wahrheit beziehen sich die Versprechen, von denen sich Juden mit dem Kol Nidre Entbindung erhoffen, einzig und allein auf diejenigen, die sie gegenüber Gott machten.

Die wahren Ursprünge dieses Gebets liegen im Dunkeln, obwohl allgemein zwei Herkunftsvarianten angegeben werden. Der einen Version nach entstand es im 17. Jahrhundert zur Zeit der Judenverfolgungen unter den in Spanien herrschenden Westgoten: Ganzen jüdischen Gemeinden drohten Folter und der Tod auf dem Scheiterhaufen, wenn sie ihrer Religion nicht abschworen, ihren Bund mit Gott verrieten und versprachen, ihren Glauben in keiner Form mehr zu praktizieren. Um ihr Leben zu retten – und nach jüdischer Tradition ist die Rettung von Leben oberstes Gebot, setzt sämtliche anderen Gebote außer Kraft –, schworen sie, ihrer Religion den Rücken zu kehren. Als die Westgoten dann wieder verschwanden und bessere Zeiten für die heimlichen Juden Spaniens anbrachen, war ihnen der Gedanke, dass ihre Vorfahren den Bund mit Gott aufgekündigt hatten, so unerträglich, dass sie von ihm mit dem Kol Nidre ausdrücklich die Entbindung von jenem Schwur erflehten.

Die zweite Version besagt, dieses Gebet stamme aus dem Mittelalter und sei von Juden gesprochen worden, in deren Reihen es Gemeindemitglieder gab, die sich aus eigenem Entschluss losgesagt oder den Gesetzen der Gemeinde nicht verpflichtet gefühlt hatten und

über die deshalb *herem* (der Bann) gesprochen worden war. Da nun
aber am heiligsten Tag des Jahres, dem Versöhnungstag, meist auch
diese ausgeschlossenen Juden zu ihrem Volk zurückkehren und gemeinsam mit ihm beten wollten, entschieden jüdische Gerichte, dass
man ihnen dies gestatten müsse. Welche dieser beiden Versionen
auch stimmen mag, dem Kol Nidre und somit dem gesamten Gottesdienst am Versöhnungstag werden jedenfalls bis heute die Worte
vorangestellt: «Vor dem oberen und dem unteren Gerichtshof, im
Namen Gottes und im Namen der Gemeinde, ist es uns erlaubt, in
der Gemeinschaft der Schuldig-Gewordenen zu beten.»

Beim Abendgebet und während des folgenden Tages bekennen
alle Gemeindemitglieder in der Synagoge ihre Sünden. Insgesamt
wird dieses Bekenntnis am Versöhnungstag zehnmal wiederholt.
Viele Männer tragen zu diesem Anlass einen weißen Umhang, «Kittel» genannt (ein jiddisches, kein deutsches Wort). Auch dafür gibt es
– wie für beinahe jeden jüdischen Brauch – die unterschiedlichsten
Erklärungen. Einer zufolge symbolisiert der Kittel das «Gewand des
Todes», das künftige Leichenhemd des Trägers; er soll also an den
Tod erinnern und damit zu wahrhaftiger Reue anregen. Diese Über-
lieferung stammt aus dem frühen Mittelalter und wurde erstmals in
Italien und der Provence erwähnt.

Andere rabbinische Auslegungen verweisen schlicht darauf, dass
der Versöhnungstag ein Festtag sei und sich ein Jude nicht weiß kleide, um an sein Leichenhemd erinnert zu werden, sondern um seine
festliche Gestimmtheit an diesem so besonderen Tag zum Ausdruck
zu bringen. An wieder anderer Stelle im Talmud heißt es, dass sich
nur derjenige schwarz wie ein Trauernder gewandet, der sich vor
einem irdischen Herrscher zu verantworten und seine Verurteilung
zu erwarten hat; am Versöhnungstag erscheine ein Jude in festlichem
Weiß vor Gott, weil er darauf vertraut, dass er, sofern er bußfertig
vor seinen Schöpfer tritt, nicht verurteilt wird, sondern Vergebung
erfährt.

Viele noch heute gebräuchliche Rituale am Versöhnungstag gehen auf das Mittelalter zurück. Das Entzünden zweier Kerzen im
Heim, eine für die Seelen der Lebenden und eine für die der Verstorbenen, zählt ebenso dazu wie der Brauch, sich an diesem Tag zu
wohltätigen Spenden zu verpflichten (am Versöhnungstag selbst darf
kein Geld von Hand zu Hand gereicht werden).

Am Nachmittag des Jom Kippur wird das gesamte Buch Jonah
verlesen. Gott trug Jonah auf, nach Ninweh zu gehen, «der großen
Stadt, und rufe (Wehe) über sie, denn ihre Bosheit ist heraufgestie-
gen vor mich». Jonah aber wollte nicht gehorchen, weil er sich (einigen Auslegungen nach) fürchtete, dass die Bewohner von Ninweh
gerettet werden und sich gegen die Kinder Jisrael wenden könnten.
Also begab er sich «hinweg vom Angesicht des Ewigen»: Er bestieg
ein Schiff, das vor Jafo lag − dem heutigen Jaffa im Süden von Tel
Aviv − und nach Tarschisch segeln sollte, so weit weg von Ninweh
wie nur irgend möglich. «Aber der Ewige erhob einen großen Wind
gegen das Meer», und die Seeleute beschlossen, Lose zu werfen, «dass
wir erfahren, um weswillen uns dieses Übel trifft». Das Los fiel auf
Jonah. «Und er sprach zu ihnen: Nehmet mich und werfet mich in
das Meer, so wird das Meer ruhig werden um euch.» Die Seeleute
wollten Jonah nicht opfern, doch als der Sturm nicht nachließ, warfen sie ihn schließlich in das Meer. «Da hielt das Meer ein in seinem
Wüten.»

«Da entbot der Ewige einen großen Fisch, Jonah zu verschlin-
gen» − erst viel später wurde daraus ein Wal gemacht −, «und Jonah
betete zum Ewigen seinem Gotte aus dem Bauche des Fisches» um
Rettung. Mit Erfolg, denn der Fisch «spie den Jonah auf das Trockene», und der Prophet konnte sich nach Ninweh durchschlagen, um
dem König und den Bewohnern zu verkünden, dass die Stadt in
vierzig Tagen zugrunde gehen würde. Der König hüllte sich in Sack
und Asche und gebot den Bewohnern, es ihm gleichzutun und in
Gottes Schoß zurückzukehren. «Und da Gott ihre Werke sah, dass

sie umgekehrt waren von ihrem bösen Wandel, da bedachte sich Gott wegen des Übels, das er geredet hatte, ihnen zu tun, und tat es nicht.»

Dass Gott sich so gnädig gezeigt hatte, «missfiel dem Jonah höchlich und verdross ihn». Er verließ Ninweh, baute sich eine Laube «zur Morgenseite der Stadt» und setzte sich in ihren Schatten, «bis dass er sähe, was mit der Stadt würde». Gott, der beschlossen hatte, die Stadt zu verschonen, «entbot einen Kikajon (Rizinusstrauch), dass er aufwuchs über Jonah, dass Schatten sei über seinem Haupte, um ihm seinen Verdruss zu vermindern». Aber beim nächsten Morgenrot «entbot Gott einen Wurm», der den Kikajon stach, «dass er verdorrte», und schickte «einen schwülen Ostwind, und die Sonne stach Jonah auf das Haupt, dass er verschmachtete» und sich den Tod wünschte. «Besser mein Tod als mein Leben!», rief er aus. Da fragte ihn Gott: «Verdrießt es dich sehr um den Kikajon?», und Jonah antwortete: «Sehr verdrießt es mich, zum Sterben.» Daraufhin sprach Gott die Worte, die das Buch Jonah beschließen: «Dir ist leid um den Kikajon, mit dem du keine Mühe gehabt, und den du nicht großgezogen, der als Kind einer Nacht entstanden und als Kind einer Nacht verschwunden ist. Und mir sollte nicht leid sein um Ninweh, die große Stadt, in welcher mehr als zwölf Myriaden Menschen sind, die nicht wissen (zu unterscheiden) zwischen der Rechten und Linken, dazu vieles Vieh?»

Die Lesung von Jonahs Geschichte an Jom Kippur soll dem Gläubigen zwei Botschaften vermitteln: erstens, dass es dem Menschen unmöglich ist, Gottes Willen zu entkommen, und zweitens – was nach Meinung vieler Rabbiner die wichtigere Botschaft ist –, dass sich Gott um all seine Geschöpfe kümmert, sogar um die Zweifler und Ungläubigen, womit gesagt sein soll: Wer immer aufrichtig bereut, dem wird Gott vergeben. Rabbi Louis Jacobs meinte einmal, es sei geradezu genial gewesen, das Buch Jonah mit seiner universalistischen Botschaft für die Tora-Lesung am Nachmittag von Jom

Kippur auszuwählen – genau für den Tag, an dem das jüdische Volk
bereut und mit seinem Gott versöhnt wird.

Am Jom Kippur – wie auch am letzten Tag des Laubhüttenfestes,
am letzten Tag von Pessach und am Wochenfest – wird *Jiskor* (See-
lengedenken) in der Synagoge gesprochen. Ursprünglich betete man
dabei für verstorbene Eltern und andere nahe Verwandte. In manchen Gemeinden ist es Brauch, dass ein Gläubiger, dessen Eltern
noch leben, während des Jiskor die Synagoge verlässt. Nach dem
Zweiten Weltkrieg wurde das *El Male Rachanim* («Gott voller Barm-
herzigkeit») jedoch um zwei Abschnitte erweitert, nämlich um das
Gedenken an die Märtyrer, die Opfer des Holocaust im Nationalsozialismus und die in den Kriegen Israels Gefallenen. Und in Ostmitteleuropa wurde El Male Rachanim auch für die Glaubensbrüder gesprochen, die von den Kreuzfahrern und während der späteren
Chmielnicki-Massaker im 17. Jahrhundert ermordet wurden.

Der Versöhnungstag endet in der Synagoge bei Sonnenuntergang
mit dem *Neïla*-Schlussgebet, dem «Schließen der Himmelstore».
Nachdem Gott sich die Sündenbekenntnisse alle angehört hat, folgt
die Zeit, in der er diese Sünden bedenkt, bevor er sie erlässt. Aschkenasim wie Sephardim bitten nun: «Öffne uns das Tor zur Zeit, da
die Tore sich schließen, denn der Tag hat sich geneigt … Bitte, o
Gott, vergib doch, verzeih' doch, hab' Nachsicht, verschon' doch,
erbarm' dich, sühn' doch, zertritt doch die Sünde und Schuld.» Zu
den eindringlichsten Gesängen dieses Tages gehört das von Mose ibn
Ezra im 12. Jahrhundert im christlichen Spanien verfasste *El Nora
Alila* («Gott, groß an Taten»). Mit ihm beginnt das Schlussgebet an
Jom Kippur:

> Gott, groß an Taten,
> Gott, groß an Taten,
> lass uns Vergebung finden
> zur Zeit, da die Tore sich schließen.

Die «wenigen Leute» Genannten,
sie heben zu dir ihren Blick,
sie winden sich in ihrem Leid,
zur Zeit, da die Tore sich schließen.

Sie schütten ihre Seelen vor dir aus,
tilgen ihren Frevel, ihre Lüge.
Lass sie Verzeihung finden
zur Zeit, da die Tore sich schließen ...

Zum Abschluss des Neïla wird das Widderhorn geblasen und die ganze Gemeinde ruft wie aus einer Kehle: *Le'schana chaba'ah bi-Jeruschalajim* – «Nächstes Jahr in Jerusalem».

Mit diesem frommen Wunsch – und verzweifelten Ausruf von Juden in all den Jahrhunderten, in denen die Chancen, Jerusalem jemals wiederzusehen, verschwindend gering schienen – werden die Tore des alten Jahres geschlossen und das Fasten und Büßen beendet.

Aber nicht einmal angesichts der tief empfundenen Sühne am Versöhnungstag hat die jüdische Tradition das Positive und Fröhliche vergessen. So soll zum Beispiel das letzte Mahl vor dem Beginn des Fastens üppig und festlich sein – seit frühesten Zeiten begehen Juden den Vorabend eines Fastentages mit einem Festessen, nicht nur um dem Körper das anschließende Hungern zu erleichtern, sondern vor allem, um Gottes Gebot zu erfüllen, zu «jauchzen und lobpreisen». Auch das Mahl, mit dem das Fasten gebrochen wird, ist ein festliches Ereignis, zu dem sich Familie und Freunde in gelöster Stimmung und unter viel Gelächter zusammenfinden. Es ist eine geradezu religiöse Pflicht, an einem solchen Abend glücklich zu sein und gut zu essen. Ein alter rabbinischer Kommentar besagt, dass die himmlische Stimme am Ende des Fastens gebietet, man möge seiner Wege gehen, sein Brot mit Freuden essen und seinen Wein frohen Herzens genießen, denn Gott hat die Sünden bereits vergeben.

Obwohl die Bande des jüdischen Glaubens heute immer schwächer werden und sich immer mehr Juden immer schneller an ihre
soziale Umgebung anpassen, ist Jom Kippur für die meisten *die* Gelegenheit geblieben, eine Synagoge zu besuchen. In fast jeder Synagoge kann man an diesem Tag Juden beobachten, die keine Ahnung vom Ablauf des Gottesdienstes haben und weder die
Gebetstexte noch die Rituale kennen, aber dennoch an einem so
bedeutenden jüdischen Moment teilhaben wollen – dem heiligsten
Moment im jüdischen Jahr. «Für viele Juden aus den jüngeren Generationen», schreibt Dr. Moshe David Herr von der Hebrew University in Jerusalem, «wurde der Versöhnungstag das letzte konkrete
Bindeglied zum jüdischen Glauben.»

Liebe Tante Fori,

heute will ich dir von einem der fröhlichsten jüdischen Festtage
schreiben, von *Schawuot* («Wochen» oder auch «Tagsiebende» genannt), dem traditionellen Fest des Tages der Offenbarung am Sinai.
Der wichtigste Teil der Synagogenfeier an diesem Tag ist die Lesung
der Zehn Gebote. Manche Gemeinden schmücken ihre Synagogen
dafür noch traditionell mit Blumen und Getreide, worin zum Ausdruck kommt, dass dieses Fest in vormosaischen Zeiten, vor der Offenbarung, ein Erntedankfest war.

Viele orthodoxe Juden verbringen die Nacht vor diesem Fest vom
Einbruch der Dämmerung bis zum Morgengrauen in der Synagoge,
um aus der Hebräischen Schrift zu lesen und sich auf den feierlichen
Moment der Lesung der Zehn Gebote vorzubereiten. Nach einer uralten Tradition wird ein jüdisches Kind erstmals an Schawuot in das
Torastudium und die hebräische Sprache eingeführt, zum Symbol,
dass Gott die Grundgesetze des Glaubens dem jüdischen Volk durch
Moscheh erstmals an genau dem Tag offenbarte, dessen an Schawuot
gedacht wird. Du wirst dich sicher an den Brief erinnern, in dem ich

dir von diesem dramatischen Moment in der Geschichte und von der Wanderschaft der Kinder Jisrael durch die Wüste erzählt habe.

Am zweiten Tag von Schawuot wird in der Synagoge und auch in vielen jüdischen Häusern das Buch Rut gelesen. Es handelt von einer Moabiterin, die der Götzenanbetung entsagte, sich aus freien Stücken zum Bund von Sinai bekannte und in das Haus Jisrael Einzug hielt. Am Ende dieses Buches verweist die Genealogie darauf, dass König Dawid Ruts Urenkel war.

Die Moabiterin Rut war also die erste Konvertitin zum Judentum. Ihr erster Ehemann Machlon war der Sohn von Elimelech und Noomi aus Jehudah. Während einer Hungersnot floh die gesamte Familie «in die Gefilde Moab's» (das heutige Königreich Jordanien) jenseits des Jarden, dennoch wollte Rut, die Moabiterin, nach den Sitten und Gebräuchen des jüdischen Volkes leben. Zehn Jahre verbrachte sie mit Machlon, Elimelech und Noomi in Moab, bis die beiden Männer nacheinander starben. Noomi drängte Rut, bei ihrem eigenen Volk in Moab zu bleiben, während sie selbst nach Jehudah zurückkehren wollte. Rut aber weigerte sich, ihre Schwiegermutter allein zu lassen. Die Worte, mit denen sie ihren Entschluss erklärte, rühren noch heute viele Juden zu Tränen, wenn sie sie in den Synagogen wiederholen: «Dringe nicht in mich, dich zu verlassen, mich abzukehren von dir; denn wohin du gehest, gehe ich, und wo du weilest, weile ich; dein Volk ist mein Volk, und dein Gott ist mein Gott.»

Als Winston Churchill Anfang 1941 verzweifelt zu erfahren versuchte, wie weit die Vereinigten Staaten Großbritannien tatsächlich zur Seite stehen würden, bat er Roosevelts Freund Harry Hopkins, ihm aufrichtig zu sagen, wo die USA standen. Hopkins antwortete mit den Worten Ruts, «wohin du gehest, gehe ich ...» Da wusste Churchill, dass Großbritannien überleben würde.

Rut heiratete ein zweites Mal, wieder einen Sohn Jisrael namens Boas. Dawid (und nach christlicher Überzeugung somit auch Jesus) war ihrer beider Nachkomme. Und weil das Judentum überzeugt ist, dass der Messias von Dawid abstammen muss, dessen Vorfahrin die Konvertitin Rut gewesen war, ist es angehalten, Konvertiten bereitwillig aufzunehmen. Rut, die erste Konvertitin der jüdischen Geschichte, wurde zur «Patronin» aller Konvertiten zum Judentum.

Liebe Tante Fori,

an *Sukkot*, dem Laubhüttenfest und letzten der drei jüdischen Pilgerfeste, zogen Juden zu Zeiten des Tempels zu Fuß nach Jerusalem hinauf – heute fahren sie gewöhnlich lieber mit dem Bus.

Während der sieben Halbfeiertage von Sukkot essen und schlafen fromme Juden in einer Laubhütte, genannt *Sukkah*, die weder unter einem Hausdach noch unter einem vorspringenden Balkon, sondern nur direkt unter freiem Himmel stehen darf. Die erste Anweisung dazu stammt aus dem Buch Leviticus und bezieht sich auf die Zeit, als die Kinder Jisrael nach ihrem Exodus aus Ägypten in der Wüste lebten: «In Hütten sollt ihr wohnen sieben Tage; alle Eingeborenen in Jisrael sollen wohnen in Hütten. Damit es eure Geschlechter erfahren, dass ich in Hütten habe wohnen lassen die Kinder Jisrael, da ich sie herausgeführt aus dem Lande Mizrajim: Ich bin der Ewige, euer Gott.»

Für das Hüttendach dürfen nur Zweige, Äste und Blätter verwendet werden, denn von Menschenhand erschaffenes Material wäre unrein. Früchte, die als Dekoration vom Dach hängen, dürfen während der Festtage gegessen werden. Das Dach muss so gedeckt sein, dass Schatten und Sonne gleichermaßen in die Hütte fallen, und nachts muss man die Sterne von der Hütte aus sehen können. Während jener sieben Tage ist die Sukkah der eigentliche Aufenthaltsort aller männlichen Familienmitglieder; sie nehmen darin ihre Mahlzeiten ein und nächtigen auch dort; Frauen und kleine Kinder sind von der Erfüllung dieses Gebotes befreit.

Heutzutage errichten die meisten jüdischen Gemeinden eine Gemeindesukkah, oft wunderschön mit Früchten dekoriert; aber viele Familien bauen nach wie vor ihre eigenen Laubhütten auf Dachterrassen, freien Balkonen oder in Gärten nach den Anweisungen im Buch Nehemia: «Gehet hinaus auf das Gebirge und bringet herein Laub vom Ölbaum und Laub vom Oleaster und Laub von Myrten und Laub von Palmbäumen und Laub vom Baume Abot, um Hütten zu machen, wie vorgeschrieben ist. Und es zog das Volk hinaus, sie brachten herbei und machten sich Hütten, jeglicher auf seinem Dache, und in ihren Höfen und in den Höfen des Gotteshauses, und auf dem Platze am Wassertore und auf dem Platze am Tore Efrajim.»

Am ersten Tag des Laubhüttenfests sucht man sich «vier Arten» von Pflanzen, *arba'ah minim*, wie es im Buche Leviticus geschrieben steht: «Und nehmet euch am ersten Tage eine Frucht vom Baume Hadar, Palmzweige und Zweige vom Baume Abot und Bachweiden …» Die «Frucht vom Baume Hadar» wird durch einen Zweig des Zitrusbaumes (*etrog*) symbolisiert, die «Zweige vom Baume Abot» bestehen aus Myrtenzweigen (*chadassim*), dazu der Zweig einer Dattelpalme (*lulaw*) und Weidenzweige (*arawot*). Am ersten Tag von Sukkot hält jeder fromme Jude diese vier Arten gebündelt in der rechten Hand, während er Segenssprüche aufsagt und Psalmen singt.

Im 16. Jahrhundert wurde von den Anhängern des Rabbi Isaak Luria Aschkenasie, Arie genannt – bis zu seinem Todesjahr 1572 leitete er das Kabbalistenzentrum von Safed –, ein neuer Brauch zu Sukkot eingeführt: An jedem der sieben Feiertage sollte ein «Gast» in die Sukkah eingeladen werden, einer der so genannten hohen, heiligen Uschpesin: die Seelen Abrahams, Jizchaks, Jaakobs, Josefs, Moschehs, Aharons und Dawids. Denn nach der Überlieferung standen die Kinder Jisrael in ihren Hütten in der Wüste unter besonderem göttlichem Schutz, weil Abraham einst drei Fremden unter dem Baum vor seinem Haus in Chebron Schutz und Gastfreundschaft gewährte. Außerdem hatte jeder der in die Laubhütte – das Symbol

des Wanderers – geladenen Patriarchen einmal am eigenen Leib erfahren, was Wanderschaft bedeutet.

Nach der Kabbala, die insgesamt zehn *Sefirot* kennt – zehn Stufen
zur schöpferischen Göttlichkeit, wovon jedoch nur sieben in der
diesseitigen Welt möglich sind –, personifiziert jeder dieser «Gäste»
eine der sieben diesseitigen Sefirot oder Göttlichen Eigenschaften:
Güte, Mut, Herrlichkeit, Essenz, Vortrefflichkeit, Ewigkeit und Königtum.

Zwei jüdische Philosophen, Philo von Alexandria vor zweitausend Jahren und Maimonides im 12. Jahrhundert, legten außerdem
die Erklärung nahe, dass uns die Sukkah in guten Zeiten an schlech-
tere Zeiten und vor allem die Reichen an das Elend der Armen erinnern soll. Heutzutage gibt es so viele Obdachlose in fast allen Städten der Welt – London, wo ich diese Briefe schreibe, ist da keine
Ausnahme –, weshalb uns diese Laubhütten in der Tat nicht nur an
Vergangenes, sondern auch an die Glücklosen unserer Tage erinnern
sollten.

Liebe Tante Fori,
    der siebente Tag des Laubenhüttenfests wird *Hoschana Rabba* ge-
nannt, «Großes Hoschana». Seit dem Mittelalter gilt dies als der letzt-
mögliche Tag nach den hohen Feiertagen, an dem man noch Vergebung für seine Sünden im Vorjahr erbitten und auch erfahren kann.
Der Name leitet sich von *hoschia na*, «hilf uns doch», ab, ein Gebet –
«Erlöse uns, um deinetwillen» –, das an diesem Tag mehrmals gesprochen wird, während ein Gemeindemitglied mit der Torarolle im
Arm auf der *Bima* steht – dem Podest in der Mitte der Synagoge,
von dem aus Gebete üblicherweise verlesen werden – und anschließend mit der ganzen Gemeinde um diese herumschreitet (wenn sich
die Bima am Ostende der Synagoge befindet, was manchmal der Fall
ist, erfolgt die Prozession den Mittelgang entlang).

Während dieses Umzugs hält der Vorbeter die «vier Arten» von Pflanzen in der Hand und schwenkt sie in Erinnerung an die Zeiten vor über zweitausend Jahren, als man die Torarolle noch durch den Tempel von Jerusalem tragen konnte. Viele verbringen nach altem jüdischem Brauch die ganze Nacht von Hoschana Rabba in Gebete und das Torastudium versunken, vor allem in das Fünfte Buch, das mit den Worten beginnt: «Dies sind die Reden, die geredet Moscheh zu ganz Jisrael diesseits des Jarden in der Wüste in der Ebene, Suf gegenüber, zwischen Paran und zwischen Tofel und Laban und Chazerot und Di Sahab.» Nach mittelalterlichem Aberglauben wird ein Mensch, der in der Nacht von Hoschana Rabba seinen Schatten nicht sieht, im folgenden Jahr sterben.

Der achte und letzte Tag von Sukkot ist ein eigenständiges Fest, *Schmini Azeret* («Der Achte des Festes»), abgeleitet von einem Vers im Vierten Buch der Tora: «Am achten Tage sollt ihr Festversammlung haben, keine Arbeitsverrichtung sollt ihr tun.» In der Synagoge wird das Totengedenken abgehalten, bevor schließlich das gesamte Buch der Prediger mit seiner machtvollen Eröffnung gelesen wird: «Eitelkeit der Eitelkeiten! Sprach Kohelet, Eitelkeit der Eitelkeiten. Alles ist eitel. Was ist des Menschen Gewinn bei all seiner Mühe, womit er sich müht unter der Sonne? Ein Geschlecht geht und ein Geschlecht kommt, und die Erde bleibt ewiglich.»

Mit den Schlussworten aus dem Buch der Prediger endet auch der letzte Tag des Laubhüttenfests: «Im Schluss der Rede wird das Ganze verstanden: Gott fürchte und seiner Gebote wahre, denn dies ist der ganze Mensch. Denn jegliche Tat wird Gott bringen vor das Gericht über alles Verborgene, sie sei gut oder böse.»

Liebe Tante Fori,

bereits zwei Tage nach dem achten und letzten Tag von Sukkot folgt ein Fest, das wir *Simchat Tora* nennen, «Gesetzesfreude» oder korrekter: «Fest der Torafreude». An diesem Tag wird in den Synagogen der jährliche Lesezyklus der Tora beendet. Die Rollen werden aus dem Toraschrank geholt und bei einem fröhlichen Umzug unter Lobgesängen siebenmal durch die Synagoge getragen. In vielen Gemeinden tanzen die Gläubigen, die mit dem Tragen der Torarollen geehrt wurden. Anschließend werden alle anwesenden Männer der Reihe nach gebeten, aus den Rollen vorzulesen. Auch Kinder schließen sich dieser fröhlichen Prozession an, sie haben sogar eine besondere Bedeutung bei diesem Fest, denn sie dürfen mit Fähnchen, auf die dem Anlass entsprechende Verse gestickt wurden, am Umzug durch die Synagoge teilnehmen. In manchen Gemeinden wird nach dem Ausheben der Rollen aus dem Toraschrank eine Kerze entzündet.[25] Und vor dem Verlesen der letzten Verse aus dem Fünften Buch Moscheh werden alle Knaben, die noch keine *Bar Mizwa* gefeiert haben, zur Bima gerufen, um den folgenden Worten zu lauschen: «Keiner gleicht Gott, Jeschurun! Befahrend den Himmel dir zum Heil, und ihm zum Ruhme die Wolken. Zuflucht ist der Gott der Urzeit, und hier unten die ewigen Arme, und er vertrieb vor dir den Feind, und sprach: Vertilge! Und Jisrael wohnt sicher, abgesondert die Quelle Jaakob's in einem Lande des Korns und Mostes; auch seine Himmel träufeln Tau. Heil dir, Jisrael! Wer ist dir gleich? Volk, siegend durch den Ewigen, deines Heiles Schild, und welcher Schwert deines Ruhmes ist; schmeicheln müssen deine Feinde dir, du aber, du schreitest einher auf ihren Höhen.»

Die Person, die zur Lesung der letzten Passage aus dem Fünften Buch Moscheh aufgerufen wird, nennt man *Chatan Tora*, den «Bräutigam der Tora»[26]; *Chatan Bereschit*, «Bräutigam des ‹Im Anfang›», heißt die Person, die sofort anschließend wieder mit der Lesung des Ersten Buches beginnt: «Im Anfang schuf Gott Himmel und Erde …»

Damit setzt übergangslos ein neuer Zyklus der Wochenlesungen aus der Tora ein. Einer Überlieferung nach wird nur deshalb so sehr darauf geachtet, keine Pause zwischen Ende und Neubeginn der Lesungen einzulegen, damit der Satan nicht behaupten kann, Juden würden an diesem Tag das Ende der Toralesungen feiern, glücklich, das Ganze hinter sich zu haben und nun ignorieren zu können. Am Ende der Synagogenfeier laden die beiden «Bräutigame» alle Gemeindemitglieder zu einem Fest zu Ehren dieses Tages ein.

In den 1960er Jahren, dreißig Jahre vor dem Zusammenbruch des Kommunismus, entwickelte sich Simchat Tora zu einem wichtigen Tag für diejenigen Juden in der Sowjetunion, die zum Judentum zurückkehren wollten und um eine Ausreiseerlaubnis nach Israel ersucht hatten. Sie pflegten sich zu diesem Anlass in und vor der Moskauer Archipowa-Synagoge zu treffen. Obwohl sie der KGB dabei stets im Auge behielt, wurde diese jährliche Zusammenkunft zu einem bedeutenden Ereignis im jüdischen Leben der Sowjetunion. Man tauschte Grüße aus und steckte sich gegenseitig Seiten aus der Hebräischen Schrift zu, sogar ganze Schriften gingen von Hand zu Hand. Die wenigen jüdischen Besucher aus dem Westen, vor allem natürlich Gäste aus Israel, wurden freudig begrüßt, umarmt und über jeden nur denkbaren Aspekt jüdischen und israelischen Lebens ausgefragt. Diese Männer und Frauen wollten nur zu gerne in die jüdische Gemeinschaft zurückkehren – zu *Am Jisrael*, dem Volk Jisrael, von dem sie drei endlose Jahrzehnte lang fast vollständig und brutal abgeschnitten worden waren.

Wie gut ich mich an ihre drängenden Fragen und leuchtenden Augen erinnere und an die hohen Erwartungen, die sie an das Leben in Israel hatten! Diese Begegnungen machten einen so starken Eindruck auf mich, dass ich sogar ein Buch über einen meiner Besuche dort schrieb und es «The Jews of Hope» nannte – «Die Juden der Hoffnung». Die Kämpfe der Juden in der Sowjetunion um Ausreisegenehmigungen nach Israel ließen während der 1970er und 1980er Jahre viele in der weltweiten Diaspora aktiv werden. Tausende Ju-

den reisten in die Sowjetunion, um den zum Bleiben Verurteilten
moralisch und materiell beizustehen. Michael Sherbourn, ein englischer Jude, der die Kampagne für ihr Recht auf Auswanderung an
vorderster Front betrieb, nannte sie «Refuseniks» (von «refuse», ver-
weigern). Erst nach dem Fall des Kommunismus konnten sie das
Land endlich verlassen. Einige hatten ein ganzes Jahrzehnt oder noch
länger in der Vorhölle ausgeharrt, in der alle Ausreisewilligen leben
mussten – sie verloren ihre Arbeitsplätze, wurden ständig von den
sowjetischen Behörden schikaniert, und es war unklar, ob es ihnen
jemals möglich sein würde, auszuwandern.

Heute können sie Simchat Tora feiern, ohne sich fragen zu müssen, ob sie jemals wahre Freiheit kennen lernen werden.

Liebe Tante Fori,

Tischah b'Aw ist der neunte Tag des Monats Aw, ein Fastentag, der
einst zum Gedenken an die Zerstörung des Ersten Tempels im Jahr
586 v. d. Z. durch die Babylonier eingeführt wurde. Sogar als Herodes den Zweiten Tempel hatte erbauen lassen, fastete man weiterhin
zur Erinnerung an die Zerstörung des Ersten. Als dann im Jahr 70
n. d. Z. auch der Zweite zerstört wurde, diesmal durch die Römer,
begann man angesichts des Verlustes beider Tempel an diesem Tag
umso inbrünstiger zu fasten. Bis heute – ein Dritter Tempel wurde
ja nie errichtet, nicht einmal während der britischen Mandatszeit
oder nachdem Israel 1967 den Tempelberg von Jordanien zurückerobert hatte – ist dieser Fastentag ein Moment des schmerzlichen Erinnerns im jüdischen Kalender geblieben, nicht zuletzt an den Holocaust.

In den Synagogen werden Klagelieder gesungen und mit dem
wehmütigen Vers eröffnet: «Wie sitzt einsam die Stadt, die volkrei-
che, ist einer Witwe gleich geworden die Herrin über Völker! Die
Fürstin über Länder ist zinsbar geworden. Sie weint in der Nacht,

ihre Tränen bleiben auf ihren Wangen, niemand tröstet sie von all ihren Freunden ...»

Die jüdische Geschichte hat dem Datum des Neunten Aw durch viele weitere tragische Ereignisse noch zusätzliche Bedeutung verliehen. So soll zum Beispiel Betar, die letzte von Bar Kochbas Festungen, die den Römern noch standgehalten hatte, an genau diesem Tag im Jahr 135 n. d. Z. von Hadrians Legionen gestürmt worden sein; ebenfalls an einem Neunten Aw, dem 18. Juli 1290, unterzeichnete König Edward I. das Edikt, das alle Juden aus England verbannte, obwohl sie bereits zweihundert Jahre dort gelebt hatten. Es war das erste Mal in der europäischen Geschichte, dass die ganze jüdische Gemeinde eines Landes vertrieben wurde. Und auch der letzte Jude, der Spanien 1492 im Zuge der Vertreibung verließ, soll dies vier Tage vor dem Neunten Aw getan haben.

Als sich die Katastrophen rund um diesen Tag in der jüdischen Geschichte zu häufen begannen, begründeten Juden den Brauch, die Trauerzeit zu verlängern und sich mit ernster Besinnlichkeit drei Wochen lang auf diesen Fastentag vorzubereiten. Am Abend vor dem Beginn des Fastens wird ein leichtes Mahl bereitet, zu dem als Symbol der Trauer auch ein Ei gehört,[27] auf das manche sephardische Gemeinden zusätzlich Asche streuen. In den Synagogen herrscht eine düstere Stimmung. Aschkenasische Gemeinden entfernen den reich verzierten Vorhang, *Parochet*, vom Toraschrank und bedecken diesen mit einem schwarzen Tuch. Auch Sephardim, deren Toraschränke normalerweise nicht von Vorhängen verhüllt werden, bedecken diese nun mit Stoff. Orthodoxe Juden beten barfüßig oder tragen Schuhe aus Stoff, sitzen auf niedrigen Schemeln oder dem Fußboden und sprechen einander nicht an.

Nach den Klageliedern werden die *Kinot* verlesen, aus allen Zeiten der Geschichte stammende Trauergebete über die Zerstörungen des Ersten und Zweiten Tempels, in denen die Sehnsucht nach seinem Wiederaufbau zum Ausdruck kommt. Aber wie an allen Fastentagen glauben Rabbis, dass sich auch der Neunte Aw einmal zu einem Tag der Freude verkehren wird, wie es im Buche Zacharia geschrieben steht: «Das Fasten des vierten und das Fasten des fünften ... werden dem Hause Jehudah zur Wonne und Freude und zu fröhlichen Festzeiten ...» Und ganz im Sinne dieses optimistischen und hoffnungsvollen Versprechens haben Weise im Mittelalter den Neunten Aw als den Geburtstag des Messias ausgelegt.

Der Neunte Aw wird in Israel als Staatstrauertag begangen. Restaurants, Theater und Kinos bleiben geschlossen. In Radio und Fernsehen werden Programme ausgestrahlt, die den ernsten Charakter des Tages würdigen. Unzählige Juden finden sich am Fuß der Westmauer ein – vor den riesigen, wunderbar behauenen herodischen Steinquadern, die den Tempelberg seit römischen Zeiten stützen und auf denen einst beide zerstörten Tempel ruhten.

Bis heute beten vor diesen nun weit über zweitausend Jahre alten Steinen aus der achtzehn Meter aufragenden Mauer Juden und beklagen die Zerstörung des Ersten und des Zweiten Tempels – einstmals scheinbar untrügliche Zeichen für das Ende des Judentums als Volk.

Liebe Tante Fori,

Tu be-Schwat, der «15. Tag des Monats Schwat», ist das jüdische Neujahr der Bäume, *Rosch ha'Schana la-Ilanot*, und eines der wenigen Feste im jüdischen Kalender, die nicht in der Hebräischen Schrift erwähnt werden. Der erste Hinweis darauf findet sich in jüdischen Schriften aus der Zeit des Zweiten Tempels vor rund zweitausend Jahren.

Die Festsetzung eines Neujahrs der Bäume ergab sich durch die Notwendigkeit, das rabbinische Steuersystem jener Tage zu regulieren: Für Bäume, die vor dem Zeitpunkt dieses Festtages gepflanzt wurden, wurde der Zehnte noch für das laufende Jahr eingezogen;

Bäume, die nach diesem Datum gepflanzt wurden, wurden erst im Folgejahr besteuert.

Nach der Zerstörung des Zweiten Tempels und mit In-Kraft-Treten des römischen Rechts war es mit der Autonomie der Juden und damit auch ihrem Gemeindesteuersystem vorbei. Somit hätte es eigentlich keinen Grund gegeben, dieses Neujahrsfest der Bäume beizubehalten. Aber es wurde nicht abgeschafft. In der Diaspora, vor allem im härteren Klima und den dicht bewaldeten Regionen Nordeuropas, erinnerte es die Juden an das wärmere Klima und die üppigere Vegetation in Erez Jisrael. Am Neujahr der Bäume gedenkt man der alten Zeiten jedoch nicht in Trauer, sondern voller Fröhlichkeit. Das Fasten ist an diesem Tag sogar verboten. Die Anhänger des Kabbalisten Isaak Luria aus Safed, den ich in einem früheren Brief erwähnte, begründeten im Mittelalter den Brauch, an diesem Tag bis zu fünfzig verschiedene Früchte zu essen, Hymnen zu singen und Gebete zu sprechen, die die üppige Vegetation im Gelobten Land preisen. Dieser Ausgestaltung des Festtages schlossen sich vor allem sephardische Gemeinden in Europa und im islamischen Herrschaftsbereich an.

Auf die Kabbalisten aus Safed geht eine *Tu be-Schwat* genannte Zeremonie zurück, die dem Sederabend an Pessach nachempfunden wurde und fordert, dass man vier Gläser Wein trinken soll – womit Pessach und das Neujahr der Bäume die einzigen beiden Gelegenheiten im jüdischen Jahr wurden, bei welchen Juden zu mehr Alkohol als dem am Sabbat üblichen Schluck Kiddusch-Wein ermuntert werden. Auf die beim Purimfest gebräuchlichen Trinkgewohnheiten werde ich in einem späteren Brief zu sprechen kommen.

Im heutigen Israel pflegen Schulkinder am Neujahr der Bäume im ganzen Land Setzlinge zu pflanzen, eine Tradition, der sich zahlreiche Diasporagemeinden angeschlossen haben oder an der sich viele beteiligen, indem sie über den 1920 gegründeten *Jewish National Fund* einen Baum kaufen und in ihrem Namen in Israel pflanzen lassen. Weißt du noch, ob in deiner Mädchenzeit auch in deinem Namen ein Baum in Palästina gepflanzt wurde? In meinen Jugendjahren in den 1940ern und 1950ern war ein Zertifikat, mit dem man den Kauf eines Baumes in Palästina beziehungsweise dann Israel nachweisen konnte, jedenfalls ein stolzer Besitz (ich glaube, in meiner Schachtel mit Erinnerungsstücken aus Kindertagen befinden sich noch einige davon).

Seit Gründung des Staates Israel 1948 spendeten Diaspora-Juden aus aller Welt auch Geld für die Anpflanzung von Büschen, Hainen und sogar ganzen Wäldern, häufig im Namen eines geliebten Menschen oder einer verehrten öffentlichen Person. Ein inzwischen dreißig oder vierzig Jahre alter Wald wurde zum Beispiel zu Ehren des Zionistenführers und ersten Staatspräsidenten Israels, Chaim Weizmann, angepflanzt, ein anderer zum Gedenken an den britischen Außenminister A. J. Balfour, der 1917 in seiner Deklaration eine «jüdische Heimstatt» in Palästina versprochen hatte, und ein weiterer zu Ehren von Winston Churchill, dessen Regierung 1922 mit dem «White Paper» einer halben Million Juden in den folgenden fünfzehn Jahren das Tor zur Immigration nach Palästina geöffnet hatte. Dieses so genannte Churchill White Paper enthielt die Formulierung, dass Juden «aus eigenem Recht und nicht durch Duldung» in Palästina leben dürften – und das verdiente aus zionistischer Perspektive gewiss einen Wald!

Vor mehreren Jahren begannen sich Juden aus wachsender Sorge um die Ressourcen unseres Planeten ihre Traditionen auch im Hinblick auf deren ökologische Standards genauer zu betrachten: Das Neujahr der Bäume ging bereits mit gutem Beispiel voran, ebenso wie die Tradition des Brachjahres (*Schmita*, das im Buch Leviticus vorgeschrieben wird), mit dem den Feldern ein Jahr Erholung ermöglicht wird. Und schon im Deuteronomium heißt es: «Wenn du eine Stadt lange Zeit belagerst, um sie zu bekriegen, sie einzunehmen, so vernichte nicht ihr Gehölz, dass du dagegen die Axt erhebest; denn du kannst davon essen, haue ihn also nicht um; denn ist der Baum des Feldes ein Mensch, dass er vor dir in Belagerung komme?» Kürzlich gab Arthur Waskow das Buch «Tora of the Earth: Exploring 4000 Years of Ecology in Jewish Thought» heraus – «Tora der Erde. 4000 Jahre Ökologie im jüdischen Denken». Rabbi Gunther Plaut aus Toronto schrieb in seiner Rezension in den «Canadian Jewish News»: «Wie man unter Juden sagt: Wenn ein Baum gefällt wird, hallt sein Schmerzensschrei durch die ganze Welt.»

Liebe Tante Fori,

das bedeutendste und älteste jüdische Fest ist *Pessach*, an dem Juden den Auszug aus Ägypten feiern. Ein paar Bemerkungen über dieses Fest habe ich im Laufe meiner Briefe ja bereits gemacht, etwa dass es Brauch ist, für den Propheten Elijahu ein Gedeck aufzutragen, ein Glas Wein einzuschenken und die Tür offen zu halten, für den Fall, dass er erscheint und den Messias ankündigt.

Pessach ist ein Frühlingsfest und dauert sieben Tage in Israel, aber acht Tage in der Diaspora.[28] Dem römisch-jüdischen Historiker Flavius Josephus zufolge zogen im Jahr 65 n. d. Z. nicht weniger als drei Millionen Juden nach Jerusalem hinauf, um dieses Fest zu begehen. Am ersten und siebten Tag – am ersten, siebten und achten Tag in der Diaspora – ist jede Arbeit verboten. Während der Festtage darf kein gesäuertes Brot gegessen werden, nur *Maza*, bestehend aus Mehl und Wasser, in Erinnerung an den eiligen Aufbruch der Kinder Jisrael aus Ägypten, die keine Zeit gehabt hatten, abzuwarten, bis der Teig gegangen war. Mit den Worten des Zweiten Buches der Tora:

«Und Moscheh sprach zum Volke: denket dieses Tages, in dem ihr gezogen aus Mizrajim, aus dem Hause der Knechte; denn mit gewaltiger Hand hat euch der Ewige geführt von dannen; und so soll nichts Gesäuertes gegessen werden … Sieben Tage sollst du Unge-

säuertes essen, und am siebenten Tage ist ein Fest dem Ewigen. Un-
gesäuertes soll gegessen werden die sieben Tage; und nicht gesehen
bei dir werde Gesäuertes, und nicht gesehen bei dir werde Sauerteig
in deinem ganzen Gebiete.»

Den Samstag vor Pessach nennt man *Schabbat ha-Gadol*, «Großer
Sabbat». An diesem Tag erläutern die Rabbiner nach der entsprechenden Pessach-Lesung aus der Tora alljährlich erneut die Gebote
für das Pessachfest, zum Beispiel das «Koschermachen»: Am Abend
vor Pessach suchen sämtliche Familienmitglieder alle Ecken des Hauses oder der Wohnung – die bereits die gründlichste Reinigung des
Jahres hinter sich haben – nach übersehenen Spuren von *chamez*, den
Krümeln von gesäuertem Brot, und von anderen Lebensmitteln ab,
die nicht «koscher für Pessach» sind. Ausschließlich an Pessach verwendete Küchengeräte, Geschirr und Besteck werden aus den
Schränken geholt und sämtliche alltäglichen Gebrauchsgegenstände
weggesperrt.

Der wichtigste Moment an Pessach ist der erste Abend, die *Seder*.
Alle Familienmitglieder versammeln sich mit oft vielen Gästen am
Tisch, um beim festlichen Mahl der Wunder der Zehn Plagen und
des Auszugs aus Ägypten zu gedenken, dessen Geschichte eine so
entscheidende Rolle im Leben und in der Tradition des Judentums
spielt – denn es ist ja die Geschichte seines Überlebens –, dass das
Pessachfest als das größte Ereignis im Kalender der jüdischen Festtage gilt.

Auf dem Sederteller werden traditionell festgelegte Speisen angerichtet: der geröstete Unterschenkelknochen eines Lamms (*Zero'a*),
zur Erinnerung an das Pessach-Lamm, das im Tempel geopfert wurde; Bitterkräuter (zum Beispiel Meerrettich, *Maror*), die an das Leiden der Juden in Ägypten erinnern; ein geröstetes, hart gekochtes Ei
(*Beza*), welches das Festtagsopfer im Tempel ins Gedächtnis rufen
soll; Radieschen oder Sellerie (*Karpas*), die in Salzwasser getunkt
werden, um an die Tränen der Kinder Jisrael zu erinnern; und

Charosset, ein Mus aus Äpfeln, Nüssen, Feigen, Zimt und Rotwein, das an den Mörtel gemahnen soll, mit dem die jüdischen Sklaven des Pharaoh beim Bau der ägyptischen Häuser die Ziegel schichteten. Bereits zu Zeiten der Römer hatten Juden offen ihre Befreiung aus der ägyptischen Knechtschaft gefeiert, dabei aber insgeheim natürlich immer auf die Befreiung vom römischen Joch gehofft. Rabbi Akiwa, den ich bereits erwähnte, ist es zu verdanken, dass wir auch das Sedermahl mit den berühmten Worten aus dem Gebet am Versöhnungstag beenden: «Nächstes Jahr in Jerusalem!» Was das Gedenken an die Zehn Plagen betrifft, so haben sich der Überlieferung nach die Weisen zu Zeiten Roms einmal nach einem Sedermahl, als die Gebete und Gesänge längst verstummt waren, eine ganze Nacht lang den Kopf über den genauen Wortlaut zerbrochen, der in der Hebräischen Schrift den Auszug aus Ägypten schildert. Schließlich kamen sie zu dem Schluss, dass nicht nur zehn, sondern Hunderte von Plagen über die Ägypter gekommen waren. Ihre Berechnungen sind bis heute Bestandteil der Familienlesungen am Sederabend. Nebenbei gesagt heißt es aber auch, dass die Weisen die Geschichte ihrer nächtlichen Diskussion um die Anzahl der Plagen nur erfunden hätten, um den eigentlichen Grund ihres Zusammentreffens zu verhüllen: die Planung eines Aufstands gegen Rom.

Im Buch Exodus steht geschrieben: «Und tue kund deinem Sohne an demselbigen Tage mit den Worten: Um deßwillen, was der Ewige mir getan, als ich aus Mizrajim zog.» Von dieser Aufforderung leitet sich der zeremonielle Teil des Sederabends ab (des ersten und in der Diaspora auch zweiten Pessachabends), die so genannte Gebetsordnung.

Die «Erzählung» (*Haggada*) am Sederabend beginnt, indem das jüngste der anwesenden Kinder vier Fragen stellt, angefangen bei der Frage: «Wie unterscheidet sich diese Nacht von allen anderen Nächten?» Bevor das Festmahl eingenommen wird, werden alle Fragen des Jüngsten beantwortet, früher ausschließlich vom Vater, heutzuta-

ge üblicherweise reihum von allen, die um den Tisch versammelt
sind.

Diese traditionellen Fragen und Antworten sind wie die gesamte
Erzählung der Pessach-Geschichte – von «Pharaohs Sklaven waren
wir in Ägypten» bis hin zum Segensspruch «Der du Jisrael erlöst
hast» – in der Haggada festgelegt, dem Buch, das jeder Jude zur Sederfeier liest und das meist reich mit Reproduktionen kunstvoller
Tafeln aus berühmten Handschriften über den Exodus bebildert ist.
Diese illuminierten Handschriften aus dem Mittelalter sind besonders prachtvoll und werden in fast allen Familien als Faksimile um
den Tisch gereicht. Die British Library in London besitzt zum Beispiel die kunstvolle *Barcelona-Haggada* aus dem 14. Jahrhundert; noch
prächtiger ist die *Sarajevo-Haggada*, die ursprünglich vor fünfhundert
Jahren mit jüdischen Flüchtlingen aus Spanien in die bosnische Stadt
gekommen war. Die erste bekannte gedruckte Haggada ist auf 1482
datiert – zehn Jahre vor der Vertreibung der Juden aus Spanien –
und stammt aus Guadalajara (der Stadt, die im Spanischen Bürgerkrieg 1936 auch von jüdischen Freiwilligen aus Deutschland, Amerika, Großbritannien, Frankreich und Ungarn verteidigt wurde).

Haggada-Ausgaben gehören überall zu den ältesten gedruckten
Büchern in hebräischer Sprache: Prag (1526), Augsburg (1534), Mantua (1560), Venedig (1599) und Amsterdam (1695). Die *Amsterdam-
Haggada* enthält außerdem als erstes Buch des Judentums ein Faltblatt
mit einer gedruckten Karte von Erez Jisrael. *Haggadot*, wie der Plural
von Haggada lautet, wurden sogar als Sonderausgaben für die jüdischen Soldaten beider Weltkriege und für die Holocaust-Überlebenden gedruckt, die sich im Frühjahr 1946 noch in den DP-Lagern der
Alliierten («Displaced Person Camps») aufhielten, oder für israelische Soldaten, die im Frühjahr 1967 die Grenzen zu Syrien und
Ägypten an vorderster Front sicherten, nur zwei Monate vor Ausbruch des Sechstagekriegs.

Vor mir liegt eine jiddische Haggada-Ausgabe, die für die Sederabende am 15. und 16. April 1946 im Münchner Deutschen Theater gedruckt worden war. Hunderte von amerikanisch-jüdischen Besatzungssoldaten und Holocaust-Überlebenden aus den DP-Lagern in Bayern nahmen daran teil. Anstatt mit den traditionellen Worten «Pharaohs Sklaven waren wir in Ägypten» beginnt sie mit dem Satz: «Hitlers Sklaven waren wir in Deutschland.» Und in einem Begleittext heißt es, dass es für die in München versammelten Söhne Jisrael in Uniform gewiss ein erhebendes Gefühl war, nicht nur mit einer Hand voll Soldaten unter dem Kommando von Moschehs heiligem Glauben gekämpft zu haben, wie einst die Väter in Jisrael, sondern zudem mit den gewaltigen Armeen der Alliierten unter dem Kommando von General Dwight D. Eisenhower.

Alles in allem sind ungefähr 2700 verschiedene Haggada-Ausgaben bekannt. Vor vielen Jahren begann ich eine eigene Sammlung anzulegen, aber irgendwann verlor sich meine Sammelleidenschaft wieder.

Die Lesung der Haggada vor und nach dem Festmahl wird von Lobpreisungen begleitet und kulminiert im Singen von einem Dutzend oder mehr erhebenden Liedern. Für einen kleinen Jungen war der Moment, als der Gesang begann, immer ein willkommenes Zeichen, dass sich der Abend dem Ende näherte; dennoch, die Inbrunst, mit der diese Lieder gesungen wurden, konnte sogar den schläfrigsten kleinen Kerl wieder hellwach machen.

Von einem negativen Aspekt wurde Pessach allerdings zu vielen Zeiten begleitet – es fiel häufig mit Ostern zusammen, und wenn dies der Fall war, nutzten Christen dieses zufällige Zusammentreffen oft, um Juden zu ergreifen und sogar zu morden, mit der Begründung, dass die «Mörder Christi» Christenkinder töteten, um mit deren Blut das ungesäuerte Pessachbrot zu backen. Im 13. Jahrhundert häuften sich diese Blutbeschuldigungen derart, dass Juden der Haggada schließlich einen Psalm hinzufügten, der mit den mächtigen Worten beginnt: «Gieß deinen Zorn über die Völker, die dich nicht kennen ...» Heutzutage lehnen viele, vor allem junge Juden diesen

kämpferisch «antichristlichen» Ton ab und weigern sich, diesen
Psalm zu lesen. Manche Familien haben ihn ganz gestrichen. Ich erinnere mich noch gut, wie peinlich er mir in meinen jungen Jahren
war – aus welchem Grund er eingeführt wurde, sollte ich erst als
Dreißigjähriger erfahren!

Unter marokkanischen Juden, von denen die meisten heute in Israel und Frankreich leben, ist es üblich, am letzten Abend des Pessachfestes von Haus zu Haus zu gehen, um ein glückliches Jahr zu
wünschen. Am Tag nach Pessach ziehen sie mit der ganzen Gemeinde
vor die Tore der Stadt und sagen einen Segensspruch über die Bäume.

Liebe Tante Fori,

an *Chanukka* wird der Sieg der Makkabäer (Hasmonäer) über die
hellenistische Seleukidendynastie gefeiert, eine Geschichte, die ich
dir bereits in einem meiner «historischen» Briefe vor vielen Monaten
erzählte. Das Wort *Chanukka* bedeutet «Einweihung». Für jeden der
acht Feiertage wird eine Kerze in Erinnerung an das Wunder angezündet, das die Makkabäer erlebten, nachdem sie die griechischen
Herrscher über Jisrael besiegt hatten: Als sie den Tempel in Jerusalem von allem reinigen wollten, was an die hellenistische Götzenanbetung erinnerte, fanden sie nur noch ein Fläschchen Öl vor, das mit
dem Siegel des Hohepriesters versehen und daher rein war. Die
Menge, die für genau einen Tag gedacht war, reichte acht Tage lang
– bis sie genügend Oliven zerstampft und wieder reines Öl herge-
stellt hatten.

Jeden Abend wird eine neue Kerze neben der Kerze des Vor-
abends angezündet, sodass am letzten Abend acht Kerzen brennen,
und zusätzlich eine neunte, die zum Anzünden der anderen dient
und deshalb *Schamasch* genannt wird, «der Diener».

Den Leuchter nennt man *Chanukkia* (im Gegensatz zur sonst üblichen siebenarmigen *Menora*). Und immer ist er ein Prachtexem-

plar jüdischer Kreativität und Kunst. Es gibt ihn in unzähligen Varianten und Stilen: antik, klassisch, mit Ranken verziert, modern, schmucklos, verspielt, aus Silber oder aus Messing. Manchmal laufen die Kerzenhalter in den Formen von kleinen Silber- oder Kupfervögeln aus, und man kann sie mit koscheren Öl- oder Wachskerzen bestücken. Jedes Familienmitglied darf seine eigene Chanukkia anzünden. Viele Familien besitzen ein halbes Dutzend oder mehr verschiedene; während des restlichen Jahres dienen sie (ohne Kerzen) dann oft als Dekoration.

In den letzten Jahren wurden an vielen öffentlichen Plätzen, vor allem natürlich in Israel, riesige, mit elektrischen Kerzen bestückte Chanukkaleuchter aufgestellt, so auch von den Lubawitscher Chassiden ganz in der Nähe meiner Wohnung im Londoner Stadtteil Golders Green. Seit der Amtszeit von Präsident Jimmy Carter brennt sogar ein Leuchter vor dem Weißen Haus in Washington: Eine Gruppe ultraorthodoxer Chassiden hatte den Präsidenten aufgefordert, nicht nur den christlichen Weihnachtsbaum aufzustellen, der den Rasen des Weißen Hauses von jeher zur Weihnachtszeit ziert, sondern auch den Juden mit einer Chanukkia die Ehre zu erweisen (Chanukka und Weihnachten fallen oft zusammen). Carters innenpolitischer Berater Stuart Eizenstat, ein gläubiger Jude, setzte sich gegen die zunächst skeptischen zuständigen Beamten durch; seither erstrahlt Jahr für Jahr vor dem Weißen Haus auch eine Chanukkia.

Das typisch reichhaltige Festmenü an Chanukka ist unter Aschkenasim sehr beliebt: Es gibt in Öl Gebackenes oder Gebratenes,[29] traditionell Kartoffelpuffer (*Latkes*) und Krapfen (*Sufganiot*) – und diverse «milchige» Gerichte, die an die Heldentat der Judith erinnern sollen, welche Holofernes, dem Feldhauptmann des verhassten Nebukadnezar, so stark gesalzenen Käse vorsetzte, dass er seinen Durst mit zahlreichen Bechern Wein löschen musste und schließlich in tiefen Schlaf versank; Judith schlug ihm das Haupt ab und brachte es zu seinen Soldaten nach Jerusalem, die vor Schreck prompt flohen. Diese Geschichte hat deutliche Anklänge an die von Jael und Sisra, die ich dir in einem meiner Briefe über die biblischen Zeiten erzählte: Auch Jael «öffnete den Milchschlauch und ließ ihn trinken», bevor sie Sisra den Zeltnagel in die Schläfe stieß.

Für die Tradition, «milchige» Gerichte zu servieren, gibt es wieder einmal die unterschiedlichsten Begründungen, nicht zuletzt die simple, dass Milchprodukte für Alt und Jung bekömmlich sind. Man sagt auch − es existiert kein jüdischer Brauch, der nicht von den unterschiedlichsten Erklärungen und Legenden begleitet wäre −, dass die Kinder Jisrael, als ihnen in biblischen Zeiten die Speisegesetze offenbart wurden, nicht sicher gewesen seien, wie mit Fleisch zu verfahren war, und deshalb beschlossen, sich lieber an Käse zu halten, als einen Fehler zu begehen. Eine weitere Interpretation ist, dass der Verzehr von Milchprodukten ein Akt des Respekts vor den Weisen frühester Zeiten sei, weil sie die Tora mit Milch und Honig verglichen.

Eine andere Chanukka-Tradition sind diverse Kartenspiele und der *Dreidel*, ein würfelförmiger Kreisel, in dessen Flächen die vier Buchstaben N, G, H, S eingebrannt sind. Sie bestimmen einerseits die Regeln des Spiels, andererseits stehen sie für die Anfangsbuchstaben des hebräischen Satzes *nes gadol hajah schom*, «ein großes Wunder geschah da». Für die in Israel benutzten Dreidel wird der Buchstabe S gegen den Buchstaben P eingetauscht − P für *po*, «hier», anstelle von S für *schom*, «da».

Chanukka ist eines der beliebtesten Feste, obwohl es auf den Winter fällt und zu den «Halbfeiertagen» zählt. Es ist immer ein Höhepunkt, wenn nach dem Anzünden der Kerzen die jüdische Hymne aus dem 13. Jahrhundert, *Ma'os Zur Jeschu'athi*, «Zuflucht, Fels meiner Rettung» gesungen wird. Deren freudig, aber gewiss nicht immer reinen Tones angestimmte Melodie stammt aus der deutsch-jüdischen Welt des 15. Jahrhunderts.

Dank der Erfindung des Internets kann heutzutage jeder, ob Jude oder nicht, der mehr über die kulinarischen Genüsse von Chanukka erfahren möchte, eine Vielzahl an Webseiten für alle nur denkbaren Rezepte und Rituale zu Chanukka aufrufen. Mark Mietkiewicz zum Beispiel, ein Fernsehproduzent aus Toronto, bietet eine ganze Reihe von Links zu Webseiten mit Chanukka-Rezepten an: für mit Quark oder Schokolade gefüllte Sufganiot; für die üblicherweise mit einer heißen Apfelsauce oder kaltem Schmand servierten köstlichen Latkes; oder für sephardische Saucenrezepte mit Nektarinen und Nelkenbasilie und einer scharfen Karottensalsa. Eine Webseite, auf der ich mit Genuss gesurft bin, liefert sogar ein Rezept, um «Adam's Channukka Ale» aus Kardamom, Zimt, Orangen, Ingwer, Muskat und Nelken zu brauen. Der Wunder sind keine Grenzen gesetzt – vor allem nicht an Chanukka!

Vielleicht ist dir einmal aufgefallen, dass es die unterschiedlichsten englischen Schreibweisen für *Chanukka* gibt. Gloria Donen Sosin, eine Amerikanerin, mit der ich korrespondiere, schickte mir gerade einen Artikel, in dem sie nicht weniger als dreizehn verschiedene Transkriptionen der fünf hebräischen Buchstaben CH-N-V-K-H für den Namen dieses Festes allein im Englischen zitiert, darunter «Khannukah, Channuka, Channukah, Chanuka, Chanuko, Hannukah, Hanukah» (wie ich persönlich es vorziehe). Wie Gloria betont, entbehrt das doppelte «n», das in vielen englischen Transkriptionen vorkommt, jeder logischen Grundlage, da das Hebräische gar keine Doppelkonsonanten kennt. Mir scheint, es gibt einfach keinen Aspekt der jüdischen Geschichte, für den nicht eine eigene Welt der Forschungen und Ableitungen erschaffen wurde!

Liebe Tante Fori,

heute will ich dir erzählen, welche alljährlichen Ereignisse im jüdischen Kalender durch die Gründung des Staates Israel 1948 beeinflusst wurden beziehungsweise wieso man dem jüdischen Kalender drei neue Feiertage hinzufügte.

Der erste ist *Jom ha-Zikaron*, der Gedenktag für die jüdischen Soldaten, die in den mittlerweile fünf großen Kriegen Israels – 1947 bis 1949, 1956, 1967, 1973 und 1982 – und bei den bewaffneten Konflikten in den Zwischenzeiten fielen.[30]

Im Unabhängigkeitskrieg von 1947 bis 1949 war der Blutzoll, den die junge Nation von nur einer halben Million Juden zahlen musste, besonders hoch gewesen. Da Israelis ihre Gefallenen nicht auf den Schlachtfeldern zurücklassen, gibt es auch kein Denkmal des Unbekannten Soldaten, stattdessen den nationalen Heldenfriedhof auf dem Herzl-Berg (wo sich Theodor Herzls Grab befindet), auf dem jedoch nicht nur militärische, sondern auch politische Führer Israels begraben werden, wie etwa nach seiner Ermordung 1995 Yitzhak Rabin.

An diesem Gedenktag wird alljährlich auf dem Herzl-Berg eine Feier unter Anwesenheit des Präsidenten, der gesamten Regierung und einer Vielzahl von Würdenträgern abgehalten. In allen Häusern Israels werden Gedenkkerzen angezündet und Gebete gesprochen, und die Familien von Gefallenen besuchen die Gräber ihrer Verwandten auf den Militärfriedhöfen im ganzen Land.

Jom ha-Zikaron ist ein trauriger Tag. Obwohl Israel bisher keinen Krieg verlor, herrschen nirgends Triumphgefühle. Rabin, damals Generalstabschef der israelischen Armee, sagte unmittelbar nach dem dramatischen und schnellen Sieg der israelischen Armee 1967 vor einem Auditorium auf dem Campus der Hebrew University am Mount Scopus, der seit 1948 durch Jordanien von Israel abgeschnitten gewesen und von israelischen Truppen gerade erst befreit worden war (750 Israelis und 2000 arabische Soldaten hatten dabei das Leben verloren): «Die Soldaten an den Frontlinien sahen nicht nur die Glorie des Sieges mit eigenen Augen, sondern auch seinen Preis, als ihre Kameraden blutend an ihren Seiten zusammenbrachen. Und ich weiß, dass auch der schreckliche Preis, den unsere Feinde zahlen mussten, die Herzen vieler unserer Soldaten bewegte … Vielleicht weil das jüdische Volk niemals gelernt hat, angesichts von Eroberung

und Sieg Triumph zu empfinden, erleben auch wir ihn nun mit ge-
mischten Gefühlen.»
Der zweite, neu in Israel eingeführte Feiertag ist *Jom ha-Atzma'ut*,
der Unabhängigkeitstag. Er findet einen Tag nach dem Gedenktag
statt, am 15. Mai, und erinnert an die Unabhängigkeitserklärung von
1948. Obwohl eigentlich ein säkularer Feiertag, verlieh ihm das
Oberrabinat durch besondere Festgebete für den Gottesdienst am
Morgen und Abend auch einen religiösen Charakter. Weil an diesem
Tag viele säkulare Feiern und Sportereignisse stattfinden, wird er
obendrein nie an einem Sabbat begangen – das heißt, wenn dieses
Datum auf einen Freitag oder Samstag fällt, finden die Feierlichkeiten am vorangehenden Donnerstag statt.
Obwohl Jom ha-Atzma'ut eines Tages gedenkt, dem sich 1948
unmittelbar zehn Monate Krieg und schließlich das siegreiche Überleben des Staates anschlossen, haben die Feierlichkeiten nichts Krie-
gerisches an sich. Die Militärparaden, die in den ersten Jahren der
Existenz des jüdischen Staates stattgefunden hatten, sind längst abge-
schafft worden, stattdessen wird in den Synagogen aus dem Buch Jeschajahu verlesen: «Und es wohnt der Wolf mit dem Lamme, und
der Tiger lagert neben dem Böcklein, und Kalb und junger Leu und
Maststier zusammen, und ein kleiner Knabe leitet sie. Und Kuh und
Bär weiden, es lagern ihre Jungen zusammen, und der Leu, wie ein
Rind, frisst Stroh. Und es spielt der Säugling auf dem Loche der
Natter, in die Höhle des Basilisken steckt seine Hand das entwöhnte
Kind. Sie tun kein Leid und richten nicht Verderben an auf meinem
ganzen Hebräischen Berge; denn voll ist die Erde der Erkenntnis des
Ewigen, wie Wasser die Meerestiefe bedecken … Und es geschieht,
selbigen Tages lässt walten der Herr zum zweiten Male seine Hand,
sich zu eignen den Rest seines Volkes …»
Doch zumindest die Autos auf den Straßen Israels sind am Unab-
hängigkeitstag mit israelischen Fahnen und Wimpeln geschmückt.
Man feiert ja an diesem Tag nicht nur das Überleben des Staates nach

seiner Gründung, sondern auch die inzwischen über fünfzig Jahre, in denen er seine Existenz mit viel Kreativität, oft unter großen Härten und Rückschlägen, aber niemals ohne Hingabe und Hoffnung gesichert hat.

Der dritte jährliche Feiertag, der nach Gründung des Staates Israel eingeführt wurde, ist *Jom ha-Schoah*, «Tag der Katastrophe», auch Holocaust-Gedenktag genannt. Für diesen Tag des Erinnerns an sechs Millionen ermordete Juden wurde das Datum gewählt, an dem der Warschauer Ghettoaufstand im April 1943 begann. Somit gedenkt man nicht nur der Massenvernichtung, sondern auch des Massenwiderstands.

An diesem Tag widmen fast alle Radio- und Fernsehstationen Israels ihre Programme Dokumentationen und Diskussionen über die Schoah oder Gesprächen mit Überlebenden. In Jad Vaschem, der Gedenkstätte an die Opfer des Nationalsozialismus, auf einem Hügel gleich westlich des Heldenfriedhofs auf dem Herzl-Berg gelegen, findet eine Trauerveranstaltung statt, bei der Überlebende die Gedächtniskerzen anzünden. Vor etwa zehn Jahren wurde im Londoner Hyde Park ebenfalls ein Holocaust-Mahnmal errichtet, an dem sich jedes Jahr zu Jom ha-Schoah Juden in stillem Gedenken versammeln.

Im Laufe der Zeit, als der Holocaust in immer mehr Büchern und Fernsehsendungen thematisiert und schließlich auch in schulischen Lehrplänen berücksichtigt wurde, erklärten die meisten europäischen Regierungen den 27. Januar, an dem die Rote Armee 1945 Auschwitz befreite, zum Gedenktag. Juden wie Nichtjuden sind an diesem Tag aufgefordert, sich an die jüdischen Opfer, Partisanen, Widerstandskämpfer und die insgesamt rund 20000 Nichtjuden zu erinnern, die ihr Leben riskierten, um Juden zu retten – an jene Männer und Frauen, die von Juden als «Gerechte der Völker» geehrt werden. Über sie schreibe ich gerade ein Buch. Vor kurzem reiste ich für Recherchen in «dein» Budapest und besuchte eine Reihe von

Klöstern, christlichen Waisen- und Privathäusern, in denen 1944 Juden versteckt und deshalb gerettet worden waren.

Es gibt noch einen vierten Feiertag, der seit dem Sechstagekrieg 1967 zum jüdischen Kalender gehört: *Jom Jeruschalajim*, Jerusalemtag, der am 28. Ijar begangen wird, welcher 1967 auf den 7. Juni fiel, den Tag der Wiedervereinigung Jerusalems.

An diesem Tag stand Jerusalem mit dem Tempelberg und der Westmauer («Klagemauer») zum ersten Mal seit den Zeiten des Zweiten Tempels und der Herrschaft von Herodes wieder unter jüdischer Oberhoheit.

In allen Synagogen Israels wird am Jerusalemtag das *Hallel*, die «Lobpreisung», mit den entsprechenden Psalmen vorgetragen. Das «große Halleluja» mit den Psalmen 113 bis 118 beginnt mit den Worten: «Preiset oh Ihn! Preiset, ihr SEINE Knechte, preiset SEINEN Namen! SEIN Name sei gesegnet von jetzt bis hin in die Zeit, vom Aufstrahlen der Sonne bis zu ihrer Heimkunft SEIN Name gepriesen!»

Liebe Tante Fori,
heute möchte ich dir etwas über die Synagoge schreiben, über den zentralen Ort des gemeinschaftlichen Betens. Das Wort stammt aus dem Griechischen und bedeutet «Gemeinde»; im Hebräischen wird sie *Beit Knesset* genannt, «Versammlungshaus» (im Gegensatz zum israelischen Parlament, das nur *Knesset*, «Versammlung», genannt wird).

Die Ursprünge der Synagoge wurden nie eindeutig geklärt. In den Fünf Büchern der Tora kommen ein solcher Ort und ein solches Konzept nicht vor. Möglicherweise waren die ersten Synagogen im babylonischen Exil entstanden, kleine Häuser für das gemeinsame Gebet oder als Treffpunkt für Juden, die dem Tempel in Jerusalem so fern waren. Im Buch Ezechiel steht das Gotteswort geschrieben:

«Obwohl ich sie entfernt habe unter die Völker, und obwohl ich sie zerstreut habe in die Länder, so werd' ich ihnen doch zu einem kleinen Heiligtum in den Ländern, in die sie gekommen sind.» Und genau dieses «kleine Heiligtum» betrachtet die rabbinische Tradition als Urform der Synagoge.

Ein anderer biblischer Hinweis, der sich diversen Auslegungen zufolge ebenfalls auf die Synagoge als solche bezieht, findet sich im Psalm 74, in dem es über die Feinde der Juden heißt: «In Feuer steckten sie dein Heiligtum, zum Erdland preisgaben sie die Wohnung deines Namens.» Archäologen haben in Israel die Überreste von Synagogen aus römischer Zeit ausgegraben, wie es sie mit Sicherheit auch in Rom selbst und in Alexandria gab, wo viele Juden lebten. Aus dem christlichen Neuen Testament sind Predigten von Jesus in galiläischen Synagogen und von Paulus in den Synagogen von Damaskus, in Kleinasien und auf Zypern überliefert. Schon damals wurden sie auf dieselbe Weise wie heute erbaut – die Gebetsrichtung nach Jerusalem. Deshalb zeigt die uralte Synagoge in der römischen Siedlung Jerasch im heutigen Jordanien, die ich vor fünf Jahren besuchte, mehr oder weniger Richtung Westen, die Synagoge in der Herodes-Festung Masada in Richtung Norden, die Synagogen von London und Budapest nach Süden und die New Yorker Synagogen nach Osten.

An der nach Jerusalem weisenden Wand einer jeden Synagoge steht der *Aron ha-Kodesch*, der Toraschrank, in dem die Torarollen verwahrt werden, wenn sie nicht in Benutzung sind und auf dem *Almenor*, dem Vorlesepult, liegen. Jeder Gläubige steht während des Gebets ihm zugewandt.

Vor dem Toraschrank hängt eine kleine Lampe, genannt *Ner tamid*, die die Gemeinde an das ewige Licht im Ersten Tempel erinnern soll. Seine Ursprünge lassen sich auf ein Gebot zurückführen, das Gott Moscheh bezüglich der Ausgestaltung des Tempels gab: «Und du gebiete den Kindern Jisrael, dass sie dir bringen Olivenöl, lauteres, ausgepresstes, zur Beleuchtung, um die Lampen beständig anzustecken.»

Der Toraschrank selbst ist einer der prächtigsten Gegenstände in der Synagoge. Er ist meist mit Ornamenten geschmückt, mit Samt ausgeschlagen und immer vom *Parochet* verdeckt, einem reich verzierten Vorhang aus Damast, Samt oder Seide. Auch die Rollen selbst werden von einem Mantel aus feinstem Tuch verhüllt. Die Spitzen der beiden Holzgriffe, um welche die Rollen gewunden werden, nennt man *Keter Tora*, die «Krone der Tora», in der Regel durch prunkvolle silberne Granatäpfel dargestellt.

Das Hauptgebet in der Synagoge ist das *Schmone Esre*[31], auch *Amida*, «das Stehen», genannt. Wie uns die Weisen erklären, wurde dieses in allen drei Tagesgebeten wiederholte Kerngebet als Ersatz für die zu Zeiten des Tempels üblichen drei täglichen Tieropfer eingeführt. Es beginnt mit drei Segenssprüchen zur Lobpreisung Gottes und endet mit drei Segenssprüchen des Dankes, dazwischen liegen dreizehn Bitten: um Erkenntnis, um Rückführung auf den rechten Weg, um Verzeihung, um Erlösung aus dem Elend, um Heilung, um Segnung, um Befreiung, um die Rückbringung der Richter und Ratgeber, um Hoffnungslosigkeit für die Verleumder, um Wohlgefallen an den Gerechten des Hauses Jisrael, um Gottes Rückkehr nach Jerusalem, um gutes Wachstum der Sprösslinge und um Gottes Annahme der Gebete.

Ein Bestandteil des Amida stammt von dem babylonischen Weisen Mar Bar Ravina aus dem 4. Jahrhundert, der nicht nur für seine Weisheit, sondern auch für seine enthaltsame Lebensführung berühmt war. Bar Ravina fastete jeden Tag bis Sonnenuntergang, sogar am Abend vor dem Versöhnungstag, an dem üblicherweise reichlich gegessen wird. Einmal, als er bei der Hochzeit seines Sohnes sah, wie fröhlich das Brautpaar war, zerbrach er einen Becher, um zum Ausdruck zu bringen, dass das Leben kein Spiel sei. Dies gilt unter vielen Gelehrten als Ursprung des Brauches, bei einer jüdischen Hochzeitszeremonie ein Glas zu zertreten. Sein Amida-Gebet beginnt mit den Worten: «Mein Gott, bewahre meine Zunge vor böser Rede und meine Lippen vor Lüge. Denen gegenüber, die mir Böses wollen, lass mich angemessen reagieren, und meine Seele möge gelassen bleiben, was auch geschieht. Mache mich bereit für deine Weisung. Nach deinen Geboten will ich leben ...»

Amida wird mit Blick auf den Toraschrank gebetet – also immer Jerusalem zugewandt – und von jedem Gemeindemitglied leise, aber Wort für Wort deutlich betonend gesprochen. Bei Beginn des Gebets tritt der Gläubige drei Schritte vor, so als trete er vor Gott, und am Ende wieder drei Schritte zurück.

Während Amida dürfen keine Gespräche zwischen den Gläubigen stattfinden – wohingegen Diskussionen in vielen anderen Momenten des Gottesdienstes typisch sind, wenngleich es auch möglichst keine Privatgespräche sein sollten. Es wird still in der Synagoge. Haben alle Gemeindemitglieder leise ihr Gebet beendet, wird es vom Vorbeter laut wiederholt.

Der zentrale Teil des Gottesdienstes am Sabbat ist die Lesung des Wochenabschnitts aus der Tora. Mindestens sieben Personen werden als *Alija* benannt und vom Synagogenvorsteher zur Lesung aufgerufen. Der erste Vorleser muss immer ein Cohen sein, also aus der Priestersippe stammen, und der zweite ein Lewi, ein Angehöriger der Lewijim, die im Heiligtum Dienst taten und den Priestern unterstellt waren. Jeder Aufgerufene muss mindestens drei Verse aus dem Wochenabschnitt lesen oder singen, es sei denn, er entscheidet sich, Segenssprüche zu rezitieren und dem Vorbeter die Lesung zu überlassen. Nachdem die Torarolle wieder in den Schrank eingehoben wurde, wird die Handlung mit den Worten beschlossen: «Und wann der Schrein ruhte, sprach er (Moscheh): Kehr ein, du, in die Mengen der Tausende von Jisrael!»

Liebe Tante Fori,

ein besonders ernster Teil des Gottesdienstes, das Totengedenken, wird kollektiv beim Jiskor gesprochen, dem Totengebet an Neujahr und am Versöhnungstag. Individuell beten Trauernde für die Seelen von verstorbenen Verwandten und Freunden das *Kaddisch*; es ist Bestandteil einer jeden Synagogenfeier.

Kaddisch bedeutet «Heiligkeitsgebet» und wird zehnmal in der täglichen Liturgie gesprochen, jeweils vor einem neuen Teil. Es beginnt mit der Lobpreisung Gottes: «Erhoben und geheiligt werde Sein großer Name in der Welt, die Er nach Seinem Willen erschaffen ...»

Seit dem Mittelalter, als in Deutschland viele, bis heute gebräuchliche jüdische Rituale eingeführt oder erstmals schriftlich festgehalten wurden, sprechen Juden, die einen persönlichen Anlass zur Trauer haben, stehend an ihrem Platz in der Synagoge das so genannte *Kaddisch Jatom*, das «Kaddisch der Waisen» – elf Monate lang Tag für Tag. Wer nicht regelmäßig in die Synagoge zu gehen pflegt, bittet oft einen Verwandten oder Freund, Kaddisch für ihn zu sagen. Die Worte des Gebetes sind aramäisch; das war die Umgangssprache der Juden – auch von Jesus – vor zweitausend Jahren in Palästina.

Die Bitte, mit der das Kaddisch endet, ist wohl eine der am häufigsten zitierten Passagen aus der jüdischen Liturgie. Es ist eine direkte Anrufung Gottes: «Stifte Frieden unter uns und ganz Israel, sprechet: Amen!»

Wenn sich der Todestag eines Elternteils jährt, sprechen die Söhne, nachdem sie bereits am vorangegangenen Sabbat zur Toralesung aufgerufen wurden, Kaddisch in der Synagoge. Brauch ist auch, dass sie an jedem Todestag wohltätige Spenden verteilen.

Abgesehen vom Kaddisch-Sprechen, zünden Kinder alljährlich am Todestag der Eltern eine Gedächtniskerze an, die man (jiddisch) «Jahrzeit» nennt und die den ganzen Tag brennen muss, wie es im Buch der Sprüche geschrieben steht: «Denn eine Leuchte ist das Gebot, und die Weisung ein Licht ...»

Wie der Kaddisch-Brauch lässt sich auch das Jahrzeit-Ritual auf deutsche Juden aus dem 15. Jahrhundert zurückführen. Damals pflegten die Trauernden an Todestagen zu fasten, was heute nicht mehr üblich ist. Sephardische Juden nennen das alljährliche Totengedenken *Nachala*, «Erbe».

Auch während der Zehn Bußtage zwischen Neujahr und Versöhnungstag besuchen Juden die Gräber der Eltern oder nahen Verwandten, um Kaddisch am Grab zu sprechen. Auf den Grabstein legen sie, wie es Sitte ist, einen kleinen Stein.[32]

Liebe Tante Fori,

dieser Brief wird sich mit einigen Personen oder Funktionen rund um die Synagoge befassen, allem voran natürlich mit dem Amt des Rabbiners. Konservative wie liberale Reformgemeinden haben vor einigen Jahren erstmals Frauen zum Rabbineramt zugelassen, etwas vor dem 20. Jahrhundert geradezu Unvorstellbares, obwohl es schon früher weibliche jüdische Religionsgelehrte gab. Rabbi Chajim Azulai aus Livorno, der im 18. Jahrhundert in Jerusalem wirkte, listete zum Beispiel mehrere Frauen unter den insgesamt 1300 Gelehrten auf, die er in sein biographisches Lexikon *Schem ha-Gedolim* («Name der Großen») aufnahm.

Das Wort *Rabbi* leitet sich aus dem hebräischen *Raw* ab und bedeutet – mit dem angehängten «i» – «mein Lehrer». Wie ich dir bereits schrieb, wird Moscheh unter Juden Moscheh Rabbenu genannt, «Moscheh unser Lehrer». Das sephardische Wort für Rabbi ist *Hacham*, «Weiser». Im Ostjudentum kannte man zudem die Tradition des Wanderpredigers oder «Volksredners», der keiner spezifischen Synagoge oder Stadt angehörte und *Maggid* hieß. Nur in sehr großen Städten gab es neben dem Rabbiner der Stadt auch einen eingesessenen Maggid, dessen Unterhalt von der jüdischen Gemeinde bestritten wurde.

Zu den Aufgaben des Rabbis gehören die Leitung des Gottesdienstes, Predigten, Segnungen der Gemeinde, Lehrveranstaltungen, der Besuch bei Kranken, die Durchführung von Bar Mizwas, Hochzeiten und Begräbnissen sowie die Betreuung der Trauernden. Mit dem Rabbiner eng zusammen arbeitet der *Chasan*, der Kantor oder Vorbeter, welcher die Gemeinde mit melodiöser Stimme durch den Gottesdienst lenkt. Ein Höhepunkt seiner Kunst ist der – inbrünstig vorgetragene – Gesang des Kol Nidre («Alle Gelübde»), jenes Gebets, mit dem der Gottesdienst am Abend des vierundzwanzigstündigen Versöhnungstages beginnt.

Der *Gabbai* («Einnehmer») ist der Synagogenvorstand, er kümmert sich um die organisatorischen Belange. Im Mittelalter oblag es dem Gabbai zudem, wohltätige Spenden von der Gemeinde einzutreiben. Der *Schamasch* (üblicherweise jiddisch *'Schames* genannt) hingegen, der Synagogendiener, überwacht den Gottesdienst, teilt den Gemeindemitgliedern Aufgaben zu, hilft jedem, der darum bittet, beim Lesen des Wochenabschnitts der Tora, und organisiert die Festgottesdienste und Feierlichkeiten. Der *Parnas* («Pfleger» oder auch «Ernährer») ist der Gemeindevorsteher, dem sowohl administrative als auch religiöse Aufgaben zufallen. Heute wird dieses Amt üblicherweise durch einen von der Gemeinde gewählten Laien ausgefüllt.

Das Konzept des Groß- oder Oberrabbiners ist relativ neu in der jüdischen Geschichte, wohingegen es schon immer Rabbis gab, die keine priesterlichen Aufgaben hatten, sondern Lehrhausvorsitzende und Gelehrte waren, an die sich Juden – auch andere Rabbiner – mit der Bitte um Rat und Weisung wandten. In Großbritannien und dem Commonwealth existiert das Amt des «Chief Rabbi» erst seit über hundert Jahren. Viele Jahre lang wurde es von Immanuel Jakobovits bekleidet, der kurz vor dem Zweiten Weltkrieg, noch in seiner Jugend, vom ostpreußischen Königsberg nach England emigriert war. Heute hat Jonathan Sacks, der mit seinen Interpretationen der jüdischen Glaubenstraditionen speziell für Nichtjuden großen Einfluss ausübt, diese Position inne.

In Israel gibt es zwei Oberrabbiner, einen aschkenasischen und einen sephardischen, scherzhaft die «himmlischen Zwillinge» genannt. Das Amt des aschkenasischen Oberrabbiners bekleidet zur Zeit, da ich dies schreibe, Rabbi Israel Meir Lau, ein Holocaust-Überlebender aus der polnischen Kleinstadt Piotrkow, der von seinem älteren Bruder Naftali in den Zeiten der Deportation und Konzentrationslager beschützt wurde. Gemeinsam erlebten sie die Befreiung des Konzentrationslagers Buchenwald durch amerikanische Truppen. Der derzeitige sephardische Oberrabbiner Elijahu Bakschi Doron war seit 1993 im Amt. Als er und Rabbi Lau am 23. März 2000 Papst Johannes Paul II. während seines ersten Besuchs in Israel im Jerusalemer Oberrabbinat empfingen, erklärte ihnen der Papst in einer Ansprache: «Wir Christen sind uns bewusst, dass das religiöse Erbe der Juden für unseren eigenen Glauben wesentlich ist. Ihr seid unsere älteren Brüder.»[33]

Die der Synagoge oft angeschlossene, ihren Zwecken dienliche Talmudschule nennt man *Bet ha-Midrasch* («Lehrhaus»). Gemeinderabbiner spielen eine wichtige Rolle als Mitglieder des *Bet Din* oder Gerichtshauses. Den Vorsitzenden des dreiköpfigen Rabbinatkollegiums einer Gemeinde nennt man *Aw Bet Din* («Vater des Gerichtshauses»); dies war ursprünglich der Titel des stellvertretenden Präsidenten des Sanhedrin, des Obersten Gerichts von Jerusalem zu Zeiten des Zweiten Tempels; die Rabbinatsassessoren heißen *Dajjanim* (Richter). In orthodoxen Gerichtshäusern werden diese Positionen ausschließlich an Männer vergeben; das britische Reformjudentum und das reformierte konservative Judentum in den Vereinigten Staaten lassen Frauen hingegen nicht nur im Rabbineramt, sondern auch als Mitglieder des Gerichtshauses zu.

Das Bet Din, das rabbinische Gericht, klärt im Wesentlichen alle Fragen der Scheidung zwischen Juden, Übertritte zum jüdischen

Glauben oder der Einhaltung von koscheren Speisevorschriften (dazu bald mehr). Nach dem jüdischen Verständnis des Richtertums gilt diesem Stand allerhöchster Respekt. Du wirst dich erinnern, dass ich dir bereits in einem meiner ersten Briefe über die jüdische Geschichte erzählte, dass die Kinder Jisrael anfänglich sogar von Richtern regiert wurden. In dem hebräischen Gebet *Baruch dajan ha-Emet*, «Gelobt der Richter der Wahrheit», das man spricht, wenn man von einem Todesfall erfährt oder sich in Gegenwart eines Toten befindet, wird auch Gott als Richter bezeichnet.

Trotz aller existierenden Hierarchien, wobei das Rabbinat an sich ein von Gleichheit geprägtes Machtsystem ist, kann für Juden dem Konzept der *Schechina* zufolge – des «Verweilens», der ständigen göttlichen Gegenwart unter den Menschen – jegliche Macht nur von Gott ausgehen: Urteil, Strafe wie Gnade. Und da jeder Jude in direkter Verbindung mit Gott steht, kann ein Rabbi, oder auch ein Oberrabbiner, an den sich viele Menschen auf Suche nach Führung und moralischer Unterstützung wenden, immer nur anleiten, selbst wenn er durchaus großes Charisma haben mag.

Liebe Tante Fori,

an Fasten- und Feiertagen werden viele, nur zum jeweiligen Anlass übliche Gebete in den Synagogen gesprochen, so etwa an *Rosch Chodesch*, dem «Haupt des Monats» (Neumond), mit dem die Monate im hebräischen Kalender beginnen und an dem noch heute allmonatlich ein besonderer Gottesdienst stattfindet. Zu biblischen Zeiten versammelte sich die Gemeinde in der Neumondnacht zum feierlichen Gebet und brachte ein Tieropfer dar, aber zugleich war diese Nacht immer auch ein Moment der Freude und des festlichen Beisammenseins mit der Familie. Erst nach der Zerstörung des Tempels ging der freudige Aspekt des Festes verloren. Heute bitten fromme Juden Gott um einen glücklichen und gesegneten neuen Monat, die Sephardim außerdem, dass er das Ende aller Sorgen und den Beginn der Errettung ihrer Seelen bringen möge.

Die unterschiedlichen religiösen Ausprägungen des jüdischen Glaubens brachten auch verschiedene Synagogenrituale oder liturgische Varianten mit sich. Man nennt dieses aschkenasische, sephardische, orthodoxe oder reformierte Brauchtum *Minhag* (wörtlich «Führung»).

Am Beispiel eines Brauches, der sich zur Feier des Neumonds einbürgerte, lässt sich zeigen, dass diese unterschiedlichen Richtungen einander jedoch immer irgendwie beeinflussen. Rabbi Mose Cordovero, der 1570 im Alter von achtundvierzig Jahren starb und ein berühmter Kabbalist in Safed gewesen war, hatte mit dem so genannten *Jom Kippur katan*, dem «Kleinen Versöhnungstag» vor Beginn von Rosch Chodesch, das Fasten eingeführt. Zuerst fasteten ausschließlich seine Anhänger bis zum gemeinsamen Bußgebet am Nachmittag, bei dem sie erflehten, den neuen Monat rein wie ein Säugling beginnen zu können. Nicht lange darauf wurde an diesem Tag auch außerhalb von Galiläa gefastet, obgleich immer nur auf freiwilliger Basis. Und heute gibt es sogar in England noch Gemeinden, die vor jedem Monatsbeginn fasten.

In mehreren Büchern der Hebräischen Schrift wird Rosch Chodesch mit dem Sabbat verglichen, doch inzwischen hat dieses Fest seine Bedeutung längst verloren und gehört zu den so genannten Halbfeiertagen, an denen das Fasten sogar verboten und Arbeiten erlaubt ist. Einer Überlieferung zufolge wurde während der Wanderschaft durch die Wüste das «Haupt» eines jeden Monats den Töchtern Jisrael gewidmet – aus Dankbarkeit für ihre Weigerung, das Goldene Kalb anzubeten, wurden sie an diesem Tag von jeder Arbeit freigestellt. Neuerdings nutzen immer mehr fromme Jüdinnen diesen Tag, um ihn feierlich mit anderen Frauen zu begehen oder gemeinsam aus der Tora zu lesen.

Ich möchte meine Briefe über die Synagoge und den jüdischen

Gottesdienst mit den Worten aus dem Vierten Buch der Tora beschließen, die wir beim Betreten unseres Bethauses sprechen. Denn
wie ich finde, kommt in ihnen die einzigartige Atmosphäre und
Wärme dieses Ortes besonders gut zum Ausdruck:
«Wie schön sind deine Zelte, Jaakob, deine Wohnungen Jisrael.»

Liebe Tante Fori,
ein fröhliches jüdisches Fest, an das du dich vielleicht noch aus
deinen Kindertagen erinnern wirst, ist *Purim*, das zum Gedenken an
die Tapferkeit der Jüdin Ester gefeiert wird. Ester war mit dem persischen Kriegerkönig Xerxes – in der Hebräischen Schrift Achaschwerosch genannt – verheiratet und hatte dessen Großwesir Haman
an seinem Plan gehindert, alle Juden Persiens zu töten, die ganze
große, blühende Gemeinde der Nachkommen jener Juden, welche
von Nebukadnezar aus Jehudah deportiert worden waren. Ester
selbst gehörte dem Stamm Binjamin an.
Haman plante, den König mit «zehntausend Kikar Silber» von seinem Vorhaben zu überzeugen. Zuerst jedoch warf er noch ein Los,
um zu bestimmen, auf welche Weise «all die Jehudim im ganzen Königreiche des Achaschwerosch» vernichtet werden sollten (das persische Wort für «Los» lautet *pur* – daher der Name dieses Festes). Ausnahmslos alle Juden sollten getötet werden. Auf Hamans Geheiß
wurden Schreiben «durch die Eilboten in alle Landschaften des Königs» verschickt, um «zu vertilgen, zu würgen und zu vernichten alle
Jehudim, von jung bis alt, Kinder und Weiber an einem Tage ...»,
bevor auch «ihre Habe zu plündern» war.
Esters Vetter Mardechai besorgte sich eine Abschrift dieses De-
krets, brachte es Ester und flehte sie an, den König um Verschonung
ihres Volkes (und ihrer selbst) zu bitten. Für Mardechais eigene Hin-
richtung – die Strafe, weil er vor Haman nie «das Knie beugte» – war
der Pfahl bereits gerichtet worden.

Kurz darauf wurde im königlichen Palast ein Bankett veranstaltet, zu dem auf Esters Bitten hin auch Haman, der über diese Ehre hocherfreut war, geladen wurde. Da erst berichtete Ester dem König von Hamans Plan und bat ihn inständig, sie und ihr Volk zu verschonen: «Denn wir sind verkauft worden, ich und mein Volk, zum Vertilgen und zum Würgen und zum Vernichten.» Der König reagierte prompt: «Wer ist das, und wo ist der, der den Übermut hat also zu tun?»

«Ein Mann», antwortete Ester, «ein Dränger und ein Feind, dieser böse Haman!» Daraufhin ließ der König Haman an dem Pfahl hängen, «den er errichtet für Mardechai».

Ester beschwor den König, auch «zu widerrufen die Briefe mit dem Anschlage Haman's ... zu vernichten die Jehudim in allen Landschaften des Königs. Denn wie vermöchte ich anzusehen das Unheil, das mein Volk treffen wird, und wie vermöchte ich anzusehen die Vernichtung meines Geschlechtes!» Sofort schickte der König Boten mit Schreiben in die «hundertsiebenundzwanzig Landschaften» seines Reiches aus, «von Hodu bis Kusch ... an jegliche Landschaft nach ihrer Schrift und an jegliches Volk nach seiner Sprache, und an die Jehudim nach ihrer Schrift und nach ihrer Sprache». Mit diesem Dekret erlaubte er den Juden ausdrücklich, sich in jeder Stadt seines Reiches «zu versammeln und zu stehen für ihr Leben, zu vertilgen, zu würgen und zu vernichten alle Kriegsmacht des Volkes und der Landschaft, die sie bedrängen würden, Kinder und Weiber, und ihre Habe zu plündern». Da «war Freude und Lust bei den Jehudim, Gastmahl und Festtag, und viele aus den Völkern des Landes bekannten sich zu den Jehudim, denn gefallen war die Angst vor den Jehudim über sie».

Das Buch, das dieser Geschichte in der Hebräischen Schrift gewidmet ist, wurde also zum Anlass für Purim, eines der ausgelassensten jüdischen Feste. Während in den Synagogen aus der *Megilla Ester* genannten Rolle verlesen wird, beginnt die ganze Gemeinde lautstark den Haman zu verfluchen und Ester zu bejubeln. Vor allem die

Kinder – die Mädchen fast immer als Ester verkleidet – amüsieren sich wahrhaft königlich inmitten des mächtigen Trubels, der im Bethaus herrscht.

Anschließend wird die Geschichte eines noch älteren Feindes der Juden verlesen, nämlich die von Amalek aus dem Zweiten Buch der Tora, den die Juden nach Gottes Wunsch aus dem «Gedächnis auslöschen» sollten. Und da Haman nach jüdischer Überlieferung ein Nachkomme von Amalek war, beginnt die Gemeinde – allen voran wieder die Kinder – auch bei jeder Erwähnung seines Namens so heftig mit hölzernen Purim-Rätschen zu lärmen und auf das Holz des Gestühls einzuhämmern, dass dieser im Getöse untergeht.

Falls jemand nicht in die Synagoge geht oder gehen kann, ist es ihm erlaubt, ja ausdrücklich von ihm erwünscht, die Ester-Rolle zu Hause zu lesen. Es ist das einzige Buch der Hebräischen Schrift, in dem der Name Gottes geschrieben steht. Jüdische Weise aus dem Mittelalter erklärten, man habe damit betonen wollen, dass Gott immer seine Hand im Spiel hat und uns rettet, wenn alles verloren scheint. Der Geschichte nach war die Rettung der Juden allerdings im Wesentlichen Mardechai und Ester überlassen worden.

Esters eigentlicher Name war Hadassah («Myrte»), und angesichts ihrer Geschichte ist es wenig überraschend, dass dies zu einem populären Namen für jüdische Töchter wurde. Die Weisen sagten: Wie die Myrte Duft verströmt, verströmt Hadassah gute Taten.

Aus der Ester-Rolle lassen sich vier Gebote ableiten, darunter dass Juden die Errettung ihres Volkes in Persien feiern sollen, indem sie «Gaben schicken einer dem anderen und Geschenke an die Dürftigen». Da «Gaben» und «Geschenke» Pluralworte sind, pflegen Juden an Purim zwei Geschenke an Arme und zwei Gaben an Freunde zu verteilen. Freunde bekommen meist eine beliebte Süßigkeit, die so genannten *Hamentaschen*, und oft werden weit mehr als nur zwei solche Gaben unter Nachbarn verteilt. Dass sie dreieckig sind, soll an die Kopfbedeckung des Haman erinnern. Andere meinen, dass die dreieckige Form dieses Gebäcks die drei Patriarchen, Abraham, Jizchak und Jaakob symbolisieren soll, welchen Königin Ester die Kraft für ihr Tun verdankte. Und da das hebräische Wort für Mohn wie die zweite Silbe von «Haman» ausgesprochen wird, haben die Hamentaschen eben eine Mohnfüllung bekommen.

Ein weiteres Gebot geht darauf zurück, dass dieser Tag einst «als ein Tag des Mahls und der Freude und als Festtag» gefeiert wurde. Die Weisen leiteten daraus ab, dass man ihn nicht nur mit einem Festmahl begehen, sondern obendrein reichlich Wein dazu trinken sollte: «Jeder muss so viel Wein trinken, bis er nicht mehr zwischen Haman und Mardechai unterscheiden kann.» Nicht jeder Rabbiner hat Verständnis für die exzessive Befolgung dieser Aufforderung.

Im Laufe der Zeiten begannen sich auch Purimfeste zu entwickeln, die sich nicht auf die alte Geschichte aus Persien beschränkten: In vielen Städten, in denen Juden einer Gefahr entronnen waren, wurden «lokale» Purimfeste eingeführt. 1524 wurden die Juden Kairos mit Massenvernichtung bedroht, sofern sie nicht einen enormen Geldbetrag an den ägyptischen Führer Achmad Pascha zu zahlen bereit waren. Die Summe überstieg ihre finanziellen Möglichkeiten jedoch bei weitem. Glücklicherweise fiel Achmad genau an dem Tag einer Palastrevolte zum Opfer, den er für die Ermordung der Juden angesetzt hatte. Deshalb wird dieser Tag seither von ägyptischen Juden als das «Purim von Kairo» gefeiert.

Die Frankfurter Juden begingen ein anderes Ereignis. 1614 war der Mob unter Anführung des notorischen Antisemiten Vinzenz Fettmilch, der sich selbst zum neuen Haman ernannt hatte, plündernd und mordend durch das Frankfurter Ghetto gezogen; wer überlebt hatte, musste fliehen. Doch Fettmilch wurde gehängt, und die Juden konnten auf Anordnung des Kaisers zurückkehren. Seither feiern die Frankfurter Juden alljährlich ihr «Purim Winz» – das Purim des Vinzenz.

1648 entkamen die Juden von Medschibosch den verheerenden Auswirkungen des Chmielnicki-Massakers. Um an das Wunder ihrer Verschonung zu erinnern, feierten auch sie fortan ein eigenes Purimfest. Einhundert Jahre später sollte der Gründer des Chassidismus, Baal Schem tov aus Medschibosch, wirken. Auch in Florenz wurde 1790 ein besonderes Purimfest ins Leben gerufen, zum Gedenken an den Schutz des örtlichen römisch-katholischen Bischofs, der die Verwüstung der dortigen jüdischen Gemeinde durch den Pöbel verhinderte. Und im muslimischen Tanger, wo die über zweitausend Kopf starke jüdische Gemeinde 1844 das Bombardement der Stadt durch die französische Flotte unbeschadet überstanden hatte, feiern Juden alljährlich ihr «Purim de las bombas».

Insgesamt wissen wir von über einhundert eigenständigen Purimfesten quer durch den jüdischen Kalender. Sogar eigene Familien-Purims gibt es, Tage, die einer Familie heilig sind, weil sie an eine besondere Gnade oder eine Rettung erinnern. In einem Artikel über lokale und familiäre Purimfeste in der «Canadian Jewish News» erwähnt Rabbi Schlomo Jakobowits zum Beispiel das Purimfest der Nachkommen von Rabbi Avraham Danzig aus Vilnius. 1804 zerstörte eine Explosion das Gebäude, in dem er lebte, einunddreißig Personen wurden dabei getötet. Rabbi Danzig und seine Familie wurden nur verletzt. Kein Wunder, dass er in seinem einflussreichen Kompendium jüdischer Religionsgesetze, «Chai Adam» («Das Leben des Menschen»), dem Purim mehr Raum als irgendeinem anderen Aspekt der jüdischen Tradition widmete.

Noch ein letztes Wort zu Purim, diesem ausgesprochen fröhlichen Fest, an dem sich viele Juden, vor allem natürlich die Kinder, sogar kostümieren: Aus dem osteuropäischen Judentum stammt ein Spruch, der uns ausdrücklich auffordert, das Ganze nicht so ernst zu nehmen: «Hohe Temperatur ist keine Krankheit und Purim kein hoher Feiertag.»

Liebe Tante Fori,

man nannte die Juden das Volk des Buches. Natürlich ist die Tora ihr wichtigstes «Buch», weil die Fünf Bücher Moscheh die Grundlagen ihres Glaubens festschreiben. Aber es gibt noch eine Menge anderer Bücher, die das religiöse Denken und Handeln von Juden beeinflusst haben.

Die Fünf Bücher der Tora werden nach ihrer griechischen Übersetzung auch als *Pentateuch* bezeichnet. Die hebräischen Namen für die Bücher Genesis, Exodus, Leviticus, Numeri und Deuteronomium sind der Reihenfolge nach *Bereschit* («Im Anfang»), *Schemot* («Die Namen der Kinder Jisrael»), *Wajikra* («Er rief»), *Bemidbar* («In der Wüste») und *Devarim* («Worte»). Jeder dieser Namen leitet sich vom Eröffnungssatz oder den entscheidenden ersten Worten des jeweiligen Buches ab. Als Einheit werden diese Fünf Bücher *Chumasch* genannt («fünf» Bücher).

Das Fünfte Buch beginnt mit den Worten: «Dies sind die Reden, die geredet Moscheh zu ganz Jisrael ...». Im Gegensatz zur Hebräischen Schrift wird in übersetzten Fassungen anstelle von «Reden» oft von «Gesetzen» gesprochen, das allerdings ist eine Fehldeutung der christlichen Übersetzer. Denn auch wenn die Tora viele Gesetze enthält, sind ihre Fünf Bücher doch nicht nur Gesetzestexte, sondern vielmehr die vollständige Darstellung der Geschichte der Kinder Jisrael und ihrer Beziehung zu Gott, zu denen göttliche Gesetze ebenso zählten wie vieles andere. Das Wort *Tora* leitet sich aus dem hebräischen Verb *jaroh* ab, «lehren», weshalb «Tora» korrekterweise als «Lehre» oder «Unterweisung» übersetzt werden muss.

In ihrer gegenständlichen Form ist die Tora, wie gesagt, ein mit einem prächtigen Mantel umhülltes und um zwei Stäbe gerolltes Pergament mit den Texten der Fünf Bücher Moscheh, *Sefer Tora* genannt. Aus diesen Rollen wird jeden Sabbat hingebungsvoll der jeweilige Wochenabschnitt verlesen, und sie werden bei allen Prozessionen durch die Synagoge getragen.

Die Tora oder die «Bücher Moses» und ihre Lehren bildeten für Juden in allen Zeiten das schriftliche Fundament ihres Glaubens. In der Tora verkörpert sich der Wille Gottes, der ihnen offenbart wurde und dem sie gehorchen. Sie war und ist für das orthodoxe Judentum nach wie vor das, was von den Rabbis die *Torah Min hascha majim* genannt wurde: «Die Tora ist vom Himmel» – wobei Himmel hier natürlich für Gott steht und die Tora daher keinerlei Revision zugänglich ist.

Die Unveränderlichkeit der Tora wurde auch im neunten der dreizehn Glaubensartikel festgeschrieben, die von Maimonides aus dem 12. Jahrhundert stammen: «Ich glaube in ganzem Glauben, dass diese Tora unverwechselbar ist und dass es nie eine andere Lehre vom Schöpfer her, gelobt sei sein Name, geben wird.» Aber Auslegung ist eine andere Sache. Mose Sofer (im 19. Jahrhundert der Rabbi von Bratislava) war der Meinung, dass jede Neuerung von der Tora selbst verboten werde; ein noch früherer Talmudist, Yom Tov Lippmann Heller (er starb 1654), schrieb hingegen, dass es keine Generation gäbe, die der Tora nichts Neues hinzufügte, obwohl bereits eine vollständige Auslegung der Bücher und ihrer Gebote vorlag.

«Hinzufügte», das ja, aber eben nicht veränderte. Für Juden ist das «Alte Testament» das einzige, das es gibt, und auch der einzige Weg, auf dem Gottes Wille erfahrbar ist. Sogar das Reformjudentum – über das ich dir später mehr schreiben werde – teilt die Vorstellung von der Zentralität der Tora und des Torastudiums. Die «Central Conference of American Rabbis» hielt 1976 fest: «Die Tora resultiert aus der Beziehung zwischen Gott und dem Volk der Juden ... Gesetzesgeber und Propheten, Historiker und Dichter hinterließen uns ein Erbe, dessen Studium ein religiöser Imperativ und dessen Umsetzung für uns der entscheidende Weg zu Frömmigkeit ist.»

Nach der Wochenlesung am Sabbat wird die Torarolle hochgehoben, und die Gemeinde spricht ein kurzes Gebet, das zwei Verse mit Bezug auf die Tora selbst enthält, die mich immer besonders bewegt

haben: «Wer nach ihr greift, dem ist sie ein Lebensbaum. Wer an ihr
festhält, ist glücklich zu preisen. Ihre Wege sind Wege der Freude.
All ihre Pfade führen zum Glück.»

Liebe Tante Fori,

nachdem ich dir im letzten Brief von der Tora schrieb, will ich dir
heute von den anderen Büchern berichten, die für den jüdischen
Glauben von großer Bedeutung sind. Sie alle leiten sich auf die eine
oder andere Weise von der Tora her.

Das wichtigste Buch nach der Tora ist die *Mischna*, wörtlich «Wiederholung», auch «Lehre» genannt. Sie ist die früheste kanonische
Sammlung von beinahe fünfhundert Jahren jüdischer Überlieferung
und bildet somit den Kern der mündlichen Lehre. Kompiliert wurde sie von dem jüdischen Fürsten Jehudah ha-Nassi zwischen 200
und 220 n. d. Z. als Grundlage für Richter und Lehrer.

Die in der Mischna festgehaltenen Gesetze werden fast hundertfünfzig verschiedenen Weisen namentlich – um deren Autorität her-
vorzuheben – zugeschrieben. Bis heute könnte keine Diskussion
über das jüdische Gesetz stattfinden, ohne dass man sich auf diese
außergewöhnliche Sammlung bezieht, in der die jeweilige Minder-
heitenmeinung zu allen Fragen ebenso wiedergegeben wird wie die
der Mehrheit – tatsächlich wird die der Minderheit sogar grundsätzlich zuerst konstatiert, um deutlich zu machen, dass sie aufrichtig berücksichtigt wurde, selbst wenn man sie am Ende ablehnte.

Agada, wörtlich «das Gesprochene», ist der Sammelbegriff für den
gesamten nichtreligionsgesetzlichen Teil des Talmud, der die rabbinische Literatur eines ganzen Jahrtausends, bis zum beginnenden
Mittelalter, umfasst. Die Tatsache, dass sowohl griechische als auch
persische Bezeichnungen Eingang gefunden haben, beweist, welchen Einfluss die frühe Diaspora hatte. Dieser Teil enthält jene Abschnitte aus Tora und Mischna, bei welchen es sich um Auslegungen

der Hebräischen Schrift handelt, sowie Legenden, Folklore, historische und philosophische Traktate, ethische Maxime und auch die
Biographien von großen Rabbis und Helden des Judentums.

Das Konzept der Agada steht im Gegensatz zu dem der *Halacha*
(«Wandel»), dem Hauptteil des Talmud und normativen Teil der
mündlichen Lehre, welcher die gesetzliche Grundlage der religiösen
Praxis bildet und ebenfalls Einflüsse aus der Diaspora aufweist. Der
Talmud als solcher, abgeleitet aus dem hebräischen Verb für «studieren» oder «belehren», ist eine Sammlung der – meist auf Aramäisch
geführten – Diskussionen und der Auslegungen des in der Mischna
festgehaltenen mündlichen Gesetzes. Niedergeschrieben wurden
diese Diskussionen jedoch in «mischnaischem» Hebräisch, um sie
vom biblischen Hebräisch zu unterscheiden; und so eindringlich und
lebendig sie inhaltlich sind, so rigoros sind sie in ihrer geistigen Her-
angehensweise. Sie wurden über mehrere Jahrhunderte hinweg von
Generationen jüdischer Gelehrter zusammengestellt. Der Palästinensische Talmud, auch Jerusalemischer Talmud genannt, wurde vor
eintausendsechshundert Jahren von Weisen in Palästina kompiliert;
der Babylonische Talmud etwa einhundert Jahre später von den Weisen Babylons.

Im Laufe der letzten hundert Jahre entstanden drei umfangreiche
Übersetzungen des Talmud: zwischen 1897 und 1909 eine deutsche
von Lazarus Goldschmidt; zwischen 1936 und 1952 eine englische von
Isidor Epstein; und die des Jerusalemer Gelehrten Adin Steinsalz ins
moderne Hebräisch ist noch in Arbeit. In einem von mir hoch geschätzten und von seinem Autor Rabbi Louis Jacobs signierten Buch
aus meiner Bibliothek, «Structure and Form in the Babylonian Talmud», steht (was für andere Autoren oder für Verleger sicher ebenso
interessant ist wie für mich), dass der über dreißigbändige Babylonische Talmud «als Ganzes vom Himmel herabgeschwebt zu sein
scheint, da es nicht den geringsten Hinweis gibt, wie und von wem
diese gewaltige Kompilation zusammengestellt wurde».

Liebe Tante Fori,

vier weitere Bücher haben das jüdische Denken im Laufe der Zeiten so stark beeinflusst, dass sie hier nicht unerwähnt bleiben dürfen. Als erstes der *Midrasch*, eine Sammlung rabbinischer Auslegungen der Hebräischen Schrift, die sich um Klärung rechtlicher Fragen oder darum bemühten, aus den alten Geschichten und Moralpredigten Lehren zu ziehen. Das Wort *Midrasch* leitet sich vom hebräischen Verb *darasch* ab, «forschen» oder «untersuchen». Bis zum 13. Jahrhundert wurde diese Sammlung vervollständigt, und bis heute bietet sie einen gewaltigen Materialienschatz für Rabbiner, Toralehrer und Studenten. Auch den Islam hat sie geprägt, denn der Koran enthält viele biblische Geschichten, die von ihren Auslegungen im Midrasch beeinflusst wurden.

Von ungemein großer Bedeutung für Toraschüler sind zudem die *Teschuwot*, die so genannten Responsen oder Antworten von Rabbinern auf Fragen, die ihnen im Laufe vieler Jahrhunderte zur Interpretation des jüdischen Gesetzes in schwierigen oder umstrittenen Fällen unterbreitet wurden. Bei meinem letzten Besuch in Israel wurde mir ein Projekt der Bar-Ilan-Universität vor den Toren Tel Avivs vorgeführt – ein gewaltiges Projekt, denn es hat nichts Geringeres zum Ziel, als die gesamte Responsen-Literatur zu computerisieren.

Mit einem Mausklick und ein paar Anschlägen auf der Tastatur – moderne Welt! – konnte ich mir bereits eine Reihe von Responsen auf den Bildschirm holen, zum Beispiel zu einem Handelsdisput zwischen der Stadt Skopje auf dem Balkan und dem britischen Seehafen Liverpool. Ob hier an meinem Londoner Schreibtisch oder bei dir in den Vorbergen des Himalajas, wenn ich wollte, könnte ich nun überall die Responsen-Literatur abrufen!

Ein anderes und eher umstrittenes Werk ist der *Sohar* («Leuchte»), der in aramäischer Sprache gegen Ende des 13. Jahrhunderts von Rabbi Mose de Leon in Kastilien verfasst wurde und dem spätere

Rabbis weitere Texte hinzufügten. Alles in allem sind es fünf Bände geworden, die als komplette Reihe erstmals zwischen 1558 und 1560 im italienischen Mantua gedruckt wurden. Sie beinhalten mystische Kommentare über die Fünf Bücher der Tora und bilden das Hauptwerk der Kabbalisten. Mit Hilfe von fiktiven, geheimnisvollen Gestalten, wie Saba («der Greis»), der die Geheimnisse der Seele und Seelenwanderung enthüllt, und Jenuka («das Kind»), das die Mysterien der Tora offenbart, wird der Leser geleitet. Nach der kabbalistischen Tradition bereitet das im Sohar festgehaltene Wissen das Erscheinen des Messias mit vor.

Und schließlich gehört zu den unzähligen Werken, die das jüdische Denken bis heute stark beeinflussen, auch der *Schulchan Aruch* («Gedeckter Tisch»), ein von Josef Caro im 16. Jahrhundert in Safed verfasstes systematisches Kompendium des jüdischen Ritualrechts. Caro analysierte vier zentrale Aspekte des jüdischen Lebens: erstens *Orach chajim* («Lebenspfad»), die Pflichten im Alltag sowie am Sabbat und den Fest- und Fastentagen; zweitens *Jore Dea* («Er lehrt die Erkenntnis»), die Ritualgesetze; drittens *Ewen ha-Eser* («Stein der Hilfe»), das Eherecht; und viertens *Choschen ha-Mischpat* («Schild des Rechts»), das Zivilrecht. Bereits wenige Jahrzehnte nach seiner Erstveröffentlichung sollte dieses Kompendium für orthodoxe Juden in aller Welt zum maßgeblichen Kodex werden.

Besonders wichtige «Glossen» zum Schulchan Aruch schrieb Moses Isserles aus Krakau. Er nannte sein Werk *Mappa*, das «Tafeltuch», das er auf Caros «Tisch» ausbreitete. Während Caro im Wesentlichen die religiöse Lebensweise der Sephardim kodifizierte, fasste Isserles (er starb 1572 im Alter von siebenundvierzig Jahren) die der Aschkenasim zusammen. Seit damals, also seit rund fünf Jahrhunderten, pflegen Rabbiner in aller Welt diese beiden Werke zu konsultieren, bevor sie ihr Urteil über eine spezifische Frage zur religiösen Lebensweise abgeben. Besonders oft frequentiert werden die Auslegungen der Speisegesetze oder Fragen, die die Erfüllung der ehelichen Pflichten während der Menstruation oder die Trauergesetze behandeln.

In meinem nächsten Brief möchte ich dir ein wenig mehr über Josef Caro schreiben, einen der vielen faszinierenden Charaktere, die sich im Pantheon (verzeih meinen Rückgriff auf diesen heidnisch-hellenistischen Begriff) der jüdischen Biographie drängen.

Liebe Tante Fori,

hier nun mein versprochener kurzer Brief über Josef Caro. 1492 wurden er und seine Familie aus seiner Geburtsstadt Toledo vertrieben – wie alle Juden Spaniens, die sich weigerten, zum Christentum zu konvertieren. Caro war damals gerade einmal vier Jahre alt. Als Erwachsener lebte er im Osmanischen Reich und lehrte in Konstantinopel (Istanbul), Adrianopel (Edirna) und Saloniki. Erst im Alter von achtundvierzig Jahren übersiedelte er nach Palästina, damals ebenfalls türkisches Herrschaftsgebiet, um sich endgültig in der heiligen Stadt Safed im Norden von Galiläa niederzulassen.

Bis zu zweihundert Schüler pflegten Caros Unterricht in Safed beizuwohnen, und seine Korrespondenz mit den Rabbis und Gelehrten seiner Zeit über jeden nur denkbaren Aspekt des jüdisch-religiösen Lebens umspannte die gesamte Diaspora. Wie seine aus Spanien exilierten Glaubensbrüder glaubte auch er, dass das messianische Zeitalter bald anbrechen würde. Er beschloss daher, ein Werk zu schreiben, das für Juden in aller Welt von zentraler und einiger Bedeutung sein würde, da es ihnen alle wichtigen ritualgesetzlichen Fragen beantworten sollte. Als jedoch mehrere umfangreiche Bände daraus geworden waren, entschied er, ein Kompendium zu verfassen, um den Stoff zugänglicher zu machen – jenen Schulchan Aruch, von dem ich dir letzte Woche berichtete.

Als Caro 1575 im (für jene Tage) hohen Alter von siebenundachtzig Jahren starb, hatte er den Ursprung und die Entwicklung jedes einzelnen jüdischen Gesetzes auf der Grundlage sämtlicher verfügbaren Quellen aufgezeichnet. Im Laufe der Zeit sollten die Auflagen seines «Gedeckten Tischs» in die Hunderte gehen, sogar eine «tragbare» Ausgabe wurde 1574 in Venedig gedruckt. Ihr Herausgeber erklärte im Vorwort, dass er sich für dieses kleine Format entschieden habe, «damit es am Busen getragen werde und man zu jeder Zeit und an jedem Ort, bei Rast oder Reise, darauf zurückgreifen kann».

Ich finde, jeder Autor sollte danach streben, ein ernst zu nehmendes, bedeutendes Werk (was ja an sich immer schon ein Kompendium ist) zu verfassen, das man am Busen mit sich tragen möchte – oder doch wenigstens in der Tasche.

Liebe Tante Fori,

heute möchte ich dir einen kleinen Überblick über die wichtigsten rituellen Speisegesetze geben, die so genannten *Kaschrut*-Vorschriften oder «Hörigkeitsgebote» im Hinblick auf koschere Speisen. Nahrungsmittel, die nicht koscher sind und von keinem gläubigen Juden gegessen werden dürfen, nennt man *trefe* (oder meist jiddisch: *trajfe*).

Obst und Gemüse unterliegen keiner Kaschrut-Vorschrift und können jederzeit verspeist werden, es sei denn, sie sind wurmstichig. Welche Speisen verboten sind, wurde mit großer Deutlichkeit dargelegt. Das erste Gebot findet sich bereits im Ersten Buch der Tora: «Doch Fleisch mit seinem Leben, seinem Blute, sollt ihr nicht essen.»

Koschere Tiere sind «alles was wiederkäuend ist», daher ist Schweinefleisch in jeder Form (Schnitzel, Schinken, Speck etc.) verboten. Auch ein Tier ohne «gespaltene Klauen» ist *trajfe*, weshalb zum Beispiel kein Kamelfleisch verspeist werden darf, obwohl das Kamel ein Wiederkäuer ist, aber es hat eben keine gespaltenen Klauen.

Koschere Tiere müssen auf spezielle Weise geschächtet werden, damit sie weitestgehend ausbluten.[34] In allen Schtetln Osteuropas war der *Schochet*, der rituelle Schächter, eine vertraute Figur – ohne ihn hätte niemand das übliche Sabbat-Gericht essen können.

Von den Meerestieren sind diejenigen erlaubt, die wenigstens eine Flosse und außerdem leicht zu entfernende Schuppen haben. Damit sind Aale, Krabben, Krebse, Hummer, Austern und andere Muscheln verboten.

Fleisch- und Milchgerichte dürfen niemals zusammen verspeist werden, ein Gebot, das in modernen Zeiten zu einer riesigen *Parwe*-Industrie (weder «fleischig» noch «milchig») geführt hat, die vor allem Ersatzmilch und Sahne ohne einen Tropfen echter Milch produziert. Der Ursprung des Verbotes, Milch und Fleisch zu mischen, steht zweifelsfrei fest: «Koche nicht ein Böcklein in der Milch seiner Mutter.»

Dreimal wird dieses Verbot in der Tora wiederholt: Zweimal steht es im Zweiten und einmal im Fünften Buch Moscheh. Allgemein geht man davon aus, dass der Ursprung dieses Verbots mit dem heidnischen Brauch zusammenhängt, im Sud eines in der Milch seiner Mutter gekochten Zickleins Amulette zu weihen. Im Sinne des Gedankens, «einen Zaun um die Tora zu errichten», wurde dieses Verbot dann auf die Milch und das Fleisch sämtlicher Tiere ausgedehnt. Orthodoxe Juden pflegen sogar das Risiko einer versehentlichen Kontaminierung zu vermeiden, indem sie für «Milchiges» und «Fleischiges» jeweils eigene Teller, Töpfe, Pfannen und eigenes Besteck benutzen.

Wenn man Fleisch zu sich genommen hat, muss man eine je nach Gemeinde unterschiedlich lange Zeit warten, bis man wieder Milch trinken oder Milchprodukte essen darf. Sechs Stunden sind eigentlich das Minimum, manche Gemeinden haben diese Regel jedoch so lange neu ausgelegt, bis sie sich schließlich darauf einigten, dass eine Stunde ausreicht.

Im 19. Jahrhundert waren die Speisegesetze ein ständiger Quell des Streits zwischen dem orthodoxen Judentum und den Reformgemeinden. Die deutsche Reformbewegung vertrat zum Beispiel die Ansicht, dass sich die Kaschrut-Vorschriften einzig auf Rituale bezögen, die sich im Tempel entwickelt hatten, und kein «integraler Bestandteil» des jüdischen Glaubens seien. Und die amerikanische Reformbewegung erklärte bei ihrer Konferenz in Pittsburgh 1885, dass die Speisegesetze «mit ihrem priesterlichen Frömmigkeitsgeist den modernen Juden nicht beeindrucken» könnten und «ihre Befolgung in unserer Zeit die moderne geistige Fortentwicklung eher hindert denn fördert».

Unter orthodoxen Juden werden die Speisegesetze nach wie vor strikt eingehalten. Auch in Israel folgen ihnen die meisten Restaurants und alle Kantinen der Armee. An der Straße nach Jerusalem liegt sogar ein koscherer McDonald's, und es gibt unzählige koschere chinesische und vietnamesische Lokale. Natürlich halten heute Millionen von Juden diese Gesetze, die vor nur einem Jahrhundert praktisch noch für das Judentum in aller Welt galten, nicht mehr ein und betrachten sich nichtsdestotrotz als Juden – und sind es auch.

Liebe Tante Fori,

in diesem Brief wird es um *Gematria* gehen, um die talmudisch-kabbalistische Deutung eines Wortes auf Basis des Zahlenwerts seiner Buchstaben. Das Wort *Gematria* leitet sich vom griechischen *geometria* ab, «Numerologie». Manche glauben, dass sich in den Zeilen der Fünf Bücher Moscheh versteckte göttliche Botschaften verbergen, die sich durch die Entzifferung der wahren Bedeutung eines Wortes oder Satzes mittels seines numerischen Wertes enthüllen lassen.

Gematria zum Zwecke der Auslegung der Hebräischen Schrift wurde erstmals von Rabbi Jehuda Bar Ilai im 2. Jahrhundert n. d. Z. betrieben. Am Beispiel des Satzes aus dem Buch Jirmejahu, «denn verödet sind sie … wie das Vieh sind ausgewandert, weggezogen», wollte er nachweisen, dass das Königreich Jehudah zweiundfünfzig

Jahre lang verwaist gewesen sei, da der numerische Wert des hebräischen Wortes für «das Vieh» (*behema*) 52 beträgt.

Rabbi Nathan, eine andere Autorität aus dem 2. Jahrhundert, kam
zu dem Schluss, dass es neununddreißig Kategorien von verbotener
Arbeit am Sabbat gäbe, weil Moscheh laut Zweitem Buch der Tora
das Verbot jeglicher Arbeit am Sabbat mit der hebräischen Formulierung für «gedenke ...» einleitete – dessen numerischer Wert 39 beträgt.

Das Prinzip der Gematria basiert auf der einfachen Tatsache, dass
jeder Buchstabe des hebräischen Alphabets einen numerischen Wert
darstellt. Die ersten zehn Buchstaben stehen für die Zahlen 1 bis 10,
die Buchstaben elf bis achtzehn für die Zehnerwerte 10 bis 90, die
letzten vier Buchstaben schließlich entsprechen den Werten 100, 200,
300 und 400. Hinzu kommen die fünf Buchstaben, die im hebräischen Alphabet unterschiedliche Formen annehmen, wenn sie am
Ende eines Wortes stehen; diese Endbuchstaben haben die Werte
500, 600, 700, 800 und 900.

Wenn man diese Methode anwendet und den numerischen Wert
aller oder bloß einiger Sätze oder sogar nur den eines einzigen Wortes aus der Hebräischen Schrift berechnet, dann gibt es nichts, was
sich nicht interpretieren ließe. Sagt zum Beispiel Jaakob zu seinen
Söhnen «ziehet dahinab» (nach Ägypten, um Korn zu kaufen), lässt
sich der numerische Wert des Wortes *redu* auf 210 festsetzen. Und
damit kann jeder, dem die Gematria geistiger und historischer Leitfaden ist, eine versteckte Botschaft hinter Jaakobs Worten herausle-
sen: Die Juden mussten 210 Jahre in Ägypten leben, bevor sie von
Moscheh ins Gelobte Land geführt wurden.

Ein anderes, von Gematria-Anhängern viel zitiertes Beispiel ist
jene Stelle im Ersten Buch der Tora, wo geschrieben steht: «Da zogen das Schwert er [Abraham] samt seinen Waffengeübten, den Eingeborenen seines Hauses, dreihundertundachtzehn ...» Da 318 dem
numerischen Wert der Buchstaben des Namens von Abrahams «Ein-

geborenem» Elasar entspricht, behaupteten Gematriker, Abraham sei in Wirklichkeit mit Elasar alleine losgezogen, um seinen Neffen Lot aus der Gefangenschaft zu befreien.

Auch Rabbi Mose ha-Darschan, der im 11. Jahrhundert im süd-französischen Narbonne lebte, gehörte zu diesen Suchern nach versteckten Botschaften. Von ihm stammt folgendes gematrisches Beispiel: Im Ersten Buch Moscheh spricht Jaakob: «Bei Laban hab' ich als Fremdling gelebt und geweilt bis jetzt.» Da der numerische Wert der hebräischen Worte für «hab' geweilt» 613 ist, bedeutete dies für ihn, dass der fromme Jaakob sogar während der Zeit seines Aufenthalts bei Laban die 613 *Mizwot* oder göttlichen Gebote – auf die ich in meinem nächsten Brief eingehen werde – einhielt.

Selbst bei weniger gewichtigen, nichtbiblischen Angelegenheiten wurde die Gematria schon angewandt. So haben etwa das hebräische Wort für Wein (*jajin*) und das für Geheimnis (*sod*) den gleichen numerischen Wert, nämlich 70, was zu dem Spruch führte: «Strömt Wein ein, strömt Geheimnis aus.»

Im Altertum haben sich nicht nur Juden, sondern auch Assyrer, Babylonier und Griechen mit Gematria befasst. Doch es waren die Juden, die sie durch die finsteren Zeiten des Mittelalters bis in die Moderne bewahrten, obwohl mehrere jüdische Gelehrte auf die Gefahren hinwiesen, die Fehlinterpretationen mit sich bringen können. Abraham Ibn Esra beispielsweise warnte, dass sich gematrische Auslegungen ganz nach Belieben zu guten wie schlechten Zwecken missbrauchen ließen; jeder könne damit die Tora gegen ihren Geist interpretieren und sogar das geschriebene Wort verfälschen. Und der spanische Rabbi Nachmanides (Ramban) betonte im 13. Jahrhundert, die Tora könne nicht mit den Mitteln der Gematria, sondern nur durch die maßgebliche Tradition ausgelegt werden; niemand dürfe gematrische Berechnungen anstellen, nur um daraus abzuleiten, was ihm gerade gefalle, kommentierte er knapp und klug.

Vor allem im Mittelalter fühlte sich so mancher Rabbiner von den

mystischen Aspekten des Judaismus und daher auch von der Gematria angezogen, um dann selbst dem prosaischsten Bibelwort noch
eine versteckte Botschaft zu entlocken. Infiziert von diesem Drang
waren aschkenasische wie sephardische Rabbis gleichermaßen. Ein
früher Vertreter der gematrischen Künste war zum Beispiel der im
11. Jahrhundert in Worms wirkende aschkenasische Rabbi Elieser
«der Große», der diese Methode nutzte, um sich die jüdischen Gesetze und Sitten seiner Zeit aus der Hebräischen Schrift bestätigen zu
lassen. Er beeinflusste mit seinen Schriften wiederum den sephardischen Rabbi Abraham Abulafia. Abulafia lebte im 13. Jahrhundert
abwechselnd in Spanien, Palästina, Italien, Sizilien und Griechenland, wo er extensiven – nach Sicht des traditionellen Judentums
geradezu extremen – Gebrauch von der Gematria machte. Einer der
führenden jüdischen Gelehrten seiner Zeit beschuldigte ihn sogar
ständiger «Verdrehungen».

Selbst in der Neuzeit hatte die Gematria ihre Anziehungskraft
noch nicht eingebüßt. Der Kabbalist Rabbi Nathan Nata Ben Solomon Spira etwa verfasste im 17. Jahrhundert eine umfangreiche, 1637
in Krakau publizierte Studie, in der er bestimmte Passagen aus dem
Fünften Buch Moscheh auf nicht weniger als 252 unterschiedliche
Weisen auslegte. Seine Interpretationen des gesamten Textes der
Tora wurden 1795 in Lemberg veröffentlicht. Dort sollte sogar noch
1865 ein neues Werk über Gematria erscheinen.

Einen Höhepunkt – beziehungsweise, je nach Perspektive, Tief-
punkt – erreichte die Gematria gewiss, als sich Sabbatai Zwi Mitte
des 17. Jahrhunderts zum Messias erklärte (ich habe dir von ihm berichtet; sogar die Londoner schlossen im Jahr 1666 Wetten ab, ob er
tatsächlich der Messias oder nur ein Scharlatan sei). Seine begeister-
ten Anhänger jedenfalls fanden einen Beweis, dass er der wahre Messias sei, durch den numerischen Wert seines Namens, 814, der sich
nicht nur mit dem numerischen Wert eines der vielen Gottesnamen
(*Schaddai*) deckte, sondern auch mit den Worten aus dem Fünften

Buch der Tora, «ihn zu heiligen». Ihre Gegner machten sich allerdings schnell mit der Replik darüber lustig, dass «814» ebenso für *ruach scheker*, «Falschgeist», also Scharlatan stehen konnte.

Auch der 1648 gestorbene italienische Rabbi und Dichter Leon de Modena kritisierte die Gematria, weil sie jederzeit dazu dienen könne, alles zu ermöglichen, was man möglich machen will. Und Rabbi Louis Jacobs schrieb in seinem modernen Kommentar: «So könnte man beispielsweise behaupten, dass eine Frau selbstverständlich ‹honey› genannt werden darf, weil der numerische Wert von *dewasch* (‹Honig›) und *ischah* (‹Frau›) identisch ist.»

Liebe Tante Fori,

heute möchte ich dir die *Mizwot* erklären (hebräisch für «Gebote», der Singular heißt *Mizwa*). Insgesamt wurden 613 religiöse Pflichten in der Tora festgehalten – und jede davon ist vor Gottes Augen eine gute Tat.

In einem meiner frühen Briefe erzählte ich dir von Jochanan ben Zakkai, dem die Römer den Aufbau einer Akademie in Jawne gestatteten, um dort zu unterrichten, die Tora zu studieren «und die Mizwot zu befolgen».

Saadia Gaon, von dem ich dir ebenfalls bereits schrieb (er kompilierte im 9. Jahrhundert eines der ersten jüdischen Gebetsbücher), nannte die Mizwot ein Geschenk Gottes, da sie dem Menschen die Möglichkeit immer währender Glückseligkeit bietet – denn wer mit einem guten Leben belohnt wird, weil er die göttlichen Gebote einhält, erfährt einen doppelt so großen Gewinn wie der, der sie nicht einhält und ein gutes Leben nur dank Gottes Güte führen kann.

Der Dichter und Philosoph Jehuda Halevi schrieb im 12. Jahrhundert, wer die Mizwot befolgt, werde den prophezeiten majestätischen Gipfel des Glücks erklimmen; und Maimonides, der größte aller jüdischen Denker des Mittelalters (er war sechs Jahre alt, als

Halevi starb), betrachtete die Mizwot, sofern der Mensch sie befolgt, als Schutz vor dem *Jezer ha-Ra*, dem «bösen Trieb», der, wie die Weisen sehr wohl wussten, in irdischen Gefilden nie wirklich besiegt werden kann.

Rabbi Simlai, der im 3. Jahrhundert in Palästina wirkte, konstatierte, dass sich die 613 Gebote, die Moscheh auf dem Berge Sinai empfing, aus zwei Arten zusammensetzten, nämlich erstens und in Übereinstimmung mit der Anzahl menschlicher Körperteile aus 248 Geboten (Dinge, nach welchen man streben soll), und zweitens, in Übereinstimmung mit der Anzahl der Tage eines Jahres, aus 365 Verboten (Dinge, die man vermeiden soll). Seine rationale Erklärung dafür lautete, dass jeder Körperteil den Menschen dränge, Gutes zu tun, und jeder Tag des Jahres ihn davor warne, eine Sünde zu begehen.

Die Weisen betonten jedoch, dass die Einhaltung der Mizwot nur dann Anerkennung verdient, wenn sie von dem Bewusstsein (*kanawa*) begleitet ist, dass diese Gebote von Gott auferlegt wurden und der Mensch sie befolgt, weil er den göttlichen Geboten gehorchen will. Aus diesem Grund soll Gott auch vor jeder guten Tat gepriesen werden – aus Dankbarkeit, weil er sie uns gebietet. Es gibt nur wenige Ausnahmen von dieser Regel. So braucht man Gott zum Beispiel nicht zu preisen, bevor man Almosen gibt oder während man die Pessach-Haggada – die Geschichte vom Auszug aus Ägypten – liest.

Die oberste Mizwa ist das Studium der Tora, aus der ich mittlerweile schon so viel zitiert habe!

Ein Vater ist verpflichtet, seinen Kindern, Jungen wie Mädchen, das Ausüben von guten Taten beizubringen, damit sie, wenn sie das Alter für die Bar Mizwa (dreizehn bei Jungen) oder Bat Mizwa (zwölf bei Mädchen, in liberalen Gemeinden) erreichen, in der Lage sind, allen Mizwot selbständig nachzukommen.

Sämtliche Mizwot sollen freudig ausgeführt werden. Wenn sie

sich auf eine handwerkliche Tätigkeit beziehen, etwa auf den Bau
der Laubhütte an Sukkot, die Bearbeitung eines Widderhorns oder
das Schreiben einer Torarolle, sollen sie Schönheit hervorbringen.
Der Tora-Kommentator Raschi betonte im 11. Jahrhundert allerdings, dass uns die Mizwot nicht zu unserem Vergnügen gegeben
wurden: «Nehmet das Joch der Gebote auf euch», schrieb er, auf
dass ein jeder wisse, dass wir Gottes Diener und die Hüter seiner
Gesetze seien.

Ein Mensch, der gerade eine Mizwa vollbringt, braucht sich − in
diesem Moment − keine Gedanken um die nächste zu machen.
Wenn sich die Gelegenheit zu einer Mizwa ergibt, muss sie ohne
Zögern ausgeführt werden; befolgt man gerade eine Mizwa, hat diese Vorrang vor jeder potentiellen anderen; Mizwot, die der Einhaltung des Sabbat dienen, haben Vorrang vor Mizwot zum neuen Jahr;
und die Mizwa, Leben zu retten, hat Vorrang vor allen anderen. Die
Belohnung für die Ausübung von Mizwot − also für das Einhalten
der Gebote − sind Friede und Wohlstand. Die Weisen sagen: Wer
eine Mizwa ausführt, «dem werden die Tage verlängert und er erbt
das Land».

Eine der 613 Mizwot macht es zum Beispiel dem Manne zur
Pflicht, zu heiraten und Kinder zu haben: «Seid fruchtbar und mehret euch, und füllet die Erde und macht sie euch untertan», wie es
im Ersten Buch der Tora geschrieben steht. Eine andere, festgehalten im Zweiten Buch, verpflichtet dazu, Fremden gegenüber rück-
sichtsvoll zu handeln, so wie du, Tante Fori, dich 1959 mir gegenüber in Neu-Delhi verhalten hast: «Und einen Fremdling sollst du
nicht kränken und ihn nicht drücken, denn Fremdlinge waret ihr
im Land Mizrajim.»

Was nun tatsächlich als Mizwa gelten kann, wird sehr breit ausgelegt. Als Hillel der Ältere zu Zeiten des Zweiten Tempels ins Badehaus ging, erklärte er seinen Schülern zum Beispiel, dass er sich auf
den Weg mache, eine Mizwa zu tun. Wie das?, fragten sie. Weil es

eine gute Tat ist, antwortete er, den Körper zu reinigen, der nach Gottes Ebenbild erschaffen wurde.

Vor allem *Zedaka* gilt als eine gute Tat, wörtlich «Gerechtigkeit», hier jedoch im Sinne von «pflichtmäßiger Wohltätigkeit» zu verstehen. Eine Wohltat, also eine gute Tat, kann und muss immer wieder und zu jeder Zeit verübt werden. Einmal im Leben ist definitiv nicht genug! Im Fünften Buch Moscheh steht geschrieben: «Sondern auftun sollst du ihm deine Hand und leihen auf Pfand sollst du ihm, so viel als hinreicht für deinen Mangel, was ihm gebricht.»

Rabbi Abraham Chill, der erste Militärrabbiner an der amerikanischen Militärakademie West Point und sechsundzwanzig Jahre lang Rabbiner der Gemeinde von Providence, Rhode Island, schrieb in seinem 1974 publizierten Standardwerk über die Mizwot: «Das charakteristische psychologische Merkmal eines Juden ist sein Sinn für Pflichterfüllung. Dieses Zeichen seiner jüdischen Identität ist ihm tief in das innerste Wesen seiner Natur eingeprägt. Dem jüdischen Denken ist es unvorstellbar, Jude und nicht zugleich wohltätig zu sein. So gesehen ist Wohltätigkeit, wie schon die Tora so emphatisch betont, nicht nur eine Tugend, sondern eine unumgängliche Pflicht.»

Es gibt nur einen einzigen Umstand im Leben eines Juden, der ihn oder sie von der Verpflichtung entbindet, an diesem Tag eine Mizwa zu vollbringen. Traurigerweise habe ich dies vor kurzem selbst erleben müssen – denn es ist der Tag, an dem ein Jude einen Elternteil (oder ein eigenes Kind, Bruder, Schwester oder den Ehepartner) beerdigt. An diesem einen Tag[35] befreit die Pflicht, die Beerdigung vorzubereiten und durchzuführen, von allen anderen Geboten.

Liebe Tante Fori,

neben den Dingen, um die ein Jude bemüht sein muss, gibt es vieles, was er vermeiden soll. «Das vielleicht am wenigsten befolgte der 613 Gebote der Tora», schreibt mein Freund, der Rabbi, Romancier und Menschenfreund Joseph Telushkin, in seinem Buch «Jewish Wisdom», ist dasjenige Gesetz, «welches verbietet, etwas Negatives über eine andere Person zu sagen, selbst wenn es wahr ist». Üble Nachrede nennt man im Hebräischen *Laschon ha-Ra* (böse Zunge). Eine Ausnahme von dieser Regel ist nur dann erlaubt, wenn die «negative» Information, die wir an eine Person weitergeben, für diese selbst lebenswichtig oder von entscheidender Bedeutung ist – etwa weil sie daran denkt, die Person, über die sie informiert wird, zu heiraten, einzustellen oder mit ihr Geschäfte zu machen.

Das Amida-Gebet, das fromme Juden tagtäglich während der drei üblichen Gottesdienste sprechen, endet mit dem Satz: «Mein Gott, bewahre meine Zunge vor böser Rede und meine Lippen vor Lüge.» Jechiel ben Binjamin, ein jüdischer Gelehrter aus dem Rom des 13. Jahrhunderts, fragte einmal, warum sich unsere Finger wie Pflöcke verjüngten, und gab darauf selbst die Antwort: Damit wir sie uns in die Ohren stecken können, wenn wir etwas Unangemessenes hören.

Der amerikanisch-jüdische Schriftsteller Philip Roth zählt in seinem Buch «Operation Shylock» zu den «bösen Zungen», die ein Jude zu vermeiden angehalten ist: abfällige Bemerkungen, Beleidigungen, verunglimpfende Anekdoten, überheblichen Spott, Denunziantentum, übel wollende Geschmacklosigkeiten, bösartige Witzeleien und Lügengeschichten.

Yitzhak Rabin schilderte vor über zwanzig Jahren in seinen Memoiren, mit welchen «bösen Zungen» es der israelische Premierminister Levi Eshkol am Vorabend des Sechstagekrieges 1967 zu tun hatte. Rabin, zu dieser Zeit Generalstabschef, erinnerte sich an gehässige Verbalattacken hinter Eshkols Rücken: «Sie verhöhnten ihn, kratzten an seinem Image, veröffentlichten seine Schwächen und erhoben falsche Anschuldigungen. ... Im Zusammenspiel mit den vielen Bürden dieser Zeit stellte diese Verleumdungskampagne seine ganze Position in Frage. ... Nachdem seine Flügel derart gestutzt und seine Autorität herabgewürdigt worden waren, verfügte er nicht mehr über genügend Macht, um der Regierung seinen Willen zu oktroyieren.»

Welche Macht Klatsch und Tratsch haben, wusste man schon vor tausendsechshundert Jahren. Der Jerusalemer Talmud konstatiert: «Der Geschwätzige steht in Syrien und tötet in Rom.»

Rabbi Telushkin erzählt eine alte chassidische Geschichte über einen Mann, der durch die Stadt läuft und über den Rabbi lästert. Eines Tages wird ihm bewusst, welchen Schaden seine Gehässigkeiten angerichtet haben. Er geht zum Rabbi und bittet ihn um Verzeihung. Der Rabbi erwidert, dass er ihm unter einer Bedingung vergebe: Er solle nach Hause gehen, ein Kissen aufschlitzen und die Federn im Wind zerstreuen. Der Mann tut, wie ihm geheißen, dann kehrt er zum Rabbi zurück.

«Ist mir nun vergeben?», fragt er.

«Nur noch eines», antwortet der Rabbi: «Jetzt geh' und sammle alle Federn auf.»

«Aber das ist unmöglich!», ruft der Mann.

«Ganz genau», antwortet der Rabbi. «Obwohl du den Schaden, den du mir angerichtet hast, aufrichtig bedauerst, kannst du ihn ebenso unmöglich rückgängig machen, wie du alle Federn wieder aufsammeln kannst.»

Liebe Tante Fori,

in diesem Brief will ich dir vom *Minjan* erzählen, was «Zehnzahl» bedeutet und die Mindestzahl von zehn Gemeindemitgliedern bezeichnet, die notwendig ist, um den Gottesdienst beginnen zu können. Seit talmudischen Zeiten wird es als besonders verdienstvoll betrachtet, als einer der ersten von diesen zehn Männern in der Synagoge zu erscheinen.

Ein Gebet, das immer nur bei Bestehen eines Minjan gesprochen werden darf, ist der *Gomel*-Segensspruch, abgeleitet aus dem hebräischen *ha-gomel* («der du mir ein Wunder erwiesen»). Jeder, der gerade eine Gefahr überstanden hat, spricht ihn innerhalb von drei Tagen nach dem Ereignis – am Ziel einer riskanten Reise, nach einer lebensbedrohlichen Krankheit oder wenn man nur knapp dem Tod entronnen ist. Frauen sprechen es auch, nachdem sie geboren haben: «Gelobt seist du, Ewiger, unser Gott, Herrscher der Welt, der du mir an diesem Ort ein Wunder erwiesen.»

In Gemeinden, die regelmäßig Schwierigkeiten haben, zehn Juden in der Synagoge zu versammeln, werden oft Arme angeworben, um die «Zehnzahl» zu vervollständigen. Man nennt sie die «Minjan-Männer». Als gerade Dreizehnjähriger – bereits nach meiner Bar Mizwa also – pflegte ich auf meinem abendlichen Nachhauseweg von der Schule an einer kleinen Synagoge vorbeizugehen, und fast immer stand dort ein Gemeindemitglied und hielt nach jemandem wie mir Ausschau, der die Zehnzahl komplettieren könnte. Nicht nur einmal hätte man mich beinahe von der Straße weg gekidnappt – *chupped*, wie meine Großmutter auf Jiddisch zu sagen pflegte.

Vor ein paar Jahren reiste ich mit meinem damals zwölfjährigen, jüngsten Sohn Joshua – im Rahmen eines Schulprojekts über das kriegsgebeutelte Exjugoslawien – nach Zagreb. Dort angekommen, wollten wir am Freitagabend die Synagoge besuchen. Sie bestand aus einem Zimmer im jüdischen Gemeindehaus, und es waren nur acht Männer im Raum, als wir eintraten. Ich war der neunte, also fehlte ein zehnter, um mit dem Gottesdienst beginnen zu können.

Weil Joshua noch keine Bar Mizwa gefeiert hatte, konnte er nicht zum Minjan beitragen. Wir begannen zu diskutieren, was wir machen sollten. Da erinnerte sich einer der kroatischen Juden (er hatte in Israel Judaistik studiert) an eine Tradition, der zufolge es in Ermangelung von nur einer Person für einen Minjan gestattet sei, einen Jungen, der weniger als ein Jahr von seinem dreizehnten Geburtstag entfernt ist, als zehnten Mann zu akzeptieren. Josh war hocherfreut, denn nach einer uralten Tradition kann ein Fremder,

dessen unerwartetes Eintreffen einen Minjan ermöglicht, nur der
Prophet Elijahu sein. Der Gottesdienst konnte beginnen.

Die unterschiedlichen Glaubensauslegungen haben auch hier verschiedene Regeln hervorgebracht: Das Reformjudentum zum Beispiel besteht nicht mehr auf der Anwesenheit von zehn Männern, um
mit dem Gottesdienst beginnen zu können; und reformierte konservative Juden lassen auch die Gegenwart einer Frau gelten.

Liebe Tante Fori,
heute werde ich dir die wichtigsten religiösen Rituale aus dem
Lebenszyklus eines Juden erklären. Am Lebensbeginn steht natürlich für alle männlichen Juden die Beschneidung, hebräisch *Berit mila*,
«Zeichen des Bundes».

Vorausgesetzt er ist gesund, wird jeder männliche Säugling am
achten Lebenstag beschnitten. Mit diesem Ritual wird Gottes Bund
mit Abraham erneuert und die jüdische Identität des Kindes mit den
Worten Gottes an Abraham besiegelt: «Das ist mein Bund, den ihr
bewahren sollt, zwischen mir und dir und deinem Samen nach dir:
Beschnitten werde bei euch jegliches Männliche … Ihr sollt beschnitten werden an eurem Gliede der Vorhaut, und das sei zum Zeichen des Bundes zwischen mir und euch.»

Der Beschneidung folgt ein Festmahl, das manchmal in der Synagoge, meistens aber im eigenen Heim stattfindet. Auch jeder männliche Erwachsene, der zum Judentum konvertieren will, muss, um
überhaupt Jude werden zu können, zuerst beschnitten werden. Wer
allerdings eine jüdische Mutter hat — wie deine drei Söhne! —,
braucht nicht einmal beschnitten zu sein, um als Jude zu gelten. Die
Tatsache, dass er von einer Jüdin geboren wurde, genügt.

Vor rund zweitausend Jahren fragte der römische Prokurator in
Palästina den großen Rabbi Akiwa, warum Gott den Mann überhaupt mit einer Vorhaut erschaffen habe, wenn sie ihm doch so zu

missfallen scheint. Darauf antwortete Akiwa: Gott erschuf eine un-
vollkommene Welt, auf dass der Mensch sie perfektioniere. Rabbi
Louis Jacobs ergänzte diese Antwort später mit einem Kommentar
zu modernen Lebensumständen: Aus genau demselben Grund lehne
die jüdische Lehre auch die typische Begründung ab, mit der Menschen ihre Flugangst verteidigen – dass Gott dem Menschen Flügel
verliehen hätte, wenn er gewollt hätte, dass er fliegt.

Mit dem dreizehnten Geburtstag wird ein jüdischer Junge ein *Bar
Mizwa* («Sohn der Pflicht»). Von nun an ist er für sein Handeln selbst
verantwortlich und muss «die Last der Tora mit allen Pflichten» auf
sich nehmen. Bar Mizwa ist einer der festlichsten Tage im Lebenszyklus eines Juden und ein Tag des Stolzes für die Eltern, die miterleben, wie ihr Sohn zum ersten Mal zur Lesung des Wochenabschnitts
aus der Tora und der *Haftara* (Lesung aus den Propheten) aufgerufen
wird (üblicherweise liest er seine Abschnitte nicht, sondern er singt
sie). Anschließend gemahnt ihn der Rabbi an seine neuen Pflichten.
Der Vater des Jungen hat bereits nach dem Aufruf des Sohnes zur
Toralesung den Segensspruch gesagt: «Gelobt seist du, der du mich
von der Verantwortung für ihn befreit hast.»

Nach der Synagogenfeier kehren der Junge, seine Familie und
viele Freunde nach Hause zurück oder begeben sich in einen Fest-
saal, wo reichlich gegessen und getanzt wird, unzählige Reden gehalten und Geschenke verteilt werden. Ich erinnere mich nur allzu
gut an meine eigene Bar Mizwa 1949 und dass unter den Geschenken eine unglaubliche Menge Rasierzeug und Rasierpinsel waren,
mindestens ein halbes Dutzend, die, wie ich damals fand, deutlich zu
Lasten von Geschenken gingen, die mir willkommener gewesen
wären. Als ich mich dann wirklich rasieren musste, war ich bereits in
der Armee, und all das Luxusrasierzeug hätte sich in der kargen
Umgebung unserer Infanteriebaracken nicht besonders gut gemacht – hätte es denn diese fünf Jahre überlebt.

Ich erinnere mich auch, dass ich vor der Synagogenfeier ans Bett meiner Großmutter ging, um ihr meinen Toraabschnitt vorzusingen – sie war zu krank, um teilzunehmen. (Sie war die Mutter meines Vaters und Ende des 19. Jahrhunderts aus Osteuropa nach Großbritannien ausgewandert.)

Neuerdings reisen viele Jungen aus Westeuropa, Kanada, den Vereinigten Staaten und sogar Lateinamerika nach Israel, um ihre Bar Mizwa an der Jerusalemer Westmauer zu feiern, wo jeden Montag- und Donnerstagvormittag der entsprechende Toraabschnitt gelesen werden kann. Andere fahren einzeln oder in Gruppen auf die Festung Masada und feiern ihre Bar Mizwa hoch oben auf dem Berg mit Blick über das Tote Meer in der zweitausendjährigen Synagoge, deren Achse nordwestlich auf Jerusalem jenseits der Judäischen Wüste ausgerichtet ist.

Vom Tage seiner Bar Mizwa an kann ein Junge, wie schon gesagt, zur erforderlichen «Zehnzahl» beitragen. In Reformgemeinden ist es auch Mädchen möglich, mit dem zwölften Geburtstag zur *Bat Mizwa* («Tochter der Pflicht») zu werden.

Eine Hochzeit, die nächste wichtige Stufe im jüdischen Lebenszyklus, wird *Kidduschin* genannt, «Segnung». Nach jüdischer Tradition ist der Beginn einer Ehe ein Idealzustand. In biblischen Zeiten war ein frisch vermählter Mann ein ganzes Jahr lang vom Militärdienst und von jeglicher Arbeit befreit – er hatte keine andere Aufgabe, als sein Weib zu erfreuen.

Jüdische Hochzeiten werden unter einer *Chuppa*, dem Hochzeitsbaldachin, vollzogen. Dabei kann es sich um ein reich geschmücktes Stoffdach oder einen Gebetsmantel handeln, der von den engsten Verwandten über das Brautpaar gehalten wird. Bevor der Bräutigam das Gesicht seiner Braut mit ihrem Schleier bedeckt, wiederholen die Anwesenden den Segensspruch, den einst Rebekahs Eltern sprachen, bevor sie aufbrach, um Jizchak zu ehelichen: «Unsere Schwester, du werde zu tausend Myriaden, und es besitze dein Same das Tor seiner Hasser.»

Die Hochzeitszeremonie endet, wenn der Bräutigam ein in ein Tuch gewickeltes Glas zertritt. Dieser alte Brauch – im Mittelalter wurde das Glas auch gegen die Wand geschmissen – symbolisiert einer von mehreren Traditionen zufolge die Zerstörung des Tempels. Nach dem Festessen am Abend werden die «Sieben Segenssprüche der Eheschließung» gesprochen: Die Anwesenden danken Gott, «der du die Frucht des Weinstocks hervorbringst, ... der alles zu seinen Ehren erschaffen hat, ... der den Menschen gebildet, ... der für ihn hergerichtet hat, aus seinem Sein heraus, eine ewige Struktur, ... der erfreut Zion durch ihre Kinder, ... der erfreut den Bräutigam und die Braut, ... der geschaffen hat Freude und Glück, Bräutigam und Braut, Fröhlichkeit und Frohlocken, Vergnügen und Entzücken, Liebe und Brüderlichkeit, Frieden und Gemeinschaft».

Dieser letzte Segensspruch endet mit einem Satz, der gewiss einen der bewegendsten Momente in einem jüdischen Leben beschließt: «Bald schon, Ewiger, unser Gott, möge in den Städten Jehudahs und in den Straßen Jerusalems gehört werden ein Ruf der Fröhlichkeit und ein Ruf der Freude, Stimme des Bräutigams und Stimme der Braut, jauchzende Stimmen der Brautleute aus ihrer Chuppa und der Jugend vom Feiern mit Gesang; gelobt seist du, Ewiger, der erfreut den Bräutigam mit der Braut.»

Die Ehe ist dem jüdischen Glauben nach ein heiliger Bund, und Scheidung, so häufig sie heute bedauerlicherweise auch vorkommt, kein traditioneller oder von den Weisen vorgesehener Bestandteil des jüdischen Lebenszyklus. Der Prophet Maleachi hält fest: «Denn er hasset das Verstoßen, spricht der Ewige, der Gott Jisraels.» Und doch gab es schon in frühesten Zeiten Scheidungen (Verstoßungen) sowie entsprechende Regelungen. Im Fünften Buch Moscheh steht in strengem Ton geschrieben: «Wenn ein Mann ein Weib nimmt und ehelicht sie, so soll geschehen, wenn sie keine Gunst in seinen Augen findet, weil er an ihr etwas Schändliches gefunden, so soll er ihr einen Scheidebrief schreiben, und in ihre Hand geben, und sie aus seinem Hause entlassen.»

Dieser schon in der Tora erwähnte «Scheidebrief», hebräisch *Get*, erfordert also ausschließlich den Wunsch des Mannes, um die Trennung zu vollziehen. Doch Dokumente aus dem 5. Jahrhundert v. d. Z., die von der jüdischen Gemeinde auf der ägyptischen Insel Elephantine stammten, zeigen, dass einer Ehefrau ebenfalls das Recht zusteht, sich von ihrem Mann zu scheiden.

Die Lage einer geschiedenen Frau kann schwierig, ja sogar ausgesprochen tragisch sein. *Aguna* («Gebundene») nennt man eine Jüdin, die nach jüdischem Gesetz nicht wieder heiraten darf, entweder weil ihr der Ehemann die Scheidung verweigert oder weil er sie verließ und einfach verschwand, oder weil dem rabbinischen Gerichtshof nicht die geforderten Nachweise für sein Ableben vorliegen (er könnte sich einfach abgesetzt haben oder an einem unbekannten Ort verstorben und begraben worden sein). Das Problem dieser «Gebundenen» ist bis heute nicht gelöst. Vor kurzem griff ein Rabbi hier in London deshalb zu einer ungewöhnlichen Methode: Er versuchte den Ehemann mit ganzseitigen Aufrufen in den Londoner jüdischen Zeitungen derart zu beschämen, dass er seiner Frau endlich den Get geben würde.

Liebe Tante Fori,

in diesem Brief wird es um das Ende des Lebenszyklus, um Tod und Begräbnis, gehen. Ein Jude, der im Sterben liegt, ist angehalten, möglichst noch das *Schema* – «Höre Jisrael, der Ewige ist Gott, der Ewige ist einzig ...» – und anschließend ein Sündenbekenntnis zu sprechen, und seien es auch nur die drei Worte «ich habe gesündigt».

Nach dem Tod des Familienmitglieds halten die Hinterbliebenen – in Gegenwart des Verstorbenen – eine Trauerzeremonie ab, wobei aus dem Psalm 103 zitiert wird:

Das Menschlein, wie des Grases sind seine Tage,
wie die Blume des Feldes, so blühts:
wenn der Wind drüber fährt, ist sie weg,
und ihr Ort kennt sie nicht mehr.
Aber SEINE Huld,
von Weltzeit her und für Weltzeit
ist über den ihn Fürchtenden sie,
seine Bewährung für Kinder der Kinder
denen, die seinen Bund hüten,
denen, die seiner Verordnung gedenken,
sie auszuwirken.

Ich erinnere mich noch gut, wie machtvoll die Worte auf mich wirkten, die wir im Anschluss daran am Totenbett meines Vaters sprachen. Sie stammen von Rabbi Tarfon, einem Mann priesterlicher
Herkunft, der vor zweitausend Jahren im Zweiten Tempel gedient
hatte:

Der Tag ist kurz und der Arbeit viel, die Arbeiter sind träge, der
    Lohn ist hoch und der Arbeitgeber drängt.
Dir obliegt es nicht, die Arbeit zu vollenden, doch bist du auch
    nicht frei, dich ihr zu entziehen;
Wenn du viel Tora gelernt hast, gibt man dir hohen Lohn, und
    sein Arbeitgeber ist treu, der dir deinen Lohn bezahlen wird;
Und wisse, dass die Lohnzahlung der Frommen in der
    zukünftigen Welt ist.

Nachdem in der Trauerhalle das Kaddisch vor der Beerdigung gesagt
wurde, reißen sich die Hinterbliebenen die Kleidung ein – heutzutage genügt ein kleiner Riss am Oberteil.
    Dieser Riss – *Kerija* genannt – ist das äußere Zeichen der Trauer.
In manchen Gemeinden ist es üblich, das Gewand bereits bei der

Todesnachricht zu zerreißen, in anderen, dies erst nach der Beerdigung zu tun. Ist ein Elternteil verstorben, zerreißen die Kinder die linke, ihrem Herzen nächste Seite der Bekleidung, bei entfernteren Verwandten oder Freunden die rechte Seite. Streng orthodoxe Juden benutzen dazu die bloßen Hände und nie ein Messer oder eine Schere. Der Ursprung dieser Sitte lässt sich aus drei biblischen Beispielen ableiten: Jaakob reißt sein Gewand in Stücke, als er von seinen anderen Söhnen erfährt, dass Josef von einem wilden Tier gefressen worden sei; Dawid zerreißt sein Gewand, als er vom Tode König Schauls erfährt; und Job reißt seinen Umhang entzwei, als er um seine Kinder zu trauern beginnt.

In der Trauerhalle vor den Toren des Friedhofs rezitiert der Rabbi bei der Beerdingungsfeier die außerordentlich schmerzlichen Worte: «Der Mensch, ob er ein Jahr alt wird oder ob er tausend Jahre lebt, was ist sein Vorzug? Als ob er nicht gewesen, so wird er sein …»

Dann folgt die Lobpreisung: «Gelobt sei der wahrhafte Richter, der tötet und belebt. Die Seele alles Lebenden ist in Deiner Hand, Gerechtigkeit erfüllt deine Hände, erbarme dich über den Rest der Herde in deiner Hand und sprich zum Engel: Ziehe deine Hand zurück!»

Von der Trauerhalle wird der Sarg zum Grab[36] geleitet, geführt vom Rabbi, der während des Trauerzuges dreimal anhält, um nicht den Eindruck zu erwecken, als habe man es eilig, den geliebten Verstorbenen im Grab zu sehen. In Israel werden Verstorbene in ein Tuch gewickelt in die Erde gelegt; nur in der Diaspora werden sie – je nach den herrschenden Landesgesetzen – meist in einem Sarg beerdigt. Nachdem der Tote ins Grab hinabgelassen wurde, werfen alle erwachsenen Männer, beginnend mit den nächsten Verwandten, jeweils drei Schaufeln Erde auf den Sarg (das Tuch), bis dieser vollständig bedeckt ist. Manche Juden verwenden dazu die Rückseite der Schaufel, wiederum um den Eindruck zu vermeiden, man wolle das Begräbnis eines geliebten Menschen schnell hinter sich bringen.

Nach einer alten Tradition – der wir im vergangenen Herbst auch am Grab meiner Mutter folgten – werden anschließend manchmal in Tücher gewickelte alte Gebetbücher auf den Sarg gelegt, denn es ist verboten, Schriften, die den Namen Gottes enthalten, wegzuwerfen oder zu verbrennen. Also werden sie regelrecht begraben. Nach der Überlieferung wird der Mensch, der in einem solchen Grab liegt, im Jenseits doppelt willkommen geheißen.

Am Grab sprechen die Trauernden nochmals Kaddisch, bevor sie in die Trauerhalle zurückkehren, wo die Trauerbegleiter der Familie den Segensspruch sagen: «Der Herr tröste euch unter den verbliebenen Trauernden Zions und Jerusalems, und ihr werdet nicht länger traurig sein.» Hier, in Großbritannien, ist es üblich, den Trauernden auch «ein langes Leben» zu wünschen.

Wenn die Trauergemeinde besonders groß ist, pflegen sich die Begleiter der Familie am Friedhofsausgang in zwei Reihen aufzustellen und die Angehörigen in der Mitte des Spaliers hindurchgehen zu lassen, während sie dazu den Segensspruch sprechen. Zu meinen bedrückendsten Erinnerungen zählt die Beerdigung eines jungen Mannes, den ich gut gekannt und sehr gemocht hatte. Er hieß Mark Tager und war bei dem Anschlag auf die PanAm-Maschine über Lockerbie vor nun schon über zehn Jahren zu Tode gekommen. Was dieses entsetzliche Geschehen in seiner Familie und unter seinen vielen jungen Freunden angerichtet hatte, war in der bis zum Bersten gefüllten Trauerhalle geradezu körperlich zu spüren.

Vor dem Verlassen des Friedhofs ist es Sitte, Gras auszureißen und hinter sich zu werfen oder es mit sich zu nehmen, um die Vergänglichkeit alles Irdischen zu bezeugen, und dazu aus den Psalmen zu rezitieren:

Er sei wie Schwellen des Getreides überm Erdland,
am Haupte der Berge
woge libanongleich auf seine Frucht,
mögen der Stadt sie entblühen wie Kraut der Erde!

Und im Anschluss daran:

> Denn er ist's, der weiß um unser Gebild,
> eingedenk, dass wir Staub sind

Nach der Beerdigung beginnt die Familie das so genannte *Schiwa*-Sitzen. *Schiwa* ist das hebräische Wort für «sieben» und bezeichnet die ersten sieben Trauertage im Haus der Hinterbliebenen, eine Zeit, in der Verwandte und Freunde empfangen werden. Die Trauernden sitzen dabei auf niedrigen Schemeln und dürfen weder kochen noch irgendeine andere Arbeit verrichten. Die Besucher übernehmen alles Erforderliche, bringen das Essen und schenken Getränke ein, es ist ihnen jedoch nicht erlaubt, mit den Trauernden zu reden, es sei denn, sie werden angesprochen. Jeder Tag endet mit gemeinsamen Gebeten.

Nach dreißig Trauertagen findet *Schloschim* (hebräisch für «dreißig») statt, die Gedächtnisfeier am Grab. 1995 reiste ich eigens für Yitzhak Rabins Schloschim zu seinem Grab nach Jerusalem. Anschließend saßen seine Freunde beisammen, erzählten Geschichten über ihn und sahen sich Filme aus seinem Leben an, auch private Aufnahmen, die ihn beim Spiel mit seinen Kindern und Enkeln zeigten.

Elf Monate lang sprechen die Kinder des Verstorbenen Kaddisch in der Synagoge. Vom ersten Todestag an wird bei jedem folgenden eine Gedächtniskerze, besagte «Jahrzeit», angezündet. Ich stelle sie jeden Februar für meinen Vater auf, und künftig werde ich auch jeden November eine für meine Mutter anzünden (da das jüdische Jahr einem Mondkalender folgt, wiederholen sich die Todestage nicht alljährlich am selben christlichen Datum).

Liebe Tante Fori,

heute möchte ich dir ein paar Ritualien schildern, die von Juden verwendet werden. Als ich 1996 mit meinen Studenten vom Londoner University College in die ostpolnische Stadt Wlodawa reiste, fanden wir viele solcher Artefakte in einem Museum ausgestellt, das sich an der Stelle befindet, wo vor dem Zweiten Weltkrieg die Haupthalle der Großen Synagoge gestanden hatte. Die jüdische Gemeinde von Wlodawa wurde im Zweiten Weltkrieg beinahe vollständig ausgelöscht, fast alle 5000 Juden der Stadt, darunter Hunderte von Kindern, wurden ermordet. Nur die Gegenstände, die sie in ihrem einst so pulsierenden Leben voller Frömmigkeit und Hoffnungen in Gebrauch hatten, existieren heute noch – als Museumsstücke unter Glas. Hier ein paar Beispiele:

Das Gebetbuch für den Alltag, genannt *Siddur* («Anordnung» oder «Aneinanderreihung»), wird bei den wochentäglichen Gottesdiensten und am Sabbat benutzt und hält die Reihenfolgen, Formen und Traditionen aller Gebete fest. Sein Äquivalent für die Festtage ist der *Machsor* («Kreislauf»). Das erste Gebetbuch, das die liturgischen Muster festlegte, wurde von Amram Gaon im 9. Jahrhundert in Mesopotamien kompiliert; das zweite, ein Jahrhundert später zusammengestellt, stammt von Saadia Gaon. «Gaon» bedeutet «Weiser» und war die Bezeichnung der Patriarchen der babylonischen Akademien von Sura und Pumbedita, die ihre Blütezeit vom 6. bis 11. Jahrhundert hatten; später wurden so auch die Leiter von Talmudschulen an anderen Orten und schließlich die geistigen Autoritäten des Judentums allgemein genannt.

Saadia Gaons Gebetbuch beinhaltete erläuternde Anmerkungen in arabischer Sprache, damit es von den Juden in Ägypten ebenfalls benutzt werden konnte; das erstmals 1902 verlegte Gebetbuch aus dem Jahr 1963, das meinem Vater gehörte und heute von mir verwendet wird, enthält englische Anmerkungen. Das erste Gebetbuch für Aschkenasim wurde 1512 in Prag publiziert.

Die *Kippa* (Plural *Kippot*) ist das Käppchen, das jüdische Männer beim Beten und streng orthodoxe Juden neuerdings während des ganzen Tages tragen. In meiner Jugend waren praktisch alle Käppchen schwarz, heute gibt es sie in einer Vielzahl von Farben, sogar mehrfarbig. Nordafrikanische, türkische und iranische Juden haben oft große, farbenprächtige Kippot; und ein Israeli, der den ganzen Tag über eine kleine, gehäkelte und mit einer Klemme am Haar befestigte Kippa trägt, will damit häufig nicht nur seine Frömmigkeit, sondern auch seine politische Gesinnung zum Ausdruck bringen – meist weit rechts im politischen Spektrum des Landes angesiedelt.

Der *Tallit* (jiddisch *Taliss*) ist der so genannte Gebetsmantel (obwohl eigentlich ein Tuch) mit «Schaufäden» an allen vier Ecken, der in der Synagoge getragen wird. Üblicherweise ist er aus Baumwolle, manchmal aus Seide. Die Schaufäden an den Ecken bestehen aus je vier doppelten, also insgesamt acht Einzelfäden, welche wiederum zu fünf Doppelknoten verschlungen werden. Ursprünglich war ein Gebetsmantel weiß mit schwarz eingewobenen Streifen; inzwischen haben sich vor allem in Israel bunte Varianten und sogar farbenprächtige Muster oder eingewebte Darstellungen wie zum Beispiel von den Mauern Jerusalems eingebürgert. Jahrhundertelang war der Tallit ausschließlich Männern vorbehalten gewesen; heutzutage legen ihn in konservativen wie liberalen Reformgemeinden auch Frauen an.

Zizit heißen die Schaufäden an den vier Ecken des «kleinen Gebetsmantels», welcher über der Unterwäsche getragen wird und oft unter einem Hemd oder Jackett vorlugt. Ihr Ursprung lässt sich – ebenso wie der der Schaufäden des «großen» Tallit – auf das Vierte Buch Moscheh zurückführen: «Rede zu den Kindern Jisrael und sprich zu ihnen, dass sie sich Schaufäden machen an die Zipfel ihrer Kleider bei ihren Geschlechtern ...»

Wenn fromme Juden das *Schema* in der Synagoge sprechen, pflegen sie die Schaufäden bei jeder Stelle im Gebet, an der diese erwähnt werden, zu küssen.

Tefillin, auch Phylakterien genannt, sind schwarzlederne Gebetsriemen und -kapseln, welche vier kurze, auf Pergament geschriebene Tora-Abschnitte enthalten. Sie werden von den Männern beim
Morgengebet um den linken Arm und die Stirn gewickelt. In biblischen Zeiten wurden sie noch während des ganzen Tages getragen.
Auf den Kopftefillin steht der hebräische Buchstabe *Schin* («S»). Beim
Anlegen der Kapsel an die Stirn verschlingt man die schmalen Lederbänder so miteinander, dass der Knoten im Nacken die Form des
hebräischen Buchstabens *Dalet* («D») bildet; die Handtefillin legt man
hingegen so an, dass der Knoten wie ein *Jod* («I») aussieht. Gemeinsam ergeben diese drei Buchstaben dann das Wort *Schaddai*: einen
der Namen Gottes.

Ich kann mich noch gut erinnern, wie ich früher immer zu kämpfen hatte, um diese Knoten richtig hinzubekommen.

Du weißt, dass ich mich sehr für die Herkunft jüdischer Familiennamen interessiere. Als die iranische Regierung vergangenes Jahr
dreizehn iranische Juden verhaftete – Mitglieder einer der ältesten jüdischen Gemeinden der Welt – und sie der Spionage für Israel anklagte, wurden zehn von ihnen, trotz weltweiter Proteste und der Ermangelung jeglicher Beweise, zu langen Haftstrafen verurteilt. Unter
ihnen war auch ein neunundzwanzigjähriger Jude, der dreizehn Jahre
ins Gefängnis musste – sein Name war Hamid «Danny» Tefileen.

Die Juden von Schiraz, wo der Prozess stattfand, beteten in ihrer
Synagoge um Gnade – bei jeder anderen öffentlichen Aktivität hätte
ihnen die sofortige Verhaftung gedroht. Der sephardische Oberrabbiner von Israel, Elijahu Bakschi Doron, bat Papst Johannes Paul II.
bei dessen Besuch in Jerusalem um Vermittlung, und vor der iranischen Vertretung bei den Vereinten Nationen in New York hielten
orthodoxe, konservative und Reformrabbiner Nachtwache. Es half
alles nichts, die Iraner sprachen ihr Urteil.

Liebe Tante Fori,

ein beliebter Gegenstand und gleichzeitig Symbol des Judentums
ist die *Menora* («Kandelaber»), die es in zwei Ausführungen gibt – als
siebenarmigen Leuchter, wie er zu Zeiten des Tempels benutzt wurde, und als die achtarmige beziehungsweise mit dem Schamasch
(Diener) neunarmige Chanukkia, die ich dir bereits schilderte.

Wie für fast alle heiligen Gegenstände und Rituale des Judentums
findet sich auch für die Menora eine Erklärung in der Tora, in diesem Fall im Zweiten Buch, in dem das Gebot Gottes geschrieben
steht: «Und mache einen Leuchter von reinem Golde, gediegen werde der Leuchter gemacht ... Und sechs Röhren sollen von seinen
Seiten ausgehen, drei Röhren des Leuchters von der einen Seite und
drei Röhren des Leuchters von der anderen Seite ... Und mache seiner Lampen sieben, und stecket man die Lampen auf, so leuchte es
nach der Vorderseite zu ...»

Dass die Menora zu einem so eindringlichen Symbol des Judentums wurde, ist allerdings jüngeren Datums. Erst seit man bei Ausgrabungen zweitausend Jahre alte Leuchter oder deren Darstellungen in Mosaiken und auf Ritualien fand, wurde sie als ein sichtbares
Bindeglied in die jüdische Vergangenheit empfunden und erwarb
ihre heutige Prominenz. Man entdeckte sie als Gravuren auf alten
Gläsern und Edelmetallen und als Verzierungen auf Keramiken.
Heute stellen Künstler und Handwerker die Menora in ungewöhnlicher Formenvielfalt und phantasiereichen Varianten aus Holz, Silber
und sogar Glas her.

Die jungen Künstler in der vom russischen Juden Boris Schatz
1906 gegründeten Bezalel-Akademie von Jerusalem verwenden dieses Motiv häufig, ob in Gemälden, auf Stoffen, Teppichen oder als
Schmuckstücke. Im 20. Jahrhundert begann die Menora das im
19. Jahrhundert noch favorisierte Symbol für die Kontinuität jüdischen Lebens zu ersetzen – den *Magen David*, den Davidstern oder
Davidschild, der von den Nationalsozialisten zur Kennzeichnung,

Aussonderung und Erniedrigung von Juden so missbraucht wurde. Auf jüdischen Grabsteinen ist, wenn es sich um den einer Frau handelt, die Menora abgebildet, bei dem eines Mannes der Davidstern.

Auch auf intellektueller Ebene gewann der Begriff *Menora* an Bedeutung. 1915 wurde in den Vereinigten Staaten zum Beispiel ein «Menorah Journal» gegründet, das sich der Förderung des «Jewish humanitarianism» verschrieb und jüdischen Schriftstellern und Gelehrten ein Forum für höchst lebendige Debatten um die humanistischen Werte des Judentums sowie über ihre Zusammenhänge mit den jüdischen Traditionen und dem jüdischen Glauben bot. 1923 erschien in Wien erstmals die illustrierte Zeitschrift «Menorah. Jüdisches Familienblatt für Wissenschaft, Kunst und Literatur», die es sich in den neun Jahren ihrer Existenz zur Aufgabe gemacht hatte, mit ihren in deutscher, hebräischer und englischer Sprache verfassten Artikeln eine Brücke über die diversen Strömungen im jüdischen Volk zu schlagen.[37]

Da die Menora eine so große symbolische Rolle während des jüdischen Aufstands gegen Rom gespielt hatte, ist sie immer auch von der Aura jüdischen Kampfgeistes und Nationalstolzes umgeben. Nicht umsonst erkor sie der neue Staat Israel 1948 zum Staatssymbol. Dessen Design wurde der riesigen und reich geschmückten Menora auf dem Titusbogen in Rom nachempfunden, welche die römischen Eroberer aus dem Zweiten Tempel geraubt und im Triumphzug vor ihren jüdischen Gefangenen durch die Straßen Roms getragen hatten. Diese Tempel-Menora wurde nie wiedergefunden. Der Legende nach soll sie von einem christlichen Soldaten Roms im 3. Jahrhundert nach Palästina zurückgebracht und unter dem Heilig-Kreuz-Kloster vergraben worden sein – genau dort, wo Adam angeblich von den Früchten des Baumes der Erkenntnis gekostet hat (wiewohl Jerusalem ja nun nicht gerade an der türkisch-iranischen Grenze liegt!) und wo auch der Baum gestanden haben soll, der das Holz für das Kreuz Christi lieferte. Die Mönche, die ich mehrmals besuchte, wollen von Grabungen nach diesem kostbaren Artefakt auf ihrem Grund und Boden bis heute nichts wissen. Zu den wichtigsten Judaica zählen außerdem die geflochtenen Kerzen mit zwei Dochten und die so genannte Riechdose, deren Aufgabe manchmal auch Dufthölzer erfüllen. Sie begleiten das Gebot der *Hawdala* («Unterscheidung»), den Segensspruch am Ausgang des Sabbat, der nach dem Anzünden der Kerze über einem Glas Wein gesprochen wird. (Über den Sabbat später mehr.)

Die *Mesusa* («Türpfosten») ist eine kleine Pergamentrolle mit zwei bedeutenden Texten aus der Tora, die in einem länglichen, meist reich verzierten Behältnis aus Messing, Holz oder Porzellan aufbewahrt und an den äußeren und inneren Türpfosten jüdischer Häuser angebracht wird. Auch am Pfosten meiner Eingangstür hängt eine Mesusa, denn wie es im Fünften Buch der Tora geschrieben steht, sollen Juden Gottes Gebote nicht allein im Herzen tragen: «Und du sollst sie schreiben auf die Pfosten deines Hauses, und an deine Tore.» Der erste Text auf der Mesusarolle enthält das *Schema* und das Gebot, Gott von ganzem Herzen zu lieben, der zweite trägt auf, Gottes Gebote zu beachten. Auf dem Behältnis selbst steht das Wort *Schaddai*, «Allmächtigster».

Fromme Juden pflegen ein Haus niemals zu betreten oder zu verlassen, ohne die Mesusa mit den Fingern zu berühren, zum Zeichen dafür, dass sie Gottes Gebote befolgen wollen und auf seinen Schutz vertrauen.

Als ich 1980 durch Polen reiste, um für mein Buch «‹Nie wieder!› Die Geschichte des Holocaust» zu recherchieren, kam ein junger Mann auf der Straße auf mich zu, nachdem er mich aus einer zerstörten Synagoge hatte herauskommen sehen, und deutete etwas verstohlen auf einen Gegenstand in seiner Hand. Es war eine schöne pergamentene Mesusarolle, wenn auch ohne Behältnis. Ich erfuhr nie, woher er sie hatte, aber als er sie mir zum Kauf anbot, griff ich zu.

Ein weiteres Artefakt aus dem religiösen jüdischen Leben ist der Torazeiger, genannt *Jad*, hebräisch für «Hand». Mit diesem kleinen

Stab verfolgt der Toraleser am Sabbat und während der Hohen Feiertage die Zeilen des Textes, den er in der Synagoge liest.

Erwähnt wurde der Jad in hebräischen Texten erstmals im Jahr
1570; seither ist er in oft prächtigen, mit Halbedelsteinen oder Korallen verzierten Exemplaren in Gebrauch. Üblich ist er allerdings
nur in der aschkenasischen Tradition, Sephardim pflegen mit einem
Tuch oder den Schaufäden ihres Gebetsmantels auf den Text zu deuten. Auf dem Jad selbst findet sich ein Vers aus dem Fünften Buch
der Tora eingraviert: «Dies sind die Reden, die geredet Moscheh zu
ganz Jisrael.» Oder eine Zeile aus dem Psalm 19: «SEIN Gebot ist
lauter, die Augen erleuchtend.»

Am unteren Ende verjüngt sich der kleine, meist aus Silber gefertigte Stab zu einer fein ziselierten Hand mit einem ausgestreckten
Finger, mit dem man die Torarolle berührt. Als mein Vater 1972 seinen siebzigsten Geburtstag feierte, fragte ich ihn, wohin er sich eine
Geburtstagsreise wünsche. Er wollte nach Istanbul. Dort wurde uns
dann von einem Händler in den Basarhallen ein wunderschöner silberner Jad zum Kauf angeboten. Er sollte jedoch vierhundert Dollar
kosten, und das schien uns einfach zu teuer. Kaum waren wir abgereist, ärgerten wir uns – wir hätten ihn trotzdem kaufen sollen (Vater
als Geschenk für mich, ich als Geschenk für Vater). Natürlich war das
ein nach damaligen Standards enorm hoher Preis, aber andererseits
handelte es sich wirklich um ein kleines Kunstwerk – und es wäre in
jüdische Hände zurückgekehrt. Ich habe oft an diese verpasste Gelegenheit gedacht, und jedes Mal wenn ich nach Istanbul reise, überfällt mich lebhaft die Erinnerung an meinen Vater (er starb 1976) und
diesen Jad.

Liebe Tante Fori,

ein zum Synagogenkomplex gehörendes Gebäude, oft sogar ein
integraler Bestandteil des Bethauses, ist das rituelle Tauchbad, die für

Männer und Frauen getrennte *Mikwe*, wörtlich «Sammlung des Wassers». Das Ritual entstand zwar aus dem uralten Gebot zur Reinlichkeit, doch seine eigentliche Bedeutung ist die Läuterung – daher auch die Notwendigkeit, vollständig ins Wasser einzutauchen. Der Ursprung dieses religiösen Brauchs lässt sich in der Hebräischen Schrift finden, diesmal im Dritten Buch der Tora: «Jedoch Quelle und Grube, Wasserbehälter ist rein.» Von Maimonides aus dem 12. Jahrhundert stammt die Erklärung, dass es sich bei der Reinigung in der Mikwe nicht um die Beseitigung von Schmutz handelt, der durch Wasser entfernt werden könnte, sondern vielmehr um die Erfüllung des Gebotes aus der Schrift, sich zu läutern, wobei der Erfolg jedoch allein von der Absicht des Herzens abhängt.

Die Mikwe ist bei vielen Anlässen gefordert, beispielsweise im Zusammenhang mit der *Nida* («Unreinheit») einer Frau. Nachdem sie «sieben reine Tage» im Anschluss an ihre Blutung gezählt hat, wäscht sie sich ausgiebigst von Kopf bis Fuß und entfernt jegliches Make-up; erst dann darf sie in die Mikwe eintauchen und den Segensspruch für die *Leil-Onata* sagen, die Nacht, in der sich ihr Mann ihr wieder nähern darf.

Manche streng orthodoxe Juden tauchen sogar Gefäße und Gerätschaften in die Mikwe, wenn Nichtjuden daraus serviert wurde oder nachdem sie sie von Nichtjuden erworben haben. Dabei sprechen sie den Segen, der Gott für «reines Gefäß» dankt. Erst danach dürfen sie wieder im eigenen Haus verwendet werden.

Vom Propheten Esra heißt es, er habe darauf bestanden, dass ein Mann, der bei seinem Weib gelegen hat, die Tora erst wieder nach der Läuterung in der Mikwe studieren darf; man nennt dies Esras Tauchbad. Maimonides schwor, dieses Gebot stets befolgt zu haben. Fromme Juden pflegen auch am Vorabend des Versöhnungstages in die Mikwe einzutauchen, um Körper und Geist für das feierliche Fasten und Beten zu reinigen.

Das Tauchbad selbst, das Bauwerk also, zählt oft zu den wenigen

Spuren, die von uralten jüdischen Gemeinden übrig geblieben sind. In Köln fand man eine Mikwe aus dem Jahr 1170; und wenn bei Ausgrabungen in Israel wieder einmal Überreste einer Mikwe entdeckt werden, herrscht immer großer Jubel – so auch, als man sogar in den zweitausendjährigen Ruinen der Festung Masada ein Tauchbad freilegte. Kaum war Professor Yadin, der die Grabungen in Masada leitete, auf die Anlage gestoßen, bei der es sich seiner Meinung nach nur um eine Mikwe handeln konnte, wurde eine Gruppe gelehrter Rabbiner über den höchst riskanten, steilen Trampelpfad auf den Berg geschickt – vor dem späteren Bau einer Gondel die einzige Möglichkeit, die Festung zu erreichen –, um sie zu vermessen. Die gewaltige Hitze und prekäre Höhe waren sofort vergessen, als die Rabbis unter lautem Jubel feststellten, dass die Maße dieser zweitausendjährigen Anlage exakt den Vorgaben entsprachen, die zu biblischen Zeiten für die Mikwe festgelegt worden waren. Yadin erzählte mir einmal, dass die Begeisterung der Rabbiner nach dieser Entdeckung einer der bewegendsten Momente seiner Laufbahn als Archäologe war.

Vor einigen Jahren präsentierte ich eine dreiteilige Fernsehserie über die Geschichte von Jerusalem. In einer Szene erklärte ich den Sinn der Mikwe, während ich selbst in den Überresten eines solchen Tauchbads stand – sie waren nahe den Treppen entdeckt worden, die aus der Dawidstadt den Tempelberg hinaufführten, und stammten aus der Zeit des Zweiten Tempels. Ich war also tatsächlich von Relikten eines zweitausend Jahre alten Gemäuers umgeben.

Anlässlich eines Aufenthalts in Budapest besuchte ich vor kurzem eine Mikwe unweit der Synagoge in der Dohany-Straße, in der dein Vater, Tante Fori, vor siebzig Jahren seinen Sitz hatte. Während der schrecklichen Monate 1944 war sie zur Leichenhalle umfunktioniert worden, weil es im ganzen Ghetto keinen anderen geweihten Ort gab, der dafür groß genug gewesen wäre.

Liebe Tante Fori,

Juden kennen nur einen Gott, aber den verehren sie auf vielfältigste Weise. So unterscheiden sich nicht nur die Sitten und Gebräu-
che von Aschkenasim und Sephardim, in den vergangenen einhundertfünfzig Jahren haben auch viele reformistische Aspekte Einzug
in die jüdische Religionsgemeinschaft gehalten. Heute findet sich
praktisch alles nebeneinander, ob reformiert, konservativ oder liberal. Meine eigene Gemeinde hier in London ist eine reformierte, was
bedeutet, dass ein Teil des Gottesdienstes in englischer Sprache abgehalten wird und anstelle des traditionellen Kantors, der vor der
Gemeinde singt, ein Chor aus dem Hintergrund zu hören ist.

Es war die *Haskala* – die jüdische Aufklärungsbewegung, von der
ich dir vor einer Weile berichtete –, die nach den geistigen Umwälzungen infolge der Französischen Revolution die Bühne für eine religiöse Reform bereitete. Der Name leitet sich vom hebräischen
Wort *sechel* ab, «Verstand». Ihre Anhänger wurden *maskilim* genannt,
die «Verständigen», nach dem Vers im Buch Daniel: «Aber die Verständigen werden glänzen wie der Glanz des Himmels ...»

Die vom deutschen Rabbiner und Gelehrten Samson Raphael
Hirsch geführte Neoorthodoxie (Hirsch starb 1888) setzte sich für
eine Anpassung der religiösen Praktiken des Judentums an den Stil
und das Dekorum des 19. Jahrhunderts ein und wollte, dass säkulare
Konzepte ebenso gelehrt würden wie religiöse. Als klassischer Phi-
lologe, Historiker und Philosoph war Hirsch davon überzeugt, dass
sich der traditionelle Judaismus durchaus mit der etablierten abendländischen Kultur vereinen ließ. Damit teilte er offensichtlich nicht
die Ansicht der von seinem Freund, dem Gelehrten Abraham Geiger, geführten Reformbewegung, der fand, dass man erst eine Brücke schlagen müsse zwischen dem jüdischen Glauben und dem säkularen abendländischen Umfeld, in dem Juden lebten. Geiger, einer
der Pioniere der «Wissenschaft des Judentums» (er starb 1874), lehrte
an der Hochschule gleichen Namens ganz im Sinne dieser Bewe-

gung: Die Quellen des Judentums und seine religiöse Entwicklung sollten mittels modernster historischer Methoden erforscht werden.

Die führende Figur dieser Wissenschaft des Judentums aber war der deutsch-jüdische Historiker und Übersetzer der Hebräischen Schrift Leopold Zunz, der auch zwei Jahre lang Synagogenprediger im Jacobsson'schen Reformtempel in Berlin gewesen war. 1832 veröffentlichte er sein Werk «Die gottesdienstlichen Vorträge der Juden», eine Studie über die Entwicklungen und Veränderungen jüdischer Predigten. 1855 schrieb dieser große Kenner der jüdischen Geschichte in der Einleitung zu seinem Buch «Synagogale Poesie des Mittelalters»: «Wenn es eine Stufenleiter von Leiden gibt, so hat Israel die höchste Stufe erstiegen; wenn die Dauer der Schmerzen und die Geduld, mit welcher sie ertragen werden, adeln, so nehmen es die Juden mit den Hochgeborenen aller Länder auf ...»

Die ersten Reformgemeinden wurden Anfang des 19. Jahrhunderts in Deutschland gegründet. Die 1818 in Hamburg ins Leben gerufene publizierte sogar erstmals ein eigenes, revidiertes Gebetbuch. Liturgie wie Predigten wurden nun nicht mehr ausschließlich in hebräischer, sondern auch in deutscher Sprache abgehalten. In seinem 1832 veröffentlichten Buch über die gottesdienstlichen Vorträge hatte Zunz nachgewiesen, dass Predigten in der jeweiligen Landessprache früher eine verbreitete Praxis des orthodoxen Judentums gewesen waren und nur wieder ungebräuchlich wurden. Auch bei der Rabbinerausbildung legte man die Betonung nun auf Bildungsinhalte, die über die talmudischen hinausgingen und säkulare Wissenschaft mit umfassten. 1838 wurde Geiger, der bereits nach diesem Prinzip ausgebildet worden war, von der jüdischen Reformgemeinde in Breslau zu ihrem Rabbiner gewählt. Das von ihm eingeführte Synagogenritual basierte auf dem Konzept, dass sich der Glaube weiterentwickelt.

Orthodoxe Juden waren und sind bis heute überzeugt, dass die Gebote, die Moscheh am Berge Sinai offenbart wurden, nicht nur die Grundlage des jüdischen Glaubens sind, sondern dessen absolut un-

veränderliches göttliches Fundament. Anhänger der Reformbewegung hingegen akzeptierten diese Vorstellung einer *Torah Min hascha
majim* (einer vom Himmel gegebenen Tora) nicht, das heißt, sie wi-
dersprachen der Idee eines Gotteswortes, welches jeglicher Revision
verschlossen bleibt und die letzte Instanz in allen Fragen des Glaubens
und der Religionsausübung darstellt. Sie waren vielmehr der Meinung, dass man dem Ewigen Gott auch auf Weisen huldigen kann,
die in der Hebräischen Schrift nicht erwähnt werden, und vor allem,
dass man Gott in jeder Sprache ansprechen darf – Deutsch oder Englisch oder was immer im Alltag eines Juden gesprochen wird.

Ab 1824 in den Vereinigten Staaten, 1842 in Großbritannien und
1867 in «deinem» Umgarn sollte der allmähliche, aber stetige Zu-
wachs an Reformgemeinden schließlich zu einer Spaltung beziehungsweise, aus Sicht der Reformer, Neubelebung der jüdischen
Traditionen führen.

In den Vereinigten Staaten waren die reformistischen Trends am
erfolgreichsten. 1875 wurde in Cincinnati, Ohio, das Hebrew Union College für eine reformierte Rabbinerausbildung gegründet. Als
dort bei einem Bankett 1883 anlässlich der ersten Ordination von
Rabbinern nichtkoscheres Essen serviert wurde, zeigten sich allerdings sogar Vertreter des Reformjudentums empört. Zwei Jahre später jedoch, 1885, erklärte die Pittsburgher Reformbewegung offiziell, dass «die mosaische Gesetzgebung» für sie keinen bindenden
Charakter mehr habe: «Wir erkennen in diesen modernen Zeiten
einer universellen Kultur des Herzens und Geistes die Verwirklichung der großen messianischen Hoffnung Jisraels auf die Begründung eines Königreiches der Wahrheit, Gerechtigkeit und des Friedens unter allen Menschen ... Wir erkennen im Judaismus eine
progressive Religion, welche immer während nach Übereinstimmung mit den Postulaten der Vernunft strebt.»

Doch die reformierten Praktiken änderten sich ständig. So wurde
zum Beispiel das Forum der Pittsburgher Reformbewegung aus dem

Jahr 1885 nach einer Konferenz der amerikanischen Reformrabbiner aus Columbus, Ohio, im Jahr 1937 abgelöst. Sie forderten nun wieder eine Intensivierung des traditionellen religiösen Lebens und eine stärkere Betonung «der moralischen und religiösen Disziplin im jüdischen Heim».

Wandel gehört zum grundlegenden Charakter von Reform, und genau das ist der Kern ihrer Unvereinbarkeit mit der traditionellen Orthodoxie. In jüngster Zeit hat sich die Entwicklung einmal mehr einer stärkeren Annäherung an die traditionellen jüdischen Glaubenspraktiken verschrieben, doch zeitweise war die Reformbewegung so konsequent, dass sie sogar das traditionelle Fest des Neunten Aw abschaffte: Sie fand es «anachronistisch», dass man nach wie vor die Zerstörung des Ersten und Zweiten Tempels betrauerte, während sich jüdisches Leben längst in hohem Maße wieder etabliert hatte und das Ziel, das man einst mit der Tempelzerstörung verfolgte – nämlich jede jüdische Souveränität zu vernichten –, von der Geschichte überholt worden war. Neuerdings wird dem Neunten Aw jedoch von vielen Reformgemeinden wieder ein Platz in der Liturgie eingeräumt – insbesondere den Klageliedern –, obgleich man noch zögert, an diesem Tag auch zu fasten.

Liebe Tante Fori,

in meinen folgenden drei Briefen werde ich mich einem der innigsten und zugleich lebendigsten Momente im jüdischen Alltag widmen: dem Sabbat.

Die Geschichte der Menschheit begann, wie die Genesis erzählt, als Gott die Erde, Licht, Wasser, Pflanzen, Tiere, Mann und Frau erschuf, bevor er am siebenten Tage von seiner Arbeit ruhte. Genau dieses göttlichen Ruhetages gedenken wir am Sabbat. Er steht im Zentrum des jüdischen Alltags, der jüdischen Woche und des jüdischen Familienlebens.

Für Juden beginnt dieser Tag der Ruhe und Reflexion – jiddisch *Schabbes* – am Freitagabend nach Sonnenuntergang und endet nach Sonnenuntergang am Samstagabend. Das hebräische Wort *schabat* ist mit dem Verb *schawat* verwandt, «einstellen» oder «ablassen», mit einem Wort: ruhen. In jedem der Fünf Bücher Moscheh findet sich ein Verweis auf die Sabbatruhe. Im Dritten Buch zum Beispiel steht geschrieben: «Jeder fürchte seine Mutter und seinen Vater, und meine Sabbate beobachtet.» Nun, ich denke, heute würde man die Eltern wohl eher «ehren» (um nicht zu sagen «lieben») denn «fürchten».

Der Sabbat wird nicht nur als ein besonderer Tag, sondern als ein geradezu erhebender Tag begangen. Etwa eine halbe Stunde bevor er am Freitag bei Anbruch der Dunkelheit beginnt, zündet die Frau des Hauses zwei Kerzen an und sagt, ihre Augen mit den Händen bedeckend, den Segensspruch über sie: «Lob nun, ja Lob dir o Gott …»

Die erste Kerze steht für das Gebot «Gedenke», wie es im Zweiten Buch der Tora gefordert wird: «Gedenke des Sabbat-Tages, ihn zu heiligen»; die zweite für das «Beobachten» (im Sinne von «beachten»), festgeschrieben im Fünften Buch: «Beobachte den Sabbat-Tag, ihn zu heiligen, wie der Ewige dein Gott dir geboten.» In den Synagogen wird währenddessen, sobald die Sonne am Horizont versinkt, das Lied an die Königin Sabbat angestimmt: «Komm mein Freund, der Braut entgegen, wir wollen den Sabbat empfangen …» Israelis gehen dabei oft ins Freie und wenden ihren Blick dem Sonnenuntergang zu. Dieser Brauch hat seinen Ursprung in einer besonderen Zeremonie, genannt *Kabbalat Schabbat* («Empfang des Sabbat»), die sich in der heiligen Stadt Safed im 16. Jahrhundert vor dem eigentlichen Beginn des Sabbat eingebürgert hatte: Alle Juden zogen hinaus auf die Felder und liefen um die Stadt, den Blick immer der untergehenden Sonne zugewandt, und hießen den Sabbat mit dem Psalm 91 willkommen: «Gut ist es, dir zu danken …»

Nach der Rückkehr aus der Synagoge bei Dunkelheit versammelt sich die Familie – häufig im Beisein von Fremden, denen man in der

Synagoge begegnete und die keine eigene Familie vor Ort haben –
um den Sabbattisch, auf dem bereits die Kerzen brennen. Er ist immer festlich mit einem weißen Damasttuch, dem schönsten Geschirr
und besten Besteck – Silber, wenn möglich –, den beiden Kerzenleuchtern, einem Silberbecher und einem «Doppelbrot», dem *Challa*
genannten Hefezopf, gedeckt.

Vor Beginn der familiären Feier verlassen die Anwesenden noch
einmal den Tisch zum rituellen Händewaschen, begleitet von einem
kurzen Gebet. Sobald wieder alle versammelt sind, segnet der Vater
die Kinder, hebt den Silberbecher und spricht *Kiddusch* («Segnung»)
über dem gleichnamigen Becher. Mit diesem Segen dankt er Gott,
dass er uns als «Bannerträger» des Sabbat erwählt hat, und gedenkt
des Auszugs aus Ägypten – der Geschichte von der alles entscheidenden Intervention Gottes, die wie gesagt eines der zentralsten Elemente des jüdischen Glaubens ist. Nach der Segnung des Weins
(«Gepriesen seist du, Ewiger, unser Gott, du regierst die Welt, du
hast die Frucht des Weinstocks geschaffen …») sagt der Vater –
manchmal auch eines der Kinder – den Segensspruch «Der du hervorbringst». Dann schneidet er die Challa an, streut als Symbol der
Gastfreundschaft Salz auf die Scheibe und isst einen Bissen davon,
bevor er den anderen je ein Stück reicht.

So weit die aschkenasische Tradition deiner Eltern, Tante Fori, wie
meiner. Sephardim pflegen das Brot mit der Hand zu brechen, nicht
mit dem Messer anzuschneiden, und die Stücke dann den Anwesenden über den Tisch zuzuwerfen, anstatt sie zu reichen. Der Ursprung
der Tradition dieses «Doppelbrots» findet sich in der biblischen Erzählung vom *Man* (Manna), das Gott den Kindern Jisrael in der Wüste
vor dem Sabbat in doppelter Menge vom Himmel fallen ließ, damit
sie am Sabbat kein Brot zu backen brauchten. Während der Vater den
Segensspruch über den Wein sagt, bleibt die Challa mit einem be-
stickten Tuch bedeckt – der Überlieferung nach, um das Brot, den
«Stab des Lebens», durch die Segnung des Weines nicht zu beleidigen.

Unmittelbar vor dem Sabbatmahl lobpreist der Vater, der üblicherweise am Kopfende des Tisches sitzt, seine Frau am anderen Tischende mit dem *Eschet Hajil* («Ein wackeres Weib») aus dem letzten Kapitel im Buch der Sprüche – eine der schönsten lyrischen Passagen aus der Hebräischen Schrift:

Ein wackeres Weib, wer findet es? Denn schwerer zu erkaufen
ist es als Perlen.
Es vertraut auf sie das Herz ihres Mannes, und sein Erwerb
nimmt nicht ab.
Sie erweist ihm Gutes und nimmer Böses, alle Tage ihres
Lebens.
Sie sieht sich um nach Wolle und Leinen, und arbeitet mit
munteren Händen.
Sie ist gleich dem Kaufmannsschiffe, das aus der Ferne sein Brot
bringt.
Und sie steht auf, wenn noch Nacht ist, und gibt Speise ihrem
Hause, und das Tagewerk ihren Mägden …
Ihre Hand bricht Brot dem Armen, und ihre Hände streckt sie
aus dem Dürftigen …
Würde und Glanz ist ihr Gewand, und sie lacht des späten
Tages.
Ihren Mund tut sie auf mit Weisheit und milde Lehre ist auf
ihrer Zunge.
Sie bewacht die Gänge ihres Hauses, dass keines das Brot der
Trägheit esse.
Es treten ihre Söhne auf und preisen sie, ihr Mann, und rühmt
sie.
Viele Töchter haben sich wacker erwiesen, du aber gehst über
Alle.
Trug ist die Anmut, und eitel die Schönheit; ein Weib, das den
Ewigen fürchtet, das werde gerühmt.

Gebet ihr von der Frucht ihrer Hände, und es rühmen sie in
den Toren ihre Werke.

Die bis heute übliche kulinarische Tradition des Sabbatmahls von
Aschkenasim – jedenfalls bei mir in England und, wie ich annehme,
auch in deinem Ungarn – begann sich vor etwa einhundert Jahren
einzubürgern: Hühnersuppe (mit Nudeln oder Nocken), Fisch oder
Huhn in allen möglichen Varianten, Gemüse, manchmal wiederum
von Nudeln begleitet, und als krönender Abschluss ein *Lokschen*-
Auflauf mit Rosinen (aus dem in England ein Nudelpudding wurde). Als Kind haben mich diese drei Nudelgänge geradezu in Begeisterung versetzt!

Es können aber auch gesalzene Radieschen, gehackte Leber, ge-
hackter Hering, gehackte Eier mit Zwiebeln, eingelegtes saures Gemüse, süße Karotten (*Zimmes*) und zum Abschluss ein Apfelstrudel
oder frisches Kompott serviert werden.

Das Sabbatmahl endet mit einer der melodiösesten Zeremonien
im jüdischen Alltag, der Danksagung für Speis und Trank und für
Gottes Segen. Die meisten dieser Gebete werden von allen um den
Tisch Versammelten gemeinsam gesungen – alte Melodien, viele aus
dem Mittelalter, die von Generation zu Generation weitergegeben
wurden. Man beginnt mit dem Psalm 126:

Wann ER kehren lässt die Heimkehrerschaft Zions,
werden wie Träumende wir.
Lachens voll ist dann unser Mund,
unsere Zunge Jubels.
Man spricht in der Stämmewelt dann:
«Großes hat ER an diesen getan!» –
Großes hatte an uns ER getan,
Frohe waren wir worden.

Lasse, DU, uns Wiederkehr kehren
wie den Bachbetten im Südgau!
Die nun säen in Tränen,
im Jubel werden sie ernten.
Er geht und weint im Gehen,
der austrägt den Samenwurf,
im Jubel kommt einst, kommt,
der einträgt seine Garben.

Dieser Psalm war das Lieblingslied meines Vaters. Er hat ihn vor dem
Ersten Weltkrieg am Tisch seiner Eltern hier in London gesungen,
und diese bereits vor mehr als hundert Jahren am Tisch ihrer Eltern
in den polnischen Provinzen des zaristischen Russland.

Liebe Tante Fori,
   die erste Erwähnung der Sabbatruhe findet sich im zweiten Vers,
zweites Kapitel im Ersten Buch der Tora: «Und Gott hatte vollendet
am siebenten Tage sein Werk, das er gemacht, und ruhete am siebenten Tage von all seinem Werke, das er gemacht.»
   Mit der Wahrung der Sabbatruhe folgt der Mensch also Gottes
Beispiel. Da Gott nach seinem Schöpfungsakt ruhte, muss auch der
Mensch seine Arbeitsgeräte niederlegen und einen Tag ruhen. Nach
der Halacha, dem religiösen Gesetz, darf am Sabbat keine Art von
Arbeit verrichtet werden, welche dem bereits Vorhandenen etwas
hinzufügen oder etwas Neues erschaffen würde. Das schließt das
Backen von Brot ein – des *Man*, das den Kindern Jisrael vom Him-
mel fiel und von Moscheh mit den Worten Gottes erklärt wurde:
«Das ist das Brot, das der Ewige euch gegeben hat zum Essen.»
   An jenem ersten Freitag, als *Man* vom Himmel fiel, befahl Moscheh den Kindern Jisrael, «das Doppelte an Brot» zu sammeln, denn
«eine Feier, eine heilige Feier dem Ewigen ist morgen; was ihr ba-

cken wollet, backet, und was ihr kochen wollet, kochet, und alles, was übrig bleibt, leget euch hin in Verwahrung auf den Morgen». Am Sabbat, erklärte er, würden sie kein *Man* finden auf dem Felde: «Sechs Tage werdet ihr es sammeln, aber am siebenten Tage, dem Sabbat, an dem wird nichts vorhanden sein.»

Dass Juden von Sonnenuntergang am Freitag bis Sonnenuntergang am Samstag ruhen sollen, erklärt die Tora unter anderem mit der Notwendigkeit eines Ruhetages für die Bediensteten, Lasttiere und Reisenden. Denn im Zweiten Buch Moscheh steht geschrieben: «Sechs Tage magst du verrichten deine Geschäfte, aber am siebenten Tag feiere, damit dein Ochse und dein Esel ruhe, und sich erhole der Sohn deiner Magd und der Fremdling.»

Im Fünften Buch ist die Erklärung noch ausführlicher: «Sechs Tage kannst du arbeiten und all deine Werke verrichten: Aber der siebente Tag ist Feiertag dem Ewigen deinem Gott; da sollst du keinerlei Werk verrichten, du und dein Sohn, und deine Tochter, und dein Knecht, und deine Magd, und dein Ochs, und dein Esel, und all dein Vieh, und dein Fremder, der in deinen Toren, auf dass ruhe dein Knecht und deine Magd wie du.»

Nicht einmal während der wichtigen Zeit des Pflügens und Erntens durfte eine Ausnahme von dieser Regel gemacht werden, sogar der Bau des Tempels hatte am Sabbat zu ruhen. Die Strafe für ein Übertreten dieses Ruhegebots konnte zu Moschehs Zeiten ziemlich streng ausfallen. Im Vierten Buch der Tora wird von einem Mann berichtet, der «Holz auflas am Tage des Sabbat» und deshalb vor Moscheh gebracht wurde: Er wurde eingesperrt, bis Gott selbst das Urteil sprach, indem er Moscheh befahl: «Des Todes sterbe der Mann, steinigen soll ihn die ganze Gemeinde außer dem Lager.» Und so geschah es. Die Gemeinde führte ihn aus dem Lager und steinigte ihn zu Tode.

Direkt im Anschluss an dieses Vorkommnis beschloss Gott, den Kindern Jisrael zu helfen, solche Gesetzesübertretungen künftig zu vermeiden. Durch Moscheh gebot er ihnen, sich «Schaufäden … an die Zipfel ihrer Kleider bei ihren Geschlechtern» zu machen und daran «eine purpurblaue Schnur» anzusetzen, «dass wenn ihr sie ansehet, ihr euch erinnert aller Gebote des Ewigen und ihr sie tuet, und ihr nicht umherspähet nach eurem Herzen und nach euren Augen, denen ihr nachbuhlet».

Deutliche Worte und ein hartes Exempel! Auch der Prophet Jirmejahu zürnte – lange Zeit später – den Jehudim, weil sie es zuließen, dass am Sabbat Waren zum Verkauf nach Jerusalem gebracht wurden: «So ihr aber nicht auf mich höret», warnte er sie mit den Worten Gottes, «den Sabbat-Tag zu heiligen, und keine Last aufzuladen und einzugehen in die Tore Jeruschalajim's am Sabbat-Tage, so werde ich Feuer anzünden an ihren Toren, und es soll fressen die Paläste Jeruschalajim's und nicht erlöschen.» Nicht weniger zürnte der Statthalter Nehemia den «Edlen von Jehudah» wegen ihres Frevels, den Sabbat zu entweihen: «Haben nicht also eure Väter getan, und Gott brachte über uns und diese Stadt all dieses Unglück?»

Die ständige Bedrohung durch Assimilierung und die Lockrufe anderer Götter und Kulte machten es umso notwendiger, den Sabbat als wesentliches Element für den Fortbestand des monotheistischen Glaubens, der das Volk einte, zu wahren. Nach der Zerstörung des Tempels und dem damit verbundenen Wegfall der Opferung, die bis dahin ja ein zentraler Bestandteil der jüdischen Glaubenspraxis gewesen war, begann sich alles auf die Einhaltung der Sabbatruhe zu konzentrieren. Auch ohne Tempel konnte dieses Gebot überall gewahrt werden, in Erez Jisrael ebenso wie in der sich ständig ausweitenden Diaspora.

Zu Zeiten der Makkabäer (Hasmonäer) und ihres erfolgreichen Aufstandes gegen die griechischen Eroberer von Jehudah – über den ich dir vor einigen Monaten ausführlich berichtet habe – wurde besonders streng auf die Einhaltung der Sabbatruhe geachtet, da man sich von einem solchen Tag des konzentrierten Zusammenseins eine

Wiederbelebung der nationalen Identität von Juden erhoffte. Nach
jüdischer Überlieferung wurde der Sabbat so strikt beachtet, dass sich
makkabäische Soldaten an diesem Tag eher töten ließen, als die Heiligkeit des Ruhetages durch die Beteiligung an einem Kampf zu entweihen.

Während der Periode jüdischer Unabhängigkeit unter den Makkabäern wurde die Entheiligung des Sabbat wie einst zu Moschehs
Zeiten sogar wieder mit dem Tode bestraft. Am Sabbat eine große
Entfernung zurückzulegen oder per Schiff zu verreisen, war ebenso
bei Todesstrafe verboten, wie an diesem Tag Sexualverkehr zu haben. Später sollte man, zumindest was den letzten Punkt betrifft,
genau das Gegenteil behaupten: Den Auslegungen des Talmud nach
ist ehelicher Verkehr am Sabbat etwas besonders Verdienstvolles.

Die über zweitausend Jahre alte rabbinische Tradition stellt die
Wahrung der Sabbatruhe auf eine Stufe mit allen anderen Geboten
der Tora. Aus dem Mittelalter stammt die jüdische Überlieferung,
dass der Messias an einem Sabbat erscheinen werde – an dem Tag, an
dem jeder Jude in der Welt, der die Sabbatruhe einhält, voller Erwartung ist. Und Maimonides betonte ausdrücklich als zweite Bedeutung des Sabbat – neben der Möglichkeit, zur Ruhe zu kommen
und sich zu erholen –, dass wir mit ihm die grundlegende Wahrheit
von Gottes Welterschaffung ehren. Ein anderer Weiser aus dem
Mittelalter, Jehuda Halevi, betrachtete den Sabbat als ein Geschenk
Gottes an den Menschen, da wir somit Körper und Seele während
des sechsten Teils unseres gesamten Lebens vollständig ausruhen können – was nicht einmal Königen und Regenten gewährt wird (wie
deinem Premierminister Atal Vajpayee oder meinem Premierminister Tony Blair), denn solange sie Macht und Verantwortung tragen,
werden sie kaum in den Genuss dieses «kostbaren Guts» eines vollständigen Abschaltens von Arbeit und Sorgen kommen.

Noch heute verrichten fromme Juden – man nennt sie *Schmoreh
Schabbat*, die «Wächter des Sabbat» – keinerlei Arbeiten während

der vierundzwanzigstündigen Sabbatruhe. Es gilt sogar als gute Tat,
den Sabbat ein wenig früher zu beginnen, um die Feier seiner Heiligkeit zu verlängern. Wir kennen neununddreißig «Hauptarten»
(*awot*, «Väter») von verbotener Arbeit und mehrere hundert Unter-
arten (*toledot*, «Abkömmlinge»). So ist das Gießen von Pflanzen zum
Beispiel eine Unterart des Verbotes zu säen, das Jäten von Unkraut
eine Unterart des Verbotes zu pflanzen und eine brennende Lampe
mit Öl aufzufüllen (oder eine Kerze anzuzünden) eine Unterart des
Verbotes Feuer zu machen, wozu auch die Betätigung eines Licht-
schalters oder jedes anderen elektrischen Schalters zählt, weshalb
ebenfalls kein Herd angestellt oder gekocht werden kann. Alle Geschäfte sind geschlossen. Man darf kein Geld bei sich tragen, keine
schwere Lasten schleppen, kein Auto fahren und keinen Brief
schreiben.

Und wie gesagt, nicht einmal Speisen dürfen während der Sabbatruhe zubereitet werden, so wie die Kinder Jisrael in der Wüste kein
Brot ausbacken durften. Typisch für das ostmitteleuropäische Judentum ist seit dem Mittelalter daher ein Eintopf als Sabbatgericht, genannt *Scholent*. Er wird am Freitagnachmittag zubereitet und vor Beginn des Sabbat auf den Herd gestellt, um dort auf kleinster Flamme
über Nacht und am Vormittag zu köcheln, bis er am Sabbat zu Mittag
gegessen wird – eine köstliche Mischung aus Fleisch, Bohnen, Gerste
und Kartoffeln, mit einer Menge Zwiebeln und Knoblauch, den ja
auch deine indische Küche so gerne verwendet. In ganz Ostmitteleuropa – sicher auch im Ungarn deiner Kindheit, vor allem auf dem
Land – konnte man vor dem Holocaust noch jeden Sabbatmorgen
kleine Jungen sehen, die sich nach der Synagoge zu den Backstuben
aufmachten, wo der Scholent gekocht und warm gehalten wurde, um
den Topf ihrer Familie dann quer durch den Ort nach Hause zu tragen. Denn Kinder unter dreizehn Jahren – vor ihrer Bar Mizwa – dürfen Lasten tragen, ohne das Gesetz der Sabbatruhe zu brechen.

Niemand weiß, woher die Bezeichnung *Scholent* für dieses typische Sabbatgericht stammt. Manche glauben, dass sie sich aus dem mittelalterlichen Französisch ableitet: *chaud lent*, «langsam erhitzt». Sicher ist jedenfalls, dass sich viele jüdische Gemeinden im Mittelalter nach ihrer Vertreibung aus Frankreich auf den Weg in den Osten gemacht haben, nach Polen und Litauen, wo dieser Eintopf zum Hauptgericht am Sabbat wurde.

Ein weiteres typisches Gericht am Sabbat ist der mit Rosinen und anderen süßen Zutaten vermengte *Kugel*, der ebenfalls vor Beginn des Feiertags in das Rohr gestellt wird, damit er während der Nacht langsam vor sich hin backen kann. Mit dieser Süßspeise wird das Mittagessen beschlossen, dann beginnt ein geruhsamer Nachmittag, an dem man seinen Gedanken nachhängen kann.

Liebe Tante Fori,
am Ende des Sabbat findet eine kurze häusliche Zeremonie statt, die so genannte *Hawdala* («Trennung»), die vor etwa 1500 Jahren als Unterscheidung zwischen Sabbat und Arbeitswoche eingeführt wurde. Dabei werden vier Segenssprüche gesagt: Zuerst über den Wein («Der die Frucht des Weinstocks erschaffen»), dann über die Gewürze («Der die Arten der Düfte erschaffen»), wobei eine «Riechdose» geschüttelt wird, und danach über das Licht («Der die Lichter des Feuers erschaffen»), wobei man die Fingerspitzen kurz an die Flamme der geflochtenen Kerze mit den beiden Dochten hält. Man beschließt diese Zeremonie mit dem vierten und wichtigsten Segensspruch: «Gelobt seist du, Ewiger, unser Gott, Herrscher der Welt, der zwischen Heiligem und Profanem, zwischen Licht und Finsternis, zwischen Israel und den Völkern, zwischen dem siebenten Tag und den sechs Werktagen unterscheidet. Gelobt seist du, unser Gott, der zwischen Heiligem und Profanem unterscheidet.» Nun wird der Wein getrunken und die Kerze gelöscht.

Der Weinbecher, der beim vierten Segensspruch hochgehalten

wird, muss immer bis zum Rand, fast bis zum Überlaufen gefüllt sein, als Ausdruck der Hoffnung, dass die kommende Woche Gutes im Überfluss mit sich bringen wird. Auch ist es Tradition, dass die unverheiratete Tochter die geflochtene Kerze hoch über den Kopf hält, auf dass sie in der kommenden Woche einem hoch gewachsenen Bräutigam begegnet. Die duftenden Gewürze schließlich sollen die Lebensgeister wecken und die Trauer über das Ende des Sabbat vertreiben.

Orthodoxe Jüdinnen trinken keinen Hawdala-Wein – dank eines mittelalterlichen Aberglaubens, dem zufolge Frauen, die davon kosten, ein Bart wächst! Einer anderen Überlieferung nach meiden Frauen den Wein, weil Chawa den Sündenfall verursacht hatte, als sie Adam zum Trinken des Weines verführte, den sie aus den Trauben presste (der jüdischen Tradition nach handelte es sich beim «Baum der Erkenntnis» um einen Weinstock).

Ursprünglich fand diese Hawdala-Zeremonie am Ausklang des Sabbat in der Synagoge statt, wurde dann aber laut dem inzwischen 1600 Jahre alten Jerusalemer Talmud – der Quelle so vieler jüdischer Traditionen und Erläuterungen – «den Kindern zuliebe» ins eigene Heim verlegt. Im ersten Hawdala-Gebet heißt es: «Ihr werdet Wasser schöpfen voller Freude aus den Quellen des Heils.» In der Vorkriegsausgabe meines Gebetbuchs für den Sabbat und die Wochentage, das meinem Vater gehört hatte, kommentierte der damalige Oberrabbiner Hertz die Aussage «voller Freude» mit den Worten: «Die Pflicht, fröhlich zu sein, gilt dem jüdischen Moralverständnis nach für jeden Tag im Leben.»

Mit einem Lied zur Verabschiedung des Sabbat danken wir Gott und bitten um die Vergebung unserer Schuld: «Vergib die Schuld, die wir getan. Uns're Nachkommen mach wie den Sand am Meer, und wie des Nachts der Sterne Heer ...» In manchen Familien werden im Anschluss daran noch weitere Lieder gesungen, bevor der abschließende Segensspruch folgt:

Elijahu, der Prophet,
Elijahu aus Tischbi,
Elijahu, der Gil'adi,
komm zu uns, wir sind bereit,
bring uns die Messias-Zeit.

Und mit dem allgemeinen Wunsch für «eine gute Woche!» wird der
Sabbat beendet.

«Der Sabbat findet allwöchentlich sein Ende», schreibt Rabbi Irving Greenberg in seinem jüngsten Buch «The Jewish Way. Living
with the Holidays», «doch er fördert einen Appetit und eine Zufrie-
denheit, die die ganze Woche anhalten, bis sie neu genährt werden.»
Und im Hinblick auf die innigste, die historische Sehnsucht des jüdischen Volkes schreibt er: «Auf diese Weise hat der zionistische
Traum zweitausend Jahre überlebt, ohne zu einer bitteren Farce zu
werden. Aber wie können Menschen neunzehnhundert Jahre lang
alljährlich ‹Nächstes Jahr in Jerusalem› ausrufen, ohne sich von der
Tatsache deprimieren zu lassen, dass sie diese hoffnungsvolle Losung
365 Tage später noch immer im Exil aussprechen?»

Seine Antwort darauf lautet, dass Juden dies gelingt, weil sie Sab-
bat für Sabbat eine Vorwegnahme der kommenden messianischen
Erneuerung erleben – weil einen ganzen Tag lang «Jauchzen und
Freudenrufe, die Stimmen der Braut und des Bräutigams, durch die
Straßen des erneuerten Zion» hallen, wie es geschrieben steht. Der
Sabbat ist die vierundzwanzigstündige irdische Vorfreude auf das
himmlische Jerusalem – ob in Frankreich oder Polen, im Jemen oder
in Indien.

Rabbi Greenberg fügte dem hinzu: «Kein Wunder, dass es Juden
gab, die, als sich der Weg zum irdischen Jerusalem öffnete, bereits
genau wussten, was zu tun war und wo sie hingehen.»

Die Heiligkeit des Sabbat hat Juden jedes Standes und jeder religiösen Ausprägung berührt, ob in Erez Jisrael oder in der Diaspora,

über alle Jahrtausende hinweg. Der jüdische Schriftsteller Achad Haam («Einer aus dem Volke») – bürgerlich Ascher Ginzberg und Londoner Teehändler im Auftrag des russisch-jüdischen Tee-Magnaten Wissotzki – schrieb um die Wende zum 20. Jahrhundert: «Der Sabbat bewahrte die Juden mehr als die Juden den Sabbat.»

Gerade fällt mir auf, dass Sabbat oder Schabbat kein üblicher jüdischer Familienname ist. Ich weiß von nur einem einzigen prominenten Juden dieses Namens: Adolf Joachim Sabath (mit nur einem «b»). Wie deine Eltern stammte auch er aus der Habsburgermonarchie. Mit fünfzehn emigrierte er in die Vereinigten Staaten; 1905, im Alter von fünfzig Jahren, wurde er für die Demokraten in den amerikanischen Kongress gewählt, dem er bis zu seinem Tod im Jahr 1952 angehörte – die zweitlängste Zeit, die je ein Abgeordneter im Kongress verbrachte. Er war ein vehementer Verfechter von Roosevelts New Deal und forderte die Bereitschaft der Vereinigten Staaten, sich nach 1939 gegen Hitler zu engagieren. 1941 trug er wesentlich zur Verabschiedung des wichtigen amerikanischen Leih-Pacht-Gesetzes bei.[38]

Liebe Tante Fori,

mein letzter Brief endete mit einem Hinweis auf einen amerikanischen Abgeordneten, und heute schicke ich meinen 138. Brief beziehungsweise eine Postkarte aus den Vereinigten Staaten. Ich stehe in einer Straße von Anchorage, Alaska, und blicke auf eine Tafel zum Gedenken an den Juden Isadore «Ike» Bayles, 1876 bis 1956, die ich für dich abschreiben möchte:

«Ike Bayles' Beiträge zur Entwicklung von Anchorage waren Meilensteine in der Gemeindegeschichte. Geboren in Litauen, erreichte er Alaska 1899. Schon bald nach Gründung der Stadt Anchorage 1915-16 eröffnete er hier ein Bekleidungsgeschäft. Er trug entscheidend zur Entwicklung der Stadt bei, war Vorstandsmitglied der Schule, vollendete acht Legislaturperioden im Stadtrat, nahm aktiv

am Leben der jüdischen Gemeinde teil, war Präsident der ‹Anchorage Daily Times› und förderte die Fliegerei in Alaska. Über fünfzig
Jahre lang leistete er Alaska und Anchorage seine Dienste, indem er
zu einem geordneten Wachstum und einer gefestigten Regierung
beitrug.»
Was für ein Leben und was für eine große Leistung.

Liebe Tante Fori,
die jüdische Gemeinde gab gestern für mich ein Dinner in einem
Restaurant mit Blick über die Hafenbucht – Teil des pazifischen
Cook Inlet –, in der ich Walen beim Spielen zusehen konnte. Auf
der anderen Seite der Bucht erstrahlte golden die Silhouette der Berge (sogar die eines erloschenen Vulkans) im Sonnenuntergang. Ich
wurde so warm willkommen geheißen, dass der Name, den sich diese nördlichste jüdische Gemeinde der Welt einst gab – *The Frozen
Chosen* –, absolut Lügen gestraft wurde.
Die ersten Juden kamen vor rund zweihundertfünfzig Jahren nach
Alaska, jedoch nicht mit Amerikanern, für die dies damals ja noch
ein unerforschtes, uninteressantes Land war, sondern mit Russen, das
heißt genau genommen mit dem Forscher Vitus Bering, dessen Expedition im Jahr 1741 überhaupt erst das Interesse Russlands für dieses Land jenseits von Sibirien geweckt hatte. Doch dann fanden diese Pioniere kein Gold, und niemand wollte in die kleinen neuen
Siedlungen ziehen, also verkaufte der Zar das ganze Land 1868 für
7 200 000 Dollar an die Vereinigten Staaten. Der amerikanische Soldat, der noch im selben Jahr die *Stars and Stripes* über der Stadt Sitka
hisste, war ein Jude namens Benjamin Levi.
Ein paar Jahrzehnte später, nachdem schließlich doch Gold entdeckt wurde, gehörten Juden – darunter Levi selbst – nicht nur zu
den ersten Goldgräbern, sondern gründeten hier auch Geschäfte für
Lebensmittel und Ausrüstung. 1901 eröffneten wohlhabendere Ju-

den in der Goldgräberstadt Nome eine Niederlassung der *Hebrew Be-nevolent Society*, um den Glücklosen unter die Arme zu greifen. Der General Store der Stadt wurde von dem jüdischen Ehepaar Yetta und Isaac Kracower betrieben, deren Familien mit ziemlicher Sicherheit ursprünglich aus Krakau stammten, das nach 1867 zu Österreich-Ungarn gehörte. Ihre Glückwünsche für das neue Jahr 1910 waren in den Stoßzahn eines Walrosses eingraviert! Und ihre Tochter Bella, die ihre Kindheit in Nome verbrachte, war die erste Frau, die an der Universität von Washington in Seattle im Fachbereich Pharmazie graduierte.

Zu den erfolgreichen Juden von Nome zählten auch die Brüder Max und Charles Hirschberg. Im Winter 1900 hatten sie sich per Fahrrad entlang des Yucon-Flusses von Yucon bis Nome durchge-kämpft – eine zweimonatige, überaus beschwerliche Reise. Zehn Jahre später leiteten sie die profitablen Sunset-Minen.

Jüdische Goldgräber und Händler sollten es in all den geschäfti-gen Städten der Goldrauschzeit zu etwas bringen, ob in Sitka, Ju-neau, Haines oder Skagway. Robert Bloom gründete 1908 die erste Synagoge von Fairbanks. Seine Reise nach Alaska hatte ihn aus Li-tauen über Dublin und Seattle geführt. Ike Bayles, der ebenfalls aus Litauen stammende Jude, über den ich dir auf meiner Postkarte ge-schrieben habe, war bereits 1899 in Alaska eingetroffen. Sein Vater Afroim Hessel Bajless aus Russisch-Polen wurde Rabbiner in Jeru-salem, wo er 1912 im Alter von sechsundsiebzig Jahren starb. Ike Bayles hatte ihn als Vierzehnjähriger zuletzt gesehen. Die Nachricht von seinem Tod brauchte drei Wochen, um Alaska zu erreichen. Zu den Juden, die in diesem Jahr in Alaska ihre Einbürgerung beantrag-ten, gehörten auch Ben Bromberg aus Warschau und Samuel Appel-baum aus Suwalki an der polnisch-litauischen Grenze.

1900 begannen zwei Brüder aus der Ukraine namens Sam und Boris Magids als Trapper auf der Kenai-Halbinsel zu arbeiten. Ihre Geschäfte waren so einträglich, dass sie bald schon eine Reihe von

Handelsposten auf der Halbinsel besaßen. Sam starb 1930, Boris ein Jahrzehnt später.

Auch an den Juden Zak Lussac erinnern sich viele in Anchorage. Er war in den Goldrauschzeiten vor dem Ersten Weltkrieg angekommen und ließ sich als Apotheker in Anchorage nieder. Überzeugt, dass Bildung und Demokratie der einzig gangbare Weg sind (wie mir seine Schwiegertochter in ihrem Buchladen erzählte), förderte er nach Kräften eine Stadtbücherei, die schließlich nach ihm benannt wurde. Nach dem Zweiten Weltkrieg, als sich Anchorage gewaltig auszudehnen begann, war er drei Jahre lang Bürgermeister der Stadt.

Am Vorabend des Zweiten Weltkriegs wurde der New Yorker Jude Ernest Gruening – im Ersten Weltkrieg Artillerie-Offizier und ein bekannter Journalist – zum Gouverneur von Alaska gewählt und 1958, nach Gründung des Staates Alaska, für den er sich sehr eingesetzt hatte, dessen erster Senator. In Washington war er einer der zwei von insgesamt einhundert Senatoren, die gegen die berüchtigte Tonkin-Resolution stimmten, welche Präsident Johnson das Plazet für den Angriff auf Nordvietnam gab. Und eben weil er sich so deutlich gegen den Vietnamkrieg aussprach, verlor er 1968 prompt die Senatorwahl. Später schrieb er das Buch «Vietnam Folly».

Im Zweiten Weltkrieg wurden viele amerikanische Soldaten nach Alaska geschickt, um den Staat gegen die Japaner zu verteidigen (denen es in der Tat gelang, eine der Aleuten-Inseln einzunehmen und vorübergehend zu besetzen). Als sich das Kriegsblatt dann gewendet hatte, diente Alaska den USA als Luftwaffenstützpunkt für die Bomber, die ihre Fracht über Japan abluden. Auch Burton Goldberg war zu dieser Zeit Soldat, und als der Krieg vorüber war, beschloss er zu bleiben. In seinem Wohnzimmer in Anchorage wurde im Jahr 1958 der erste jüdische Gemeindegottesdienst abgehalten. Zum Ärger seiner kleinen Söhne diente dabei das mit einem Tuch bedeckte Fernsehgerät als Lesepult. Einer der Söhne, Art Goldberg, heute von

Staats wegen für den Umweltschutz in Alaska zuständig, war mein
Gastgeber.

Ich war ja in Alaska, um einen Vortrag zu halten; er fand in der
Synagoge Beth Schalom («Haus des Friedens») am Northern Lights
Boulevard statt. Kurz nach besagtem erstem Wohnzimmergottes-
dienst war sie erbaut worden und wurde jüngst renoviert. Zu meinen Zuhörern zählte auch ein in Wien geborener Jude namens
George Mohr, der kurz vor Kriegsausbruch nach England emigriert
und anschließend nach Amerika weitergezogen war, von wo aus er
1952 mit der Armee nach Alaska kam.

Man sagt, «jüdische Geographie» sei die Kunst, zwischen zwei be-
liebigen Juden eine Verbindung durch einen dritten Juden herzustellen. Nun, George Mohr erzählte mir, dass er sich in London als
«verarmter Flüchtling» mit dem ebenfalls aus Wien stammenden
George Weidenfeld zusammengetan hatte; Weidenfeld (inzwischen
Lord) verlegte 1963 mein erstes Buch, dem noch viele weitere in
seinem Verlag folgen sollten.

Im Auditorium saß außerdem ein Holocaust-Überlebender aus
Krakau, der als Sechsjähriger von der Britischen Armee aus dem Konzentrationslager Bergen-Belsen befreit wurde. 1978 reiste Myron
Rosenberg zum ersten Mal nach Alaska und beschloss sofort, sich später dort niederzulassen. Seine Photographien des Landes sind über-
wältigend. Wer sich in seinem Studio in Anchorage aufhält – wie ich
am Tag meines Vortrags –, lernt die Schönheit der Landschaften Alaskas und seiner Menschen auf das lebendigste kennen. Rosenbergs
photographische Studien führten ihn mit seiner Kamera über den Fernen Osten Russlands bis nach China, Malaysia, in die Türkei und
nach Rumänien. Die Juden von Anchorage schätzen ihn sehr.

Auch Israelis hielten in der Synagoge von Anchorage bereits Vorträge, etwa vor über zwei Jahrzehnten Mosche Dayan und erst jüngst
die beiden Musiker Luba Agranowksi und Dmitri Kasjuk, die 1990
aus Russland nach Israel ausgewandert waren, außerdem ein Neuro-

biologe aus dem Weizmann-Institut, der in Südafrika geborene Henry Markrom, der über die Alzheimer-Krankheit forscht.

Da die Juden aus Anchorage zurzeit keinen eigenen Rabbiner haben (obwohl sie dringend suchen), feiern sie die anstehenden Hohen Feiertage – Neujahr und Versöhnungstag – mit Hilfe des vierundsiebzigjährigen Jack Stern aus Massachusetts als Gastrabbiner. Vor seiner zehn Jahre zurückliegenden Pensionierung hatte er das «Ethics and Appeals Committee» der Central Conference of American Rabbis geleitet. Nun war er bereit gewesen, fast zweieinhalbtausend Kilometer zu reisen, um seinen Rabbinerpflichten nachzukommen.

Das Nachrichtenbrett in der Synagoge vermittelt ein gutes Bild von der Lebendigkeit dieser Gemeinde: Da werden Hebräischkurse für Erwachsene angeboten, koschere Kochkurse, gemeinsame Sabbat-Dinner («bring dein Lieblingsgericht mit») oder ein Jugendlager in den nahe gelegenen Bergwäldern von Susitna, wo junge Leute israelische Volkstänze und das Schöpfen von Sabbat-Kerzen erlernen können.

Neben der konservativen, zweihundert Familien starken Gemeinde, in deren Synagoge ich sprach, gibt es in Anchorage auch eine kleine, ultraorthodoxe Lubawitscher Gemeinde, der ein Rabbi und etwa zwanzig Familien angehören. In Fairbanks haben siebzig jüdische Familien ohne eigenen Rabbi ein kleines Haus gemietet und zum Bethaus umfunktioniert; sie nennen es *Or Hazafoan*, «Nordlicht». Auch die Juden von Juneau müssen sich selbständig zum Gebet versammeln, ebenso wie die Juden auf der Halbinsel Kenai, die inmitten von majestätischen Buchten, Bergen und Gletschern leben, eine Stunde Autofahrt von Anchorage entfernt.

Kurz nach Ausbruch des Zweiten Weltkriegs hatte die Handelskammer von Seward – wo ich nach einem Bootsausflug zu den Gletschern, Seelöwen und Papageientauchern ebenfalls einen Vortrag hielt – den europäischen Juden eine Zuflucht vor Hitler auf der Ke-

nai-Halbinsel angeboten. Es standen über eine Million Hektar un-
bewohntes und unbeackertes Land zur Verfügung. (Einen Bruchteil
davon konnte ich aus meinem Zimmer im Alyeska Mountain Resort
sehen, eine Stunde Autofahrt südlich von Anchorage, wo ich, vor
meinem Vortrag über «Churchill und die Juden» in der Synagoge
von Anchorage, über das Thema «Churchill und Russland» sprach.)

Die Handelskammer von Seward informierte den Innenminister
in Washington, dass die praktisch unbewohnte Halbinsel Kenai «pro-
blemlos» eine viertel Million neue Einwohner aufnehmen könnte.
Doch die anderen Städte Alaskas – Fairbanks, Juneau und Anchorage – wollten von jüdischen Immigranten nichts wissen, und so ging
diese Idee unter.

Ein paar Monate später schlug Ernest Gruening, der jüdische
Gouverneur von Alaska, vor, deutsche Juden ins Land zu holen, um
bei einigen der heißen Quellen von Alaska Kurzentren nach dem
Vorbild der europäischen Bäder Karlsbad, Marienbad oder Bad Nau-
heim aufzubauen (an deren Entwicklung Juden maßgeblich beteiligt
gewesen waren). Die Bürokraten aus Washington antworteten, dass
sie «den Vorschlag studieren» wollten, was sie aber offenbar nie taten.

Welche Möglichkeit, Menschenleben zu retten, wurde hier ver-
schenkt – und welche Möglichkeiten für Alaska! Dieser Gedanke
stimmte mich sehr viel melancholischer, als es die gewaltige Kulisse
der Kenai-Halbinsel allein vermocht hätte.

Erst nach dem Krieg wurde Alaska dann doch noch zur Zuflucht
für einige Juden, die sich dort eine neue Existenz aufbauen konnten.
Unter den vielen Holocaust-Überlebenden, die mir regelmäßig
schreiben, befindet sich auch Henry Wilde, der im Mai 1945 von der
Roten Armee aus dem Ghetto Theresienstadt befreit wurde und
heute Arzt in Juneau ist.

Auf der ganzen Welt gibt es nach wie vor, oder wieder, ein pulsie-
rendes jüdisches Leben. Die Juden von Anchorage, die ja dem Land
der Väter so fern leben, wie man nur kann, beweisen, dass das auch

in den entlegensten Winkeln möglich ist – und hoffentlich noch lange sein wird. Zu Beginn des 20. Jahrhunderts gab es etwa 15 Millionen Juden auf der Welt, 5 Millionen davon lebten in Russland. 1939, am Vorabend des Zweiten Weltkriegs, waren es insgesamt knapp 17 Millionen, 5 Millionen allein in den USA. Heute, am Anfang des 21. Jahrhunderts und nach der Ermordung von 6 Millionen Juden im Holocaust, hat die Zahl wieder das Niveau von 1900 erreicht: etwa 15 Millionen Juden weltweit, davon über 5 Millionen in Israel und annähernd 6 Millionen in den USA. Jüdisches Leben gibt es nach wie vor, trotz Holocaust und trotz der demographischen (und spirituellen) «Gefahren» durch Assimilation.

Damit endet mein letzter Brief über das Judentum und seine Traditionen – über deine und meine Geschichte. Ich werde ihn morgen abschicken, natürlich wie immer frankiert mit ein paar besonders schönen Briefmarken für deinen Enkel.

Liebe Tante Fori,

dieser Brief ist ein Versuch, einen abschließenden, zusammenfassenden Blick auf die Geschichte zu werfen, die ich dir in meinen einhundertvierzig Briefen erzählt habe. Ich schreibe dir während der besinnlichsten Tage im jüdischen Kalender, den Zehn Bußtagen zwischen Neujahr und Versöhnungstag. In dieser Zeit blickt jeder Jude, der sich auch nur einen Funken des Glaubens seiner Väter bewahrt hat, tief in seine Seele, denkt über die eigenen Fehler im vergangenen Jahr nach und sucht nach genügend Kraft, um das kommende Jahr – von hoffentlich mehr Weisheit geleitet – zu bestehen.

Die jüdische Geschichte wird von der Tora bestimmt und ist die Geschichte eines Volkes, das die darin festgeschriebenen Gesetze anerkennt und unablässig nach richtigen Wegen sucht, um diese uralten Gebote so zu «modernisieren», dass sie auf die Nuancen, die Gebrauchsgegenstände, auf die Erfordernisse des Alltags und auf die veränderten Moralvorstellungen des modernen Lebens anwendbar sind, sei es nun im Hinblick auf Elektrizität, Verkehr, medizinischen Fortschritt (wenn es etwa um Organtransplantation geht) oder, erst jüngst hinzugekommen, um die Eheschließung von homosexuellen Paaren. Das alles sind tagtägliche Herausforderungen für einen Juden, der seinem uralten Glauben gerecht zu bleiben versucht.

Moderne jüdische Denker, etwa Adin Steinsalz aus Israel, Joseph Telushkin aus den Vereinigten Staaten oder Jonathan Sacks hier in Großbritannien, ringen mit den Fragen, die das moderne Leben aus der Perspektive des jüdischen Glaubens stellt, der Wurzel allen jüdischen Überlebens, wie Sacks in seinem neuesten Buch «Radical Then, Radical Now» schreibt; Juden «vergaßen niemals ihre Ideale, und obwohl es oft jenseits ihrer Macht lag, diese auch umzusetzen, waren sie doch immer zu Großem bereit, wenn der Moment gekommen war». Sacks fährt fort: «Ich bin Jude, weil ich an der Tora festhalte und weiß, dass Gott nicht allein den Kräften der Natur innewohnt, sondern jeder Ethik, allen Worten und Texten der Lehre und des Gebots; und weil ich weiß, dass Juden, auch wenn es ihnen an allem mangelte, niemals aufhörten, Bildung als ihre heilige Pflicht zu betrachten, da nur sie allein dem Einzelnen zu Würde und Tiefgang verhilft.»

Auch viele Ereignisse jenseits des Glaubens und des Geistes haben die Seiten der jüdischen Geschichte und dieses Buches ausgefüllt und inspirieren das jüdische Leben ebenso sehr, wie sie es belasten können. Doch die «Hauptattrakion», wenn ich es einmal so nennen darf, ist und bleibt der Glaube: Gottes Versprechen an Moscheh und das Volk, das er zu seinem «Eigentum» erwählte und aussersah, seinen Geboten und ethischen Richtlinien zu folgen und an moralischen Prinzipien festzuhalten, die nicht nur leicht verständlich, sondern auch höchst modern sind.

Mit den Worten des Jerusalemer Rabbis Naftali Schiff: «Die Tora, die uns gemein bleiben muss, ist das Handbuch, um das Leben in all seiner Fülle zu leben. Sie ist der Wegweiser durch eine Welt, die nach gerechten Werten und nach Orientierung hungert. Das ist unser Vermächtnis an die Menschheit und vor allem an unsere Kinder.»

Mit diesen weisen Worten eines Gelehrten setze ich ein letztes Mal meine Unterschrift unter einen Brief aus dieser Serie, ehe ich mich ins Flugzeug setze, um dich in deinem Himalaja-Refugium zu besuchen. Mein Versprechen, dir eine Geschichte des Judentums in Briefen zu schreiben, habe ich nun erfüllt. Ich hoffe, es war für dich eine angenehme Reise, trotz der immer wiederkehrenden schrecklichen Augenblicke, mit denen der lange historische Weg gesäumt ist. Mir war es ein großes Vergnügen, diese Historie mit weit weniger Zeilen darzustellen, als ich in den meisten meiner Bücher brauche – womit bewiesen wäre: Was einem am Herzen liegt, das lässt sich auch mit knappen Worten auf wenigen Seiten ausdrücken.

Dein adoptierter Sohn – der zu sein du mich gebeten hast und der ich mit Freuden bleiben will,

in großer Liebe,

Martin

Epilog

Im Sommer 2001, nachdem ich meinen letzten Brief an Tante Fori in den Briefkasten geworfen hatte, flog ich von London nach Delhi, um per Zug und Auto zu dem einstigen britischen Außenposten weiterzureisen, der auf knapp zweitausend Meter über Meereshöhe in den Vorbergen des Himalaja liegt und zu dem ich all meine Briefe an Tante Fori geschickt hatte. «Ich bin im dreiundneunzigsten Lebensjahr», verkündete sie nach meiner Ankunft stolz. Sie sprach mit dem gleichen Nachdruck und der gleichen Offenheit wie dreiundvierzig Jahre zuvor bei unserer ersten Begegnung. Wir verbrachten acht Tage zusammen. In dieser Zeit trafen die letzten meiner Briefe ein.

Ob auf der Terrasse, in ihrem Salon, in ihrem Arbeitszimmer oder am Esstisch, immer redeten wir über Tante Foris Familie. Sie erzählte mir alles, was sie von ihren ungarisch-jüdischen Wurzeln erinnerte. Tante Fori kam am 5. Dezember 1908 als Magdolna Friedmann in Budapest zur Welt. Ihre Mutter Regina, geborene Hirschfeld, gehörte dem bekannten und wohlhabenden Spielwaren-Clan der Bettelheims an, der zu Zeiten der Habsburgermonarchie in den Adelsstand erhoben wurde, was ihn zum Gebrauch des «von» berechtigte, eine unter Juden begehrte, seltene Anerkennung. «Für Juden», sagte Fori, «war das eine große Ehre, und die Familie war ungemein stolz darauf.» Der Sitz ihres Vaters in der Synagoge in der Dohanyi-Straße «war in der dritten, vierten oder fünften Reihe», erinnerte sie sich und fügte hinzu: «Ich selbst ging nur am Versöhnungstag in die Synagoge, um meine Eltern abzuholen.» Ihre Mutter hatte jeden Freitagabend die Sabbatkerzen in den silbernen Kerzenleuchtern auf dem Tisch angezündet.

Fori dachte daran, dass sie mir 1998 in Delhi sagte, sie als Jüdin wisse nichts vom Judentum. Ihr Vater hatte den jüdischen Familiennamen Friedmann in Forbath geändert, um, wie viele assimilierte Juden zu dieser Zeit, einen weniger jüdisch klingenden Namen tragen zu können. In der Schule wurde dem jungen Fräulein Forbath dann der Spitzname «Fori» verpasst. Als die ungarische Regierung fünf Jahre später den Juden rückwirkend das Recht auf Namensänderung entzog, wurden die Forbaths wieder die Friedmanns, doch der Spitzname Fori blieb. «So nennt man mich bis heute in aller Welt», schrieb sie mir einmal und ergänzte: «Meine Eltern nannten mich Dundi, was so viel wie Dickerchen bedeutet. Wie es scheint, war ich ein süßes, pummeliges kleines Mädchen.»

Fori war noch ein Schulmädchen, als 1919 in Ungarn die vom Juden Béla Kun angeführte rote Revolution ausbrach, gefolgt von einer Gegenrevolution, bei der viele Juden getötet wurden. «Mein Vater gehörte einem Komitee an. Sie pflegten durch die Straßen zu patrouillieren, um sicherzustellen, dass nichts passiert. Einmal in der Woche reiste mein Vater durch die Dörfer, um Lebensmittel zu kaufen. Er besaß ein Haus am Plattensee. Eines Sommers fuhren wir dorthin – mit dem Zug –, und ich sah Menschen, die man an Bäumen aufgehängt hatte. Das war ein schrecklicher Anblick für uns Kinder.»

Im Großen und Ganzen war Foris Familie ein für Juden glückliches Schicksal beschieden. Ihr Onkel Armin, der älteste Bruder ihrer Mutter, hatte im Ersten Weltkrieg im österreichisch-ungarischen Heer gekämpft und war in russische Gefangenschaft geraten; in der Zwischenkriegszeit emigrierte er nach Palästina. Sein Sohn wurde später Musiklehrer in Mexiko. Louis, der jüngste Bruder ihrer Mutter, ein Dichter und Philatelist, wanderte nach Tanger aus, die jüngere Schwester übersiedelte nach Australien, wo sie einen entfernten Cousin heiratete.

Fori und BK begegneten sich 1930, als beide an der London School of Economics studierten. «Wir sind uns in der Geschichtsbibliothek aufgefallen», erinnerte sie sich. «Aber damals sprach man nicht mit einem Jungen, es sei denn, man wurde einander formell vorgestellt. Die Osterferien begannen. Wir waren alleine oben in der Bibliothek – er, ich und noch ein indischer Student. Ich hörte ihn etwas zu dem anderen Studenten sagen, worauf dieser den Saal verließ. Wir sahen einander an und strahlten. Das war drei Monate nachdem wir uns das erste Mal gesehen hatten.» Sie verliebten sich ineinander. Als Fori nach Budapest zurückkehrte, wurde ihr vorgehalten: «Ein Inder kann Hunderte von Frauen heiraten. Was machst du dann?» 1932 reisten BKs Eltern nach Budapest, um Foris Familie kennen zu lernen. «Nur um sicherzugehen, dass ich keine Dahergelaufene war», lachte Fori. «Sie saßen im Salon. Ich heulte in meinem Schlafzimmer. Als meine künftige Schwiegermutter einmal auf die Toilette ging, kam sie an meinem Zimmer vorbei und sah mich weinen. Daraufhin sagte sie endlich: ‹Lassen wir die beiden doch tun, was sie tun wollen.› Ich ging für ein Jahr nach Indien, um festzustellen, ob ich dahin passen würde. Sie hatten mir versprechen müssen, dass sie mich zurückkehren lassen, falls ich mich nicht eingewöhnen konnte. Ich kam im Januar 1934 in Indien an – und kehrte nicht wieder zurück.»

Seit ihrer Ankunft in Indien im Jahr 1934 gehörte Foris ganzes Herz den Menschen dieses Landes, ihren Nöten und Hoffnungen. «Du bist vollständig von einer Kultur in die andere getaucht», sagte BK, während seine Frau mir ihre Geschichte erzählte und stolz ein Hochzeitsgeschenk präsentierte, das auf dem Buffet stand, ein reich geschmückter Tellerhalter aus Messing, den sie von Gandhis jüdischem Freund Henry Polak bekommen hatten.

Am Vorabend des Zweiten Weltkriegs reiste Foris Mutter nach Indien und blieb. Der Krieg brachte Verfolgung und Mord über die Juden von Budapest. In einer gefährlichen Situation war Foris Vater einmal sogar von Mimi, seiner deutschen Hausmeisterin, gerettet worden. Als ungarische Faschisten kamen, um ihn abzuholen, brüllte Mimi sie an: «Was heißt hier, ihr wollt hier rein? Das ist mein Haus. Ich bin Deutsche. Ihr seid nur Ungarn. Verschwindet!» Sie verschwanden tatsächlich. Foris Bruder Josef, ein Offizier der ungarischen Armee, wurde vom Hauptmann seiner Einheit gerettet. Sie pflegten abends zusammen Bridge zu spielen. «Er war ein kluger Spieler», erklärte Foris Sohn Ashok, «denn er gewann oder verlor – immer nur knapp –, je nachdem, was ihm angebrachter schien.» Eines Tages sagte der Hauptmann zu Josef: «Wissen Sie, ich könnte Sie in die Gaskammer schicken, aber wie sollte ich dann meine Abende verbringen? Ich brauche Sie.» Als dann die russische Armee Richtung Mittelungarn vorrückte, drängte er ihn: «Sie verschwinden besser.» Josef lief fort und versteckte sich. Nach Kriegsende erhielt Fori in Indien ein Telegramm von ihrem Vater aus Budapest: «Jossi ist daheim.» Während der frühen kommunistischen Nachkriegszeit floh er aus Ungarn, indem er die Donau zum tschechoslowakischen Ufer durchschwamm und sich bis Wien durchkämpfte. Von dort aus emigrierte er nach Australien, wo er eine ungarische Jüdin zur Frau nahm.

Foris beste Freundin aus ungarischen Jungmädchentagen war die Jüdin Kati. Später heiratete sie einen Ungarn, wurde wieder geschieden und überlebte den Krieg in Budapest. Als deutsche Offiziere in ihrer Villa Quartier bezogen, versteckte sie ihren Sohn in einer Kammer hinter dem Badezimmer und verbarg ihn weiterhin, als im Januar 1945 die Russen in Budapest einmarschierten. Später gelang es ihr, mit dem Auto aus Ungarn zu fliehen und den Sohn im Kofferraum herauszuschmuggeln. Auch Kati ging nach Australien, wo sie ihren zweiten Mann kennen lernte. Ihre Schwester Anne heiratete – wie Fori – noch vor dem Krieg einen Inder und folgte ihm ebenfalls in seine Heimat. Als ich Fori fragte, ob irgendein naher Verwandter im Holocaust umgebracht worden sei, antwortete sie: «Ich wüsste keinen, denn die meisten von ihnen hatten Ungarn bis dahin schon verlassen. Sie überlebten.»

BK stieg in Indien stetig die Karriereleiter in der britischen Administration hoch. Von 1934 bis 1939 war er Assistant Commissioner, zuständig für die Verwaltung eines ziemlich großen Distrikts. 1939 wurde er Legationsrat 1. Klasse im Erziehungs-, Gesundheits- und Länderministerium, 1940 dann im Finanzministerium. 1945 war er einer der drei indischen Delegierten bei der Reparationskonferenz in Paris. Ein Jahr darauf wurde er Staatssekretär im Finanzministerium. Während all dieser Jahre hatte sein Cousin Jawaharlal den Kampf gegen die britische Herrschaft angeführt. Als Mitglied des Nehru-Clans erlebte Fori diesen Kampf aus nächster Nähe mit. Nachdem Indien im August 1947 unabhängig geworden war, begann sie eine aktive Rolle beim Schutz der Muslime von Delhi zu spielen, die zur Flucht aus ihren Häusern gezwungen worden waren und nun im Flüchtlingslager von Purana Qila darbten. Sie gehörte dem Emergency Committee an, das sich um diese Flüchtlinge kümmerte, und entschied, wie viele von ihnen jeden Morgen mit dem Zug nach Pakistan reisen konnten. «Kannst du dir diesen Horror vorstellen?», fragte sie mich. «Einmal hörten wir, dass alle Muslime, die an diesem Tag im Zug saßen, abgeschlachtet worden waren. Wir schickten tagelang keine Züge mehr.»

Nach der Massenflucht von Hunderttausenden Hindus aus Pakistan nach Indien beteiligte sich Fori dann an der Einrichtung eines Zentrums, wo die Flüchtlinge Stickereien und andere handwerkliche Arbeiten verkaufen konnten; später begründete sie den «All-India Handicrafts Board» mit. Auch BK diente dem neuen Indien, nunmehr geführt von seinem Cousin Jawaharlal Nehru. Sein erster Auftrag war, als Mitglied der nach London entsandten Delegation über die Sterling-Guthaben Indiens zu verhandeln. Als Gandhi im Januar 1948 ermordet wurde, waren beide, Onkel Bijju und Tante Fori, gerade in Delhi. Nehru bat Fori, die ausländischen Diplomaten, die in Delhi eintrafen, in Gandhis Zimmer zu geleiten, damit sie ihm dort die letzte Ehre erweisen konnten.

1949 reiste Fori zum ersten Mal wieder nach Ungarn, begleitet
von ihren drei damals zwölf-, zehn- und achtjährigen Söhnen. Ihren
Vater hatte sie fünfzehn Jahre lang nicht mehr gesehen. Drei Monate
blieben sie in Budapest. «Es war das erste Mal, dass wir sie in west-
licher Kleidung sahen», erzählte Ashok. «Jeden Abend, wenn sie zu-
rückkam, weinte sie. Viele Leute, die sie gekannt hatte, waren im
Krieg umgebracht worden. Es ging ihr sehr schlecht in dieser Zeit.»
Elisabeth, die Schwester ihrer Mutter, hatte im Krieg Selbstmord
verübt, nachdem sie gehört hatte, dass ihr Mann – ein Armeearzt –
an der Front gefallen war. Doch die Nachricht entpuppte sich als
Falschmeldung – nicht viel später kehrte er nach Budapest zurück,
nur um von dieser Tragödie zu erfahren. Er und die gemeinsame
Tochter überlebten den Krieg.

Welche Position BK auch im öffentlichen Leben Indiens einnahm, Tante Fori war, immer sozial engagiert, an seiner Seite. Als
BK Gouverneur von Assam und den östlichen Stammesgebieten
wurde, stand sie vor einer gewaltigen Aufgabe: «Es gab eine Million
Flüchtlinge an der Grenze zwischen Bangladesch und Magalaja.» Als
BK dann Gouverneur von Kaschmir war, leitete Fori das Amt für
Familienplanung sowie den sozialen Wohlfahrtsverband dieser Provinz und gründete mehrere Schulen für buddhistische Kinder aus
entlegenen Dörfern.

Wir saßen gerade ins Gespräch vertieft, als mein Brief über die
«bösen Zungen» eintraf. Foris Schwiegertochter Chand – sie stammt
aus einer ebenso prominenten Brahmanen-Familie in Kaschmir wie
die Nehrus – rezitierte einen Vers in Sanskrit: «Sprich die Wahrheit,
aber sprich die süße Wahrheit; sprich keine Wahrheit, die schmerzt.»
Fori nickte zustimmend: «Es bedeutet genau dasselbe, ob in Sanskrit
oder Hebräisch.»

Ein paar Tage später trafen zwei weitere meiner Briefe ein, der
über die ungarischen Juden und der über die Juden der Sowjetunion,
in dem ich auch die Ballerina Plisezkaja erwähnte. «Was du da über

die ungarischen Juden schreibst», sagte Fori, «davon hatte ich keine
Ahnung. Und die Plisezkaja – ich wusste nicht, dass sie Jüdin war.
Ich sah sie im Bolschoi-Ballett tanzen und lernte sie in der indischen
Botschaft in Moskau kennen, als ich dort wohnte. Mir ist noch nie
der Gedanke gekommen, zu überlegen, wer Jude ist und wer nicht.
Das steckt einfach nicht in mir.» Später sprachen wir über den britischen Ökonomen Nicholas Kaldor, wie Fori ein in Ungarn geborener Jude. «Er kam nach Indien, und Bijju und ich verbrachten einige
Zeit mit ihm. Wir nahmen ihn zu einem Picknick mit. Ich hatte keine Ahnung, dass er Jude war.» Dem sowjetischen Schriftsteller Ilja
Ehrenburg war Fori ebenfalls begegnet, als er auf Einladung der In-
disch-Sowjetischen Kulturgesellschaft zu Besuch in Indien war. Auch
von ihm wusste sie nicht, dass er Jude war und dass er so viel Bitter-
keit unter den Juden der Sowjetunion ausgelöst hatte, weil er als einer von Stalins «Lieblingen» offensichtliche Protektion genoss.

BK, der immer sehr aufmerksam zuhörte, wenn Fori erzählte, berichtete, dass er kürzlich mit Ashok an einem Empfang anlässlich des
Holocaust-Gedenktages in der israelischen Botschaft teilgenommen
habe. «Der israelische Botschafter erklärte mir, dass er die vom Proto-
koll festgelegte Ordnung umkehren und die indische Nationalhymne
vor der israelischen spielen lassen würde. Er wolle das tun, weil Juden
in aller Welt verfolgt wurden und Indien das einzige Land war, das sie
stets willkommen hieß – seit Königszeiten. Es war sehr bewegend.»
Fori und BK erinnerten sich auch an einen gemeinsamen Besuch
bei der jüdischen Gemeinde von Cochin. «Es sah so verloren dort
aus, so gottverlassen, nichts als ein paar bunte Lampen», erzählte
Fori. «Wir trafen eine Jüdin, die uns erklärte, dass sie nicht heiraten
könne. ‹Warum nicht?›, fragten wir. ‹Weil hier die einzigen unver-
heirateten Juden kleine Jungen sind.› Und warum heirate sie keinen
Juden aus Kalkutta? ‹Das kann ich nicht›, habe sie geantwortet, ‹das
sind andere Juden, von denen kann ich keinen heiraten.›» Darauf
BK: «Das Kastensystem war ihr Untergang. Sogar in der Synagoge

von Cochin wurde nach Hautfarbe unterschieden. Ein Schwarzer –
natürlich ebenfalls Jude – durfte sich nicht unter die anderen mischen und musste immer hinter ihnen sitzen.»

Eines Freitagabends, als ich mit Tante Fori und Onkel Bijju alleine zu Abend aß, zündete ich zwei Sabbat-Kerzen an, segnete Brot
und Wein und sprach: «Ein wackeres Weib …» Fori war gerührt –
das Anzünden der Kerzen hatte Erinnerungen geweckt, wie ihre
Mutter achtzig Jahre zuvor immer die Kerzen anzuzünden pflegte.
Während wir über die Bräuche und Segenssprüche am Sabbat redeten, fragte Fori plötzlich: «Warum ist der Sabbat eigentlich so etwas
Besonderes? Es arbeitet doch ohnedies niemand. Warum wird das so
streng gehandhabt? Bei den Christen geht es ja auch ohne Strenge –
sie ruhen trotzdem aus. Ich verstehe, dass es etwas Heiliges geben
muss – warum sollte man sonst etwas befolgen; aber der jüdische
Sabbat ist von so vielen Regeln begleitet – du sollst dies nicht tun,
du sollst das nicht tun. Es ist überhaupt keine fröhliche Zeit. Alles ist
so streng.» Als ich ihr dann die Schönheiten des Sabbat zu erklären
versuchte, stellte sich heraus, dass meine «Sabbatbriefe» nie angekommen waren. Ich versprach, ihr nach meiner Rückkehr Kopien
zu schicken.

Tante Fori wollte unbedingt, dass ich ihren Freund, Generalleutnant J. F. R. (Jack) Jacob, den Gouverneur von Punjab, kennen lernte. Jacob war 1921 in Kalkutta als Sohn einer jüdischen Familie geboren worden, die, wie so viele Juden Kalkuttas, ursprünglich aus
Bagdad stammte. 1942 hatte er seine militärische Laufbahn als junger
Offizier in der britischen Armee begonnen und ihr dann aktiv im
Nahen Osten sowie in Burma gedient. Er hatte als Generalstabschef
der indischen Ostarmee vor dreißig Jahren während des Indisch-Pa-
kistanischen Krieges die Kapitulation der pakistanischen Streitkräfte
in Bangladesch entgegengenommen. Bevor er 1999 Gouverneur von
Punjab wurde, war er bereits Gouverneur von Goa gewesen. Stolz
erzählte er mir, dass er mehrere Jahre lang Mitglied des «Common-

wealth Jewish Council» unter dem Vorsitz von Lord Janner aus der Labour-Partei gewesen sei.

Während wir über die indischen Juden sprachen, erwähnte BK, dass auch einer seiner vertrauenswürdigsten Beamten zu seiner Zeit als Staatssekretär im Finanzministerium, Ezra Kolet – über den ich in einem meiner Briefe an Tante Fori geschrieben hatte –, Jude war. «Er ging immer in die Synagoge von Delhi», erinnerte sich Tante Fori und fügte hinzu, «im Gegensatz zu mir.» Dennoch hatte sie ihre jüdische Herkunft nicht vollständig vergessen. «Ich bin keine besonders gute Jüdin», sagte sie, «aber bis heute kann ich einem Deutschen nicht die Hand geben. Nicht einmal in Washington konnte ich das. Zum deutschen Botschafter sagte ich immer nur höflich: ‹Guten Abend, Herr Botschafter›, aber die Hand habe ich ihm nicht gereicht.»

Eines Abends, ich blätterte gerade in meinem Buch «The European Powers», das in Foris Regal stand – ich hatte es ihr 1966 geschickt –, deutete Fori darin auf die weltberühmte Fotografie von dem kleinen jüdischen Jungen mit hoch erhobenen Händen, der mit vorgehaltener Waffe aus dem Warschauer Ghetto getrieben wird. «Deshalb kann ich einem Deutschen nicht die Hand geben», sagte sie. «Deshalb konnte ich nur ‹Guten Abend, Herr Botschafter› sagen und ihm nicht die Hand reichen.» Dann hielt sie kurz inne und sagte leise: «Irgendwie fühle ich mich schuldig. Ich war nicht dort. Ich war in Sicherheit. Ich trage dieses Schuldgefühl immer mit mir herum. Warum habe ausgerechnet ich nicht leiden müssen?»

Zwei Freunden, die zum Mittagessen gekommen waren, erzählte Fori noch einmal von dem Gespräch, das wir im Winter 1998 in Delhi geführt hatten: «Ich sagte ihm, dass ich mich so schäme, als Jüdin nichts über die jüdische Geschichte zu wissen.» Am Abend zwang mich Fori, eine Jacke anzuziehen. Ich versuchte ihr klar zu machen, dass es wirklich nicht kalt sei, aber sie ließ nicht mit sich handeln. Dann lachte sie: «Die jiddische Mame – ich kann's halt nicht ändern.»

Anhang

Anmerkungen der Übersetzerin

1 Sämtliche Zitate aus dem *Tanach*, der Hebräischen Schrift (insgesamt 24 Bücher; neben den Fünf Büchern Moses – der Tora – die Bücher der jüdischen Propheten und Hagiografen), wie auch die Transkription aller Personen- und Ortsnamen wurden der deutschen Übersetzung entnommen, die der jüdische Gelehrte Leopold Zunz im 19. Jahrhundert nach dem masoretischen Text anfertigte (Hebräisch-Deutsche Ausgabe, Tel Aviv, Israel 1997). Dank ihrer textgetreuen Wiedergabe muss dieser Übersetzung der Vorzug gegenüber der literarisch schöneren, aber weniger getreuen Übertragung von Buber-Rosenzweig gegeben werden.

2 Das Datum entspricht 1998.

3 Da die Datierung nach dem System «v. Chr.» oder «n. Chr.» natürlich eine christliche ist, ziehen Juden es vor, von vor oder nach der Zeitrechnung zu sprechen («v. d. Z.»; «n. d. Z.»).

4 Nachdem «Adam» im Hebräischen also kein Personenname ist, wird auch die Person des Adam in der deutschen Übersetzung nach Zunz nur als «der Mensch» bezeichnet.

5 In der Hebräischen Schrift ist die Rede von «Jam Suf», was gemeinhin als «Rotes Meer» übersetzt wurde, jedoch «Schilfmeer» heißt. Die Forschung verweist darauf, dass der Exodus über diverse Wege stattgefunden haben kann (z. B. durch den Golf von Suez oder entlang dem Mittelmeer und eben auch durch das Rote Meer).

6 Aus literarischen Gründen werden alle Psalmen nach der Übersetzung von Martin Buber zitiert: *Das Buch der Preisungen*, Heidelberg 1975.

7 Dieses und die anschließenden Zitate stammen aus dem Ersten und Vierten Buch der Makkabäer in: *Apokryphen zum Alten und Neuen Testament,* hg. von Alfred Schindler, Zürich 1998.

8 Die offizielle deutsche Übersetzung findet sich unter: www.vatican.va.

9 Zitate aus dem Neuen Testament, in: *Die Bibel*. Einheitsübersetzung der Heiligen Schrift. Studienausgabe ... Ökumenischer Text, Stuttgart 1984.

10 Im klassischen Latein bedeutet «perfidia» Verrat, Tücke, Perfidie; im mittelalterlichen Latein hingegen eher «Treulosigkeit» und «Unglaube». – Einen neuen Text des Karfreitagsgebets gab es erst zum Pontifikat von Papst Paul VI. im Jahre 1965. Das Zweite Vatikanische Konzil nahm die Deklaration *Nostra aetate* über das Verhältnis der Kirche zu nichtchristlichen Religionen an, was schließlich auch eine Bearbeitung des Textes dieses «Gebets für Juden» ermöglichte und es in eine Form bringen sollte, die weder beleidigend noch erniedrigend war. Eine endgültige Version legte erst das römische Messbuch aus dem Jahre 1970 vor.

11 Tatsächlich wirft der Fund von zwölf Ostraka angesichts der von Flavius Josephus berichteten «zehn Befehlshaber» Fragen auf, die bis heute nicht geklärt werden konnten. Gab es mehr als zehn Überlebende vor dem kollektiven Selbstmord, oder handelt es sich bei diesen Ostraka doch nicht um die besagten Lose?

12 «Die Hohe Stadt», zitiert aus: Franz Rosenzweig, *Jehuda Halevi. Zweiundneunzig Hymnen und Gedichte. Deutsch*, Berlin 1926.

13 Mit Genisa ist hier eine alte Kammer in der Synagoge von Fustat gemeint, in der seit Jahrhunderten Handschriften, die für die heilige Lesung unbrauchbar geworden waren, gelagert wurden, um sie einmal nach jüdischem Ritus zu beerdigen. Sie gerieten dann aber im Laufe der Zeit in Vergessenheit.

14 Zitiert aus Martin Luther, *Von den Jüden und ihren Lügen* (1542), als Volksausgabe herausgegeben von Hans Ludolf Parisius, München o. J.

15 Akronym für *Beit Jaakov lechu unelcha*, «Haus Jaakob's, auf, und lasset uns wandeln», Jes. 2.5.

16 Am 15. September 1935 wurde auf dem Nürnberger Reichsparteitag folgende Definition verabschiedet: Volljude war, wer mindestens drei jüdische Großeltern hatte; Halbjude (Mischling) derjenige, von dessen vier Großeltern einer oder zwei Volljuden waren, wobei nach Mischling 1. Grades (Halbjude) und Mischling 2. Grades (Vierteljude) unterschieden wurde. Als Volljuden wurden ebenfalls Halbjuden behandelt, wenn sie mit einem Volljuden verheiratet waren, und als Mischlinge 1. Grades Personen, die aus einer Ehe stammten, welche nach dem «Blutschutzgesetz» verboten war.

17 Obwohl der Begriff «Holocaust» auch von Juden übernommen wurde, ist er in vielen jüdischen Kreisen nach wie vor heftig umstritten. Das Wort «Holo-

caust» leitet sich vom lateinischen *holocaustum* ab, das bei der Übersetzung der Bibel für das griechische Wort *ólokaútoma* – das in der Tora beschriebene jüdische Brandopfer – gewählt wurde. Diesen Begriff für die Ermordung der Juden im Nationalsozialismus zu verwenden impliziert für viele die unerträgliche Auslegung, dass Juden das metaphorische «Brandopfer», ihre Mörder die «Priester» und die Krematorien in den Konzentrationslagern die «Altäre» gewesen seien.

18 Die Schreibweise dieses in den USA publizierten Titels entspricht dem Jiddisch der angelsächsischen Juden.

19 Die *Irgun Zvai Le'umi* (abgek. Ezel oder IZL) war eine extrem nationalistische, militärisch strukturierte jüdische Organisation, die in der Mandatszeit im Untergrund in Palästina operierte, im Gegensatz zur *Hagana*, jener zionistisch-militärischen Untergrundorganisation, die ausschließlich zum Schutz von jüdischen Siedlungen aufgestellt worden und Vorläufer der späteren legalen Verteidigungsarmee Israels war.

20 Silver war Vorsitzender der amerikanischen Sektion der Jewish Agency und hatte im Namen der Zionisten vor der Vollversammlung der Vereinten Nationen eine Rede gehalten, die so manchen noch unentschiedenen UN-Botschafter überzeugen konnte.

21 Vgl. Anm. 19.

22 Nach einer Statistik vom Winter 2001/2 beträgt die Einwohnerzahl Israels 5 759 000, zusammengesetzt aus 80,5 % Juden, 14,6 % Muslimen, 3,2 % Christen und 1,7 % Drusen und anderen.

23 Die größte nichtstaatliche Bildungsinstitution der Welt, ein internationaler jüdischer Wohlfahrtsverband, der jedoch nicht nur Juden Hilfe auf ihrem Weg zur Selbständigkeit anbietet, sondern auch internationale Entwicklungshilfe leistet.

24 Die zitierten Gebete stammen aus: *Das Jüdische Gebetbuch. Gebete für die Hohen Feiertage* (Hebräisch-Deutsch), Hg. Jonathan Magonet, in Zusammenarbeit mit Walter Homolka, aus dem Hebräischen von Annette Böckler, Gütersloh 5758 (1997); sowie aus: *Das Jüdische Gebetbuch. Gebete für Schabbat und Wochentage* (Hebräisch-Deutsch), Hg. Jonathan Magonet, in Zusammenarbeit mit Walter Homolka, aus dem Hebräischen von Annette Böckler, Berlin 5762 (2001).

25 Weil der Toraschrank nie ganz im Dunkeln liegen soll, entsprechend dem Wort: «Die Kerze ist ein Gebot, die Tora ist das Licht.»

26 Da den Weisen zufolge die Tora nicht «erblich» ist, steht sie nur dem so

genannten Anverlobten oder Bräutigam zu, der um sie wirbt wie um eine
Braut (sie innigst studiert).

27 Traditionell gelten Speisen in runder Form als Symbole der Ewigkeit (kein
Anfang, kein Ende), welche ihrerseits an den Tod gemahnt und daher mit
Trauer assoziiert wird.

28 Die Tradition, in der Diaspora allen wichtigen Festen noch einen Feiertag
hinzuzufügen, stammt aus der Zeit, als der Sanhedrin den Beginn eines Monats noch durch zwei bezeugte Sichtungen des Neumondes festlegen musste.
Innerhalb Palästinas wurde die Sichtung durch Fackelzeichen von Gemeinde
zu Gemeinde übermittelt; doch zu den Diasporagemeinden in Babylon und
Ägypten mussten Boten geschickt werden, die erst einen Tag später eintrafen.

29 Zur Erinnerung, dass das im Tempel vorgefundene Öl acht Tage reichte.

30 Die offiziellen Zahlen der israelischen Regierung sind (bis einschließlich März
1999): erstens für die Kriege: 1947–49: 6373; 1956: 231; 1967: 776; 1968–70:
1424; 1973: 2688; 1982–85: 1216; zweitens für die bewaffneten Konflikte:
7824. (Siehe http://www.israel-mfa.gov.il).

31 Das «Achtzehngebet», weil es ursprünglich aus nur achtzehn Lobpreisungen
und Bitten bestand. Als später noch eine neunzehnte Bitte hinzukam, wollte
man den alteingeführten Namen nicht ändern.

32 Für diesen Brauch gibt es mehrere Auslegungen, doch am wahrscheinlichsten
scheint, dass er auf die Jahre der Wanderschaft in der Wüste verweisen soll, als
Gräber im Sand ausgehoben und deshalb mit Steinen bedeckt werden mussten. Blumen auf das Grab zu legen ist nicht üblich, weil nach jüdischem Glauben damit die Würde des Toten, der «keiner Verschönerung bedarf», verletzt
würde.

33 Eine offizielle deutsche Übersetzung dieser Ansprache findet sich unter
www.vatican.va. – Anfang 2003 wurden Jona Metzger zum aschkenasischen
und Schlomo Amar zum sephardischen Oberrabbiner gewählt.

34 Hinsichtlich des Verbots, Blutiges zu essen, gibt es zwei grundlegende Traditionen: Die eine, vertreten insbesondere durch Maimonides, nennt die
Kaschrut die Bewahrerin des Körpers (alle in der Tora verbotenen Speisen
schaden dem Körper); die andere, vertreten zum Beispiel durch Nachmanides, betrachtet sie hingegen als Bewahrerin der Seele (der Genuss von Blut
fördert individuelle Grausamkeit und zerstörerische Sitten).

35 Nach jüdischem Gesetz muss ein Toter noch an seinem Todestag beerdigt wer-

den (mit Ausnahme des Sabbat und eines Feiertags), wenn notwendig sogar nachts.

36 Kremation ist im Judentum explizit verboten, basierend auf Vers 1. 3,19: «Denn Staub bist du und zum Staube zurück kehrst du.»

37 In Deutschland wird das vom Moses Mendelssohn Zentrum herausgegebene «Jahrbuch für die deutsch-jüdische Geschichte» ebenfalls unter dem Haupttitel «Menora» veröffentlicht.

38 Anfang September 1940 erwarben die USA für die Überstellung von fünfzig Zerstörern aus dem Ersten Weltkrieg an England auf Pachtbasis Militärstützpunkte in Neufundland und der Karibik. Mit diesem so genannten Land-Lease-Act vom 11. März 1941 wurde festgelegt, dass an jedes Land Waffen verkauft oder verliehen werden durften, dessen Verteidigung für die USA von vitalem Interesse war.

Auswahlbibliographie

Handbücher:

Peter Calvocoressi, *Who's who in der Bibel*, aus dem Englischen von Angela Hausner, München 1997.

Ralph Carlson (Hg.), *American Jewish Desk Reference*, New York 1999.

Dan Cohn-Sherbok, *Judentum*, aus dem Amerikanischen von Bernardin Schellenberger, Freiburg im Breisgau 2000.

Joan Comay, *Who's Who in Jewish History after the Period of the Old Testament*, London 1974.

Martin Gilbert, *Endlösung. Die Vertreibung und Vernichtung der Juden. Ein Atlas*, aus dem Englischen von Nikolaus Hansen, überarbeitete Neuausgabe, Reinbek bei Hamburg 1995.

Louis Jacobs, *The Jewish Religion. A Companion*, Oxford 1995.

Paul Johnson, *A History of the Jews*, New York 1987.

Abraham E. Millgram, *Jewish Worship*, Philadelphia 1971.

Susan Hattis Rolef (Hg.), *Political Dictionary of the State of Israel*, Jerusalem 1993.

Cecil Roth, (Hg.), *Encyclopaedia Judaica*, 16 Bde., Jerusalem 1972.

Geoffrey Wigoder (Hg.), The *Encyclopaedia of Judaism*, Jerusalem 1989.

Geoffrey Wigoder, *Dictionary of Jewish Biography*, New York 1991.

Monographien:

Salo W. Baron, *The Russian Jew Under Tsars and Soviets*, New York 1976.

Mikhail Beizer, *The Jews of St Petersburg. Excursions Through a Noble Past*, Philadelphia 1989.

Margaret Chatterjee, *Gandhi and His Jewish Friends*, London 1992.

Abraham Chill, *The Mizvot, The Commandements, and Their Rationale*, Jerusalem 1974.

Mortimer J. Cohen, *Pathways Through the Bible*, Philadelphia 1946.

Joan Comay, *The Hebrew Kings*, London 1976.

Joan Comay, *The Diaspora Story. The Epic of the Jewish People among the Nations*, London 1981.

Louis Falstein (Hg.), *The Martyrdom of Jewish Physicians in Poland*, New York 1963.

Martin Gilbert, *Das Jüdische Jahrhundert*, München 2001.

Martin Gilbert, *Nie Wieder! Die Geschichte des Holocaust*, aus dem Englischen von Hans-Ulrich Seebohm, München 2001.

Martin Gilbert, *Israel. A History*, London 1998.

Michael Grant, *The History of Ancient Israel*, London 1984.

Rabbi Irving Greenberg, *The Jewish Way. Living with the Holidays*, New York 1988.

Philip Goodman, *The Yom Kippur Anthology*, Philadelphia 1971; außerdem: *The Rosh Hashanah Anthology* (1970) und *The Shevuot Anthology* (1974).

Irving Howe, mit Kenneth Libo, *World of Our Fathers. The Journey of the East European Jews to America and the Life they Found and Made*, New York 1972.

Benjamin J. Israel, *The Jews of India, and the Jewish Contribution to India*, New Delhi 1982.

Alfred J. Kolatch, *Jüdische Welt verstehen. Sechshundert Fragen und Antworten*, aus dem Französischen von Barbara Höhfeld, überarbeitet von Schimon Org, Jörg Roggenbuck, Wiesbaden 1999.

Israel Levine, *Faithful Rebels. A Study in Jewish Speculative Thought*, London 1936.

Deborah Lipstadt, *Denying the Holocaust. The Growing Assault on Truth and Memory*, New York 1993.

Gutman G. Locks, *The Spice of Torah-Gematria*, New York 1985.

Abraham E. Millgram, *Sabbath. The Day of Delight*, Philadelphia 1965.

W. F. Moneypenny und G. E. Buckle, *The Life of Benjamin Disraeli, Earl of Beaconsfield*, London 1929.

Dennis Prager und Joseph Telushkin, *Why The Jews. The Reason for Antisemitism*, New York 1982.

Aubrey Rose (Hg.), *Judaism and Ecology*, London 1992.

Jonathan Sacks, *Radical Then, Radical Now. The Legacy of the World's Oldest Regime*, London 2000.

Harvey Sarner, *The Jews of Gallipoli*, Cathedral City 2000.

David Solomon Sassoon, *A History of the Jews in Baghdad*, herausgegeben von seinem Sohn Solomon D. Sassoon, Letchworth 1949.

Hayyim Schauss, *The Jewish Festivals. History and Observance*, New York 1958.

Gershom Scholem, *Die jüdische Mystik*, Frankfurt a. M. 1967; sowie *Zur Kabbala und ihrer Symbolik*, Frankfurt a. M. 1973.

Robert Slater, *Great Jews in Sport*, New York 1992.

Samuel Solomon, *Memories, with Thoughts on Gandhi*, London 1983.

Alan Symons, *The Jewish Contribution to the 20th Century*, London 1997.

Rabbi Joseph Telushkin, *Jewish Wisdom. Ethical, Spiritual, and Historical Lessons from the Great Works and Thinkers*, New York 1994.

Herman Wouk, *The Will to Live On. This Is Our Heritage*, New York 2000.

Herman Wouk, *Das ist mein Gott. Glaube und Leben der Juden*, München 1984.

Personenregister

Danksagung

Erica Hunningher und Kay Thomson lasen diese Briefe, als ich sie schrieb. Ihre kenntnisreichen Kommentare kamen meiner Darstellung ebenso zugute wie Rabbi Louis Jacobs' Anmerkungen zu den Teilen, die sich mit der Tora, dem Glauben und den Gebeten befassen. Ralph Blumenau stand mir bei der Interpretation und Gewichtung von vielen historischen Fakten zur Seite, und auch Esther Poznansky war mir eine kluge Ratgeberin. Fori profitierte von den prüfenden Blicken meiner Freunde.